哲學概論

唐君毅 著作選

霍韜晦 編選／導讀

唐君毅／著

下冊

中國社會科學出版社

目 录

下 卷

第三部 天道论——形而上学

第一章 形而上学之意义 …………………………………………（445）
  第一节 中文中之形而上及天道之意义与西方所谓形而
        上学之义之相通 ……………………………………（445）
  第二节 形而上学与知识 ………………………………………（446）
  第三节 形而上学与知识论 ……………………………………（450）
  第四节 形而上学之问题 ………………………………………（452）
  第五节 形而上学之系统性与本部各章之次第 ……………（454）

第二章 现象主义 ……………………………………………………（458）
  第一节 现象主义与形而上学 …………………………………（458）
  第二节 常识中现象主义与纯现象主义 ………………………（459）
  第三节 纯现象主义之态度中之理或道 ………………………（461）
  第四节 因果观念之超越与外在理由之舍弃 …………………（463）
  第五节 结论 ……………………………………………………（465）

第三章 唯一之实有论 ………………………………………………（467）
  第一节 超现象主义之形上学——"有"之形上学及
        "无"之形上学 ……………………………………（467）
  第二节 恒常纯一之唯一实有观之意义 ………………………（468）
  第三节 依里亚派齐诺破斥变动与多之论证 …………………（470）
  第四节 齐诺所提问题之答复及齐诺所提论证之目标 ………（472）

第四章 无之形上学 …………………………………………………（475）
  第一节 无之形上学所由生 ……………………………………（475）
  第二节 创造之歌及老庄之言 …………………………………（476）

第三节　由无出有由有入无之切近义 …………………………（477）
　　第四节　道家思想中"无"之二义 ………………………………（479）
第五章　生生之天道论与阴阳五行之说 …………………………（482）
　　第一节　儒家之形上学观点 ………………………………………（482）
　　第二节　由他家之万物观至儒家之万物观 ……………………（483）
　　第三节　性与阴阳之相继义 ………………………………………（485）
　　第四节　阴阳之相感义 ……………………………………………（486）
　　第五节　五行与横面之万物之相互关系 ………………………（487）
　　第六节　五行与纵的生化历程 ……………………………………（489）
第六章　理型论 ………………………………………………………（492）
　　第一节　理型论之形上学之特征 ………………………………（492）
　　第二节　形式对质料之独立性与人实现形式之目的性活动 …（493）
　　第三节　形式之不变性 ……………………………………………（496）
　　第四节　形式之客观性 ……………………………………………（497）
　　第五节　实体及变动与四因 ………………………………………（499）
　　第六节　潜能与现实 ………………………………………………（501）
　　第七节　形式及理性的思想与上帝 ……………………………（503）
第七章　有神论之形上学 ……………………………………………（506）
　　第一节　如何了解宗教家神秘主义者之超越的上帝之观念 …（506）
　　第二节　新柏拉图派之太一观与其所流出之各层次之存在 …（508）
　　第三节　圣多玛之上帝属性论 ……………………………………（511）
　　第四节　西方哲学中上帝存在之论证 …………………………（514）
第八章　唯物论 ………………………………………………………（519）
　　第一节　唯物论与日常生活中之物体 …………………………（519）
　　第二节　唯物论者之共同主张及物质宇宙之问题 ……………（520）
　　第三节　唯物论对于有神论之批评 ……………………………（522）
　　第四节　唯物论与实在论 …………………………………………（524）
　　第五节　唯物论之生理心理论证 ………………………………（525）
　　第六节　唯物论之宇宙论论证 ……………………………………（528）
　　第七节　唯物论之方法论论证与历史论证 ……………………（529）
第九章　宇宙之对偶性与二元论 ……………………………………（532）
　　第一节　中国思想中阴阳之遍在义与交涵义及存在义与

　　　　　价值义 …………………………………………………… (532)
　第二节　中国思想中之阴阳之论，可根绝西方哲学之
　　　　　若干问题之理由 ……………………………………… (536)
　第三节　西方哲学中之二元论之思想之渊源 ………………… (537)
　第四节　笛卡尔之心身二元论及心物二元论 ………………… (538)
　第五节　心之思想与身体及脑之不同及唯物论之否定 ……… (539)
第十章　泛神论 ……………………………………………………… (545)
　第一节　二元论之问题与由超神论至泛神论 ………………… (545)
　第二节　心身二元论之问题 …………………………………… (548)
　第三节　斯宾诺萨之实体论及神即自然论 …………………… (551)
　第四节　心身一元论之说明 …………………………………… (553)
　第五节　附论泛心论 …………………………………………… (555)
第十一章　一多问题与来布尼兹之多元论 ………………………… (558)
　第一节　一多之问题与中国哲学中一多相融论及心身交用论 … (558)
　第二节　一物一太极义及道家之言一 ………………………… (562)
　第三节　来布尼兹以前西方哲学中对于多之说明之诸说 …… (564)
　第四节　来布尼兹之多元论——物质观，知觉观与一单子
　　　　　一世界之理论 ………………………………………… (566)
　第五节　来氏之上帝理论——实体存在之充足理由及
　　　　　可能的世界之选择 …………………………………… (570)
第十二章　宇宙之大化流行之解释与斯宾塞之进化哲学 ……… (573)
　第一节　大化流行之科学的叙述与哲学的说明之不同 ……… (574)
　第二节　常识与东西传统思想中之大化流行观 ……………… (577)
　第三节　传统之东西思想中之世界生成论之比较与科学的
　　　　　进化论所引起之哲学 ………………………………… (578)
　第四节　斯宾塞之进化哲学之根本原理 ……………………… (581)
　第五节　斯宾塞对于进化现象之最后的解释 ………………… (584)
第十三章　柏格森之创造进化论 …………………………………… (584)
　第一节　绵延、直觉与理智 …………………………………… (587)
　第二节　生命的宇宙观——矿物及动植物之分 ……………… (591)
　第三节　智慧与本能 …………………………………………… (594)
　第四节　人之理智与同情的智慧及道德宗教 ………………… (597)

第十四章　突创进化论 …………………………………………（597）
　第一节　突创进化论与柏格森之创造进化论之异同 ………（598）
　第二节　突创进化论之要义 …………………………………（602）
　第三节　突创进化论之问题 …………………………………（605）
　第四节　亚力山大之时空观 …………………………………（607）
　第五节　亚氏之范畴论 ………………………………………（611）

第十五章　相对论之哲学涵义 …………………………………（611）
　第一节　常识中之相对论 ……………………………………（613）
　第二节　近代科学中之物理世界观 …………………………（616）
　第三节　现代之新物理学之兴起 ……………………………（617）
　第四节　动静之相对性 ………………………………………（618）
　第五节　时空之相对性 ………………………………………（619）
　第六节　速度及形量质量之计量之相对性 …………………（622）
　第七节　物理世界即四度连续体中之全部物理事之和 ……（623）
　第八节　物质之实体观念及机械的决定论之否定 …………（627）

第十六章　怀特海之机体哲学 …………………………………（627）
　第一节　怀特海哲学之方向 …………………………………（628）
　第二节　事与现实存在现实情境 ……………………………（630）
　第三节　摄握之方式 …………………………………………（633）
　第四节　知觉之两式 …………………………………………（635）
　第五节　具体存在与抽象对象 ………………………………（636）
　第六节　扩延连续体 …………………………………………（637）
　第七节　存在事物之种类层级差别与自然创进中之冒险 …（640）
　第八节　上帝之根本性与后得性 ……………………………（642）
　第九节　价值之地位 …………………………………………（645）

第十七章　西方哲学中之唯心论 ………………………………（645）
　第一节　唯心论与理想主义之意义 …………………………（646）
　第二节　西方唯心论思想之渊原 ……………………………（648）
　第三节　西方近代之唯心论 …………………………………（649）
　第四节　康德之超越唯心论中之认识的主体观 ……………（653）
　第五节　康德论自然之合目的性与美感及心灵之超越性 …（655）
　第六节　康德论上帝之存在与人之道德理性 ………………（656）

第十八章　佛学中之唯识宗之哲学 (667)

第七节　后康德派唯心论哲学——菲希特之大我论 (658)
第八节　席林之自然哲学 (659)
第九节　黑格尔之绝对唯心论 (661)
第十节　黑氏以后英美之新唯心论之发展 (667)

第十八章　佛学中之唯识宗之哲学 (667)

第一节　由西方哲学到东方哲学之道路 (670)
第二节　印度之唯识论中之八识、三性、与四缘 (673)
第三节　实我实法之否定与缘生 (675)
第四节　境不离识 (677)
第五节　众生各有阿赖耶识义及阿赖耶识与种子之关系 (679)
第六节　妄执之起源与执我识 (680)
第七节　根本无明与转识成智 (685)

第十九章　中国之伦理心性论之形上学之涵义 (685)

第一节　中国古代之宗教思想中之天命观及天意观 (687)
第二节　中国人伦思想之形上意义 (689)
第三节　孝友之道为人伦之本及其形上意义 (691)
第四节　尽心知性以知天之形上学道路 (693)
第五节　观乎圣人以见天心之形上学 (695)
第六节　孔孟以下儒家形上学之发展

第四部　人道论、价值论

第一章　人道论、价值论之意义 (701)

第一节　中文中之人道论伦理之学及西方之伦理学人生哲学
　　　　或价值哲学之名义 (701)
第二节　人生人道之哲学、与宇宙或天道之哲学之相互关系 (702)
第三节　人道论中之价值问题 (704)

第二章　价值之存在地位（上） (707)

第一节　价值一名之所指 (707)
第二节　价值与存在为同义语之说 (709)
第三节　以价值与"为人所实际欲望"为同义语之说 (709)
第四节　快乐之所在即价值之所在之理论 (711)

第五节　价值为客观事物所具之性质之说 …………………… (713)
第六节　自存之价值性之理论 ………………………………… (714)
第七节　完全存在与善 ………………………………………… (716)
第八节　价值与存在事物之发展历程 ………………………… (717)
第九节　价值为一关系性质之理论 …………………………… (719)
第十节　存在事物之和谐关系为价值之所在之理论 ………… (720)

第三章　价值之存在地位（下） ……………………………… (725)
第十一节　心灵之理性的道德意志具本身价值之理论 ……… (725)
第十二节　以"不存在"为价值实现之条件之价值理论…… (727)
第十三节　具负价值者之超化而成为表现正价值者之
　　　　　理论及悲剧意识 ……………………………… (730)
第十四节　中国儒家之致中和之理论 ………………………… (732)
第十五节　不存在与隐之本身价值 …………………………… (735)
第十六节　不和与和之太和 …………………………………… (737)

第四章　价值之分类与次序 …………………………………… (740)
第一节　价值纯形式之分类 …………………………………… (740)
第二节　西方哲学中价值内容之分类 ………………………… (743)
第三节　中国思想中善德之阴阳之分与价值之形式的分类 … (745)
第四节　中国思想中之价值之本末之分与价值内容之分 …… (747)
第五节　二种价值分类法：相斥之价值分类法与相生之
　　　　价值分类法 ……………………………………… (750)
第六节　善之价值与心灵之仁智之价值，为一切价值之
　　　　本之理由 ………………………………………… (753)
第七节　仁德为审美之德及智德之本之理由 ………………… (755)
第八节　价值之本末次序 ……………………………………… (756)

第五章　悲观主义乐观主义 …………………………………… (760)
第一节　悲观乐观之情调与思想 ……………………………… (760)
第二节　乐观主义之理由 ……………………………………… (761)
第三节　悲观主义之理由 ……………………………………… (763)
第四节　悲观主义乐观主义之争论，不能有确定答案之理由 … (767)
第五节　悲观态度与乐观态度之价值之衡定 ………………… (769)

第六章　意志自由之问题（上） ……………………………… (774)

第一节　意志自由之问题之来源 …………………………… (774)
　　第二节　意志自由之否定论 ……………………………… (775)
　　第三节　意志自由之否定论之批评，与意志自由之事实上的
　　　　　　存在 ……………………………………………… (777)
　　第四节　意志自由之事实之种种解释，及自然科学知识中之
　　　　　　不确定原理等之无助于此问题之解决 ………… (782)
第七章　意志自由之问题（下）……………………………… (786)
　　第五节　意志自由之真义，使意志成为原因或自因之自由 … (786)
　　第六节　心灵之自性与自由 ……………………………… (788)
　　第七节　意志自因自由义释疑——心灵受认识对象之规定
　　　　　　与自由 …………………………………………… (789)
　　第八节　过去经验与理想生起之自由 …………………… (790)
　　第九节　理想之形态内容与自由 ………………………… (791)
　　第十节　超越的外因论与意志自由 ……………………… (793)
　　第十一节　信自由与信因果之调和，及自由之运用之颠倒相 … (794)
第八章　价值选择之原则 …………………………………… (798)
　　第一节　选择的自由之肯定 ……………………………… (798)
　　第二节　价值选择之质之原则 …………………………… (800)
　　第三节　价值选择之量之原则 …………………………… (801)
　　第四节　具本身价值者高于只具工具价值之原则 ……… (803)
　　第五节　心灵生命物质之价值之等差原则 ……………… (805)
　　第六节　适合原则 ………………………………………… (807)
　　第七节　次第原则 ………………………………………… (808)
　　第八节　理性原则及其与以上各原则之关系 …………… (810)
　　第九节　超选择之境界 …………………………………… (811)
第九章　人道之实践 ………………………………………… (813)
　　第一节　哲学问题之超拔与实践工夫 …………………… (813)
　　第二节　"自觉我是人"之哲学道路 …………………… (813)
　　第三节　"由人性之真实表现处自觉我是人"之道 …… (815)
　　第四节　"自觉我是人之一"及我之人性与我性 ……… (817)
　　第五节　"自觉我是一定伦理关系中之人"之意义 …… (820)
　　第六节　"职分与所在群体之自觉" …………………… (821)

第七节 "我之唯一性之自觉" …………………………（822）

附录　阅读、参考书目 ………………………………………（825）
附编　精神、存在、知识与人文 ……………………………（842）
论黑格尔之精神哲学 …………………………………………（844）
述海德格之存在哲学 …………………………………………（878）
诺斯罗圃论东西文化之遇合 …………………………………（919）

第三部 天道论——形而上学

第一章 形而上学之意义

第一节 中文中之形而上及天道之意义与西方所谓形而上学之义之相通

我们称形上学或天道论,为讨论全体或一切实在事物之所共由之道,或普遍表现之原理的一种哲学。关于此名之涵义,其与知识、知识论之名之涵义之不同,及其所包涵之主要内容,前在第一部中虽有所涉及,今再作一简单之讨论。

中文中之形而上一名,前已说①其首见于《易传》中"形而上者谓之道"一语中。天之一名,在中文中则有各种意义。依《说文》,天之一字,从一大。程明道亦谓"《诗书》中……有一个包涵遍覆的意思,则言天",则天道,即全体或一切实在事物所共由之道。道之与理,在宋明理学中之一义上可以通用,而所谓道为万物所共由,亦即为万物所共同表现、普遍表现之义。

形而上之形,在《易传》原指形器,所谓"形而下者谓之器"。器可兼指一切自然物与人造之器物。但后来之中国哲学家,将形与无形者相对说时,则形乃指有定形而为感官所可感觉者言,则不限于指具体

---

① 本书第一部第五章。

之器物。

道，犹路也。本指人之所行，人由之而从此至彼者，引申为人当有之行为方式。如人当有之对父之行为之方式，为孝道。又引申为人达某一目的之方法，如治国之道即为治国之方法。再引申为一切事物之共同法则，如老子所谓"天之道，其犹张弓欤？高者抑之，下者举之。有余者损之，不足者补之"。庄子《渔父》篇谓："道者，万物之所由也。"道路，人人可行，人人亦可采同一之行为方式，以同一方法，达某一目的。故道为公共的、普遍的，可引申为一切万物之所共由，或共同法则，而同于今所谓万物普遍表现之理。

中国古所谓理，本指治玉使纹理见，纹理乃在玉中。故理字初指内在于事物中之条理。理乃偏自个体事物，或某一特定类之事物主内部或本身上说。不似道之一字自始便是从人所共行，万物所共由上说。但是一个体事物或某特定类事物，所具有或表现之理，亦可为其他类事物或一切类事物，所同具有或共表现之理。在此情形下，则理为公共之理、普遍之理，可为万物所共由之而成者，而意义即同于道。

在西方哲学中，所谓 Metaphysics，原为后物理学之义，可包括 Ontology 与 Cosmology。后物理学之一名，虽由安德罗利卡斯 Andronicus 编亚里士多德书而来，但其所以将亚氏论第一原理之书，编次于物理学后，亦可涵有视此部之学问之讨论，乃"自然物之所以为自然物"之进一步或上一部的研究义。此正略同形而上之义。Ontology 之语根 Onto 指"实有"，Cosmology 之语根 Cosmos 指宇宙。此皆前在第一部中已说及。则西方之此诸名之义，正为研究宇宙万有或全体实在事物共由之道或普遍表现之原理之学。

第二节　形而上学与知识

形上学之是一种知识，从西方哲学史看，在休谟与康德以前，盖不成问题者。唯怀疑论者，亦尝怀疑形上学知识之有效性，而在休谟、康德以后，则颇多不以形上学为一般知识者。此中之讨论，亦甚为复杂。兹略述对此问题之主要答案如次：

（一）明主形上学为知识之一种者。大约由亚里士多德直至休谟、康德以前之形上学者，及以后承亚氏式之知识分类观者，皆直以形上学为知识之一种。因研究一类事物之理之科学,既为知识,则研究一切类事物之共同普遍之理之形上学,自亦应为知识;因其皆以求知事物之理为目标,皆对事物之理有所知也。

(二)明主形上学非知识,并无知识价值者。此即由休谟以降,至今之逻辑经验论者之说。依此说,知识只有数学逻辑知识及经验科学知识二种。依此说,知识之命题,只有逻辑的分析命题及经验之综合命题二种,而形上学命题不在其内。故形上学非知识,亦无知识价值。由此而休谟主张,一切形上学之书籍,皆当焚毁[1]。唯今之逻辑经验论如石里克等,则谓形上学虽无知识价值,然可为一概念的诗歌,而有文学价值或表情之价值。

(三)主依纯粹理性而建立之形上学,皆不能成为知识,而形上学仍能成立,并为有价值者。此即康德之说。此说谓依纯粹理性,而建立形上学,不能成为一般知识。其理由,在此种形上学,无经验的直觉内容,而视之为知识之论证,皆为逻辑上之丐辞,并可以对反之论证,加以抵消,或犯其他推理上之错误者。但康德又以为依人之纯粹理性之运用,此种形上学必然将产生,既产生,吾人又当依理性,以知其不能构成确定之知识。由此而形上学之研究之价值,要在训练吾人之理性,此训练本身对理性为不可少者。唯由此训练,吾人乃能由实践理性,以另开一形上学之门,此即道德之形上学。此道德之形上学,虽仍非一般之知识,然仍为哲学之一部,而真实可能者。

(四)主形上学非一般之知识,而为更高一级之知识或绝对知识。此为后康德派由菲希特、席林、黑格尔以降之说。此说以形上学或哲学之本身为绝对知识。谓其为绝对知识,主要是自形上学或哲学之本身,乃以知"吾人之知识与行为意志自我之关系"(菲希特),知"知识与自然、直觉之关系"(席林),知"知识与全部实在或绝对理性之关系"(黑格尔)上说。此种"知",乃超越于一般之以"能知"知"所对之外在事物"为事之科学知识之上,而自觉其所根据,以成"对自我、自然或理性之实在"之一种知者。故为高一层次之知识,亦为超越于一般之能所相对以上之绝对知识。

(五)主形上学非理智的知识,而为以直觉透视实在之学。此即如柏

---

[1] 见休谟所著《人类理解研究》最后一章最后段。

格森之所持。唯柏格森毕竟是以直觉透视实在，为形上学之方法，或以直觉透视实在本身，即形上学，则甚难说。如兼此二者，则形上学应兼为一种生活上之学。大约此外一切神秘主义之形上学家，如普罗泰诺斯（Plotinus）以降，皆同重以直觉透视实在，而其哲学或形上学之活动，皆为过渡于以直觉透视实在之生活或神秘经验者。而吾人在第一部中论哲学之意义时，亦原承认哲学之有"由知识以至超知识之行为、生活等"之一义。

至于在东方之印度与中国之哲学方面，则极少为形上学之是否知识而生之争论。在东方哲学，亦原不以知识为人生中最有价值之事物。关于毕竟形上学之是否为知识，在印度与中国之哲人，盖皆可作两面观。大约就形上学之会悟，可表于语言文字者言，皆可称之为知识。而自此会悟之本身，依于行为上修养或生活上体证，及引导人至一精神境界或一种生活行为之方式言，即应非知识而为超知识者。如在中国，于知道之知，其可表之于语言文字者，即为可属于知识者。而由知道而体道、证道、行道，则应为超知识者。然在中国，凡此等等皆为道学之所摄。

依吾人今日之观点以评论此问题，则亦以为此应作两面观。吾人在知识之分类一章，已提及在知识中看哲学，哲学即为知识；如从知识外看哲学，哲学亦非知识之一语。唯该处只就知识论之讨论亦为知识以举例。知识论可说非知识，而又为一种关于知识之知识。而形上学则为更明显的兼具此两重性质者。

（一）形上学之所以可说是知识，首是从对一切类之事物之共同普遍之理之知，不能不亦是知识说。此即上文之第一种说法。吾人似不能说，吾人不能知一切类事物之共同普遍之理。更难说一切类事物决无共同普遍之理，而只有不同之理，或只有不同类之事物而无理。因如谓其有不同之理，即其有理一点，即已为共同，其理之彼此不同，亦为吾人对任一类事物所同能说之一理。反之，如吾人谓只有不同类之事物而无理，此无理仍为其所同，此"无理"亦可为一义上之理。唯吾人如谓吾人既不能确知一切事物之共同普遍之理，亦不能确知其无理；则吾人亦无此义之形上学，而可说此义之形上学不可能。

（二）复次，吾人纵设定第一义之形上学不可能，并谓凡吾人视为一切事物共同普遍之理者，皆可为后来人之经验与理性运用，所证明为非一切事物共同普遍之理者；或一切形上学之理论，皆可为反面之理论所抵消。吾人亦不能否认，人有求普遍化概括化其所知之理，以应用于一切类事物之思想倾向。因此倾向，亦即一切科学知识之所由成。此倾向中之思想原则，即归纳原则。人依此倾向，以形成科学知识，为合法者。则依此倾向，以形成形上学之种种命题与思想，亦为合法者。纵然此命题与思想，皆无不可由以后所建立之形上学命题，及以后之形上学思想，加以否定抵消；然此中之形上学命题之次第而更迭的建立，形上学思想之次第而更迭的产生之思想历程之存在，则一成永成，而无能否定抵消之者。由此而一般形上学之知识，纵皆不能成立，然形上学之思想仍为实际上存在，亦必然存在者。而吾人之反省此思想之如何进行，与何所是，而加以说出，则仍可为一义上之知识，即知"此思想之如是如是进行，吾人对形上学问题作如是如是之思辨 Speculation"之知识。此即黑格尔之所以说反省思想进行之辩证历程，亦可使吾人得一种知识也。而世间之哲学书，陈述其作者之如何分析一问题，如何向一答案凑泊之思辨历程，所与吾人之哲学知识，亦大皆此一类之知识。

（三）由休谟至今之逻辑经验论者，谓形上学不能称为知识，乃根于其知识命题只有两种之说。而形上学之若干命题，似又非逻辑上分析命题，亦非可由一般经验证实或否证之经验综合命题，故说其非知识。然此中之第一问题，在其只分知识命题为两种之说，是否能成立。吾人于此，已在知识之对象先验知识问题等章，加以批评。此说如要成立，唯有根于吾人先约定"知识命题"之一名，只指此两种命题。此自为可说者。然吾人亦可对知识命题一名之所指，另作约定，则吾人亦可以此一名，指其他命题，如非一般经验所能证实，亦非由逻辑分析而来之形上学命题。第二问题在纵然命题只此二种，形上学命题，亦非必不能由经验证实或否证者。此一：因吾人无理由限定经验于一般之经验，如上帝存在之命题，不可由一般经验证实，未尝不可由神秘经验证实。二：因形上学命题亦不必为肯定一超经验而不可经验之事物之存在之命题，而可只为求建立：对一切经验事物，皆普遍必然为真之命题。而此类之命题，即皆可由经验否证，亦可由经验逐渐证实者。若谓人不能有无限之经验，以证实此种形上学命题；则应忆起吾人对于任一科学定律之由经验加以完全之证实，亦同待于无限之经验，而非人所能具有①。此非形上学知识所独有之问题。

至于形而上学，又可说非知识者，则可自二点说：（一）是自形上学之为一种知识之根据说。吾人以前已论一切知识之知，根于一先知识之直接经验之亲知。唯在吾人求知识之知时，只以直接经验之亲知为根据，则吾人在得知识之知后，亦可暂忘此直接经验之亲知之重要性，至少可以之为次要。然此直接经验之亲知，又为吾人实际生活行为中或与实在事物直接接触中之知。形上学既以求知实在事物之理为目标，则当更重此种直接经验之亲知，而求有此种亲知。此亦为人从事形上学研究时，所特当先学，求多加以具备者。因而此亦即属于形上学之一学问中之事。而此事本身，则可非知识上之事。（二）是自形上学之为一种知识之归趣上说。吾人说形上学是求知全体宇宙之实在事物之道或普遍之理。但此道此理，既一方可为吾人之所知，又一方为实在事物之道或理，则其一方可为吾人之知识之所知，一方亦为使吾人得通达于实在事物之一切心情、意向、志愿、行为所经行之桥梁与道路。吾人在求一般知识时，吾人乃以一般生活经验所供给者为材料，而对之反省，以得知识，并表之于文字。故吾人可知而不行。然在形上学中，吾人之所知者，乃被吾人直接视为实在事物之本身之道或理，则此知即为使吾人之生命或生活与实在事物相接触者。吾人之生命或生活，与实在事物接触，无不有吾人之具体的心情意向志愿行为等，继之而生，简言之，即吾人不能止于知而不行。而此行，亦正为增益吾之种种亲知者。于是形上学之知识之获得，即可不以表诸文字为事，而可直接过渡至种种行为，以增益其种种亲知为事。并以此为形上学之归趣。而此时人之形上学之知识，即为导人入于超知识之境界者。而人之形上学上求知之工夫，亦为直澈入人之形上学的生活行为中，以与之相辅为用者，而形上学亦即成为一超知识或非知识之学。

第三节 形而上学与知识论

我们以上对形上学为知识或非知识之讨论，可称为形上学之知识论的讨论，但亦可称为站在知识与形上学之上，而对知识与形上学之关系，

---

① 参考本书第十六章第六节。

作形而上学的讨论。毕竟在哲学中，知识论居于在先的地位，或形上学居于在先的地位，亦是值得一讨论的问题。

首先我们似可说：知识论乃居于在先的地位。因如形上学是知识，则形上学只是知识之一种。除形上学之知识外，人尚有其他种种之知识。知识论乃是通论一切知识的，则知识论应居于更高之理论层次。形上学在理论上，必须先成为知识，或知识论所可能讨论之一对象，然后能成立，则知识论居于理论上在先的地位。人如说形上学非知识，亦须由我们先知知识与非知识之界限乃能说。而欲知知识与非知识之界限，乃赖于知识论之研究，或吾人对知识论之知识。此仍见知识论居于理论上在先之地位。

以上之说，在一义上，未尝不可成立。但由此以谓形上学必以知识论为根据，则大误。因知识实乃依于实在事物而有。而我们亦可说形上学可先知识论而有，且知识论亦可只为形上学之一章，故形上学乃居理论上在先之地位者。因如依常识说，知识乃由能知之心与所知之实在事物二者结合而成，此能知之心，亦先为一实在事物。是实在事物，明先于知识。至如依本书上部之知识论及本章上文所说，则知识之根据在直接经验之亲知，此亲知乃实事，亦先于知识之知而有者。如知识皆可应用于人之生活，形上学亦可引导人与实在事物接触，而由知到行，以行证知；则吾人只能说，人之求知识本身，乃全幅人生之历程中之中间一段事，知识之事并无特殊之优越性。又我们尚可说全幅人生历程中，其他事皆为实事，而知识之事，则我们可说其中乃有实亦有虚。此更足见知识之事无特殊之优越性，兹略论之于下。

知识之事之所以有虚，是因人之求知历程中，人可时时经验到吾人所知者之不如实而生之错误等，此为吾人在知识之价值中所已论。如人想绳为蛇，此即只能为虚而非实。此中之实处，唯在人之想之活动之本身为实。世间有绳有蛇之事，亦皆为实。然人之想绳为蛇，则毕竟虚幻。人之求知，恒通过尝试假设与错误以进行，亦即恒通过若干之不必实或虚幻者以进行。知识之目标，在去误存真。真知之所以为真知，在如实而知。人真能如实而知，则此知称为实知。实知如实，而定然不移。则实知本身，即为一宇宙人生中之一实事。而人之求知，是成就知识，亦即成就此实知之实事。而此实知之实事，则为宇宙人生全部之实事之一。

我们如果了解知识依于实事，亦归于成就一"如实知之实事"，则可知我们如只是提举我们之求知之心，以求知种种其他实在事物为对象，而只自觉以成就种种抽象知识为目标，我们之求知之心，乃尚未落实者。必待吾人自觉的求成就吾人之一一如实知之实事，并知此实事，亦只为宇宙人生中之一事，吾人之求知之心，乃不特以实事为对象，且以成就实事为归宿而落实。而当其落实时，则人知实事之范围大而知识小。而知"此实事之范围大而知识小"之知，即兼通于"知识之知"与非知识之"知实事之知"，而知其异者，遂不可只以知识之知名之。亦非必待知识论而后建立者。道途乡里之人，固无不知其生活中之其他种种实事，非皆为求知识之事，及其生活中全部实事之范围，大于其求知识之一实事也。

吾人如真扣紧"实事大而知识小"之一义以用心，则知形上学初并不须在知识论上立根，而可直接在其所接之一一实事上立根。其求知一一实在事物之共同普遍之理或道，初尽可直接以此理此道，为所向往之对象，而一方求知此理此道；一方亦同时欲由此知，以接触实在事物，而非只以成就形上学之知识为目的者。其成就形上学知识，亦只是由形上学要求所发出之全部思想活动、精神活动之中间一段事。至于形上学知识之成为知识论所研究讨论之知识之一种，则为形上学知识既成后之一事。形上学知识，固不待知识论之加以研究讨论而后有者也。

诚然，知识论可研究讨论形上学之知识之所以为知识，而形上学知识，亦必可为知识论所讨论之一对象，故可说知识论居于一更高或在先之理论层次。然吾人如自上述求知识之事，为宇宙人生中之一实事而论，则知识论之讨论知识，亦不外讨论一宇宙人生中之一实事而已。形上学乃以研究一切实在事物之共同普遍之理或道为目的者，则形上学之范围岂不广于知识论？知识论岂不可只视为形上学之一章？然自形上学之不只为知识言，则形上学又不能只视为知识论之一章。若然，则形上学之概念，岂非可包括知识论之概念，而应居于更高亦在先之理论层次？

第四节　形而上学之问题

我们如果了解形上学不须根据知识论而建立，知识论亦可只为形上学之一章之义，则我们在讨论形上学问题时，可暂忘我们上部之所论，而直接以求知一切实在事物之普遍之理或道为目标；并同时考察我们之认知实在事物之种种态度，以及认知之方式，是否切合于实在事物。而此考察，乃唯所以达形上学之目标，而非在求得吾人对于此认知之态度方式之知识论的知识者。又由形上学之知识，恒与人之超知识非知识之人生行为等相连，故论人生行为之理想与价值在宇宙中之地位，亦可属于形上学中。由此而形上学之问题，遂约可说有下列数者。

（一）对各类存在事物，即上文之实在事物，之普遍的认知态度之决定问题。如直观之态度，及以概念规定事物之态度，只看现象之态度，及探求现象之后之本质与实体之态度。此即引起现象与本质及实体之形上学问题者。

（二）各类存在事物之普遍的性质之问题。如物质性、生命性、心灵性、精神性之问题。

（三）各类存在事物之普遍的范畴之问题。如有无、变化、数量等问题。

（四）每一个体存在事物之个体性之原理问题。吾人说每一个体存在事物为具个体性，然此个体性本身，则为一切个体事物所具，故其本身亦为一普遍者或普遍概念。

（五）存在之个体事物为多，是否可通为一，即一元多元之问题，或一本万殊之问题。

（六）各存在事物所共在之时空之问题。

（七）各类存在事物或各种普遍的性质，如何关联之问题。如物质性事物、生命性事物、及心灵性事物之如何关联；人之物质性、生命性的身体，与其心灵性之如何关联之问题。

（八）存在事物之变化与不变或常，及动与静之问题。

（九）存在事物于变化中，恒显出种种自由变化之可能，则事物之可能与其现实如何关联，成一问题。此变化乃由后面之原因决定，或由前面之目的决定，或由存在事物自由决定者？亦为一问题。

（十）存在事物所表现之性质、范畴，所共在之时空本身，是否亦为一存在，或为一种实有之问题。

（十一）宇宙中各存在事物之变化中之秩序与方向之问题。如直进之秩序，或循环之秩序，连续之秩序，或不连续之秩序，保存与创造之秩序，封闭的系统与开放的系统中之秩序等。

（十二）人之理想中所欲实现之价值，在宇宙之地位之问题。

（十三）宇宙有无一最高之主宰或神之问题。

（十四）宇宙之最后的真实为何，与最后之归宿为何之问题。

（十五）人在宇宙之究竟地位如何，及人之不朽性之问题。

凡此等等问题，不必能穷尽形上学之问题，吾人以后亦不必能一一讨论。然此类问题，皆为具普遍性之问题，而或直接与人之理想要求相关者。又吾人对此类问题，如有一确定之答案，即可本之以解释吾人当前所遇之任何事物，此答案，皆可不以一事物之特殊情形之为如何，而成为假或错误者。吾人亦即可于所遇之任何事物，皆得印证吾人对之所知之一真理，而使吾人时时觉真理之呈现于目前，而知"道"，体"道"。吾人对此类问题之与吾人之理想相关者，有一确定之答案，则对于此理想与其所关联之事物，在宇宙间之地位，亦即有一确定的认识，足以增强吾人对理想之自信，或以免除吾人缘理想而生之幻想。由是而吾人之理想，亦可由之而更确定。吾人持此理想以与现实世界之事物接触，亦即当更求逐渐实现之于现实世界之中，而此亦即中国先哲所谓知"道"体"道"而行"道"之事也。

第五节　形而上学之系统性与本部各章之次第

我们在上节虽举出种种形上学之问题，但吾人在本部中，并不拟一一依次讨论。吾人之举出此诸问题，惟所以使吾人知形上学之意义或性质。而实际上人之从事形上学的思维，亦并非必须经历此全幅之问题。在任一问题中，所包涵之问题，与由问题及问题之相联系而生之问题，亦无人所能一一加以举出者。实际上人之从事形上学之思维，恒只由一问题或少数问题开始。在开始时，人亦恒姑假定某种答案为真；而由此某种答案，以引绎出或关联于对其他问题之答案，并不断去除其不一致而相矛盾处，及思想中之多余或驳杂之成分，以归于贯通与纯一。由此而形上学之思维，即有一紧密相连息息相关之系统性。形上学思想之价值之高下，亦不重在其对一一问题之答案之是否为真，而在其如何透过种种思想上之困难，遵循种种新异不同之道路，依据严密之论证，或凭借独到之洞识与超妙之智慧，以凑泊一答案。浸至一答案成，而其他问题之答案，亦或缘之而成，如一结解而百结皆解；或使其余之问题之本身，亦化为乌有，而不答即同

第一章　形而上学之意义

于答。故一切形上学，皆恒为一家之形上学。家之为家，或为寒门，或为巨室。寒门可茅屋数椽，巨室可千门万户。然亦各有其起居食息之室，而皆足养生送死。然彼此亦不能相乱，各成一房屋之系统。游观之士，亦当分别观之。如以此一椽与彼一椽，以此一柱与彼一柱，析而观之，则兴趣索然。故学者诚有志于形上学，必须就历史上之形上学系统，取其性之所近者若干，藏焉、息焉、修焉、游焉。以观其千门万户，回廊曲道，缘何而通，又由何而入，由何而出。能入能出，再至另一家门，亦如是观之。及对数家建筑之图案，皆历历了然于心，乃能慢步前山，择清静地，冥然凝虑，意构吾将如何筑室而居。

唯形上学虽各家自成系统，然就其根本之观点及中心之观念而论，亦可分为若干类型或派别。至如何加以分别，亦可有不同之观点。有以自然主义与超自然主义为二大类者，有以唯心唯物为二大类者，有以一元多元为二大类者。而凡吾人上所举之任一问题中之不同答案，亦皆可扩充为分别形上学类型之根据，亦皆可为初学之士，借以分别了解不同之形上学系统之构造之一种方便。

唯依类型之分，以了解不同之形上学系统，则不同形上学系统间，其问题之相沿相仍之迹，又不能彰显。而学者徒知各系统之"此亦一是非，彼亦一是非"，亦不能引导其思想，以达于逐渐深入之途，由此而哲学史之研究尚焉。盖惟由哲学史，人乃能知一哲学思想之缘何而来，向何而往，而此哲学思想之变迁之迹，亦即前后之大哲，在思想上之出出入入之迹；而助吾人之出入于大哲之门庭，以进而自建树其思想者也。

吾人以下对东西形上学作概论式之论述，乃兼取类型之分，与历史之线索之二观点。并力求说明其问题之相承而起之迹，以导学者之思想，由切近以及于深微。

（一）吾人以下于本部之第一章，首论纯现象主义之形上学，此可称为反形上学之哲学。然亦可称为形上学之一种。理由后详。纯现象主义与非纯现象主义，为形上学之二大类。除此章所论者外，其余各章所论，皆非纯现象主义之形上学也。

（二）第二章论以"有"为形上学之第一概念之形上学，第三章论以"无"为形上学之第一概念之形上学，第四章论以变化及阴阳五行为形上学之主要概念之形上学。此乃为直就呈现之现象，而谓其另有根原，或陈其共相，而未确定划分形上实在与现象为二界之形上学。

（三）本部第五章论理型论，第六章论有神论之形上学，此为确定现象界及自然世界与形上实在之分，而扬后者以抑前者之形上学。

（四）本部第七章论唯物论，此为肯定自然世界之最低层之物质之存在，而视为最根本之实在者。

（五）本部第八章，论宇宙之对偶性与二元论，第九章论泛神论兼及泛心论。此为求销解自然世界与形上实在之二元论，或对宇宙之二元现象，求加以综合的把握，并加以肯定之形上学。

（六）第十章论一多问题。多元论为一肯定一切多之实在、一切现实之个体存在之实在之形上学，此乃异于上述各派形上学，只重肯定普遍者之理型、或遍在之神、或物质、或心灵之实在者。

（七）第十二章论对宇宙之大化流行之解释及斯宾塞之进化哲学，第十三章论柏格森之创造进化论，第十四章论突创进化论，皆为论变化之哲学，而以近代西方之有关进化论之哲学思想为主。第十五章论相对论之哲学涵义，第十六章论怀特海之有机哲学，此皆为着重以关系之概念说明动变者。此四章所论皆属于西方哲学中所谓宇宙论之问题，皆可称之关于变之哲学（Philosophy of Change），而与由第六章至第十一章所论者，主要属于西方哲学中之本体论之问题，皆可称为存有之哲学 Philosophy of Being 者不同。

（八）第十七章论西方哲学中之唯心论或理想主义，第十八章论印度传至中国之佛学之唯识宗之哲学，第十九章论中国儒家伦理心性论之形上学涵义。此皆为直指吾人之人心（亦即吾人能研究哲学与形上学之心），而谓其亦即宇宙之究竟真实之形上学。三者皆为摄外返内而求诸己之形上学。而其中之印度之佛学与中国先儒之形上学，则为能真知人之修养之工夫与行为本身，即人之能真知形上实在之一条件，而亦为形上学之一部分者。依中国之哲学，尤重人之立人道以知天道，由此而形上学亦为人道论之一章；吾人即可过渡至本书第四部之人道论或价值论之讨论。

形而上学之意义　参考书目

熊十力《新唯识论》第一章。此文代表东方重体证之形上学观。
W. James: Some Problems of Philosophy, 2. The Problems of Metaphysics.
G. Collingwood: An Essay on Metaphysics, pt. I.

柯氏以形上学乃反省知识之最后的预设"presuppositions"之学，彼谓此乃直承亚氏形上学之原义者。

A. E. Taylor: Elements of Metaphysics, ch. I. Problems of Metaphysics, New York, Macmillan, 1909.

泰氏之形上学观，以形上学为研究究竟实在与现象之关联，代表客观唯心论之形上学观。

A. N. Whitehead: Process and Reality, ch. I. New York Macmillan, 1929.

S. Alexander: Space – Time and Deity, Vol. I. pp. 1 – 31, Macmillan Company, 1950.

怀亚二氏之形上学代表非唯心论，而重现实宇宙之构造之形上学观。

J. Maritain: Degree of Knowledge, first Part, V. Metaphysical Knowledge. Geoffrey, London 1959.

A Preface to Metaphysics, Sheed & Ward, London, 1949.

马氏为今之新多玛派名家，前一书为其代表著，后一书为讲演稿，彼乃承亚氏及圣多玛之说，以形上学为研究实有者。

M. Heidegger: What is Metaphysics, 见 W. Block: Existence and Being, pp. 355 – 392, London, Edward & Charles Straker, LTD, 1949.

M. Heidegger: An Introduction to Metaphysics, ch. I. tr. by R. Manheim, YaleUniv, 1959.

W. Kaufmann: Existentialism, pp. 207 – 221, New York Meridian Books, 1957.

海氏之论形上学代表重实有 Beings 与虚无 Nothing 之交界之形上学观。

D. F. Pears ed: The Nature of Metaphysics, first ch. and last ch, Macmillan & Co. LTD, London, 1957.

此小书为一讨论集，读之可知现代英美哲学界对形上学之性质之讨论。

第二章 现象主义

第一节 现象主义与形而上学

现象主义,可称为一反形上学之一种哲学,但亦可称为反形上学之一种形上学。

现象主义之特色,在只承认有所谓形形色色之现象。而不承认此形形色色之现象之外、之后、或之上、之下、之一切实体、本质、底据Substraturn之存在。我们在常识中所谓自我之心体、外在之物体、及宗教哲学家所谓神、上帝、及物之自身、或自存之本质、本性、自性、理念等一切超现象非现象者,依现象主义,同不承认其实有。其有,只为人凭其所知之现象,而构想成者;因而至多为第二义以下之有,而非真正之实有者。我们可说形形色色之现象,皆是在形以内,而非形以上的。而现象外之一切,皆是形以外,亦可说为形以上、形而上的。此说承认前者之实有,不承认后者为同样之实有,或以后者之有,只为人所构想成,而非真正之实有;即等于不承认形而上学,而可称为反形上学之一种哲学。

我们以前在知识论之关于知识之对象之问题中,曾讲到现象主义,而视之为一种关于知识对象之一种学说。其义是以知识之所对,只是种种相继之现象,而更无其他。故我们可只以现象主义,为哲学中知识论之一派,根本上否定有所知现象外之超现象非现象之存在,亦即否定有形而上之存在,否定形上学之一种哲学。

但是我们亦有理由说,现象主义,亦是一形上学之学说。因现象之为现象,可以只视为一知识之对象,亦可视为一实有的事实。我们在论知识之对象为现象时,现象主义固只是一知识论中之学说;然我们把现象视为唯一之实有的事实时,则是表示我们对实有的事实之一种看法、一种主张。依我们上章之形上学的定义，形上学为研究讨论实在事物之何所是者，则我们说现象为实有，非现象或超现象为非实有，即是一形上学的看法或主张。

其次，依现象主义说，非现象超现象之形而上者，固为非实有，但我们之说其非实有，仍是关于此形而上者之一种论述。至少是关于其他人心中之所谓"形而上者之名言"之一种论述。我们知道一个人之有，是一种知；知道龟毛兔角之无，亦是一种知；学好是学，学去掉坏亦是学。故我们学求知道形而上的东西是什么，是关于形而上者之学。学求知道莫有形而上东西，还可说是关于形而上者之学。从历史上看，一个哲学家真要相信现象主义，还是要用许多心思。此用心思之事，不能不说是一种学习。此学习或用心思之结果，固可只是知道超现象非现象之形而上的东西之莫有，因而人可亦无新知识之增加。但是人于此若无新知识之增加，则此用心思之学习，不是成就科学等知识之学，亦不直接是成就知识论之知识之学。此时人最后所得者，只是知形而上的东西之莫有，如龟毛兔角之莫有，如梦醒时之知梦境之莫有，而突然幻灭。此时根本无知识之形成，亦无对此"无知识"之反省，即可无知识论之研究。然而我们毕竟用了一番心思，此用心思之学，总应有一名字。此用心思之学，是学的知形而上者之莫有，即仍可称为形而上学。

第二节　常识中现象主义与纯现象主义

我们方才说纯现象主义，是只承认有形形色色之现象为实有，此外更无其他，或其他者皆"非有或构想出之第二义之有而非实有"之形上学。然则何谓现象？此即呈现于我们之前之种种象或相。如我们举头一望"满山之青黄碧绿"（朱子语），即都是直接呈现于我们之前之现象。而我们前在知识之意义等章，凡论到我们之直接经验或亲知或直觉之所对者，皆是直接呈现于我们之前之种种现象。（实有）人饮水时之所知，哑子吃苦瓜之所觉，与我们看所谓外物时之所知所觉，同是现象。但我们说其是直接经验或亲知、或直觉之内容或所知，而此所知又与能知之心浑然不二等，则是以我之主观之经验等为中心而说。今我们之只说其为直接呈现之象或相、或现象，则是克就其自身而说，而不带任何主观中心之色彩。而实际上，在我们经验此形形色色之现象时，当前所有者，亦唯此形形色色之现象在呈现；我们可并不自觉其为我们所经验，亦可不自觉我们之经验之活动之存在，或我们之自我之存在的。

依纯现象主义之立场，是以呈现者与有者同义。在常识亦以呈现者即为实有。但在常识之所谓现象中，则包涵种种之非呈现者。而纯现象主义之思想，则当推类至尽，而求将一切非呈现者，皆加以剔除，只承认真正之呈现者，方为真正之实有。我们可先举一诗来讨论。

李白诗："床前明月光，疑是地上霜。举头望明月，低头思故乡。"

在常识中，明月发光，射到床前，是物理现象，举头是生理现象，我之疑与思是心理现象。此皆为实有，而此目、此头、此心、此我，亦皆为有，乃与此种种现象不分者。

但如依纯现象主义之立场，则李白初见者乃床前之光，此时应唯此如是如是之所见之光为实有。而此光则李白初亦不知其为光，故可疑之为地上之霜。然彼虽不知其为光，而可疑之为霜，彼要必有所见，而后能疑。此所见者即为直接呈现之一现象，此为必有而实有者。然彼之疑之为霜，则此霜实不呈现于前，而此疑中所包涵之"此所见为霜"之判断，即一错误之判断，此"霜"乃毕竟非实有者。且不特彼在此时，不能言此所见为霜，亦不能确知此所见为明月光。彼此时只在地上床前有如是如是之所见，尚未举头见月，亦尚不知其为光，更何能确知其所见，为明月光？如彼未见月，不能确知所见为明月光，则月亦应为非呈现而非实有者，其谓之为有，初亦是一可能错误之判断；必待举头见月，证实其所判断，乃能谓之为实有。而此证实，则由于其举头时，又有一如何如何之所见之形，此所见之形，乃与吾人平日名之为月之形相似者。此所见之月之形，与一串光线相连续，以贯至床前，故吾人称床前之光为明月光。此月之形与一串光线，皆似可直接呈现于吾人之前，故皆可称为实有之种种现象。然吾人之所谓明月，不只包涵李白此时之所见之月之一如是如是之面相，且包涵其呈现于一切古人今人之前之面相，与其从不呈现于人前之背后之一面，及其核心或内部中无数层面；而吾人所谓光，亦除其光色之外，兼包涵光之温度及其他种种作用。此皆不呈现于李白望月之时之前者。而李白举头时，彼固必有一筋肉感觉呈于其前，然彼实不能自见其头，则头亦非呈现于前。其思故乡时，故乡中固可有若干景象呈现于其前，然除此景象外之故乡之其他方面，亦不呈现于其前。又其心在作如此思如此疑时，其心之如此思如此疑之活动，固亦呈于前，然其心之其他方面，亦不呈于前。此在常识，则又皆承认，肯定信仰此等等之皆为实际存在而实有者；然依现象主义之立场，则皆当谓其只为构想之有，第二义以下之有，非真正之实有。而自其不如呈现之现象之有之实而言，迳视为非有，亦无不可者。

吾人由上述之例，可知在常识中之现象主义，实为不彻底而包涵种种非呈现者，不呈现者，非现象者之种种承认、肯定、或信仰者。而吾人在日常生活中闻铃声而知客至，见容色而知忧喜，实无时不有对非直接呈现者存在之承认、肯定、或信仰。而一切知识上之对于非直接呈现者之判断假设，初亦无不依于对直接呈现者之外之存在之承认肯定信仰，亦即皆欲翻过直接呈现之形形色色之范围之"形之内"而有所构想，并不觉以所构想之此形以外，形以上之有为真正之实有；而未达纯现象主义之思想标准者。由此而吾人亦可说纯现象主义者，于此有其不容抹杀之真知灼见在。

此纯现象主义之真知灼见之所在，吾人如为之说明，可说有二。（一）为凡非直接呈现者，自其别于直接呈现者言，毕竟缺乏一直接呈现之性质。如直接呈现者涵实有之一义，则非直接呈现者，毕竟缺少此一义。而以此义为标准，则非直接呈现者即非实有，至少亦由缺少实有之此义，而非兼备实有之一切义之实有。而直接呈现者，则能兼备其所缺少之一义，而为最真实之实有，或真正之实有。（二）是凡非直接呈现者，皆有永不呈现，及不待吾人之证实其存在，而已消灭之可能。故吾人对一切非直接呈现者之判断信仰，亦无不在原则上，为可错误者。此亦为吾人以前在知识论中，所承认者。由此而其存在，即不能为吾人必可确知者。此即如李白举头望月时，月之可以一彗星之来而消灭，及其初判断之为霜之可误。然直接呈现者则如在即在，吾人在说"在"时，即已证实其在。而其"在"，亦同时，即如其在而在。此即如李白之见床前月光时，虽可不知其是月光，而仍有其所见者之在。而此所见者之在，亦如其在而在，遂为无错误者。依此二义，则纯现象主义者之以直接呈现者为最真实之实有，或真正之实有，即为可说者。

第三节　纯现象主义之态度中之理或道

依纯现象主义之态度，现象之为实有、为在，乃如其在而在，即如其实有而实有。然此中并不包涵：视在者为必在或长在永在之义，即不包涵实有者为必有长有或永有之义。人亦不能有对此在者实有者之任何执定或执著。纯现象主义之承认肯定现象之在与实有，唯是如其在，如其实有，而承认肯定之；则亦即同时可如其由在而不在，由有而非有，而不复再承认肯定之。纯现象主义者唯见现象，现象如是，即视之如是。至吾人对现象之执定或执著，乃吾人之活动之施于现象之上，亦在现象之"如是如是在"之外者。吾人如只承认现象，而不承认此外之一切，则吾人亦不能承认此执著与执定之当有。而吾人果对现象无执著或执定，则亦即能不望某一现象之长在长有、必在必有。而现象亦现即现，不现即不现。其"现"，不排斥其先与其后之"不现"，其先与其后之"不现"，亦不排斥其当下之"正现"。故纯现象主义，能任顺现象之任何变化，任顺任何种现象之呈现于前，与其无定限之更迭，而无所执定，无所期必，无所沾恋，无所排拒，而皆加以承受。吾人亦可说纯现象主义之态度，为一纯承受之态度，其宇宙观或世界观，为纯承受所遇之现象，而如其所如而观之之态度。

在此种纯承受之态度下，则一切现象之千殊万异，皆同为人之所承受，此中可无一切现象之共同普遍之原理或道之可得。而纯现象主义者，亦可不承认一切抽象之理或道之自身为实在或实有。吾人如以形上学为必求知一切实在事物之共同普遍之理或道者，则现象主义，即应为反形上学者，而其自身亦非形上学。

唯现象主义，虽可对于一切千殊万异之现象，皆加以承受，亦不求其抽象的共同普遍之理或道；然现象主义者之承受千殊万异之现象，而一一皆如其所如而承受之，以如其所如而观之；此一贯之如其所如而承受之观之之态度本身中，却有一一贯之观点、一贯之方式。此一贯之观点方式之本身，即一道一理。人依此道此理，以于千殊万异之现象，皆一一如其所如，而承受之，以观之之态度，乃遍运于千殊万异之现象之中之上者。则此态度为运于现象之形形色色之上之形而上的态度，而此态度中之观点方式之道之理，即仍为一形而上之道之理。而由此态度所观之千殊万异之现象之一一之如其所如之本身，亦可说为一切现象之共同之理，共同之道。

我们说，如A则A，如P则P，此是逻辑上之同一律；以A指定一事物，以P表一定之命题，而以P说A，则成一特定事物之知识。而以一命题 P 说 A，实即就指定之 A 之所如，以说其所如。而我们今以现象代事物，亦不指定特定现象，以说其所如，而唯说任何现象皆如其所如。于任何现象皆如其所如而观，不增益一分，亦不减损一分；则惟是一位于现象之上，以平观一切现象之形而上的态度。此态度如在一一现象之上飞翔，而不留鸿爪；即对每一现象，观其如其所如后，亦可不留其观后之所得，则可无知识之留存。亦可不反省其观之之方式是："如 A 可以 P 表之，则 A 可以 P 表之，"则亦无逻辑上之同一律之可说。然而我们却亦可说此态度是"先通过逻辑上之同一律，以观一一之现象，不断观象知象；而又不断扫除'象'，忘却'对于象之知识'，以超逻辑之思维超知识之一种形而上的态度。而学有此态度，即一种形而上学"。

此种纯现象主义之形上学之最高成就，当为佛家之般若宗、中国之禅宗，此须就上文所说之义，再进一步以为论。其次者为《庄子》及郭象之注《庄子》之一部。西方之现象主义，于此盖相距尚远。吾人今取法乎中，略举《庄子》及郭象注《庄子》之言，以为印证。

庄子《齐物论》："道行之而成，物谓之而然。恶乎然？然于然。恶乎不然？不然于不然。物固有所然，物固有所可，无物不然，无物不可。"

郭象《庄子注》对《德充符》，"自其同者视之，万物皆一也"注曰："虽所美不同，而同有所美。各美其所美，则万物一美也。各是其所是，则天下一是也。"

又对《齐物论》"参万岁而一成纯"注曰：

"夫举万岁而参其变，而众人谓之杂矣。故役役然劳形忧心，而去彼就此。惟大圣无执，而苍然直往，而与变化为一，一变化而常游于独者也。故虽参糅亿载，千殊万异，道行之而成，则古今一成也。物谓之而然，则万物一然也。无物不然，无时不成，斯可谓纯也。"

此上所引，读者可配合上文所论，加以了解。

第四节　因果观念之超越与外在理由之舍弃

纯现象主义者，在形上学上，反对一切超现象或非现象者之真正的实有，而至多视之为假有，或俗谛（即世俗真理）中之有。而其所以破斥一切超现象非现象者之实有，而说明其只为第二义以下之有或假有者，其理论皆可极为复杂。在原则上，乃可与其他哲学之证明"其所执之非现象超现象之实有"之理论，同其复杂者。吾人今亦不必皆加以介绍。吾人今唯指出纯现象主义，与他派哲学最大一点之不同，即因果观念之超越。

吾人以前在知识论中，曾说明因果观念，对于知识之成就之重要性。但依一纯现象主义之形上学观点，则视因果观念与一切溯因究果之思维，皆为使人离开直接呈现之现象，亦不能引人达于其他更真实之存在事物者。此中之理由，亦可甚简单。即一现象之因或果，依吾人以前之所论，乃恒为已消逝或尚未存在者，因而即非直接呈现者。而如一直接呈现之现象，其因果若为吾人所未知，则吾人之溯其因或究其果，谓此因果之为如何，恒不免出于吾人之一种推测与假定。而此溯因究果之一念，亦即使吾人离开此直接呈现之现象者。此溯因究果之事，由因再至因之因，由果再至果之果，所求知者愈远，亦即愈远离直接呈现之现象。至于克就吾人所推测假定之如何如何之为因者之"相"及为"果者之相"言，虽亦可说其一一皆如是如是，以呈现于吾人想象之心思之前，在其正呈现时，亦皆为直接呈现；然如克就其皆为如是如是直接呈现而观，此所谓为因者之"相"为果者之"相"本身，仍各各只为一现象，而在吾人之心思之前，如是如是相继呈现，吾人亦即可不思其间有因果之一定的关联之存乎其间。

吾人如超越因果之观念或因果思维，以观世界，则吾人对一现象之何以如此如此呈现，或由何而来之理由之答复，不能求之于与之相异之任何现象，而只能求之于其本身之如是。如吾人问何以糖是甜，此不能说由糖之分子构造之如何，亦不能说由舌之构造之如何。因糖之分子之构造之如何之现象中，实无甜。舌之构造之如何之现象中，亦无甜。然则糖何以甜？此直无由答复。而吾人亦无法将甜之相附于糖之相，只能视为相继呈现之相。此二相各如其所如。则此之如是之理由，不能求之于彼之如是。则甜之所以甜之理由，只在其自身，而不在糖或其他。则糖何以甜之唯一答复，即唯是因甜是甜，而此亦同于谓甜之所以甜，别无理由；而一切现象之所以是如何之现象，亦别无理由。而吾人之求理由之心，即全止于一现象之内，而不溢出雷池一步。中国西湖有冷泉亭与飞来峰。尝有一对联曰："泉自几时冷起？峰从何处飞来？"或答："泉自热时冷起，峰从住处飞来。"然热中实无冷，住处亦无飞。或乃答曰：

"泉自冷时冷起，峰从飞处飞来。"此方为善答。因冷唯由冷为理由，飞亦唯以飞为理由也。

第五节　结论

　　此种纯现象主义之形上学，其价值毕竟何在，甚为难言。但吾人可说，此种形上学之根本态度，是吾人之一般溯因究果，追求现象之外在理由之求知识之心习之一倒转，而将吾人之全幅心思，凝聚收敛，以止于直接呈现者；而同时对一切直接呈现者，又皆加以顺受，对一切可能呈现者，皆不加以排拒，而洞开门户者。而此亦即所以使吾人之心思与实有之现象，真正接触遭遇，而还至直接经验与亲知之世界者。人在本其向外求知识之心，以上穷碧落，下达黄泉；而发现其一切推测假定无不可能错误，并于此感四顾茫茫，无所依止之时，即有回至此直接经验之呈现者之前，以求一当下之依止之倾向。此直接经验之呈现者之来，吾人果无所排拒，无所执定，其内容亦即为无量无边，而此亦即可为一最广大之真实世界观。

　　然吾人若果止于此种形上学，则将无他派之形上学可讲。而吾人欲透过呈现之现象之外，以追求现象之所由生之心习，亦非可轻易加以驯服，而自甘止息于此种形上学者。此或须吾人在遍历其他种种之形上学之思维后，乃能再在一义中，发现此种形上学之价值。

　　此种现象主义之形上学，是要否定一切非现象或超现象者之存在。但如果现象真是实有，而又不可执定为必有长有，且现象之有者，亦可成非有而无；则更彻底的现象主义，应当是视实有者，皆有而非实，或有而非有，或即有则无者。若然，则现象主义一名，亦将不立。然至少一般现象主义，皆不愿承认现象之有而非实，谓有即非有，或即有即无。因如谓有即非有，即有即无，对一般思维，明是一自相矛盾。而不求一切有者之所自来，亦非常情所能安。由此而有下列各派之哲学。

现象主义　参考书目

　　《庄子》郭象注，自《庄子》郭象注否定一切先物之道与阴阳，而以一切有皆自然、自在、自因一点说，为一彻底之现象主义。但彼其他之思想，又当别论。

龙树《中论》佛家《大乘空宗》以现象之如是如是有,为俗谛,其毕竟空,为真谛,舍其毕竟空一面不论,即一彻底之现象主义。

G. Santayana: Skepticism and Animal Faith.

于桑氏之哲学,吾人如除其所谓"动物信仰"一面,并不将其所谓"Essence"视为潜在之自存者看,而只"视为如是如是展现者"看时,即可谓之为一纯现象主义。

F. H. Bradley: Appearance and Reality. pp. 121-126, Phenomenalism.

柏氏以实在不能离现象,然现象自身又非实在,如以之为实在,必导致矛盾。

第三章 唯一之实有论

第一节 超现象主义之形上学——"有"之形上学及"无"之形上学

吾人在本章及下章所将论之形上学，为直接肯定一超现象之形上界，而视之为大有——即唯一而无限之实有——或视之为杳冥之虚无、无形之"无"之形上学。此二者皆不同于上述之现象主义，而皆为真正肯定有所谓形以上之境界，乃直寄其心思于此；又对此形上界，未加以其他特定概念之规定之形上学。此可称为一切其他以特定概念规定形上界之形上学之模胎。

此二种形上学所由产生之根原，在吾人之心思可不只凝聚于当前直接呈现之现象加以承顺而观之，并可超出直接呈现之现象以有所思。吾人以前已论人之一切求知时之推测假定之事，皆缘于此。唯吾人一般科学哲学上，对未呈现者之推测假定，皆夹带种种特定之概念以进行，以求建立种种确定之知识。然吾人之心思，亦未尝不可只一往超出呈现之现象，以有所思，而此所思者初唯是一非现象超现象之境界。吾人亦可不运用任何特定概念于此所思之境界，加以规定，以成就确定之知识。此乃吾人之心思之所能为，亦即此二种形上学之所以可能之理由所在。

上段所言，人能超出当前直接呈现之现象而有所思，又不运用特定概念对其所思加以规定，以成就确定知识，此并非难解者。即依现象主义之说，亦可预设此一义。盖依现象主义之说，吾人唯见相续相继之现象，更迭呈现于吾人之前；此即无异于谓：在当前呈现之现象外，尚可有继起之现象。然吾人试思，此将继起而未起之现象，毕竟何所似？则姑无论吾人用概念以形成之推测假定常有错误，即其全真，此概念亦只能及于继起者之轮廓，或其所可能表现之抽象普遍之共相、共性。此继起者之具体特殊之性相，毕竟不能呈现于吾人之前，而为超吾人之思议之所及。然吾人如谓其亦为"实有"，则吾人于此，已思及其为实有，而具实有性、存在性；而除其具实有性存在性以外，此时吾人亦可不更思及其他。又吾人亦可就其未呈现，只思其为不可思议，为无形之无，而在杳冥之虚无中。此即已可为上述之二种形上学之思想之所自始。

现象主义之预设此二种形上学之思想者，尚有一义可说。即现象主义者，谓世界只有种种相继呈现之现象而另无其他，此乃假定吾人之可总一切现象之全而思之。然吾人之思维，是否能总一切现象之全而思之，可是一问题。如其不可能，则吾人不能说确有此现象之全。如其可能，则吾人既总一切现象之全而思之后，吾人仍可再有心思，以思及此现象之全之外，而达于超现象非现象之形而上之境界。则吾人之自限吾人之心思于现象之世界，即至少非现象之自身所能为，亦非现象主义之所能为。

第二节　恒常纯一之唯一实有观之意义

上文论人之心思可超出现象之范围，以思其上亦有种种实有或存在，并将此种种实有或存在，合为唯一而无限之实有或"大实有"或"大存在"而思之。此实即东西哲学中，于形形色色之杂多变化之现象外，另立一超此现象之恒常唯一实体，以与现象界成相对之二界之思想之模胎，亦为一神论之宗教思想之一根。中国思想中所谓"太一"，印度思想中所谓"生主"（Praja Pati）或"有"（Sat）①，西方希腊哲学中依里亚派之"太一"（One）或"大实有"（Being），与后之新柏拉图派之"太一"（One），于此皆同类之概念。其中较简单而在西方哲学史中引起之问题最多者，则为依里亚派之说。吾人今即暂以此派之说，为一代表。至其余持太一之论者，皆有其余更多之概念，以规定此太一之涵义，当于他章论之。

---

① 据高楠顺次郎、木村泰贤《印度哲学宗教史》一书第四章第二节《梵书之哲学》，谓生主之观念，乃由《梨俱吠陀》过渡至《奥义书》之特重大梵与我之观念者。又同书第二编第二章第二节，谓《奥义书》中亦有"太初只有'有'（Sat）唯一而无二"之思想。

第三章 唯一之实有论

希腊依里亚派（Eleatic School）中之巴门尼得斯（Parmenides）及齐诺（Zeno）之理论，一方在论太一（One）或"大实有"（Being），为形而上之真实，而为由吾人理性所可认知者。另一方在论一切只由感觉所认识之变动，与杂多之现象，皆非真实而为假象，而只此唯一而恒常之太一或大实有为真实。此为西方哲学中将形上界与现象界视为对反，而扬前者为真实，抑后者为虚幻之最原始之一型态。

关于依里亚派之所谓太一或大实有，哲学史家或本唯心论之立场，释之为思有合一之理念，或本实在论之立场，释之为一无限之大物①，然以本书立场观之，皆非重要者。重要者，唯在其以唯一恒常之"太一"或"大实有"为真实，以动变与杂多为虚幻，而与吾人上章之现象主义，成一明显相对反之说。

毕竟此派如何正面论证此唯一而恒常之"太一"或"大实有"之存在，吾人今亦不能详考。吾人今所能确知者，唯是此派之如何论证变动之非真实，杂多之非真实。"恒常"为"变动"之反面，"一"为杂多之反面。吾人果知变动杂多之非真实，亦可反证唯一恒常之"太一"或"大实有"为真实。而吾人在未略介其所以论证变动杂多非真实之理由之先，吾人亦可以一较简易直截之用心思之方式，以体悟此说之义。

此简易直截之用心思之方式，即是吾人上所提及之总一切现象或存在之事物，去其一切差别相，而只就其实有性或存在性而思之。吾人说一切山川日月各个不同，然如吾人只就其实有性存在性而思之，则山只是实有而无山相，川只是实有而无川相，日月只是实有而无日月相。于是山川日月，即成同性质之实有，而纯一无别。果其无别，则不得说为多，只是纯一之实有。盖一切变化之事，所谓一实有变为另一实有者，皆自二实有之差别相言，如山由黄变绿，即自黄绿之差别相而言。如吾人今去此差别相，则黄绿各只是一色，或各只为一实有。由黄变绿，即由色变色，由实有变实有，此即同于未变，如色恒是色，有恒是有。吾人采此观点，以看万物万形，则"山非山兮水非水，生非生兮死非死"。一切杂多，皆不杂不多，一切变动，皆无变无动；而穷天地，亘万古，凡吾人目之所及，耳之所闻，心之所思，皆惟是一恒常纯一之大实有之

---

① 黑格尔之《哲学史》（History of Philosophy, Vol. I. Pt2. Section one, p. 2.）代表前者。贝勒特（J. Burnett 之 Early Greek Philosophy, Ch, Ⅳ）之《希腊哲学》，代表后者。

所充塞周遍、弥纶布护，而更无移动，更无封畛，道通为一矣。

至于变动与杂多之非真实，则吾人无妨先自变动者皆有而非有，杂多之分，必有统多之一，以知其义。我们说现象由此变彼，如山由黄变绿。说黄可变绿，即同于谓黄可由有而非有，绿可由非有而有。然有果为有，何来非有？如有可成非有，则于非有之际，有又何有？有成非有，明为矛盾，矛盾者不实，故一切有之由有而无，以成变动之事，应皆不实。故现象主义之思想，推类至尽，如佛家之般若宗，亦必以一切现象之实有为幻有，而知现象之实有非实而为幻，则亦可转证依里亚派之义。唯依里亚派由此以进至现象之有之外，另立恒常纯一之大实有，则与佛家般若宗之义又迥别而已。

复次，杂多不实之义，吾人亦可先由"杂多之分必有统多之一之义"，加以凑泊。吾人固可思彼杂多，观彼杂多。然思彼杂多之思，观彼杂多之观，则尽可为一。如吾人上章所谓现象主义者之于一一现象，皆如其所如而观之思之，此一贯之如其所如而思之观之之态度中即有一道。是见多不离一之义，已为现象主义之所预设。多果不离一，则多不能自成为多。凡可视为多，分为多者，皆必先视为一。而多之为有，即依一之有而有。如直往分一为多，凡分出之多个小一，皆可再分为多个"小一"，直至无穷，无驻足处。则有"多个之小一"一语，亦不可说，而世界可为空无。果多必依"一"，则"一"为更高义之真实，而一往之分一为多，以多能自成为多之见，便为非真实之见。吾人即可由此以凑泊杂多不实之义矣。

第三节　依里亚派齐诺破斥变动与多之论证

吾人如能先顺上列之思想，以由上章之现象主义之形上学思想，过渡凑泊至此派之形上学，则吾人可进而略介此派之论"变动为虚幻"，并论"直往分一为多，只以杂多之观点看世界之谬妄"之论证如次：

对于变动，在此派之齐诺（Zeno）曾由变动之一概念中，所包涵种种之自相矛盾，以反证变动之为虚幻而非真实。此相传有四论证。

（一）为"飞矢不动"之论证。此是说如有一动者，由此至彼，则此动者，必须历一段时间，乃能由此至彼。此所历之时间，可分为无限瞬。所历之空间，可分为无限点。则此动者于一瞬间，必在空间上之某一点；

于次瞬间,在空间中之次一点。在不同之瞬间,此矢即在不同之点上。而我们从此动者之于一瞬间只在空间之一点上看,则此动者便是不动。

(二)为"历动之全程必先历其半"之论证。此是说,如有一动者,由 A 至 B,则必先经 AB 之距离之二分之一。设此二分之一之距离,为 AC。此一动者,如欲由 A 至 C,又须先经 AC 之全程之二分之一。设此二分之一为 AD。此动者欲由 A 至 D,再须经 AD 之全程之二分之一。设为 AE,……其由 A 至 E,又须先经其二分之一 AF……而此即成一无穷之级数。由此无穷之级数之存在,一动者经历任一距离,皆须待于先经历其一半之距离而后可能。此即如一列车,每一列车皆须待前一车之动而后动,而其前之列车之数为无限。则任一车皆不能动。

```
A  |  |  — |  —— | ————————— B
   F  E    D      C
```

(三)为"阿溪列斯(Achilles)永不能追及龟"之论证。阿溪列斯乃希腊之善走之英雄。齐诺谓其永不能追及龟,以证变动之非真实。因阿溪列斯欲追及龟,必须先到龟原在之地。然当其经一定之时,至龟原在之地,则龟行虽慢,在一定之时中,必已自其原在之地,前行若干距离。如设龟原距阿溪列斯二十里,而阿溪列斯一小时行二十里,龟一小时行一里。则一小时后,阿溪列斯即抵龟原所在之地。然此时龟至少已行一里。如阿溪里斯在一小时之二十分之一,即三分钟,再行抵龟所行之一里之地,则龟至少又已行二十分之一里。至阿溪列斯再抵此二十分之一里,则龟又已行四百分之一里。而阿溪列斯至此 $\frac{1}{400}$ 里之地时,龟则行至 $\frac{1}{400 \times 20}$ 里。……依此而龟即终在阿溪列斯之前,而彼即永不能追及龟。

(四)为"二动者同时依相反方向而动时,于一定时间又可经历倍数之空间点"之论证。

如设有二动者 AB,皆为占空间之有量之物体。今设其长度包涵四空间单位或四空间点,而应合于其原所在之空间 C 上之四空间单位,或四空间点者。今设 A 单独向某方向动,B 暂不动。A 在一单位时间历一空间点,则 A 须历四单位时间,乃能越过 C 中之四点。设 B 单独动,A 不动,亦然。今设 AB 同时依相反方向而动,如甲图,则在经二单位时间后,AB 对 C 言,皆只越过二点。然 AB 相对而言,在二单位时间后,AB

之关系，即如乙图。

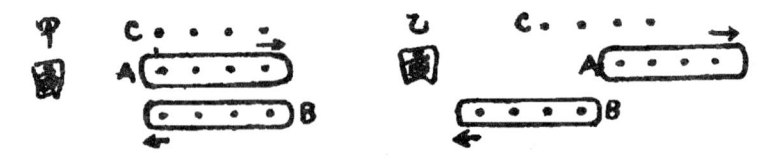

在乙图中，于二单位时间后，A越过B上之四点，B亦越过A上之四点。此即同于半单位时间，越过一空间点。此便与吾人原所假定之一单位时间越过一空间点者，在四单位时间越过四空间点者相违，而发生矛盾。如吾人原假定为真，则此当为妄；如此为真，则原假定为妄。吾人如肯定有动，则不能逃于此二难之外。欲逃于此二难之外，则只有否定动之为真实。

齐诺除本此四论证，以论动变之非真实外，复有种种论证，以说明"一存在之物分析为多，而视一物为多之积集"之不可能。因如一存在之物可分为多，设分为三，再继续将所分成者分为"三"，则分而又分之结果，直至无穷，即成无限小之量。而一物之量，即等于无限个之"无限小之量"之和。然如一物之量，分为无限小之量后，吾人试问此无限小之量，为有量或无量？如此无限小为无量，则无限个无限小之和，仍为无量。此与事实相违，而成矛盾。如无限小之量有量，则此量无论如何小，而乘以无限，皆可成无限大之量。则一物之量，应为无限大。此又与事实相违，而成矛盾。然吾人之视一物，为可分为多之积集者，则必导致此矛盾。是即证视一物可分为多，而视之为多之积集之妄。

第四节　齐诺所提问题之答复及齐诺所提论证之目标

关于齐诺之论变动与多之为虚妄不实之论证，乃明与吾人所现见之事物之有变动，一动者能越一空间之距离，并能追及另一动者；二动者亦明可依相反方向而动，以一半之时，互历其所占之空间量，及吾人之明自觉可对一量，加以分析等，种种事实，皆相矛盾者。而在西方之哲学史中，后亦有不少之哲学理论，求有以解答齐诺所提出之问题者。此重要者，有三者可说。

（一）以依里亚派之谓变动为不可能，乃依于有者不能成非有，即形式逻辑中之是A者不能是非A之律则。但此种形式逻辑之律则，可不适于说明事物之变动。而此种逻辑,亦非最高之逻辑。或只为一理解上之逻辑,而非理性之逻辑。理性之逻辑,乃当肯定是 A 与是非 A 之统一,肯定是 A 者之能自己否定,以成非 A 者。依此逻辑,则在运动中之物,即为在空间中之某一点,而又不在某一点,以在另一点者。此即黑格尔辩证法逻辑对齐诺之问题之解答。

(二) 再一种对齐诺斥变动为虚幻之答复,即以齐诺之错,在其以静之观点看动,故以一物之由此至彼之动,为一串之"静"之集合。然实则动为一整个之历程,根本不能由静的观点去看,并分之为一串之"静"之集合者。吾人既视动为一串之静之集合以后,则动自为不可能。然此实唯证以静的观点看动,永不能真把握动而已。此为柏格森式对齐诺问题之答复。

(三) 再一种对齐诺所提出之问题之答复,则为以一种数学上关于联续与无限之理论,以解消齐诺论动与多所产生之矛盾。此即为罗素之承康脱(Contor)、德地铿(Dedekind)之论联续与无限,在其《哲学中科学方法》与《数学原理》等书,所陈之对齐诺之问题之答复。此种答复之主要目的,在说明动的历程之数学分析,并不破坏动的历程之联续性。而"无限数之系列"之概念,联续之概念,皆可由数与数间之关系,加以界定,而亦可并不导致矛盾者。

关于此数种形态之理论对齐诺之问题之答复,其详细内容,非吾人今之所能一一讨论。唯吾人须知,依里亚派之思想之目标,实不在其消极的怀疑数学知识之可能之一面。其论变动与分物为多之不能免于矛盾,其正面之目标,唯在显示实有之不能真成为非有,及实有之整体,不可视为无限之部分之实有之集合体看。而数学之分析,本只为概念上之分析,用以成就数学知识者。吾人承认数学上之分析之为可能,亦并不同于肯定一实有之整体,真可视为无限之部分之实有之集合体。因而亦不同于全答复此派哲学所提出之问题。

至于黑格尔及柏格森之说,其目标乃在说明存在之变动为可能者,固与此派之说不同。然实则黑氏与柏氏,亦并未能否定齐诺之一根本论点,即实有不能真化同于非有。因黑格尔辩证法,以"有"可自己否定成"非有"者,亦继之而言"非有"之可再自己否定以成"有"。则辩证法之历程即为"有——非有——有"之一历程。此中仍包涵"有"终归于"有"之一真理。而人之以有可成非有,如一物可毁坏者,亦恒以为毁坏后,仍有原质原子或能力之未尝毁坏。此仍同于肯定有者之不能成为非有。而柏格森之肯定变动之历程,同时肯定已过去者之保存于现在,现在之保存于未来。此仍是肯定有者之必为有。而彼在《创化论》一书,亦尝论"无"之概念之虚幻。吾人若纯从此派之一根本义上措思,则此派之斥变动与杂多为虚妄不实之理论,虽皆可驳;然此派之所以斥变动杂多为虚幻不实之根本目标,即说明有者之不能化同于非有,此实极少人加以否认者。其余之义,吾人可暂不及。

唯一之实有论　参考书目

Hegel: History of Philosophy, Vol. I. Pt. One. Greek Philosophy C. The Eleatic School. 2. Parmenides pp. 249—257 4 Zeno pp. 261—278.

H. Bergson: Introduction to Metaphysics. 有杨正宇译本名《形而上学序论》,商务版。

B. Russell: Scientific Method in Philosophy, ch. 6. 7. 有王星拱译本名《哲学中之科学方法》,商务版。

W. Montague: Ways of Knowing, Ch. 6. Skeptism II. 有施有忠译本名《认识之方法》,商务版。又有钟兆麟译本名《哲学方法概论》,开明版。

M. Heidegger: Introduction to Metaphysics, tr. by Manheim, Ch. 4. The Limitation of Being. 此书第四章中于实有 Being、"变"、现象、及思想、之关系处,皆分别论及。海氏据希腊文所对巴门尼德斯之哲学之解释,与一般之说迥异,可供参考。

第四章　无之形上学

第一节　无之形上学所由生

吾人于上章论与现象主义形上学相对反之超现象主义之形上学，可思超现象之形上界为一"大实有"，亦可思之为一杳冥之虚无，或无形之"无"。吾人在上章所论者为前者，本章则将进而论后者。

此种以超现象之形上界，为一杳冥之虚无或无形之"无"之形上思想，亦由吾人之能泯除超越形形色色之现象之差别相而生。吾人泯除超越形形色色之现象之差别相后，吾人之心思，可更有其所思之实有或存在，故可有上章之形上学。然吾人之心思，亦可由一切形形色色之现象，超越解脱后，而彷徨于无何有之乡，更无所思。亦可思：吾人上章所谓唯一恒常之大实有，既非现象，即不可以"由吾人之认知现象所形成的，有一定内容之概念"加以规定，因而可谓其同于一无形、无相、不可知之大混沌。亦可思在此形形色色之现象外之无何有之乡，只是一寂寥虚旷之世界。又可思吾人所见之形形色色之现象，即自此无形之混沌，冉冉而生。亦可思此形形色色之现象，乃自始是呈形于此寂寥虚旷之世界中，如浮云之在天。而凡此等等，皆可导引吾人之心思达于无思，而再产生种种"思无"与"有生于无"之形上学思想，而为形上学之一种。

此种形上学之思想，在西方除以前之神秘主义者，曾有以上帝为"神圣之黑暗"（Devine Darkness），或同于"无"之思想之外，盖极少有人视为形上学之一型者。唯现代之海德格《何谓形上学》一文，曾由论及一切科学知识之范围，而及于一切知识所及之范围外之"无"（Nothingness），而谓形上学当思此"无"，并追问"何以世界，不只是无而是有"？然此思无之形上学，实以东方为大宗。佛家般若宗之现象主义，言有复言空，亦可称为思无之形上学之一型。而此外之印度哲学及中国哲学中之老庄及儒家思想之一部分，皆涵极深邃之"思无"之形上学。吾人今取法乎中，先征引一印度之无有歌，及老庄中片断之言为据，以略释此中之义。

第二节 创造之歌及老庄之言

印度之创造之歌可名无有歌（Nasadasiya Sukta）（梨俱吠陀一〇一二九）[①]，兹据英译重译如下：

（一）惟时何所有，无无亦无有。寥润无元气，隐约无苍穹。伊谁藏在里？伊谁作护持？渊渊深不尽，探测果何为？

（二）惟时无死亡，亦复无永生。黑夜与白昼，未兆更何分。太一自呼吸，天风不可寻。彼自超然在，彼外复何存。

（三）玄冥隐何处？隐处亦玄冥。洪波无涯畔，是名为沧溟。万物化欲作，还被虚空覆。煦煦一阳生，太一从兹出。

（四）太一在太初，倏忽生尘欲。尘欲为始种，思虑由之育。圣者发睿智，自探其衷曲。昭然有所见，"有无原相索"。

（五）光辉自流行，还渡彼玄冥。太一在何所？上下试追寻。有势能生生，有力能润生。潜能藏在下，"生意满天庭"。

（六）此义孰能信？此义孰能宣？太一由何生？造化由何成？既有此造化，乃有诸神明。吁嗟此太一，孰知其自生？

（七）造化何自起？知者更无人。太一果生物？抑或无所生？伊彼妙观察，高居在苍□。惟彼能真知，或共"不知行"[②]。

《老子》：天下万物生于有，有生于无。

道可道，非常道。名可名，非常名。无名天地之始，有名万物之母。故常无欲以观其妙，常有欲以观其徼。此两者同出而异名，同谓之玄。

---

① Radhakrishnan and C. Moore：Anthology of Indian Philosophy. p23 载 Mcdonell 英译，兹据之重译。程观庐所译日人高楠顺次郎木村泰贤名著《印度哲学宗教史》及糜文开《印度三大圣典》，各有一译文，但皆散文，并未能表其情调与意趣，故今加以重译。

② 据高楠顺次郎《印度哲学宗教史》中译本二〇二页，言祈祷主歌，亦谓有由无而生。与此歌皆涵有泰初为"无"，并有一"造物者之一"之思想。但仍与后来之明显肯定"生主"（Prajapati）"有"（Sat）"梵"（Brahman）为造物者之说不同也。

玄之又玄，众妙之门。

有物混成，先天地生。寂兮寥兮，独立而不改，周行而不殆。可以为天下母，吾不知其名，字之曰道。强为之名曰大，大曰逝，逝曰远，远曰反。

道之为物，惟恍惟惚，惚兮恍兮，其中有象。恍兮惚兮，其中有物。窈兮冥兮，其中有精，其精甚真，其中有信，自古及今，其名不去，以阅众甫。

视之不见名曰夷，听之不闻名曰希，搏之不得名曰微。此三者不可致诘，故混而为一。其上不皦，其下不昧，绳绳不可名，复归于无物。是谓无状之状，无物之象，是谓惚恍。迎之不见其首，随之不见其后，执古之道，以御今之有。能知古始，是谓道纪。

庄子《庚桑楚篇》：有乎生，有乎死，有乎出，有乎入，入出而无见其形，是谓天门。天门者无有也。万物出乎无有。有不能以有为有，必出乎无有，而无有一无有。

《秋水》篇：物有死生，不恃其成。一虚一满，不位乎其形。

《田子方》篇：消息满盈，一晦一萌，日改月化，日有所为而莫见其功。生乎有所萌，死乎有所归。始终相反乎无端，而莫知其所穷。非是也，孰为之宗？

第三节　由无出有由有入无之切近义

《无有歌》与老子、庄子这类的话，从深处讲，可以有不同的讲法。但是我们亦须有一浅近的讲法，使我们从日常生活中的世界，逐渐升进我们之世界观，以凑泊其义。我们可说这一类的话，都可由我们在眼前所见之世界中之形形色色之现象或事物之皆先无后有，复归于无处，去体会了解。此与上章之"大实有"，当自一切现象或事物之共同的实有性存在性上，去体会了解，乃一不同而相对反的了解体会现象或事物之方式。

试想，我们之在日常生活中，每日日出而作，即时时刻刻与形形色色之外界事物之现象相接，而吾人自己之生活本身，亦显出种种之起居食息之现象，于我们自己之自觉之前。但是到日入而息，夜深人静，沉然入梦，则白日所见之一切之日照月明，山青水绿，及吾人自己之起居食息，谈笑读书之种种现象，即顿归于寂，而悄然无声，杳然无形。而今日思明日，则明日之事在今日虽可有种种打算预期，然未来之事，毕竟未来，其来也亦不必如今日之所期。此上章所已言。则对今日而言，明日之世界，即恍惚迷离，亦悄然无声，杳然无形。一日如此，一年可知；一年如此，一世可知。而吾人试思，在我未生之前之世变如何，我此生之后之世变，又如何？我们无论如何遇事不忘，读史万卷，或料未来事如神，然除此眼前景象，宛然在目，余皆同在杳冥之中。已逝与方来，皆如梦如寐。而当前者之宛然在目者，原来自杳冥、交臂之间，即向杳冥中去。来自杳冥，是由无出有；向杳冥中去，是由有入无。由此以观，则此眼前所遇，亦即在一杳杳冥冥，亦混混沌沌茫茫昧昧之氛围中。一切现象，皆由之浮出，还沉没其中。于此，吾人欲求体会亲切，便须于此眼前景象中，白云之一舒一卷，窗帷之一开一敛，身旁之人之一颦一笑、一呼一吸、与吾之一喜一悲，一思一想，皆同须逐一观其同自杳冥、混沌、茫昧中来，还向杳冥、混沌、茫昧中去，同是来也无迹，去也无痕。而克就其如是如是而来，此情此景以观，皆自昔所未有，亦永不能再遇。亦可谓前空千古，后绝万世，四无依傍，而只暂有于一无限之虚无之面上。吾人如再本此对眼前情景之亲切体会，放眼观其他之万物，以及上天下地，此天地万物，其存在之量，固各有大小，其存在之时，亦各有久暂；然我们只须能以小观大，视久如暂，则天地之成毁，亦如眼前人之一颦一笑之来自杳冥、混沌、茫昧，而归于杳冥、混沌、茫昧。而吾人于此，果能连此杳冥混沌茫昧，以还观其中之继继绳绳之现象之流，即皆为惚恍中之绳绳不可名之象，既昧还明，似明还昧，迎之无首，随之无后，视之不见，听之不闻，搏之不得，混然为一，不知其所以然，而无可致诘。然其中之继继绳绳者，却又绵绵若存，用之不勤，往来周行者，又相续而不殆，如有精信不改者，独立于此杳冥茫昧混沌之氛围所包裹之世界中，以成此宛然之现象之旋生而旋游，以反于所自生，而出入、生死、始终于"无有"之天门。对此诸义，则并不待吾人之抹杀任何当前之现象，以翻自其上面以用心，亦能知之。惟待吾人直下亲切把握一切现象之"出乎无有，入乎无有"之一义，而以当前现象之前后之杳冥混沌与茫昧，将此现象之继继绳绳，加以包裹而观，则人人皆不难见得。是老庄之无形无状之道，固即在目前，而最易见易知，不待远求者也。

第四节　道家思想中"无"之二义

然此上所谓为一切现象事物所自来自出，与所归所入之"无"，毕竟是什么？则此中至少有二解释，同为可能。一者此"无"即是同于空无之"无"。一者此"无"并非空无之"无"，而唯是无形之义。此无形，乃所以状一形上之有。此无应作"旡"，而"旡"之义实通于"元"，即万物之本原。大率郭象注《庄子》，其所谓无，即空无之无，而重在以此空无之无，托显出其中之一切有，皆凭虚而立，御空而行，而皆自有、自因、自然、独化，前有后有，互不相生，此有彼有，彼此无待，皆无故而自尔。如天上之繁然众星，各居其所，各是其所是，然其所然，同以太虚之无，为托寄之所，而托实无托，寄亦无寄。而老子所谓"有生于无"之无，则盖只为无形无象之义，故为万物之母，玄牝之门，天地之根。此乃实有一物混成，为天地之始。故老子谓"有名""无名"，同出而异名。至庄子书中之言道言无，刚兼具此二义。如其谓"视乎无形，听乎无声，冥冥之中，独见晓焉。无声之中，独闻和焉"，此无形无声，便明不同于空无之无。而其以道为"物物者""自本自根"者，则道亦非空无之义。然庄子之言"道行之而成"，又谓"天门者无有也"，则道亦如只为虚理，"无"有如"门"之中虚无物。于此二义中，说此任一义之无，为天地万物或一切现象之本，皆有可通。

对此二义之无，如纯就现象而观，则第一义为胜。因吾人如就一一现象本身，分别观之，皆可视若凭虚而立，彼此无待。如吾人前论现象主义时，尝谓物之由黄变绿，乃黄自黄而绿自绿，各如其所如，是其所是，而以其自身之如是，为其所以如是之理由。故黄之由有而无，以入于无，与绿之由无而有，以出于无，此"无"，亦即可只为：黄与绿及其他一切诸有所自出入之门。此无，乃毕竟空无，别无所有。如黄之由有而无时，此时之无黄，纯就现象而观，即毕竟空无之无。而当绿之未由无而有时，纯就现象而观，绿亦毕竟空无。由此而吾人如以现象之相继，乃前后殊别，一一节节截断，皆以无为门，为界隔，一一分悬于时间之线，空间之面上者，亦未尝不可。吾人专自此中之有，皆暂有，以浮于"无"前，沉于"无"后而观，亦即可以此寂寥虚旷之"无"，为天地万物之本。

唯上述之论，在常情盖不能安。因如谓有从无出，则未出之前，似应先有。有入于无，既入之后，亦似不应即归无有。如波由海出，未出不应无波；波还入海，海底应有波沉。若无能出有，则所谓无者，当唯是无形无象之义，此无中仍有"物"方可。然此"物"既无形无象，则应为一混沌杳冥之浑然一体之物，足以为一切有之所根者，或一切有之母体者。而此即第二义之无为通于元之无之说。依此说，则一切现象事物，所自出之无，应为一尚未分化成界限分明之形象之一全体。现象事物之所以继继绳绳，动而愈出，唯由此全体为根为母者之能"虚而不屈"而来。则此无形无象者，实兼为一无穷无竭之"自古及今其名不去"之长有者。

吾人今欲了解此后一义之无形无象之有物混成之道，亦可直从吾人所观之自然万物，所由以生成之历程，加以体会。如吾人试观一已受精之鸡卵孵化为小鸡之历程，吾人最初即明见此鸡卵之蛋白蛋黄，浑然为一全体。其逐渐发育为小鸡，而何部成头，何部成眼与口，何部成肢与足……便明是一逐渐由浑然之全体，而分化为各部界限分明之形象之历程。此处如纯从我们之知识上说，则此由原始之浑然一体之鸡卵，至各部界限分明之形象，乃使吾人得认识此不同之现象之相继，而得此诸现象之如何相继之种种关于鸡卵发育之知识者。此现象之相继，又复一一相异，而可视为各如其所如，亦皆由无而有，再于变化时，由有入无者。然吾人于此，如纯从存在方面说，则我们亦可说，此具各部界限分明之形象之小鸡，即原始之浑然一体之鸡卵之所化成。此化成之关系，即鸡卵化而小鸡成之关系。而自此鸡卵化而小鸡成，所生之现象之全部而论，则吾人之所知者，即鸡卵之现象渐隐，而小鸡之现象渐显。此中鸡卵之现象及小鸡之现象，二者之互为隐显之关系，即可构成此二者之相依赖而不相离之关系。吾人遂可说，当鸡卵化为小鸡时，鸡卵即如隐于小鸡之内之中；而当鸡卵尚是鸡卵时，则小鸡如隐于鸡卵之内之中。吾人遂可在此义上说：各部界限分明之小鸡，乃由浑然一体之鸡卵之所化成。而此浑然一体之鸡卵中，其无各部界限分明之诸形象，正所以使其得成具诸形象之小鸡之根源。无形者之"无"可为有形者之"元"，即于此义上可说。

吾人以上述小鸡之形象，以"鸡卵之无此形象之时"之"无"，为其"元"之例，即可应用以说明一切万物之所以生成。因小鸡如是，小鸭亦然，一切鸟类亦然，一切卵生者亦然。而一切动物之胎生者，其受精之卵子，在母体腹中，亦初无已生出之动物之种种形相。植物之种子中，亦复无其长成时枝干叶花之种种形象。由此推类广说，则水之初流，只是滚滚滔滔，其中并无种种波澜之形象。云之初起，只是停停霭霭，并无种种云霞之形象。大风初起，只是荡荡飘飘，并不闻种种入林木之声。大火初燃，只是腾腾烈烈，并无种种烈焰之姿。吾人由此以遥想地壳之初形成，亦必不如今日之川原交错。天体之初生，亦必不如今日之日月星辰之秩序井然。人文之初建于榛榛莽莽之世，亦必不如今日之经纬万端。即在今日之从事于人文创造者，亦无不始于浑合而终于分明。如画家之执毫运色，文人之下笔成文，其初岂非只是此浑合之颜料与墨，如椽之笔，及一片空白之纸。其转瞬画就文成，琳琅满目，此岂非即已同于混沌破而天地开万物出之事？即此文人画家之胸中之意境之形成，又何尝非神思先运，而后脉络分明？是见有形之生于无形，盖万物之生，皆莫不如是。则吾人将形象宛然之一切万物，推本穷原而论，皆必同达于一浑合未分，万形皆隐之"元"。而人能宅心于此，亦即达于天地万物之"根"与"母""玄牝之门""无名之朴"或"造物者""物物者"，而由形象以超形象，由无形无象，以"归根""食母"，与造物者同游矣。至于由此再转进一步，则老庄所谓无、无形、虚、天门、根、母、玄牝之门、无名之朴，又皆所以状得道者之心灵与生命之自身，则非吾人之所及论，而待于好学深思者之进而自得之。

无之形上学　参考书目

《老子》。
《庄子》。
《淮南子道应训》。
《列子天瑞》。
Radhakrishnan and C. Moore 编 Anthology of Indian Philosophy, pp. 23—24.

第五章 生生之天道论与阴阳五行之说

第一节 儒家之形上学观点

关于中国儒家之形上学，亦是东方之形上学之大宗。儒家之形上学，主要在其天人合德之理论。其言人，则主要在其言人心、人性、人道、人德，而人道皆可通于天道，人德亦通天德者。其言天道人道，天德人德之胜义，则在其言生、言善或价值。并言善或价值之本之仁，言善或价值之表现于中和或大和，或至诚无息。此皆为可兼贯通天与人而说者。此诸义，当于本部之最后章，及下部之价值论中，分别略论之。至于本章之主旨，则唯在将儒家之天道论中，纯将天道视为一客观所对时之一主要论点——即由万物之所以生之性，以观天道或天之变易之历程之论点，——加以说明。而阴阳五行之论，虽初不出自孔孟荀之正统儒家，然为《易传》及汉宋儒者所采用，以说明万物之所以生之性，及天之变易历程者，故亦于此并论之。

儒家天道论，与老庄天道论之明显不同，在老庄善游心于"物之初""未始有物之先"，此根本态度为超物的，亦重"无"的。而儒家之天道论，则初为直对当前之天地万物，而言其生生与变易。此根本态度为即物的，亦重有的。但儒家之说，又不同于希腊哲学之依里亚派，肯定一在现象之上的，恒常纯一之"大实有"或"太一"之说，亦不同于现象主义之以世界万物，只为一相继之现象之说。此乃由于儒家所视为有者，并非不变者，亦非只是已呈现之现象。儒家亦肯定一未呈现之"有"，而此"有"，又与当前之现象不离，而为生此现象，成就此现象者。此即天地万物之生生之性，生生之德。就此性此德之不全呈现于现象而言，则说其为无形，为形而上者亦可说。由此又可通于道家之义。唯儒家欲彰其有，则不名之为无或无，而《易经》只名之为元。

儒家之重生、重变易，乃自孔子已然。《论语》载子曰："天何言哉，四时行焉，百物生焉，天何言哉。"又载子在川上曰："逝者如斯夫，不舍昼夜。"就天不言而四时行百物生说，则此四时之行与百物之生，亦以一至寂至默之境界为背景，故孔子有默识之教。此处与庄子之"天地有大美而不言"，老子之"行不言之教"，而重观宇宙之至静至寂之一面，未始无相通处。然"四时之行"，"百物之生"，与"逝者之如斯"，又即为一现象相继之历程。唯依纯现象主义之观点，则现象只有呈现与消逝，而无"逝者"，有四时之象之更迭，而无所生或能生之百物。因"逝者"与"物"，同可为一实体之概念，乃不全呈现于现象者。然儒家之孔子则承认有逝者，有所生能生之百物，此则转近乎常识。而儒家之进于常识者，则在其以物之所以为物，唯在其性其德，离此性此德，则亦无物。故物亦非现象之后之实体，如常识之所执。此是儒家之天道论，与他家之说之界限之所在，乃学者所宜先知。

第二节　由他家之万物观至儒家之万物观

关于儒家之重物之所以生之性之理论，与上述他家观物之理论之不同，可再就上章所举鸡卵化为鸡雏之例以为论。

如依常识之观点，则鸡卵是一实物，鸡雏是一实物。常识亦承认鸡雏乃由鸡卵所生，或迳以鸡卵为因，鸡雏为果，而谓其间有因果关系，并以此为吾人之一知识。依此，而吾人即可由见一鸡卵，以推知其可成为鸡雏，见一鸡雏，以推知其由鸡卵而来。此知识，亦可成为科学知识之一部。而纯从常识或科学之求知立场看，则除此知识之外，人亦可更不对鸡雏与鸡卵之关系，求有所知，不再有其他思想上之问题之产生。

但如依哲学之立场，则对此鸡卵之成为鸡雏之事，则明可加以种种不同之解释。如取现象主义之观点，则吾人观鸡卵时，此中之实在者，唯是鸡卵之圆而白之现象，及其他种种现象之存在。吾人观鸡雏时，则又有关于鸡雏之种种形状之现象之存在。就此不同现象之如其所如而观，则鸡卵之现象只是鸡卵之现象，鸡雏之现象只是鸡雏之现象。此现象中无彼现象，彼现象中亦无此现象。我们只能说此二现象之相继相承，所谓因果，即现象之相继相承之谓。而除此现象之相继相承外，亦另无鸡卵与鸡雏之实体。于是吾人对鸡卵鸡雏之内内外外，所可能见之全部现象之和，即是鸡卵与鸡雏二名之所指。

但照依里亚派之说，则于鸡卵之变成为鸡雏，如说此中真有变动，则此乃为一不可理解者。因鸡卵之现象中，只有此鸡卵之现象；而鸡雏之现象中，亦只有鸡雏之现象。无者不能生育，唯有乃能生有。则所谓鸡卵生鸡雏，如非谓鸡卵中原有鸡雏，即由吾人于此乃专自鸡卵之实有性存在性，鸡雏之实有性存在性之本身而思之，不复注视鸡卵鸡雏之差别，而迳视此差别为假相时，然后可说。于此时，则由鸡卵至鸡雏，即同于由实有至实有，由存在至存在，而无变无动，唯显示一恒常纯一之大实有，并无所谓鸡卵变成鸡雏之事可说为真实。

但如自道家之老庄郭象之观点，则于此可有二种说法。其一为自鸡卵中无鸡雏处言，以前之世界，亦从未有此当前之鸡雏，此鸡雏之有，为空前绝后之一现象上说。依此，吾人当如上章所说，谓此鸡雏之有，为一依于无尽之太虚或空无而有——有如庄周之梦中之蝴蝶，其一时之栩栩然，乃在前无所根，而后无所据之虚无面上翱翔——则谓之为鸡卵所生，亦为废辞。其二为自上章所谓鸡雏之形象，实由无形而为一团混沌之鸡卵所生，以此证有形生于无形，无形之无或元，为有之所根之说。依此说以言鸡雏为鸡卵所生，亦非是自鸡卵之白而圆之形象，能生鸡雏之形象上说。自此二形象之相异上看，其不能相生，此说亦可承认。然依此说，以论鸡卵之生鸡雏，却可兼自鸡卵之能自己超化其形象，以成其他形象处说。此种一物之能自己超化其形象，以成其他形象之能，即可名之为气。此气可连之于初具某形象之物，而称之为某物之气。然某物在不断变化其形象之历程中，其形象既无不可变化，则所谓具某一形象之物之本身，即可说只是一气之化，或气化之历程。而物亦即可说为由气化以成形者。此义则为吾人上章之所未及，而亦为老庄之所有。故老子言物皆"冲气以为和"，庄子亦曰"通天下一气耳"。老庄之此义，亦为儒家之天道观中之所有，其是否原于老庄，则不必深究。

然吾人如承认一物之有超化其形象，以成他形象之可能，或一物为由气化而成形者，则吾人即须同时承认物之有其性。此性即指其能超化一形象，以成他形象，或生他形象之性。此"性"，乃自其由化形象而生形象处说。故性不在其所已化去之形象上，亦不在其所生出之形象上；而在其能由化而生，以更易其形象之"几"上。物有性，而依性以相续化生其形象，物亦即显为一气化之历程。故在宋儒又以此物之性，即气化中之"理"。物有性，能化生形象，以自成为新物，兼使其他新物化生。故此性即物之德，而可称之为物德。

第三节 性与阴阳之相继义

儒家之天道论之言物之性之德，乃自其由化而生处说。故其所谓性，不同于吾人于一物所直接认识之性相或性质，如所谓物之色声香味，方圆长短之类。凡此等等，可称为呈现于吾人之前之现象或形相。依儒家义，盖皆不当称之为性。儒家所谓性，乃当说为不在此形之中，亦不在此形之外，而如位于此形与形之相继之间，以化此成彼者。故物之性，虽为物今之所具有，而其所表现或成就者，则恒在未来，不可由直接认识物当前所呈现之形相而得。故鸡卵之性，不在其圆而白之形上，而在其能化生鸡雏。婴儿之性，不知其短小无知，而在其能长大，以成童子，成大人。火之性，不在其色赤，而在其能热他物，使他物由生而熟，或烧坏他物，以使他物易其形。水之性，不在其上正显之波纹，而在其能润泽他物，以使他物生长，而亦易其形。故所谓物之性，实只由物之呈其所能或作用而见。而凡物之呈其所能与作用处，无不有化于物之旧形，而有成于物之新形。其有化于旧形之处，即旧形由之而入，而隐，此即名之为阴。其所有成于新形之处，即新形由之而出，而显，此即名之为阳。然此有化于新形，与有成于新形之二事，恒相续无间，而更迭以起。故阳之后，继之以阴，阴之后，亦继之以阳。由此而道家之言万物万形由无而有，复归于无，仍是一半道理。因有既归无，无亦还当再有。则万物之生，并非只由生而返其所自生之本而止；而是由返本以再生。则万物即在一生而化、化而生之大化流行或生生不息历程中。在此生生不息之历程中，由阴之必继以阳，则见阳之不屈于阴，而恒能自阴再出，以成相续不断之阳。此之谓阳性至健之乾德。而阴之恒承阳而起，固为使显者隐，使生出之物返于所自生之本而归藏；然此亦即为物之生而又生之所本，所以顺成继起之生者。此之谓阴性至顺之坤德。而就此阴阳相继，以使万物生生不息言，则见善之相继流行。至就阴阳乾坤之德，似相反而实相成，以生万物，并使万物各有其生之性，而为万物所以生之根原或"元"言；则此"元"，当称之为"乾元""坤元"。此二者之相反相成，似二实而不二，即名之为太极。于是元为善之长，即善之相继之本也。故《易传》曰：

"大哉乾元，万物资始"。曰"至哉坤元，万物资生"。又曰：

"一阴一阳之谓道，继之者善也，成之者性也"。又曰：

"易有太极，是生两仪（即阴阳乾坤）。"

第四节　阴阳之相感义

宋儒朱子论阴阳曰："阴阳有个是流行的，有个是定位的。一动一静，互为其根，是流行底，寒来暑往是也。分阴分阳，两仪立焉，是定位底。天地四方是也。《易》有两义。一曰变易，便是流行底；一曰交易，便是对待底"。又谓"阴阳流行的是一个，对待的是两个。"[1]朱子所谓流行的，即是上段之所说。此可谓为纵的阴阳。朱子所谓定位对待的阴阳，可称为横的阴阳。此为吾人本段所将说。

所谓横的阴阳，即并在之两物，相对相感时之阴阳关系。如天降雨露是阳，地承雨露是阴。铜山西崩是阳，洛钟东应是阴。凡感者皆阳，应者皆阴。施者皆阳，受者皆阴。主动自动者皆阳，静而被动随动者皆阴。此是横的阴阳，即朱子所谓定位的，对待的阴阳之义。此中之两物，其一居阳位，一居阴位，一主动，一被动，似相对或二；然其由感而通，而应，自此感通或感应之际上说，亦仍是一个。于此亦可见太极。

此二义之阴阳，如只自纵的阴阳之相继上说，此仍较邻近现象主义之观点。然此二义之阴阳中，如以横的阴阳之相感义为本，则与现象主义之观点大不同。何以吾人可以横的阴阳为纵的阴阳之本？因阴阳之相继，皆可说为由阴阳之相感而来。

譬如我们以上所举之鸡卵发育之鸡雏来说。表面观之，由鸡卵之形象之化生出鸡雏之形象，纯为前者隐而后者显之阴阳相继之历程，而二者互为其根。然吾人试思，此鸡卵若非先经雌雄交配，则无生几，不经母鸡之伏卵，或新式之孵卵器，其生几亦不能自显，由是而不能发育为鸡雏。此雌雄之交配，与母鸡及孵卵器之伏卵孵卵，即皆为二物交感之阴阳关系。此中雄为主动，为阳，则雌之被动，为阴。母鸡之伏卵为阳，卵之被伏则为阴。主动者施发一作用功能，即使此作用功能显，被动者

---

[1] 见《朱子语类》论阴阳项下。

承受一作用功能，即使此功能作用隐。然被动者之受感而动，其动又有一作用功能之显，是又为由阴而阳，以有阴阳之相继。如卵被母鸡伏，而发育成雏，即其由阴而阳，以成阴阳之相继之事也。

吾人如旷观万物，则知万物无不在定位相待，而又互相感应之历程中。在此历程中，复有物之作用功能之互相贯彻，而无远弗届，此即足以使万物依此感应而相通，以互结为一体。如日光照水，日光之作用功能，即贯彻于水，而水受之，即日水结为一体。水之蒸发为云气，再接天上之日光，而天上之日光受之，则又与天上之日光为一体，以成霞彩。霞彩入于诗人之目，诗人受之，其心美之，又与诗人之心目，结为一体。于是诗人之见此霞彩，亦不仅于霞彩中见霞彩，亦于霞彩中，见日光与云气，亦遥见云气之由地上之水蒸腾而来。至诗人之感此而发为诗，吾人读之，吾人遂不仅见此诗，亦见诗人之心，与诗人之心中之霞彩。故吾人依人与物之直接间接之感应之关系，以看当前自然界中之任一物之生，则其中皆有无限之天地万物之作用功能之互相贯彻，以使之生。于是吾人亦即可于一当前之物之生几生意之中，透视天地万物之生几与生意。此即中国诗人之所以言"数点梅花天地心"。吾人以此眼光观人间之事物，则古人往矣，而其遗教遗泽，流风余韵，由世代相续以及于今者，苟有一丝一毫之尚在，吾人亦即可由之以上通千古。此即诗人之所以言"千古意？君知否？只斯须。"则吾人固不必待于舍离当前之事物，以游心于物之初或观恒常不变之太一，而后能通万物以为一；而即观此当前之天地万物，皆无不依一阴一阳之道，而相感相通，以相承相继，使其作用功能互相贯彻，而无远弗届。吾人亦可泯化其形象之宛然相异，唯见一生生之易道之流行周遍，而视此天地万物，浑然是一太极之呈现矣。

第五节　五行与横面之万物之相互关系

我们以上所说之儒家天道观，乃自整个天地万物，而言其生生不息之道之常在，与其作用功能之相贯彻，而结为一体。然吾人如只将此一一之事物，分别对峙而观之，则物与物间，除有互相感应而生之关系外，亦未尝无互相阻隔，而相毁相克之关系。而不同时之相继而存在之事物，亦同有相毁相克之关系。惟此相生与相克本身，仍相反而又可相成，且终以相生为主，而非以相克为主。故上段之义，仍自成立。至于重观此世间事物之分别对峙，兼观其相生相克之天道论，则为汉宋儒者所喜言之五行之论。此五行之论，为中国之医学，及其他术数之理论之所据，其中亦夹杂各种迷信穿凿之说。然吾人今可只就其连于事物之相生相克之基本观念者而论之，则可无迷信穿凿之成分。

中国思想中之五行之论，乃由阴阳之观念而开出。其以生克之义为主，颇似西方及印度哲学中，以正反及生灭，为事物之基本范畴之说，然实则有根本上之不同。其不同，在西方印度思想中之正反生灭之范畴，皆直接根据于人对于先后呈现之现象之互异而建立。如一后呈现之现象，异于前呈现之现象，则我们即可说后者有而前者无，后者生而前者灭，后者亦即可称为前者之否定者；而前者为正，后者为反。凡有现象之相承而变化而前后互异处，依黑格尔之辩证法，皆可称后者为前者之反。由此而种子之生芽，芽即为种子之反；蛋之生鸡，鸡亦可称为蛋之反；人之由童年而成年，成年亦可称为童年之否定；而在历史世代之更迭中，后一世代亦可称为前一世代之否定。

然中国思想中之阴阳五行之论，则皆非直接自前后呈现之现象之互异，前无后有，前灭后生，以谓"后"之为"前"之反者。此中关键，在中国思想中阴阳五行之论，并非重在观前后之现象之互异，而重在观物之能由化去其所呈之形象，以生出新形象之作用，功能，或生之性之德。由此而物所呈之现象之更迭，其由有而无，由生而灭，以另有所有所生，正为表现实现其此作用功能或生之性之德者。由此而现象之更迭中所显者，唯是正面之作用功能，或生之性、生之德，其中可无反之可说。譬如吾人之走路，若纯自所呈现之现象上看，则吾人之足必须不存在于前一地，或前一地之足必先无先灭，乃有吾之足之存在于后一地；则吾人似可说，存于后一地之足，为存于前一地之足之反。然吾人如自吾之足原有欲至后一地之要求，作用，功能或性上看，则其至后一地而离前一地，即只为此正面之要求、作用、功能或性之表现实现，而非由正至反，唯是由正至正也。

吾人如以看上述吾人之行路之观点，以看世间一切现象与事物之相继而生，则皆不得言其为一有无、生灭、正反交替之历程；而只当说为由有而有，由生而生，由正而正之历程。如种子之发芽，卵之化雏，及人之由幼而壮，历史世代之变迁，皆同当自一功能、作用、或性，之逐渐实现表现处说，而视为一由正至正，生而又生，有而又有，以进于

《易传》所谓"大生""广生"而"日新""富有"之历程。而凡一正呈现之现象，或正生起之事物，亦即皆承前之生，亦启后之生者。此承前与启后，即一物之概念本身中之所涵。其所承之前，可称为生之者；其所启之后，可称其为所生者，合以为一"初""中""终"之历程，以使一事物成其为一事物者。此之谓"物成于三"。而《易》中之八卦之以三爻表示，其义亦盖在于此①。

然一事物有能生之者，有其所生者，其他事物，亦有能生之者，及其所生者。缘于一事物与他事物之功能作用或性之不必同，则此物之所趋向于生出者，可非彼物之所趋向于生出者。而此物与彼物之二历程，又可同赖于与某一共同之物发生关系以完成。于是此二历程，可相交会，而发生冲突。如桃杏之二种子之生之历程，同赖于某养料之吸取以完成，则此二生之历程，即可交会而发生冲突。在此冲突中，则有相克之关系。于是物即有克之者，亦可有其所克者。由此相克之关系，亦可使一现象，一事物，由有而无，由生而灭。然此相克之关系，唯以原有二生之历程，各欲成就其自身，而适相交会或冲突乃有。如此二历程，不如此交会——如桃杏之种子分种各地，使各有其养料——则此冲突与相克之关系可无有。由此而相克之关系，乃依于相生之关系而有之第二义之事物之关系，亦非必然存在而为可改变之一种事物关系。故将有无生灭，相对成名，无与灭，终为次于生与有之形上学概念也。

吾人如设以任一物之自身为一，而以生之者，所生者，克之者，及所克者，为四，即合为五。而中国五行之理论中之一义，即为选自然界之五物：金、木、水、火、土——而于其中，设定任一物为中心，以其余四者，分别为能生之者，其所生者，克之者，与所克者——以表状象征此一切事物之在此相生相克之范畴中之说。

第六节 五行与纵的生化历程

上述五行之义，仍可谓为由横的观点，以论一事物与其他事物之相互之生克关系者。至五行说之另一义，则纯为由纵的观点，以五行表一事物之生化历程之全程之义。如木、火、土、金、水表一年之春、夏、

---

① 《易纬乾凿度》谓："物有始壮究，故三画而成乾。"

季夏，秋、冬之全程。此即以五行之序，表示一事物之初生、生盛、盛衰之际，始衰、衰极而化之全程之说。而此亦即无异将一事物之全程，分为五段，而各各视为一事物之说。

此种将一事物分为五段之五事物，或将五事物视为一事物之五段，其用意何在，颇为难言。实则吾人只如上文之合三事为一事之初、中、终，或分一事为三段为三事物，（即一为能生之者，一为其自身，一为所生者），亦未始不可。然吾人如只说"三"，则关于"其所生者兼为能生他物者，其能生之者兼为所生者"之一义，不能彰显。然在五行之说中，则每一行皆有其所生，而所生复为能生，以有其所生；亦皆有其能生之者，而能生之者，更有能生此能生之者，以使能生之者成为所生。于是"能生一物者兼为所生，一物之所生者，兼为能生"之义，即由此而全部彰显。

此种以五行表"相续之一事物历程之五段"，或"由五事物之合成之一整个事物之历程"之说中之一义，即为"迭相生间相克"之义。此为中国之五行论中最流行之说。依此说，则在木火土金水之序中，木生火，而克其次之土，火生土，而克其次之金，土生金而克水，金生水而克木，水生木而克火。依此说，则如将一种子之生长，分为五段，如种子（木），发芽茂盛（火），开花结实（土），花叶枯黄（金），叶落归根（水），似应说"种子"生"发芽茂盛"，而克"开花结实"，"发芽茂盛"生"开花结实"而克"花叶枯黄"……此其义果何在，亦不易明。

然吾人今可试作一解释。即在五行之论中，所谓克原非消灭否定之义，而可只是克制限定之义。如吾人说霜克草，即霜降而限定草之生长之义。此限定，乃外在的限定。然吾人亦须承认一物之如何依序生长，有其内在之限定。如就一种子之能发芽，茂盛、开花、结实而言，此同为种子之性。然此性却并非一时全部实现，而只能依序而现，方成一历程。其只能依序而现，即表示其生长之一段历程中，只实现其性之一面，此即为一内在的限定。由此内在的限定，而种子在发芽时，即不能同时有开花结实以下之事，而此以下之事至，即为其一面发芽时，一面加以克制限定者。至在其由发芽而生开花结实时，亦克制限定其花叶枯黄之事；……而此正为使其生长之全程，成为表现一定之段落，节奏之历程者也。

如以五行表示一事物之五段，如初生（木）生盛（火）盛衰之际

（土）始衰（金）衰极而化，及终（水）之一历程，则吾人亦可说其由始生至盛，为一"自生"或"生之者之助使之生"之历程；而由盛至衰极而化，为"自克"或"克之者促使之化"之历程。在此五者间，吾人亦本可说"始生"之木，生"生盛"之火，而克制土之"盛衰之际"者；"生盛"之火，为生"盛衰之际"，而克制"始衰"者；由盛而来之"盛衰之际"，乃生"始衰"，克制"衰极"者；"始衰"乃生"衰极而化"，而克制"初生"者；"衰极而化乃使他物继之而生，即生他物之"始生"，而克他物之"生盛"者。此皆非不可理解，而亦非此不足以表示一一历程中之物之所以生之有限定，而表现一定之段落节奏者也。

生生之天道论与阴阳五行之说　参考书目

《周易》《系辞传》。

萧吉《五行大义》《知不足斋丛书》此书总述汉儒之阴阳五行之理论，其杂配处不可取，然大义则足资启发。

《王船山之性与天道论》拙著此文载《学原》一卷二——四期，此文虽只为讲王船山而著，然亦涉及对中国之阴阳乾坤，及生化之哲学之解释。

《中国先哲之自然宇宙观》拙著《中国文化之精神价值》第五章。此文以中国先哲之自然宇宙观与西方之自然宇宙观相对较而论，与本章所论，互有详略。

第六章 理型论

第一节 理型论之形上学之特征

我们在上章所论中国思想中之一种形上学，乃是著重在从事物之作用、功能及性、与其始终生化之历程上，看事物间之生克关系之形上学。而不是从事物之形相上，看一事物之所以成某一个体之事物，与某一类个体事物之所以成某一类之个体事物之形上学。因而依此形上学以看物之形相，乃以之为第二义之概念；并以物之形相，乃时在自己超化之历程中，而不特加以重视者。吾人在本章所论之形上学，则为以物之形相为第一义之概念之形上学。依此形上学，以论物之作用功能及性，则此作用功能与性，皆是以实现某一形相或形式为目的者。此即西方哲学中由柏拉图、亚里士多德所开启之一种形上学，而可与上章所述之形上学，不必相反，而着眼点迥异，亦可补上章所说之形上学之一种缺点者。

此种形上学之看世界之事物，乃不重在事物之如何生，而重在某一事物之如何成，及其所成时之"所是者"，与"所是者"之恒常而不变化之处。因唯此事物之"所是者"之恒常而不变化之处，乃吾人最可用概念加以把握，以构成吾人之知识者。而此种形上学，实亦即一种：视知识概念所把握之内容，即存在事物之本质的形上学。

此种形上学，亦为一具智慧之形上学。其最后亦能使人由知识、至一意义之超知识境界。然此种形上学之智慧之来源，则初非由观地上万物之相互间，由感通而生生化化，及互为生克等关系而来，而主要是由观天体之永恒的形相与其运动之永恒之秩序而来。亦初非由观生物中之动植物之自然的生长化育之事而来，而初盖是由观人之如何将无生之物，加以制造，而赋以人为之一定之形式而来①。吾人真要了解此种形上学之智慧，亦宜当先由一无生之物，如何获得一人造之形式，及天体之永恒的形相与秩序之由何而来上用心。然后再看此说之如何说明生物等之如何生长，而获得其自身之形式。

西方此种哲学之传统，始自西方希腊哲学中之天文学与数学、几何学之思想。在柏拉图、亚里士多德，皆同有以天体之形相秩序，为标准之形相秩序，而以地上之物之变化，为最缺乏整齐分明之形相秩序，而视之为属于一较低之存在世界之思想。故柏拉图尝托诸苏格拉底之言，谓思及毛发泥土之物，则使之欲发狂，而彼与亚里士多德，乃同以天体为纯形相，几无物质成分者；并以地上之物之多物质成分，即其存在地位所以居于较低之层次之故。又于一切物体，将其自身中之形相形式，全加以去除后，二家皆以此物质，为有而兼非有，同于混沌，乃属于存在世界之最下层者。此与中国思想之由物之在生化历程中，能不断超越形相，以言物之生德生性，而以无形之混沌与元气，为最高之形而上之实在者，正有一哲学上出发点之基本差异。故吾人欲了解此派之哲学之价值，亦待于吾人之暂忘吾人在上章之说，而超越吾人上章之所说，乃能对之有一真实之了解。

第二节　形式对质料之独立性与人实现形式之目的性活动

方才吾人已说，此派之形上学，乃以知识概念所把握之内容，为存在事物之本质者。而我们亦可说：吾人如不由知识概念所把握之内容，看各种存在事物之本质；则吾人恒不能清楚的确定各存在事物之分别存在。吾人在本书前一部中，已论吾人之知识概念之内容为共相，并谓吾人不通过共相，则不能认识任何事物。然吾人如须通过事物之共相，乃能认识事物，则吾人亦可说，此共相即为存在事物之所表现，而有其存在性。此种实在论之观点，实为柏拉图亚里士多德所同承认。如吾人观

---

① Windelband《西洋哲学史》英译本 p.144，亦谓亚氏之宇宙历程论乃由造型艺术之类比而来。

天上之日月为圆形，而其运动之轨道，亦为圆形①，且似皆终古为圆形。此与水火等不断超越其所表现之形而无定形，若只有质而无形者，便全然不同。然吾人试思，此日月星辰之自依轨道，周天而行，吾人似明不能说此轨道，即在日月星辰之中，正如吾人今之不能说火车之轨道在火车中，行人道之在行人之中。吾人于日月星辰经行之后，只须瞑目一反省，既不难想出种种弧形之轨道，为日月星辰之所经，又于日月星辰之为物，吾人初只见其光与形，而不见其质。吾人亦不难只思其为呈如此如此之形与光者，而不思其质，如吾人思镜中之影，可只思其形与光，而不思其质②。于是吾人即可以天体之运行为只表现纯形式者。此外，吾人再试想，人之制造物，如雕石成一人像，是如何一回事？此中之石，实初只是一团无形式之物质，而亦可称之为一混沌。然在雕刻家心中，却尽可先有一纯形式之人像。雕刻家之手，则为逐渐将石之混沌，加以凿破，而以其心中之纯形式之人像赋予此物质者。由此吾人方可雕出这人的像、那人的像、以及狮虎豹的像，以及希腊之神如维纳斯（Venus）阿波罗（Apollo）等之像。此外，人之建造房屋，及一切制作之事，皆莫非人之心中先有其所思之形式，而后再实现之于事物之事。

在此种人之依其心中之形式以制造之事中，各物乃依赖于其不同之形式，以成为不同之物；然此形式，却并非必依赖任一物，以成其为某物者。譬如，我们试想，上述之各雕像，乃由分裂同一之大石块而雕成，此各种不同之雕像，所以成其为不同之雕像，明唯赖于其形式上之分别；然此任一雕像之形式本身，却明非必待于人之将其雕在某一石块之上，而为可雕于任何石块之上者。以至用木头、石膏、瓷土、金、铜，来雕出此形像亦可，只是画出此形像亦可。纵全不加以雕出画出，我们亦可用文字，加以近似的描述，或只以吾人之心思想之。故我们纵然把这些雕像、木像、石膏像等一齐都打碎，再磨再炼再调和，成为一团混沌，此诸形像，仍可宛然在心，并无增减。人们亦无妨再去雕刻，再把成混沌之泥土，搏成种种之形像。故我们不能说这些形像本身，乃依赖于表

---

① 此轨道在今日吾人已知为椭圆形，但在常识及亚里士多德则视之为圆形，今姑假定为圆形。

② 希腊哲学家多以天上星辰为火。亚里士多德《物理学》中，则以为其体乃由较火更轻灵之第五种质料（地水火气以外之一种）所构成，而更能附著于其形式以运动者。B. Russell: History - of Western of Philosophy, p. 229.

现此形相之物质而存在。由此再进一步,即可说这些形像或形式,乃依其自身而存在,或自存自有者。此俟下文,逐步略加以说明。

我们由上述之雕刻之例,不仅可知雕像依赖其形式,以成雕像,而且可知此形式之实现于物质之材料,乃一次第之历程。在此例中,一形式之完全实现,明待于人之努力,此人之努力,亦不必皆真能达到我们之目标者。譬如我们试看一雕刻家之雕一石像。最初用刀东一削,西一削,即已破坏了原来之混沌之石;然其初却尽可什么都不像,必历一相当之时间,然后手足渐分明,眉目毛发渐现。此即为一次第之历程。此历程到何时终止?到雕刻家心中之雕像之形式,完全实现于石为终止。然此完全实现,则并不容易。雕刻家可明觉其心中之像,宛在目前,然而手却可不从心,而石头之顽梗性,亦可处处为其雕刻之事之阻碍。又其如一刀雕刻错了,到后来亦可无法改正。他在此时,最后只有说此雕像雕得不好,不合标准,而或另外再去雕一个。但他却决不至埋怨其心中之像之形式,不应当有,或使此形式不存在;而只能责备他的手与石头,不能顺从依合于其心中之形式。此即谓一切缺点,皆原于实现此形式之物质材料,不堪体现此形式,不受此形式之规范主宰,而不在此形式之本身。

其次,在一雕像形成之历程中,我们之目的,乃在使石头表现某一形式。然此事之所以可能,重要者并不在物质材料之增多,或其自身之能生长。因当前之物质材料,是已足够的,不仅足够,而且有多。这时我们的工夫,正在把多余的加以削除。唯我们不断削除,然后在石外之雕刻家心中之像,逐渐实现于石头。在石头不断削除时,石头岂非亦表现一串形式?我们岂不可说其最后形成之形式,只是此一串形式之最后之一个,与其前之一串形式中之形式之地位是平等的?但依此派哲学,则决不能如此说。因除其最后一个,此前之一串形式,都是要被削除的。这一串形式,只是不断接近其最后之一形式之一串形式。亦即其最后之形式,尚未完全显出时之一串形式。此一串形式之形成,乃由此物质的东西,逐渐去完全的实现其最后之形式时,与此最后之形式,尚有各种不同程度之距离而来。当其最后之形式已实现时,则此一串形式,即不复存在。故其先之存在,只能视为此最后之形式之不完全、不适切,而带几分朦胧合混之成分的仿本。这依最后之形式为标准来看,是多多少少不合标准的,故亦非此雕像之真正之形式之所在。

第三节　形式之不变性

　　关于一切人之制造物,皆依一先在之形式之实现于物质材料而成,可以莫有很大的问题。而我们亦即可依此人之制造物之如何形成,以透视、了解、一切地面上自然物之如何形成。

　　譬如依中国之儒家道家之思想,来看草木禽兽或人之生命,其一生实整个是一生化之历程。但说其是一生化历程,可以说其无论如何变,都是一个生化历程。然而从一方面看,则一切草木禽兽之生长,又似均要生长成一定的什么形式。如以我们前所举蛋生鸡雏、种子发芽之例来说,此蛋即必须化出鸡雏之形式,种子亦必须化出芽之形式,但鸡雏之发育,乃尚未完成者。何时才完成?必俟此鸡雏,长为一成熟而毛羽分明的鸡雏时,才完成。种子只发出芽之形式,种子之发育亦尚未完成。何时才完成?必须由芽而花叶分明才完成。而我们对于此等等物亦必俟其发育完成,而形相分明时,我们亦才可对之有一清楚的概念;并对此分明的形相,更易加以几何学数学的处理。在此处,我们便不宜说卵为鸡雏之本原,种子为芽之本原①;因此如纯从卵看,鸡卵与鸭卵及其他鸟类之卵,便很难分。从种子看,各种植物之种子之形相,亦差不多。人对初生之鸡与鸭,及各种植物初生之芽,亦恒难加辨别。通常一切事物之种类之分别,皆必至其特殊之形相,分明显出时,人才能加以分别。而一切种类之自然物,所以成为不同种类之自然物,亦如吾人前所说之雕像,乃唯依赖于其各种特殊之形式,即彰彰明甚。此自然物,在未发育完成,以实现其种类之形式前,必力求生长发育,以实现某一形式。此岂不正有类似于雕刻家之于雕像未成时,必努力求加以雕成而后已?而此二者,又岂不可同说是由于一先在之形式之存在,以为其标准,为其规范,为其主宰?又一自然界之生物,在已生长发育完成,某一形式,既已实现之后,则不再生长发育,亦不再化为他形式之物。此岂不同于雕刻家之一雕像既成,即不能再于其上,另造一雕像?此岂不可说,同缘于各种分明之形式,不能互相淆乱?又一自然界之生物,在已生长发

---

　　① 亚里士多德曾谓:哲学或自混沌之质材开始,或自有秩序之宇宙开始,如以卵为鸡雏之本原,种子为草木之本原,即自混沌之质材开始。

育完成，某一形式既已实现之后，则其自身日益就衰老。然而他却同时生下种子，留下子孙，而在其子孙之身上，重现其自身之形式，以代代相传，至于无疆。此岂不正近似一雕刻家，知一雕像成后，可归于剥落毁坏，于是继续再造同类之雕像，以使此像，得传之久远？合此上所论，即足证明：在自然界与人，皆以求形式之保存与其继续实现，以成为变化流转之宇宙中之贞常不变者，为最重要之事。于是形式之概念，亦即应为形上学中最重要之概念。至物质之材料，乃唯所以实现形式，则为次要之概念。

第四节　形式之客观性

此种哲学，在根本上乃建基于一物之形式，与其物质材料相对之二元论。此种二元论，与常识最相违之一点是：在常识，皆以一物之形式，乃依附于其物质材料之上，而此形式乃不能自存自有者。此种哲学，则必须肯定一物之形式，为能自存自有者。故吾人欲了解此哲学，首宜于一切种子之上，如见不同之花叶之形式，将实现于其上；于一切婴儿之上，如见不同之大人之形式，将实现于其上；于一切鸟卵与爬虫之卵上，见飞鹰、鸣鹤、长蛇、与千年之龟之形式，将实现于其上。而此无限之事物之形式，虽初皆视之不见，听之不闻，然实潜移默运，以由隐之显，而化出形形色色之万物者。即当地球爆裂、天地混沌之后，此形式依然自存自有，而待得一朝一日，又来鸟啼花笑，草长鸢飞；而一切同此形式之物之再来，亦即无异于一物之再来。故彼能观此形式之贞常不变者，视此地球爆裂，天地混沌，亦视如小孩儿一时将其用泥土塑成之人物打碎，用水再糅合，以便再塑人物之类，固可不致其叹息也。然此义，则诗人之所喜闻，而为常识所骇怪，视为大荒诞不经者也。

依常识之见，对此种哲学最大之怀疑，是以为此种将形式视为自有自存之说，乃全由于人心之构想，而谓单独之形式、亦实只存于人之思想想象之中。唯因人之思想想象，可预想未来，故吾人亦可想在种子上，将有花叶等形式之实现，及天地归于混沌后，亦可能有形形色色万物之再现；然决不能说，此形式等能自有自存。他派之哲学家，亦多有缘此常识之说，进而立论，以批评此种哲学者。此中之问题，实亦极深邃。吾人今可据此种哲学之义，以略答此中之疑。

依此种哲学之路向，对于形式之是否悬空自有、自存，本可有不同之主张。此种哲学之要点，乃在指出一物之所以为一物，必由其形式加以规定。如物为有、为存在，则其形式不得为非有、为不存在。且此形式，正当为物之所以能如此有、如此存在之本质、理由、或根据。依此哲学看，此形式固恒存于人之思想想象之中，然却不能说其只存在于人之思想想象之中。此有二理由可说：其一，是我们须知我们之主观的思想想象本身，亦并非能自由构想一事物之形式者。我们之思想想象活动之进行，本身即须依一定之形式而进行，而受其规定。如吾人可想一椭圆之叶与另一椭圆之叶，合为二椭圆之叶。但吾人并不能想此二叶构成一三角形。吾人可说当吾人想一椭圆之叶时，吾人之思想中体现一形式，再想一椭圆之叶时，又体现一形式，而合此二者时，则体现二椭圆之形式。此二椭圆，可有左右之空间关系，大小之数量之关系，此关系亦为一形式。此"二"之数之本身，亦为一形式。然吾人在将此二椭圆，合而想之之时，吾人即不能不想，此二者之"空间关系"及"二"之形式，之如此如此。此何故？此只能说由于吾人之思想想象之进行本身，要受形式之关联之规定。此形式之关联，不仅规定我们目前之所想，而且规定我们之所当想。我们对我之所当想者，可尚未想，则此所当想者，不能说在我们之现实的思想中，而当说其为超越于我们之现实之思想之上，以规定、领导、主宰我们思想之进行者。此为我们不能直说"形式"，由我们自由构想而成，而只存于我们主观之思想想象中之一理由。

其次，我们在说一物将发展出某形式时，我们当然必对某形式，有一概念，有一知识。然而在常识中，亦实并不能真相信此概念；此知识之内容，只属于我们之主观思想的。譬如我们说一蛋将发育为鸡，我们并不只是说，我思想他将发育为鸡，而是说蛋本身要发展为鸡。如果只是说，我思想其将发展为鸡，则无论其是否发展为鸡，我都是可思想其将发展为鸡的。然而我们之思想其发展为鸡，而他不能发展为鸡时，我们却可说我们之思想错了。必我们思想其发展为鸡，而他又实能发展为鸡时，乃能说我们之思想是真的。是见真思想、必须有其客观所对。然而我们在说蛋能发展为鸡时，客观所对之蛋中，却又明是无鸡。则我们之说其将发展为鸡时，我们真思想之客观所对，遂仍只能是一超越于现实之蛋之上的鸡之形式，而此形式，即不能说其是只存于我们之主观思想之中的。

但是我们方才只是说此形式之不能只存在于我们之思想中，而可说之为一种自有自存者。但其自身毕竟如何能自有自存，仍是一问题。在此，依柏拉图之理论，有二种解释的可能。（一）此形式（彼名之为理念）之自身，即构成一世界，乃超越一切现实事物，与吾人之一切思想而自存，有如悬空外在，以成一较现实事物之世界，更真实之世界者。此更真实，乃自其恒常不变，为一切在变动之历程中之事物，所向往、所欲实现者说。（二）此形式理想之世界，并非纯为悬空外在者。此乃因此各种形式理念，无论一般事物是否能表现之，然吾人之思想，皆未尝不可思之。在吾人思之之时，此诸形式理念，虽规定主宰我们之思想进行之方向路道，如上所说；然而我们在思之之时，我们却亦可觉其如由我们之心灵或灵魂之内部，自己逐渐呈现出来。由此而我们如逐渐加深，并提高我们之思想，我们即可逐渐进入此形式理念之世界。故柏拉图或用比喻，以谓人之灵魂，原住于一洁净空阔之理念世界，原能明白洞鉴此理念之世界者。唯因堕入人间，乃渐对理念世界之理念遗忘。人今之运用理性的思想，以逐渐认识理念，则同于遗忘后之再回忆。此比喻之所涵，亦即同于谓理念之世界，原在人之灵魂之明白洞鉴之中；虽为其客观所对，而亦并非离此灵魂之明白洞鉴而纯为悬空外在者。由此而吾人今之用理性的思想，以了解理念，亦实不外将本在吾人之灵魂明白洞鉴之中者，重加以昭显而已。在柏拉图之《提摩士》（Temeaus）语录，于至善及理念世界之下，肯定一造物主之能依照理念，以造世界，亦有此理念世界并非离一切观照之之造物主而存在者之义。

此上所述之二义之理念世界论，同为柏拉图形上学中之所涵，亦不必然相冲突者。但吾人可说，专发展前义，以申论一切形式或理念之不依赖任何其存在，而自有自在者，乃西方现代哲学中若干新实在论者；而能发展后义，并将一切形式或理念与现实存在或实体，联系而论者，则为亚里士多德之哲学。

第五节　实体及变动与四因

在亚里士多德之哲学中有十范畴之说。此十范畴是实体、性质、数量、关系、时间、地方、位置（Position）、情态（State）、主动、受动。亚氏即以此十范畴，为一切实有之范畴，而为我们可普遍的应用，以论述一切实有，而形成种种知识命题者。然此十者之中，实体居第一位，其次乃有性质、数量、关系等。如我们必须先有某物为一实体，如一铜器，乃有其性质，如圆而黄。而后我们乃能以此性质，论述此实体，谓此铜器为圆而黄。次乃能以量论述此实体，如此铜器之圆，其面积为一平方尺左右。再其次，乃能以关系、地方、时间、位置等，论述此铜器。如谓此铜器为大于某锡器（关系），及此铜器今在何地（地方），为何年所造（时间），如何置放，如倒置或顺置于其环境之物中（位置），在何情态（如充满食物或空虚），主动或受动，（如被人移动为受动，落地敲地板为主动）。由此而实体为亚氏之形上学之第一概念。

但是一实体如何能成一实体，则赖其形式。如此铜器之圆，即其形式。若离开如是之圆，则此铜器即无以别于其用同一物质质料所成之铜器。在此处，亚氏之重形式，全由柏拉图之重理念来，而实与柏氏之哲学无殊。但是我们却又不能真主张一物之形式，能离其物质质料而存在；而当说此形式与质料，合以存在于一实体中，此却是亚氏之哲学，更近常识之处。

此更近常识之哲学，由何而建立？或我们何以知一实体除其形式外，必有质料，此形式必属于一实体？我们岂不明见一物之形式可以变化，而不再属于一实体？此岂不证明一实体之可离开其形式，一形式之可离开一实体？亚氏之答复此问题，则系于其如何说明变动之理论。

亚氏分析变动为四种。一为性质之变，如物由白变非白。一为量之变，如由小变大。一为位置之变动，如由此至彼。一为成毁之变，如由成而毁。然而此任何一种变动中，必有一能变动者。此即实体，如一物之色，由白变非白，则此物之实体，即能由白变为非白者。此物之实体，能由白变非白，则彼当兼能是白而能是非白者。此即谓凡能变动者，皆须兼能表现已成及变成之二情态者，如其不能，则亦即无所谓由此变彼。

我们何以说一物之实体，方为能变动者，而不只说其形式变动？此则因形式本身不能变。其说，亦承柏拉图而来。如我们见一物由白色，变为非白之红色。当此物正为白时，白为其现有之性质，非白之红为其所缺之性质，即缺性（Private Quality），其白中亦实无此非白之红。至当其变红之后，其现有之性质为红，而非红之白，遂为其所缺之性质，其红中亦无此白。此即同于谓：红与白不能同时存在，而相反对、相排斥。则此红与白之自身，如何能相变？由此故知，一物之由白变红，必除白与红以外，有一能白亦能红，能由白变红之第三者之存在，以使此变化之事成可能。此第三者，即为此实体之物质质料。一物之实体，必包涵此物质质料，及其所正表现之形式，与其现所缺乏之形式三者之结合，然后可进而变化其所表现之形式。故吾人只能说，一物之实体为能变动者，而其形式则属于实体。

但一物之能变，是一事。而其实际变，又是一事。如一纸在此，我说其能卷折而变成筒形。但是何以它不立刻自己卷摺而变成筒形？则我们于此通常皆知，除此纸有其质料，与能变成筒形之形式外，尚另再有一使之变成筒形之动力。又我们如要使一物变成如何，我们亦应先有一使之变成如何之目的。如我们要使此纸变成筒形，我们恒先有使之成筒形之目的。由先有此目的，我乃以手施一动力，以使之成筒形。由此亚氏遂有四因之说，以说明一物之所以变成或形成。是即形式因（Formal Cause）、质料因（Material Cause）、动力因（Efficient Cause）、目的因（Final Cause）。

我们可以此四因，说明一切实体之物之所以变成或形成。我们又可以二概念，说明一切实体之物之能变之能，与其实际上之所变成者或所形成者之分别。此即亚氏哲学中之潜能与现实之概念。

第六节　潜能与现实

如一物此时尚白，而能由白变红，则白是现有之性质而为现实，能变红则是潜能。而当其实际变红时，则此潜能化为现实。一切物之变动，皆是一物之由其潜能，而化为现实之历程。在一切人造之物中，一物之何种潜能，能化为现实，何者不能化为现实，则恒系于人之对物施以何种动力，及人之目的，在使一物变成某一形式之物而定。

然而在自然界之若干物，却都似自己能变，而自己将其潜能化为现实者。如一橡树之种子，具备成橡树之潜能，而其自己，亦似即能使此潜能化为现实，而长成橡树，而实现橡树之形式者。则此橡树之长成，即可说只有二因。一为形式因，一为质料因。当一物之质料往实现形式时，此形式本身亦即同时如在接引质料往实现之，此中即可说有一动力。至形式之实现于质料之结果，亦即质料实现形式之目的。于是不须另立质料因及形式因以外之动力因及目的因，即足说明此物之所以能变。

然而在一自然物，如一橡树之种子之质料，往实现一形式——如橡树之形式，而成橡树之现实时，此橡树之现实，似为后有，种子乃先只有一潜能者。此先有潜能后有现实，亦即常识之观点。然依亚氏之哲学，则现实应先于潜能。因潜能可化现实，即亦可不化为现实。如潜能为必化为现实者，则应依于一先在之现实者贯注动力或现实性，于尚在潜能状态之事物中，以使其所能者现实化。此可称为事物之现实的原则。如一石头之能化为雕像，乃因有雕刻家之心中之形象，与乎其动力之先是现实的。则种子之化为橡树之现实，此现实之原则，当求之于何处？

在此，依亚氏生物学之理论，首当说一切橡树之种子，原亦为现实之橡树之实体之所生。而此橡树是原有其现实之形式的，并与其质料结合的。以原具现实之形式之橡树，生此种子，此种子，方能发展出现实之橡树之形式。由此而我们即可说"此种子之潜能之化为现实"之现实原则，不当求之于此种子之有其潜能，而在其前代之橡树之原具有其现实之形式。如由此推上去，在前一代橡树之种子，存在之先，亦有再前代之现实的橡树之形式之先在。由此而一直推至宇宙之原始，仍应是现实的橡树之形式在先（此形式亦存于上帝之现实的思想中，下节再详之），而不能说是橡树之种子在先。

但是亚氏之论现实先于潜能，谓现实之橡树先于其种子，一直推至宇宙之原始，都应说现实的橡树之形式在先；又非谓一一生出之橡树种子，能化为现实橡树之动力或现实原则，皆原自一假定的最初之现实之橡树。因在无数的世代中，可有无数橡树种子之化为橡树。如其动力，皆由此最初之橡树来，则此最初之橡树，似应包涵无穷之动力；而此所假定之一最初之橡树，实亦只是橡树之一，他如何能包涵此无穷之动力？于此，在亚氏之哲学中，遂有地上之物之生长变动，其潜能之化为现实，原于现实之天体之运动而来之动力之说，而地上之物亦确是顺四时中天体之运动而生长变动者。天体之运动是永恒者，如日月星辰，皆周而复始，万古如斯。亦唯因其为永恒者，亦方能成为动静无常之地上万物之动力之根原。此中之最后问题，则为此天体之运动之动力因，又由何而来？此天体之运动既为永恒者，如运动皆依于动力之存在，则此永恒的运动，应依于一永恒的动力。此永恒的动力，自何而来？对此问题，亚氏之答复，即只有直截以天体运动之形式因之所在，为其动力因之所在。天体运动何以为永恒？此即在其周而复始。此周而复始为一圆形。此圆形即其运动之轨道之形式。则其运动之所以为永恒，岂不可即说在此形式之永恒之存在？此形式永恒存在，而天体之欲永恒的实现此形式，岂不可即说为其具永恒动力或此运动之永恒不息之理由？

第七节　形式及理性的思想与上帝

然上述之一抽象之形式本身为不动者，则其如何能使天体永恒运转，并由此以引使地上之万物，亦变动生长，而生生不穷？对此不动者如何引出变动之问题，最后仍须求证于吾人之理性的思想。

吾人之理性的思想之向往种种普遍的理念与形式，而受其规范以进行，乃柏亚二氏哲学，同肯定之一真理，而亦可为常识在所共认者。吾人亦在前文，曾举例说明吾人之理性的思想，向往一理念与形式时，吾人明可觉此理念与形式本身之不动。然在吾人之思想进行之途中，却有吾人之思想之活动。此即为一"不动者引生变动"之最切实之例证。兹再稍详加说明于下。吾人之理性的思想之求知，恒为由未知到知。吾人由未知到知，必先已有能知之能力。故亚氏以一切吾人之运用理性的思想，以由未知而知之事，皆同于吾人之理性的思想自身，由潜能而化为现实之事。在其潜能之阶段，亚氏称为被动的理性。在其化为现实之阶段，亚氏则称为能动的理性。此理性的思想由潜能化为现实时，吾人即由未知到知，使吾人本能知者现实化，以实为我们之所知。然吾人真有所知时，此所知者却必为如其所如之形式理念。如三角形即是三角形，而无所谓动者。于此，吾人之理性的思想，亦即止于此所知者，而如如不动，以静观此所知。然此却并不碍于当吾人于未知而求知时，吾人有一理性的思想之活动。此活动，亦不碍其活动之目标，即在使其自身成一不动而静观形式理念之思想。由此而即证明："吾人之活动可向往一不动之形式理念，一不动之形式理念可引起吾人之活动；此活动之目标，即所以使不动者实现于吾人之中"之一真理。亦证明"不动之形式理念，可成为引生活动而动他者"之一真理。依此真理，加以推扩应用，吾人即可用以说明，一切永恒不动之形式轨道，所以能使天体发生永恒不息之运动之理由；以及一切自然事物所向往之形式，皆如在接引质料往实现之，以使之生长变化之理由。唯吾人所思之任何形式理念，必存在于吾人现实的静观之思想中，不能离之而虚悬，故吾人亦可本之以推知：

可为吾人所思之一切使天体及其他万物，运动生长之形式，在其未存于吾人之现实之静观思想中时，亦必为存于一"客观存在之现实的大思想之静观"中者。此"静观一切形式之现实的大思想者"，即为亚氏之上帝。此大思想者之所思想，皆为现实于其内部者。故在上帝思想其所思想时，即同于思想其自身。又吾人在思想吾人所真知之事物形式时，亦同时自知在思此形式，而自思"其思此形式"，而在一自思想其思想之境界中。此时吾人思想之形态，即暂同一于上帝。

关于此种不动之形式，可使事物发生变动之理论，我们可由我们之向往种种不动之形式理念之理性的思想活动中，加以识取；亦可自吾人在一不动而表现美的形式的雕像或图画前，所引起之情感之活动中，加以识取；亦可自吾人之面对一不动之道德行为规律，实用之行为规律前，所引起吾人之行为活动中，加以识取；亦可自社会上之不动之法律，引起一般人民之活动，求与之相合中，加以识取。而天体及其他万物之依形式或一定规律而活动，亦即其中之一种。而此一切规律形式，皆同为可能存在于吾人之现实的理性的思想中，而又皆为在已现实的存在于上帝之思想中者。于是上帝即为一切不动之形式规律之总体之思想者，而为一"自身不动，而使万物动之不动的动者"。亚氏之此哲学，亦即希腊哲学中之一最高而最伟大之一成就。

但是亚氏之上帝，虽为一切万物之形式之总体的思想者，而兼为一使万物动之一不动的动者；但万物除其所表现之形式，乃根原于上帝外，其自身之物质材料，仍不能说原于上帝。我们一般所见之物体，都是形式与质料之和。我们可试把其一切形式皆抽出，此最后便仍剩下一东西，即亚氏所谓原始物质或设定之为绝无任何形式之物质。唯在常识中，人所共见者，唯是各具物质之物体之自己变动。则如亚氏之哲学未能否定上帝与其形式之外之物质之存在，人亦即可据此物质之存在，以谓其所表现之一切形式，皆属于物质；而将亚氏一一归诸上帝之形式以至上帝之自身，再拉下来，属诸物质世界。此即希腊哲学中，遥承亚氏以前之自然哲学之伊壁鸠鲁派，斯多噶派之唯物的宇宙观之所为，而可直接于近代之自然主义、唯物主义之一哲学传统者。此当俟后论。另一顺亚氏哲学思想，再向上发展之道路，则为将此上帝以外之剩余之物质材料，亦视为原于上帝，而由上帝所流出，或上帝自无中所创造。此即为由新柏拉图派，至西方中古之基督教形上学之发展之道路。而东西之宗教性形上学中，亦同有大体上相似之上帝观或宇宙真宰观。此将于下章中论之。

理型论 参考书目

W. J. Stace：Critical History of Greek Philosophy，庆泽彭译《批评的希腊哲学史》，商务版。

西方学者讲柏拉图与亚里士多德之哲学，或重其差异之处，或重其相同而相承之处。此书属于后者，而文字甚流畅，最便初学，亦可帮助本书所论之了解。

G. Santayana：Transcendental Absolutism，见 Runes 所编 Twentieth Century Philosophy.

桑氏之以法相（Essencc）为自存，乃柏拉图理念自存论之一现代的翻版，读此文可知此型思想之一要义。

Aristotle：Metaphysics，tr. by W. D. Ross. 亚氏形上学原著不易全看，R. Mckeon：Introduction to Aristotle，pp. 243—296，所节者已足够了解亚氏形上学之大体，尤以 Book A，XⅡ，为本章论亚氏之思想之所本。

第七章　有神论之形上学

第一节　如何了解宗教家神秘主义者之超越的上帝之观念

人类之宗教思想，本与形上学思想，密切相关。因二者皆求对人所自生之宇宙之根源，有一究竟之解释。其不同处，唯在人之宗教思想，恒包涵较多之想象成分，及独断之教义，不容人一一与以理性的说明。而形上学则必要求一理性的说明者。

在人之宗教思想与形上学思想，对于宇宙之根原之究竟的解释中，皆同有关于神之思想。毕竟此关于神之思想，其历史的起原与心理的起原如何，乃一极复杂之问题。亦不在本书范围内。但无论在东西文化中，人对神之思想，皆有一由多神以逐渐出现一最高之神之倾向。而此一神，则恒被视为一切天地万物之根原所在。此时之神，即同时成为一形上学上之概念。此种为形上学之概念之神，我们是可对其涵义，加以理性的了解，而对其是否毕竟存在，可加以理性的讨论的。我们在本章之内容，亦即一方在说明对此形上学之概念之神，如何加以了解。再一方则拟对其是否存在之问题，亦作一简单的讨论。

成为形上学上之概念之神，可以有多种。一种是如上章之亚里士多德之所谓上帝。此上帝即一静观的思想一切万物之形式之上帝。此上帝之概念，是只要我们了解何谓形式，何谓思想，何谓静观，再把一切形式视为一总体，当作此思想之内容，即可加以清楚的把握者。至于其他宗教性或神秘主义者之上帝之概念，如流出世界之上帝，自无中创造天地之上帝，则我们不必皆能清楚的加以把握。但我们可试循上章亚氏之所谓上帝之概念，再进一步，以求把握此其他上帝之概念。然后，我们再讨论其是否存在之问题。

我们在上章曾说，在亚氏之上帝之外，尚有非其所造之物质材料存在。现在我们试顺从亚氏之所谓上帝之概念，及其哲学之他方面，再进一步去想；我们便可看出此物质材料之概念，如何可加以解消去掉，而将亚氏之上帝，逐渐化为一流出世界之上帝，或创造天地万物之上帝。譬如我们在上章说，亚氏之所以相信有物质材料之存在，纯是从物体之有变化，及有其所现实具有之性质或形式，又有其所缺乏之性质或形式上说。如物体只是纯形式，则一形式不能有其现所缺乏之反对的形式或性质，因而不能有潜能，亦不能由实现其潜能，以变化其形式，而不能有所谓变化。然而在亚氏所说之上帝，其所思之内容，正为纯形式。从纯形式之立场，看一物之现所具有之正面的形式，与其所缺乏而可能表现之反对的形式，既同为形式，即可同为上帝之所统摄的思想，而为在此思想中可并存者。因亚氏之上帝自身又无潜能、无物质材料之故，则在其观点所呈现之世界，亦即可为一无潜能，亦为无物质材料之世界；而在上帝本身，亦无肯定一物质材料之存在，以说明世界之变化之所以可能之必要。由是而物质材料对于上帝本身，即可为一不存在者。而吾人若能肯定如此之上帝之存在，并试由如此之上帝之观点看世界时，吾人亦同样无肯定物质材料之存在之必要。吾人之心中亦即可只有如此之上帝之存在，直下以之为天地万物之根原，而更不思及其他。

如吾人心中只有一为一切纯形式之思想者之上帝存在，则吾人亦可有一超乎一切形式之上帝之观念。因上帝之思想一切形式，当为同时思其反对之形式而统摄之者。此上已说。但如上帝能兼思想一切形式与其反对者而统摄之，则任一正面或反对之形式，皆不能用以规定上帝，限制上帝。而上帝即必为超越于任何正反之相对之形式之上，亦超越于对任何正反相对之形式之思想之上者。由是而上帝即不当只是一思想者，且为能无所不思想而又超此思想者。纯自其为一超思想者处言，则吾人不须以其所能思想之一切正反之形式，规定吾人所谓上帝；只当说上帝为超越一切形式，亦不可据人之任何形式之思想及此思想所成之知识，与表此知识之语言，加以规定以了解者。由此而吾人即可由亚氏之所谓上帝，以进至一超形式、超思想、超知识、超语言之上帝。而我们对东西之神秘主义之所谓上帝，即可由此而悟入。

复次，如吾人了解"一能思想一切形式，而又超越一切形式"之上帝，再来看世间之物，则世间之任一物之所以为物，即皆不外其能表现某种一定之形式。其所异于上帝思想中之形式者，唯在其所表现之形式，为有限定。如一物能圆而黄，则不能兼方而红。唯此限定的形式之内容，从其积极方面看，又皆不出乎上帝所思想者之外。则吾人可说一切世间之物之形式，皆只为上帝思想中之形式之重复体现。此限定之形式之内容，从其消极方面看，则由于其缺乏上帝所思想之其他形式，乃使其不得上同于上帝，而只能成为世间之物者。于是世间之物之所以为世间之物，即可说乃由于其能有上帝之所有者之若干，又"无"上帝之其他所有而来。由是吾人即可说世间之物之所以为世间之物，即在其"有所有，而又有所无"。上帝则"有世间一切物之所有，而又无世间一切物之所无"，以为一全有者。由此而吾人即可说世间之一切物之有，皆来自上帝，根原于上帝，由上帝之所流出或造出。至世间之一切物之所以有缺憾，或所以有所无，则不根原于上帝，而唯由于世间之物之不能有上帝之所有，而"无"上帝之所有之故。吾人于是即可进而了解，宗教家及神秘主义者之以世间万物，由上帝流出造出，而于世间之物之所以有缺憾，或所以有所无之理由，又不归原于上帝之故。依此种理论，以解释世间万物之所以为一有限之存在，一时只能表现某一形式，而不能表现其他形式之故；则只须归于物之"有其所无之形式"而已足。不复再有另设定一在上帝外之物质材料自身之存在之必要。纵然设定之，其意义亦为消极的，而同于"一物之未能有其限定之形式之外之形式，而无此限定之形式之外之形式"之意义。此即如黑暗之为一消极的表示未能有光而无光，而其本身，则并非能与光相对之另一存在也。

第二节　新柏拉图派之太一观与其所流出之各层次之存在

我们能对以上所说，完全了解置于心底，即可进而了解东西哲学中以神或太一，或梵天（Brahman）为流出万物创造万物者之思想。我们今可以普罗泰诺斯（Plotinus）之思想作一代表。

普罗泰诺斯之哲学之最高概念为太一，此亦无异一上帝之别名。而其不名之为上帝者，盖自其自身完全具足，亦为超乎世俗所谓人格神而说。

普罗泰诺斯之所谓太一，乃指一无部分之绝对的统一体。因其为绝对之统一体，而无部分，故亦不可破坏，亦无内部之矛盾，而为一永恒存在者，圆满自足而完全者，亦超越于一切有部分之时间空间之上者。同时亦超越于知识之上者，因知识中即包涵分别，如分别其是此非彼，而此太一则为在一切彼此分别之相对之上者。我们亦不能由知识以了解之。以致我们之只说其为统一，而与多相对，说其为完全，而与不完全者相对。我们对其为"一"，为"完全"之了解，尚不能真正适切。我们必须视彼之为"完全"，为"一"，乃超越于"一切与多相对者之一"之外之"一"，超越于"与一般不完全者相对之完全"之上之"完全"。而此"一"此"完全"之本身，亦即超越于我们之"一"与"完全"之名词与概念之外之上者。我们在真了解悟会此"一"此"完全"时，我们即在"一"中与"完全"中，而亦即超越"一"与"完全"之概念与语言之外之上。此即其神秘主义之太一观之根本义。

依普罗泰诺斯之说，此完全之太一，本不赖于世界万物之存在而存在。故他亦不需要创造世界。然而他虽不需要创造世界万物，然世界万物却可由之流出。他是完全。完全者无所赖于不完全者。但不完全者，却可由取得完全者之一部，以成其为不完全者。此不完全者之异于完全者，唯在其有所缺、有所无。故不完全者即完全者与虚无（Void）之一结合。唯不完全者，虽取于完全者之一部，以成不完全者，但因此完全者，乃是一绝对的完全者，故亦为取之不竭者。而无数较不完全者，在得其一部，以成不完全者后，其自身仍不增不减，而不失其为完全。他比喻此完全者，犹如太阳的光。此太阳的光，虽不断放出，以使世间之物，各分享一部分的光，然而其自身之光明，却永恒如故。

这种由太一流出世界之历程中，所生之各层次之存在，照普罗泰诺斯所说，可分为四：

（一）在太一下一层次之存在为理灵（Nous）[①]。此所谓理灵，乃表示其为一切世间万物之统一性或合一性之所在——亦即表示其为世间一切万物之形式理念之思想者。此理灵乃一方同于太一之为一，而又别于"太一之自身之为超越于一切思想之上，亦不与世间一切万物发生关系

[①] 此理灵正近于亚氏之上帝。

者"。故此理灵，一方为不可分，然在另一方，又包涵无数世间一切万物之理念或形式于其中，而亦包涵一分化之可能，或多之可能（Possibility of Plurality）于其中。此一切万物之理念或形式中，则包括各种类之物之普遍共同之形式，及各物之个别特殊之形式。由是而此理灵中，亦即包涵一切种类之物及个体之物之创出之可能性。

（二）在理灵下一层次之存在，为心灵。此所谓心灵（Siul）有二：一为世界心灵，一为个体心灵。此所谓世界心灵，其别于理灵者，在理灵为超时间的、永恒的，包涵一切形式与理念者，而为其永恒的统一者。而世界心灵，则非超时间，乃长存于世界之一切时间中，而为一切存在于世界中之事物之统一者。至所谓个体心灵，则为由世界心灵中分化而出之心灵，而互相分别，亦与世界心灵相分别者。至一个体心灵之自身，则又一方有其不可分之统一性，一方又可以心灵中之意识作用之出现，而使其成为一意识之主体，而与客体对象相分别，亦与其对各种客体对象之观念，相分别者。至心灵中之欲望之出现，则又更增加一其自身之"为一欲望者"与"所欲望之对象间"之分别，或分裂。而此即为人之罪恶之起源。人之分别心愈多，则人对物之了解愈多，而离真实之太一则愈远。

（三）再下一层次之存在，乃为由心灵所流出之物体。物体之低于心灵，在其本性为可分，为多。物体之物质性，即其无底止的可分性。但世界一切物体合起来，仍可看成一整体，而表现一统一性。至各个物体，则为彼此分离的，而只各有其统一性的。此各个别物体，即由个别心灵之所流出的。因物体之本性，为可分为多，亦恒趋向于分为无定限的多者。故必赖心灵加以联系统一。而人之心灵，亦即恒有控制其自身之感官之只是向杂多之外物而分散，以求还归于统一之要求。故当人之身体离去心灵之控制时，则此身体之物，即解体而逐渐分散为尘土。

（四）居宇宙最下层者非存在，而为虚无。此所谓虚无，即表示一切存在之反面。在物体不断自己分散时，即为物体之向虚无而趋。但一微尘之物体，仍有其自身之某一种统一性，尚非绝对之虚无。所谓绝对之虚无，乃此物体之无底止之分化历程中，所显出之"对于一切统一，皆加以分化，以使统一成不可能"之虚无性。宇宙之统一原理，如日光。由此日光之放散，而至于任何一道光线，皆分而又分。则一切光线，即皆逐渐沉入黑暗，而化同于黑暗。此黑暗即喻此虚无性。其为光之绝对的反对面，有如此虚无之为太一之完全之有的反对面①。

第三节　圣多玛之上帝属性论

普罗泰诺斯之形上学，间接影响于奥古斯丁之神学。自奥古斯丁以后，中古之神学中之问题极多，亦多皆有形上学之意义。而对于上帝之性质，及其与世界万物之关系，作一最严整之系统的说明者，无过于圣多玛。圣多玛之思想，在哲学方面主要是承继亚里士多德之形上学，而加以发展。但其系统极大，亦非在此处所能多论，唯其关于上帝之属性之说明，可略加介绍。

圣多玛对于上帝之一切说明，根本上系于其"上帝之本质与其存在为合一"之说。此即亚氏所谓上帝为纯现实而无潜能之义。我们说世间之事物皆有潜能。凡有潜能者，其所能实现之形式，乃不必为其现实上所实现者。如种子能长成橡树，而未长成，即其所能实现之橡树之形式，尚非其现实上所实现者。而即种子长成橡树后，此橡树可砍伐，以制木器，此仍为橡树之潜能。此木器之形式，亦非橡树之所已实现者。至在木匠之制造木器之历程中，木匠心中虽有木器之形式，现实于其思想中，然此形式，仍初未现实于橡树之上者。而木匠之制造之活动之本身之种种形式，亦初未为完全现实化者，而当其制造此木之活动之形式，全现实化，而制成此木器后，此木匠尚有能制其他形式之木器之种种形式的活动，此仍为未现实化者。由此我们可说，世间一初现实存在之万物，无不有其潜能，无一能完全实现其可能实现之形式。而一物之形式，即一物之本质之所在。故世间万物之不能完全实现其可能实现之形式，即其存在与其本质之不合一。

至于上帝之所以为上帝，在亚氏则以之为纯思想。此纯思想之内容，为一切纯形式。而此一切纯形式，乃全幅现实于此思想者。因而上帝中无潜能，而只有现实。而此即同于谓除其现实之存在外，彼另无其可能成为之存在。因其所可能成为者，皆全部现实于其存在中。如其所可能者即其本质，则此本质乃已全部现实于其存在中者。此之谓存在与本质

---

① A. G. Bahm: Philosophy, An Introduction 第十七章 Emanationalism 对普罗泰诺斯之哲学有一扼要之介绍，并绘有图以助了解，为论普氏思想最清楚者，亦吾人本章之介绍所取资。

之合一。

此存在与本质之合一，即所以规定上帝为完全者，而与世间一切物之为不完全者相对照。世间之一切物之所以为不完全，因其有潜能，有可能实现而尚未实现者。如我有种种要求，能作种种事而未作，我即不能为完全者。而吾人之谓上帝为完全者之意义，常言在其无所不备足，亦即在其无可能实现，而未实现者，一切可能，对之皆已化为现实之意。由此而吾人可说，上帝之为上帝，即在其为完全的存在，无丝毫缺漏或空虚，之一单纯充实的存在。或即大字写的"存在"（Beinc）之自身。

由上帝之为完全的存在，充实之存在，则上帝之各种属性，都可依理性的思维而推演出来。

如上帝是完全的存在，则上帝是至善的。此乃因所谓一物为善者，即谓一物为可欲之义。唯完全者为可欲，亦唯现实之完全者为可欲。吾人在有所欲时，吾人所求者乃目的之实现，亦即一种所想之形式之实现，亦即求一种现实之完全。上帝为绝对之现实的完全，故上帝为至善。

其次上帝为无限。因一切物之为有限，或由形式之为物质所限，而成一特殊个体物，或由物质为形式所限，以成具某普遍形式之物。但物质不为形式所限时，则物质为更不完全者，故形式使物质更完全。而形式为物质所限时，则形式不由物质以更完全。故不为物质所限之形式，乃具更完全之性质者。而上帝之为纯形式之实有，即为本质上具完全之性质，亦具无"限"之性质者。然此无限，非体积之无限。因体积皆有边界，即不能无限。而一切存在之物体，其有形式，有数量者，同不能无限。故上帝之无限，非体积（Magnitude）之无限。

再其次，上帝为遍在。因上帝为完全之存在，一切存在事物之存在，皆以之为因，以上帝所有之形式之一部为其本质。故一切存在物之所在，皆上帝之所在。而一切存在事物，亦皆为其完全之神智，及完全之权能之所及。

再其次，上帝为不变（Immutability）因世间事物之所以有变动，唯因其有潜能。而上帝无潜能，故无变。一切变动者皆一部变，一部不变，而为变之部分与不变之部分之复合者。然上帝则为一存在与本质合一之单纯之存在而非复合者，故无变。又变动者皆为可由变动而有增加者，而上帝乃无限完全，不能增加者。故无变。

又上帝为永恒而超时间者。因时间必有先后，先后由运动而见。因有所缺乏而运动者，乃有先后可说，而在时间中。然上帝为无所不足，亦无运动，因而亦即不在时间中，而为永恒者。又有开始与终结者，乃可以量其时间之长短。而上帝无开始与终结。故上帝不在时间中，而为永恒者。真正永恒，亦惟属于上帝。但其他事物之由上帝以接受不变性者，亦可说能分享上帝之永恒。而人之能见上帝者，亦即有永恒之生命。

其次，上帝为具统一性者，即为一（One）。说其为一，并无增于上帝之存在。此只消极的表示上帝为不可分，因上帝为一，故只有一上帝，而无众多之上帝。此（一）原自上帝之单纯性，及其存在与本质之合一。一物之所以可以有多个，因一物之本质可存在于此物，亦可存在于他物，即其本质与一特定存在可分离。而上帝之本质与存在合一，故上帝之本质不能离一上帝之存在，而存在于另一上帝。（二）由上帝之完全无限性，不容其有二。因如有二，则彼此互异，而各有所缺，即非完全无限。（三）由世界万物皆在一秩序中。此一秩序之所以可能，应由一因而不由多因。

上帝为真理。此因上帝之为完全之存在，乃由其神智能知一切事物之形式而来。所谓善，乃自意欲上说。真则自理智（Intellect）上说。意欲得实现为善，理智得应合于了解之物为真。一人造物之称为真，乃自其合于制造者理智所预定之形式言。自然物之为真，乃自其合于一种类之形式言。而此形式，乃在上帝之理智，即神智中者。故真之第一义，唯指理智之合于所了解之物。而上帝之理智，为应合于一切现在存在或可能存在之一切事物之形式，而了解之者，故上帝为真理。

上帝有理智，亦即有意志——即神意。一切事物之趋向于其形式之性质，即一事物之意志。意志不只表现于寻求某一形式，亦表现于安住于某一形式之中。故一切有理智能了解一形式者，而寻求或安住于一形式者，皆有意志。上帝有理智，亦即有意志。唯上帝之本质为完全，为至善，故上帝之意志，非向外以寻求所得之意志，而唯是爱悦其所已有之至善而安住其中之意志。此至善，为其意志之对象，而亦即上帝之本质之自己。故上帝之意志，不由他动，而唯是自动。且皆为不可改变，而具必然性之意志[①]。

[①] A. C. Pegis: Basic Writings of Saint Thomas Aquinas pp. 25—90 之《神学集成》（Summa Theologica）中 Questions 3—11 为上文之所本。此书在康熙时有利类思译义，名《超性学要》，民国十九年公教教育联合会重刊，但不易购得。且译文艰深难解。

第四节　西方哲学中上帝存在之论证

由此上所述，尚可进而再推演出上帝之其他性质，及其与世界万物之关系，均见圣多玛之著作中。然其根本概念，唯是上帝之为一"存在与本质合一之单纯的完全存在"。吾人如承认此上帝之真正存在，则上帝之一切性质，及其与世界事物之关系，皆不难由此推出。但吾人如何可说此上帝为真正存在，并如何证明其存在？则为一更重要之问题。

关于上帝存在之论证，在中古哲学中，前有安瑟姆（Anselm）由上帝之观念以证明上帝之存在之先验的论证。后有圣多玛由世间事物之存在，以推论上帝之存在之后验的论证。而神秘主义者则多由直接的神秘经验，以证上帝之存在。

安瑟姆之论证，简单言之，即上帝之观念，为包涵有"最大之实有"之意义者。吾人可说一最大之实有，乃必然存在者。因如其不存在，则"存在的最大之实有"，即大于此"最大之实有"；此最大之实有，即非最大之实有。故其为最大之实有，即必须包涵存在。在近世之笛卡尔，即略变此论证，而由上帝为最完全者，以论上帝之存在。因上帝如为"最完全者而又不存在"，则上帝即不如一"最完全而又存在者"之完全，而上帝即非最完全者。今上帝既为最完全者，故上帝必然存在。笛卡尔又谓我之有一完全者之上帝之观念，要为一事实。我之有此一观念，必须有一真实的来源，以为说明。然我为一不完全者，即不能为此完全者之观念之来源。因而必有一客观真实存在之上帝，以为我之此观念之来原。此又为一上帝存在之论证。

然此安瑟姆之论证，在中古则为圣多玛所反对。圣多玛谓：吾人不能只由吾人之上帝之观念，以推论上帝之真实存在。人亦原可有上帝存在之观念，亦未尝不可无上帝存在之观念。吾人如欲知上帝之存在，只能由上帝所造之事物——即以上帝为因所生之结果上，逆推上帝之存在。于此，彼指出五种方式以证明上帝之存在①。

（一）世间之一切运动，必有使之动者；然使之动者，如又有使之动者……直至无限，则任一动者，皆待他而动，而动为不可能。今动为可

---

① A. C. Pegis: Basic Writings of Saint Thomas pp. 18—21 Summa Theologia Question 2.

能，且为事实。则世间必有不待他而动之第一动者，方能说明动之事实。此第一动者即上帝。

（二）世间一切事物之存在，必有其所以存在之动力因（Efficient Cause），而一事物不能为其自身之动力因。因一事物之动力因，应为先于一事物之存在而存在者。故一事物不能为其自身之动力因。而一事物存在之动力因，如在其他事物之存在；其他事物之动力因，又在另一其他事物存在……以至无限，而另无不待其他动力因之第一动力因之自己存在；则亦当无第二因以下之中间因，亦不能有其最后果，而任一事物即皆不能存在。今既有事物存在，故必须有第一动力因之自己存在。此即上帝。

（三）世间一切事物其存在，有生之者，而存在后，亦可毁坏。即其存在非必然，而为偶然者；亦即可存在，可不存在者。由此而世间亦即可有"无事物存在时"。而世间果有"无事物存在时"，则亦即不能有其他开始存在之事物。因开始存在者，必依于一先存在者。由此而世间之事物，不能皆为可存在，可不存在之偶然存在，而必须有一必然存在者。而必然存在者，虽可由其他必然存在者，以取得其必然性，然此亦同不能推至无限，而吾人最后遂仍须承认有本身具备必然性之存在。此即上帝。

（四）世间之一切事物，有各种不同高下之真善高贵之程度。然此不同高下程度之真善等，必须对照一最高度之至真、至善、至高贵完美者为标准[①]，并依其与此标准之近似之多少，乃能定其程度。而一存在之涵最充实之有者，亦即为至真、至善、至高贵完美者。而此存在之至真至善，即为其他一切存在之真善与高贵完美之原，此即上帝。

（五）世间之自然物之活动，多为达一目的者，然此诸自然物无理智知识，以知其目的；则其达目的之活动，必须由一有理智知识之存在，加以指导。如箭之能中的，必由有射箭者之理智知识，以指导之。而此指导一切自然物之达目的活动之理智的存在，即上帝。

关于安瑟姆笛卡尔之"上帝之观念包涵其存在"之论证，通常称为上帝存在之本体论论证（Ontological Argument）。至圣多玛之由世间事物

[①] 圣多玛此段文据英文译本，前用高贵（Noble）一名，后又用完美（Perfect）之名，前后不一致。今并改译高贵完美，以便了解。

之为偶然的存在，以推知必然的上帝之存在，通常称为上帝存在之宇宙论论证（Cosmological Argument）。至其由世间万物之活动之适合于目的之达到，或世间万物之表现秩序，以证有上帝之理智之指导，及上帝之计划之存在，通常称为目的论之论证（Teleological Argument）。

在近代哲学中，除笛卡尔外，来布尼兹亦提出上帝存在之四论证。其中除上述之**本体论之论证**与宇宙论之论证外，彼又加上永恒的真理之论证，及预定和谐之论证①。此永恒真理之论证，亦由中古哲学中，永恒真理皆存于上帝之神智中之观念来。所谓永恒真理，即不待任一特定个人之思维之，而必然真之真理。如 $2+2=4$ 等。然此类真理，又不能离一切思维而自真。故必须有一永恒的必然存在之上帝之加以思维，并为上帝之知识内容。至于其预定和谐之论证，则由于来氏哲学之先肯定个体物之各为一世界，则其活动之相配合，便非一一个体物之本身所能为。故必须肯定有一超越于各个体物之上，而并保证其活动之配合和谐之上帝之存在。罗素称比为目的论论证之特殊形式，而专为适应其单子论之宇宙观而制造者①。

此上所述之上帝之论证，乃由亚里士多德至近代理性主义之传统的上帝存在之理性的论证。除此以外，则为由柏拉图、新柏拉图派至中古至近代之神秘主义者，直本一种忘我之经验，而接触一神境，或与上帝直接相遇之"上帝存在之经验的论证。"此在詹姆士之《宗教经验之种种》一书②所举之例，不少皆足资参考。然此种宗教心理经验之叙述，可容人不同之解释，是否足称为论证，乃一问题。

对于由安瑟姆至近代之来布尼兹之上帝存在之论证，自经康德在《纯粹理性批判》一书之批评以后，皆从根柢上发生问题。吾人亦将于论其他派别之哲学时，对以上之论证，加以评论。而除此传统之上帝存在之论证以外，尚有斯宾诺萨所提出由"部分事物之存在，以推证全体之存在"之上帝之论证。然此所论证出之上帝，已同于自然，而迥异西方由柏亚二氏至中古之超越的上帝。至在康德以后之理想主义哲学家，如菲希特、黑格尔、席林、及后之新黑格尔派如鲍桑奎罗哀斯等，虽皆肯定上帝之存在，并或提出上帝存在之新论证③，然此上帝之意义即同于普

---

① B. Russell: A Critical Exposition of the Philosophy of Leibniz. Ch. XV. pp. 173—190.
② W. James: Varieties of Religions Experience 有商务版唐钺译本可读。
③ 如在当代，则罗哀斯之由错误与真理之所以可能证上帝之存在，即上帝存在之一新论证。

遍心灵、绝对心灵之意义，亦与传统之由无中造世界之超越的上帝有别。而在彼等之哲学系统中，上帝之概念之重要性，亦低于"绝对"（Absolute）之概念。至在十九世纪至廿世纪之人格唯心论者及实用主义者詹姆士等之化神为一有限人格，而与人共同奋斗者，亦与传统之全能之上帝之观念，大不相同。至于现代倡生命哲学之柏格森，新实在论者，与突创进化论者如亚力山大、穆耿，及倡有机主义哲学之怀特海之所谓上帝，皆同为参与宇宙创化历程之上帝，而与中古之在时间之流变之外之上帝观念，大不相同者。至如杜威哲学之所谓上帝，则成人之统一的价值理想之代名词①。更失上帝一名之旧义。故此诸哲学之理论，所证明为存在者之上帝，皆尽可非西方宗教及希腊中古及康德以前之哲学传统中之上帝。其理论，亦不宜一一皆相提并论。而在传统之上帝之论证动摇之后，亦有各种奇奇怪怪之上帝论证之提出。如替齐主义者 Tychists 谓在一无限之时间，一切可能者皆可实现而存在，上帝至少为一可能者，故上帝必曾存在。法之巴斯噶（Pascal）谓上帝之存在不能由理性证明，吾人之信上帝之存在与否，如下一赌注，然吾人宁下一上帝存在之赌注，因为上帝存在，则吾人即赢得一切；万一上帝不存在，我们亦无所失。此则由于巴斯噶由深感上帝存在问题之苦恼，而后获得之唯一结论也②。

有神论之形上学　参考书目

A Castell: An Introduction to Modern Philosophy, Topic I. A. Theological Problem, New York The Macmillan Company, 1949.

本书论神之问题以圣多玛巴斯噶休谟穆勒詹姆士之说为代表，颇得要。

利玛窦《天主实义》孙璋《性理真诠》。此二耶稣会士所著之书，文章尔雅，说义亦颇精审。

Plotinus: Enneads。些书不易看，A. G. Bahm: Philosophy, An Introduction, 根据 W. R. Inge: The Philosophy of Plotinus 及 J. Katz: The Philosophy of Plotinus 二书，对普氏之说，有一简单之介绍可读。又 Pistorius Plotinus and Neo-Platonism, Bowes 1954. 一书以普罗泰诺斯之太一及理灵（Nous）与宇宙魂（Psyche），实为自三方面

---

① J. Dewey: Common Faith, p.43.
② 关于巴斯噶之严肃的怀疑思想，可参考 A. Castell: An Introduction to Modern Phil-osophy, pp. 24—38.

看一上帝之异名，亦可参考。

A. C. Pegis: Basic Writings of Saint Thomas Aquinas, pp. 25—90.

W. K. Wright: A Students Philosophy of Religion, Chap. XIX. The Evidence of God, Macmillan Co. 1922.

E. Gilson: History of Christian Philosophy in The Meddle Ages, Random House Co. 1952. Pt. 8. Ch. 3. 论圣多玛哲学

J. Royce: Religious Aspects of Philosophy, first published in 1885, reprinted by Harper & Brothers, New York, 1958. 有谢扶雅译本，名《宗教哲学》。在此书，罗哀斯（Royce）从错误之如何可能上，对上帝之存在，提出一新论证，颇为当世所称。

E. Gilson: God and Philosophy, Yale University, Newhaven, 1951.

Gilson 为当今中古哲学名家。此书虽只为一讲演稿非其主要著作，但颇扼要。

P. Pistorius. Plotinus and New Platonism, Bowes 1954.

第八章　唯物论

第一节　唯物论与日常生活中之物体

在人类对于宇宙之思想中之又一型，为唯物论。此与上章所述之有神论相较，乃正相对反的。德人朗格（F. A. Lange）著《唯物论史》，曾谓唯物论可说与希腊哲学俱始。在印度与中国之唯物论思想，虽较不盛。但在印度除喀瓦卡（Carvaka）外，如《胜论》，尼耶也派，亦有唯物倾向。而中国之术数家之阴阳五行思想，亦或多少带唯物论之色彩。

东西之唯物论之思想，虽派别甚多，但皆有一共同之处，即以为我们之感官所感觉之外物，是第一义之实在。我们在日常生活中，亦似无时不与这些外物相接。不仅日月山川、土石水火是物，一切人造之食物、衣服、房屋、舟车、用器，亦皆是物。一切动植物，及人自己之身体，亦是物。在常识，亦皆以我们之眼耳鼻舌身之物，与外物发生关系，乃有感觉思想等。人之身体必赖外物之营养，乃能生存。由此而唯物论，亦恒为人之所自觉或不自觉的最易接受之哲学。

但是从哲学史上看来，唯物论者却极少以此外面一切物体之和之存在，即足为建立唯物论之根据。因此外界之一切物体之一意义下之存在，亦尽可为各派哲学所公认。而只说此一切物体存在，并不等于说出：此一切物体存在之共同根原。从西方哲学史上看，最早之唯物论者泰利士（Thales），以水为一切万物所由来之共同根原。从来之安那克塞曼德（Anaximander）代之以无限体，安那克塞门斯（Anaximenes）代之以气，赫雷克利塔（Heraclitus）代之以火。其后恩辟多克（Empedocles），则以地水火气及爱恨二力，为万物之共同根原。然后发展为琉西蒲斯（Leucippus）及德谟克利塔（Democritus）之原子论，及安那克塞各拉斯（Anaxagoras）之原质论。这都并不是直接就当前人所共认之物体之存在，以主张唯物论；而是由一切物体之共同的物质的根原，以主张唯物论。在印度方面之带唯物论色彩之思想，亦或以地水火风之物质，为万物之共同根原，或以类似原子之极微为万物之共同根原。至于在近代物理科学发展以后，则西方之唯物论者，恒归于以科学上之原子、电子、质子、中子、或以太等，为一切万物之共同根原。而除少数唯物论者，如霍布士等外，多不肯安于只据当前一切具体之物体之存在，以成立唯物论哲学。

何以人不安于只以当前之一一具体的物体之存在，以成立唯物论之哲学？此归根到柢，则由于人如只肯定此一一具体之物体，如山川、土石、衣服食物之存在，则我们即不能形成一概括性的物之概念。我们亦不能建立"一切皆是物或原于物"之哲学命题。我们要说一切皆是物或原于物，我们必须对一切物之所以为物，有一普遍之概念。此普遍之概念，则只有根据一切物体之共同之性质，如物体之物质性、占空间性，或一切物体之共同之来源如原子、电子，乃能形成。

第二节　唯物论者之共同主张及物质宇宙之问题

人对于物之概念，实际上是随人对物之知识而变迁的。如在现代人想到物时，即皆在不知不觉间，即想到其由电子、质子、中子构成。在一百多年前，则人可能只想其由不可分之原子构成。在中国古代人，则可以之为阴阳五行之气所构成。在古代希腊人及印度人，则以之为由地水火风等所构成。如将来之人，对于物体之构造，更有进一步之知识时，则其想到物之所由构成时，亦可不再想到电子、中子、质子，而想到 x 子或 y 子。而所谓物质的物体，毕竟为何，亦可随人对于存在的物体之知识与了解之进步，而不断改变。

但是无论各时代之唯物论者，对物之概念如何不同，然一切唯物论者，在若干点上之主张，仍是共同的。（一）是从消极方面说，一切唯物论者同不承认，我们所见之山川土石，及一切自然物，为一超自然之神所造；亦决不承认，物是我们之主观心灵之所变现，或我们主观心灵中之观念。即一切唯物论者，皆在宗教上形上学上为无神论者，而在知识论上，则必为一实在论者。（二）是从积极方面说，则唯物论者，虽不必以人当前所见之一切具体之物体之自身，即最根本之物；然此具体之物体，仍为一切唯物论所最先肯定之实在。至此外之物体物质，如原子电子等，皆以此具体之物体之存在为根据，加以分析推论而来。此一切物体物质之存在于空间中，有一定之大小宽窄，即广延（Extension）；存在于时间中，有一定之久暂，即久延（Duration）。此二者可以数量规定。此一切物体物质，并皆在此时空中运动或静止，分离或结合，以产生新物。亦为一切唯物论者所共认。（三）是唯物论者，皆可不必否定：生物与人类及无生物之表面上之分别，亦很少真否定：常识中所谓生物之生命现象，或人之心灵精神现象之存在。亦有唯物论者，可承认人之灵魂之不朽，以至某一种鬼神之存在者①。但唯物论者大皆以无生物、一般生物及人类之差别，乃其身体之物质之构造之简单繁复之程度不同所形成。而一切生命现象、心灵现象，皆依附于生物与人之身体之物质而存在。纵然人死后灵魂不灭，或宇宙间仍有鬼神之存在，此灵魂与鬼神，亦是附着于一物质之气，而后在时空中存在的；而此灵魂与鬼神，所以能有种种造作，亦必待其所依附之物质之气之有某种活动，然后可能。故此灵魂与鬼神，实亦只是宇宙中之一部之物质之功能，绝不能有宗教上所谓在世界之上而自无中创生万物之神或上帝。

此数者，可说是古今中外之唯物论者，大体上共持之主张。但人对于物质世界还可有种种问题，如物质或物体，孰为真正之实在？一切物质及物体，可否视为一大物质或大物体？可否能视为无数可分之物质或小物体之所合成？最小之物体为何？吾人是否有理由说，电子为最小而不可分之物体？是否必有不可分之物体与物质？物质、物体之变化运动，为循环的，或进化的、发展的？物质、物体与物之能力如光、热等之关系如何？一切物质、物体，最后可否化归为其所潜藏之能力之和？当其能力完全放散以后，是否物质、物体亦可消灭？又物质、物体与其所在空间之关系为如何？物体之空间，是否亦为一真实之存在？如空间中无物体，是否空间亦可存在？我们所在之物质宇宙，是否有一中心之物质？（如中古时代人多以地球为中心之物质）物质宇宙之空间，为有限或无限？为有边或无边？是否在不断扩大之中？或在不断缩小之中？物质及光等能力，在空间中运动放射，是否皆循直线进行，或可向一方向（如

---

① 如西哲伯洛特（C. D. Broad）即自称为层创的唯物论，而承认人之灵魂之存在者，见其 Mind and its Place in Nature 一书。

东）行，而历若干光年复由另一方面相反（如西）而返？又我们常识所见之空间之量度，为三度，可否与时间合为四度空间？时间是否真可视同空间之一度？除我们所居所知之此有三度或四度之空间之物质宇宙外，另外是否可能有一度二度，或五度六度以上之空间之物质宇宙？或是否可能有另一三度空间之物质宇宙，与我们所居所知之物质宇宙并存，然又各为一独立之物质宇宙之系统？吾人所知之物质宇宙？毕竟由何而来，是否在未有天地或太阳系与其一切星球之前，此物质宇宙中之物质，初为聚合在一处者，后乃散开？或最初无物质，而只有游气，或只有光或一种冷辉，或其他能力如热，然后由光热之凝结，以产生物质？又此物质宇宙中之物之热，依今之热力学第二律，乃逐渐在放散之中；则一切热力均有全部放散，而平均分布于空间之可能。此时则一切热力，即再不能发生运动，而此物质宇宙，即有归于死寂之可能。则在此物质宇宙未有之前，或已灭之后，是否再有其他物质宇宙之存在？此物质宇宙，是否可为一经无数次之成而又毁、毁而又成之物质宇宙？凡此等等问题，其中或为一纯粹之物理科学之问题，唯有待实证而后解决者，或为涉及物质、能力、空间、时间之概念之分析之哲学问题，或为可容人自由作假设作推论之理论科学与哲学间之问题。对此等等问题，提出主张者，亦不必为唯物论者。不同时代中之诸唯物论者，对此诸问题之主张，亦尽可各不相同。人对此诸问题之如何主张，亦不能即作为衡定其为唯物论者或非唯物论者之标准，故皆非吾人今所能一一加以讨论者。

第三节　唯物论对于有神论之批评

吾人今所欲讨论者，唯是依吾人上文所举一切唯物论者大体上之共同主张，以看其论据之何若，及其论据之是否能成立。吾人在上章既论有神论之形上学，则今可先由唯物论者，如何反对此种有神论，而主张无神论或物神论之论据开始。

吾人上章所述之有神论，乃以神为流出万物，或创造万物者。而有神论所信之此种神，又恒被认为至善者，或能力无限之全能者。在历史上之唯物论者，及其他派哲学之攻击此种有神论之论据，则恒为指出此种神之观念之包涵自相矛盾，或与其所创造之宇宙现实事实，互相矛盾。此我们可先以西方在宇宙论中为唯物主义者的伊壁鸠鲁派，破斥神造世界之说为例。

伊壁鸠鲁派,并未全否认神之存在,然他却否认世界为神所主宰,支配或建立之说。因世界之处处有缺憾,有不完满,而人有种种之苦痛罪过,皆是一事实。如世间真有神主宰,则我们可问:彼何以不将此一切缺憾去除?此或由于其力有所不能,或由于其心有所不愿,此外无第三可能。如其力有所不能,则神非真有支配主宰世界之全能者。如其心有所不愿,则神非真对世界上之人能同情,而为全善者,亦不配主宰世界者。故若非神之能力有缺憾,即神之善德有缺憾,二者必居其一。任有其一,彼即不能为世界之主宰。

伊壁鸠鲁派对于主宰世界之神之存在之怀疑,后亦为希腊之怀疑论者所同有。在新柏拉图派起后,将恶之原,归于宇宙间之"虚无性"。在希伯来之犹太教中,则假定上帝所造之世界,初本为一乐园,以言上帝初未尝造此有缺憾有痛苦罪恶之世界。此世界之所以如此不满人意,乃由人类始祖亚当之不服从上帝命令,受魔鬼诱惑,偷尝善恶树之果,而犯罪,然后人类乃受种种苦难。此乃将人所感到之世界上一切缺憾,全归于人之犯罪,初与上帝无干,亦不由上帝负责,以保持上帝之尊严与至善之说。而基督教则再以上帝之化身为耶稣,代人类赎罪,以解救人类之苦罪为己任,以见上帝之谅恕罪人,及对人之无尽之恩典。然此说如视为一种理论,则明不能解答唯物论者及其他哲学对于上帝之怀疑。因纵然人类之所以受苦难之故,由此以得一解答,然罪何以由一人以进入世界?人类是否当纯以最初之一始祖之犯罪,即当永远受苦难,仍为甚难解者。又人类以外之生物之受苦难之理由,如何能本此说,加以说明?此尤为基督教思想所未尝加以深思熟虑者①。故如何使一主宰世界,全善而又全能之上帝之观念,与世界之有种种罪恶苦难缺憾之事实相配合,实为一极困难之问题。而人亦恒最易由此以怀疑如此之上帝之存在,而归向无神论者。

唯物论反对世界由神造之一更大之理由,则恒为据科学及比较宗教学以立论。由比较宗教学,吾人可发现各宗教中,关于世界如何造成之

---

① 西哲许维彻(Schweizer)于《文明与伦理学》(Civilization and Ethics)即以西方伦理宗教思想,皆只重人对人之道德感情,而不似佛教之有一对一切生命苦痛之有一大悲心。唯彼仍反对佛教。

神话，乃互相冲突者。《旧约》中所谓"创世纪"之神话，不过其中之一种。而各民族各宗教所信之神之性质行为，似皆可由各民族之古代社会之情状，及人性之要求，对之作一说明。人类所想之神，皆为人格化之神，而类似人之情感意志者；正可证明神之为人所造，而非人为神所造。故在希腊极早之哲学家塞诺芬尼斯（Xenophanes），即谓如其他动物能想神，则神亦当为如动物之形状者。此种由人之社会生活，人性要求，以说明宗教中之神之观念之来源，除若干社会学家外，在现代可以唯物论者佛尔巴哈（Feuerbach）《宗教本质讲演录》[①]一书所论为代表。其他唯物论者，在此点上之主张，亦大皆类似。而归于谓：神不能说明世界之所以产生，而以人之社会生活及人性要求，则可说明神之观念之所以产生[②]。

第四节 唯物论与实在论

吾人上说唯物论之主张，在消极方面，为反对世界由神主宰之说，并以世界之外物，非依附于人心而存在者。在此后一点上，唯物论乃与一切实在论之立场为一致，以反对一切观念论唯心论之说。然唯物论者之论究外物之独立存在之理由，除纯粹知识论上理由外，亦常取生活上之所遭遇，为证明外物独立存在之理由。当巴克来倡观念论，以否定外于心而存在之物质时，有人问当时之文学家约翰孙（Johnson），如何否定之。约翰孙（Johnson）即以足踢石，谓此即以足否定之。其意盖谓当人以足踢石时，则人明觉有在足之外之石，成为人之意志之阻碍，此即证明客观物质之存在。而吾人之平日之觉外物为外，实亦常由觉外物之可为吾人意志欲望之阻碍，并不随吾人之意志欲望之变化而来。故吾人试假设此外物之世界，如能由吾人之心愿而变化，则吾人将甚难觉其在我之外。人通常之觉其身体为属于自己之心而为我之身体，亦实不外因觉此身体为我所较能自由加以运用之一物之故。故当吾人之身体之一部麻痹，而自己若指挥不动时，吾亦可即觉此身之此部，非我所有。故外物

[①] 此书有林伊文译本，颇佳，由商务印书馆出版。
[②] 休谟非唯物论，然其在 Dialogues Concerning Natural Religion 中，对宗教神学之信仰之批评，则多与唯物论者同，而透辟过之。

之不从人之意志欲望而变，恒为人之信外物独立存在之一极主要之理由。唯物论者如今之辩证法唯物论者，所谓由生活之实践，以知物质之独立存在，亦即是从外物与人之意志欲望之关系，肯定外物之独立存在之说。

第五节　唯物论之生理心理论证

然唯物论之所以为唯物论，并不能只赖上列二者而成立。因他派之哲学，亦尽多非上述之有神论，亦肯定外物之独立存在者。唯心论观念论者，否定有离心之外物，亦不必否定有不随人之主观的意志欲望而变之外物之存在。故唯物论之思想之特色，当在其主张在时空中之物体物质，为第一义实在，及一切生命心灵等，皆依附此物体物质而存在之二点。此亦为西方由德谟克利塔（Democritus）以降之唯物论者，所同亟亟于证成之二点。此二点，又可互为根据，亦可说只为一点。

唯物论者欲证成上述之一点，其表面之根据，似为由知识论上之经验论，以谓一切经验，皆始于吾人对外物之感觉经验，以论外物为第一义之实在。然实则唯物论者，并不如休谟、穆勒等经验主义者，以感觉经验，为其哲学之出发点与归宿点，必进而求说明此感觉经验之所以发生之故。此感觉经验，所以发生之故，依唯物论者所说，乃在未有经验之先，已存在之外物，与身体感官之接触。由此接触，乃有吾人对外物之经验与认识。何以外物与身体感官相接触，即有认识？此在希腊唯物论者，或以为此乃由身体感官之物质与外物之物质相异，异故相吸，而生认识，如恩辟多克（Empedocles）之说。或以为此乃由身体感官之物质，与外物之物质可相同，同故相接而生认识，如德谟克利塔之说。而此种以"必须有外物之物质原子入身体，乃有认识"之说，在近代则化为"外物之光波、声波等物质能力，入身体感官，再经感觉神经，以入大脑，乃有认识"之说。此皆理论精粗不同，原则上并无差异者。而以认识之事，初为吾人之反映外物世界之事，亦成为古今东西之唯物论者之所共同肯定。一切认识之内容，就其对象方面说，依此说，亦即全由外物而来，而皆可由外物自身之情状，加以说明者。

至于从人之认识之能力，及人有认识后，所生起之情感意志等心理活动方面说，则唯物论者皆以此认识之能力，与所生起之情感意志等，初只为人之身体之大脑内脏等，作某一种活动时之一种机能，或一种附带产生之现象。如烛燃烧时，而附带产生光，便能照物之类。唯物论者之所赖以证成此义者，则为人在常识中所共认之若干事实，及由生理学、心理学之进步，而不断发现人之思想、意志、情感受其身体之生理决定，及身体之生理又受物理之决定之事实。

人在常识中，皆知如灰尘入眼，则眼不能视；若目生眩翳，则视不得其正；若目重病，则视而无睹；以物塞耳，则耳不能听；耳病重听，则听不得其正；若耳重病，则听而不闻。此在五官皆然。人之思想固似可无假于感官之接物，而能独自运行。然人酗酒狂醉，则头脑昏眩，而所思想者皆荡漾而不定，终至于不能思想，以憽然无觉，此亦常识所共认。而依生理学以观人之感官之构造，如目官之适于反映物影，耳官之适于听声，实皆无不合于光学声学上之物理。而神经之传达刺激，以及于脑，则可以电学说明。此与手之举物，合于杠杆之物理，血之上流，合于压力之物理，并无不同。是见人之一切感觉思想之认识之能，皆由人之身体之生理所决定，而生理则以所接之物而生变化，为物理（包括化学之理）所决定。此外，人之思想之运行，恒不能离乎潜伏的语言符号之运用，此中即有一身体之生理活动。故今之行为派心理学家华逊（Watson），谓思想即自己对自己之默语，而人在思想时，恒可测出其喉头颤动之迹云云；而吾人于阅读书籍时之恬吟密咏，可促进辅助吾人之思想上之了解，亦人所共有之经验。则思想之不能离身体之生理活动而存在，更可证知。

至于人之情感意志，虽似可与外物之认识之事无关；然其所以发生之故，亦明多是原于身体之生理状态，及身体与外物之关系。人皆知饥寒之为苦，而饱暖之为乐。苦乐固为人之情感也。然饱原于食物之入胃，而生化学作用。暖由于衣之被体，而热得不散发，此为物理作用。人之饥，由无食物之入肠胃，肠胃自身遂辘辘运转，而欲有食物以充实之。人之寒，由无衣被体，而身体自生颤动，而禀栗之意生。人受饥寒之苦，使人产生求立去其饥寒之意志。人得饱暖之乐，则又使人产生欲长保其饱暖之要求。然设人正感饱暖之乐，饥寒之苦之际，由医药将人之全身，加以麻醉，则人之饱暖饥寒苦乐之感，又皆顿尔消灭，一去无痕；人求保其饱暖，去其饥寒之意志，亦一去无痕。则此处人之情感意志之存亡，乃为身体所接之物体与其生理之所决定，即彰彰明甚。

在西方中古时代，以人之疯狂者，皆由魔鬼附体。一般思想，皆以

第八章 唯物论

人之脾气暴烈，喜怒无常者，由人之精神之修养之不足。然今之心理学医学，则常能指出疯狂之生理心理上之原因。而此原因，常可由其所遭遇之物质环境之为如何，加以解释。人之脾气暴烈、喜怒无常者，今之生理学家，亦常可发现其与人之内脏之状态，及各种内分泌之关系。即在常识，人亦知一夜多食，内脏之气，郁积不舒，则梦中恒见忧危之境，而生忧危之情。人皆知当人在感烦恼忧愁之际，若能从事赛跑游泳，以改变其身体之生理，其烦恼忧愁，亦至少可暂时丧失。而今之医家，已能试将一犯罪之囚犯，作为试验，将其内腺之分泌，加以改造，以使人改其性格，勇者变怯，怯者不怯，以至喜怒不生，宛若痴呆。

照唯物论以外之哲学，及一种常识中之意见，恒以为人之行为，皆以思想为先，情感意志继之，然后有外表之行为。如人恒以为我们见虎而逃，是因我们之思想情感上先知其凶猛可怕之故。我们闻人之哭声，不自觉落泪，由于我们之对人之苦痛，有一了解有一同情之故。但是近代心理学家，詹姆士与朗格（James and Lange）却合提出一学说，即人若干之情感与连带之思想观念之发生，不是先于身体之行为，而是后于身体之行为者。如人见虎而逃，并非因先知虎之猛，怕之而后逃，而是先逃而怕，再思及其猛。人之闻人之哭声而亦哭，并非必因由同情，而生悲遂哭，而可是因哭而悲，乃发现自己在同情别人。而实际上人之行为，亦实常随感官之觉一刺激，而立即发生者。如我们见虎而逃时，当时实亦不及想到虎之如何可怕，我们已先逃。而确是逃定后，再反省到虎，乃觉其可怕。又人哭亦哭时，亦可初无所悲，而确可是由哭生悲。我们在逃时，恒愈逃而愈怕，在哭时，恒愈哭而愈悲。反之，人如能立定不逃，或拭去眼泪，亦即可暂节制其怕与悲。此皆证明逃与哭之生理上之活动既成时，即可引出相连之心理上之怕与悲。而我们看动物之行为，更明显看出其多为感受刺激后，立即发生行为者，如鼠之见猫即逃之类。而人之遇虎即逃，亦正可与鼠之遇猫即逃，有一共同之处。

此种由感受一刺激，即引起一串身体之行为活动之现象，在生理学、心理学中，称之为一种本能现象，或直接反应之行为。诚然，在人之行为，其出于本能者，远较其他动物为少。而表面上之直接反应之行为，亦多由过去之习惯经验所养成。如动物恒出自本能的避火，然小孩则尽可去抓火。小孩初见虎，是否必畏惧，亦甚难说。小孩之避火，乃由其曾被火烧，而其怕虎，则或由其闻大人告以虎之凶猛时，彼即已有一遇虎即逃之准备。于是其以后遇火或见虎时，可不待思维，即求避虎避火。故此种似为直接反应之行为，仍当溯原于人之过去之习惯经验。此外之人之无数行为，以及所谓思想及运用语言之行为，皆可说由人之过去之习惯经验而来。而俄心理学家巴洛夫（Pavlov）所提出之交替反应之说，则颇有人以之为说明"人之一切用语言、思想、与其他一切行为、习惯，及其他动物之行为习惯之所以养成"之根本原理者。

但吾人试思，人与动物之行为习惯，或交替反应，如何养成？人何以一次见火又触火，以后再见火，手即后退。或何以人于一次见犬，而人说犬字，则以后人说犬字，即可唤起一犬之印象，或重复一昔日对犬之外部的或内部的反应行为？此在唯物论者，尽不难以吾人之神经在感受一刺激，而又发生一反应行为后，即形成一由刺激至反应之反应弧或神经通路说之。由此吾人可纯本生理学神经学以轻易说明吾人何以在同时或在一极短之接近时间中，感受二刺激，以发生一反应，则以后只须感受刺激之一，即可发生同一之交替反应。至于此种反应由反复而成习惯，遂一触即发，即可归因于此神经中之神经通路，日趋于滑熟；而此亦犹如以一铁为电流所通过或磁力所吸后，则第二次之电流，亦易于通过，而铁如带磁性。循此用思，则人之一切行为习惯之养成，均可由人之神经之生理的性质或物理之性质，加以说明[1]。

第六节　唯物论之宇宙论论证

上述之唯物论之论证，可称之为唯物论之生理心理之论证。除此论证之外，唯物论之又一主要论证，可称之为宇宙论之论证。此即从生物学、地质学、与天文学上，吾人似必须承认宇宙之进化论而说。从人类学上，人今皆知人类之在世间，并非自始即存在者。人类之有文化，约不过二万年，人类之存在于地球，约不过百万年。近代之科学家从解剖学生物学上，已发现人与猿人及人猿之近似，人猿与其他猿类之近似，猿类与其他哺乳类动物之近似。从地质学，又发现在未有人类之化石之先，先有猿类之化石，及其他哺乳类之化石；在哺乳类之化石之先，则

---

[1] C. E. D. Joad: Guide to Modern Thought 称巴洛夫（Pavlov）之交替反应之说及行为派心理学之哲学，为现代唯物论。此书第三章所述，可供参考。

有鸟类、爬虫类、鱼类之化石；在脊椎动物化石之先，又有无脊椎动物之化石。而各种类之动物与各植物，遂可以不同之类似之程度，及其化石之存在于地层之先后，而连成一系统。再加以人由畜牧农业而知：生物之种类，可以环境之不同而改变之种种事实，由此而一切生物由一单细胞生物进化而来之进化论，即可成立。而在胎生学上所发现人之胎儿之发育，其形状上之变化，由似鱼类，似爬虫类，至似猿，亦宛若一动物进化历程之复演。并可帮助证明进化论之说。依进化论，以看亚里士多德之种类不变说，及中古哲学神学中所谓各种类之物，各依于上帝心中之原型，而分别创造之说，即明似为较缺乏事实根据之玄想。依进化论以看今日人类之心灵，固尚未进化至最高之阶段；然人之有如是如是之智慧等，则明为历若干万万年之生物进化，人类进化之结果。至地球上之生物之如何而来，则虽有人主张，此乃由其他星球之种子，降入地球而来之说，亦有以之为自始存于地球之物质分子中之说。然吾人亦可说，最原始之生物，乃由无生物之物质进化而来。吾人观单细胞生物之原生质之构造，与生物化学中所制成之胶体之相似，此胶体之可由结晶而分裂，亦与单细胞生物相似。则吾人将来似亦未尝不可由无生物，以制造一生物。吾人今并不能臆断此事为永不可能。即此事在人类为永不可能，吾人亦仍有理由以说，最初之单细胞生物，乃由某一时之地球中之各物质，在某一宇宙之情形之下，由某种特殊方式之结合，进化而成。唯以当时之宇宙情形，可一而不可再，故以后亦即不再有由无生物结合，以进化成生物之事。人亦可永无能力，以制造一当时之宇宙情形，故人亦可永不能造生物。然此仍无碍于生物由无生之物质结合进化而来之说。吾人今如欲扩大生物进化论之涵义，以与物质世界之进化相连续，亦宜最后归至生物由无生之物质进化而来之说。吾人亦唯有相信此说，乃能将物质世界与生物世界及人类之世界，合为一整个之自然，而与之以一简单一贯之说明。而不违背于各种自然科学所述之事实与理论者。

第七节 唯物论之方法论论证与历史论证

复次，唯物论尚有一论证，此可称为一方法论之论证。唯物论之思想方法，在根本上，乃以宇宙之前事，说明其后事，即以简单者说明复杂者之所以产生。前者乃本于一因果原则，以思维事物之产生。后者则为人思维之进行之一最自然之秩序。唯物论之不杂入物质以外之存在，如生命、心灵或上帝，以说明一切现象之产生，则所以守思想之经济之原则。即"一切思想上之项目如无必要，则不增加"之原则。而吾人如增加此类项目，以说明各种现象，则或不免破坏物理化学等科学上已建立之原则。如上帝之使奇迹发生，即为破坏物理化学上之原则者。而世间如果有物质外之生命或心灵之存在，而足影响及物质的自然之变化，则亦必破坏物质的自然之变化之原来之规律；而与上帝之奇迹，同为干涉自然之秩序者。故唯物论者虽可承认，今日人类尚对于生物之如何由物质进化而来，及物理之如何影响生理，生理之如何影响心理之一一具体情形，皆未有完满之知识；然吾人观近代自然科学之进步，人已日益能应用物理学化学之原理，以说明生理，且日益发现人之心理之依于生理；则吾人不难由过去以推未来，而谓将来之科学，终有将物理生理心理，以一贯之原则加以说明之一日。此一日虽不知何时到达？吾人终可日益向之迫近。故吾人即永不能完全证明：一切心理可化归于生理，生理可化归于物理，吾人亦可以之为哲学所提供于科学之研究之一指导原则。至少人为求思想之经济，欲由简单者以说明复杂者，并欲依因果原则，而以宇宙之前事说明其后事时，人不可不求把稳此指导原则。而此亦即从唯物论之思想方法上，以证成唯物论之一论证。

除此以外，唯物论之应用于社会文化之说明，则有所谓历史之唯物论。而历史唯物论，亦即为完成唯物论之系统者，而亦可称为唯物论之历史论证。

依历史之唯物论，人类文化之开始，乃原于人在自然界之求生存。由此而人能造工具，以帮助其生存。而工具之中，则以能生产财富之生产工具为最重要。唯由此，而人类乃由渔猎游牧，而进至农业与工商业之时代。生产工具，初乃为人所共有。及其为人所私有，而人与人之由种种生产关系，所成之社会，遂由无阶级而分出阶级，而未握生产工具之奴隶、农奴、与工人，与握生产工具之奴隶主，地主、及资本家之间，遂有阶级斗争之事。由此斗争，以造成社会中之生产关系之改变。此改变，即同时造成人与人一切社会关系，政治关系，及上层之学术、文化、伦理、宗教之意识形态或思想等之改变，而促成人类整个之社会、历史、文化之发展与进步者。人类过去之社会，自始为一有阶级斗争之社会。

故在过去历史中，人之一切学术文化、伦理、宗教等意识形态或思想，亦无不带阶极性；而所谓超阶级之学术文化，与伦理宗教之思想等，皆为自始未尝存在者。而此亦即所以证明；实际存在的物质性之生产工具与人之经济生活方式，乃决定其社会关系，而决定其意识与精神；并非其意识与精神，决定其社会关系，经济上之生活方式，与所运用之物质工具等。此种存在决定意识之历史唯物论，遂可完成唯物论之系统之应用于历史社会文化之说明。此历史唯物论，亦正为当今几于征服人类之半个世界之一种哲学。自人类有哲学以来，哲学之与现实世界之政治势力之结合之深，亦未有能及此者。然吾人如欲求真正之哲学真理，则不能以政治势力之所在，为真理之所在，必须再进而观他派之哲学理论，以求衡定此整个唯物论之是非。

唯物论　参考书目

F. A. Lange：History of Materialism. 郭大力译《唯物论史》，中华书局出版。此为唯物论史之唯一佳作。

C. E. D. Joad：Guide to Modern Thought，Ch 2.3. 述十九世纪及现代之唯物论。

I. Somerille：Dialectic Materialism 见 Runes 所编 Philosophy of Twentieth Century 中一文。此可见辩证法唯物论之要义。

R. W. Sellars：The New Materialism 载 Ferm 所编 A History of Philosophical Systems.

R. W. Sellars and Otheas：Philosophy For The Future，The Quest of New Materialism. New York. 1949.

Sellars 等自称新唯物论。实则彼等于物质外，兼肯定种种高级之存在，实宜称为一种自然主义或突创进化论者，而不宜名为唯物论。此有如自称唯物论而重精神对法相之体验之桑他耶那，亦同不宜名为唯物论者。

第九章 宇宙之对偶性与二元论

第一节 中国思想中阴阳之遍在义与交涵义及存在义与价值义

在西方哲学上之一元二元之争，是一极复杂之问题。但此问题之根原非他，即由常识所同知之世界事物与其性质关系等，皆有一对偶性而引起。然中国思想中，则对一切事物之对偶性，已有一原则性的说明，足以解消西方哲学中之一元二元之争，此即中国思想中之阴阳相对，似相反而实相成之理论。对此阴阳之理论，吾人在本部第五章，已就其关连于天地万物生生不息之历程及其作用功能之感通贯彻者，略加论列。今更就其相对而似相反之意义，析而观之，并论此阴阳之相反而相成之说，所以能解消西方哲学中之一元二元之争之理由何在。

我们抬头看天上之日月星，或可见或不可见，而有阴晴之分。天上之光，或能照见地上之物，或不能照，而有昼夜之分。我们抚摸地上之物，有软硬、刚柔、动静之分。此是一最原始之对偶性之发见。在中国之思想中，则大约在晚周，即分别以阴阳名之。汉宋儒者承其说，于凡近乎明者、显者、暑者、动者、皆谓之阳。于凡近乎幽者、隐者、寒者、静者、皆谓之阴。由是而一切生长发育皆阳，一切成就终结皆阴。一切放散、施发皆阳，一切收敛、接受皆阴。一切万物之相互之流行运转皆阳，一切万物之各居其位，各得其所皆阴。此为吾人之前文所已及。依此以类分世界事物，则天施光、发热、降雨露为阳。地受日之光热、天之雨露，而使万物得其滋生之具为阴。地上之物，火热而上升为阳，水寒而下降为阴。风雷之扩张放散为阳，金石之凝聚收敛为阴。凡物之有刚柔之别者，即有阴阳之分。在人与禽兽中，则禽之雄，兽之牡，人之男，皆性刚而为阳。禽之雌，兽之牝，人之女，皆性柔而为阴。而克就人类之社会伦理之关系而言，则凡一切居于发动而善始之地位者，皆为阳；居于承继而善终之地位者，皆为阴。由是父为阳，则子为阴；君为阳，则臣为阴；夫唱为阳，妇随为阴；长者行于前为阳，幼者从于后为阴；登高一呼者为阳，四方响应者为阴。此诸一切阴阳皆相对而似相反，又可互相感应，以相和相成，以统为一太极者。

由上述之阴阳之分，而克就一物以论其作用与功能，则又见一物之复能兼具阴阳之德。此乃由于物之凡能放散、施发、创新、以善始者，亦莫不兼能收敛、接受、承继、以善终。反之亦然。故天气下降而地受之，则天为阳；地气上腾而天受之，则天为阴。雌牝受精，为阴之事；而其生出后代，又为阳之事。子继承父志，则子为阴；子事父几谏，则父为阴。臣承君命，则臣为阴；臣为诤臣，则君为阴。夫唱妇随，则妇为阴；妇德感夫，则夫为阴。由此而物皆能阴能阳，物皆能动能静，能柔能刚，能进能退，能弱能强，能隐能显，能行能藏，能辟能阖，能弛能张，能升能降，能伏能扬。而一物之有任何活动者，莫不可转化出似与之相反而实相补足以相成之活动，由此而一物之自身，即为兼具阴阳之一太极。而一物之一切相对之活动，与此活动所由生之作用功能，其相反而相成者，皆可由一物之概念，加以统一。

由此思想，以看各种宇宙事物之抽象的存在范畴之相对，如空间中之上下、左右、前后、内外之相对；时间中之新故、古今之相对；数与形量上之大小、多少、奇偶、增减、方圆、曲直之相对；及兼存在范畴与知识范畴之有无、存亡、成毁、造化、幽明、纯杂、变常、断续、一多、正反、同异之相对；以及人之价值理想上之范畴如是非、善恶、美丑、毁誉、利害、得失、成败、吉凶、祸福、险夷之相对；以及天下国家之安危、兴衰、治乱、灾祥之相对；世道之消长、升沉、显晦、隆替之相对；及人之人格气质德行之种种形态，如高明与沉潜，刚健与厚重，狂者与狷者，仁者与智者，独善其身者与兼善天下者；以及智愚、贤不肖、君子小人之相对；皆可在不同之意义下，以阴阳之理说之。此则由于凡一切相对者，皆互为隐显，互为消长，互为进退，互为出入。而相对者之一之所以得名，亦恒由于吾人所指定之一物之一性质，一状态，一关系，或一物本身之隐或显、消或长、进或退、出或入而得名。而吾人能了解此一根本义，则不难以阴阳之理，说明一切相对者而统摄之。

譬如就事物之时空关系而说，依中国之阴阳之理论，大皆以已往者为阴，而方来者为阳。此阴之名之所以用于已往者，即由已往者之为归向于潜隐，而如在退消，以由可见向不可见；而方来者则正趋于显现而如在进长，以由不可见，入于可见而言。然吾人如从另一面看，就已显者皆为可见可知，而未显者为不可见不可知，遂谓凡属已显者皆阳，凡属未显者皆阴，亦未尝不可。又在空间关系中说，则一般皆以上为阳，前为阳，外为阳。此亦自在上者在前者与在外者，恒显而为一切物之升进放散时之所向者说。至一般之以在下者、在后者、在内者为阴，则是自在下者、在后者、与在内者、恒隐而为一切物之降落收敛时之所向者说。而右之为阴，则盖是自人恒用右手把持物，其时右手恒收敛，亦使物被把持而如被掩藏上说。左手则反是，而左为阳。然吾人如换一观点，以下观上，以后观前，以内观外，以右观左，则下显而上隐，后显而前隐，内显而外隐，右显而左隐，则其中阴阳之关系，亦即颠倒。

又如在数与形量上说，则一般以大者为阳，多者为阳，数量之增为阳，而反面之小、少、减为阴，此亦当是自物之放散升进，则趋于多，趋于大，趋于数量之增而说；而物之收敛降落，则趋于少、小与数量之减而说。然人如谓此小所以成彼之大，此少所以成彼之多，此减所以成彼之增，则谓小、少、减为阳，而以其所成之大、多、增、为阴，亦未尝不可。至奇之为阳，偶之为阴，则盖是由于阳之施发，为自动，自动则单独进行，故为奇；而阴之接受则为被动，被动则必与动者相应而合成偶上说。此外又可说一切阳之施发，皆必及于他物，遂连此物与他物为一，故为奇。而一切阴之接受，皆归于成就其自身，而居位得所，以与他物相对，故为偶。至直之所以为阳，曲之所以为阴，则当是就刚健则直，而柔顺则曲上说。或是就直为空间一进向说，故为奇；而曲为包含空间之二进向说，故为偶。然就曲者之联系二进向为一，二直者恒异向而驰上说；则谓曲者为一，为奇，谓二直者为二，为偶亦可。此盖中国思想中所以谓曲成圆，而圆为阳，直合方，而方又为阴之故。圆之所以是阳者，盖以圆上之任一段，皆兼二进向，依圆而动，则凡向东西而行者，皆兼向北或向南；而向南北而行者，亦皆兼向东或向西，而皆兼涵空间之二进向也。故圆又可表一切之流行运转，一切由分而合，以连二为一，连偶为奇之事。至方之所以是阴者，则盖以方中之横直之线，各向其所向，则虽相交而异道异行也。故方又可表一切由合而分，开一为二，散奇为偶之事。然反之，如自方由"直"成，而言乾阳为方，以圆由"曲"成，言坤阴为圆，亦未始不可。

至于从各种兼为存在范畴知识范畴之概念上说。则依于凡显者皆阳，凡隐者皆阴之说，即可说有为阳，存为阳，明为阳，一切正面皆阳。无为阴，亡为阴，幽为阴，一切反面者皆阴。自由分而合为阳，由合而分为阴上说，则一为阳，纯为阳，同为阳，常为阳，续为阳；而多为阴，杂为阴，异为阴，变为阴，断为阴。由此而凡积极的、正面的，具某价值者皆为阳。而凡消极的、反面的，缺某一价值者皆阴。故成为阳，败为阴；得为阳，失为阴；阳生故吉，阴杀故凶；阳为善，阴为不善；阳为君子，而阴为小人。然有于此者恒无于彼，成于此者恒毁于彼，而无于此者，则恒有于彼，毁于此者恒成于彼；始吉者或终凶，始凶者或终吉；君子自恃其为君子，则君子即渐成小人；小人不自居于小人，则终为君子。则此中阴阳之可相代易也如故。

又具正面价值者之所以为阳，而具负面价值者之所以为阴，乃唯对价值而言阴阳之说。若封存在之状态而言阴，如以动为阳，静为阴，则动未必吉，未必善，而静未必凶，亦未必恶。如吾人今以存为阳，亡为阴，刚为阳，柔为阴，同为阳，异为阴，一为阳，多为阴，圆为阳，方为阴，进为阳，退为阴；则在此中之存、同、刚、一、圆、进亦未必吉、未必善，亡、异、柔、多、方、退亦未必凶、未必恶。唯知动而不知静，知存而不知亡，知刚而不知柔，知进而不知退，知同而不知异，知一而不知多，乃为凶为恶。知静而不知动，知亡而不知存，知柔而不知刚，知退而不知进，知异而不知同，知多而不知一，亦为凶为恶。则所谓吉者善者，即兼知存亡、刚柔、进退、同异、一多、而知阴知阳、以能阴能阳之别名。所谓凶所谓恶者，则如亢阳不返，孤阴自绝之类。由此而见阴阳相得相和、之谓吉、之谓善，为具正面价值者。阴阳相离相乖之谓凶、之谓恶，为具负面价值者。吉善而具正面价值之谓阳，凶恶而具负面价值之谓阴，乃唯对价值之存亡隐显而立名，而非就诸相对之存在之状态，而谓凡阳皆善，凡阴皆恶也。此处见阴阳之有二义。一为只就存在状态而言者，一为就存在之状态中之价值而言者。而在后一义之阴阳中，其阳之吉及阳之善，正系于前一义之阴阳中，阴阳之相得相和。其阴之凶、阴之恶。则系于前一义之阴阳中，阴阳之相乖相离。此二义，乃不可混而一之者。然吾人如视价值亦为存在之一面相，则我们亦即可以是否具价值，分阴阳。而阴阳之范畴，即可遍应用之存在界、价值界，而见其为一普遍的形上学兼价值论之范畴。此段中之涉及于价值之部者，在价值论中当再及之。

第二节 中国思想中之阴阳之论，可根绝西方哲学之若干问题之理由

吾人如依此种中国之哲学思想，以看西方哲学中之若干问题，在中国即可根本不发生，或可谓已解决者。一元二元之争，宇宙为变为常、为动为静之争，在中国思想中之宇宙观下看来，皆可不成问题。而毕竟物以质为主，或以力为主；以物质材料为主，或以形式为主；以潜能为主，或以现实为主；自然是由超自然者而来，或自然为自己存在；在中国哲学，皆可谓无此问题。盖以阴阳乾坤之理以观质力，则质为隐为幽，而力为显为明。质者物之阴，力者物之阳。质发力而阴成阳，力入于他质，而阳入于阴①。自阴阳乾坤以观物质材料与形式之分，及潜能与现实之分，则物质材料之具潜能者，阴也。现实之形式者，阳也。然现实之形式，能显亦能隐，则不能如柏拉图、亚里士多德之抽离形式，而孤悬之，以臆造一纯理念或纯形式之世界。物质材料，似无形而能化为有形，则又不能如彼等之臆造一绝无形式之原始物质。而依中国之哲学，以观柏亚二氏之形式质料之二元论，则纯形式与纯理念之世界，乃亢阳之世界，而绝无形式之第一物质，则为绝阴之世界；而由柏亚二氏之思想，进至纯形式之上帝，西方中古思想谓其能自无中造世界，则无异以孤阳生世界；而反面之唯物论者，谓一切皆原于太初之混混沌沌之物质，又无异以绝阴成万物；是皆不知阴与阳、自然与超自然之不可二，自然之生生，即无时不自超越其为自然，而亦超自然者之自降于自然之事。然吾人所以又不能以此简单之结论，解答西方哲学问题者，则以西方哲学之问题，自有其自身之线索。唯有顺其自身之线索之发展，而有之解答，方为真正之解答；不能以另一文化系统如中国者，对于此中之问题，原未真正发生，或从根处加以截断之论，为解答也。

---

① 严复于《天演论》序，即早有以阴阳乾坤会通西方之质力之分之论。

第三节　西方哲学中之二元论之思想之渊源

　　吾人如欲探求西方哲学中之各种二元论发生之线索，吾人当以方才所说质力之二元论为开始。此乃始于恩辟多克之以宇宙为地、水、火、气，及爱、恨二力所合成。在印度与中国哲学中，亦有地、水、火、气之四大，或金、木、水、火、土之五行，为宇宙之所由成之说。然在中国与印度之古代思想，皆以此等等物为能自动，而自聚自散，自分自合，能阴能阳，能柔能刚者。然恩辟多克之地水火气之物质，则为不能自动者。故必另有爱力以聚合之，恨力以分散之。此盖原于一开始点上之以物质本身为静止之思想，故其外应另有使之运动之力。然人之所以以物质为静，实唯由见若干物之形状，在一时为静而不变来。吾人只须一朝以物之形状之静而不变者，为物之常；并以此为物质之属性，则吾人必以物之所以动，由物质外之力使之动，而有此质力之二元论。此质力之二元论，在近代之物理学则化为物质常住，能力常住之二定律。直至物理学上之放射之理论、相对论、量子论之理论出，而后打破者。

　　由此质力之二元论，化出之另一二元论，则为吾人前章所论到之柏拉图亚里士多德之以理念或形式为本之"物质质料与形式之二元论"。此为将物之形式与其所附之质料，加以分离，以理念或形式本身为不变不动，而以质料为可变其所实现之形式之二元论。依此说，则质有潜能而实无动力；质之能实现形式，由不动之理念形式，引使之动，此即无异以不动者为动之根原。

　　此种二元论之再进一步，则为由亚里士多德之将一切物之形式，化为不动的上帝之思想之内容，进至中古之以一切事物之原型，为上帝之神智之内容，而以超自然之上帝，为自然物得存在、得有形式之根原，而成方才所说到之以超自然之神为本之自然与超自然之二元论。

　　然在此种以超自然者为本之超自然与自然之二元论中，同时包涵以灵魂为本之灵魂与肉体之二元论。此亦为西方中古哲学之形上学与人生哲学之交界之一重要思想。克就此思想而言，其原于柏拉图者，过于其原于亚里士多德者。因亚氏以灵魂为身体之形式时，并不以之为相对立而相冲突者。而在中古哲学中，则大体而言，皆为视此二者为相对立，而相冲突者。而此亦多多少少，可由一般人所共能反省到之灵肉之冲突，以为印证。东方之中国之哲学思想中，所谓天理与人欲之交战，于此亦未尝不有相类之处。

譬如吾人在日常生活中，吾人明觉吾人之若干欲望，乃似直接以吾人之肉体为根据而发出，而吾人之若干精神要求，又明为反乎此欲望者。如人之饮食男女之欲，或烟酒积癖，好勇斗狠之习发动时，吾人即明觉吾人之身体自身之内部，有一种扰动。然当吾人视此诸情欲为不当时，则吾人之精神之要求，即首为求平息此扰动，而加以节制超化。此时吾人明觉吾人之肉体之所安者在此，而精神之所求者在彼，二者相为对反。吾人如一朝徇欲而忘理，则后恒继以愧悔。而此愧悔之心情，则为顺精神之要求而发，以自谴责其顺从肉体之行为者。如经愧悔之后，人仍不能战胜其欲望，则人即将求逃出于一切足以诱惑吾人纵欲之环境之外，而入山修道，或竟自己以种种磨难，施诸自己之肉体①，以至甘任肉体之经历剧痛，以遂其精神上之要求。此种现象，如依唯物论之以精神为属于肉体者之理论言，盖为无从加以说明者。而如只视人为一纯心灵看，亦难加以说明。然在以灵魂直接于超自然之神，其肉体由泥土而成之宗教家，或直接谓人乃由此常相冲突之灵魂与肉体二者结合而成之二元论者，则最易直接对此种现象，加以解释。

此种灵肉之二元论，即西方近代之心身二元论，心物二元论之前身。然因西方近代之文化与中古之不同，近代心身二元论者、心物二元论者，所以说明二者之为二元之论证，遂较不重从人之道德宗教生活中灵肉冲突处立论，而偏自吾人对心身与心物二者之不同性质之不同知识上立论。此吾人可首以笛卡儿之二元论为一代表。

第四节　笛卡尔之心身二元论及心物二元论

笛卡尔以心之根本性质为思维，而身体与一切物体之根本性质，则为广延（Extension）。其以心之根本性质为思维，是因心之其他活动如意志信仰等，皆缘人心之思维一观念而有。心之能思维，乃吾人不能否认之事实。此即吾人在知识论之部第十六章知识之确定性与怀疑论中所说。

---

① 此义西哲叔本华所论最精，见叔本华之 World as Will and Idea 一书论 Will－Denial 之各段。

吾人如怀疑心之能思维，此怀疑之本身，亦即是思维。故思维乃心灵之所必然具有之本质的属性。而心之思维之所对，则可为自明而永恒不变之真理。以至完全之上帝，亦可为心之所思维。然吾人之身体，则明为只有此七尺之长，而位于一定之空间者。是见心身之性质，实截然不同。而身体及其以外之其他物体，吾人如将其色声香味等带主观性之次性去掉①，则物体所剩余之普遍性质，即其占据空间，而有长宽高之广延，并能在空间中运动之性质。在笛卡尔哲学，所谓物之广延性，亦实即同于其空间性。物之广延性之外，亦更无所谓虚空之空间。吾人所谓虚空之空间中，亦实为具广延性之物之所充实。而吾人试将任一物之色声香味触等皆去除以后，吾人所思维于一物者，亦正可除其同于其听占之空间之广延者，与其运动以外，更无其他；此物之广延，与其外之空间之广延，亦无分别。故凡有空间之处，亦皆同于有一遍在之大物。而笛卡尔亦尝谓："给我以空间与运动，我即可予汝以一物质之世界"。

关于宇宙是否真有虚空，虚空是否亦为物所充满之问题，乃一物理学之问题，亦当视吾人对虚空与充满（Plenum），如何加以定义，乃能解决。今可不讨论。然笛卡尔之以物体身体之广延性与心之思维性相对，以见心身心物之二元，其中亦包涵一种真理，而为唯物论所不易加以否定者。吾人今亦暂以心物二元论为根据，对唯物论之说加以一讨论与批评。

第五节　心之思想与身体及脑之不同及唯物论之否定

唯物论者以精神或心灵皆为属于人之物质身体者，而为人之物质的身体之属性或机能，或为物质的身体有某种物质的接触变化时，所生之附现象。但唯物论者并未说明，其所谓精神心灵何以只能是物质的身体之属性、机能、或附现象之理由。唯物论者至多只能指出，人之精神心灵之活动，依于人之身体所接触之外物之存亡而存亡，及依于身体内部之物质的变化而变化。然此是否即已足够证明唯物论所欲证明者。吾人今依心物二元论，以讨论此问题，便知此显然为不足够者。

---

① 参考知识论之部，第九章知识之对象问题，第三节。

譬如唯物论者，谓人思想时，恒有运用语言之生理活动，又必依于人之脑之健常，然后人能思想。此固皆可为一事实。然此所表示者，尽可只是人之思想与其脑及身体之生理活动之相关，而非即谓相关者之一，乃由另一相关者所生出，而附属于另一相关者，以为其属性、机能、或附现象之证。吾人于此，可以一粗浅之比喻，加以说明。如人对水望影，人皆知水清则影明，水浊则影昧，水动则影缭乱，而无水则影亦不存在。然此岂能证明此影之全由水而生？则人之大脑之健常与否，人用语言之生理活动，关连于人之思想是否清明，以及人之是否有某思想，又何能证明此思想之根原，全在于人之生理活动①？吾人岂不可说，人之思想另有人之心灵之自身为其超越的根原，如水中之影另有水以外之根原？吾人岂不可说，吾人之脑之不健常，及某种生理活动之缺乏，使吾人不能有某思想，亦如水之浑浊之使其不能照影？吾人岂不可说：人之能思想之心灵，不以其是否有某思想，或其思想之是否清明，而不存在，正如人之不以水之不能映其影而不存在？

依二元论之主张，吾人如欲讨论心是否附属于身体之物质及物质与心之为二为一，唯有自心或物之本质或本性上求解决。因吾人唯有自一存在之本质或本性，以了解一存在，规定一存在，或论谓一存在。故吾人如对二存在者之本质本性之所了解者不同，或当吾人将二存在之名，分别视为一主辞，而吾人所以论谓之宾辞不同时；则吾人即当说其为二存在②。如吾人对李白与杜甫之了解不同，吾人对二人有分别不同之论谓，则二人为二存在。今吾人对心与身体及物之本性之了解，一为思维，一为广延，即一不占空间，一占空间；则吾人只有谓心与物为二存在，二实体。除非唯物论能证明心之本性之思维，即同于物之本性之广延，则唯物论者无理由，以谓心与其思维依附于物，而为物之一属性、一机能、一附现象。然对此点，则唯物论者实从未能加以证明。

此种心之具思维性，与身体或物体之具广延性而占一定空间者之差别，乃在常识中，亦为人所共认者。如吾人之身体，在此时间，此空间。

---

① 柏格森（H. Bergson）《物质与记忆》一书论心非依赖于脑而存在之理由，及今犹为颠扑不破。

② 此亦为今之重逻辑分析之哲学家所承认之一原则。如石里克即以此谓人之灵魂可离身而存在。On The Relation Between Psychological and Physical Concept，见 W. Sellers 所编 Readnigs in Analytic Philosophy.

然吾人却不能说吾人之心,即在身体所在之时间空间内。如吾人之身体在此处,吾人之所感觉之日月山川,则明在吾人身体之外之彼处。吾人之心,明可游神于所见之日月山川,而与境凝合,若忘吾身之安在。则吾人之心之思想,不为身体所在之空间所限制甚明。然此犹可谓彼日月山川之光彩,必先达于吾目,然后吾方有所见。然人之身在江海,心存魏阙。或身在牢狱,而心存江海。此时之感官明对于外物无所接,而吾人之心神之所往,则全超溢于吾人感官所接受之物质环境之外,以有其对过去之回忆,与对未来之幻想。此处唯物论者唯一答复,即谓此类回忆幻想,其内容皆不出乎吾人过去之经验。此过去之经验,初留其遗迹于吾人之脑之神经细胞中,今再自动冒起,故可有吾人今日之回忆等。然此中之根本问题则在:吾人可否说此遗迹本身,即包涵吾人过去之经验内容?如吾人今正作"庐山烟雨浙江潮"之回忆,吾人可否说吾人昔所经验之庐山烟雨浙江潮之全幅景象之内容,皆存于吾人脑髓之神经细胞中?若然,则有一全知此脑髓之构造之生理学家,应可只观察吾人之脑髓,即同时观察庐山烟雨浙江潮。而此生理学家亦可不去游历世界,而只以观察游历世界者之脑髓构造,代替游历世界。然吾人岂能真相信,一游历家所见之世界之全幅内容,皆存于其大小不及一立方尺之脑髓中?此盖为极难信者。因游历家在世界游历时,乃觉其自己身体及其中之脑髓,在世界中旅行;而并非觉世界万物之内容,在其脑髓中旅行。彼明觉世界之大过于其身体脑髓,乃在脑髓之外,而未尝觉世界在其脑髓中。然而彼却可同时自觉其所见之世界,在其认识中,在其心灵之所了解所思想者之中。则此中,心与脑髓之不同,岂不即已显然?

吾人今之讨论此问题,并无意否认上述之游历家于世界中见任何事物时,其脑髓中皆必留下一遗迹,吾人亦可假定一全知之生理学家,能将此遗迹,皆一一加以观察而记录之;则此生理学家,自可对其脑髓有完全之知识。但吾人稍一反省,便知此生理学家之知识之内容,明不外种种此游历家之神经细胞、神经纤维、神经流之知识,而此知识绝不同于游历家之知识,仍为确定无疑之事。如游历家所见之世界,明有种种颜色,但此颜色之光波入脑髓后,今之神经学家,皆承认其为脑髓之物质所吸收,而与脑髓之物质发生化学作用,则脑髓中即不能再留颜色。故人看颜色后,其脑髓上所留之遗迹之颜色,即绝不能同于其所见之颜色。今之解剖学家解剖脑髓时所见之颜色,亦不过一堆灰白之色而已。

则游历家见天上云霞灿烂,五色纷披之时,吾人并不能视此时之脑髓与以后之遗迹,亦云霞灿烂,五色纷披。诚然,一全知之生理学家,研究一游历家之脑髓后,可知其脑髓中某些神经细胞纤维之活动,与此游历家之某一种所见所知者,有某种之相应关系,而推知其所见所知者为何。然此推知之所以可能,仍由此一生理学家原对世界事物,亦有种种之直接经验与知识,并知"人之某种脑髓之活动,与人对世界之某种直接经验与知识,相应而发生"之故。否则,彼明仍不能由其对游历家之脑髓之知识,以推知游历家之对世界之经验内容与知识。是见此生理学家对另一人之脑髓之知识,与另一人直接对世界之经验内容与知识,终为绝然不同之事。而一生理学家对于另一人之脑髓之物质,所能有一切论谓、一切陈说,或视之为主辞时,所能加于其上之一切宾辞中,亦即必不能直接包涵另一人对世界之经验内容与知识。然吾人却可说,吾人之一切经验内容,吾人对世界之知识,皆为吾人之心之所知。吾人对"心"之论谓与陈说中,亦必须包涵其所经验之内容与对世界之所知。吾人将人心视作一主辞时,吾人亦必以其所经验之内容之为何,所知者为何——即其所思维者之为何——以为规定此主辞之全幅宾辞之内容。由心与脑髓之物质之存在,须由不同之论谓、陈说,不同宾辞之内容,加以规定,即又可证其为二存在,或二实体,而非一。

除上述之一问题外,尚有一问题,亦为唯物论者所无法解答者。即吾人如谓人之回忆幻想之事,皆不外吾人过去之经验留于脑中之遗迹之自动冒起,则吾人须知:此脑中之遗迹之自动冒起,乃一现实的物理事实,而脑与其遗迹之存在于今,亦是一现实的物理事实。但吾人在回忆过去时,吾人所想者,乃一已过去之经验内容。此经验内容之中之对象,则可为在物理世界已不存在而消失者。如吾人可回忆儿时所居之家园早已毁于战火,吾人在想未来之事,如明日之事时,其所想之内容,根本上亦尚未在物理世界存在者。当吾人回忆家园时,吾人之泪乃落于现在,此泪乃属于存在的物理世界者。吾人为明日之事忧虑时,亦可如伍子胥之过昭关,一夜之间头尽白。此白头之效应,亦现在,亦为属于存在的物理世界者。然吾人如何可说,吾人所忆之家园与所想之明日之事,皆存于现在?吾人岂不明觉其为存于过去或可存于未来,而今已不存,或为尚未存于存在之物理世界者?此岂非证明吾人心之所想者,能及于现在的物理世界之外,亦及于现存于物理世界之吾之身体脑髓之物质自身之外？

此中唯物论者唯一自救之道，是说吾人之思想过去、未来时之思想，仍只是吾人现在之思想。此现在之思想，乃发自吾人现在之脑髓之活动，而此思想之内容，亦只存于现在。故吾人之往思想未来或过去，并非吾人之思想直达于真正之未来，与真正之过去；吾人实从未越过现在之雷池之外，亦未尝越过现在之脑髓活动之所及之外。然此答案，明不能解救其困难。今姑撇开未来之问题不谈，即专就人之思想过去之事而论。吾人是否真能说：吾人思过去时，思想从未达真正之过去？如思想从未达真正之过去，或现在思想中，从未包涵真正之过去，则所谓真正之过去，果为何义？真正之过去之一名、一观念、又如何来？吾人固可说，吾现在思吾之家园时，此家园，唯是吾人现在心中之家园，非真正的过去所见之家园。然吾人在说吾人现在心中之家园外，另有真正之过去之家园时，吾人岂不已思及真正过去之家园？又如此真正过去之家园，从未为吾人所思及，吾人又如何能说现在所思及者，非真正过去之家园？故谓人只能思想现在，而不能思想过去，明为自相矛盾者。至于由吾人思想之发自现在，即谓其不能达于过去，明为一观念上之混淆。此亦犹如吾人之从飞机之自地起，以证其不能直上云霄，乃混淆事之所自起与事之所能达者。

若吾人肯定人之思想能及于过去与未来，则人之思想之性质，即与只存于现在物理事实之性质，根本不同，亦与吾人之物质的脑髓及其中现存之遗迹之性质，亦根本不同。在此，唯物论如尚欲谋自救，则唯有说一现存之物理事实，可指一过去之物理事实，如一植物之年轮，可指其经历几许春秋。一现存之地层，可指其经历若干次之地壳变迁。而吾人之面纹与脑髓中之遗迹，亦即可指示其过去经验之内容。故现存之物理事实，亦即涵具通达于过去之意义。此即回忆之所以可能之根据。然此言虽巧，其所证者，亦唯是吾人之现在的脑髓之构造，与过去之经验内容之相关，而吾人可以此现在的脑髓之构造为符号，以读出其过去曾有之经验内容；如吾人之可以植物之年轮及地层为符号，以读出其历几许春秋，若干世纪。然吾人岂能谓现存于植物中之年轮其本身，能读出其历几许春秋？若无吾人之思想，以此年轮为符号，而思其所涵之义，思其过去曾历几许春秋，吾人岂能谓此几许春秋，皆在此重重年轮之圆圈上？则吾人纵谓吾人脑髓中之遗迹，皆指示过去曾有之经验内容，然若吾人不能缘此遗迹以思想及过去之经验内容；此纯物理的遗迹，又与植物的年轮何殊？如此遗迹亦只能视同符号，则其所涵具之通达于过去之意义，或其所指之过去经验内容，岂能不待思想而自呈现而存在于此物理的遗迹之中？于是此唯物论者最后之自救，仍为无效。

由上列二问题之讨论，故知吾人将心之思想混同于物质的身体之脑髓，或物理的事实而论之说，辗转皆不可通。而其关键，则在说二者之相关是一事，而说二者之本性与本质之不同，又是一事。而心身二元论、心物二元论者，即可建基于此二者之本性与本质之不同之上，而有其不可拔之真理在。唯吾人以上之所说，则实已多超溢于笛卡尔之所说者之外，而为纯就理论上对心身二元论、心物二元论，加以发挥，以评唯物论之说者。

宇宙之对偶性与二元论　参考书目

《太平御览》及《图书集成》中"阴阳"项下所辑中国先哲论阴阳者。

朱熹：《太极图说注》及《朱子语类》阴阳项下。

拙著《心物与人生》第一部全为对物质与心灵生命之不同之讨论，文字浅明易解。

R. Descartes: Meditation, VI. of The Existence of Material things and of The Real Distinction between the Mind and Body of Man.

A. O. Lovejoy: Revolt against Dualism, Chap. I.

在西哲中重对偶性者，前有 Cusanus, Schelling，今有 M. R. Cohen 于其 Reason and Nature 中重对偶性之概念，又有 G. E. Mueller: The Interplay of Opposites. 1956. Book Associates. New York.

第十章 泛神论

第一节 二元论之问题与由超神论至泛神论

上章所述心物二元论及身心二元论，固有其真理，但亦有其莫大之困难。因二元论者必须承认心与身、心与物之相关。此相关毕竟为何种之相关？及此相关又如何可能？仍为一极不易说者。而人类之思想，在对于相关者，皆加以思想之时，此思想即为统一此相关者，而连二为一，或连多为一者。由是人之思想，即有一自然不安于一切之二元论，而必求通二元为一元之趋向。而笛卡尔之心物二元论，亦承认一在心物二实体之上之上帝，为兼创造心物之二实体者。吾人今欲述西方哲学中，如何通贯心物二者之论，则宜先从如何通贯以超自然之上帝为本，而划分"超自然"与"自然"为二之二元论之思想讲起，此即泛神论之宗教思想与哲学思想。

泛神论之思想，即以神与自然为一之思想。此在希腊之斯多噶派之哲学中，即已有之。斯多噶派以神为遍在于自然之自然律之本原所在，亦为一内在于自然之统治者。此派中人，并或以神为物质性者，是即为一泛神论之思想。而中古哲学之神秘主义之潮流，即大多特重上帝之无所不在，而恒带一泛神论之色彩者。然由奥古斯丁、至圣多玛之正宗基督教哲学，则皆主超神论而反泛神论。依超神论，以世界万物为上帝所造，上帝又为全知全能而无所不在，则世界万物即非离上帝而外在者。至上帝所以仍为超越于世界万物之上者，则在万物皆有限而不完全，遂与上帝之无限而完全成对反；万物之有，皆有所缺乏而包涵潜能，又与上帝之为纯现实之有，而无潜能者成对反。故自然万物与超自然之上帝，遂相对而为二。此理论乃为圣多玛所加以系统化者。但圣多玛论上帝，以神智为主，神意原于神智，上帝只创造其神智所视为善者，而其神意即附从于神智。然在邓士各塔之论上帝,则以神意为主,以神意之决定为绝对自由,亦不能追问其何以如此决定之理由者。由神意之为绝对自由,而上帝于其所创造之如此如此之世界,即可全然加以改变,以自由创造另一如彼如彼之世界。而上帝为此世界所定之道德律、自然律,皆无不可加以改变。于是一切违悖今所谓自然律之事物,如上帝意欲之皆有出现之可能;一切违悖今所谓道德律之行为,亦皆未尝不可于一日为上帝所视为善,而一切吾人所视为荒谬悖理之事,如上帝意欲之,亦皆无所谓荒谬悖理。

邓士各塔之言,上帝有绝对自由之意志,可改变一切已成之自然律道德律之说,乃所以更显上帝之超越性。然吾人如循上所谓上帝有绝对自由之义,一直想去,则上帝既能有任意创造世界万物之自由,则其何以无同时创造无数之其他世界,并化其自身为任何世界之万物,或在任何一物中显示其自身之自由?如其有此自由,则吾人焉知此当前之世界、或世界中之一山一石、一花一木、一人一鸟、非即上帝之化身,而藉以表现显示其自身之所在?此即引至一泛神论之思路。印度之婆罗门之哲学,则为包涵更多之泛神论之思想者。

此种泛神论之思想,在超神论观之,恒以为此乃将上帝与世间之物不分,而使上帝失其超越性与神圣性无限性,而与有限之世间物相混杂者。然在泛神论者观之,则此问题尽可不如此简单。即一上帝如只能为创造自然界之万物,而超越的昭临于自然界之万物之上,不能真内在于自然界之万物之中,只能为无限,而不能表现于一切有限者之中,此岂非上帝自身之一限制?而无限之上帝之表现于有限者之中,亦为正宗神学中所并不能免者。依三位一体之教义,上帝之化身为有血有肉之耶稣,即为以此似有限之血肉,为其无限之存在之所化身。今上帝既可有此一似有限之化身,则上帝何以不能再化身为其他似有限之存在?上帝岂不可再化身为孔子,为释迦,为甘地,为一切人类中之圣者?上帝既可初化身为木匠之子,又岂不可化身为铁匠之子,铜匠之子,或任何人之子?上帝可化身为人之血肉,又岂不可化身为一切动物之血肉,上帝可化生为耶稣之毛发,与分泌之泪与汗,又岂不可化身为山上之草木及一切江水,与似无知之物,而化身为宇宙之任一微尘?上帝既为无限,则其化身为无数之有限者,岂非正所以表现其能不限于其自身之无限,以成为无限之有限者?若然,则真正无限之上帝,岂非必须为能同时化身为任何之自然物,而在任一微尘中表现其自身者?由此而以上帝为超越的昭临于自然世界之万物之上之思想,即可引致出:世界之任何一物皆上帝之化身,皆上帝之表现其自己处之泛神论之思想。一花一世界,一沙一天国,即一自然之结论,而舍此亦无以见上帝之真正之无限也。此种思想在西方中古之末期库萨尼古拉(Niconus of Cusa),及布儒诺(Bruno)则明白主张之。

布儒诺以上帝乃表现于无数之世界,无数之个体物中。因表现于无数之世界与无数之个体物中之上帝之神性,必较只表现于有限定之世界,有限定之个体物之上帝之神性,更为完全;而超越于世界之上帝,亦不及内在于无数之世界之上帝更为完全[①]。

此种泛神论之哲学,可视世界一切卑下之自然物,皆为上帝表现其自身之所在,在超神论者观之,乃不能忍耐者。故布儒诺必被焚。而超神论者,最易提出之一理由,以反驳泛神论者之说,即:如上帝真可化身为一自然物,如在一草一木中表现其自身,则人之心中,将只有此一草一木之观念,而忘上帝,而使吾人之心灵,离上帝以下降于一草一木,此即导致一精神堕落之历程。而一切泛神论之思想,亦皆为导致此精神堕落之历程者。反之,如吾人心灵欲求上升,而念念在上帝,则必视上帝只为创造世间之物而超越的昭临于世间之物之上,而非真在世间之物中表现其自身者。然在泛神论者,于此仍可有一回答。即人何以在念上帝表现于一草一木时,即必须心中只有草木,而无上帝?何以人念草木时,即不能同时念上帝、见上帝?如谓草木为只具有限之形相者,吾人念草木时,吾人之心灵即为此有限之形相所缚,故与无限之上帝相违;则泛神论可问:人何以不能即有限之形相,而同时见无限之上帝,而必为此形相之所缚?吾人如真了解此有限之形相,即无限者之在此表现,在此显示,则此有限之形相,岂不可即有限而非有限,即形相而无形相?此有限之形相岂不可成为透明?若然,则此有限,又岂能阻止吾人透过之,以见无限?吾人可由耶稣之一言一动之形相,透视上帝,吾人何以即不能由一花一叶,透视上帝?此岂非只证吾人之宗教心情,宗教智慧,或对上帝之无所不在之认识本身,有一限制?吾人如无此限制,则世间

[①] G. Bruno: On The Infinite Universe and Worlds, 见 The ories of Universe edited by Milton K. Muniz pp. 174–183.

又果有何物之形相，可限制吾人由之以念上帝、见上帝？吾人之能即任何有限之形相，以见无限，岂不更表示吾人之宗教心情，宗教智慧之有更大之开展，并对上帝之无所不在之认识，更为亲切？则吾人之随处，即有限以见无限，亦即吾人之随处有"由有限以超升至无限"之一精神历程。此岂能谓为只导致一精神堕落之历程者？反之，吾人若只能于世间念及耶稣时，方能念上帝见上帝，或只能随处思上帝创造万物，及其超越的昭临世间万物之上；而不能思其化身为世间万物，并在其中直接表现其自身；乃正表示吾人之宗教心灵之封闭，而未达其充量之开展者。

吾人以上所述之泛神论之思想，乃表示其为超神论思想自身之发展，所亦不能不引出之一思想。此思想为东方之印度及中国之宗教思想形上学思想之一大宗。在西方，则为由希腊之斯多噶派，历中世之神秘主义，至库萨尼古拉布儒诺之说，至近代为斯宾诺萨所宗，而下接康德后之德国英国之文学上哲学上浪漫主义思想潮流中，极多之诗人与哲学家之思想者。吾人以下，则当一略述斯宾诺萨之泛神论思想，看其如何本其思想，以解答笛卡尔哲学所引之心身心物之关系之问题。

第二节 心身二元论之问题

自笛卡尔指出心物之性质之根本差别，一为思维、一为广延之后，西方由亚里士多德传下，为中古之圣多玛所承之对心身问题之解答，即嫌太简单，而不能适合种种之新问题。在亚氏之理论，乃以心为身体之形式。此乃谓心为能思维普遍之形式，以形成概念，并能规定身体活动之形式者。此皆甚切合常识。如吾人心思一圆圈，而以手画一圆圈，此即为心以其所思之形式，规定身体活动之事。吾人之一切有目的之活动，则皆为以一形式规定身体活动之事。然亚氏之哲学，乃以身体所涵之原始物质，为无形式者。即吾人之身体之形式，亦初非此身体之原始物质所有，而原只为永恒的在上帝之思维中存在者。而依笛卡尔之哲学，则一切身体物体之基本性质，唯是广延①，及与之相连之运动。而此广延与

---

① 依笛卡尔所谓空间实无虚处，空间即一纯广延。所谓各物体，如日月星辰等，及其他物体皆不外此纯广延之作各种运动所成之各漩涡（Vortices）。由此各漩涡，而纯广延即化成各种物体。

运动，乃全部可以几何学数学之概念，加以规定者；即此中之一切，皆是属于形式之概念的，遂另无亚氏所说之原始物质之质料。依笛氏之哲学，以论人之思维，此思维之内容，亦为种种概念，亦即对种种事物之理与形式之概念。然心之思维，与人之身体之有广延而能运动，又有根本不同之形式为内容。心身之问题，遂非一为形式，一为质料，而如何加以关连之问题，而为心与身物之不同形式之内容，如何加以关连之问题。如一为形式，一只为无形式之质料，则此无形式之质料，可不拒绝其与任何形式之相关连。然如此心此身物，各有其形式为内容，则可互相排斥，而拒绝吾人之轻率的加以关联。此即笛卡尔之理论所开始之问题，所以更难解答之故。

笛卡尔对心身如何相关联之说明，简言之，是说：当外物刺激感官时，此刺激即渐传至脑髓中之某一部，彼设定为脑髓中之松子腺。此是外在的物体之影响身体的物质而生一运动之纯物理之历程。然当此历程终于身体脑髓之某处后，则发生一心之思维之历程，由此而有对物之观念概念等。至当吾人之缘思维而生意志时，则吾人是先有一心之思维历程，此历程亦终于身体脑髓之某部，由此而后有身体之运动，以传达吾人之意志作用于外之物理的历程。至吾人在不感觉外物，亦无意志活动时之思维，则当为只住于其所思之明白清晰之观念或概念之世界，而与物体之世界，若无交涉者。而此说，即使心之思维之形式，与物体及身体之运动形式，成为不直接相关联，而为通过心与身交界之脑髓中之某处，以相关联者。此中心身之问题，亦遂较亚氏之问题更为复杂。

由此身心之形式性质之不同，及吾人前所已说之心不能为身体脑髓之属性；则此身心如何关联之问题，不能由唯物论而得解答。然心与身之相关联，既为一事实，则对此关联，必须有一说明。唯如笛卡尔之指身体脑髓之某处，为心身互相影响，发生因果关联之所，则种种极明显之困难，立即产生。（一），如此说，则无异于谓心能占据空间之地位。然原无空间性的心，如何能占据空间，以与空间性的脑髓之物及外物之物，互相影响，发生因果关联？空间性的身体之物，又如何能引起在非空间性的心之思维上之效果？非空间性心之思维，又如何引起空间性的身体之物上之效果？（二）吾人以心为有空间地位者，而将心定置于一空间之地位，此岂非以物之性质规定心之性质，而以物之观念观心？则心之思维内容，无论如何广大，吾人皆可就其在空间上所占之地位之微小，此外另有无限大之物质之空间,以谓此心唯依此微小之空间地位,方能存在。吾人亦即终不能逃于唯物论之结论之外①。(三)如吾人以心之思维之认识外物,唯由外物之影响及于身体大脑中之某一部,以使此心之思维中,有关于外物之种种内容,此心之思维,亦只能在此处接受此种种内容,而不能越此雷池一步;则此心之思维便只能发现其自身中之有此种种内容,而不能将此种种内容,与外物本身相比较。若然,彼又如何真知道:除呈现于其自身之种种内容外,必有外物之本身?在此,笛卡尔唯有以吾人之思维中若干观念之生起,有一强迫性,故知有外物为原因以为答。但吾人梦中之虎之来,亦如有一强迫性。疯人之观念之生起,亦有强迫性。只以观念之强迫性,证成外物之原因之存在,在知识论上,乃明无必然之效力者。此亦吾人在知识之对象问题一章所已论。由此而依笛卡尔之说心之思维,只能在脑髓中某处接受外物之刺激之说,又为可导致一主观唯心论之结论者。

　　对笛卡尔之心身二元论及心物二元论之困难,尝试加以解答者,初有玖林克(Geulincx)之遇合论(Accasionalism)之说,后有马尔布朗哈(Malebranche)之"心灵通过神以看世界"之说,皆意在说明不同性质之心与身物,如何能发生关系者。依玖林克之意,由心与身物本不同其性质上言,则其相互之因果关系,原为不可能者。故所谓心身之活动之互相影响,实非互相影响,而只为二者之同时遇合,亦即互为其所遭遇之一"场合"(Occasion)。由此而人心之认识外物,并非先由外物影响人心,而只是在所谓外物与身体相接,而身体有某变化时,人心中同时有某种对外物之思维观念,适与之相遇合以生起而已。而真正使人有一定的思维观念之生起,以与外物之接于身体时及身体之某变化,相遇合者,实为第三者之上帝。如当某光波入目时,上帝即使吾人之心中有色之观念。至于由人心之思维观念,以引起身体之动作,亦非人之思维观念,真能影响人之身体;而亦只是在人有何思维观念时,上帝即同时使人之身体,生起如何之一变化,与之相遇合。如人心欲看色时,上帝即使眼球动。此说乃将笛卡尔视为心与身物之共同原因之上帝,化为一时时作用于心与身物二者,以使其活动相配合之上帝。至于马尔布朗哈之解答

---

① 朗格(Lange)之《唯物论史》(History of Materialism)及其他哲学家,多以近代唯物论之一根原为笛卡尔。

心与身物二元论之困难，则再进一步。谓人心之认识外物，实乃通过"统摄人心及外物"之上帝，以认识外物。而人心意志之影响于身体与外物，亦实只是通过此上帝，以影响身体及外物。故人之所直接认识者，初非外物，而为上帝心中之外物。人之意志，亦初非能直接影响于外物，而是经由上帝之意志，以影响于外物。然此二说，皆使吾人在常识中，所感之心与身物之直接关联，成为时时由上帝为媒，加以结合者，则反使吾人之觉其有直接关联之事本身，成为不可解。而依斯宾诺萨之泛神论，以解答此问题，则可无此种缺点。

第三节 斯宾诺萨之实体论及神即自然论

依斯宾诺萨之理论，宇宙只有一唯一无二之实体，即神、即自然。故一切常识所视为不同之个体物，并非真正分别之实体。一人之心与身，及其所识之物，亦非不同之实体，而神与自然，亦不能为二。实体之所以只能一，而不能为二为多，乃因所谓实体者，即：能自己存在，并只须"通过其自身以设想其存在者"之谓。凡不能自己存在，而附属实体以存在，并通过实体方能设想其存在者，即为属性（Attribute）与样态（Mode）。此定义初与常识立名之义，亦不相违。如常识以名词之所指者为实体，如人与马。以形容词之所指者为性质，如人之高，马之白。以动词之所指者为样态，如人之坐，马之跑。常识亦以唯实体为能自己存在，而样态、属性则为附属于实体者。如人马即能自己存在，而其高、白、坐、跑等乃附属于人马者。然依此实体、属性、样态之定义，斯宾诺萨所导向之结论，则又大异于常识之以实体为多之论，而以实体为一。此乃由于如吾人承认此实体之定义，而依定义以思想，即必归于实体只有一之结论，而须否定常识中以实体为多之论。

何以实体只能是一？依斯氏说，真能自己存在，而只须通过其自身，以设想其存在者，只能是一。因如实体有二，则吾人不能只就一实体想一实体，而必须就其与其他实体之关系，以想此实体，此实体，亦即存在于与其他实体之关系之中；则此实体即非自己存在，而为依赖于其他以存在，亦必通过与其他之关系，乃能加以设想者。故实体只能有一。此一实体，又必为无限。因如其为有限，而为其限外者之所限，则吾人亦即须通过其限外者，以设想其有限，并视其存在，乃在为限外者所限之情形下存在者。亦即非能自己存在，而非只须通过其自身，以设想其存在者。此实体唯一而无限，即斯氏所谓神，亦即斯氏所谓自然。

如吾人欲落到实际，求对斯氏之说加以理解。则斯氏所谓之实体或神或自然，亦即吾人张目所见，闭目所思之全部之自然。此全部之自然，包括其所生出之森罗万象，此为所生之自然（Natura naturata）；亦包括其能生出此森罗万象之本质或本性，此为能生之自然（Natura naturans）。

自然所生之森罗万象，明有不同，吾人亦明见有众多事物之存在；则吾人何不依其不同，而谓自然为众多个体之实体之集合，而必谓之为一实体？今吾人可试去对通常所谓个体之实体之如何产生，加以设想，以了解斯氏之意。譬如试假定我自己是一实体，而试问我之一实体如何生？如何能存在？此明非由我自己使我生，使我存在。因我乃由父母使我生，亦由外在之空气，阳光，食物，及我所在之社会人群使我生。我之父母，又有其父母，以及于无尽之祖宗。此父母之父母以及无尽之祖宗，又皆一一通过其所接之空气、阳光、食物……以生。则我之生，我之存在，即不能只就我之自身，以加以设想，我亦非能自己存在者。因而我亦不能说是一实体。而我以外一切他人及他物，以及眼前之微尘，吾人如溯其所以生，所以存在之原因，即知其皆同为依于其外之整个大自然中，无穷数之物，以生以存在者。由此即见自然中一一之个体，皆为不能自存，而为互依他以存在者。而自其互依他以存在，而合为一整个之大自然上看，亦即见其皆不能分别独立为一实体，唯此整个大自然，方为一实体。在常识，吾人因一身之手足耳目，为互依而存在，故吾人不以手足耳目，各为一实体，而唯谓吾人之整个之身体为实体。则吾人观大自然中一切物之互依以存在，即只能谓此整个之大自然为一实体。此为吾人理解斯氏之实体论之一路道。

依斯氏之实体论，一方超化常识中之以众多事物各为分立实体之论，另一方亦即不容许一超越于大自然之上的有情感意志欲望之神之存在。吾人以全体之大自然即神，此全体之大自然或神之存在，乃可证明者。因吾人可由一物之存在，即证明支持其存在之全体之自然之存在。如我可由我存在，即可证明支持我存在之大自然之存在。至此大自然之存在之非有限，亦为依理性所可证明，如上所已说。而在经验上，吾人亦随处可由此自然之永不限于其当前之所已生出者，恒超出其所已生出者之限制，以更有所生，以为其"所生"无限之直接证明。然此自然之能超出其所已生出者之限制，而更有所生，使所生无限，亦唯是依其"能生"之无限，而如此如此表现，其一一之表现，皆顺永恒必然之律则；而并非先有意志欲望情感，而后如此表现者。一切人之有意志欲望情感，皆为其有所缺乏，有所不足而外有所求，而为有限者之证明。则对此无限之大自然之神，吾人便不能说其有意志、欲望、情感。如谓之为有意志、欲望、情感，即纯为以人之有限之眼光，看无限之大自然之神，亦使人永不能超出有限之眼光，以真认识唯一无限之大自然之神者。由此而西方传统之犹太教、基督教之神学、及哲学中，谓神为有意志欲望情感之说，遂皆为斯氏所否定。对凡不以神即此无限之大自然，而以神为超自然以上之存在之说，在斯氏之哲学观之，皆同于使神自绝于自然之无限性，成一在无限之自然之外，而亦为其外之自然之所限之有限之存在。此似所以尊神，而适所以小神矣。

第四节 心身一元论之说明

依斯氏之哲学，此神或大自然，或无限之实体其所具有之属性，亦为无限者，而一切万物之属性，亦同不外此大自然或神之属性之不同表现。如一切物体身体所同有之广延性，亦即皆此大自然之广延性，分别表现于各物体身体者。一切人心所同有之思维性，即皆此大自然之思维性，分别表现于各人心者。除此广延性思维性外，大自然亦尚可有无限之其他性质。然此则非吾人之所知。就吾人之所知者而言，此大自然之广延性与思维性之自身，亦各为无限者。物物皆有广延，而物之生也无限，则见大自然之广延性无限。吾人往思维广延性之无限时，则此思维亦与之同为无限。而此思维之呈于吾人之心者，其为大自然之无限之思维性之表现，亦如物体身体之广延，为大自然之无限之广延性之表现。依笛卡尔哲学，既已说明，舍广延无以言物，舍思维无以言心；依斯氏之哲学，实体又不容有二；则心之所以为心，只此思维性，物之所以为物，只此广延性。心物皆为同一之大自然之神的实体之属性，而不能视为不同之实体。由此而笛卡尔之心与身、心与物之二元论，即从根上摧毁。然笛氏所言之心与身体物体之二性质之不同，则在斯氏哲学中，仍照常保存，于心物之性质之差别，仍未动分毫，而不同于唯物论或唯心论者之混同心物性质之论者也。

　　吾人如依斯氏之哲学，以观心身之关系及认识之问题，则吾人即可去掉笛卡尔所说，心与身物，在脑之某部交会，所导致之种种困难。依斯氏说，则人之思维物之事，实为大自然之思维性之表现于人者，与大自然之广延性之表现于物者，两两相孚，同时呈现，以进行伸展之事。如吾人在此怅望长空一片，而心与白云共远。此时白云之广延性，与此心对之之思维，即两两相孚，同时呈现，以进行伸展者。于此时，吾人之说此是心向白云而往，或此是白云之来入我心，皆非最切合吾人之直觉之知见之陈述。在此直觉之知见中，吾人之观念，乃与其内容不二者。故物之形相如是现，则思维如是现。思维如是现，则形相亦如是现。如谓吾人所以见如此物之广延之形相，乃由物之广延之形相，先接于吾人之感官，再达于吾人之神经，此自亦可说。然此所证者，唯是吾人之感官与神经，自一方言之，亦为具有广延之形相之天地间之一物。此天地间之一物，与其他天地间之具广延性之形相之相接，亦如天与水兮相即，山与云兮共色，而在同一空间中互相延接。此延接成，而我之思维，即与之俱现。此所现之思维，即对来延接者之思维，亦与来延接之有广延之形相俱来之思维。人谓形相由外来，思维内出，不如谓形相与思维，皆俱时而来，俱时而出也。人当心与白云共远时，白云固从天而降，冉冉而来，然吾人对白云形相之思维，又何不可说亦从天而降，冉冉而来乎？当此之时，吾人在自然中，果能视自己为自然之一部，而不作分别想，则此时之自然，既出此白云，亦出此思维。此二者同为自然之所生。白云与吾之目与身相延接，吾对白云之广延之思维，则与吾对吾身之广延之思维，相延接。此中广延者连于广延者，思维者连于思维者，而广延者为思维之所对，又与思维两两相孚同时呈现，合以成为一大自然之思维性广延性之表现。此方为斯氏之智慧之核心。以此观笛卡尔之位心之思维于身之大脑之松子腺中，以成内外隔绝之论，及玖林克（Geulink）马尔布朗哈（Malebranche）之以上帝为牵合内外之媒人之论，及唯物论者于脑髓中之细胞与神经纤维中，求人对世界之思维与知识之说相较，是皆不知"思维之未尝封闭于体内，而实遍运于一切之广延，外物亦未尝被拒于体外，而乃兼与此体同内在于思维"之一曲之见也。

第五节　附论泛心论

　　由上述之斯氏之理论，以观每一个体之人，则吾人可说一个体之人，即其形体，而此形体乃在一切形体中之一形体。个体人亦即其思维，而其思维，则为通于一切可能的思维之思维。由此而相缘之一结论，则吾人论人可自两面看，一为自内部反省而自知其为能思想者，以视人为一精神之存在。一为自外部看人，而唯见其为有形体者，以视人为一物质之存在。故人看自己，恒自觉其为一精神存在。而看他人，则初恒只以之为一只有物质的形体之存在。然我根据，人之自外看我时，我亦只为一形体之存在，而我又实自觉其为一精神之存在；我即不难推知他人之亦为一精神之存在。于是吾人可建立一原理，即"外部看来是形体的存在者，在内部看来，皆可为精神之存在"。而将此原理加以充量应用所产生之一种哲学，则称为泛心论。

　　依此种泛心论之哲学，即不仅人有形体、有心，一切动植物以及无生物亦有心。而吾人如承认人由自然而得生养，并兼信人由自然进化而来，亦可引至一泛心论之哲学。

　　此种哲学之所以产生，乃依于因必似果及类推之原则。依因必似果之原则，则能产生具思维性之人心之自然，其中理当具有心之成分。因如其无心之成分，则因果之连续断，而果成无因而生。故依此说，如人真由自然进化而来，而终于有此心，则在未出现之自然中，亦即有此心之成分。一直溯自未有生物以前之星云中，其中仍应有心的成分。然因此时星云中之物质分子，散布太空中而未凝聚，则其中之心之成分，亦为散布而未凝聚者。至当物质逐渐凝聚以成生物，则此中之心之成分即渐聚于生物之体内。及至生物之体内，进化出神经系及大脑时，此心之成分，即更集中，而显为吾人所谓能思维之心。依此说，以论人在自然中之饮食呼吸之感觉运动，何以能一面健强其体魄，一面亦增益其智慧与神明之理由；亦即在吾人之与外物接触，亦与其中所涵具之心之成分接触之故。在西方现代哲学家中，明倡泛心论者，有批判实在论者之施创（C. A. Strong）及卓克（D. Drake）；而十九世纪之唯物论者，如赫克尔之一元哲学，亦以太初之原子中即有心之成分者①。19世纪唯心论者，如叔本华（A. Shopenhaur）哈特曼（K. B. E. Hart-mann）谓一切无机物皆有一无意识之意志，亦可视同一种泛心论之哲学。

复次，依类推原则，吾人亦可说一切有形体之物，皆同有心。如吾人谓他人有心，此初实由见他人之形体，类似我之形体以推知。然猿类又类似人，则人有心，猿类亦应有心。而狗亦似猿，则狗子亦不得言无心。以此推之，则成佛家一切动物皆有心识之论。然植物又类动物，所谓无生物，亦与低级植物相去不远。是见一切存在之形体，皆有多多少少之相类似，以构成一连续之系列。今此连续之系列之一项为人，其有形体兼有心，既已为一事实；则其余之项，亦即必多多少少具心之成分；其所具之心之成分，亦宜成一连续之系列。而对此议论之最详者，则有德哲鲍尔生之《哲学概论》一书，可资参考②。

依此有形体者必有心的成分之原则，而吾人一方可说，形体之构造愈复杂者，所涵心之成分愈高，如人所涵之心之成分高于其他生物。再一方可说形体愈大，而构造之复杂性程度相同者，其心之成分即愈多。由此而吾人可以说一山中之心之成分，多于一块土。而整个之地球中，其心之成分，又多于一山。太阳系中，其心之成分，又大于地球。由此而吾人可对原始宗教中之以一切自然物，皆有一精神存在于其中之思想，重加以肯定。如对于地球、太阳系之其他行星及太阳星球，均可肯定其中之精神之存在或心之成分之存在。此诸存在，亦即皆可有其生活。此哲学即成为唯物论之一倒转。而对地球太阳等之心灵生活之一最生动之描述，则为詹姆士于其《若干哲学问题》（Some Problems of Philosophy）一章中，对于德国心理学家兼哲学家菲希纳（G. T. Fechner）之思想之介绍。此亦为治哲学者，所当知之一种形态之思想也。

泛神论　参考书目

　　G. Bruno: Concerning The Cause, the Principle and the One. 见 B. Rand: Modern

---

① 马君武译《赫克尔一元哲学》（中华书局出版）及刘文典译《生命之不可思议》（商务印书局出版）。

② F. Paulson: Introduction to Philosophy tr. by F. Thilley, 1912.

Classical Philosophers 1—23 中。

  Spinoza：Ethies, Part I and FPart II.

  Goethe：Conversation With Eckermann,《歌德谈话录》,中文有周学普所译节本,中华书局出版。

  歌德为最佩服斯宾诺萨哲学之一诗哲,其思想亦深受泛神论影响。此外19世纪中德英之浪漫主义文学家,亦多同有一泛神论思想。而泛神论之哲学本身,亦实一带文学性之哲学,故吾人能读《歌德谈话录》中涉及人生及文学之思想处,亦可帮助吾人对泛神论之了解。

  《薄伽梵歌》(Bhagavat),徐梵澄译。

  《由谁奥义书》(Kena. Upanishad),徐梵澄译,印度阿罗频多哲学院出版。以印度之宗教思想与犹太阿拉伯之宗教思想相较,吾人亦可说印度之宗教思想,为较近泛神论者。盖其更重梵我合一及梵天遍在万物之一义也。而自所涵之哲学情趣上说,印度之宗教哲学经典书籍中所具,亦较《旧约新约》及《可兰经》所具者,为丰富而深远。徐译信达且雅,严复而后,中国之操译事者,盖罕有能及者也。

第十一章　一多问题与来布尼兹之多元论

第一节　一多之问题与中国哲学中一多相融论及心身交用论

吾人在以上所论之形上学，大皆最后归向于一元论之形上学。斯宾诺萨之泛神论，尤为一元论之思想之一极致，而将一切个体之差别，各种实体性质之差别，销归为一无限之大自然之实体中者。由哲学之重在求通贯统会之原理，一元论亦恒为哲学之最终倾向，此吾人上面亦曾说过。故黑格尔尝谓：斯氏之哲学，为学哲学者必经之门。然世间万物之互相差别而为多，并各各成为一唯一无二之个体，更为吾人之常识所同肯定之事实。此多之为多，一个体之成其为一个体之理，亦复可为一普遍之理。若吾人在哲学上，主张宇宙之根原只为一唯一之实体，如太一或唯一之超神，或唯一之遍在之神，或只重种种普遍之形式理念，或只重实体之普遍的性质，如广延性、思维性等；则吾人将如何说明此种多之事实，与诸个体之存在？吾人如何以概念规定个体之成为个体之理？吾人可否说，个体为唯一之最后实在，而多之为多，乃本身不可说明者，而唯有"一"为待说明者，如当今西哲怀特海之说？吾人可否说，一与多皆同为法尔如是，不可再加以致诘，如佛家之说？吾人又可否说，凡多皆为虚幻，如依里亚派及印度吠檀多派之商羯罗之说？然人之哲学思维，恒不甘安于任何不可说明者。人于不可致诘者，亦必先试加以致诘。纵然"多"为虚幻，仍有此虚幻如何来之问题？于是此"多"之为"多"，在西方和印度哲学中，皆引出种种问题。唯在中国哲学中，则对于此"多"之问题，较不严重。其理由，亦可一先言之。

中国哲学中对于"多"之问题，所以不感严重，乃由中国哲学中无纯粹之一元论。中国哲学中如老子言"道生一"，《易传》及汉儒以太极、元、与元气为一，宋儒喜言一本，此"一"殆皆未离阴阳之"二"之对偶性而言，亦恒不离万物万殊之多而言。而中国思想主流之儒家思想之善言一者，亦几从无持一以与二与多相抗而论，更不如庄子所诃之"劳神明为一"，以经营一元论之哲学系统。而此即是从根销化由一多对立所生之一切问题。

所谓中国之儒家思想之不离二与多以言一，即不在诸个体之事物之外说一；而常只于事物之相互间之作用、功能、德性之感应通贯处说一，或自事物之兼具似相反而又相成之二不同作用、功能、德性、或原理处说一。由是而儒家思想，即自始无意销融个体之多，于一太一或一自然之中，以执一而废百。换言之，即个体之存在，乃为吾人所直下肯定者。然从任何个体之可与他个体互相感通处看，则任何个体，并无一封闭之门户。而所谓一个体人物之形骸或形相——即西哲所谓物之广延性——在中国儒家思想中，亦自始不视之为划分各种物体与身体之疆界；人心之思维性，亦非标别人心之根本的性质者。至于人之思维之内容中，一一特定的观念概念，亦无足以当人之心之规定者①。由此而吾人之身体与外物之形相之别，不足造成此身体与外物之相限隔，吾人之有其一一特定之观念概念，亦不足造成其与此身及外物之相限隔；而斯氏之通万物之广延性与思维性为一，以明天地与我一体之论，在中国之儒家思想看来，即皆可为不必需。兹试略论中国之儒家思想之此一面如下：

如依中国之儒家思想，以论物与物之发生感通之关系，则我们与其说其为广延性之相延接，不如说为其广延性之互相延纳、以互相摄入而归于超化。如当吾人见水流入草木之根时，则水之广延性，即遇草木之根而没。吾人此时明只见草木之广延性，而不见水之广延性。又当草木化为土壤时，则吾人只见土壤之广延性，而不见草木之广延性。则各物之依其功能作用，而互相感通变化之历程，亦即各物之广延性之互相延纳、互相摄入而归于超化之历程。而此万物之互相感通变化之历程，即不得只说为合以成一一具无限形体之世界，而只当说为合以成为"无数之形体由有形而互相延纳摄入其形相，超化其形相，以成无形，由无形而再流出有形之世界"。此在中国名之为一大化流行，以气化为本，而不

---

① 拙著《中国文化之精神值价》第六章《中国先哲之人心观》。

以形相为本之自然世界观之深义①。

将上述世界观，应用至吾人之自身，以看吾人以耳目身躯认识外物之事，即亦非只以吾人之耳目身躯之广延，与外物之广延互相延接之事；而为所谓外物之形相，亦如为吾人之身躯耳目所延纳摄入，以入于无形之心；而吾人之身躯耳目，亦不复为与外物相对之存在，而若无形体之可言者。今试详其义于下。

何以吾人认识所谓外物时，吾人之身躯耳目，可化为若无形体之可言者？即吾人在认识所谓外物如山河大地时，吾人可视此身躯耳目，亦只为一能与外物如山河大地相感通之一功能、或一作用。如此，则吾之耳无他，即全幅只是一能听之能。目无他，即全幅只是一能视之能。身躯无他，即全幅只是一能感触神应之能。于是当吾之此心，用此耳目，此身躯，以与世间之山河大地相接而认识之时，此耳目此身躯，即通体只是此感通之能，而合以承托呈显此山河大地，而延纳摄入其形相，以入于吾人之心者。故吾人此时之一心注目于山河大地之形相，又明可"忘"此耳目身躯之形体之存在。对此"忘"言，吾人之耳目身躯亦复无形体之可言。此即阳明先生之所以言"目无体，以天地万物之色为体。耳无体，以天地万物之声为体。"而耳目身躯之形体，既唯在其被心所用，被忘，以成无形体之可言者时，乃显其感通之能；则此感通之能，可谓为吾人有形体之耳目身躯之能，亦可只谓为能用此耳目身躯之心之感通之能。而此心之感通之能亦无他，即善用此身躯，善用此耳目，使此身躯耳目，通体成为一承托呈显山河大地，而延纳摄入其形相之感通之能而已。

依此上吾人所加以说明，而视为中国先哲大体上所共许之心身关系论，则人之认识世界之感通历程，亦可称为一阴一阳、互相回应之历程。吾人之心身在此，则山河大地之接于我者，皆可谓向我而来，为我之所延纳、摄入，以入于阴。然我心之用此身躯耳目，使之竭其功能，以承托呈显此山河大地，则又如我之向山河大地而往，以此心之光明使此山河大地，昭昭朗朗，而存于阳。然实则此二者，则为俱时而起之一事。

---

① 此义在本部第五章已言及，该章因承现象主义一章而立论，故用形象一名，此与本章之"形相"同义。唯该章未论形相之互相摄入延纳义。又拙著：《张横渠之性与天道论》，香港大学出版《东方文化》第一卷第一期。前二节论中国哲学中所谓气，亦与此章所言相发。

故宋儒有心为太极之说。

依此种心身之理论，吾人亦可说，若无吾人之身躯耳目，则吾人亦无心对山河大地之认识。然吾人却不能说，此身躯耳目之性，为物质性的，或非心的。因此身躯耳目，即吾人用以成就此山河大地之认识，而亦成就此能认识山河大地之心者。则此身躯耳目，亦即以成就此心之认识，为其功能作用，为其性。于此，吾人即决不能说：吾人认识山河大地时，吾心乃在吾形躯之脑中之一部位，反映山河大地，而认识之，如笛卡尔之说；亦不能说此时吾人所认识之世界之内容，乃系托附属于神经之细胞纤维之中，如唯物论者之说。实则当山河大地之声光入吾耳目时，吾之耳目即一面呈其功能，一面即变化耗竭其物质。而当其由耳目而入于脑时，脑亦一面呈其功能，而亦变化耗竭其物质。唯以此耳目与脑之变化其物质，以呈其功能，而后心之认识成①。心之此认识，自是认识彼山河大地，而非认识此耳目脑髓。心之认识之依于耳目脑髓者，乃依于耳目脑髓之质之"化"，而非依于其质之"存"。则此心之认识之存与此质之化，正是互为阴阳。质化而后认识生，而所生之认识，则为昭朗彼山河大地之认识，如日光之昭朗山河大地；而非在一脑中幽阴之角落，以反映山河大地之虚影之认识，如月之反映日光以为光之类也。知此，则吾人自更不可如唯物论者之视此认识之能，如同神经细胞纤维上之萤火，以照察由瞳仁耳鼓而入之电流与声波为事者。是皆住于脑髓之地狱之哲学家之谈，又何足以言此身躯耳目与此心之大用乎。

至于此种理论之进于斯宾诺萨之说者，则在其不将吾人身躯之广延性，与外物之广延性相延接而说；亦即不将吾人之身躯之广延性，并入整个自然之广延中而视其为一片。同时亦即不将吾人之心之思维性，并入整个自然中之无限之思维性中，而视之为其一部。由此而我之此身躯与此心，即有其独立性，以卓然自立，而足与其所接之他物不相乱，而自为一与他物相感应之一中心。当吾之耳目，未与物相接时，物之形相，不呈于我之前，对我为无形。我之耳目，未尝自见其为耳目，则我之耳目亦不呈于我之前，对我亦为无形。而吾人之心未用，则其中亦初无特定化之观念、概念。此时吾人之心身，只是浑浑

---

① 拙著《道德自我之建立》第二部第四节，商务三十三年版。

穆穆，冲冲虚虚，又昭昭灵灵，清明在躬，浑然太极呈现，并无此疆彼界。此即阳明所谓"无声无臭独知时，此是乾坤万有基"，与《易传》及宋明儒所常言"寂然不动"，而又能"感而遂通"之境界。而当其实有所感时，则如天地初开，混沌初破，此心身之光明，即又自为枢极，以周运于所接之万物，而初无所定在，以一一加以虚涵覆照，以自成一世界，一天地。而此心身之光明，充极其量，又天地万物皆莫能外。斯乃既不坏此个体之心身与个体之人格，而又能达于天地之大全，以遥与天心神明相接。是则中国先儒言心身与天地万物之关系之深义，而进于斯氏之说者也。

第二节 一物一太极义及道家之言一

至于将上来之说推而广之，以论一切其他存在之个体事物，则自每一个体事物自身，皆为一与万物感通之中心言，亦即皆自为一太极。此即朱子所谓"一物一太极"之深义。一物既自为一感通之中心，而自其感通之处言，则每一感通，又皆与他物有所一，而连此物与所感通者为一。故此中之每一感通，亦同有一施一受，阴阳应合，而成之一太极。在此一施一受，阴阳应合之际，又阴入于阳，阳入于阴。亦即此物之功能澈入彼物，彼物之功能还澈入此物，新物即由是而化生。此为吾人所屡论及。此事之最具体者，即为牝牡雌雄男女，由相交合而生子女。此交合即一"连多为一"之事。子女又与其他子女相配合，而生后代之子女，则为进一步之"连多为一"。而此子女之代代相续，即同于连重重之阴阳，以成继长增高之太极，亦即同于一阴阳太极之理，继续流行于万物之"相与感通，以化生新物"之历程中。依此理以观天地之化，则元始之天地，固亦未尝不可只有一太极元气，而无万物之分化；而万物之分化，亦未尝不可说为一由"一分二，二分四，四分十六……"以次第展开之一历程，如邵康节之所说。然此，由一而分散展开者，亦同时相与感通，而再互相凝合，以成一昭显原始之太极元气于已分者之中之历程。故太极元气，可说在天地万物未分之前已在，复继续流行于天地万物已分之中，以使分者归于再合。此之谓"太极成，乾坤行；乾坤行，太极大成"[①]。而此即中国先哲大体上共

[①] 《易纬乾坤凿度》。

许之通一元二元及多元之论者也。

至于在中国哲学中，固亦有较不重个体之观念，并欲超阴阳及一切相对者以言"一"者之一派。此即如庄子老子等道家之思想。依此派之思想，言阴阳之相对，皆落入第二义。故于万物之芸芸，万象之毕罗，皆不足以归心，而必求"得其所一而同焉"。故老子谓"天得一以清，地得一以宁，……万物得一以生。"庄子谓"神何由而降？明何由出？皆原于一。"是皆重知万物之所一。而此派之思想之言一，亦正有同于西方之新柏拉图派、神秘主义、泛神论，及斯宾诺萨之说之处。然在中国之此派思想中，仍无严重之一多问题，亦不重多之说明者；则由中国老子庄子之思想之最高义，乃由"一"而超"一"。老子以道为先于一而生一者，庄子之思想则尤重忘"一"之为一。

《庄子》齐物论篇曰："天地与我并生，万物与我为一。既已为一矣，且得有言乎。既已谓之一矣，且得无言乎？一与言为二，二与一为三，自此以往，巧历不能得……"

此段之意，即谓真能以万物与我为一者，则无"一"可说。此其本旨，与新柏拉图派之以太一之名，及西方中古神学之以上帝之一之名，只消极表示不可分之义，亦有相通。即皆为以最高之得道之境界，或太一与神之一之本身，为不能正面的加以解说者。然在西方传统哲学，仍始终特有爱于"一"之一名，而斤斤于以一之非多，一神之非多神为言。此即终不免于执一。于是在西方思想中，如何求对于"多"与"二"，有一说明，即可成一极复杂之问题。然在庄子，则言一而不执一，其言一，亦不得已而言。并知人之言"一"，则"言"与"一"为相对而成二，故庄子未尝将"一"视为一对象，以造成一元论之哲学。而依庄子之说，亦正不当有此一元论之哲学。因人愈言"一"，则"言"与"一"愈相对，以成二、成三。而庄子之言一，遂恒只寄之于梦为蝴蝶，与物相忘相化之寓言，或荒唐之言，与无端崖之辞。而其言一，亦不复为与多相反之一，而恒由人之游于万化处言一。由此而"一"，即不特不与多对，而只与执多而不化者相对，亦与"劳神明为一"而执"不化之一"者相对。而庄子之言一，遂初不与万物之多相碍，而多之如何由一而说明，亦即不为庄子与后之为道家之学者之问题。

第三节　莱布尼兹以前西方哲学中对于多之说明之诸说

然在西方之一元论者，则大皆庄子所谓"劳神明"，以造成一而不化之一者。由此而如何说明多与个体，则成为西方哲学之传统上之一大问题。

由西方哲学史，以看西方哲学家对"多"之说明，最早者为依里亚派之说。依吾人于本部第四章所论，此派乃只以太一为真实，而直斥多与动为幻象者。对此幻象之如何生，此派固无说明；然谓其为一幻象，亦是一种说明。

继依里亚学派之希腊哲学中对多之说明者，为唯物论之多元论者，原子论者，如德谟克利塔等对原子之多之说明。此即以空间之存在，为物质原子之有多之根据。若吾人设定宇宙间无空间，则一切物质合为一。然物质间有空间，则物质间有间隙，而物质之原子，即不能不为多。

再进一步之希腊哲学对多之说明，是为柏拉图、亚里士多德对一类之物之所以有多个之说明。吾人可说一类之物，如其形式为全同，则尽可只有一个，而无多个。如吾人依一定之半径，以画一圆，则此圆尽可只有一个。然吾人何以又可画出多个同一之圆，或何以称多个圆为多个，而不就其形式之同一，而说其为一圆？则此唯因在不同空间中，有不同之物质质料如墨粉等，故吾人可画出多个同一之圆。此"多"乃原于物质质料之有不同。依此理，而吾人可说，一切同类而形式相同之诸个体物，其所以不同，遂皆唯在其物质质料之不同。若舍此物质质料而言，则一切同类之物自其形式之同上言，亦尽可称之为一而非多。故有物质质料，即一切同类之物之所以多之根据。

然物何以又有各类？世界何以不只有一类之物？则在柏拉图与亚里士多德，皆直接归之于理念及形式之多。然造物者何以必依不同之理念形式，以造各种形形色色之物，而不只造一类物。则在柏拉图有一神话式之解答，即宇宙之造物主，所以必造出各色各类之存在事物，此根本上，乃由此造物主之至善，而不嫉妒不同存在事物之产生，故任使不同之存在事物之产生。此是以世间不同事物之产生之根原，在造物主之至善之说①。

此种柏拉图之说之进一步的发展,即为新柏拉图派之太一流出各级之存在之说。此太一流出万物之历程,即无异柏拉图之造物主之洋溢其善德,而成由一以化生多之历程。而"一"之所以必流出以成世界万物之为多,则兼由于虚无性之存在,以使此"一"分化。此如吾人之本部第七章所已论。

西方中古之基督教之哲学,由肯定上帝之创造万物说,而与柏拉图新柏拉图派之思想异。然其谓世界之有各级不同之存在,初由于"至善与完全之上帝之欲在各方面中,各程度下,表现其完全与至善于所造物之中"之根本观念,正由柏拉图新柏拉图派而来。而自然中之受造之物与超自然之上帝之发生距离,则由于其缺乏上帝之完全;亦如柏拉图之以原始物质之不能接受理念,新柏拉图派之以"虚无",为世间诸物与理念世界造物主及太一发生距离之根原②。

在此西方中古之哲学中,洛夫举所谓"存在之大链索"③,可谓正式具体的形成。此即一"由上帝经重重之天使至人,由人以下之动植物及无生物之重重等级所构成"之大链索。

中古哲学中对个体问题之一较有系统之理论,为圣多玛与邓士各塔之理论。依圣多玛之理论,一切精神的存在之个体之差异,皆由其形式之内容或本质之不同而形成。如二天使、二人之个体之差异,必由其灵魂之本质,亦即其心灵之形式内容,有若干差别之处。然物质的存在,则尽可其形式内容或本质全相同,如一沙与另一沙。而其差异,遂可唯在其物质材料之不同与空间上之地位之异④。唯邓士各塔,则以一切个体物皆有其本质或形式内容之不同,方成不同之个体,因而每一个体皆与其他个体有不同之性质。彼之思想亦为中世思想中最重"个体"者⑤。

此上所说为西方哲学中由希腊至中古对多与个体之说明之一简史。

---

① A. O. Lovejoy: The Great Chain of Being 第一章论柏拉图之此说。
② 参考本书本部第七章论普罗提诺斯之说处。
③ A. O. Lovejoy "存在之大链索" The Great Chain of Being, University of Harvard Press, 1957. 此书谓此存在之大链索,乃西方哲学之一大传统而由柏拉图所开启,形成于中世而直贯至近代者。
④ 罗素(B. Russell)之《人类知识之范围与限度》Human Knowledge, its Scope and its Limits 第八章《圣多玛之个体理论》,有一依现代逻辑的分析之讨论,颇清楚。
⑤ Windelband 之哲学史,论邓士各塔处,即特重其对个体之理论。

而此大皆为以"一"为本,而求对于多与个体,有一说明者。

第四节　来布尼兹之多元论——物质观,知觉观与一单子一世界之理论

在中古哲学中之末期,除邓士各塔外,其他之唯名论者如威廉阿坎(William of Occam)等,皆为明显之重个体者。唯名论者之重个体,乃重在直指种种经验中之个体事物,而视为吾人之经验之所对,故初不重在个体之所以存在之说明。故对于个体之所以为个体,当如何加以规定,以构成吾人对个体之概念,即非此派思想之所重。承此唯名论而来之近代英国之经验主义之传统哲学家,如洛克、巴克来、休谟等,亦不重此问题之讨论。在西方近代哲学家,首把握此个体当如何加以规定说明之问题,而又上承中古哲学之传统,以求对个体之概念,有清楚的了解者,即不能不推来布尼兹为首。而西方哲学中之多元论之理论,亦至来氏乃系统地形成。来氏之多元论,亦包涵斯宾诺萨之一元论中之一部分之真理。在斯氏,有每一存在皆通过大自然而存在之思想。此是通过全体以思一个体之存在之思想,来氏有每一个体之存在,皆反映整个世界而存在之说。此实亦是一种通过由全体以思一个体之存在之思想。唯斯氏纳个体于全体自然中,以归向一元论。来氏则使世界反映于个体中,以归向多元论。而来氏之匠心独运处,则在其依"不可辨别者之同一"之原则(the Principle of the Identity of Indiscerniables)及一个体事物之存在,皆有其充足理由而包涵无限数之宾辞之理论,以建立多元论。下文即对其说,略加介绍,以见此多元论之规模。

方才所谓"不可辨别者之同一"之原则之意义,乃谓必二物之一切属性全同,而不可辨别者,乃为同一。而实际上则一切之存在事物,实无二个体之性质为完全相同,而不可加以辨别者。故此原则之正面意义,唯是谓无二个体之性质为完全相同。依来氏说,唯单子为个体,故此原则,亦即谓无二单子之性质为完全同一。此原则之立,大体上有经验之根据。因吾人将任何同类之二物,即如一树上之二叶,细加观看,皆可发现其分别。而此原则,在来氏尚有一纯理的根据。即他说:如有二个体物,为真完全相同,则上帝无理由,使此物存在于此处,而彼物存在于彼处。而其分别存在于不同之处,即为无

充足理由者。故依充足理由之原则，通常所谓不可辨别，而似同一之二物，其性质必有某种之差异而可辨别；唯有此差异，方可以为其分别存在于不同处所之理由。

由一切个体事物必互相差异，以为其存在之充足理由，故以每一个体事物为对象，而视为一主辞时，即须赖无限数之宾辞，乃能标别其与其他个体事物之性质之差别。欲明此义，我们宜先了解，一事物之性质或"是什么"中，亦包涵一事物之是"与其他事物有某关系者"。如甲是乙之兄，此甲是乙之兄即甲之一性质。而就一事物与其他事物关系而论，只是一事物与其他事物，在空间中之关系，即一无限数。如一事物距A之空间距离为a，距B之空间距离为b，距C之空间距离为c……世间之无限物，此物皆与之可说各有一空间距离。而吾人在说此物是什么时，即须将其"是与此无限物有无限之空间关系"者，皆包涵在内。此即已须赖无限之宾辞，而在此无限之宾辞中，包涵其与其他宇宙一切事物之空间关系。

复次，在来布尼兹对于物质，复另有一观念。即彼不以物质之根本性质是广延性。因具广延性者，是可分的，既是可分，我们即不能说其是实体。唯最后不可分者，方可说是实体。然一广延性之物，如果分而又分，最后不可分者，只能是一无广延之一点。由此而真正之物质的实体，在空间上之地位，只能相当于一点。

然此物质实体之根本性质，毕竟是什么？此可从二方面看。从外面看来，则物质之根本性质，只能说是力。如我们在常识中，所以觉到此桌椅等是物质，我们只是因觉其有一抵拒力。而物之所以能运动，皆由于其力。故我们如将一物之抵拒力等全部抽去，而只有一广延之形相，如幻觉中之空花，我们即不能视之为物。可见物之所以为物，其根本性质，乃在其力，而不在其广延性。

至于从内部方面看，则来布尼兹之思想，是以一切存在的实体，皆反映世界其他一切存在的实体者。如我们自己之心，即是一最明显的例。我们的心之认识世界，依来氏说，即我们的心之反映世界，以成此一心之世界。不同人的心，即各反映世界，以成各人之心之世界。这个说法，明亦有一真理。即如我们五人在一房中，此五人之心，明是各有其对房中什物之表象或观念。此什物虽是公的，然各人心中之什物之表象观念，则是私的。由此而我们可说，每人之心，各反映一世界。

但是我们如何可说，我们之心反映世界之全体？此似极难成立。因我们之知觉，能认识或能反映之事物之范围，明极有限。但是来氏以为人对世界之知觉，有各种不同之清明之程度。我们有许多知觉，虽不清楚，仍然存在。如我们在海边闻潮水声音，此潮水声音，乃一点一点极小之泡沫之声音所合成。然此极小之泡沫声音，如分开来，我们却听不见。必积至若干泡沫之声音，我乃自觉有所闻。但我们却不能说，我们对一一小泡沫之声，初全无所闻。因初若全无所闻，则无论积多少，我们都不能有所闻。故知我们除清明的自觉的知觉之外，尚有不清明的或晦暗的不自觉的知觉。而只要其他存在的事物之作用，能达到我这里，即皆在我之此不自觉的知觉之范围中。而一切存在的事物之力，依物理学上所说，乃直接间接可贯彻于其他一切事物者。由此而我虽在此时此地，整个已成的世界之存在事物之力，即皆可达到我这里，而在我之不自觉的知觉范围中。由此而可说，我之能知觉之心，反映世界之全体，而一切无自觉的心之存在的实体，如动物、植物、矿物，亦即同样可对世界有种种不同清明或晦暗程度之知觉，而亦皆能反映一世界者。于是"一实体之概念中，所以包涵无限的宾辞，此宾辞中所以能包涵与此实体发生关系之一切事物"，亦即与"一实体之能反映世界之全体"，为可互相证成之二理。

来氏之一实体能反映世界之全体，以成其一单独之世界之义，与其一实体自外看来，在空间之地位，只是一点之义相结合①，则来氏所谓一实体之内容，即同于从一点或一观点上，所看出的世界，所构成之一观景。然一实体只能有一世界观景。此世界之观景，即在此观点之内部，如一镜中所照的世界，在镜之内部。此种能反映世界而包含之之实体，在来氏称之为一单子（Monad）。

依来氏之哲学，一切实体皆是一单子。单子在外看来，只是一点。无数的点之密接，而相连续处，即有无数的单子。我们通常所谓一可分之物，实为无数的单子之集合。然无数的单子，有高下不同之层级，其愈能清明的反映世界者愈高。如有理性之人心之单子，即较只有感觉知

---

① 关于来氏之哲学 R. Latta 所编 Leibniz The Monadology Etc. 最便初学。但关于来氏之思想之分析，则以罗素 A Critical Exposition of the Philosophy of Leibniz 为能将来氏思想自多方面加以讨论。而来氏对点之观念，更为罗素书所特加以分析者。

觉之动物之单子为高。有感觉知觉之动物之单子，又较只能感光而反应之之植物之单子为高。植物之单子，又只较能感外物之力量，而作机械的运动的无生物之单子为高。在人以上，又有更具完全之理性之天使之单子；而具最完全之理性之单子，则为上帝。由是而此高下各单子，亦合以形成一连续之秩序。

依此说，以看我们通常所谓为一实体之人，其所以为一实体，便只能就其心灵之单子上说。我所知之世界，皆在我之心灵中。此心灵乃不可分之统一体，由此而我能说我。但在此心灵之本身外，我还有所谓物质的身体。此物质的身体之本身，实乃无数的其他层次高下不同之单子所集合而成，而为我们之心灵之单子之所统率者。我们通常所谓死亡，只是此诸单子之离散。然却并非表示任一单子之毁灭。而自单子之不可分处说，除上帝，乃无能毁灭之者。故我们之心灵之单子，在离开其现在统率之身体中之其他单子后，仍可照常存在。

照来氏之此理论，每一单子是自成一世界。如我与他人之心，各自成一世界。就其各自成一世界处说，则各为一封闭的系统，而彼此不能相通。故我们无论如何去设想他人之心，我们仍不能进入他人之心。我们所能设想者之全部，只是我对他人之心之所反映。此所反映者，仍在我之心内。而我们无论如何去了解世界万物，我们仍同样只能做到在我心中反映世界万物为止。我之心灵，永不能跑到其自身之外去。而其所反映者，亦即永只是其原可能反映的，而把其可能反映的实际加以呈现而已。各人之心灵，以及一切单子之实体之彼此互相反映，所合成之世界，亦是彼此互不相通的。然而其中，却可有一和谐。如他人心中有一观念，由其口说出时，则我心中亦即有一观念，与之相对应配合，而有一和谐。此即如许多镜子在此互照，虽每一镜子，自成一世界，然各镜子中之世界，都可彼此对应配合，而有一和谐。然而此和谐本身，却不在任一单子之实体中，亦非任一单子之实体所能为。如装置各镜子，使其中之世界能配合对应者，非任一镜子之所能为。然吾人又必须设定一装置镜子者，乃能说明其配合对应。由此而吾人如欲说明各单子之实体之内部之世界，所以有和谐，必须视此和谐为预定。而形成此预定的和谐（Pre-established Harmony）者，则为创造此一切实体之存在之上帝。

第五节　来氏之上帝理论——实体存在之充足理由及可能的世界之选择

　　然吾人如何知上帝之存在？此在来氏，乃主要据其充足理由律。即一切实体之存在，皆应有其所以存在之充足理由。因若无充足理由，则彼当可不存在。今既存在，则必有其存在之充足理由。而依来氏之一实体反映全世界之说，欲证明一实体之存在之充足理由，必为上帝，更有一方便之处。譬如吾人欲问我之心灵之存在之充足理由为何？如依一般人之说，则我之父母，即我之存在之充足理由。至依唯物论而谓我只有一纯粹之物质的身体，更可说其全由父母之物质的身体来。然如说我有心灵，我之心灵之所以为我之心灵，在其能反映万物，而自成一世界；则我之父母，即不能成为我之存在之充足理由。因我之父母之心灵之世界，非我之心灵之世界，我之心灵之世界，与父及母之各各心灵之世界，乃相异而并存者。而我们于任一实体，如皆视为各具一世界者看，则任何实体，皆同不能成为其他实体之存在之充足理由。然一切实体之存在，必须有一充足理由。否则我们不能说明其何以必存在，而不"不存在"。而此充足理由，即必须为在一切世间之实体之上，而足以为此一切存在之根原之一实体，此即上帝。

　　上帝为世间一切实体之根原，而世间之每一实体，又皆为自一观点反映世界者。上帝既能为此一切实体之根原，则上帝应为能自无限之观点，反映世界者。彼亦应为能自无限的观点，以分别创造，"表现任一观点"之实体，并加以组合，以成无数之可能世界者。而此现存的世界，初即不过上帝心中之可能的世界之一，而由上帝加以实际的造出者而已。

　　然上帝心中，既有无数之可能的世界，则何以彼只造出此一实际的世界，而不造出其他世界？此充足理由又为何？依来氏说：此乃由于上帝在各种可能的世界中，依善之目标，而加以选择之结果。何以要选择？依来氏说，此乃原于各种可能者，其中恒有相冲突之情形。所谓冲突，即此可能如实现而存在，则另一可能者，即不能实现而存在之谓。如人生有从事各种事业之可能，然为农则不能兼为商。即见此二可能为相冲突。然世间之若干种可能，又可为"同时可能"（Com-possibility），不相冲突而和谐或一可能实现，即可兼使其他可能，皆得实现者。而吾人之所谓善，即求各种可能者之最大最多的实现，或最大的和谐之谓。故一能使其他可能有最大最多之实现之可能，即为最善之可能。如吾人可在山之东游览，以观山东之风景；亦可在山之西游览，以观山西之风景。然吾人登山之顶，则可兼眺四方，而可使二种可能，二种目标，皆达到。由此而吾人于此说登山顶乃一最善者。上帝之意志，吾人可说其为善之标准所领导者。故上帝之造世界，必选一可能之世界，而其中所实现之可能，最大、最多者，而创造之。由此而上帝即不需创造其他可能之世界。如创造其他可能之世界，则其所实现之可能，皆为较少者，亦即违上帝之善的意志者。由此而上帝心中之可能世界虽无数，而依其善之意志，以实际造出之世界，遂唯有一。此一即吾人现在所居之世界。由此而吾人现在所居之世界，亦即唯一实际存在之世界，亦一能实现最多之可能而最善之世界。

此上所述，为来氏之形上学之一简单之规模。此形上学乃在西方哲学之多元论中，实体之数最多，（如一空间点即可有一单子，一人为以一单子统率无数单子所成等，）而又能以实体之相反映而相涵，以说明单子内部之构造，及如何合以组成有一和谐之世界者。在此系统中，以物质之实体，亦为能反映世界，则物即实无异于心。而整个宇宙，即如成一透明之水晶①。其以一切存在之实体之内容，只包涵对世界之反映，亦即同于只包涵世界之种种形式与关系，而另无其他。而由希腊中古以来之所谓非形式之物质之观念，即全部化除。而所谓物质性之实体与精神性之实体之差别，便唯是其反映世界之清明与晦暗之别。而宇宙间如有所谓物质性，亦即此反映之不免于晦暗之无明而已。此即无异于化一实体之物质性，为一实体之认识上之缺憾。而其肯定上帝之有各种可能，足供选择，以上帝之选择，乃以至善为标准；此即将神智之所及（各可能的世界）与神意之所为创（造最好的世界）二者加以分别。在中古哲学中圣多玛一派，以神意为至善，然神意必合于神智之所及，另无任意之神智。邓士各塔一派，以神意有绝对自由，而凡神意之所欲即为善，神意又不受其他之标准所衡定。来氏之说，则将神智与神意分开，神意遂不受神智所决定，而有在神智外之选择的自由。而此选择，又以善为标

---

① Friedell之《近代欧洲文化史》，以文化史之观点对来氏之各单子互相反映之世界观，有一生动而带幽默感之描述。

准，遂又不似邓士各塔之以神意自身即善，不受任何善之标准规定之说。此实为一综合此二说之一新神学，而遥契于柏拉图之造物主之巡视观念世界，依至善以定世界之计划之哲学者。而其哲学之可导致种种之问题，正表示为一极大之综合，而为学者所宜知。至于后之带多元论色彩者，如赫巴脱（J. F. Herbart）洛慈（R. H. Lotze）之哲学，以及二十世纪之怀特海（A. N. Whitehead）之哲学，皆可谓在基本上与来氏之哲学为一型者。

一多问题与来布尼兹之多元论　参考书目

刘咸炘《内书》《推十丛书》，四川成都出版。

此书论中国哲学中一元多元等之种种问题，皆透辟圆融，以泯除一切一多对立之论。

Smith and Greng: From Descartes to Kant, Chapter Ⅵ. Leibniz.

B. Russell: Human Knowledge, its Scope and its Limits, ch. 8.

W. Carr: Leibniz.

罗素 A Critical Exposition of Philosophy of Leibniz, Chapters Ⅲ, Ⅳ, Ⅴ, Ⅶ, Ⅺ, Ⅻ and ⅩⅢ.

W. James: Pluralistic Universe, Longmans Green and Co. 1909.

此书为绝对唯心论以后代表多元论对一元论之反抗思想。

W. Jame: Pragmatism, ch. Ⅳ, The One and Many.

此文为主要论所谓宇宙为一之各种意义者。

第十二章 宇宙之大化流行之解释与斯宾塞之进化哲学

第一节 大化流行之科学的叙述与哲学的说明之不同

我们以上所讲之各派哲学，都是重在指出宇宙之根本原理，与一切存在之普遍的性质与关系及分别的变化历程，而不重在把握整个宇宙之大化流行之阶段与历程者。对此后一问题，似乎其答案，只能求之于专门之科学。科学中天文学、地质学、生物之进化论，及人类社会之进化史，似即可供给我们以一颇为具体的答案，而另无哲学置喙之余地。但是这问题，实不如此简单。此中至少有三方面，是必须牵连到哲学的。（一）是对于科学所陈之事实之综贯的解释之问题。即我们纵皆承认此各科学所陈之事实，但对同一事实，仍有各种可能之解释。而每一科学之理论，虽皆为一解释，但求综贯的解释，则非袭取一现成之科学理论，所能为功。而综贯之解释中，何者为最适切，则赖于哲学的讨论。（二）是科学上之进化论，只是指陈出种种演化的事实，与演化之现象，此演化中，可无价值意义上之所谓进步。而这些现象与事实，亦不必真表示宇宙之究竟的实在之不断有所增，因而亦可不表示一存在意义之进步。而此二者，在哲学上皆是可讨论之问题。（三）是科学上之进化论所陈者，仍不过无穷时间中之一段宇宙之情形。毕竟宇宙之大化流行，是以进化为根本原理，或以退化为根本原理，或以循环为根本原理，仍是一可纯理论地加以讨论之问题。对此宇宙之大化流行，人类过去之哲学思想史中，明有不同之看法与思想。而科学上之进化论本身，亦不过一二百年中，人类对宇宙之一种看法，一种思想。如果宇宙是在变化，人类之思想亦在变化，则人类亦尽可有其他与之相反而相补足之思想之形成。

哲学家若要成为一切时代之观察者，亦即须成为不同时代之各种可能的思想之观察者；而须跳出一时代之思潮，以看人类对此大化流行问题之各种可能之答案，然后我们才可再来看，有什么一些哲学思想，能与近代进化论相配合相融贯，而能成为说明进化的哲学。

第二节　常识与东西传统思想中之大化流行观

我们现在先假定，我们无一切科学哲学之知识，只凭常识的经验之所及，来看世间之一切相续之变化，是否皆表示有一种价值意义及存在意义之进步问题①。此明不易肯定的说。譬如我们一日早上精神好，晚上衰退，是一种存在的精神之由进而退。早上清明在躬，杂念不起，而至晚，则或动枉念邪思，是一价值意义之由进而退。然次日再起，则精神又好，清明又在躬。人之一生，由幼至壮，为存在的生命力之进；由壮至老，为存在之生命力之退。然衰老之旧人既逝，少壮之新人又来。至于个人之德业人格，是否与年俱进，老而优入圣贤之域，则人各不同。有老而仍自强不息者，亦有老而志气衰堕者，并无一定。而世间之贤者与不肖者，亦恒相继而出。至于吾人每日所见之日月之升降，年年之寒来暑往，则皆明为有进有退，而循环不息之变化历程。则直接与人之常识的经验相应之哲学，正宜为一切有进有退之循环轮化之哲学。

日人初治西方哲学者，有井上圆了②。曾以"轮化"一名，代表东方哲学之宇宙变化观，以与西方哲学中之进化论相对。此言实大致不差。唯此事与东方思想中之无西方近代之科学进化论，初不相干。实则在西方未有生物学上之进化论以前，已有一类似进化论之直线发展之世界观。承犹太教而来之基督教之世界观，谓自上帝某日开始创造世界③，七日完

---

① 西方之科学上之进化论或主译演化论，因其不必包涵进步之观念。然据 J. B. Bury, Idea of Progress 一书，谓此进步之观念，乃三百年中西方思想中之一新观念。而哲学家之将此观念与进化论之思想相配合者，亦大有人在，故实际上进化之观念中，常涵有进步之意义。

② 井氏之书，曾由傅铜翻译，连载于民国十年左右出版之《哲学》一刊。

③ 奥古斯丁之《历史哲学》，以世界之创造不过纪元前四千年事。比芮（J. B. Bury）《思想自由史》，谓十七世纪有一宗教家，算出上帝于纪元前四千零四年十月二十三日上午九时造人云云。

毕，若干年后耶稣降世，再若干年后耶稣再来，作末日审判。此即一直线进展之世界观。然由柏拉图至新柏拉图派哲学，则皆以造物主或太一，其创造世界，或流出世界，乃由一完全之存在，化为善恶杂糅之宇宙之一退降历程。而基督教之世界观，与此不同者，则在其相信基督之降世，为一拯救此降落之世界，以使之再行上升之事。唯在希腊哲学中之一部分，如在斯多噶哲学及早期自然哲学中，又皆有一宇宙为成毁相继之循环历程之说。在亚里士多德之以永恒之形式定类，之"类不变虽久同理"之哲学下，则整个宇宙之历程发展之问题，非其所重。然在东方之哲学中，则盖自始缺乏一直线发展或直线退降之世界观，亦无亚氏式之以永恒之形式定类，而类不变之哲学。反之，以宇宙为进退升降之反复循环之历程，盖东方之印度与中国之哲学之常。

在中国之世运论中，孟子即早有"天下之生久矣，一治一乱"，及"五百年必有王者兴"之说。后汉儒则有应用五行之理于历史之五德终始之说，谓帝王之德皆有始有终，有盛有衰，而天之灾异与祥瑞，即应人王之德以相继而生。此皆是世运之进退升降，循环无端之说。后佛学入中国，又带来印度人之劫数论、轮回论，以说宇宙之有成有毁，及人与众生之造业受报，终则有始之说。故人即上升入天道，受报既尽，还当再轮回转入他道。至宋儒则邵尧夫有元会运世之说，以论历史之变，而以十二万九千六百年为一元。其中之世运，则依皇、帝、王、霸之序而移转，一元既终，乃周而复始。《朱子语类》载朱子亦尝论天地之成而毁，毁而再成。即王阳明亦尝谓一日之清晨如三皇世界，继如五帝世界，继如三王世界，至下午则如三王以后之战国世界，而天下无道以至于今云云。然一日既过，尚有明朝，则三皇之世，宜又当再来。晚明黄道周，著《三易洞玑》，亦以易数论世运之循环。而王船山之言历史与大化之流行，虽重日新之义，然亦未尝不常言往复周行之义。唯视一历史之变，世运之行，宇宙之大化流行，归向于一定不移之目标，如犹太教基督教之世界观之所示者，盖中国之思想中所未有。

中国这种思想之根原，当然主要在我们前所说太极阴阳之理。然而亦与一人生哲学相连。此亦如西方之犹太教、基督教之世界观，与其人生之哲学之相连。中国之此种世界观，与人生哲学之相连处，主要在此世界观，可使人对于当前世界之事物之存在状态或价值状态，不生任何有所倚恃之心，但亦无须有馁怯厌弃之意。如当前世界事物之存在状态或价值状态之变化发展之方向,是向一定目标一直进展上升的,则人可以于此有所倚恃,而或产生傲慢或懈怠之意。又人如觉世界事物之存在状态或价值状态,变化发展之方向,是一直退落下降,则人或因而馁怯,并对世间产生厌弃。而信世运之往复循环之义者,则在精神上较不易陷入二边之见。

但是人之此信循环往复之世界观者,如其心中所想之历史上一度之循环,所历之时间太长者,则人仍可落入此二边之见。如印度哲学宗教所言宇宙之一劫,动辄无数亿万年,则此仍可使人感此轮转之历程,如一必然之命运,而觉其可怖,并易生起求自此世界厌离超升之心。然在中国思想中,则论世运之循环者,如邵康节所说者,亦只十二万九千六百年。唯此在常识上看,仍嫌太长。而邵氏之此思想,亦使其在作人之情调上,带一种任运随化之色彩。至如孟子之言五百年必有王者兴,则孟子乃以之论当时理应有王者兴。汉儒之五德终始之说,亦所以言人之当奉天承运。故此中国之世运循环之说,恒被引用而流行于国家之鼎革之际,世道之剥复之交。每一循环,其为期之长短,在较正宗之儒者与道家,多无所说;而只说"治乱、消长、盈虚,盛衰等世运循环之理"乃一定。"盛与盈之不可恃,衰与虚亦不能久之理"为一定。而人如能知此理而不恃其盈与盛,而先期以虚谦自守,并于进知退,于存知亡,于治知乱,则人之盈中已有虚,而可不再虚。人于进中已有退,而可不再退。由此而人仍可持盈保泰,而世亦仍有长治久安之可能。于是一切世运之循环,皆可由人力而打破。此之谓人定胜天。然此人定所以能胜天,正由于人知此天地间,原有之此盛衰消长之理,离人以看自然,则万物之有盛有衰如故。而暂外于人之努力,以观世运,世运之有盛衰消长亦如故。人之能斡旋世运,唯由其知此理,而于盈盛中,以虚谦自守,于进知退,于存知亡,以先体现此理之全。则此人定胜天,亦未尝外于此贯于天人之理。又人果知此理,则当盈盛之时,人固可以谦虚自守,而持盈保泰。当衰乱之世,人亦可由知衰之可再盛,乱之可再治,而依此理以拨乱返治,振衰起敝,于是剥复之机,即在当前,不必待诸世运之自转。故人在既知此理,而转其问题,以如何依此理以行为时,则此理即摄入于人生行为界,而人亦可不再只依此理,以静观世运之盛衰循环治乱,及其所历之年期。凡命数之说,在中国之思想中,终为落入第二义以下之旁流,即由于此。而循此思想,以观自然宇宙之变化,中国哲人所喜言之循环往复，亦即只取证于当下之日往月来，寒来暑往之事。而不喜究心于整个之自然世界之如何生人类，及人类在自然宇宙之命运等问题。亦不重将此盛衰消长之理，扩大为自然宇宙之大循环论，如印度哲学中之劫数论。而此亦即阴阳家及秦汉《纬书》之言天地剖判以来之论，所以皆为儒者所轻，上述之邵康节黄道周之学，终成绝学，朱子之言天地成毁，亦只偶一及之之故也。

第三节　传统之东西思想中之世界生成论之比较与科学的进化论所引起之哲学

吾人上所言及中国思想中之世运循环论，及印度思想之劫数论，皆可谓为世界之多次生成论。吾人如再持之以与西方传统之世界观相比较，则我们可说除上述之希腊早期自然哲学家之循环论等外，为西方传统思想主流，而由柏拉图之 Timacus 语录所陈，犹太教基督教之宗教神话所开启之世界观，在根本上，皆可称为一世界之一次生成论。此一次生成，乃依上帝或造物主对世界之一全盘计划。然何以知上帝未在创造此世界之前，不曾创造出无尽之世界，此无尽之世界，曾历无数次之成毁？又何以知，上帝未在此世界之外，另同时造出无数之世界，与此世界并存？是皆在此哲学宗教之传统下，为一未尝思及之问题。此即与印度之婆罗门教中之梵天为在无尽之时间空间之无数世界中，转无数世界大轮者之说，及中国邵康节之元会世运，周而复始之说皆迥异。而在此上帝或造物主依全盘计划所造成之此世界中，其世运之进行，则为归向于一定之目标者。此在犹太教即为上帝选民之犹太民族之再君临世界；在基督教，则为最后之耶稣之再来审判。而此世界之历史，虽有一进退升降之历程，然却不能说为循环论。如说之为循环论，亦只为一次循环论。此或为一由上帝创始世界，上帝之选民受苦，再由上帝之选民君临世界之一次循环论（犹太教）。或为上帝创始世界，人类整个堕落，上帝自己独生子拯救人类，以使之上升之一次循环论（基督教）。

西方犹太教基督教传统之宗教性的世界观，虽为近代科学上之进化论之世界观所代替，但科学上之进化论，所陈之世界之进化之图像，亦为一直向前进展之图像。此一直向前进展之图像，即一万物之由简而繁，由纯而杂，由无生至有生，由无心至有心之一继长增高，如一直上升而趋盛之图像。故吾人前说此二者为相类似之直线发展之世界观。唯此科学之进化论所陈之图像,乃大体上有颠扑不破之事实,足资佐证;而不同于印度及希伯来传统一切宗教性之玄想,无事实为确证者。亦不同于中国过去阴阳家之天地开辟之理论,及汉儒五德终始之理论,及邵康节之说,仍只为一种玄想者。此科学上进化论之理论,亦百年前之世界之大哲所同不知者。则其出现后对哲学之影响,亦应为空前者。吾人今固不能确知,将来必无新发现之事实,以重证明以往人类之宗教性玄想,及其他哲学上之玄想;使吾人于此进化历程之外,再发现一回应此进化历程之退化历程。如人类之再退入猿类,退入单细胞生物,地面之道路再退入荒原,地面之山川与星球之分布,再退入一原始之洪荒,有如日出而再没于西,此皆为可能者。若然,则大循环之理论,可再得证明。然在今日,此大循环之理论,因缺有事实之佐证,即不能与科学上之进化论同日而语。吾人以下所讲之哲学,亦只能为与此科学上之进化论能相配合,而对此进化论之事实之存在意义及价值意义,能与以一解释,而不与之相悖反之哲学。故吾人今所最当了解之宇宙大化如何流行之哲学,仍只是大化流行至此一时代之哲学。然而我们却仍可在此能与科学上之进化论相配合之若干现代哲学中,多少看出东西传统思想中之成分。故上文先一论此传统思想之说。

吾人此下,即限于专论与科学上之进化论相配合之哲学,然此哲学中,仍有吾人自由思想之天地。因此进化论所展示之世界观,如世界之由无生而有生,无心而有心之历史,亦是引起人对于宇宙之种种惊奇神妙之感,与其他之玄想者。而人欲使此科学上之进化论,与人以往之宗教思想艺术思想,相融贯调和,亦待于人之种种苦心焦思,与冥会洞鉴之功。西方近百年来此类之哲学思想,为人所宜知者,亦有数者,可于下文略加介绍。并对其与吾人以前所说之各派哲学之异同,亦将略加以标出。

第四节 斯宾塞之进化哲学之根本原理

在西方近百年能与科学进化论相配合之哲学,首当推斯宾塞之综合哲学。唯斯氏之综合哲学,关于生物学、心理学、社会学、伦理学之理论,皆非我们之所及。今只及于其论形上学者。其形上学之第一部分之第一要义,在划开可知界与不可知界。可知界为现象,不可知界为本体。科学只及于可知界,而宗教则欲由可知界之现象,至不可知界之本体。然人由知识,永不能达于不可知界。人之赖以入不可知界之门者,则为信仰。信仰之对象,既属不可知界,在知识之外者,亦即不能由知识以论其是非者。而此即一调和科学与宗教之哲学,同时为主张:凡人之求达于不可知界之本体之玄学,皆不能使人得真知识之哲学。

斯氏所谓不可知之本体,即指一切现象之究极之根原。此究极之根原,在斯氏初并不疑其存在。因如其不存在,则一切现象何以动而愈出,生生不穷,而现象世界无一息之断绝?依进化论以谓人类原于生物,生物原于无生物,地球原于太空中之物质分子;则此最初之物质分子,又由何而有?若自无而有之事为不可能,则必另有一本体为根原。此根原,就其为现象之所从出言,则非现象,而为本体。然此本体,则为不可知。而从知识之立场,谓此本身为神,或非神,为一或多,皆不能有决定之结论或知识者。由本体虽有而不可知,而此不可知之本体,即称为一"大不可知者"(Unknowable)。然吾人能知有此不可知者,吾人之知,亦即达于宇宙本体之门前。故斯氏之哲学,虽不能使人有形上学之知识,亦可使人有形上学之情调。

依斯氏之哲学,吾人当知此不可知者之存在。然又当知其为不可知,而使吾人之知,止于其所不知。由此而吾人之知,即可转面回头,专以知宇宙之现象,及其发展之规律为事。芸芸总总之宇宙万象,在其发展进化之历程中,正有其大律存焉,为吾人遍观天体之进化,生物之进化,心理之进化,人类社会道德之进化后,所能知者。而此即综合哲学,所能与吾人对于整个宇宙之存在现象之一具普遍性综合性之知识。

依斯宾塞所说,现象界的事物之进化之原理,一方是物质的凝聚,一方是运动之散失。在此历程中,物质由比较不确定未整合的、同质的)Homogeneous)存在,逐渐进化为比较确定而整合的、异质的(Heterogeneous)存在。而一切运动之形态,在此历程中,亦有一相应的转变。此一原理,即可用以说明宇宙间之一切进化。如据天文学上之星云说,天体之进行,最初只是许多同质的星云之分子,布于空间,其位置殊不确定。而太阳系之形成,则是分布之星云之逐渐整合,而成各种行星、卫星,各星球亦各有其形状,自转之轴心与公转之轨道,并具不同之吸引力,而化为确定分明的异质之天体。是即上述之原理之一证明。

其次，从地质学上说，地球最初乃一热的融质。此亦即是一各部未确定分明之一同质体。及其冷却，水与水融和整合，土与土融和整合，然后有水陆之分，山谷平原之分，而地壳之山岩，乃一一变为固定坚硬，地面之各部之构造，遂成一各部确定分明之异质。是上述之原理之又一证明。

再其次，从生物学生理学上说。任何植物之生成，都是由于先聚积许多物质，如水分、空气、养料，再加以融和整合，以成一有机体。而胚胎学亦可证明一有机体之发育，原于整合。如心脏初只一长管，由其折转而自己整合，乃成有四房之心脏。而人之头盖骨之发育，常到三十岁，乃完全而变为坚固稳定。而生物之进化，亦一逐渐趋于整合之历程。如就骨节而言，蚯蚓等一身有一百节，进至昆虫，则只有二十二节、十三节，或更少。蜘蛛与蟹，则全身皆整合起来。至脊椎动物出现，则一脊椎成其整个身体之整合之根据。但在脊椎动物之鱼类之脊椎，分散成为鱼刺，尚不能互相交会。然至鸟类及哺乳类中，则脊椎旁之肋骨，多能互相交会。而在猿类与人，则脊骨肋骨，皆互相交会，而环抱坚固。其运动，亦同时有最大之整合性。是见生物愈进化，而愈发育完成，其各部之器官组织之形态机能，即日益确定分明，而日益显为一异质者之融和整合所成之有机体。

又在生物界中，同一种族之生物之个体，初恒是散处于自然。然在高级之动物，则渐结成群体，并有领导者。达尔文复指出生物界中，若干较高之生物，有互相依赖而生之现象。此又是一种生物之生存之趋于整合之趋向。此是上述之原理，在生物学上之证明。

再其次，我们看社会进化，亦一方面是社会诸分子，趋于融和整合，一方面是社会诸分子，由担任同质而不确定之任务者，化为担任异质而确定之不同任务者。如一原始社会之人，皆为游荡家族。社会渐进步，则家聚成部族，弱小之部族又渐屈服于强大部族之下，以渐成邦国。而今之世界，则有各国逐渐合为一世界联邦之趋向。而社会之生产事业之进步，亦是由一城之事业，进至一国内之同类事业之联合及世界性之事业联合。此皆为一由分散趋于整合之趋向。在原始社会之分工，初盖只有男女之分工。而每一男子，兼为狩猎者与打鱼者。及由家成族，而有领导者之出现。此领导者，初乃一面为王，而一面又兼为教士，以向神祷告者。及后乃政教分离。而社会之分工之事，则随社会之进步而日增。

在社会之分子之职务日益分工，而彼此成异质之后，其职务与所属之社会之阶级等，亦日益确定而分明。

其次，我们再看人类社会文化之基本之语言与艺术、科学、物质工具等之进化，此中亦有由同质趋于异质，由离散趋于全体之整合与各部之确定之趋向。如语言之进化，初乃由多音节者，进至单单节者。如在英语中，星球一字，原为 Steorra，后变为 Star。月之一字由 Mona 变为 Moon。名之一字为 Noma 变为 Name。上帝与你同在 God be With you 变为 Good-bye。而原始之语言，只有动词与名词，后乃分化出各种介词副词等，而一一语言方有确定之意义。

艺术之进化，如埃及叙利亚之壁画及雕饰，皆较散漫，亦不成分明之结构。画即在雕刻庙宇建筑之中，而艺术亦与宗教不分。古代音乐，皆只重用同一之口唱，或用简单之乐器，而声调亦多混杂。近代之艺术，则各种艺术彼此独立分明，亦离宗教而独立。而无论绘画、雕刻、音乐，皆一方重各部分之配合成一整体，另一方重各部分之形界与声调节奏之分明确定，各有功能，以形成一整个之艺术品。而人类科学知识之进步，亦复是由观念、概念不分明清楚，语言之意义不确定之常识，进至"系统的综合的依一贯原理，以说明各种事实及分散之常识，并用意义而确定之语言，表达清楚分明之概念观念，而成组织严整的科学与哲学。"

此外，人类之物质工具之进化，则在文明初起时，人所用之各种工具，每一工具恒有多种用途，而不能确定分明一工具之作何用，各工具亦不相配合成一系统。物质工具之进化，则为各种工具之连接配合，以成一大机器或工厂。而每一工具之性质，亦成各不相同，而其用途，归于日益确定者。是即见人类文化之进化，亦与生物之进化，天文地质之进化，乃表现同一之从分散至整合，从同质至异质，从比较不确定至确定之原理者。而斯氏此哲学学说之本身，亦代表一科学知识之一整合。

第五节　斯宾塞对于进化现象之最后的解释

但是此理论有一根本问题，即我们可以问：何以不相整合之同质者，必分化为异质而相整合者？此如追问到一切进化之开始处，则为宇宙最初之同质之物质分子，如何会趋于整合，并变为异质之物质分子之问题。

于此，斯氏是根据于物理学上之机械论，以求一说明。即谓最初之物质分子，虽为同质而分布于空间者，然其地位不同而运动不同，遂表现一彼此之不平衡之关系。不平衡而求平衡，则物质必渐归于凝聚而整合；而凝聚整合后，则动力归于平衡而散失。至当具不同动力者互相结合时，则结合体成为一异质者。此结合体又与其他环境中之物，以动力不平衡，而生运动，遂再求整合，以归于平衡，成更高之结合体。如此递展，遂成进化之历程。

然平衡之达到，既一方是原于动力之散失，故宇宙之趋于平衡之势，如至一最高点，则进化之历程，亦即停止，而继之者则可为退化。如日与行星间，因有力量之不平衡，故日吸引诸行星，使之绕日转，同时散出热。但日之热力，至散尽，则诸行星，亦不能有秩序的在轨道上行，而可因解体分散，互相冲击，而反于原始之星云时代。此亦如人之身体之发育至各部平衡，而动力用尽时，即趋于僵固，而由老至死。继之者则为一身体全然之分散朽坏之历程。当一社会之发展，至各种力量因素，皆彼此平衡时，社会亦即停滞不进，而归于开始分散解体。由此而斯宾塞之进化论之哲学，即包涵吾人所在世界，可再由退化以归于消灭之论。然而在吾人之世界（如吾人之太阳系）消灭时，其他之世界（如其他太阳系）之由不可知之本体而来者，可正在进化之阶段，或尚在平衡之阶段。唯此一切世界之进退与平衡，皆只属于现象中世界之事，而不关于现象世界之不可知之本体，而此本体，亦可无所谓进化者。由此而斯氏之进化论之哲学，遂亦包涵吾人前所谓退化及进退循环之观念，亦包涵真实之本体为无所谓进化退化之观念之一进化哲学。

宇宙之大化流行之解释与斯宾塞之进化哲学　参考书目

G. T. W. Patrick: Introduction to Philosophy, Part II.
本书为哲学概论类书籍中，论进化之理论较多者。

J. B. Bury: Idea of Progress.
由此书可知三百年来西哲对于进步之观念之发展。

H. Spencer: First Principle of a New System of Philosophy 选载于 J. Rand: Modern Philosophers pp. 714—732 中。

第十二章 宇宙之大化流行之解释与斯宾塞之进化哲学

斯宾塞原著极繁,此为斯氏原著中涉及进化之根本原理者之选录,颇扼要。

W. Durant: Stories of Philosophy, Ⅷ, H, Spencer.

本书据云乃数十年来通俗哲学书中最畅销者,但不为哲学专家所重。然其中论尼采叔本华及斯宾塞之哲学,数章皆颇佳。本章论斯氏哲学,据此书加以约简。

W. R. Sorley: A History of English Philosophy. G. P. Partnam's Sons Co. 1921 本书第十二章第五节 Spencer and Philosophy of Evolution.

论斯宾塞之进化哲学及当时英国之进化思想。

A. K. Roger: English and American Philosophy Since 1800, Macmillan.

本书述斯宾塞之哲学一部分,所占比例甚大,并有评论。

第十三章　柏格森之创造进化论

第一节　绵延、直觉与理智

西方现代哲学，再一个对于科学上之进化论，与以哲学的解释之哲学家，即法之柏格森（H. Bergson）。柏氏之哲学思想，由心理经验之性质与自由意志之说明，及物质与记忆关系之问题之讨论始，而以创造进化论之宇宙观，自别于斯宾塞之机械论的进化论，闻名当世。其晚年之著作，则归于论道德与宗教。唯今只重介绍其思想中之对于进化之解释之一部分①。

柏氏与斯氏之进化观点之大不同，在对于生命之解释。斯氏以物质之凝合，动力之散失，及运动之求平衡等观念，解释一切进化，于是以生物之活动之目标，不外求适应环境，以达其自身与环境间之一种运动的平衡，求其体质之存在环境之物中。此乃由物理学到生物学，以物理眼光而外在的观察万物之生命之哲学。而柏氏之生命哲学，则根本上是由心理生活之反省，以求认识我们自己之内在的生命之流行，而再由此以透视生物之生命与宇宙之生命，而论进化之所以进化之哲学。

我们如从事对我们自己之心理生活之反省，最初所得者，可是如英国经验主义所说之许许多多之分散的印象观念。如我们正在从事认识活动，则我们尚可反省出，种种抽象概念及认识之范畴，展现于我们之心中。但此种反省，依柏氏说，皆尚只能及于我们之意识之浮面，而未达于我们之心理生活之本质，以及我们之生命之流行自身者。而欲达此，则须知我们之心理生活进行时，不只其前面有种种继续的散开之观念等

---

① 对柏氏之哲学，介绍之著甚多。一般哲学概论之书，亦多论及之。以我所见，似以 Leighton 之 The Field of Philosophy 第二十四章所介绍为最好，可与本文所论相参看。

铺陈于前，使此心理生活有其广度，而且此心理生活自身中，实尚具一强度。此强度乃质的而非量的。此强度之质之所由生，乃由我们之心理生活之进行，不只是前前后后，更迭而起，而是后承前，前即融入后中，以存于后中。譬如我们会见一人，初次见面则生，再次见面则觉较熟，朝夕相处，则更熟。此熟习之感，不只是由于多次见面之经验之存在，而是由于在我们之后一次见面之经验，承前一次之经验而起时，前一次之经验，即融入后一次经验中；如此次第融入，互相渗透，则熟习之程度，或熟习之感，便次次不同。此中有质上之差别。然而却可无量上或所对之内容上之差别。从量上及所对之内容上看，则我们无论对一对象，如何熟习，仍只是一对象而已。此中质上之差别，由后承前，前融入后中，而存于后中而来。亦即由过去之融入现在，现在再融入未来而来。在此，我们对于时间之流行，便不能只分析之为一瞬一瞬之相继之片断来看，而当视为前后通贯，密密绵绵，前伸入后，后延纳前之一体。至我们如只将时间分段来看，于其中分别安置不同时之经验观念于其中，柏氏称之为空间化了的时间（Spatializatlon of time），亦即邻次铺散的时间（Juxtaposition of time）；而将之通贯来看之时间，则是真实存在于我们之心理生活之进行本身中之时间，亦即真实存在于我们自己之生命之流行中之时间，此在柏氏称为真时或绵延或久（Duration）。而我们之能感到此绵延或久之存在，不能由于理智之划分。如从理智之划分出发，则我们对于一对象，无论经验多少次，我们将每一次散开来看，其中皆无绵延或久。如我们上所谓熟习感，亦在任一次中皆不存在。故我们之自觉有上述之熟习感，及一切绵延或久之感，皆不能原于我们之能划分的理智，而只能原于我们能于"现在"中，直觉其中所涵之"过去"。我们如无此直觉，则过去者乃在过去，现在者方在现在，则时间之流，节节截断，我们亦即只有一平面之现在经验内容或印象观念之呈现于前，而无任何认识方式，以使我们有此对绵延或久之认识。

由我们之心理生活或生命中，有此所谓绵延或久，则知我们之心理生活之进行或生命之流行，实如滚雪球，层层增大，一方是后异于前，而新新不停，一方亦是前存于后，而生生相续。新之所以是新，乃对故而见。然如"故"不流入现在，而为我们所感，则无故，亦不成新。而"故"若为现在所感，则故即不只在过去，而同时延入于现在。然"故"能延入现在，则"故"本身亦即更新。是见新新不停与生生相续，乃一事之两面。如生生不相续，则无所谓新新不停。而若非生生相续乃摄故于新，则亦不成生生相续。然而我们若不能识得绵延之义，或不能将过去经验融入于当下之新经验中，以直觉其通一无二，而属于一整个之心理生活之进行或生命之流行中；而只以理智划分此疆彼界，将时间空间化，而片断割裂之；则仍将如一般经验主义者，视人之心理生活之进行与生命之流行，乃一堆之观念印象或概念等之积集，有如嵌镶所成之美术品，而不足以言得此新新不停而又生生相续之心理生活与生命之真理，亦不足以透入形上之实在之门。

此种直觉的认识与理智的认识之分别，柏氏又称之为内在的本性之认识，与外在的关系之认识之别。所谓外在的关系之认识，即在我们所真欲认识之对象之外，去看对象对我们之关系，或对其他物之关系是什么。由此我们可以认识静的物质，亦可以把生命静化为物质之组合而认识之，并认识任一物之多种面相，亦可认识一切物之"多"。然却不能认识动的生命，亦不能认识宇宙生命之"一"。而所谓内在的本性的认识，则是我们之意识，投入所认识者之中，而生活于所认识者之中之认识。唯由此，我们可认识动的生命，并可视物质亦只为一种凝固化静化的生命，而认识其中所涵具之生命性，由此以认识宇宙生命之一。

西方传统哲学，由齐诺（Zeno）传下之一老问题，即动是否真实的？不少的形上学家要以动为非真实的。照柏氏之意，则以为我们如以理智去从事外在的关系的认识，则我们毕竟不能认识动。因从外在的关系的观点去看动，则每一动者，在不同时即关联不同之空间点，而从任一空间点上看，他便必然都是不动的。此如以快镜，照一动的人物，或一风景中之水流云散，我们所得之像片，无论有多少张——以至有无限张——每一张仍然是不动的。（故罗素之以无限的联续批评柏氏，于此乃不相干的）。由此而动之实在性，即永无法建立。而我们之所以仍觉有动者，唯因我们在认识动时，我们仍多少有另一种投入对象，生活于对象中，与对象为一之直觉。故我们只看风景片，即看了无限张，仍不能认识风景中之水流云散；然我们在游风景时，而心与云水共流行，则能认识云水之动。我们之心与云水共流行时，所以能认识云水之动，唯赖一直觉。此直觉，乃可与我们对我们自己生命之流行之直觉俱时而起之直觉。我们之直觉我们生命之流行，由于我们之直觉到我们前后经验之相融入，一面新异于故，一面故入于新，而生生相续，新新不停。我们之直觉水流云散，亦是直觉前水之融入后水，后水既异于前水，而前水亦在后水之中。若离此直觉，而只以理智的分析，以分别平观前水与后水之差别相，则一一之相，皆永恒而不动。吾人对之之一一观念概念，亦各为永恒而不动者。则客观之实在中固无动之可言，而吾人之内心或吾人之生命中亦为此永恒不动之观念概念所充塞，而亦无动之可言。故对吾人之生命之流行之动之认识，与客观实在中之动之认识，于此，尽可俱时而起，以有则俱有，无则俱无。关键唯在吾人之是否能由直觉吾人自己之生命之流行，而以同一之眼光或认识方式，以认识客观实在，而视客观实在同于吾人之生命。吾人能视客观实在同于吾人之生命，则吾人能认识客观实在之动，亦同时能发现其动中之生命的意义矣。

第二节 生命的宇宙观——矿物及动植物之分

依柏格森之哲学，我们真由直觉以看世界，则整个客观实在、整个宇宙，皆在动中，而是一变化之流，亦即生命之流，其中实无所谓全不涵生命意义之物质。而所谓人之意识生活、心理生活。亦即此宇宙生命之一表现形态。因而此种哲学，可称之为变之哲学，亦可称为唯生命论之哲学。

依此哲学，存在即是变化，变化即是创造。存在不是一状词，亦不只是指实体之名词，存在乃是去存在，去存在乃一动词。去存在即是变化，于保存外，更有所增益，是即创造。然此变化、此创造，乃后无机械的原因，前亦无预定之目的，加以决定者。故为自由。而除创造与变化以外，亦可说无外在之创造者，或存于变化之中之固定的实体。此即大异于西方希腊中古哲学所谓存在之意义。故柏格森又谓宇宙有变动而无变动者，因所谓变动者，必须由变动而自己创造其自己。此自己与变为一，则可说只有变动，而另无外在之创造者，与变动中固定的实体，或变动者也。

我们说意识，恒想到意识中之观念概念，此为不变者。我们一般说物质物体，则想到其一定之形状与分别在空间之地位。但我们说生命，则我们所想到的，只是其生而又生，及其生之相续存在。只说有生而又生之生命，而撇开一切常识中用以规定生命之静定的概念等，则此同于说：一变化之流或"纯变"之相续存在，而二者之涵义可无别。而纯变之哲学，亦即唯生命之哲学。

但是说宇宙只是一生命之流变化之流，此乃以直觉眼光看宇宙之究极之论。然人有直觉，亦有理智，理智仍能发现宇宙之一方面之面相。此理智之所发现者，即宇宙之静的一面，非生命性而为物质性之一面。然此一面，亦不能说纯为理智自身所造之幻象，而亦为宇宙之生命之流，变化之流进行时，其所呈之一面相，或其所呈之一种似与其自身相逆反之一倾向。而人之理智本身之根原，亦即此宇宙生命之此一倾向之表现于人，而存在于人之生命或人之心灵中之故。

所谓宇宙之静的一面，非生命性之物质性之一面，仍为此宇宙之生命之流进行时，所呈之一倾向者，即谓此宇宙之生命在其变化创进之历程中，同时有一分散而凝固，以成静定之物之倾向。此倾向并不能绝对的完成，故宇宙无绝对静定之物，而动的生命终为第一义之实在；一切静定之物，皆系属于整个宇宙生命之动进历程中者。然此倾向，虽不能绝对的完成，然其相对的完成，对一直向前动进之生命言，即已显为一逆反的倾向，而若为反乎生命性者，此即称为宇宙之物质性。如喻宇宙生命之流，似江水之浩瀚而进，则物质性，有类其旁之无数漩涡，迂回不进，而似后退者。如喻宇宙生命之进行，如炮弹之前进，则物质性，即纷纷先落下之碎片。而吾人如欲体验此生命性与物质性之分别，亦有其道。如当吾人志气如神时，口讲指画，手舞足蹈，吾人可并不觉此手足等之存在，则吾人此时即通体是一活泼泼地生命，在此流行。反之，当吾人觉生命力衰时，则手足之惰性即显出，而与吾人生命之活动之方向，若背道而驰。此手足之惰性之显出，恒欲归于静定，以使手足分散布列于空间，而不再移动。吾人于此，即可认识一吾人生命中之物质性之倾向为如何；而所谓宇宙生命中物质性倾向，亦同可作如是观。

由此宇宙生命中之物质性倾向之存在，而宇宙生命自身之向前动进之倾向，亦即表现为：一方随顺此物质性倾向之所在，并透入此倾向之中，而一方加以扭转，以化分散为集中，化静者为动，化空间性者为时间性。此有如江流之绕后退之漩涡而再进。由是而此宇宙之生命之流，亦即恒为在一约束此生命之流之"物质化倾向所成之物质"中，求奋迅鼓涌而出，一面不离此物质，而一面则又如与之奋斗，而欲化物质自身为其表现之场所或资具，而自由加以运用，并不甘受其约束者。故此宇宙生命，亦即处处于物质中表现冲力者，而柏氏则称之为宇宙之生命力或宇宙之生命冲动（Elan vital）。

由此宇宙生命之与其自身之物质性倾向所成之物质奋斗，而同一之宇宙生命之大流，或宇宙生命力（Elan vital），遂因物质化倾向之为一分散之倾向，而亦散为无数之分流，而分别裹胁于不同之物质中以前进；而依其役物而不役于物之程度，亦即其生命性之战胜物质性之程度，生命性之是否能充量显发之程度，而显为人与动物、植物、矿物等之不同存在。

此各种存在中，矿物及各种所谓无生物，乃物质化倾向最显著，亦即其物质性最显著，而几可谓全部是物质者。然实则亦并非全部是物质。此即如倦怠欲死，而寸步难移之手足，并非全部是物质，亦如断港绝潢中之水，并非全为死水。故当矿物或无生物，一朝重接上宇宙生命之大流，如成为生物之养料，而化为生物体之一部，则此同一之物质即活转，而昭显其生命性。如冰遇热而化为流水。唯克就其现实之状态，并与生物界之动植物等相对较而观，则谓之为无生命之物质而已。

在生物界中，吾人通常分动物与植物为二类。其所以为二类之大别，在植物之静止于空间，其根与土石相接。诸植物分植根于地之大物上，而不相往来，故在生物中，其分散性、空间性、物质性为最重者。而动物之能在地面之空间上运动，即表示其较能不受此地之大物之束缚限制，亦非分散的定置于各空间之存在，而为物质性较轻者。

动植物虽或能在空间中动转，而或不能，然自其同称为生物而言，其与无生物之大别，则在其能应付环境以求生存，而亦能生殖，并有遗传与进化。生物之有自求生存与生殖遗传之事，乃表示其变化活动，能一生前后相续，并能传续于其后代者。此即与无生物之变化活动之情形不同。无生物之一变化活动，亦在一时间历程中，则自其内部言，亦有变化活动之相续。然无生物之一变化活动，恒为外力所决定，于是其前后之变化活动，恒各有其方式，而不相配合；则由其一变化活动，转至另一变化活动，即可相间断而不相续，而此二变化活动即不能通为一历程。而在生物之自求生存中，则其今日之变化活动与明日之变化活动，必求配合而足以相成，以达其继续生存之目的。而其一生之前后之变化活动间，即足以相承而相贯相续，以通为一历程。此即更足表现吾人前所谓生命之本性。生物之生殖遗传，则表示前一代之生物之形态，与变化活动之方式，皆可重保存于后代之新生命中，而此则更见生命之通过不同之时间，而保存过去于现在与未来之性质。故生命之通过种子胚胎，以成其生殖与遗传之事，亦不能克就种子胚胎之物质分子而了解。此种子与胚胎，毋宁视为生命之流行，所通过之一关节与媒介，以形成前后代之生命之通贯，而成就一继续不断之生命之流行者。由生殖与遗传，而见前一代生物之生命，能超过其自身之物质的躯体之限制，及其自身之死之限制，而表现为：后一代生命之生出，以及其所经历者之由遗传而存于其后代之中。由是而生物之代代相传，即前代之生命内容，次第融入渗透，于后代之生命中，而后代之生命，又可日新不已，如波波相叠，以继长增高。由此而吾人可说明生命进化之事之何以可能。

然在此生命之进化历程中，动植物实自始分途，而各有其发展进化之方向。因植物乃定住于空间，故其愈发展至高等之植物，其根与枝叶，即愈显为由一中心点，而向上下四方分散，以吸收养料、水分、阳光，以成就其躯干者。而植物之在世界，遂为一能力与物质之摄聚者，储蓄者。而自然界中原分散在四方之阳光、水分、养料之物质与能力，由植物之加以接收摄聚同化，以成其躯干中之质材与储能，遂得保存于生命之世界。此即与"其物理世界中之动力与热力，恒逐渐归于散失之变化趋向"相反，而逆转之者。至动物之赖植物以生，而又以在空间中游荡运动为事，于是复将植物所储积之质材与储能，化为其运动时之动力，再分散而之四方。此动植物二者之相辅为用，以并存于世界中，一以摄聚四方质材与储能为事，一以化散此质材与储能为运动，散诸四方为事，此正如中国先哲所谓一阴一阳之相配。

原动物初以在空间中运动为本性。然软体动物以下之动物，皆胶著于地上以移行，而较不善运动。及甲壳动物，而其体可与地不相黏著，而渐善动；然其甲壳之束于身，则表示其所受之物质硬体之束缚之大。至节足动物，则硬壳化为段段之环节，乃更善卷曲其体，以成其宛转之动。而由脊椎动物以上，则支持其身之硬质，转入体内，并赖此体内之脊椎与筋骨，以成其运动，而体外遂唯存皮与羽毛。及至人类羽毛脱化，皮薄而柔，其身体遂尽脱外面之硬质之约束，而表现一自物质之约束有更大之超拔，及生命活动之更大的自由。然此中之进化，又可分为二大方向。其由节足动物之进化者，为逐渐表现一本能之优越者，其极者为蜂蚁。其由脊椎动物进化者，为逐渐表现智慧之优越者，其极者为人。

此发展本能、与发展智慧，乃动物进化之二大方向，而其差别，亦有原则性之差别。

第三节 智慧与本能

上述之一发达本能，一发达智慧之二种动物之差别，乃为显然者。譬如我们试静观蜂蚁等生活，我们都会赞美其生活方式之奇妙。如蜂之如何采花如何酿蜜、如何造成一六角形之蜂房、如何分工合作、如何又会分封、① 之一套之活动，都配合得非常巧妙，皆似有目的存焉，以达一蜂群之生存。然此一区区之小蜂，如何会有此一套活动？此明不是由于后天之学习，而只能说其乃出自先天之本能。这先天之本能，好似依于其体内之有一先存之机括，而遇外面之刺激来，即一触即发。如蜂嗅得花香，即向之飞去。然而何以其能直向花蕊，而吸取其足以酿蜜之汁，而贮之体内？又何以所酿出之蜜来，适足营养后来之小蜂，而不自己使用？此蜂于此，当然不能有自觉之知识。然而我们却又似不能说他全无所知，而同于木石，因木石并不能为此。而在一义上，我们尚可说其所知，较人为尤准确。如人嗅得花香，可不知其来处。人于此花香之现象或符号，欲求其根原时，人可东西南北，任意猜想。而蜂子则可直由此花香，如循一因果线索，直至花香之所自发之因。此即同于谓：其"知"能直由果以至因，由现象以透至发此现象之本体。彼才嗅得花香，便向花进发，即才知此花香，便知得此花。其知非在花香外，而是内在于花香之中，循花之香气，以直达其原，有如游泳者之投入水中，以逆流而上溯。此知即为一种直觉之知。此直觉之知，即规定其往一方向飞，并至某处而止，以与花蕊接触，而吮吸之之一套行为者。此一套行为，亦即环绕相应于花蕊之本性之一套行为，而亦连系、并足以引动、其采花之后之飞回、及酿蜜等之各套之行为者。故其采花一套行为完结，彼似亦即知发动另一套行为。此如善泳者之没水而游，而知随江流水势以宛转。此善泳者之随感而应，并无对一一水势之概念的知识，而可不失其有一种直觉之知；正如此蜂之行行止止，亦可不失其有一种直觉之知，

---

① 柏氏喜举之例，为螟蛉之例，与此略异。因人（如罗素）对此例有疑，故改取一更简之例。

以别于木石之不能与物宛转,而发其相应之运动行为者。而此种直觉之知,亦可谓遍在于一切动物之本能活动中者。故如鱼之觅地产卵,蛇之筑洞,鸟之结巢,哺乳动物之哺乳等,同有此直觉之存焉。

然鱼鸟犬马等动物之先天的本能活动,实远不如蜂蚁等之精巧灵妙。然彼等却有多少之后天的学习之能。如奏乐声,而同时以食物饲鸟鱼,则以后再奏乐声,而鱼鸟皆集;持鞭而驱犬马以行走,则以后取鞭而犬马自行。凡心理学上所谓交替反应之事,皆为一种后天之学习。此后天之学习之能,可称之为智慧之能。而动物之后天学习之智慧愈发达者,则失天本能愈减弱。反之,先天本能愈强者,如蜂蚁等,则几无所谓后天之学习智慧。

此种后天之学习智慧,与先天本能之差别,我们可说在动物之先天本能,虽极其精巧,然恒只有一套。且生生世世,总是此一套。如蜂所造六角形之巢,以显微镜察之,其六角六边之相等之程度,即几何学家之所绘之六角形,亦恒不能如此之精密。然彼却只能造六角形之蜂巢,而不能造一三角形之蜂巢。由此而吾人可说先天本能发达之动物之生命,虽有一能透入物之本性之直觉,然此直觉,则为限于与其本能相关一定之物者,而为此一定之物所束缚限制者。故吾人喻之如游泳者潜入水中之直觉。此即见其生命之流行,尚未能自物质中,有更大之解放与超拔,而极其开展与变化之能事。

然在具智慧之生物,即其较低者,如鱼鸟犬马,亦能由后天之经验,以有所学习。此即表示其生命之活动,更不受先天固定之一套本能机括之束缚。如蜂子闻花香,只能向花进发。然如吾人以花香与食物,经常呈现于犬马之前,则犬马可向食物进发。而一主人,如常佩某花,则犬马可向主人进发。又如凡有茉莉香处皆有野兔,则猎犬可即只向野兔进发。故知动物之能由后天经验而学习,其生命活动之范围,即大为开展,而有各种不同之变化之可能。此变化之可能之范围,乃可与其对世界之各种事物之经验范围,同时开展,而无定限的增大者。

在用智慧之动物中,由猿类以进化至人,而人为其最高者。然在本能活动方面,则人正为最弱者。其他动物,多生下即能行走,幼儿时期甚短。而人在初生,则除极少之反应动作,如吮乳握拳之类外,几无一所能,人之幼儿时期,亦最长者。人之能适应环境之能,几全赖于后天之学习。人亦最善能学习,几无一事不可成人之所欲学习者。动物各有声,而人则能学习一切鸟鸣兽吼之声。动物各有其动作之方式,或爬、或走、或游、或飞,人则能爬、能走、能游、唯恨其无翼,而不能飞;乃有为仙以飞升之想,而终有飞机、降落伞之造成,以使其能飞。故人之初生,可说只是一浑然的学习之能,另无一定之能,全凭其后天之一一经验,以与环境相接,而逐渐增益其所不能者。人之由经验以与当前环境相接,亦即同时移用其过去对同一之环境之了解,与行为之反应方式,以了解应付当前之环境。蜂采花,而人类之初,则采果而食。蜂采花,自然不采有毒汁之花蕊,而人类之初采果而食,则未尝不可食得苦味之果。然人积其食果之经验,则于苦味之果,遂只见其形,即不再采取,唯取甜味之果而食之。此犹人与其他动物如猿之所同者。唯人由此可又再进一步,即人且能本其经验,于同时见诸果时,依其回忆与反省,立刻念此为其前所经验之某某类之果,乃可食者。彼为其前所经验之另一类之果,乃不可食者。由将所见之诸果,划入不同之类中,而了解之,人于是对不同类之果,即有不同之自觉的概念,而"此为桃"、"彼为李"等知识,即由此出。人能对果,加以类分,而有种种之概念知识,人亦即能对上天下地之一切事物,皆加以类分,而有无穷无尽之对世界事物之概念知识。每一概念知识,则又皆可直接间接规定,人对事物之行为反应之方式,亦皆为能增益人之所不能,而使之更有所能者。由此而人在自然界,即如成为能役使支配一切万物,在原则上,如可成为全能者之一存在,而居于自然之进化之顶。

然吾人如细察有自觉的概念知识,以指导其行为之人,与无此概念知识,或只有本能以应付环境之其他动物,其生命活动方式之不同;便知此中最重要者,实在人有自觉的概念知识,则人可自觉的普遍地应用之于任何时空中之同一之情境。此概念知识,初虽由人在某特殊具体情境、具体之事物经验中得来;然其既得之后,则可若与此特殊具体经验无关。人有此概念知识后,即自由应用之,以遍接其他同类之情境。此即表示其生命活动,如全不受某一特殊之具体情境、具体经验之束缚限制者。而其能遍求各类事物之概念知识,则更表示其能知之心,亦不受任一类事物之约束限制,而能超拔之,以自由的运用其知之能力。然其所以能如此应用概念知识,并自由运用其知之能力者,唯是此知之能力所寄之吾人生命。唯吾人之此生命能相续流行,且能遍流于所接之世界,然后有此"知"之能力之自由的运用,而有种种概念知识之形成与应用。

若吾人之生命,不能相续流行而停滞不前,则一切人之概念知识之形成与应用,亦归于不可能矣。

第四节 人之理智与同情的智慧及道德宗教

然人之有概念知识,是否即人类之最高之生命活动之表现?此仍不能说。即人之有概念知识,虽表示人为用智慧之动物之最高者,然智慧本身之认识世界,仍有其根本之缺点。即由智慧所成之一切概念知识,皆只表示各事物之相类似之处,或共同之性质关系等。因而皆只及于事物之静的抽象的形式或骨骼,不能真及于一一具体之个体事物之动的生命或本性。此即同于谓:人之此智慧之运用,虽为人之生命活动之一开展流行之表现,而原于生命;然此智慧,因其只以事物之静的抽象的形式骨骼为对象,而不以存在事物之本性或动的生命为对象;即具此智慧之生命之开展流行,尚仍受此静的对象之约束限制,而仍未充量开展流行,而未能兼"原于生命,归于生命",以达于宇宙之真实之门之证。

人之越此最后一步之约束限制之道,则在由其智慧之再与直觉结合,以成一直接透入存在的具体事物之动的生命之智慧。此种智慧,在柏氏,则称之为同情的智慧。此同情的智慧,非反理智者,然为超理智者。其所以非反理智,乃因此智慧,亦为遍运于所接之事物,而具理智之普遍性者。其所以为超理智,则在其无理智之抽象性静定性,而为包涵透入具体事物之本性或动的生命之直觉者。自其包涵此直觉处说,则此智慧中,即包涵了用本能之生物之所长。然自其乃由人之自觉的理智进一步而成处说,则又为无一切本能之机括之限制,亦不似本能活动之为非自觉者。由此同情的智慧之兼理智与直觉之长,亦即为兼发达本能与发达理智之二种动物之长者。故人有此自觉的同情的智慧,人之生命,即可通于理智与本能所自出之宇宙生命之本原,而实成为宇宙生命创进之顶点,亦实成为宇宙生命之直接表现。此自觉的同情的智慧,使人之生命成为内在的透明的,即与植物之意识之如在睡眠状态,而只以摄聚质料潜能为事者,成一对反。其与生物以外之无生物,只分布于空间,其运动皆处处表现一物质的隋性者相较,则此自觉的同情的智慧,为周运于生物界与无生物界,而由一切变化运动之流,以透识其底层之生命者。二者遂互处于相对之两极。然此同情的智慧,既能透识生物界与无生物界中之底层之生命,故对此同情的智慧言,亦实无只表现物质性之纯物质,一切物质皆只为生命之僵化而已。此如吾人上之所说。

然人如何能培养出此种自觉的同情的智慧?此亦非容易之事。人之异于其他动物者,初乃在其具理智的智慧,而能形成概念的知识。故人之以分立的、静定的眼光看世界,乃一自然之习惯,而最难为人所克服者。其难于克服,亦如生命之难于克服其物质性的堕性,或物化之倾向。实则人之有此理智之静定的眼光,亦即依于此物化之倾向,仍存在于人之生命与自觉的心灵之底,如吾人前之所说。故如以人之同情的智慧为标准,则此理智的智慧,可称为此同情的智慧,尚未出现之前一阶段之智慧之表现,亦可称之为人之同情的智慧之再向下降堕之所成。而人之求克服超升此理智的智慧时所须之努力,亦即宇宙生命之欲根绝其物化趋向之一种努力。而此种努力之表现与成就,则显为人之真正之艺术、道德、宗教之活动,及知"理智的智慧之所不足,而加以批判,而补之以直觉",亦即知"此同情的智慧本身,为最高之智慧"之哲学。如柏格森之哲学之类。

我们说同情的智慧,为真正之艺术、道德、宗教、哲学之根,此乃并不难理解者。因吾人在艺术生活中,皆知对一切自然事物、人间事物之同情的直觉的了解,为最重要者。而此同情的直觉的了解之内容,正全幅为生命。在艺术之世界中,一切无生物之水流云散,日往月来,亦皆被视为有生命者。此处即见艺术为更能接近宇宙之生命之本体或宇宙之真实者。

至于对道德与宗教,则柏氏晚年有《道德与宗教之二原》之著。在此书,柏氏以宇宙生命冲动,亦即在变化历程中之上帝,此上帝即在人与人之共同的生命活动,或社会活动上显示,由此以逐渐形成种种宗教性、道德性之风俗规律。而人即以此风俗规律,制裁其个人之小己之活动,使合于公共之风俗规律。然此风俗规律,后恒归于僵化,柏氏称为封闭的道德静止的宗教。于是人另有直接与上帝交通之宗教生活。此即人之宗教的直觉,或神秘经验。此种宗教生活,及其相缘之道德生活,遂为不以消极的对个人之制裁为事,而纯重个人之心灵,自一切"空间化之时间观念"超拔,以使人与上帝自身或宇宙生命力之纯绵延,或纯久自身合一者。此与前者相对，称为开放的道德动进的宗教。是即见所谓人之宗教道德生活之核心，在柏氏，仍归于人对宇宙生命力自身之一种同情的直觉、或同情的智慧。

柏格森之创造进化论　参考书目

H. Bergson.

Time and Free Will. London, New York, 1910. 有潘梓年译本，商务版。

Matter and Memory. London, New York, 1911. 有张东荪译本，商务版。

Introduction to Metaphysics, New York, 1912—1949. 有杨正宇译本，商务版。

Creative Evolution, New York, 1911. 有张东荪译本，商务版。

Mind and Energy. New York 1921《心力》1920. 有胡国钰译本，商务版。

The Two Sources of Morality and Religion, New York, 1935.

介绍柏氏哲学之书有 W. Carr 之《柏格森》Bergson 及 Maritain 之《柏格森哲学》与 Le Roy 之《柏格森哲学》。此三人皆哲学名家，但未读其书，不知其优劣。

第十四章 突创进化论

第一节 突创进化论与柏格森之创造进化论之异同

在柏格森以后，20世纪初，西方尚有一派重进化之说明之哲学，即所谓突创进化论者（Emergent Evolutionists）。此名乃由英之生物学家兼哲学家之穆耿（L. Morgan）所用以为书名者。然此外如英之亚力山大（S. Alexander）及凡著重说明宇宙之各级存在之层层创出，而后异于前，不可预测之自然哲学家，皆被称为创化论者。今拟先论此派之说，与上述柏格森之说之不同，及此派诸说之异同点，然后略及此派中之问题及分歧之答案。

依所谓突创进化论以看柏格森所谓创造进化论，我们可说，柏氏之思想，根柢上乃依于一生命之一元论，其通一切无生物、植物、动物及人类，于一宇宙大生命之流而观之之说，固处处表示一圆而神之慧见；然柏氏之谓宇宙根本上是一大生命，而又谓此大生命有一物化之倾向，即使其一元论中，仍潜有二元论之成分。柏氏以一切生物皆原于一大生命，而又谓其分途发展，以成各类植物及各类动物后，其间只互相差别而无互相转化之关系；则人可问其来源，既为一大生命，何以由此分途发展，所成之各种生物之差别之存在，又不能互相转化？如说此诸差别之存在，所以不能互相转化之故，纯由其存在之固定性，空间上之分别性或物质性使之然，则无异反证此固定性、空间性、物质性、为宇宙之一切存在事物之根本性质。吾人平心观柏氏之哲学之所长与所短，吾人亦不能否认其不免忽视西方传统哲学所重之存在事物之形式及层级之原则。而依柏氏之哲学，既承认宇宙存在事物，乃逐渐进化而成，亦即不能否认宇宙生命之进行，乃有其一定之步履，而非只是浑灏流转，以任意分化，为各类存在者。突创进化论者，则正是能补此诸缺点，而亦肯定进化与创造之原则之哲学。故吾人如说柏氏之哲学为"圆而神"之进化哲学，则突创进化论之哲学，可称为"方以智"之进化哲学。

依突创进化论之哲学，纯物质性之存在、具生命性之存在，与兼具生命性、心灵或精神性之存在，乃原则上不容互相归并者。自其不能互相归并处说，则我们不能只以单纯之物质之原理、或生命之原理、或精神之原理，加以说明。由此而无论唯物论，唯生命论，或唯心论之哲学，皆必导致一种存在事物之特性之抹杀，而犯佛家所谓"减损过"，或西哲所谓 Reductive Fallacy。然宇宙之各级存在，非自始皆同时存在者。依天文学、地质学、生物学，吾人皆不能谓有心灵之人类、有生命之生物，在地球之初期或星云时代，即已存在，而实是历长久之时间之进化历程，而后次第出现者。由此而吾人即必须一方肯定各级之存在之不同，一方肯定此各级存在，乃次第在进化历程中生成之真理。而此即为一突创进化论之哲学。至现代西方哲学中之突创进化论者之大体上共同主张之要义，则约有七，于下节论之。

第二节 突创进化论之要义

（一）所谓突创进化论之第一要义，是于宇宙间毕竟有若干层级之存在，纯视为一事实之问题。即我们只能就其为事实上之存在而加以肯定，而不能本先验之原则以推知。换句话说，即我们发现多少，即是多少。我们发现多少，我们即当以一如亚力山大所谓对自然之虔敬（Natural Piety），加以承认。而此派之哲学家，对于各存在者之划分，虽不全同，然对于无生物之物质、生物之生命、及心灵三者，乃不同之层级之存在一点，则是大家所公认的。

（二）此派之哲学第二要义，是此派哲学，既肯定一切存在之层层创出，即不能承认有绝对超自然，在自然存在之先，预定计划以造世界之神。此派之哲学家，虽亦可承认上帝或宇宙之神性之存在，然此并非即西方之传统的宗教中之超自然之神。唯此派之哲学，同时承认自然之为一不断超越其自己，以创出新的自然，于旧的自然之上有所增益者，此即又异于西方之传统的自然主义者，以自然为一永守其故常之自然者。

依此派哲学,此自然界之层层创出各级之存在,虽初无神之预定之计划在先,亦不能为人所预知,然在其创出后,再看其所以创出,却非无理路可寻。而各级之存在之次第创出,亦有一定之秩序,可由人之理性,加以把握,以清晰的了解,而不需假手于超理智之直觉,乃能认识者;亦不当只视为一大生命之连续体,以混淆其疆界者。故此派之否认神之预定计划,否认人能预知此自然进化之事,与柏氏同,然其重自然之存在之秩序性,则与西方传统之希腊中古思想更为相近。而柏氏之思想,如称为带艺术色彩、美学情调的,为软心者之进化哲学,则此派哲学为更近乎科学,而更为一硬心者之进化哲学[①]。

(三) 对于此各级存在之所以创出,及其性质之说明,则此派哲学大皆着重关系或结构之概念;即于一存在之所表现之性质,所呈显之功能作用,亦重在连系于关系结构之概念,加以说明。故各级存在所由构成之基本材料之有无差别之问题,为较不重要者,而一切存在之基本材料,亦尽可无差别;吾人仍可由其关系结构之差别,以说明其性质功能等之所由别。

此种材料同而关系结构不同,而使存在者发生性质与功能之差别,首可由物理学化学以取证。譬如我们知道许多物体原质相同,而性质功能不同,如金刚钻与炭,皆是以炭气为原质;养与嗅养,皆是以养气为原质。而其性质功能之所以不同,则化学家皆归之于原质之排列构造之关系不同。又各种原质之差别,亦多归之于同一之阴阳电子中子等之数目,与排列构造之关系之不同。而小孩子亦都知道,同是几块七巧板,以排列构造之关系不同,而可像各种之事物。关系可以是外在于关系者的外在关系(Extrinsic Relation),即关系者于发生关系后,并不生任何改变的,如在一建筑中之二顽石之相互关系之类。但关系亦不必皆是外在于关系者的外在关系,而可是内在于关系者的内在关系(Intrincic Relation),即关系者在发生某种关系之后,遂构成一关系的全体组织。在此全体组织中,关系者以互相关系,即发生某种改变,同时整个全体组织之性质,亦即可非原来之任一相关系者之所有。因而我们亦即不能由原来之相关系者原具之性质,以推知此全体组织之性质。如由轻养发生关系后所成之水之性质,即非原

[①] 软心哲学硬心哲学之分,由美哲詹姆士主之,见其《实用主义》一书第一章。

来之养气与轻气之所有。故无论我们对轻气养气原来之性质与数量之知识,如何完备,我们皆不能由此以推知其所成之水之性质。此种由关系者发生关系后所成之全体组织所具之性质,其非原关系者之所有,而亦不能由原关系者之性质,加以推知者,则穆耿称此性质为一突创的性质(Emergents)。至于关系者发生关系后所成之全体之性质,可由我们之知原关系者之性质数量,便能推知者,则穆耿只称为总和的结果(Resultants)。如我们知江水流之力及推船之力,便可推知船过江时所受之力,及其所经路线。我们亦可由某一强度之光,加另一强度之光,以知其和为某强度之光。此时关系者所成之全体组织之为何,即为可由我们先知原关系者之性质数量以推知者,只可称之为一总和的结果,不可说此中有突创的性质之产生。

(四)我们只要能承认关系或结构之重要,及关系者发生关系,组成一全体后,可有突创的性质之产生;则宇宙各种存在事物,所由构成之最后的材料或实体是什么之问题,即不是最重要的。重要的只是我们之肯定有各级之存在,而各有其不同之关系结构与性质功能。我们可说某些物质的分子,依某种关系,而结构成一全体,即突创出一生命的性质,如新陈代谢、生长、生殖、遗传等性质,而成为生物。某种生物之有机体,其内部之各部分,如何相关系,而构成一全体,即有繁密之神经系,而突创出心灵之性质,如自觉的记忆与理性等性质,而成有心灵之生物,如人类。此不同级之存在之所以产生,即由不同的关系或结构之相重叠而产生。此不同级之存在,一面有其共同的基础,一面亦有其不同之层次地位;而既有其共同之性质,亦有其不同之性质。如我们依穆耿之说,设定宇宙之存在,有物质层、生命层、心灵层三者,则此三者可以一图形,表示其关系或结构之相重叠。在此图中,左斜右斜及顶上三角形中之横线,乃所以表示关系或结构之共同处,与相互重叠处者(图见下页)。

至于其他之突创进化论者所分之存在层,虽与穆氏不必全同,然皆亦同有此三层。

(五)在此宇宙之物质层、生命层、心灵层等之各级存在中,我们可以说物质层的存在,为一切存在之基础,而亦包涵于其他二层之存在之中,而可称为最下层。生命层则包涵物质层,而又为心灵层之基础。心灵层则为兼以生命层物质层为基础,又包涵此二层之最高层之存在。此种上层包下层，而下层为上层基础之关系，在穆耿称之为一涵基之关系（Involution）。亚力山大则以每一层之存在，皆享有（Enjoy）其自身，而观照（Contemplate）其下层，而视之为认知之对象，及其存在之所据。由此种上层必以下层为其所据，而可说一切心灵性之存在，必须兼为有生命性之存在，一切有生命性之存在，必须兼为有物质性之存在。故人必须为生物，生物必须兼为一物。反之，若无生命即无心灵，无物质亦无生命。唯物论者之所长，即在其见得此物质层之为一切存在之基础；而一切心灵性的存在，生命性的存在，皆兼为物质性的存在之一义。

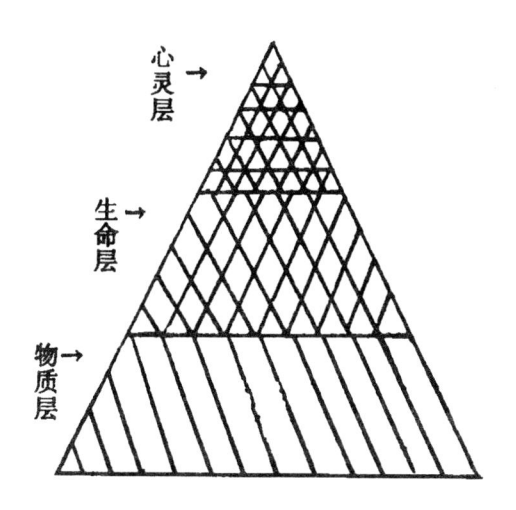

（六）然而从另一方面看，此各级存在之关系，则除下层为上层基础，而可包涵于上层中之外，凡在下层者，又为上层之所统属、支配、或主宰。故吾人之心理之变化，可统属支配吾人身体中之生理之变化。如吾人之依一目标理想，以决定吾人身体如何饮食、运动、行为，即连带统属支配吾人之生理之变化。吾人之身体之生理变化，可统属支配身体之生理中之一切物理化学之变化。如一食物入身体，即随身体之生理结构，而运输至各部后，其所表现物理化学性质，皆与其在体外时不同。此皆为吾人之经验与科学，所能加以证明之事实。此种下层受上层之统属支配，亦即下层之仰赖于上层，以形成其自身之变化。故穆耿称之为一仰赖之关系（Dependence）。在亚力山大，则谓一切相连接之上下层之存在，其上层之主宰下层，与下层之仰赖上层之关系，皆如心之主宰身，身之仰赖心之关系。如心灵为心,则生命为身;而生命又可说为物质之心,物质可说为生命之身。此则为扩大心身关系之涵义,以表此种上下层之主宰仰赖关系者。依此说,唯心论之长处,即在其见得最上层之心灵主宰下层,而下层皆仰赖上层之一义。

(七)此各级存在乃次第在时间中出现的,在未有心灵层之先,有生命层,在未有生命层之先,有物质层。如顺此时间次序而上溯,则我们可承认物质层之存在,为生命层之存在之前因;生命层之存在,为心灵层之存在之前因。前因若不如何存在,则后果不能如何存在,此为因对果之决定,即低层者对高层者之决定。而在高层出现后,高层之一切活动,虽可主宰低层,使之变化,然亦并不能在低层之可能变化之范围外,使之变化。亦即并不能改变低层之存在之定律之自身,此亦为低层对于高层之一种决定。自此而言,高层并非绝对自由者,而决定论机械论者有其真理。然自另一面言,则高层出现后,又能相对的支配主宰低层,而高层即可说有其自由。此自由,即表现于其自决,及对低层之决定上。然其如何自决,与如何决定低层,乃依于其自身之性质与功能,而有其自身之律则。故此自由,亦非与决定论相反者。而只是表示此高层除在一义上为被低层所决定之果外,而在另一义上,亦为决定低层之因。故依此突创进化论,以言在进化历程中之前因后果之关系,不如唯物论之视为一进向的前因产生后果之关系,而是后果复可为因,以再决定前因、改变前因之交互的因果关系。在此交互的因果关系中,由始成终,而终亦可为始。故目的论者之以心灵之目的,生命之目的,可决定身体与物质之变化之事,即亦为此派哲学之所肯定,而见目的论者之有其真理。于是传统哲学中机械论、自由论、决定论、目的论之争,同可有一解决之路道。而各级存在间之因果之关系,亦即化为一互为因果,终始相生,如一循环之关系。

第三节　突创进化论之问题

此上所述,大体上为此派之哲学所共许之义,亦大皆合乎人类所共有之经验理性,而在原则上可成立者。然此派之哲学,亦包涵种种更根本之问题;此派哲学家及他派哲学家,皆可不同其答案者。

此派哲学之第一问题,为宇宙之最低层之存在与最高层之存在,毕竟为何之问题。吾人如只就所发现者而论，则此宇宙之存在之数目，似尽可随我们之所发现，而无定限的增加。然而如真是可无定限的增加，则此各级存在层所连成之系列，为无始项亦无终项，而如悬于空中，上无所系，下无所根者。此宇宙之进化历程，亦即如为一无出发点无归宿点之行路人。人之行路，若兼无出发点与归宿点，则吾人对此行路之事，即不能加以一整个之把握。此亦如一向两头无定限延长之线，吾人之不能加以整个的把握。因而吾人欲对此进化历程有一整个的把握，吾人恒自然要求有一出发点或终结点。对此问题，亚力山大曾提出一答案，即以时空为最低之存在层。由此而有运动，再有物之第一性质，物之第二性质，及其他之物质层生命层等。至穆耿则于物质层中，虽有分子、原子、电子之分，然彼却未言物质以下之更基本之存在层为何。至对人之心灵以上之存在层，则色勒斯（R. W. Sellars）以为是人格所成之社会文明，然彼未以社会文明为最后之存在层。亚氏则以为神格（Deity）①为心灵以上之存在层。然亚氏所谓神格，唯指当前宇宙之存在层所向往，而欲加以创出之一更高的新存在层。故在时空中创出物质时，则物质初为时空之神；由物质创出生命时，则生命初为物质之神；由生命创出心灵时，则心灵初为生命之神。而在新存在层之次第出现后，则宇宙之神格，亦不断继长增高，以指将创出而未出之更一新存在层。故由神格之在宇宙，而宇宙中所可能创出之新存在层，原则上亦无最后者。

此派之哲学之第二问题，是各种存在层之创出，其动力自何而来之问题。吾人如承认有一基本之存在层，则吾人将问此基本之存在层，是否具备创出后之存在层之动力？如其不具此动力，则任一存在层，何不即停于其自身？此存在层中之事物，如何能互相结成种种关系结构，以创出其他更高存在层？然吾人亦似不能承认有一基本的存在层，并以一切存在层所由创出之动力，皆在此存在层中。因综各存在层而观之，此一存在层，亦不过各存在层之一，其性质与其他存在层，彼此不同，彼又何能具各存在层所由存在之动力？然则此各存在层所由创出而存在之

---

① Deity 一名之本义为神性，然此神性之表现，乃表现于宇宙中之新存在之创生者。故此神性，即是一神之格位。亚力山大不以实具神性或神格之上帝为存在者，而以此整个宇宙之向往于神性之实现，或在神格之新存在之创生，即上帝。此上帝则为存在者。Space-Time and Deity 第二版序 Vol. I, p. 23.

动力,将何往而求之?对此一问题之答案,在亚力山大,乃以时空为最基础之存在层,并以宇宙之创进之动力,彼名之为奋力(Nisus),乃自始存在于时空中,而又贯注于各级存在层中者。此奋力,即一存在层欲突创出更高之存在层之一种要求,而使更高之神格之存在层之创出成为可能者,亦即使宇宙之神格不断实现者。在穆耿亦肯定此奋力(Nisus)之存在,而以之为内在于自然的上帝之导引活动。然色勒斯则以为论自然之突创进化,无设定任何形态之上帝或神格观念之必要,而以无机的自然世界或物质世界自身,即具备一自己组织成高级存在层之动力。另有美哲布丁(J. E. Boodin)于其 Cosmic Evolution 等书,则以为欲说明宇宙间各级存在之创出如何可能,唯有肯定精神的上帝与物质的自然之同时存在,而交相感应,以组织成逐渐升高之存在层之系列。而此即无异于传统哲学中之有神的宇宙论与无神的唯物论之争,再现于突创进化之解释之中。

突创进化论之第三问题,是宇宙既有各级不同性质之存在层,我们毕竟依何种原则或何种存在层之性质,以谓此宇宙为一整个的宇宙?在一切唯神论者,皆可依于一切物皆神造之原则,以谓此宇宙为一整个之宇宙。唯物论者、生命主义者、唯心论者,则依一切皆为物质性的,或皆生命之表现,或皆依属于心,以谓此宇宙为整个的宇宙。西方哲学中多元论者如来布尼兹,二元论者如笛卡尔,皆肯定上帝为一切存在之创造者,亦不难依一切由上帝创造,以谓宇宙为整个之宇宙。至如绝对之多元论或绝对之二元论者,亦可根本否认此宇宙为整个宇宙。然突创进化论者,则因其承认进化之联续,故不能以各存在层,代表不同之宇宙,而必须视为同属于一整个宇宙。然突创进化论者之信上帝者,亦不以一切存在层皆上帝之所创造。在穆耿,上帝明只为存在之创出之动力因,而非其形式因,与质料因。在亚力山大,上帝只为宇宙对神性之实现之向往。此神性之实现,即在神格之新存在层之创出。故依此二说,吾人皆不能以一切存在层之同由一超越的上帝创造,以为其同属于一整个宇宙之根据。然除上帝以外,各级存在层之性质,又为彼此不同者。则吾人毕竟以何种存在层之性质为主,以说明各存在层之属于一整个宇宙?此为极难决定者。如吾人以最基层之存在层为主,谓一切存在皆是物质的,物质的存在一概念之外延最广,以说明一切存在之合为一整个宇宙,吾人即落入唯物论。如色勒斯之归于物理的实在论,Physical Realism，即唯物论。如以吾人所知之最高之存在即心灵的存在为主，谓一切存在中，唯心灵的存在之内容最丰富，心灵的存在一概念内包涵最多，以说明宇宙为整个宇宙，吾人即落入唯心论。吾人于此，又不能由宇宙之兼有物有心有生命，以说明宇宙之为整个宇宙。因此中无一贯原则，以规定整个宇宙之一概念。在此一问题上，在所有突创进化论者中，盖唯亚力山大之哲学中有一概念，可说明此一切存在层之属于一整个宇宙。此即其所谓时空之概念，而此一概念，亦即中文中所谓"上下四方之宇"及"往古来今之宙"所合成之"宇宙"之概念之自身。在此点上亚氏之所言，亦颇有值得略加介绍者，而此下即略及其说之时空观。

第四节　亚力山大之时空观

在亚氏之意，是在进化历程中，层层创出之存在层，一方是以时空为一最低之存在层，其他存在层，皆由此时空之存在层中，涌现突创而出；而在另一方，则一切存在层，皆存于此时空之存在层中。时空乃一切存在层之胎藏（Matrix），或所由构成之材料。一切存在，皆为时空材料种种特殊的结构（Specifications）之所成，而亦为一切存在层之长养之舍，与还归之所。其所谓"时空"，实大类于斯宾诺萨之所谓上帝或自然之实体。

亚氏之哲学，对时空有特异之看法，即不以时空为一知识之范畴，亦不以之为物体之属性，或物与物间之关系，而以之为一实体。印度哲学之耆那派尼耶也及胜论皆有以时空各为一实体之说。中国佛经亦载印度外道中有以"时"能生一切法，故万物皆随时间而来，随时间而去者。又有外道以方（空间）能生一切法者。而在西方哲学中，则有笛卡尔以物质性即广延性，亦即空间性，故空间性之所在即物质性之所在之说。此外在牛顿之物理学中，又有空间皆为一无形之物质以太之所充满之论，是见将空间与物质同一化，亦并非不可想象者。而亚氏之以时空为实体之思想，即与此印度之将时间空间实体化，与西方之将空间与物质合一之思想相类似者。

亚氏之所谓时空之理论，固与相对论之理论，有相关联之处，然他自称为一形上学之理论。且他除相信时空之相对性之外，亦信有一整体之大时空，而此为一无限而绝对之全体。依爱因斯坦之相对论，如时空中无物质，则时空即不存在或无意义；但依亚氏，则一切物质皆来自一整体之大时空。

何以时空为一整体，在亚氏有一颇复杂之理论，以说明时间与空间之相依，以成所谓"时—空"（Space-Time）。如其书第一章论物理的时空，谓时间之三性：相继性，不可逆转性，及传递性，与空间之三度相配合等，此皆非我们今之所及。我们可只须了解，其所谓每一时间，皆遍于一切空间，而每一空间，亦通贯至一切时间之义，则知吾人并不能想象一离时间之空间或离空间的时间。

我们如不能想一离时间之空间或离空间之时间，则我们通常所谓一物体占一空间之广延（Extension）与其占一时间之久（Duration），此二者，即为不可分者。而一占空间之广延与时间之久之物体，亦即可视同于在时间中运动的空间形构，此形构可视为大时空中之一无数"瞬——点"（Point-instant）所集合成之形构，亦可视为大时空中之一部分。

此种思想似难了解，而实亦不难。此只须我们将吾人所谓物体之观念，加以分析，而把吾人常识所信之物之次性，及物理学家所说若干之物之初性如惰性、质量、能力等除去，以想象吾人当前所见之一桌一杯，则我们最后即不难发现：此桌此杯，最后所留者，只是其在时间空间中之形构，而此形构则为包括于一大时空中，而为其一部者。故吾人今试于大时空中之其他部分，亦割截出一相同之形构，吾人亦即可得同一之此桌此杯之物体之概念。

吾人能自大时空中，割截一部分，以形成一物体之概念。吾人形成一物体之概念后，亦可将此概念与大时空分离，而视之为由此大时空所涌冒而出之一部分。然此又仍不碍吾人之可再想此概念之内容，依然存在于大时空中，而为其一部分，兼为整体时空之他部所环绕者。而吾人今之在思维上之可如此想，亦即所以反证：此大时空原有"可涌冒出其中之部分，以成独立之物体之可能或理"。于是一物体之所以产生之根原或胚胎，亦即可说在大时空中。唯实际上将其所可能涌冒出者，涌冒而出，尚须另有一实现原则。此实现原则，即为其所谓存于时空中，而欲创造一存在层之一奋力（Nisus）。时空中有此奋力，即可不断涌冒出其自身之各部分，以成运动中之形体，即物体。而世界之各种运动之形体，亦即皆可谓自此大时空之胎藏中化生而出。

第五节 亚氏之范畴论

亚氏之此种以物体乃由一为实体之时空中涌冒而出之思想,犹视时空为一大海。大海涌冒出其自身之一部分,以成种海波,而海波又还沉入大海。此即可以喻一切物体之来自时空,再还归于时空,而以时空为其归宿。此说复可由吾人用以规定存在事物之诸最具普遍性之范畴,如存在、同一、差别之意义,皆来自时空,以得其印证[①]。

依亚氏说,所谓"存在",亦即与占大时空中之一部分之时空同义。我们又可谓每一存在或一"时空",皆与其自身为同一,而与此外之其他"时空",皆相差别。而此同一(Identity)与差别(Diversity)亦即一最普遍之范畴。在一大时空中之任一部之时空,无不彼此互别,而又无不各自同一于其自身。

由此存在间之基本之同一与差异之关系,我们即可说明所谓有与无,以及思想上同一律,不矛盾律之形上基础,即:任一存在皆为一有,而所谓无或非有,则只为非此有之义。然世间并无所谓绝对之无。有于此者,无于彼,无于此者,有于彼,由存在者之有其所有,而无其所无,即同一律矛盾律之根据。

其次,哲学上之重要范畴,为普遍性特殊性之范畴。依亚氏说,所谓普遍性即一类之同一,此乃别于存在者之自身同一者。所谓存在者自身之同一,乃指其所占之一定之时空而言。至于一类之同一或普遍性,则是指能联结各特殊者为一之同一性或普遍性。我们可以说,任一存在之称为一个体,皆为普遍性与特殊性之联结。因任一存在,皆必属于某一种类,乃成一个体。于是任一存在,皆具有某普遍的性质,而任一存在,亦由其异于其他存在,而为一表现特殊性者。此普遍性与特殊性,乃任一存在事物,皆具有者。即如此一极暂时间中存在之一片颜色,亦具有者。至于有较复杂之组织之存在事物,则可有其一定之形式及习惯性格等,以使之成为一个体。而此形式等之所以称为普遍者,亦全由其能贯彻于不同时空,而能在不同时空中表现而来。至于离时空之抽象普遍者,则虽可为人之思维之对象,然其自身并不能真涵有存在之意义。

---

① 唯彼不以事物归宿于大时空,即被吞没于大时空,而全失其特性。

在其涵存在之意义时,则普遍者亦即为存在于时空者。

其次,在哲学中之一重要范畴,即关系。然关系如为一真正之存在事物之关系,即必依于存在事物在时空中之联续,而非能离时空而自存者。如离父亲生子及对子之各种活动,与子对父之各种回应之活动,在时空上之联续,则无所谓父子关系。离君主与臣民之相互反应行为,在时空中之联续,亦即无君民之关系。

再其次为秩序之范畴。人之年岁之老少、物之大小,皆可排列成一秩序。依亚氏说,离中间(Betwe enness)之概念,吾人即不能将各项之事物,排列成秩序。如人之老少,物之大小之秩序,皆由有中间者而形成。而一切事物之秩序,亦皆在时空之秩序中。至如色之深浅,声之高下之秩序,则表面看来,固若与时空无关。然色依于不同光波而生,声依于不同声波而生。光波与声波,皆各为一时空中之存在,而可依空间上之长短,时间上之久暂,以连成一串系者。故声色实兼表此光波声波之时空性。而声色之秩序之构成,亦由声色之有中间者以构成,亦即依时间上空间上之不同长短久暂,而形成之光波声波之串系,原有中间者而来。

再其次为实体、因果、交互之范畴。在亚氏,以一切可作为一时空之复合体看者,皆为一实体。吾人如将任一片空间,视为一串继续在时间中发生之事出现之轮廓(Coutonr),则此一片空间即为一实体。故即循直线而生之一次运动,皆可视如一实体之生命。至较复杂之实体,如各原子分子之称为实体,亦是说其各为一空间之轮廓,而其中可有种种运动发生,以与其所表现之性质,如光声等相关联者之谓。至于因果,则是一运动与一运动之连续。运动者即实体,故因果之连续,亦即实体与实体之连续,至在一因果关系中,果之复能成因者,则此因果关系成交互之因果关系。

再其次,亚氏又指出所谓广度量、强度量之范畴,皆不能离时空而论,并以数之观念依于全体部分之观念而来,而全体与部分之观念,则依时空之有全体与部分而来。亚氏之论范畴,归此一切范畴于一运动之基本范畴,以反证一切存在,皆为原由时空中之运动而来之义,最后又论一切存在之为多为一,皆须连于此大时空之连续体以为说。此皆不及论。

由此存在事物之普遍范畴,皆须关联于时空,而后能规定其意义,并应用于存在事物;是见一存在事物之所以能说为存在,其根据乃在时空。故吾人所谓存在,即存在于时空之意义。然若时空本身非存在者,则一切存在事物,即皆不能存在。而此即以转证时室之为一切实体所依之根本实体。

亚氏之哲学以吾人所视为最空虚,而看来一无所有之时空为一大实体,不能不谓有其哲学的匠心。而此实为一由一般之唯物论,所谓物体之概念,加以分析后,所本可产生之一种哲学形态,而又较一般唯物论,更能形成一理性的思想系统者。此乃因时空之概念本身,原为一包涵极丰富复杂之关系构造,而惟赖理性的思想,乃能加以说明者。一切突创进化论思想中,所谓突创进化,本为指此在时空中之自然世界之突创进化。故时空之概念,本可为包括此一切突创进化之事,而加以统会总持之一概念。而经由此概念,则各种由突创进化而出之存在层,无论其性质如何分别,吾人即皆可总持地把握之,而视之为一整个宇宙之突创进化。若离此概念,纯就各存在层之性质之不同而观,则吾人亦即可无任何一贯之原则,以形成一整个宇宙之概念,而突创进化之一统会总持的概念之本身,亦即成无客观上之根据以成立者。而此即亚氏哲学在突创进化论之思潮中,当居一较高之地位之理由之所在。

然亚氏之哲学,实亦包涵种种更深之问题。即其所谓以一大时空为实体,由其奋力(Nisus),以创生各级存在之说,终不能使人无其所谓大时空如魔术箱,其所谓奋力(Nisus)如魔术家之感。吾人于此实极易据常识以怀疑:如何一浑然初无性质之差别,而只可以数量及抽象范畴规定之时空之连续体,能涌冒出此世界中之有种种之色彩或性质之存在事物,如具色香味之物质性事物,具苦乐之生命性事物,具思想意志情感之心灵性事物?此诸存在事物,皆为有性质差别之存在事物。此不同之"性质",乃彼所不视之为一范畴,以与其他范畴并列者①。彼以"性质"及"变化",乃为泛称"经验性质"及其"变化"的名词,而非普遍范畴。如吾人之哲学,不只是描述此诸存在事物及其性质,如何在时空之次第出现,及其在时空中之地位;而兼在对此进化之历程,作一全幅合乎理性之要求之解释,则此种哲学,即显然为不满人意者。而亦可较唯物论者之物,尚具有种种色彩或性质,更不易满人意者。至如吾人谓此

---

① Space-Time and Deity vol. I, p. 326.

一切存在事物之种种色彩性质，皆原存于时空实体之胎藏，则必须对其所谓时空实体，另作规定而后可。即其所谓时空实体，必须化为一无数之潜能之集结，亦须外有一使此无数之潜能真正现实化之现实原则然后可。(不必为其所谓奋力) 否则其所谓时空本身，必须依于一涵盖时空，并赋予时空以实际内容之现实存在，如现实存在之心灵与上帝等，然后可。然如此，又为其他别派之哲学矣。

突创进化论　参考书目

S. Alexander: Space-Time and Deity: Reprinted, The Humanities Press, New York, Macmillan, 1950.

本书第一卷第二部论范畴论为吾人本章论亚氏哲学之主要根据。

L. Morgan: Emergent Evolution 有施友忠译本名《突创进化论》。商务版。此书第一讲与吾人本章所论关系较密。

张东荪编《进化哲学》，世界书局出版。

张东荪《层创进化论》见其《新哲学论丛》中商务版:

J. E. Boodin: God and Cosmic Structure, 载 W. C. Muelder and L. Seare 所编 The Development of American Philosophy，读此文可知其哲学之大旨。其进化哲学，为对传统之宗教思想及唯心论之哲学所取较多者。

A. O. Lovejoy: The Meaning of Emergence and its Modes, 此文讨论突创之进化之观念，曾转载于 Krikorian Edel 所编 Contemporary Philosophical Problems 及 P. P. Weiner 所编 Readings in Philosophy of Science.

第十五章　相对论之哲学涵义

第一节　常识中之相对论

在现代西方科学思想中，影响人之思想最大者，一为进化论之思想，一为相对论之思想。吾人在上章论亚力山大哲学时，虽及于相对论之时空合一之义，然未及于相对论之思想之本身。本章则拟略及其哲学涵义。

欲知西方现代科学思想中之相对论之思想，当先知西方近代之物理学中的物理世界观。而欲知西方近代物理学中物理世界观，则宜先述吾人之常识中之物理世界观之特色数点，以资对照。

在常识中，吾人与物理世界之物体之接触，初为与吾人之人生，密切相关之各种物体之接触。如食物，衣服、房屋、用具，及人所行之山川大地，与寒暑昼夜相关之日月等。是皆为无生命无心灵之物体；而为人赖之以生，亦不可须臾离者。在常识中，人对此诸物体之存在，固从不加以怀疑。然人若问何以知其存在？则人必谓：吾之眼见之，耳闻之，手触之，而吾之心灵知之。在常识，亦视诸物之存在，为能引起吾心灵中之种种情感意志之存在者。由此而在常识中，此物理世界之物体之存在，乃与吾人之生理心理之存在，可相关联或相依赖，相连续以存在者。

在常识中之物体，其本身具备种种所谓物之初性，如形状、数量、动静之类。但亦具备种种次性，如声、色、香味等。而尤重要者，则在常识中之物体，因其与吾人之生理、心理、情感、意志等相关联，而为处处能引起吾人之价值感者。如其存在得失，皆与吾人在价值上之取舍、好恶、悲喜等相关联者。因而此一切物体又为具价值性者。此可称为物体之第三性。此物体之价值性，则皆由物体之功能与作用而表现。由此而在常识中一物体之所以为物体，所重者不在其为物体，而更在其功能与作用。

又在常识，虽以物体具初性次性及第三性，然因常识着重物体与吾人之生理心理之关联，及其功能作用，故一物之性质，乃相对于人之如何接触之而变化，亦常识所默认者。常识对于：一衣服为我所喜，而被视为有价值，为他人所恶，而被视为无价值，并不感惊讶。依常识，人亦皆知糖在病人口中，其味为苦，钟声在为人所注意时，其声特响；物之大小形状，**随远近距离及方向角度而变**。依常识，人皆知：吾人之觉一段事所经时间之长短，随吾人之心理上之是否乐于做某事而变。如做所苦之事，则觉时长，做所乐之事，觉时短。人亦知在行路时，人之觉其所历空间之长短，随吾人之行路时之难易之感而变；如登山则觉路长，下山则觉路短，精神好则觉路短，精神疲倦则觉路长。此一切事物之性质与时空之相对性，在常识，皆不引起知识论或形上学及科学上之理论问题，而视若固然。

此外在常识中，亦肯定事物之动静之相对性。如人在岸上，则觉船动。在船上，则觉岸动。亦肯定一物之重量质量，与运动迟速之相对性。如吾人持物而行时，气力大，则觉物轻，而一物之内质，若空无所有。气力小，则觉物重，而一物之内质，若为一极结实之硬块。吾人在行动如飞时，则自觉身轻如燕，身体之物质，亦若不存在。然自外来看，则一有大力而善赛跑者，其跑愈快，愈成一快势，其躯干亦似变为更伟大，其身体中之质量，亦似更增加。反之，如吾人行动艰难，则又觉身体之物质的重量加增，如一顽石。然自外来看，则我们之身体之疲软无力，如败柳枯树，一推即倒，又似物质之密度最疏，而所涵之物质性极少者。

又在常识中，对于物体物质之观念，乃并非以物体物质，为不可消灭者。在常识中，以炭烧成灰，则尽可视炭为不存在而消灭。食物消化为粪，则食物亦即消灭。常识于此，并不思有一物质之分子、原子、电子，常住于炭灰之中及饭与粪之中。常识对物，着重其功能与作用。故一物之功能作用用尽，则物即非原物。故炭成灰不能烧，即非炭，而炭灭。食物成粪，而不能养人，即非食物，而食物灭。由此而在常识之世界中，一切物皆有生灭成毁，而亦无离功能作用，而单独存在之物体物质之观念。

凡此上述常识中物理世界观，正为与相对论之物理世界观，及其所引起之哲学思想，有相类似之点者。此可称为一常识中之相对论。然此常识中之相对论，则由西方近代之初哲学科学思想之兴起，而全然破灭。

代之而起者,则为怀特海所谓科学的唯物论①。而此种科学之唯物论之产生,则有其思想史上之线索可寻,及一定之理由;而其本身,亦代表人类思想之一伟大成就者。

第二节 近代科学中之物理世界观

此种科学之唯物论之产生,第一步之事,即是先将物之性质分为初性及次性二种,而视物之初性,为客观之物之所有;视物之次性,为随人心而变,属于人心而为主观者。连带亦将物之一切似只对人而显之价值性,加以剥除。原来在吾人之常识中之自然物,本为有形状、能运动、有色、有香,亦具备对人之价值性之自然物。然依此初性次性之分,一切自然之性质即剖分为二,一半属人,一半属自然。而吾人之常识中之整个自然,亦即剖分为二。一为主观心中有色有香有价值之自然,一为只有形状有质量,能在时空运动之无色无香无价值之自然。此在怀特海称之为自然之二分法(Bifucation of Nature)。自然科学家所研究者,为此客观之自然,而此主观之自然,则为只属于人之主观,而封闭于人之主观的心中,而实际上并不存在于自然者。

此科学的唯物论之成立,其第二步之事,为只具初性之自然中关于空间、时间、动静之观念,发展为牛顿之绝对时间、绝对空间及绝对运动之观念,及以物体之物质与运动相对为二之观念。吾人看笛卡尔尚有空间与物质为一之论,来布尼兹之思想,亦实未尝以时空为分离,并以运动与物质能力为不可分;便知牛顿之物理世界观,乃一近代物理思想之一特殊之成就。而其所以有此成就,则由其不似笛卡尔、来布尼兹之心中,包涵有其他更多之哲学问题。然亦正由其心中之未尝包涵其他更多之哲学问题,故其物理世界观之最后结论,亦更显为:一往由科学的抽象思维,所意构成之"与人生经验他方面,彼此脱节,之似严整而实偏亘之一物理世界观。"

然牛顿关于绝对的时空运动之理论,所由产生,亦实由欲解决吾人在常识中及他派哲学科学思想中,关于时空运动之相对性之思想所引生之问题而来。依牛顿说,如时空运动等,皆为相对,则吾人将如何说明

---

① 怀特海,所谓 Scientific Materialism 见于其 Science and Modern World 一书中。

一公共之时间空间，与一物自身之运动？此公共之时间空间及物自身之有运动，亦为常识所承认，亦他派之哲学在知识论上，同不能不承认者。然吾人若无一绝对之空间，则一单纯之物体在一空间中，即无所谓运动。因所谓运动，乃由一物体在空间中之位置之改移而见。若无一绝对之空间，其上有一一确定不移之空间位，则一物体自身在空间中之运动，即无意义。而牛顿复尚有关于物体之旋转之实验，以证明物之在绝对空间中之绝对运动，应为存在者。而吾人承认一物体在空间中有绝对运动，则其运动亦即应有一定之绝对速度。即一物于一定之时间，由空间上之一位置，至另一位置之所经之距离，或空间量，应为一定者。运动有绝对速度，则应有一绝对之时间。因如无一绝对时间，则所谓一定时间，经一定距离或空间量之运动之速度，亦即无意义。由此绝对的空间时间，及绝对速度之观念之成立，而一切物之运动速度之大小，及所经之时间空间之久暂长短之量，即可以绝对的时空中之绝对运动，为一普遍公共之标准。而依此标准，以将一切相对的时空运动，皆互相关联对应，以配成一绝对的时空运动之系统，则物理世界中之一切物体之运动，及所经之时空，皆同属于此唯一之系统中。至于牛顿之自言其所谓绝对之时空之意义，则可以下之一段话帮助说明。

绝对的、真实的、数学的时间，依其自性与外物无关，而齐一的流动下去，称为延续（Duration）。相对的、表面的、一般的时间，则只为对此延续之感觉的外在的量度，由此而以时、日、月、年，代真的时间。绝对的空间亦依其自性，与外物无关，永自己同一而不动。相对的空间，则是对此绝对空间之一测量，由吾人之感觉，依物体之地位而决定者。如吾人对地球而定之天体空间之量向等[①]。

在此绝对时空中运动者为何，此即物体。而物体之所由成，则原于物质。所谓物体，除其中所包涵之空间外，即物质。依传统物理学，物体之质量，除以物体所占之空间，所得之商数，即等于其密度。由此而一切运动，皆为占空间之物体之物质之运动。然空间可分析为点，时间可分析为瞬。则物体之物质，可分析为质点（Particle）。每一质点在一瞬

---

① 见牛顿《自然哲学之原理》1、6。兹据 E. A. Burtt: The Metaphyslcel Foundation of Modern Science 第七章第四节之转引。Burtt 书论十六、七世纪之科学思想所涵之哲学假设，及与哲学问题之关系，乃一最值得参考之书。

第十五章　相对论之哲学涵义

中，即只占空间之一点。然此质点，如为运动之物体之质点，则其在此一点一瞬上，仍当有其速度。而此速度，即表示其动力者。依于动者恒动之原理，此速度亦决定其在第二瞬所在之空间上之点。而二物体，如彼此发生关系，而动力互相影响，亦即同于二物体之质点之速度之互相影响，而决定以后二物体之运动之方向与速度者。此决定之关系，乃一机械力学上之必然关系，另无不如此之可能者。

然如物质之质点，各居于空间中之一点，则此质点，如不与其他质点所占之空间点，相互密接，此质点之动力，如何能传至其他一质点，以决定其速度？此似为理论上所必不可能者。然吾人如承认物体间有空间，则质点与质点，即不必为密接者。如太阳之吸引地球，地球之吸引地上之物，其间皆明见有空间之间隔。则太阳之动力如何传至地球，以使地球运动，地球之动力又如何传至地上之物，以使地上之物体运动？于此牛顿曾假设有以太之存在，为充满于一切空间中之一种物质。唯有此以太之物质之存在为媒介，然后一物体之物质之运动力，乃得传至其他在空间上远隔之物体之物质，而使远隔之物体发生运动或增减其动力，以改变其运动之速度方向等。由此而牛顿式之物理世界观遂发展成为一"以太充满于空间，一切物体之运动，皆赖以太之物质为媒介，以互相推迫，而互相影响"之机械力学的物理世界观。

依此种物理世界观，以看一切无生物，固是物质，即动植物及人之身体，亦是物质。而一切动植物及人之活动，皆依于其身体中物质之运动，乃一事实。故此身体中之物质之活动，亦理当同服从上述之物理的法则。由此而人即可说：如吾人能了解一切动植物及人之身体物质中之一一质点之所在之一一空间点，及在此一一空间点上之运动速度，及其外之一切影响此身体之运动之其他物体之物质之一一质点，在其空间点上之速度；即可必然的推断：动植物及人之身体物质之一一质点，在以后一一瞬一一点中之运动速度，及由此而发生之一切生理心理上之活动，与人在自然之一切活动。而此即形成一科学的决定论。由此而赫胥黎（T. Huxley）可说①：若人能知星云时代之宇宙之一一物质分子之动力，则人亦即可据以推知一八六九年英国之深海动物（Fauna）之情形。而廷达尔（Tindall）于一科学会之开会演辞中则进而说，人亦可由此星云时

---

① J. G. Brennan: Meaning of Philosophy (1953) Pt. 2, p. 34 所引。

代物质分子之分布，以推断今日开会之一切情形云。

如此种科学唯物论真能成立，而使宇宙人生中后来之一切事变，皆为宇宙最初之一时间中，物质分子或物质质点在空间中之分布情形，及运动速度，所完全决定；则此宇宙亦未尝不表示一整齐秩序之美。然人生之一切自由，及宇宙之真正的创造进化，即应更无可能。而如何由此纯物质之世界中，能进化出一能了解此物质世界之秩序，而欣赏此秩序之美之物理学家及哲学家？此物理学家与哲学家，如何能一方以物质世界为其了解之对象，而自居于能了解者，再一方又谓其自身亦为一物质世界之运动之必然之产物，而为其所了解中之对象之一？尤为不易解答之问题。由此而有康德之哲学，一方承认牛顿之物理世界观，另一方又建立一能了解此物理世界之超越的心灵主体之存在之哲学，及后康德派之各种哲学之兴起，谋求所以对抗此科学之唯物论者。然此非吾人之本章所欲论。

第三节　现代之新物理学之兴起

然近代西方之物理学本身之继续发展，却日益将牛顿之物理世界观之基本观念，加以修正或否定。此一为由十九世纪以来之电磁学之进步，放射原素之发现，而发现物质之根本性质，并非其机械力学的性质，而为其电磁性。而原子之可分为电子原子核等，皆可为电磁波所穿过，及原子之构造中之电子、原子核等，所占之空间之比例之小；皆证明以前之物理学上所谓物质具不可入性之说，难于成立。而放射原素之发现，则见传统的物理学所谓原质不变说，及物质与能力分立之说之非。而二十世纪物理学之论物质之性质，则归向于以物质与能力合论，而着重一物质所形成之力场磁场，而不重物质之质点之观念之本身。远隔之运动，在牛顿视为不可能者，由磁场力场之观念之提出，即不复为不可能。而依量子论之物理学，以论物质之能力之放射，亦不取旧日之连续之理论，而以能力之放射为不连续；且每一次所放射之能力，皆包涵一定单位，而非可无限小的加以增减者。由此而牛顿之质点与质点，必相密接，其动力与速度，乃能互相影响之说，亦为物理学自身之进步所否认。而在此现代物理学之进步历程中，对于牛顿思想之一致命的打击，则为麦克孙与摩勒（Michison-Moley）所合作之实验，对于以太之存在之否证。由此否证,"而物体之运动必以以太之物质为媒介,以互相推迫"之机械力学的之物理世界观,即亦被否证。由此实验及费兹格拉德(Fitzgerald)与罗伦兹(Lorentz)之收缩理论之提出,谓一物之长度为其运动之方向与速度所决定,与闵可斯基(Minkosky)之"时空合为四度连续体"之理论之提出,遂合以开启一在西方哲学中影响最大之物理学理论;而足代替牛顿之物理世界观者,则为爱因斯坦之相对论。至于其后量子论之物理学,虽亦有其在哲学上之影响,如对因果问题及自由与必然之问题,及对逻辑上概然之理论之影响;然因其所涉及者,乃小宇宙(Micro-cosmos)之物理世界,而非大宇宙(Macro-cosmos)之物理世界,故其影响人类思想者,似尚不如相对论之影响之巨大。

第四节 动静之相对性

对于相对论之思想,吾人为对照上文所说之牛顿式之科学唯物论,吾人可提示下列数点:(一)动静之相对性。(二)时空之相对性。(三)速度及形量质量之计量之相对性。(四)物理世界即四度连续体中之全部物理事之和,以说明其涵义。本节先论第一项。

在相对论以前之物理学,以物体有相对之运动,亦有绝对之运动。绝对之运动,乃对绝对空间而言。即一物如在绝对空间之某一定之位,移至另一定之位之运动,为绝对运动。但依相对论,吾人可不假定绝对空间之存在,则一切运动皆相对运动。如在一绝对空间中,另无他物,则无论是另一人离我而动,或我离另一人而动,或我与人同时相反向而动,我皆无法分别此中孰为真正之动者。于此,我若设定我自身为静,则他人为动;而设定他人为静,则我为动。故吾人在船上,设定船静,则岸为动;在岸上设岸为静,则船为动。设太阳为静,则地与其上之物皆动。自太阳系与其他星球相对而言,则皆可自设定为静者,而以他者为动。依此说,以言动之所以为动之意义,唯是二物体,经一定时间,其空间距离发生变化之谓。在物体之空间距离,发生变化时,吾人可以任一物体及与之无距离变化之他物体,所合成之一系统,为一静的系统;而以其他与之距离不断变化之物体之系统为一动的系统。

由此动静之相对论,而所谓一经不同时间而占不同空间之一运动的物体,在住于此一物体中之观者看来,即尽可只觉其在一继续之时间,常在于此一物体之空间中而未动。如吾人乘船一日，吾人可觉吾人此一日皆在船之空间中，而如未动。在地球上工作一年，吾人可觉吾人之一年，皆在此地球之空间中，而未离此空间。由此即反证所谓在一继续之时间中常在一空间，与在不同而变易之时间，历不同之空间，实可为一事之二面。而吾人之设定一物在绝对空间之一绝对位置，历长时而恒常不动者，在住于其他"对之依不同速度而向各方向运动之物体中，而自设为静之观者"看来，则此一物正为依不同速度，而分别在一定时间，分别经度一距离，而占据不同之空间之动者。而此一动者，亦为分别对其他自设为静之观者，为分向各不同方向而运动者。如在其东之动者，则以其向西而动；在其西之动者，则以其向东而动等。于是吾人可建立一原则，即一切占据一定空间，在时间中继续存在而自视为静之物体，同时为可被视在不同时间中占据不同空间而向不同方向而动之物体。此不过对一物体之二看法而已。

第五节　时空之相对性

此种动静为相对之观念，同时即包涵时间空间为相对之观念。吾人通常或想时间为一线，而在一切不同之空间中，有同一之时间，时间亦如可离空间而了解。然依相对论，则时间不能离空间而了解，而在不同之空间，即有不同之时间。此乃因在不同之空间，即有不同之同时。原吾人谓二事为同时之义，即二事在一时间中被观察，或可在一时间中被观察之义。故在一空间中，吾人在一时中所能观察之一切事，皆互为同时。如吾在此时写字，而钟声自远处来，日光自云边出，此数事即为对在此空间之我，皆为同时者。然一由日所发出之光线，由日至地球，吾人可说之为一运动之历程。在此运动之历程中，吾人亦可说其在不同时间，历不同之空间，而先历距日较近之水星、火星等，乃及于地球。则对同一之光线，如水星上有一观者，彼实最先见，在火星上之观者后见，吾人在地球上者更后见。吾人知太阳光到地球，共历八分钟。则对同一之光线，吾人在八分钟后乃见，而与吾之写字为同时者，在火星水星上之观者，可于三分钟、五分钟前已见，而与其处之三分钟或五分钟前之事为同时。由此而吾人可说在不同之空间，有不同之同时，与不同之过去未来，及不同之时间系统。而吾人如以地球之时间为标准，以看吾在此时所同时看见之天上之诸星之光，则此诸星之分别发出此诸光，皆在不同之过去时间中。如太阳之光为八分钟前所发，海王星之光为四小时前所发，织女星之光为若干年前所发，……即为排列在不同之过去时间中者。又吾人于此时，在地球同时发出各光线，以到此各星球，则又应在八分钟后、四小时后若干年后……等未来之不同时间，分别依次序，以抵达此各星球者。由此而吾人即可姑立于此地球之空间上，形成一由过去伸向未来之时间系统，以安排在此空间中，向此空间而来，及由此空间而往之一切光线。（连带可安排与此一切光线之发出与降临，在地球上为同时或先后发生之其他种种事件。）于是吾人只须知光之速度，及地球与其他星球之空间距离，则吾人亦即知：此在地球上同时降临与发出之光线，乃不同星球上在过去之一一时所分别发生，或将在未来之一一时，于不同星球上，分别发生者。吾人并可由地球与其他不同星球之不同空间距离，而依地球之时间系统，以定其在不同星球上分别发生之时间距离。然在另一面，如吾人知二道光线，分别向一方向发出之时间距离，亦可知二者，在一定时间后，在此方向之空间中之空间距离。由此遂可知：依地球之时间，吾人去年今日此时，向一光行二年之距离之一星球 A，所放射之光，与今年今日此时向另一光行一年之距离之星球 B，所放射之光；将在明年今日此时，同时抵达星球 A 与 B。吾人亦可知：如 A 与 B 皆同在某一方向时，在此星球 A 上，明年此时亦有由 B 在今年今日此时所放射之光，同时抵达，有与距 A 二光年之星球 C 二年前所发射之光，距 A 三光年之星球 D 三年前所发射之光，同时抵达……等。于是吾人不仅能知地球上之同时，亦可知其他星球上之同时，与其上之时间系统及地球上之时间系统，相互间之时间上的对应关系，及凡此等等与其相互之空间距离之关系。由是吾人遂可将不同空间上之不同时间系统，配成一整个之大时空连续体。

第六节　速度及形量质量之计量之相对性

由此动静时空之相对性而连带之观念，则为物之运动之速度，及形体之量之大小，及质量之大小之计量，亦为相对于某一空间中时间之系统者。此亦皆并不难加以了解。唯此种所谓速度之量及形量之相对，须与下列二种相对，加以分别。一种是如"一形体远看则小，近看则大"

之相对。一种是如"人乘船上行，则见水下流之速度较快、较大；乘船下行，则见水下流之速度似较慢、较小"之相对。此二种相对，前者可以一般物理学之光学解释，后者在传统物理学，亦可以船行之速度与水流之速度相加或相减，加以解释，非今之所涉及。而另一种速度大小之相对，则为唯在相对论之物理学系统中，乃能加以解释者。

关于上述船与水之速度之问题，在传统物理学之所以可以船行之速度与水流之速度之加减，加以解释者，是因人于此可直下以地面之空间为静，以计量水之下流之速度，及船之上下行之速度。由此再或加或减，即对于船与水之相对运动之速度，可有一确定之答案，为地面上之一切观察者所共认者。然吾人今假设在太阳系外，有AB二星球，依不同之速度，向同一之方向而动，此外更无一绝对之空间，作计量速度之标准；则吾人只能设定吾人之太阳系为静，以计算其对太阳系之相对运动之速度。此速度之计量，则可以公认为恒常之光速为标准，以计算此二星球，对太阳系之相对运动之一定的速度；（此亦即其对光之速度之一定的比率。）然吾人设太阳系为静，而以光速为标准所计算出之此二星球运动之速度，便可与在此二星球上，分别自设为静时，所计算出者不同。此中之理由，可略述如下。

譬如吾人设AB二星球，皆向同方向而运动极速，A之速度为光之速度之一半，设为一秒钟九万里。B之速度为光之速度之四分之三，设为一秒钟十二万里。此为吾人由以太阳系为中心，依三角术之观测所能得者。然今设B由M至N，其相距亦为十二万里。则吾人由太阳系上观B由M至N所经之时间，应为一秒钟。因吾人乃是于一秒钟之始，见其由M处所发之光，于一秒钟之后，见其于由N处所发之光。其于一秒中经行十二万里，则其一秒钟之速度，正为光速之四分之三。然吾人如忽移至A上以观B，则缘于A与B乃向同方向运动，其相对运动之速度为三万里，则历吾人所谓一秒钟后，B距A只为三万里。而吾人在A上，如设A为静，并以光速为计算之标准，则吾人所观察者，B在一秒钟内，只多行三万里；其一秒钟之速度，即只为光速之六分之一。由此而吾人虽以光速为普遍之标准，而速度之为相对于观测者所在之空间系统也如故。

至于对质量之相对性之问题，则相对论以一物体在速度增加时，则质量亦增加去说明。如何可说一物质之质量，随速度而增加？此只须从传统物理学，所谓质量与吸引力之关系加以一引申，便可得。譬如依传统物理学，谓二物体相互之引力，与二物体质量为正比，与其相距之平方为反比。而吸引力之表现，即表现于一速度之增加。如地球之吸引力，表现于地面之物体，向下运动之加速度。而吾人亦可由物体向下运动之速度，以测知地球之质量。然吾人今试假设，天空有一陨石向地球堕落时，地球同时亦对该陨石，作向上运动，则吾人必发现该陨石之迅速下降。如地球向上运动之速度，不断增加，则该陨石之向地球运动之加速度，亦必不断增加。在该陨石上之观者看来，则由此陨石之加速度本身之增加所推得者，则正只为地球吸引力之增加，及地球之质量之增加。而由地球上之观者看来，亦可谓该陨石之迅速下坠，由其质量之增加。由此即见一物体之速度之增加，与其质量之增加，实为一事。速度增加，吾人通常乃只视为原于能力之增加。而依相对论说，则能力增加，亦即质量增加。故一切能力，如光，同可说有质量。而一物质如镭，其能力不断放射，其质量亦即逐渐减少，其质量亦化为能量，而传统物理学中之质能分立之说遂打破。

又依相对论，一系统中之时间上空间上之长短距离之计量，亦为相对。一计量时间长短之钟表与计量空间距离之尺子，在不同速度之运动系统中，其本身亦有变化。依相对论，一物如由一运动速度较小之系统，移至一运动速度较大之系统，则其自身在该系统内之运动速度，即反成较慢者，而其自身之长度，则又因而缩短，由是而其经行在原来之系统中一定之空间距离，其所需之时间，即较原定之时间为多。然量时间之钟表，在其上之运动，其速度亦变为较慢，则其上一物之运动——如人行一步——须若干时间者——如一秒——今仍是一秒，而其上之观察者，可不觉此所需时间之增多。然自原来之系统中观察者，以原定之一秒为标准以量之，则实不止一秒。所谓一物在其上之速度之变为较慢，亦无异于谓其在原定之时间内，所经行之空间距离之缩短。然在其上之物与其他物及其上之量空间距离之物如尺子，如皆同时缩小而变短，则一物于其一定时间内，经过一尺之物，以其上之尺子量之，今仍是一尺，而其上之观察者可不觉此缩小与变短。然在原来之系统中之观察者，以原定之一尺为标准以量之，则又实不及一尺。由此而时间上空间上之长短距离之计量，亦为相对。

由吾人以上说动静、时空、及物之运动速度所经之时间之长短，及空间之距离皆为相对，吾人遂可知一物体之形量及质量计量之事，乃不能离观测者所在之时空系统，以加以决定者。而由此即导引出之一物理世界观之根本改造。

第七节　物理世界即四度连续体中之全部物理事之和

此物理世界观之根本改造，即不再视时间、空间、物质、与其运动，为互相分离之概念，而将时间空间合而为一四度之连续体，而一切物质与其运动，则化为四度连续体之全部之物体事件之和。

所谓一物理事件，即在时空中所可能观测之事件。譬如吾人能于此时观测太阳射至此地球之光线，此一一光线即分别是一物理事件。而人在月球、火、水、木、金、土等星球，及其他恒星上，亦能观测太阳射发之光线，此亦各为一物理事件。而一切可能的观测者，在一一之不同时，皆可观测到之太阳继续发射之光线，亦皆为一物理事件。此一切可能观测者，在此不同时、不同地、亦皆可观测太阳之运动之移位，如何关联于其他星球之运动之移位；其光热之发射，如何关联于各行星及地面上之什物之生长，皆一一为一物理事件。此外，一物之由振动而发声，传至各听者之耳鼓；电波之由电厂发出，以接于一一之电线，一一之电灯，而再传至室中每一人之眼帘，眼球神经之各部，皆一一为物理之事件。然依此观物理事件之眼光，以观一物体，则吾人不能说一物体，乃只存在于空间中之某一单纯定位（Simple Location），而单独占据宇宙之一段时间者；而实是连结于由之而相继发生之一切事件，以兼存在于不同之空间系统中之不同时间中者。吾人实不当说，太阳只存在水星轨道之中心，而实连结于由之而发生一切之事件，以存在于一切时空系统中，可能观测及其光其热，及其运动之一切时一切处者。而由此再进一步之思想，则为除所谓由之而继续发生之一切事件之全部以外，亦即根本无所谓太阳。吾人今不难设想太阳之光热之能量有散尽，而其质量亦有随能量之散尽而消灭之一日，则吾人所谓太阳，除其在无数之空间时间中，所引发之一切事件之全体以外，即另无剩余。吾人今所视为实有一太阳之空间中，在此诸事件皆实现后，即空无所有。而实际上吾人此时此地所见之太阳，亦只是此时此地所发生之一事。除吾人之相续看太阳,而有相续之看太阳之事发生以外,吾人亦另无对太阳之经验,或所谓对太阳之其他接触。由此而吾人即可将此太阳,化归为一切关于太阳,或所谓由之而发生,在一切时空系统中之事件之总和。而此总和中之一切事,则为散列于不同空间之不同时间,或不同时间之不同空间之时空连续体中者。在此大时室连续体中,每一关于太阳之事,可以四量向之坐标,确定其在此时空连续体中之位置,及其与其他事件,在此时空连续体中相续而生或相连而生之关系与秩序。而吾人对于太阳以外一切星球之存在,以及一切日常所见之物体之存在,同可作如此观。于是吾人即可说,除依一定之关系与秩序以连结,而在一时空连续体上一一有确定位置之一切物理事外,亦无所谓物质之世界。而吾人今只须去设想,一切物质皆有全部化为能量,以实现为种种物理事之时,则吾人皆不难了解,"除此物理事外,另无物质"之物理世界观。此即相对论之解释者,所以或"喻此宇宙为一四度之时空连续体,而其核心为空的,如一大肥皂泡,唯泡上有种种事点,以喻一一之物理事"之理由所在。

第八节　物质之实体观念及机械的决定论之否定

至此种思想之所以毕竟为人所不易把握者,则在此宇宙间之事,乃一直在继续发生之历程中,而并未至一最后之境。如其真至一最后之境,一切质量皆化为能量,实现为种种物理事,此即如一原子弹之爆炸,而化其质量为种种光热,及毁灭他物之事时,其自身之物质,诚皆空无所有。然此要非目前宇宙之情况。吾人在觉宇宙尚有继续发生之事时,则吾人不能不就此当前之有继续发生之事,而推知其有所以如此如此继续发生之实体为根原。如吾人之在一空间中,继续见有太阳之光之发生,或吾人乘飞机,以逐渐向上对太阳而飞行时,亦见太阳之光之继续发生;于是吾人即必以此诸事件之继续发生,必有一实体为根原。吾人遂谓实有一太阳之实体,位于吾人所见之空间之某方向某地位,而恒常存在,而此实体、此根原,则若又为异于由之而发生之诸事者。

然今吾人即假定此太阳之光之相续发生,由于在吾人所见之空间之某方向、某地位,确有一太阳之实体,为恒常存在者,于是吾人即循此方向，向太阳进发；而复假定吾人有金刚不坏，能大能小，有如孙行者之身，及万古无疆之生命，以直入太阳之内部，以探寻此实体之何似；吾人又仍将发现，吾人所遇之太阳之光、热力之放射，仍皆不外种种物理事之呈现于吾所在之一一时空中，而被吾所分别被定置于一时空之连续体之上者。由此而吾人仍可说除物理事外，另无物质的实体。而所谓为一切继续发生之物理事之根原者，仍只是种种串系之可能有的物理事，而另无其他。吾人之觉有物理事之外之物质的实体为根原，此只能是原于吾人之根据各物理事之相续或接连之关系，再经由抽象之构想之所成，其本身乃正不必有实在性者。

吾人如从物理事之观点，以看物理世界，则吾人不难将机械的力学观点之物质宇宙观，加以打破。吾人可不必用外在的压力、推迫力、吸引力之名词，以说明物之所以运动。而只以一物理事之继另一物理事而生起，以说明运动。此相继而生起之事，乃在时空连续体中，各居一不同之位置，其前后之关系，即不必说为机械的决定关系。而吾人在想象宇宙之星球之相吸引，如太阳与地球之相吸引时，吾人即不必想此中间如有一拉力之存在。而可只想象一地球等绕日之事，如循一时间之轴线，而绕太阳之中心，作螺旋之运动。地球一朝如真被太阳吸引，而向大阳接近，则有似此螺旋之运动之直径，日益变短。吾人如以此循时间轴线而环绕，所成之螺旋，为一四度空间之连续体，则此空间之头，遂为逐渐变小而凹进者。于是吾人可说此空间，为一有曲度之空间（Curvature）。而所谓太阳之吸引地球，地球之逐渐向太阳接近，亦即无异其循此空间之曲度，而螺旋地滑下。如此时忽然地球直向太阳落入，则亦无异其向此空间之凹曲之中心沉入，而不须说另有吸引之以沉入太阳之不可见之力。而宇宙中所谓物质最密，质量最大，而吸引力最大之处，亦实即空间之曲率最大之处①。由此即形成一废弃传统力学观念，只有物理事在时空连续体中相继而生，并对之可只作纯数理的规定，及纯现象之描述之一物理世界观。②

依此种只有在时空连续体各居定位之物理事之物理世界观，则人并

---

① Eddingtion《物理世界之本质》The Nature of Physical World 对于空间之曲度之说曾作多方面之譬说，颇便于学者之了解，此书有严鸿瑶译本，名《物理世界真诠》，商务出版。

② 关于四度空间之想象，俄人 P. D. Ouspenski Tertiary Organon Ch. ll 及 A New Model Of Universe Pt. 6. Ch. 2. Routledge & Kegan 1957 有极生动之描述，并绘有图，以助人之练习此想象。

不能由：设定宇宙之一开始时之物理事之分布情状，以推断以后发生之一切物理事。因宇宙之为一时空连续体，非谓不同空间，有一唯一之时间截面，吾人可于此截面上思一宇宙之最初之情状，并以此为决定宇宙继起事之全部因。而当谓宇宙自始在不同之空间，即有不同之时间。而在任一空间之一时间截面上，皆只能包括同时聚合于此空间中之物理事。然对一空间为同时之诸物理事，其所以分别发生之最初因，或其所承之诸物理事之串系之第一项，则可为在不同之过去之时间中发生者，如吾人上所谓吾人于一时所见之日光，由八分钟前之日所放射，所见之海王星光，为四小时前之海王星所放射。又以在此空间中同时发生之事之为因，其对不同之他物所生之果，亦在各种不同之未来之时间中发生者。如地上发出之数光线，一至太阳在八分钟后，一至海王星在四小时后。此外吾人亦不能有一平面之空间，以包括一切空间。此则由于一切空间中之物，皆循上文所谓时间轴而绕动，而物之运动所经行之空间面，既皆为凹曲者，吾人亦即不能将空间视为一平面。因而亦不能以此平面上之一切物之质量与距离关系，及当前之运动速度，为能决定此空间中一切物之未来状态者。

由吾人之必须连空间时间及物体与运动，以构成一在时空连续体中之物理事之世界，而此世界并无一截面之时间中、或平面之空间中之情状，为足决定后来之一切者；故此物理事之世界，即当为随时间之流行于其各空间，而不断增益创生者。然此物理事之世界，亦为澈入于吾人之自身之内者。如目之接光，亦初为一物理事。于是此物理事，复为连系吾人之生理事，心理事，及吾人之社会事者。则吾人于此，即须有一哲学，以说明一切事之所以为事，及物理事与生理事、心理事之哲学。在现代西方哲学家，从事于此者，则有罗素与怀特海。而怀氏则更为富于价值感，能以此科学上新知，商量西方传统之哲学，而又能有所承继于传统之哲学史者。故下文加以略述。于罗素，则暂不拟涉及。

相对论之哲学涵义　参考书目

传统先《现代哲学之科学基础》（商务）

C. E. D. Joad: Guide to Modern Thought, ch. IX, The World of Modern physics, Farben. LTD, 1948.

M. K. Munity: Theories of Uuiverse, The Free Press, Glencoe, Illinois, 1957.

此书对由巴比伦至今之不同之宇宙论，皆各选若干文为代表。近代者包涵牛顿等共十一篇。现代者包涵爱因斯坦等亦十一篇。读此可了解西洋之科学的宇宙论之发展。

L. Barnet: Einstein and the World 此书经陈之藩译名《宇宙与爱因斯坦》，现代国民基本知识丛书，台北中华文化事业委员会出版，又有仲子译本，香港今日世界社出版。

I. Infeld: The World and Modern Science, 此书原著有爱因斯坦序。中文有顾均正译本，名《科学在今日》，开明书局出版。

A. D. Abro: The Evolution of Scientific Thought, From Newton to Einstein. New York 1950.

此书近有新版，但较专门。

Einstein: Meaning of Relativity.

爱氏之此著，论相对论只用一二数学公式，全部只是说明相对论之意义，文字清楚易解。

I. A. Coleman: Relativity for the Layman. A Mentor Book, 1958.

此乃专为一般读者所写之论相对论之书，文字浅显而所绘之图甚多，颇便人之了解。

P. A. Schipp: Philosophy of Einstein, 1955.

此为当代学者合著论爱氏思想之论文集。

E. Cassirer: Substance and Function.

此书论近代科学思想中，以功能、关系之观念，代古代之种类实体之观念。此书附录论爱氏之时空理论与康德之时空理论，可相融通，乃一重要之论文。

第十六章　怀特海之机体哲学

第一节　怀特海哲学之方向

怀特海之哲学，自称机体主义（Organism）。而其前后之思想，亦为一有机之发展。其后来之思想，乃由其早期之思想，逐渐开展而出，然前后亦有不一致之处①。其成熟之著作，《历程与实在》一书，与其兼论文化与价值之《理念之探险》一书，合以表一极具匠心之一部形上学体系。唯其书皆充满其专门之用语，亦不易割裂，而加以论列。吾人今所拟一为介绍者，则在其形上学之若干论点，及其与西方传统哲学之若干关系。

吾人以前曾说，近代初期之自然科学及哲学思想，将自然加以二分，一为只具初性之客观的自然，一为具次性而与各种主观的情感意志要求，各种价值感相连的自然。怀氏哲学之根本方向，即为欲将此二分之自然，重加以整合。同时将近代科学中之视一物有其"单纯定位"（Simple Location），只居于一特定之时空，只与其直接接触之他物相关联之说，加以打破；而视一切存在事物，皆有其有机之关联，以成为一连续体。然其欲成就此自然之整合，及一切事物具有机之关联之哲学，又不取绝对唯心论者及亚力山大之以"绝对心灵"或"时空"，囊括一切存在事物而统摄之路数。更不采西方传统之唯神论者或唯物论者之以神或物质，为一切存在事物之根原之说。而是以当前之众多之现实存在 Actual entities 或现实情境 Actual occasions②，为其哲学思维之注目点。故其思想初带多

---

① 参考 N. Lawrence：Whitehead's Philosophical Development 此书论怀氏在《历程与实在》一书以前之哲学发展，及前后不全一致之处极备。

② 怀氏所讲 Actual Entity 之一名，颇不易翻译。然其所讲之 Actual entity 为一存在者，其提出此名之目标，亦实意在代替西方传统之实体之存在者之观念，故本文译之为现实存在。而自一现实存在中包涵情境言，则可名之为现实情境，今用以译怀氏所谓 Actual Occasion。此二名可互用。

元论色彩。在现代西方思想中，如谓亚力山大为近斯宾诺萨者，则彼为近来布尼兹者。然自其重现实存在或现实情境对于永恒之法相之企慕言，则近乎柏拉图。而其最推尊之西方哲学家，亦为柏拉图。彼尝以整个西方哲学，皆不外柏拉图之注释。而自其重自然中之创进言，则其思想为十八九世纪之进化哲学之一大流中之一形态。至由其思想之重感或情（Feeling），而彼自称其《历程与实在》一书，为纯感或纯情之批判，以别于康德之纯理批判，及其将理性融入感或情中而论，力反"以抽象者为具体"之思维方式，并于自然之创进中，见生生相续新新不停等义言；则其哲学又近柏格森之思想，并与中国之《易》学家之自然宇宙观相通者。

第二节　事与现实存在现实情境

至于就怀氏个人之学问思想之进程言，则彼本为数学家科学家出身。然在其早期之《自然知识之原理》、《自然之概念》等书，即已表示其反对"无久之瞬"所积成之时间观念，而以自然之根本为具体之事件，并反对自然之二分法，兼指出科学家以"抽象者为具体"之谬误。其书着重在由所经验之具体形相之扩延关系所成之系列，以说明数学物理学中之抽象的"点"、"直线"……等观念，如何逐渐构造而成。而在《科学与近代世界》一书，则对于具体事与永恒法相之关系，加以论列。至在《历程与实在》一书，则其所谓"事"之观念，正式发展为其所谓现实存在（Actual entity）或现实情境（Actual occasion）之观念。

怀氏所谓事或现实存在，现实情境之观念，乃所以代替西方传统哲学中所谓实体（Substance）之观念者。怀氏以由亚氏所传下之实体与属性，普遍者与特殊者之观念，皆为不适切之形上学观念。亚氏所谓属性，有本质之属性与偶有之属性之分，而前者为不可变，则实体成为在原则上不能变者。而怀氏所谓事或现实存在或现实情境，则自始为在宇宙之变化创造之历程中者，宇宙中唯有此为最具体之真实之存在。而近代之相对论，正为以物理事代传统之物质的实体之观念者。此处即有怀氏之哲学与现代之物理科学思想之应合。

但毕竟何谓事？吾人通常说，写字为一事，我会客为一事，皆为及物之事。我唱、我走，亦各为一事，此为似不及物之事。日光射至分光器为一事，此为及物之事。只是日光射，亦为一事。此为不及物之事。是见常识中所谓事，或指一实体之有某一活动，或指一实体之一活动之及于其他实体。但如吾人换一眼光看，则除我一生所作之一一事外，即无我。除日不断发光之事外，即无日。我并非在一一事之后，而支持此我所作之诸事之诸实体，我实只是我所作之全部之事之串系。亦即由此串系之事，以成为我。其他之任一物，亦由其所生之一一事，以成其为任一物。而此处吾人如不由事外以观事，而由事内以观事，则一事之为及物者或不及物者之分，亦非重要者。我们可只须说，任一事皆在一情境中发生。而任一事之本身，亦即皆为有情有境之一事。我在客来时谈话，此在谈话之先之"客来"，是我谈话之境。亦如我在唱在走之时，已成之周围之环境，及路道等，为我之唱与走之境。而吾人说太阳之自己发光时，太阳如有知，仍可说其为向其他环境之物发光。故此二义之事，如吾人纯从事之内部看，可不须分别。

吾人如欲从事之内部看事，则吾人必须直自吾人之作一事时之现实情境看事。而所谓一事，亦即一现实情境之本身。譬如，吾在此写一描写景物之文，此笔墨纸砚、及屋中之布置，房外之山光云影，即一整个之境。对此整个之境，吾人可有整个之情，加以摄握。由此境此情，引动种种观念意像，及相应之文字，而由我之手加以写出，以实现之于纸上。此全部之历程，吾人亦可有一整个之情，加以摄握，以为此情之境。此全部之历程，则为一"写文章"之事。而吾人如将此一事，分为若干事而观之，则见此房桌上之景象为一事，思种种观念意像及相应文字为一事，手写为一事。而每见一景象，如见一山，每思一观念，写一个字或写一笔，亦可分别为一事，而其中皆有情有境。此处即见事与事之相包涵，及事与事之相续相承。

吾人上说每一事皆有情境，故吾人可说现实存在之事，即一现实情境。在此现实情境中，一面是情，此情之作用，即对于境之摄握。此为属于主体者。一面为境，此为属于客体或对象者。在二元论之哲学，即由此分别主客与心物。但在怀氏，则以此二者，只为一事之二面。此二面如分开来看，皆是一抽象，而非具体之实在。我们亦不能说，先有一纯粹之主体及纯粹之客体二者，再合为一现实存在之情境。因此处无联合二者之第三者之可得。但是我们可以说，每一事皆承宇宙其他之种种前事而起。即每一当前之现实情境，皆承宇宙间之其他情境而起。此已成之事或现实情境,即为方生之事或方生之现实情境之所缘,而由之以有其客体者。如我之写字是一事。我看我所写之字,或自觉我之写字,又是一事。而我之自觉我之"写字",即以写字之前事,为其客体。我之看"字",即以写字之前事中所包涵之一成分,即写成之字,以为其客体。我之看自然,如看云,则以自然中之事,如云之行,或自然中之事之成分,如云行所成之天上长鲸形,为其客体或对象。此前事与其所包涵之成分,亦可称为后事所由成之一基料(Datum)。

然在一事承宇宙已成之诸他事而起,以有其客体或对象时,此一事之主体亦即与客体或对象,同时在此事中成立。因无主体,亦无客体。我在看我所写之字时,必有看字之主体。此看字之主体之成立,与字之成为被看之客体,二者实无先后。然此主体之看字之活动,必归向于一完成。其完成时,即字为其所完全摄握,其自身如超升于此客体或对象之字之上,而成为不再与之相对之主体之时。此时之主体,在怀氏则名之为一超主体(Super-subject)。主体成超主体时,而一事完成,亦即一现实情境之完成,一事亦即消逝为已成世界之一部,而继起者,则为继此已成之世界而生之新事。

在此种事之相续而起之历程中,新事缘已成之事以为其基料而起,亦由已成之事物以有其客体或对象,此新事为前所未有,其存在乃一宇宙之众多潜能之具体化(Concrecence of Potentials),而为一创始。及其完成,再有新事。如此生生相续,新新不停,怀氏即名之为一自然之行程(Passage of Nature),或自然之创进(Creative Advance of Nature)。此中之每一新事中,皆有一新主体。然尝无一唯一之主体。此新主体,虽缘已成之旧事为基料而起,并由之以得其客体或对象者,然此时之客体或对象之自身,亦为属于新主体者。由此而一新事与旧事,主体及其客体之关系,尚可分析为一较复杂之关系。

第三节 摄握之方式

吾人说一事或一现实情境,可分为主体之情与客体之境之二面,而又实为一整体。此情为整个之握境之"能",故此情即是与境感通之"感"。故下文直译之为感。但此"能"所对之境,可分为二者。一为境相之境,一为环境之境。此环境之境,即已成之事合成之世界。境相之境,则为此环境中所正呈现之种种法相。此二者尚须分别说。由此而吾人对境之感或摄握,亦须加以分别。此摄握有二,一为物极之摄握(Physical Prehension),由其所成者,即物极感(Physical Feeling)。原一事中之主体,既承已成之他事而起,以有其客体或对象;则其对已成之他事,应有一摄握。此种摄握,即称之为物极之摄握。此摄握,乃直接以已成之他事,亦即以环境中之事,为其所摄握者。一为心极之摄握或概念之摄握(Conceptual Prehension),其所成者即心极感或概念感(Conceotual Feeling),此摄握则为以种种境相或法相为对象者。如吾人之看云为一事。此看云之一事之前,有云行之事,云行之事,连于云之光色入眼帘之事,及一串之视神经脑神经之事。此看云之事,即直接承脑神经之事而起,而间接承云行之事而起。在此诸事之相继相承,后事之承前事,而以前事为所承,即前事对后事之一物极之摄握。然此云之如何如何行之形构,经此媒介之诸事,而在吾看云之事中,呈现为如此如此之一形构,以为吾人所摄握。此摄握则为一心极之摄握。此心极所摄握之云之"形构",不只在吾人之看云之事中,亦为云之形构与中间之媒介之事之形构。此一如是如是之形构,如通过由云行至看云中间一串事,以为此一串事之形构。则其最后虽呈现于吾人之看云之一事中,然不得说为只属于我之看云之事者。而他人之看云,及以后之云行,皆可同摄握或同表现此形构者。故此形构为一普遍者。而此普遍者,即一超时间者。怀氏则称此一切普遍者,为永恒之法相,即吾人上所谓境相。而对此永恒之法相之心极之摄握,即称为概念之摄握(Conceptu al Prehension),其所成者即心极感或概念感(Conceptual Feeling)。而此外一切对普遍者之摄握,无论为已成世界事物所已表现或未表现,皆为一心极的摄握或概念之摄握。如人对其理想之摄握之类。

然一事或现实情境之形成,此中之主体之摄握,尚可从此摄握本身之形成,分为二类。一为积极的摄握,一为消极的摄握。此所谓积极的摄握,即正面的承受如此如此之境;消极的摄握,即反面的排斥其他之境。此二者乃俱时而有。如吾人只摄握此桌为方时,即拒斥其为圆。吾人在只摄握云行之事时,亦拒斥对水流日出之事之摄握。而此拒斥,亦为一摄握之方式。一现实情境中之主体,必须兼有此积极的摄握与消极的摄握,然后乃成为一规定或确定的现实存在,而有其所是与所不是,并对于永恒的法相世界及全幅的已成世界之现实情境,形成一确定之关系。

由此上所说现实存在（即现实情境）自身之能依其物极感，以相摄握，又能依其心极感，以摄握永恒之法相，故一现实存在，一方有永恒法相为其所摄握，以为其一成分（Ingredient）。一方又因与其他现实存在，相摄握，而形成结聚（Nexus）。此诸现实存在所成之结聚，复可为后起之现实存在，以其诸多物极感，分别摄握此诸多之现实存在后，再加以整合，而转化出对此整个之结聚之物极感。在此转化之历程中，此后起之现实存在，又可缘此物极感而有其心极感或概念感及其所感之永恒法相，并将此永恒法相亦整合于此结聚之上，以形或一对较（Contrast），并以之普泛的指涉形容此结聚中之现实存在。此转化之历程中之"感"，怀氏称之为转化感（Transmuted Feeling）。缘此转化之历程或转化感，吾人遂有通常所谓共同普遍之永恒法相或概念，对于一事物加以规定，或以一概念为宾辞，以论谓一主辞之事物，以形成各种判断或知识之事。（如吾人谓吾口中之糖为甜，此甜即一宾辞、一概念，亦一永恒之法相。此口中之糖，原为一结聚，而吾人之感觉此糖，初乃有诸多对糖之分子之分别的物极感，后乃整合而转化出对整个口中之糖之一物极感，并缘此而有对甜之心极感，乃有以此甜普泛的指涉形容此口中之糖及其分子之事。）

此上所述，为一现实情境或一现实存在之自身之构造，与永恒法相之关系，及其所包涵之摄握或感之种类。由此而一现实情境之生起与完成之历程，即一已成之世界之种种现实情境，在其消逝时，同时化为正生起之现实情境之基料，而为其所摄握，以助成其生起与完成之事。此中纯从一一现实情境看，则前前后后，皆互不相乱。任一现实情境已消逝者，皆不再来。但自消逝者同时成为方生者之基料（Datum），而为其所摄握言，则一切消逝者为不灭（Immortal）；而一切消逝者在其消逝时，即如同时贡献其自己于继起之世界。由此而一切消逝者，在其消逝时，即如化为潜能，而待继起者之摄握，以成就继起者之现实。当一现实情境正现实时，我们说其只在整个之现实之世界中，占一限定之地位，而亦为一限定之存在，亦可说只存于某一特定之空间时间；然当其消逝而化为潜能时，则在原则上可为一切后起之现实情境中之主体所摄握，为一无定在，亦可无所不在，而可能存于任一空间与时间者。如吾人儿时之在某空间发生之一经验，即一当时之现实情境，可为以后居于任何空间之我在任何时间，所加摄握者。

第四节　知觉之两式

吾人以上对怀氏所谓现实情境或现实存在本身之涵义之分析，乃可由吾人生活之当下一现实情境之所以为现实情境，加以一深细之反省，皆可有一印证者。吾人既有此了解以后，则吾人可推扩其涵义，以论吾人对整个自然之知识，及宇宙之基本构造。

在怀氏论知识问题，其最精彩处，在其论知觉之二程式。一为其所谓直接呈现式（Presentational Immediacy），一为其所谓因果实效式（Causal Efficacy）。所谓直接呈现式之知觉，其对象即略近一般所谓对形色声音等之感官知觉，然其意又略不同。依怀氏所界定①，此乃指吾人对于呈现于吾人之当前之外界世界者之直接知觉。此呈现之世界，一方为吾人之经验所由构成之一成分，一方亦展示出：与吾人自身同为现实存在，或现实事物者之共在于一自然中。在此呈现世界中之声色香味等一切性质，皆为一方属于吾人之知觉，一方亦属于吾人所知觉之现实事物者。然吾人之知觉此种种性质，则为通过各种空间格局、空间关系所成之观景，以知觉之。而此空间之格局关系，空间之观景，与声色香味等，皆原不可加以抽象分离而论，而同在一具体的当前所知觉世界中者。吾人之有此当前之所知觉，则以吾人之身体感官为媒介。而吾人之身体感官及其他所谓外在之现实事物，则合以构成吾人之当下之知觉之环境。吾人此知觉中所呈现者，展示出一当前之世界，亦同时展示此世界中之现实事物之团聚于一公共的空间的扩延之系统中②。

此直接呈现式之知觉，乃一明朗精确而干枯之知觉世界。此亦即传统西方之经验主义哲学家依感觉主义原则，所最重视之世界。一切西方之实证主义者，现象主义者，及罗素与今之逻辑经验论者，所谓经验知觉中之世界，亦不出此世界。然在怀氏，则以为此直接呈现之知觉世界，虽包涵一"划分出原子性之现实存在之可能"，然亦只具此可能。人如欲由此世界，以达于真正之现实存在之世界，必须将此直接呈现之知觉中所知觉之性质等，加以客观化，吾人亦必须知其另有广远之关系，非此

---

① Symbolism its Meaning and its Effect. p. 21.

② Symbolism its Meaning and its Effect. p. 23 并参考本章第六节。

呈现出之当前世界之表面之所能表现者。而欲知其广远之关系，则当知另一种知觉之程式，此即因果实效式之知觉。

此因果实效式之知觉，吾人可由问直接呈现式之知觉之来源以了解。譬如吾人问，吾人何以能有此直接知觉之世界，此必溯之于在此知觉出现以前，吾人之物理的生理的身体之活动之现实存在。而吾人之身体之活动，又可溯原于更远之过去。此更远之过去，乃可兼为吾人此时之知觉，及其所对之当前世界之共同之过去者①。由此而当前之直接知觉所对之色声等，即为兼联系当前世界，吾人之知觉，及过去之现实存在或已成世界者。而吾人当前之此知觉，此现实情境，亦当视为由其与已成世界之一定关系，而自已成世界中生起者。因其乃是自已成之世界中生起，故其生起时，同时在另一面，即包涵一对于已成世界之现实存在之知觉。此即吾人前所谓物极感。而在此知觉中，吾人一面摄握已成或现已消逝之现实存在，一面即知觉其因果实效。故吾人之知觉之另一程式，即为对已成世界之过去之现实存在之因果实效式之知觉。

此种因果实效式之知觉，乃康德及休谟等，所同忽视者。在彼等皆以因果观念，乃吾人之主观之观念或范畴，而置定于直接知觉之世界中之零散的知觉所对（Sense Datum）之上，而加以联系，以构成吾人之知识者。而此二说之共同错误，皆在不知吾人另有一知觉程式，以直感已成之现实存在之因果实效。而此直感，则常非明朗精确，而为似晦暗不明者。然在吾人之愤怒、怨恨、恐惧、被引诱、爱、饥饿等之各种情感中，吾人即可感到，其他已成之现实存在，对吾人之行为活动之因果实效。而愈在低级之存在，对因果实效之知觉，即愈准确。石头之能转动，以应合于环境之情势，又较花之向阳光为准确是也。

由人有此二种不同知觉程式，在前一种知觉中，呈现出一当前之世界，在后一种知觉中，展示吾人与已成世界之事物之关系。二者交截，即可形成一确定的时空参照系（Reference System）。有此参照系，吾人即可据以估定吾人之投射一直接呈现之知觉所对（Datum），以指涉一外物，而规定其地位之事之是否错误。而吾人之一切科学知识，或常识上之一切观察，亦皆不外求规定：观察者之身体感官与吾人所投射于某

---

① 如吾人所闻一钟声，此声乃我过去之耳之所摄握，此钟声亦不在当前世界之钟之中，而属于钟之过去，因其由过去之钟所发，而今乃达于耳也。

地位之物之直接呈现知觉所对间之空间关系而已。如吾人见一灰色，而谓此指某处之石，吾人此时，即投射一直接呈现之知觉所对之灰色，于某空间地位之石，即一与吾之身体有某距离，而有某空间关系之一空间地位之物。然吾人之觉此灰色之后有一石，则初由此石对吾人之感官有一因果实效。吾人曾以因果实效式之知觉，加以摄握之故。然吾人以因果实效式之知觉所摄握之石，初则为与吾人有一定之空间距离者——设为三尺。今吾见此灰色，遂投射之于某空间地位，设亦为三尺，谓其处有此石则真；否则妄。由吾人有此二种知觉程式之存在，及吾人之能将直接呈现之一知觉程式中之知觉所对，投射至某空间地位，以指涉因果实效式中所知觉，而实与吾人之身体之有某空间关系之某物，即知识上之真妄之来源。

第五节　具体存在与抽象对象

此种将直接呈现式知觉中之知觉所对等，用以指涉一现实存在之具体事物，在传统哲学中，乃视此知觉所对，为普遍的属性或状词，而具体事物即称为特殊之实体。在怀氏则以为此唯是二种知觉程式之求结合。由此结合，而直接呈现之诸知觉所对，即以指涉及诸现实存在事物而落实，此直接呈现之诸知觉所对即客观化，并随诸现实存在事物之为原子式，或个体式的，而分化，以分别形成各种知觉对象。而吾人之常识及科学知识中之客观对象之世界，即由诸知觉对象之成立①，而可逐渐进至科学之对象，如原子电子等对象之成立。

此种种对象之成立，在若干西方传统之哲学家，皆以为此不外若干可为思想主体所思想之普遍者之集结。因此种种对象之性质关系及结构，皆所知之普遍者。怀氏则以此为主观性原则。并以此原则在形上学上是不适切的。因每一抽象普遍者之下，皆有种种之具体事为托底。普遍者乃以具体事之存在为其呈现之情境。如日之发光，即为其色彩形状呈现之情境。而此诸普遍者之呈现，所依赖之情境，恒非一单纯之情境，而为众多之情境结成之"结聚"（Nexus）。在此众多情境合为结聚处，即可有一形构之普遍者之呈现，如色彩形状之形构。而吾人之将一形构溯原

---

① 知觉对象之非虚幻者，怀氏或名之为物理对象（Physical object）。

于诸现实情境——即诸现实存在事物——即为由现象以达真实，由抽象以还具体。然吾人之一般知识，所能把握者，皆只及于诸普遍者，如此色彩形状之形构，及其他形构为止。吾人在科学中所了解者，亦只为原子分子之形构。实则在此原子分子之形构之底层，另有真实之物理事，此乃唯是吾人因果实效式之知觉之所摄握，亦即吾人前所谓物极感之所摄握，而恒不明朗呈现于自觉之意识中者。在人之自觉的知识中，一切抽象普遍者，皆为明朗确定。然其所赖以呈现之具体事，则为彼此互感，相摄握，成结聚，表现为一自然之流行或一自然之创进。此则非一般科学知识之所及。科学知识之所及，唯是在自然之流行创进上，就此流行创进中不同之事之"结聚"，所表现之普遍而恒常之形构或律则，加以了解。至由较低之普遍者之了解，至较高之普遍者之了解，则赖于次第之抽象。由此抽象之所得之愈高之普遍者，即愈为贯注于更多之具体事中之普遍者。而其所以能实成为贯于诸具体事中之普遍者，则由于此诸具体事之互感而相摄握，而诸普遍者遂得重复呈现。而此具体事之相摄握，亦即事与事"由此伸入彼，而彼涵盖此"之一种扩延之关系。由此扩延之关系之存在，乃有普遍者之重现。故此普遍者之认识，即依于事与事之扩延关系而来之抽象。今由知低级之普遍者，至知高级之普遍者，则为依于更广博之事与事之扩延关系而来之抽象。而由此以形成对抽象之普遍者之概念之法，在怀氏则称之为扩延的抽象法（Extensive Abstraction）。而此即证所谓抽象之普遍者，无论自其概念之形成，及其存在上之地位上说，皆缘于具体事而来，初亦不能离具体事而自存。

第六节　扩延连续体

由上述之具体事与具体事或现实存在与现实存在，彼此积极的摄握成结聚，而表现之自然之流行或自然之创进中，一方有现实存在与现实存在之互相内在，并有普遍形构法相之重复的贯于诸相摄握之现实存在中。而在另一方，亦有各各现实存在，依于不同之现实存在之结聚为根据以生起，并各有其所感摄之不同法相。由是而有各现实存在之分别成就而原子化。各现实存在间之相互的消极的摄握，亦即各现实存在所赖以自持其为原子式之存在者。然此仍无碍于各现实存在间之另有积极的摄握，依扩延之关系而互相内在，以形成世界之公共的基本秩序。

怀氏论此扩延之关系，或为全体涵部分，或为二全体涵共同之部分，或为二部分在一全体中相衔接。世界诸现实存在，即依此诸扩延之关系相扩延，合以构成一扩延之连续体。由此而世间之任一现实存在，在此连续体中，因其可为一全体所涵之部分，又可再分为相衔接之部分，并可与其他现实存在涵同一之部分等，即兼具有无定限之可分性，或以分别扩延及于其他存在，或被其他存在所扩延及，或与其他存在同扩延及于另外之其他存在，或同被另外之其他存在所扩延及。此扩延之连续体中之扩延关系，即构成现实世界之最基本之秩序。而一切现实存在之其他关系，皆依于此基本之秩序而来，合以成就自然之流行，自然之创进。

自此扩延之连续体中一切现实存在之恒依扩延关系，以构成现实世界基本秩序，合以成就一自然之流行，自然之创进言，即为包含未来世界之事物之潜能者。吾人可说，一切未来事物，皆以此现实之扩延连续体为根据之基料而生起。其生起，亦即有此扩延连续体自身之扩延。此扩延连续体，亦即任何新生起之现实存在，与其所摄握之其他已成之现实存在，得结为公共世界之根据。至此扩延连续体中之新现实存在之一一生起，即为将其潜能中所包含者，一一现实化。此一一现实化之次第成就，亦即此扩延连续体之一一时间段落化。然此扩延连续体，所包涵之已现实之过去与可能之将来，则又同为正生起之现实存在之所摄握。一现实存在之物极感，即为摄握已现实之过去，其心极感即为摄握可能之将来者。而任一现实存在，在摄握诸现实存在之结聚时，一现实存在，即为使此结聚所由构成之诸现实存在，结成一统一体，亦将诸现实存在之诸摄握，结成统一体者。而自一现实存在摄握一结聚时，亦依于其分别摄握其所由构成之诸现实存在言，则一现实存在又为涵具一可分性者。由是而此一切现实存在依扩延关系而形成之一扩延连续体，即为一通贯古今，若断还续，多而复一，以"范围天地之化而不过，曲成万物而无遗"之一连续体。

第七节　存在事物之种类层级差别与自然创进中之冒险

至于克就我们所经验之自然界已发生存在事物之种类言，则粗略地言之，可分为：（一）人类存在，其身体与心灵。（二）人以外之动物生命。（三）植物生命。（四）单细胞。（五）一切无机的聚集（Aggregates）。（六）由近代物理学之精细分析而发现之小宇宙中所发生之种种物理事件（如光量子、电波之放射等）[1]。至于对自然之最初与未来所可能创进出之存在事物之种类层级，毕竟有多少，则怀氏未详加讨论。即各种之存在事物之性质之差别，怀氏所论者亦甚略。怀氏以一切在自然之创进中。彼所重者，在论一切现实存在之普遍性相，及宇宙之普遍秩序，如上文所说。除此以外，此自然之创进，亦有表现各种不同之特殊秩序之可能，即今之空间之三度，彼亦以为只为一特殊之秩序。故彼不重各存在事物之种类、层级及性质之差别之讨论也。

唯对于存在事物之层次高下一问题，怀氏思想有一点，应加以说明者。即在彼之意，自然中愈高级存在之事物，其心极感之所摄握者，即愈不全为其物极感所摄握之前事所决定。而其后事之形构，即不必全应合于其诸前事之形构。而此则由于其心极感之对永恒法相之另有创新性之摄握。此创新性之摄握，可对宇宙原有之秩序，加以促进，以开出一另一生生相续之存在串系；亦可破坏自然原有之秩序，并可使其自身不适于存在旧秩序中，而陷于失败之命运者。由此而一切由创新性之摄握，以成一创新性之存在，皆为一原来之自然之流行之路道之歧出与分化，而为一不守故常之事，亦为一冒险。然宇宙间之高级存在事物，在自然之创进历程中产生，皆原于此一歧出、分化与冒险。此歧出与分化，亦即为在自然流行之旧路旧物中僵死之潜能之一活转。然由此而果得归于创新性存在之出现，则又为此潜能之凝聚与整合。依物理学之第二律所说，此有限之物质世界中可用之能力，原为不断放散，以成不可用之潜能，而不断下降毁坏者。而吾人如以一切事物，皆为其前因所决定，为因之事物之力，逐渐用尽，则其形构之应合于为因之事物之继起事物，亦即渐不能产生，而自然中之一切潜能，即僵死于其旧路旧物之中。故自然欲成就其创进与流行之事，必须有逆反此下降毁坏之倾向的，另一向上之创建之趋向。而此则见于新事物之自旧路中超拔，自有其对新法相之摄握，而产生新奇与变异。而此种对新法相之摄握之要求，亦即为自然中产生千差万别之高级存在事物之理由。在此处，吾人欲说明此自然之创进流行之新新不已，亦即必于物理学上所谓前因决定后果之外，

---

[1] Modes of Thought. pp. 214—215.

并肯定每一后果之各为一创新性之存在,而其所以能存在,则兼依于一"向往永恒法相,以生起此创新性之存在"之目的因。而此创新性存在之生起与冒险,亦为自然中所不可免者。因无此生起与冒险,则此自然之流行,即只有下降,而不能向上升进。人类原亦即此自然之经无数冒险而有之一存在。自然之流行创进,到人类之有自觉心灵之存在,则表示其对永恒的法相之心极之摄握,已可与其对现实存在事物之物理的摄握,构成一"对较"(Contrast)。由此而人之心灵、及其文化历史中,更充满所谓理念之冒险。吾人之有各种要求、希望、理想,皆同原于此。此理念之冒险,乃表示自然之创进之一尖端,而为形上学的应有者。

然由人类心灵之以永恒之法相,为其所向往,故人恒易产生一二元论之思想,而以永恒不变之法相世界,为一世界,自然之世界为另一世界;以人心为一实体,人之身体与他物,又各为一实体。人心之世界为一主观之世界,而外有一纯客观之外物之世界。然此实不能说者。其所以不能说,是人之所以向往永恒之法相,乃所以实现之于自然,以成就自然之创进。而此永恒之法相之得实现于自然,亦不能全破坏已成之自然之秩序,而必须兼为能促进自然之秩序,使已有之自然之秩序,得保存于以后之自然中者。人在以其心极感摄握永恒的法相时,亦实同时以其物极感,摄握已成之自然世界之现实存在;而已成之自然世界、已成之现实存在之合存在于一扩延之连续体中,即包涵一切创新性之存在,所以能生起之潜能。故一切创新性存在之生起,即一方原于永恒法相之昭垂于其心极感,一方原于其对已成之世界之潜能之存在之物极感。由此而吾人不能将超自然之永恒法相,与自然世界相对立,亦不能将吾人之心与身体及外物相对立。吾人当说此自然之创进,与人生之创进,皆一方是永恒法相之昭垂于现实存在,以由上而下;一方是已成之世界之潜能,重重被继起的现实存在所摄握,而层层增积扩延,以由下而上。自人言,则一方是吾人之心灵之摄握永恒法相,而通过吾人之对当前世界之直接呈现式之知觉,而对当前世界抱一理想等,再以吾人之身体之活动体现此法相,此理想等,以实现之于外物之世界,以成人类之文明,以由内而外。另一方则是此外物之因果实效之及于吾人之身体,为吾人之神经所把握,最后为吾人之因果实效式之知觉所摄握,以由外而内。由此而吾人当说,自然固向超自然之法相世界而进入,超自然之法相,亦向自然之世界而进入,而彼此互为内在。至于人以外自然环境中之外物与身体之形相,为心之知觉所摄握,固可说为其主观化而内在于人心中。然此主观化者还可再客观化以指涉形容或论谓自然环境中之外物与身体。人心在有所知觉时,其所知觉者,固可说包括此当前呈现之世界,及其所承之过去之世界;然人心亦同时知其与当前呈现之世界之共在一由过去以伸向未来之自然之创进或流行之中,由此亦知其存在于自然中。于是不特人之环境存在于人中,人亦存在于其环境中。至于人之所以自觉其为一我,则由于人可由对过去之回忆与对将来之希望预期中,以自觉其过去、现在、与将来之"同一"与"连续"。而此对过去之回忆之所以可能,则在过去对现在之因果实效;对将来之预期之所以可能,则系于其在当前之世界中,兼抱一对未来之理想等,而有一对永恒的法相之向往。实则人之所以为人,乃初为有各串系之心理事、生理事之相续并在,而合成之一"社会"①。唯以其中之事,有共同之形构之递嬗,及潜能之扩延增积,而又被人所自觉,故人有其自我之统一性之自觉,而可说有一贯通过去、现在、与未来之自我或灵魂。至人之一切欲有所创新,而预期一未来之活动,如自其所欲创新者,所预期者之根于现在说,即其产生,有一必然性;其存在,乃为现在之目的之所决定。而如自吾人正享有一活动时,于其目的,皆视如内在于此活动之形构法相上看,则吾人之活动,皆为吾人当前之自己所自由创造。由此而目的论与自由论,即有一调和。而自过去之因果实效之决定现在处说,则当为哲学中之机械论,亦涵一部分真理之理由。

第八节 上帝之根本性与后得性

依怀氏之此种哲学,最后亦必需涉及西方传统哲学中之上帝问题。而吾人如问此自然创进之事,何以可能,亦必逼出上帝之概念。因如吾人说自然之创进,表示于一一现实存在对永恒之法相之向往,则吾人不能不问:此永恒之法相是否为现实者。如非现实,则其如何能为现实存在之事物所向慕,又如何能现实化,为现实存在事物,所现实的摄握?又一切已成世界之潜能,如何得再加以摄聚,而使一能摄握法相之具体化的现实存在,得继以生起?此必须根于一现实之原则,不能根于单纯

---

① 此所社会(Society)由各串事之相续并在上说,乃社会之一特殊义。

之可能原则。因可能者，可永不现实。于此，怀氏哲学，有一本体论之原则，即"非现实者不能存在，一切永恒之法相，皆不能虚悬，当依于一现实存在，而存在、而实现"之原则。依此原则，怀氏遂以一切永恒的法相，皆初为一现实存在之上帝之心极之所摄握，亦为上帝之永恒之法相。怀氏之本体论原则，在根本上乃同于亚里士多德者。然其只以永恒的法相为上帝心极之所摄握，而非上帝之实体上之属性，则其上帝近于柏拉图之造物主，只仰观理念世界，依以造世界之说。又怀氏并不以上帝，为能无中生有，乃于上帝外，兼肯定有无数之世界中现实存在。此又略同于柏亚二氏之于理念形式世界，及上帝创物主外，兼肯定物质之存在之义。然在柏亚二氏之物质，纯为一被动之接受者，而为一非有之有。而在怀氏，于上帝之外，所肯定之无数之世界中现实存在，则为与上帝自始并在者。此世界之现实存在，与上帝自始并在，而其并在，同时为互相依赖以并在。于是有上帝之根本性及后得性，兹略释之于下。

世界之现实存在之依赖上帝，在其所向往之永恒之法相，初为现实的上帝之所摄握。即此诸法相其所以能现实化，所根据之原则，乃在其原为现实的上帝所摄握。此现实的上帝之摄握永恒的法相世界之全，以为世界之现实存在所向往，是为上帝之根本性（Primordial Nature of God）。

然上帝除根本性外，尚有后得性（Consequent Nature of God）[①]。此即因上帝之一面摄握此永恒的法相世界，一面亦昭垂此永恒之法相世界，而待世界之现实存在之实现之。如无世界之现实存在之实现之，则法相世界虽上有所根，而下无所寄。有世界之现实存在之实现之，然后上帝所摄握者，乃兼为世界之现实存在所摄握，法相之世界乃上有所根，下有所寄，而如卓立于天地之间。世界之现实存在，摄握此法相世界之法相，而此法相存于上帝之现实中，则世界之现实存在，亦同时摄握现实之上帝。而上帝之法相，既为世界之现实存在所摄握，则上帝之摄握其法相，亦即同时"对摄握其法相之世界中之现实存在"，亦有一摄握。上帝之此摄握，则为"后于世界中之现实存在之摄握法相，而已成其为现实存在后"之摄握。此上帝之摄握世界中之现实存在之事，则可说为上帝对世界之已成之现实存在之接受，而为上帝之物极之摄握。此即为上帝之后于世界之已成之现实存在，而有之"后得性"。如世界无现实存

---

① 此二译名，由佛家唯识宗所谓根本智，后得智之二名来。

在，上帝亦不能有此后得性；则上帝虽可以其根本性，以摄握法相世界之全，然却无依此法相世界之法相之实现，而有之世界之现实存在，为其所摄握。上帝之现实中，若无世界之现实事物为其所摄握，则其所具之现实性，尚非能充实完满之现实性。即上帝尚未能得全成就其自身之现实。故上帝欲全成就其自身之现实，正须待于现实世界之现实事物之存在，此即上帝对于世界之依赖。

在此世界与上帝之互相依赖之关系中，同时有上帝与世界之互相超越之关系。上帝之超越世界，在其所摄之法相，多非世界之现实存在所能摄。世间之超越上帝，在世界之现实存在，亦有其自具之动力与要求，以向上升进，而使上帝所摄之法相，如不得不下澈，以为其所摄，而不为上帝之所私有。又上帝依其根本性，摄握法相世界，乃为永恒的、全幅的、无限的、正面的、积极的摄握，而不能有消极之摄握。此见上帝之无限，与上帝之常，亦见上帝之不能兼有限。至世界之现实存在之每一事物，则只能积极的摄握若干法相，而消极的摄握其余之一切法相世界，唯有由不同之现实存在物，分别依次实现法相，方成就一自然之创进；此则见世界之现实存在物之有限与变，而不能如上帝之无限与常。此二者即互相超越，而互为对反。然世界之现实存在在变中，又不断显出恒常之形构，此即使恒常之法相，存于变化之世界中。又世界之无限数的不同现实存在，在相继而分别生起中，又可合以显其对全幅无限法相世界，求全幅的正面的积极加以摄握之要求。而上帝既由其后得性，以摄受世界之现实存在，则世界的现实存在之有限与变，亦为上帝所摄握，而上帝亦得兼具有世界之现实存在所有之积极的摄握与消极的摄握。由此而上帝之常与世界之变，遂相互为用；上帝之无限与世界事物之有限，亦相互为用。此相互为用，即以见整个宇宙变化无穷，而又秩然不乱，合以为"多合于一，一分为多，一多相对反而又相成"之悠久无疆的（Everlasting）自然之创进。

第九节 价值之地位

在怀氏之整个哲学中，价值之观念，实为中心观念。其全幅思想之宗旨，可说即在成立价值之内在于自然，或世界之现实存在中之一义。依其说，任一现实存在之生起成就，皆为一价值实现之历程。任一现实存在对永恒法相之心极的摄握，或对其他已成之现实存在之物极的摄握，凡足以促进此现实存在之生成，或使其摄握感增强者，皆对此现实存在表现一价值。反之，则表现负价值。而在自然之创进中，整个言之，实处处是法相之昭垂，以为现实存在之心极感所摄握，亦处处是已成之现实存在，为继起之现实存在所摄握，以成就现实存在之生生相续之历程。由此而整个世界，即处处显为一价值流行之世界。

在西方传统各种哲学所重之真善美之价值中，怀氏以"真"为现象与实在之应合，美为和谐，善则为已成之世界之秩序之保存及其升进。此义前已说。然在怀氏之哲学中，则尤重在自然之创进历程中新异者之创出。此则原于吾人前所谓"冒险"。而此冒险，即为一根本之价值。由之而有人类文化中之理念之冒险，此尤为文化之生机所在。人类社会中，能以指导未来之理念，使人悦服，以代替强力胁迫，亦即为目的因之代替动力因。此即文化之进步之原，亦即为一切艺术之根原。然每一新异事物之生起，皆为一定之可能之实现，亦即为其他无限可能之排斥。此一定之可能之和谐的实现，即为个体化之原则，或和谐之原则。一个体只能实现一定之可能，则其他无限之可能，即只有由其余之个体实现。而最大之和谐，即当为无数之存在之个体，在一背景之统一下，所成之和谐，此即其所谓太和（Great Harmony）。此太和，乃以整个宇宙为背景。吾人可说一切存在的个体，皆在此一太和中。然此以宇宙为背景之太和之中，一方依冒险而有不同个体事物之各自生起而成就，一方亦依冒险，而有不同事物之陷于一失败或悲剧之命运。然此悲剧乃冒险者之还入于其背景，而归其根；则此中仍有一悲剧美。而此整个宇宙之进程，亦即恒为始于青春之幻梦，而以悲剧之美为收获者。而此处即见由宇宙之内热而有之冒险，与其最后之"平安"之一结合之秘密。而吾人亦当视此平安之使一切失败者受苦者，得其休息，为一根本之价值，而与真、美、冒险、艺术之价值相结合，所同存于一宇宙之太和中者。

怀特海之机体哲学　参考书目

F. S. C. Northrop & N. W. Gross：An Anthology of Whitehead，Cambridge Press，1953.
此为怀氏著作之选集

A. N. Whitehead：Science and Modern World，New York，1925.

Frocess and Reality　　　　New York, 1929.
Adventures of Ideas.　　　New York, 1933, 1948.
Modes of Thought.　　　　New York, 1938.

D. M. Emmet: Whitehead's, Philosophy of Organism. 1932.

P. A. Schippe: Philosophy of Whitehead, Tudor Co.. 1951.

此书乃论文集。其中以 V. Lowe: The Development of Whitehead's Philosophy, 及 C. Hartshorne: **Whitehead's Idea of God** 二篇文，为最足供一般读者之参考。

N. Lawrence: Whitehead's Philosophical Development: A critical History of the Background of Process and Reality. Univ. of California Press, 1956.

A. H. Johnson: Whitehead's Philosophy of Civilization, 1958.

W. Mays: Philosophy of Whitehead (Muirhead Library of Philosophy).

第十七章 西方哲学中之唯心论

第一节 唯心论与理想主义之意义

广义之唯心论或理想主义，可说是在东西哲学史中，占最重要地位之一哲学传统。此广义之唯心论或理想主义，即一看重精神在宇宙中之地位，并以心灵为身体之主，而以内在之精神、心灵、人格本身之价值，与一切伦理道德价值，高于其他外在的物质事物之价值，与世俗之权力、财富、名誉之价值，并注重理想之必可实现于事实之一种思想。此种思想，自始为人类之能在黑暗中看见光明，于光明中，求保有此光明，开拓其光明，而使人类之社会文化，能不断向上进步之核心思想。

但此广义之唯心论，或理想主义，可以只是一人生哲学上之主张，持此主张者，在理论上或必须归于一形上学之唯心论；然在实际上，则他在形上学上，尽可不信唯心论，而尽可主张此一切精神价值，人生理想之最后根本在神，而初不在人心，或其最后根原在自然，而不在人心。

但是我们即限唯心论于形上学之唯心论，唯心论仍为一东西哲学中之一主潮。此种形上学之唯心论之一简单之定义，即直接以心灵或精神，为宇宙人生中最真实之存在，或一切价值与德性之根原所在之思想。由此种思想，可最后发展为：肯定一超自然之上帝心，而肯定上帝之存在，亦可肯定内在于自然之一宇宙心灵，或心灵质素之遍在，而成为前文所谓泛心论。亦可于肯定此心灵或精神，在宇宙人生中之最重要之中枢地位外，兼肯定其他非心灵性之存在，如生命之存在，物质之存在。然而为别于其他之唯神论，自然主义之哲学等，则唯心论之第一概念，必当为内在于吾人之自身之心灵或精神。唯心论之思想，由此心灵或精神出发，即上通至上帝，或外通至自然之后，最后仍当再归宿于吾人之自身之心灵或精神之活动,然后能成为典型之唯心论。由此而唯心论者之思想,虽不能限于论人心,然必始于人心,终于人心。其始于人心,恒是由人心以透视神心天心,或涵摄自然,即以人观天。其终于人心,则或是以人心代天心,或是以人心上承天心,而裁成自然。然东西哲学之唯心论,于此仍有种种不同之思想路数。即所谓人心,果何所指?吾人毕竟重此心之认识方面,或情感意志方面?毕竟除一般所谓表面之人心外,是否尚有更高或更深一层之人心?吾人之认识此心,是否只赖思辨之理性即足,或尚有待于超思辨之直觉,或德性修养上之工夫?此皆有种种问题。粗略言之,则西方哲学之唯心论,大皆主要由心之认识上讲心,其唯心论之发展,恒归于肯定一超越意识,或上帝心、绝对心,为更高一层之意义之心之存在。而印度哲学中之唯心论,则归于肯定一在一般人心以外之更深之心。如梵我不二之心,如来藏心。而此更深之心之昭显,则必赖于修养上下工夫。中国哲学中之唯心思想,则恒以道心,本心、真心,为更高或更深一层意义之心,而亦重由工夫以昭显此心;并更重在以此心主宰身物,裁成世界,而由澈上以澈下,澈内以澈外者。此为中西印传统唯心论哲学之大别。本章略论西方之唯心论。下二章再各以中印之一唯心论之思想为代表,加以论列。

第二节　西方唯心论思想之渊原

在西方哲学中唯心论之传统,可说始于普洛太各拉及苏格拉底。普氏之思想虽为感觉主义,然其以人为万事万物之权衡,而重感觉,即西方哲学中别人与神及自然,而自觉重人心之始。苏氏之思想,虽主要为属于人生哲学方面者,然其不直接以神之教条为道德标准,亦不重对自然之认识,而重人之凭其理性,以求真知真德,亦即柏拉图、亚里士多德以降之西方一切形上学之唯心论之所由生。柏亚二氏之论宇宙,多由人之知识概念之反省以透入,此为一入路上之唯心论。然其归宿点,则在超越之理型,或上帝心中之形式。二哲皆不特重人心之裁成自然,而赞天地之化育一面,而归于将人心隶属于理型世界上帝心之下,故尚不能成为唯心主义之正宗。吾人谓之为唯心论者固可,只谓之为理型主义者亦可。而西方 Idealism 一名用以指柏亚二氏时,亦重在指二氏之重超心理意义之理型或形式之处①。至于后期希腊哲学中之斯多噶伊壁鸠鲁之重人生之安心立命，亦为一人生哲学上之唯心思想。然其溯人性于自然之性，而归于自然之顺从，则又非归于人心之哲学。

西方中古之哲学思想，原于耶稣之宗教道德思想，与希腊之思想之结合。耶稣反对犹太教之重向外祀神，奉行律法，而欲人以其内心为神殿，此本为由超越外在之神，以回向人心之思想。而奥古斯丁之神学，亦纯从人心之反省入。然彼与其他之基督教思想家，无论其最初之思想之入路如何，其最后皆归于以神心，为人心之所托命，人心赖之以得救者。人心之参赞化育，蔚成人文之义，亦非中世思想之所重，故终不免神重而人轻。

近代之初，笛卡儿之以"我思故我在"，为哲学之出发点。此亦为一以心之"思想"，为第一义之真实之哲学。然其归宿，则为二元论。在欧洲大陆之理性主义之哲学家，唯来布尼兹通常被归入多元的唯心论者。然其所谓单子（Monad）实为一中性之概念，乃兼指上帝与人心及自然之一切实体者。其哲学之中心问题，乃在宇宙之形式结构方面，而较不重在决定存在事物之本性。自其哲学以一切单子皆有知觉，足包涵一整个之世界言，谓为唯心论者固可；然自其以每一单子之世界皆为一封闭之系统言，则人心之世界，亦为一封闭之系统，而为原则上可使上帝自然，皆在其外，而不称之为唯心论亦可。至于英国经验主义之潮流，固皆自人之主观经验出发。然霍布士归于唯物论，洛克归于二元论，休谟归于无物无我论。其中唯巴克来之以心统一切念，可称为纯粹唯心论者。然巴氏为一教士，其论唯心论之归宿，乃在证明自然之存在于上帝心。其唯心论，亦乃重在说明唯具体之观念为真实，而不重在说明心本身之统体性。故其唯心论，乃以观念（Idea）为语根之观念论（Idealism）。

除巴克来之唯心论外，西方哲学中复有所谓泛心论（Panpsychism）。

---

① 西方之 Idealism 一字可以 Ideal 为语根，此可泛指人心所抱理想；而凡重人心之理想之思想，皆可称 Idealism。此即吾人在篇首所谓理想主义或广义之唯心论。Idealism 亦可以 Idea 为语根。此 Idea 在柏拉图乃指理念或理型，亦通于亚氏所谓形式者。故以 Idealism 指彼等思想时，宜译理型主义。Idea 在近世经验主义之哲学中，又为专指主观心理中之观念者。如巴克来之 Idealism，乃主要是一认识论上以外物只为吾人之观念之一学说。则 Idealism 宜译观念论。至于 Idealism 指一形上学学说时，则其主要之涵义，唯是重心灵或精神之真实性之义。其语根为 Idea，亦可为 Ideal，宜译为唯心论。但译为理想主义亦未尝不可。因重心灵或精神之真实者，即重心灵精神中之理想之真实者。

此与原始之精灵主义（Animism），亦可称为形上学之唯心论之一支。但此乃视心灵为自然之一成分，亦不得为标准之唯心论。此在本部第十章中亦尝附及之，兹不复赘。

第三节 西方近代之唯心论

在西方哲学中之标准之唯心论，乃康德之超越的唯心论，及其所开启之后康德派之客观唯心论，绝对唯心论，新康德派之唯心论、十九世纪以来德之洛慈翁德及英美之人格唯心论、与意大利之新唯心论等。此种种形态之唯心论，立说不必同。其中或以自然只为人之超越的统觉之所摄，如康德。或以自然为精神之客观化或外在的表现，如绝对唯心论客观唯心论者。或重确立自然与精神及历史之分，以确立精神与历史之地位于自然之上，如新康德派之西南学派。或以自然为成就人格之工具，如人格唯心论者。或以自然对人之现实精神经验言，乃潜能而非现实，如意大利新唯心论者。或以上帝之存在，为由人道德意志之要求以建立，如康德。或以上帝即人之大我，如菲希特格林。或以上帝即绝对精神，客观精神，此绝对精神客观精神，即表现为人之哲学、宗教、艺术、国家、伦理、法律中之精神中，如黑格尔。或以人之人格能辅助"至善而力有限之上帝之人格"之所不及，如人格唯心论。或以人当下之新新不已之精神，即具神明性，如意大利之新唯心论者。此皆为将人之心灵与精神之地位，特别加以凸出，以一方涵盖昭临于自然之上，一方见天心帝德之皆未尝真超越人心而外在，与人心相隔离者。此乃与中古宗教思想中之神本论，特重神之超越性；及希腊与近代之自然主义唯物主义之观人心，只为一自然中之存在，与其他自然中存在并立之说，皆不同者。大体而言，则此诸派之哲学，皆能始于人心之反省，而终于人心之地位及其责任之确认，以使人成为一上天（上帝）下地（自然）中之一存在，即三才之一者。在此义上，此诸派之哲学，皆可称为西方合标准之唯心论者。

综上所论，西方之唯心论者，可分为下列数者，兹分列复述其特色如下：

（一）柏拉图式之理型主义之唯心论——注重心所向之理型者。

（二）来布尼兹之多元之单子论之唯心论——注重心之自成一封闭的

系统者——此说归于以神心,为人心之单子及自然之单子之外在的配合者。

（三）巴克来之主观观念论之唯心论——重心之观念者——归于自然之存于神心。

（四）泛心论——归心于自然者。

（五）康德式之超越主义批判主义之唯心论。以自然为人心所对,而由道德意志之要求,以建立上帝之存在者。

（六）菲希特黑格尔式以降之绝对唯心论。自然为精神表现,上帝为大我或绝对精神。

（七）人格唯心论。自然为成就人格之工具,上帝为一至善而能力有限之人格精神。此可概括德法之重个人之人格意志或精神之新唯心论者,如德之洛慈（R. H. Lotze）、倭铿（R. Euckin）,法之勒鲁维（C. Renouvier）、拉西列（I. Lachelier）及英美之人格唯心论者。如塞斯（A. Seth）、霍维孙（G. H. Howison）等。

（八）意大利之新唯心论。以自然对现实经验言只为潜能,另无神。人之精神即具神明性。

对以上各派之唯心论,除前四者,非标准之唯心论,且多已于上列各章中述及之外；对由五至八之各派,吾人可指出,其所以必归于以人心或精神在自然之上,而又以天心天德,皆不外于人心或神心之大体上之理由如下。

第四节　康德之超越唯心论中之认识的主体观

西方唯心论者之以心灵在自然世界之上之一根本理由,是从我们之对外物自然物之知识之形成上说,心灵实供给此知识所由构成之主要成分。即此种知识之有客观性、普遍性,其根据亦在此内在的心灵,而非外界之物之自身。此即康德之《纯理批判》一书之一主题。而亦大体上为其他唯心论者所共认者。

在康德之唯心论,我们要先注意二点：一点是他不否认物自身之存在。如我们前论康德对知识对象问题之主张时所说。另一点是为一切知识所由形成之真正根据之心,并非常识或科学的心理学,以及一些经验主义者所谓心之经验,如感觉、印象、情感、欲望、或意志等,可由我们之一般反省所得,或可由他人之所观察者①。此为一切知识所由形成之真正之根据之"心",乃超越于一般所谓心之经验,及一般所谓外物之上,而同时加以认识之主体。此即其所谓超越的统觉,超越自我意识之超越的统一。这些名词,初学者恒感到玄妙,配在康德大套范畴论中看,尤易使初学者感到惶惑。但此中有一较简单之求迫近的了解的方法。而我们亦无妨由此法,并对照以前所已论之他派哲学,以指出康德之所谓超越意识、超越统觉之涵义。

此简单的求迫近了解之方法,即试想我们在此岂非一面看见外界,有种种形形色色之物,布列于空间;一面又可反省到,我之内界有种种起伏之感觉、印象、情感、欲望等,在一心理之时间中相续生起?我在如此想时,我岂非即已同时统摄此一切对外界之所知,及对内界之所知?此对内外界之所知,岂非明属于一统一的我之统觉?此统一之我之此统觉,既然兼知此内外界之时空中事物,而统摄之;则此我即为超越此一切内外界之时空中事物上之一认识主体,而不与其所认识之一切,居于同一之层次,而可称为超越之统觉,超越之我,意识之超越的统一,以别于通常之经验统觉,经验的我,经验意识。

此所谓超越统觉,亦可从康德所谓纯意识（Pure Consciousness）去了解。所谓纯意识,即把我们之意识中特殊对象之内容,抽掉后之原始的纯一的意识之能,或一纯粹之能觉。而此纯粹意识亦即一般意识（Consciousness in general）。此一般,乃就其能普遍运行于一切特殊对象,而形成种种可能的普遍概念上说。而说其为超越统觉,则一方是自其位于通常之所谓意识经验及其所对现象之上一层次,而加以统摄处说,一方则是就其能兼统摄各种感性范畴,理解范畴,以成就吾人对整个自然世界之种种知识上说。故此超越统觉,有其更复杂的关联。然而我们可暂不管此复杂之关联,而可只就此超越统觉之为一原始的纯粹意识,一般意识上,去了解其普遍运行于一切特殊对象之上,而加以统摄之一根本义。

我们今试将此说之根本义与他派之哲学,如前述唯物论者以及亚力

---

① W. Hocking 有一文名 Mind and Near mind 谓此等等通常所谓心者,皆为 Near mind 非 Mind 此略近黄道周所谓心边产之非心,（参考本部第十九章最后一节）Hocking 此文载 The Development of American Philosophy。此书由 Mueder & Sear 合编, Houghton Co. 1940 年出版。读此文可对西方唯心论者所谓心之异于一般所谓心,有一了解。

山大、怀特海之说相比较，便可明白此说之根本义，至少从一面来看，是不可动摇的。譬如依此其他诸说，都可说世界除我们人之经验外，还有外面之日月星辰土石动植等，林林总总之事物。这许多事物，都可在我们自己未生之前，早已存在。由我们自己之父母祖宗，一直推至人类存在以前，生物存在以前，及地球存在以前，亦早有天空中之星云存在。而此存在之世界之空间时间，亦尽可是无定限的广大，无定限的长久，由过去经现在，直伸至未来，以新新不已者。如依康德哲学说，则这些亦都可是真的。康德本人在初年，亦对于太阳系之生成，提出星云学说。但是康德于此，只须转问一句：谁是知道此一切者？或你如何知道这些？这些知识如何可能成立的？则此全部人所知之世界，即全部如被抛回于人之有此知识，能形成此知识之能知之心灵。依康德说，我们之能知之心灵，其形成此一切知识之第一开始之条件，即我们在受外物之影响，而生感觉知觉时，即同路将感觉知觉所得者，安排于一时空之范畴或形式中。此时空形式，却非感觉知觉之对象，而是我们去感觉知觉事物，及安排感觉知觉所得者之一先验之形式。此在本书第三部第十章第十一节已论及。这我们只须试把方才所说对自然之一切知识，再回头一想，便可更反证康德所说。即如方才所说日月星辰，土石动植等，林林总总之事物，我们都承认其在空间中，而自古及今之一切事变，我们皆承认其在时间中。则我们如不将此一切，安排于空间时间之秩序中，或不透过时间空间之格局，去看他们，我们明不能有知识。然而我们有无理由说，时空是外在于我们自己的？如所谓"我们自己"，是指我们之身体，及视为只与此身体相连之我们个人已有之主观经验，我们是可以如此说的。因我们可以说在我们之身体外有空间，我们已成之经验外，尚有未来时间中之种种经验。但是如所谓我们自己，是指此能认识一切之主体，则不能说。因此认识主体，乃超越于我之此身体之上者。我之此身体与其外之事物同是此认识之主体所涵盖，而加以认识者。我乃同时认识我之身体之在某空间，与其外空间中之事物。则在身体外之空间，并不在我之认识之主体的涵盖之量之外。而我们无论如何去想象此空间之无定限的伸大，我们都不能证明此所想象的空间，能较想象此空间之心灵为大，而在此心灵之外。对于时间，亦复如是。我们虽可想象时间之能无定限的伸长，以溢出于我之一切已成之经验之外，然而他仍不能溢出于此能想象时间之无限之伸长的心灵之外。由此，而我们纵然假定时间空间,乃合为一无限之时空之整体,如亚力山大所说,或时空之秩序,皆依于宇宙之扩延连续体中之基本秩序而来,如怀特海之说;依康德之思想来看,此皆同不能证明时间空间,在我们之能认识之心灵之外。因我们在知此所谓无限的时空之整体,或扩延连续体中之秩序时,我们之认识的心灵,亦即同时体现此整体之秩序。至于说我们认识时空之整体,只是以我们在此时此地之观点上,所构成之一时空观景,此外尚有无数之观点之观景,在我们之观点之观景外,此话依康德思想来看,是可说的。然此仍不能证明此外之无数观点之观景,在此能认识之心灵主体外[①]。此理由仍甚简单,即因此心灵亦知道:此外可能有无数之观点。说我们之心灵之当下认识,只是一现实存在之事,此事虽以整个宇宙之扩延连续体为其背景,然此外尚有无限之事,在我们当下之认识外,此话依康德之思想来看,亦是可说的。然亦不证明有当下认识以外之事,在此心灵之主体外。此理由亦复简单,即此心灵之主体,亦知道此外有无数之事。此心灵之能知此外之可能有无数观点,及无数之事,则有此知之之心灵,并非限于其当下之观点,所认识之事之"知"中之心灵。有此知之心灵,乃是一能兼取一切可能之观点,兼知此一切可能之事,而超越其上之一心灵。由是而依康德之哲学,以看此时空中世界,无论其如何广大复杂,皆是在此心灵之主体之所涵盖之下,而属于康德所谓可能经验之世界,而永不能溢出其涵盖之范围之外,而亦永为其所统率者。此心灵之主体,亦即一超越的主体,其意识即一具超越的统觉之意识。

对于康德之此种以人之心灵主体,涵盖统率一切所知之一切对象之义,一般人所以觉到不易了解之一种心理之障碍,是一般人看知识,皆只自其开始处看,而不自其成就处看。在人开始求知识时,人总是想所知之对象是外在的,我们是不断自内向外追求,又如自下向上遥望。但是我们之求知之目的,乃以知识之成就为归宿。我们试去想,在知识成就时,我们之能知之心灵,与所知之对象之关系,便知此心灵,总是超越于对象之上,而将对象加以涵盖者。由此而一切可知者,亦即我们之心灵,所可能经验可能知,而在其所能涵盖之量之内者。若真有在其外

[①] E. Cassirer: Substance and Function 一书之一附录,即说明康德之时空理论,可不与相对论冲突之一文。

者，则吾人对之之知识，亦永无成就之可能，而吾人亦永不能确知其是如何存在的。因而一切吾人所能确知为如何存在者，吾人亦即能同时确知，其必在此能知之心灵所能涵盖之量之内者。由此而一切人对自然之知识，皆统摄于人之能知之心灵之下之义，即可在原则上成立。然此能知之心灵，并非限于现在之一特定之知之活动之心灵，而是能无定限的超越其特定之知之活动，以普遍运行于一切对象可能经验者，而能加以涵盖并对之作种种超越的规定之能知心灵。此种唯心论，康德即自称为超越之唯心论。

第五节　康德论自然之合目的性与美感及心灵之超越性

康德此种超越唯心论，方才已说其并不否认物之自身之存在，亦不否认自然之本身之存在。其所争者，唯是从人对自然知识之成就上看，自然只是人之能知之心灵主体之所知，而为其所统摄。此外，人对于自然，除纯粹之认知之态度外，尚有一态度，即康德之《判断力批判》，所谓审美的态度，于自然中感识某种目的性的趋向之态度。

关于自然之活动，有一目的性趋向，可以为自然中有理性之证明，如在斯多噶派。亦可为自然由上帝依计划目的而造之证明，如在若干中古哲学家。亦可为有目的性之活动之人，与有目的活动之自然界之生物，在进化上之相连续之证明，如在进化论者。然依康德，则自然之表现有目的性之活动，乃人之美感之一主要泉原。如动物植物之各方面配合和谐的生长，所成之形态，即为人之优美感之一主要之泉原。在人有此优美感时，即更易觉到人之心灵与自然之合一。

在此人对自然之美感中，包涵一美的判断，即判断自然为美。此美的判断，根于客观自然之形式，与人之目的之有一种应合，与一种统一，是康德哲学所承认的。但是人对自然之合目的性的判断，其最后根据；唯在人之为一有目的之存在。人必须以其目的为背景，然后乃能判断自然之合目的性，而生出美感。人之自觉的目的之具普遍性者，皆依于人之道德理性而建立，而人之道德理性，则为一超自然之情欲之理性。由此而人之判断自然之合目的性，及人之真正之美感，亦间接根于人之道德理性；而人之判断自然之合目的性，此目的性，亦实为超越于自然之上之理念。纯依人之求知识眼光看，一切自然之合目的性现象，亦未尝不可依因果之原理，作一解释。吾人之如目的之原理，解释自然，亦并不能解释自然中之种种至少在表面上不合目的之原理之现象。如动物植物之环境，对于动物植物之生存之种种妨碍灾害等，皆不能直接依目的原则，加以解释。由此而人之所视为自然之目的者，皆只能为自然现象之变化发展之一超越的目的。而此超越之目的之理念，乃不能落下，而隶属于外在之自然，以对自然作规定的判断者。唯依于人之道德理性心灵之提挈、悬起，此超越的目的理念，并依之以对自然作反省的判断，然后能应用之于自然者。故其成立之根据，亦在人之道德理性心灵，而不在自然。

此外，人依其目的原理以看自然所生之美感，在康德亦以为有二种。一种为优美感（Sense of beauty），上已提及。一种为壮美感（Sense of sublime）。此优美感，或可直接由见自然物之各部之配合和谐，以适合一特定之目的而生。而壮美感，则依于自然之表现一超越一特定有限形式之目的，之不可限量的广度量或强度量而有。而自然之种种对生物为灾害之现象，如火山、洪水，亦未尝不可引起人之壮美感。此壮美感，由自然所表现之不可限量而引起，尤不能以自然物之特定的形式目的，加以说明者。然则此壮美感由何而生？康德则谓此乃依于人之道德理性之具无限性，而原超越一切特定形式目的之限制而来。由此而自然所表现之壮美，乃唯对具道德理性之心灵而表现。此美虽似呈现于自然，而其根据，则纯在人之超自然之道德理性。人亦唯有此道德理性，乃能将自然合目的的现象，与表面不合目的之现象，统一于变化发展之历程中，而视之为达一超越的目的理念者。

对于康德之自然之合目的性及美学之理论，乃康德哲学之一最后成果。其详非通过其道德哲学，不能了解。吾人此上之所说，重要者只是指出自然之被判断为合目的性，及自然之美感之根据，乃在超自然之心灵中，超越的目的理念之存在。由此而凡人之由自然有合目的性之现象，及对自然之美感，以证心灵与自然，属于一层级，而为一具直接之连续性之理论，则皆依此哲学，而成为无效。至于人之心灵如何可说由自然中进化而出，又如何不妨碍其真实性之高于其他之自然物，则在康德哲学中，尚无此问题。至在进化论兴起后，西方唯心论者于此问题，则另有答复。

第六节　康德论上帝之存在与人之道德理性

至于对人以上之上帝之地位问题，依康德之唯心论，则一切传统之以纯粹理性论证上帝之存在者，亦皆为无效。此在康德之《纯理批判》（或《纯粹理性批判》）一书，超越的辩证论第二卷第三章，有极详尽之讨论。今吾人自不能一一于此加以分析介绍。但此一切详尽之讨论中，可说有一极简单之逻辑原理贯注，此即：吾人之据任何前提，以推断一结论，此结论中之所包涵者，皆不能超出前题之所包涵。吾人欲论证上帝之存在，吾人所能有之前提根据，只有二来源。一是吾人之上帝之观念，一是吾人之所见之世界上之存在事物。由吾人之上帝之观念，以推证上帝之存在，乃传统之本体论论证。然吾人如由一观念推证其存在，此乃对此一观念有所增加，而形成一综合命题。依上帝之观念为前提，吾人只能分析此观念，以成一分析命题。而此分析命题，皆为只关于上帝之观念者。故由上帝之观念，只能推知上帝之观念，或此观念之存在，而永不能得上帝之观念，代表一存在，或上帝实际存在之结论。此结论如由上帝之观念推得，即必然为一不合法之结论。

至于从世界上之存在事物，以推证上帝之存在，如由世界上之事物之为偶然存在，以推有必然存在之上帝，及由各种次完全之物，以推必有最完全之上帝等，（如吾人在有神论哲学中之所论者），则依康德，凡此等等，皆由于将人之理性，作颠倒的误用而来。因此种论证，如真是以世间事物之存在作前提，则所能推出者，只为世间事物之存在，不能为上帝之存在。因上帝之存在之概念，乃不包涵于世间事物之存在之概念中者。则吾人此时推知上帝存在之根据，唯在"偶然者外，有必然"之一理性原则，"次完全者之上必有更完全者，以至最完全者"之理性原则等。然此原则，只是吾人在求知识历程中继续运用之原则。此原则，只引导轨约吾人之求知活动之进行，以求一切偶然者之必然之因。并由对不完全者之知，以向往较完全者之知。此诸原则，乃吾人理性所继续运用之原则，亦永不能完成其运用之事，而永只存在于运用进程中之原则。因而由此原则，吾人只能推论出：吾人可再继续运用之以成一无限伸展之"因复有因之串系"，"较完全者有更较完全者之串系"。然此中之第一因与最完全者，则只为吾人之此求知进程所向往之一理念，而不能外于此求知进程，而悬空自己存在者。于是吾人之由此原则，以推论在吾人之求知进程以外之上帝之存在，亦为一结论溢出于前提所涵之事，而仍为一不合法之推论。

康德在《纯粹理性批判》中，否定一切传统之上帝存在之论证之后，在《实践理性之批判》中，又再由人之道德理性之要求，道德与幸福之必须结合为至善，而由此至善之理想之存在，以论人必须设定上帝之存在，以保证此二者之必然结合。然在此处之上帝之存在，即全为依于人之道德理性之要求而立。人之道德理性，亦确有一使"善人在永恒世界中得具德亦具福"之超越之要求，此要求为人所不容已的发出，亦无现实存在事物，能阻其不发出，或足使人疑此要求之不正当者。因此要求本身，即一超越现实存在事物之要求，而依于人之定正当不正当之分之道德理性而发。而由此要求之存在，以设定满足此要求之上帝之存在，亦为超越吾人一切依纯粹理性，而生之思辨之事。吾人之有此设定，亦不同于一般科学之假设，可由经验而否证者。此乃一不能由经验证实或否证，而又为人依其道德理性，所不能不设定者。因而此设定，非假然之设定，而为一定然之设定，终则成为人之信仰之所对。依此，而康德谓人必当信仰上帝之存在。然离人之道德理性，则此信仰即无根而发，而其本身，亦可随时动摇。此即建立宗教信仰之根，于人之道德理性之说，并无异于以人之道德理性之心灵，为第一义之实在，而以神为依此实在而被信仰之第二义之实在之哲学。

第七节　后康德派唯心论哲学
——菲希特之大我论

在后康德派之菲希特、席林、黑格尔之哲学，与康德之不同，是将康德之超越之唯心论，逐渐发展为客观唯心论、绝对之唯心论。这是更复杂之论题。但简单说，此皆本于辩证法的运用，而将康德哲学中之"相对者皆统一于一绝对"而来。

譬如在康德哲学之知识的世界中，能知的心灵与所知之现象世界，是相对的。所知之现象世界，与物之自身，又是相对的。但此所知之现象世界，既是物自身之表现，其表现又是表现于此能知之心灵之前，则我们何必说物自身为现象世界之后的本体（Noumena）？何不说此现象世

第十七章　西方哲学中之唯心论

界之表现于心灵，所构成之统一体，即物自身之呈现之地，而此即真正之本体之世界①？康德所谓自然世界，只是指知识中之自然世界，亦即指呈现于感官之现象世界。此是能知之心灵主体，所涵覆统摄之世界。对此现象，我之求认知它，本于我之求知之理性意志，似乎只有我是能动之能知，它只为被动之所知，而为非我，我之能知，为超越于它之上者。但是从另一更客观之立场看，则我之知此世界，亦即是此世界自己向我而呈现，以成为我之能知之所知。即此认知之历程，不只是我之心灵超越于此世界之上，而加以认知之历程，亦是此世界之自己升起，以逐渐内在化于我之心灵、我之知识中，而使非我属于我，以成一统一体之无限历程，如我们前之所说。② 当我只是与视为非我之世界相对时，我只是能知之心，非我只是所知。但当非我之世界内在于我心，而合为一统一体时，则我之心即亦可升进为"同时自觉此所知之内在于此能知者"之心，而我之此自觉心，即为在此所知与此能知之上一层次，而兼统此二者之心。由是而我于知世界时，果再能自觉其"知世界"，则此能自觉之心，即为一"统一我与世界"之一客观的我、绝对的我、或客观心、绝对心。而此即菲希特之唯心论之发展之道路。

依菲希特之此思想，所谓自然，所谓世界，在根本上即一对我而呈现之世界。我之自身为正，则此自然世界为非我、为反。但此为反，乃对我自身而为反，亦即无独立存在之意义。而当我自觉其"为对我自身为反，而内在于我之能知我之此自觉中"时，则他即"非非我，而自反其反"，以入于我之正。此为一反之反，而合正反之合。此即一辩证法之应用。

依此辩证法，一方可将自然与我之能知之心灵或精神之相对，加以统一成一绝对，而另一方，亦可将我们自己之自我，与他人之自我，统一为一绝对我。本来在康德哲学中，论人之道德理性意志之最根本之表现，即在其能处处为自己行为建立普遍之规律。此普遍的规律，必须兼对人与我为有效。由是而人必须视他人，亦为有同一之道德理性意志，而将他人本身视为一目的，对之有一绝对之尊敬，而不能视之为手段或

---

① Caird：Critical Philosophy of Kant，即由此后康德派立场，一面解释康德，一面说其隐涵后康德派之思想者。

② 参考本书第二部第十章第十二节。

工具。在此，康德之将人与我之意志，视为彼此独立，而如互相外在，亦尚不免有一多元之色彩。然我们试想，我在以他人本身为一目的，对之有一绝对之尊敬时，我岂不亦同时超出我自己对我自己之自尊之限制，而兼去尊敬他人？我在肯定人与我有同一之理性意志时，我岂不亦同时在把人与我平等观，而肯定此同一理性意志之兼存于人与我？而此能超出我自己去兼尊敬他人，并平等肯定人我之有同一理性意志之"我"，岂非即一在人我之相对之上，将人我同一化，而在他人中看出与我同一之我者？则此"我"，岂非即一方能分别人与我之相对，一方亦统一人与我之相对为绝对之绝对我。

此所谓绝对我，乃在人之道德理性意志中呈露之我。唯人在其道德理性意志呈露时，乃能在此非我之他人中，发现一同一于我之我。若离此道德理性意志，人亦无处能真了解：此合"人之我与我之我"所成之为一绝对之大我。此绝对之大我，乃表现于人与人一切真正之伦理关系之中。在国家成为赖人与人真正伦理关系而结成之统一体时，此大我亦即表现于国家。此绝对我，乃通人我以为一我，亦即通人我之精神，以为一客观之绝对精神者。西方传统宗教中所谓上帝，其道是爱，以一切人为其子，亦即一通人我为一我之精神实体。而在菲希特，则此宗教中之上帝，亦即在人与人之有真正伦理关系时，呈现于其中之绝对我。由此而将康德之建宗教上之上帝于人之道德性意志之义，再推进一步。

第八节 席林之自然哲学

至于席林对康德哲学之推进，则除其晚年思想外，主要是对于康德之自然哲学，及美学方面之思想之推进。席林之自然哲学之根本义，在由自觉的精神与不自觉的自然之相对，而互为正反，以指出其根本上之同一。精神乃自然之内在之本质，自然即精神之外在之表现。其与康德之不同，关键在康德之美学所重者，尚在美感，而席林则更重此美感之表现为艺术。美感表现为艺术，则在外面所见者，可只有艺术品之形声色香，而艺术天才之所创造，亦似除此形声色香之种种表现外，更无其他，于是艺术之形色声香，即一新自然。艺术天才之创造，其初为不自觉而后被反省，正如自然之一切表现之初为不自觉而后被反省。故人由艺术眼光去看自然之形色声香，人亦最易直觉其为一潜伏于自然内部之一宇宙性之精神之表现。而康德哲学之所以不能及此，亦尚有一理由可说。

我们说康德哲学之所以不能使自然，整个成一宇宙性精神之表现，此乃由于康德之尚拘拘于其优美与壮美之辩，及自然之合形式目的性的现象，与不合形式目的性的现象之辩。然在席林，则承当时之浪漫主义之潮流，而以无限生命精神与有限形式目的之结合为美感之根原，而重视无限之生命精神表现尤为近代艺术之特征。席林复以合形式目的之自然物之产生，恒通过自然之流行而产生。在此自然之流行中，自然物之特定形式目的，原须不断形成，亦不断超化。而其不断形成，亦即通过其不断超化而后形成。故在此自然之流行中，一切特定之形式目的之达到，原非重要者，而只为一过渡。自然界之万物之形形色色，更迭而生，正所以见自然之生命精神之无限，而使其无限性，正面的昭显于人之心目之前者。而依此眼光以看自然，则一切自然环境与有限之生命精神之目的性活动，其一时之相违反冲突，亦即当只视如一无限的生命精神，在其作各种可能之更迭之表现时，所呈现之浪花。此思想之进于康德者，亦在其依于一辩证法之运用，而将具特定形式目的之有限者，与超特定形式目的之"无限"者，加以统一之结果。

第九节 黑格尔之绝对唯心论

至于黑格尔，则依于辩证法之更广大的应用，而造成一层层叠叠之正反合，所积成之一庞大的唯心论系统。而此系统对于西方唯心论之大贡献，则在依于真理为具体之共相之原则，以论愈为具体之全体者，愈表现真理，亦愈为更高之实在，以证精神之为更高之实在。而成就此结论之道，自浅处言之，有三点可说。

（一）为西方传统形上学之一中心问题，即何者为宇宙之最普遍之原理，或应用最广而及于一切存在之范畴之问题。在西方传统哲学家，于此亦始终有意见提供。康德在知识论中，曾自以为已能将知识中之所应用范畴，配成一完全之系统，更无遗漏。然却无一根线索，以次第引绎出其由感性至理解与理性中一切范畴，则人亦尽可疑其为拼凑而成。而黑格尔之逻辑之大企图，则是欲依一切思想范畴之由内容较抽象贫乏者，至内容更具体丰富者之次序,而以辩证法的思维,展示其内在联系。此在西方哲学史上,乃一空前之事。其所成之系统,虽不能如天衣之无缝[1],然彼之以一切具普遍性,而可应用于存在事物之范畴,皆同时为呈现于人之思想者,则可说为直承柏拉图以来之西方理性主义之传统之一颠扑不破之论。如果此诸范畴间之内在的联系,真可由人之辩证法的思维进程中,**次第展现**,次第建立;即无异证明此可应用于存在事物之范畴,初乃直接存在于人之思想之自身者。此诸范畴之兼可应用于所谓思想外之存在事物,皆同时为"此诸存在事物,唯是体现此思想中之范畴,以得其存在性"之证明。

譬如我们通常应用有、无、变、一、多、因果,本体属性等概念于存在事物,此皆为具普遍性之范畴。如存在事物不能纳入此诸范畴之下者,则不能存在。如吾人说一物,既非有亦非无,既非一亦非多,则非吾人通常所谓存在事物。由此而吾人即可说,一切存在事物,至少必须具备一可纳于诸范畴之下之性质,而此性质,即一切存在事物之存在所必须具有之性质。然此诸范畴本身,则依其普遍性,乃不能只存在于一一特殊存在事物之内者,而初只能对人之思想而呈现,而直接存在于人之思想中。由此而一切存在事物,即依于其能纳于此诸思想中之范畴之规定之下,而体现此思想中之范畴,以得其存在性之义,于是可说。

(二)是黑氏之自然哲学,虽被认为其中包涵无数穿凿之论。然其自然哲学与席林之一不同,在其特重自然中之存在事物之高低之层次划分,而此划分所本之原理,仍是其存在之内容性质愈丰富者,则其层次愈高之说。故物质高于空间,动物高于植物,自然人类学中之人类,高于其他动物。而人与其他动物之大界限,则在其由意识而发展为对自己之意识,即自觉。由此自觉,而人乃不只是存在,且自己对其存在有一确定感,进而能自己肯定其自己之存在,把握其自己之存在[2]。人能回忆过去,以使消逝者重归于存在,及有其他种种理性之活动;即使人成为纯精神之存在,而可将一切自然之存在之形式内容,化为人之知识内容,而加以自觉者,亦将自然之存在,化为精神活动之表现之凭借(如在艺

---

[1] Mctaggart: A Study of Hegel's Logic 对黑格尔之范畴之推演何处为有效,何处为无效,有一详尽之分析。

[2] 黑氏之精神现象学即由此开始。

术及其他人对自然之文化活动中）者。今只就人之得生存养育于自然，而又能自觉其自身之存在，及其他自然之存在一点上看，吾人已可说人之超越于一般自然之上。而人之超越于自然之上，又如自自然中生出，而又有此上之自觉，自自然之眼光观之，亦即同于自然之自求通过人之心灵，而被自觉被肯定为存在。若离此心灵，则自然之存在，亦无由以被肯定而不得称为存在矣。

至于在精神哲学上，黑氏之说，亦极为复杂。其所谓主观精神，为个人精神；其所谓客观精神，即社会精神；其所谓绝对精神，则为通人与宇宙之精神，如艺术、宗教、哲学中所表现之精神。其客观精神之理论，与菲希特之大我之理论，大体相通。在其绝对精神之理论中，对于艺术与美，黑氏乃确定的主张，自然之美居于较低之层次，而人之艺术居于其较高之层次者。至在论宗教中，则彼谓基督教为绝对之宗教，而其在宗教中之地位所以为最高，则在上帝之必下降化身为人而神之耶稣，与遍运之圣灵，成纯精神，以存在于世界；此即同于谓上帝之必须超越其在人与自然之上之超越性，以兼内在于人及自然。而此义，在宗教上只以图像之语言表达者，在哲学中，则可以黑氏之辩证之理性，加以说明。而宗教上上帝之自身非他，亦即哲学中之绝对理性自己。此理性若欲真为存在，即须成为：存在于似非理性之自然，而表现于自然中；再由自然升起，以自觉其自身，而表现为"精神"者。至于从纵的方面，看此"精神"在地上之行程，即为人类之历史之自身。而黑氏之哲学，最后即归于唯历史为最后之真实，其自身为一理性之表现，亦同时即上帝之显现其自身之行程之说。此即无异于将西方中古哲学中之上帝，全化为透过人类之历史精神而表现者。此乃西方泛神论者之通上帝与自然以外，另一种通上界与下界，而融贯上帝与人于一大精神中之西方哲学。而其所根据之原理，仍为以离人与自然历史之上帝，乃一较抽象之存在；因而不及通人与自然历史及上帝为一"大精神"者，更为具体，而更为真实之原理。

第十节　黑氏以后英美之新唯心论之发展

此种愈具体者愈真实之原则，而以"精神"为最高真实之说，为黑氏以后之英国之柏拉德来、鲍桑奎等所承继，而成彼等之绝对唯心论之哲学。其中柏氏并确立：决定形而上之真实之二原则，一为无所不包(Comprehensivenss)，一为融贯 (Coherence)。依此原则，以论吾人通常所视为真实者，如物之第一性质、第二性质、时间、空间、运动、自我、上帝，以及一切有限之精神经验，如道德经验、宗教经验等，皆同为只表现一程度之真实之现象，而不能表现绝对之真实者。绝对之真实为一包涵此一切，而又超化此一切，所成之绝对经验。此绝对经验，即一感通或感摄的经验①。其哲学为运用一正反相销之辩证法，以由现象透入真实而与黑氏之合正反，以次第迫近更高之真实者不同，以为黑氏以后西方唯心论哲学之一最大成就。

至于鲍氏之哲学，则为正面的承继黑格尔，重在说明无限之绝对，即在一切有限之世间事物之后之上，而为其依据者。②吾人对其哲学只介绍一点，即其个体性之原理与价值 The Principle of Individuality and Value 一书第一部所陈之人之心灵与精神，在何义上，亦可说是自自然中生长而出之义。

此书之论上述之问题，乃全幅承受进化论者所说之事实。唯心论者之承认进化论者所说之事实者，前在英有格林（T. H. Green），及华德（J. Ward），均论进化论之事实，与唯心论之肯定自觉的心灵之自古固存之根本前提，不相为碍。在鲍氏此书，则根本不先假定自觉的心灵之自古固存，而唯由人之自觉心灵出现前之种种事实上之情势，以论此自觉心灵之必归于出现。故麦克太噶（J. E. M. Mctaggart）曾以为其言实与唯物论者之论心灵如何由自然长出者无殊别。然此中实有一大殊别；即在鲍氏之衡定真实之原则，为愈能成一系统之全体者，乃愈真实，此乃黑氏以降之唯心论之根本原则。由此而吾人纵肯定太初之只有物质与自然生命，或蒙昧之心灵，然吾人仍不能主张唯物论，或其他自然主义之哲学。此乃因此太初之物质与自然生命之发展进化，既必归于有心灵之存在之人类之出现，唯此心灵最能表现"其所关联及所由构成之成分"之系统的全体性，而为更真实者；则吾人仍可说此自然之发展进化之历程，乃以人类心灵之存在出现，为

---

① 柏氏之原文为 Sentient Experience。然其所谓 Sentient，具有"对一全体之感摄而与之相通贯为一"之义，故不宜译为感觉的经验。

② 对鲍氏之哲学之与柏氏之不同 R. F. Hoenle: Idealism as Philosophy 之说明最佳，但其书对柏氏之了解，尚不足。

其归宿与意义之所在。而吾人如通宇宙之前后始终以观，则吾人又当说此整个为一全体。此全体之始，即所以成终，而终亦所以备始。则从人类心灵之出现于自然，乃为后来之事，仍无碍于其为宇宙间之具最高之真实性之存在。此并非谓宇宙间，唯有一心灵，其余存在皆为虚妄之谓。只是谓此心灵之存在，为最表现系统之全体性，而亦为整个宇宙之一切存在所合成之系统——即"绝对"——中之枢极之所在。而此则一可由此心灵之思想中之逻辑秩序，即知识世界之秩序，亦在知识中之存在世界之秩序得其证明；又可由此心灵之美感、道德感之通内与外、人与自然、人与我等、以得其证明。此则由柏拉图以来，至近代之唯心论者，所指证者已多。而鲍氏之学，于此实多所承受，以为其一家之言者也。

在西方现代之唯心论者中，尚有美之罗哀斯，乃与柏鲍二氏大体相近，而同属绝对唯心论者。然罗氏之唯心论之一特色，则在其唯心论之论证，不本于亚氏之逻辑，亦不本于亚氏之辩证法，而是运用一种新形式逻辑中，对于无限数之观念，以论个体心灵与绝对心灵之关系，有如一由无限数之系列，所抽出之一部分之项，所构成之无限数之系列，可与此无限数之系列之全体，有"一与一之对应之关系"者[①]。而此亦即同于谓，每一有限之个体心灵，其内涵亦为无限，而可一一直接反映无限之绝对心灵。至各有限之个体心灵，所赖以表现无限之绝对心灵者，则要在各个体心灵，相互之交通了解，以相互反映，所成之群体社会生活。至当个人有对群体社会之忠时，亦即同于此统摄诸个体心灵之绝对心灵之通过群体社会，而为个人之忠之所体现。至当个人更有对此忠之忠时，则此绝对心灵，即同时为人所自觉，而内在于此自觉中。此亦为一种通宗教与道德，使神人之关系，成互相依待之关系之思想。此乃大别于中古之以上帝在其自身外造人，亦未尝不可造之思想；而是以个人之心灵，与超越而又内在其中之绝对心灵，合为一真正之实在之思想也[②]。

除罗哀斯外，西方唯心论之再一系统，为麦克太噶（I. M. C.

---

① 罗氏之此理论见其名著 World and Individual 一书之附录之一文，或谓此文较全书尤为重要。所谓于无限数之系列中，抽出一部分之项再成一无限数之系列，可参考本书第二部第十五章第四节注。

② 罗氏之《忠之哲学》（Philosophy of Loyalty）有谢幼伟译本，商务版。

Mctaggart）之系统，彼初亦为治黑格尔哲学者。然彼之释黑格尔哲学之方式，与其自己所提出之唯心论论证，乃自成一型。彼自称其唯心论之为本体论之唯心论①，美人康宁汉（G. W. Cunningham）以其本体论的唯心论之论证，为唯心论三形态之论证之一②，余二者一为主观主义之所知不离能知之论证，如巴克来之说，一为部分之存在蕴涵全体之存在之论证，如黑格尔至鲍桑奎一派之说。西哲伯洛特（C. D. Broad），尝推尊麦氏《存在之性质》一书，在唯心论中之地位，在柏拉德来鲍桑奎所著之上，应与斯宾诺萨之《伦理学——黑格尔之逻辑》之地位相比③。麦氏所谓本体论之论证，乃自存在之概念之分析下手，先指出真正存在，所必须具备之形式之条件，然后指出，唯有心灵乃具此诸形式的条件，故为真正之存在。而此种唯心论之一特色，则为否定时间之真实，而视时间为虚幻。此乃一遥承柏拉图、奥古斯丁，近承来布尼兹、斯宾诺萨之以永恒代流转变化之思想；而与近代之进化论之思想，以及黑格尔之重变化与历史之思路皆不同者。其唯心论肯定有众多心之永恒存在，各有其表面之生死，实则无始无终，又不另肯定上帝心之存在。并以绝对之概念，唯所以表众多心间之以爱为联系，以有形式上的统一，彼并以此解释黑氏之哲学。此乃较来布尼兹更接近真正之多元唯心论者。乃西方哲学中从所未有，而近于印度佛学中之唯识论，只肯定众生各有八识，另无在上之神或绝对普遍心之论者。彼之哲学，后继无人，亦不成一派。故前文论唯心论之派别时，未加以提及。吾人今提及之，亦意在视之为吾人于下章论印度佛学中之唯识论之一过渡。自麦氏以后，西方唯心论，亦几于音沉响绝矣。

　　除上述诸唯心论者外，二十世纪在西方哲学中，尚有所谓人格唯心论，及意大利之新唯心论。此二派，亦各有所见。人格唯心论之肯

---

　　① 麦氏之《存在之性质》一书，论证颇严整，不易读。彼在 Muirhead 所编《现代英国哲学》（Con temporary British Philosophy）中有《本体论的唯心论》（Ontological Idealism）一文，可见其说之大旨。

　　② W. Cunningham: The Idealistic Arguments of Recent British and American Philosophy. 1933.

　　③ 参考 C. D. Broad: An Examination of Mctaggarts Philosophy, Cambridge, 1933 - 38 一书之自序，及其 The Local Historical Background of Contemporary Cambridge Philosophy 一文。后者见 C. A. Mace 所编 British Philosophy in The Mid - Century. Allen and Unwin Co., 1957 中。

定上帝之全善而否定其全能，肯定人格之独立，而又谓其有所依赖于人外之自然与上帝，实为一折衷综合之理论。大体上言之，颇似来布尼兹之哲学之一现代形式之表达。唯人格唯心论者特重道德价值，并不以人格以下之存在事物为有心，亦不以一一人格各为一封闭之系统，则异于来氏。至于意大利之新唯心论，除克罗齐之美学有创见，并其通历史与哲学为一之论，亦尚可取外，其余如其对逻辑及实践哲学之见，实少可取。甄提勒之以"纯动"说心，重当下现实之精神活动，立论有莹净之处。意哲鲁洁诺（G. Ruggiro）有《近代哲学》（Modern Philosophy）一书，于十九世纪末期之德法之唯心哲学，多加以讥评，而于意之唯心论者外，则盛称此二氏。唯区区之意，仍以为其规模宏阔，则终不足以与唯心论者之前贤并论。今并亦不拟多及。

西方哲学中之唯心论　参考书目

B. Rand: Modern Philosophers.

此书为近代哲学之选集，其中所选之康德、菲希特、席林、黑格尔之文，皆颇得要，而其所选之菲希特之文，乃取自其 A. E. Kroeger 所译之 The Science of Knowledge。而此书已绝版不易得，其所选席林之超越唯心论，则为 Rand 所自译，另似无单行本者。

A. C. Ewing: Idealism, A Critical Survey. London Methuen, 1936.
　　　　　　The Idealist Tradition, The Free Press, llencoe, Illinois, 1957.

本书为近代唯心论著作之一选集，唯割裂过甚，其所选者为只见一斑，不可据以测全豹。此书所附唯心论者著作之目录，可资参考。

G. W. Cunningham: The Idealitic Arguments in Recents British and American Philosophy. New York, Century, 1933.

本书路近代英美唯心论之三型态之论证。

蒋方震《近世我之自觉史》，此书论近代德国唯心论之发展处，颇简要。

彭基相译（Levy-Bruel 原著）《法国哲学史》，由此书可知法国之唯心论大旨。

G. Ruggiero: Modern Philosophy, London: Allen & Unwin, 1921.

G. Royce: The Spirit of Modern Philosophy, New York, Houghtpn Mifflim, 1892.
　　　　　Leetures On modern Idealism, Yale Unversity Press, 1923.

前者樊星南译本，后一书有贺麟节译一部分，编入《黑格尔学述》中，商务出版。

R. F. A. Hoenle: Idealism as Philosophy, Harc urt Brace. 1927.

此书有传统先译本，名《唯心哲学》，中华书局出版。

I. Passmore: A Hundred Yesrs of Philosophy, Gerald Duckworth & Co, 1955.

此书第三与第四章，论近百年来之英美之绝对唯心论者及人格唯心论者、本体论的唯心论者，所讨论之问题颇简要。

第十八章　佛学中之唯识宗之哲学

第一节　由西方哲学到东方哲学之道路

我们以上论各派形上学，仍大体上以西方之形上学系统为主。我们可以说西方式之形上学之系统，彼此之界限，都比较分明。因每一系统，大皆是自觉的位于一确定之观点，并依逻辑的推理，去对宇宙作一整个的说明。而我们所在之宇宙之巧妙，亦即如一片美丽的自然风景。你无论位于何观点去摄影，都可构成一有秩序构造之图画。如果你在树前摄影，则此树特显高大。如在一石前或人前摄影，则此石此人，特显高大。至其余之物，则依其关联于此最大者之次序，以显其在风景中位置。而哲学史上各派形上学之争点与异同之所在，其实很少是一派形上学，要绝对否定宇宙间任何一存在事物之存在，而只是在各种观点上，所看出之存在事物之大小轻重，及构造关联，彼此显得不同而已。至西方之形上学家之长处，即在其恒能取一观点，即一贯的持某一观点，如定立于此观点而不移动。由此而更能形成一确定而与其他形上学界限分明之系统。我们能多了解或研究此种形上学之价值，则一方可训练我们之定于一观点，以竭心思，去看世界之能力。再一方，亦可使我们能不断掉换我们之观点去看世界，而逐渐自己亦能独选取一观点，以看世界；以使我们对形上学，亦有创造的思想，或一信念。

但是在此各种西方式之形上学中，唯心论在历史上恒占一优胜之地位，带唯心论色彩之哲学家，亦最多。此理由亦可得而说。即我们之位于任何一观点，去看这世界，此中都有我们所看之世界，及我们之"看"。故我们要论世界之全是什么，最后必须包涵我们之"看"于其中。而且最后必项说，世界是在此看中所展现之世界。由此而哲学家之思维世界，上穷碧落，下达黄泉以后，最后还须归到对其思维之思维，对其心灵之思维，而使此思维心灵，至少成其最在眼前，而居于最大最重要之地位之事物。此即唯心论哲学之所以恒占优胜之一最自然的理由。

但是我们可以说，人不只是一在一定观点看世界，思维世界，并思维其思维与心灵之存在的。人同时是在世界中生活行动的存在。人在生活行动时，其看世界，乃永在不断变化其观点之历程中。如人之游览风景，便不同于照像，而决不能只定立于一观点不动。在一名胜风景之地，大多数人皆游人，只少数是摄影者。在美景之前，不去游览，而只务摄影，此亦不必是能欣赏风景而了解风景者。

从人之在生活行动中，去看其所采之观点，此观点实受其存在地位的决定。哲学家的思维，与哲学学家的心灵，亦同样可受哲学家自身之存在地位的决定。此主要者即哲学家所在之历史文化之传统，及哲学家之为人。菲希特尝谓：人之哲学是什么，依于其人是什么。此语大体上是不错的。

又从生活行动中去看世界，此世界之是什么，亦如人在游览风景时，我们可并不必处处皆能形成一轮廓分明的图像。在游览时，此一切图像，皆在不断显出，而不断超化之历程中。然而人于此仍可以对世界有欣赏、有了解，而人亦恒只在其行到某处，特有所会心时，才说几句话，吟一句诗。在此，人即不必处处要去构造严整的思想系统，写哲学著作，而只是随处发生些智慧的语言。此亦即古今东西之先知、诗人、圣者之哲学。东方之哲学，更大多是此类。此类之智慧的语言，常可以编入任何哲学系统中，然又超越于一切哲学系统之外，不受任何观点之限制，而只是卓立于天地之间。这种智慧的语言，从特定之哲学系统之观点去看，是零散的。但是从其常可编入任何哲学系统之内去看，则正可为不同之哲学系统之联系者、整合者。若无这些语言，则一切不同之哲学系统，可能只是永远的分歧。世界如只是一一哲学系统所照出之照片，世界仍然是分裂的，而哲学亦即不能达其真正之关联贯通世界之目标。此处即见东方之哲学之比较缺乏系统，并非一绝对的缺点。

又人从生活行动中去看世界，世界之毕竟真实如何，即不全是一理论问题，而同时是一实践问题。人在自然风景中游历，人同时在改造自然风景。此一是因为人之在自然中游历时，人亦即风景之一部。"春水船如天上坐，秋山人似画中人。""烦君添小艇，画我作渔翁"。则人即是自然风景之一部。其次，人在自然风景中，人可移动土石，依其意愿与希望，去改造自然风景。则此风景之是什么，必须连带人之意愿其为什么，希望其为什么，乃能决定。此意愿希望，则由人之视什么风景为美，为有价值，为合理想之价值感，以为决定。

人之最大之实践，即其如何作人的实践。此作人的实践，包涵其外表的行为与内心的修养之实践。此实践则依于人对其所接之一切事物，及其行为意念之善恶是非之价值感，及由此形成之理想，以为决定。人经由此实践，人一方改造其环境，及其外发行为，而人之心灵自身，亦由之而有一改变。由此而我们要讨论我们之心灵之毕竟是什么，亦不能离我们之实践，以为决定。我们应当说：心灵是什么，以心灵之如何存在为定。而此心灵之如何存在本身，则并非全是一已成之事实，可由我们之冷静的反省，即可完全知道者；而是要在我们外在行为内心修养之实践历程中，去随处反省，乃能逐渐知道者。

我们如说东方之唯心论形上学有何特色，即在其所谓心，不只是指此现成已有之心，而是指由行为修养历程中，逐渐成就呈现展出的心——此亦即上章之始，所谓更深一层高一层之心，为东方唯心论所特重者——。而由此心所看出之世界，亦不必是指我们现有之心，所已如此如此看出之世界；而是此逐渐由修养而成就展现出的心，所看出之世界。其所了解之世界之毕竟真实之如何，亦不是离人之行为修养之实践而了解的，而是透过人之行为修养之实践而了解的。而此形上学，亦即与人生哲学、宗教及道德哲学，不能分离，并通贯人之知与行，通贯人之存在意识与价值意识，以成就建立之形上学[①]。

此种形上学，在西方虽亦有之，然非其思想之主流所在，而东方之形上学，则以此为主流。唯因此种形上学既处处涉及行为之问题，则究心于此种形上学，亦不只是空讲理论之事。故以下只举印度之佛学中之唯识宗，及中国儒家之言，为此种形上学之二代表，并略加讨论。而此亦已是使学者知东方之形上学，异于西方之形上学者之所在，并知如何由西方之形上学，以通向东方形上学之道路矣。

[①] 西人治印度哲学之 Max Muller 早注意及印度文中之 Sat 一字，兼表真实 Real 与善 Good（Hirayana, Essentials of Indian Philosophy, p. 51）而中国哲学中之"诚"，亦兼涵真实与善之义。

第二节 印度之唯识论中之八识、三性、与四缘

在印度哲学方面，我们在本书第一部第五章，说其在原始宗教之思想中，即有一当前宇宙为一"虚妄"（Maya）所覆之观念，及人生由"业"而成之观念①。此皆直接与人之价值感相连之观念。所谓当前宇宙为虚妄所覆，并非只是指陈一事实，说我们因之而不能知此宇宙之真相；而同时是谓此"虚妄"，乃人所当求舍弃脱离，而无价值者。而此为"虚妄"所覆之当前宇宙，即人所不当沾着其中，亦不当于此寄希望，而亦不合乎人之真正希望者。而所谓业之效果之为苦为乐，为善为恶，为染为净，亦皆是有价值之涵义的。印度哲学中所谓梵天、神我等概念之立，如与西方哲学相较，皆很少是直接为说明知识所对之事物之所以存在之原因，而更是所以表示人之求解脱的目标，及所欲达到之境界的。如说印度哲学家亦多带唯心之色彩，则其所谓心，亦恒分为不同程度之真或妄之心。此真或妄之程度之分，亦即其价值之高下之分，人之视为当有者与否，当希望其有者与否之分。人之所视为不当有，或希望其无者，所以不真，则因其虽亦为存在之事实，然人正在求否定其存在，以使之成为不存在之故。此人之求使之成为不存在，亦即人所当直下肯定之一最真实之事实。透过此最真实之事实，去看此事实之存在，则其存在自为暂有，即虽有而非真。

在印度哲学之各派中，佛学入中国，几近二千年。然佛学中之唯识宗，则是纯粹的印度佛学，而又较为中国学者所习知者。故我们以之为印度思想之一代表。

唯识宗，我们可说其为佛学中之一种唯心论。依于我们方才所说，一般印度哲学之特色，是论心要分真妄。唯识论所谓识心，实乃指妄心。唯识宗之归宿，是要转识成智，唯此智心乃为真心。依唯识之理论说明我们之人生与世界，亦即只说明到涵虚妄性之人生与世界。要知何谓无一切虚妄之真实之世界与人生，则待于我们之经转识成智之修养工夫，

---

① 业 Karma 原义，即行为活动及其结果。依印度宗教思想，凡一行为活动之结果，皆不散失，而是影响至无尽之将来之来生者。故吾人之今生之行为活动，亦受过去无量世中所作之业之决定与束缚。

使识心成智心以后，然后真正可能。涵虚妄性之人生与世界，乃对涵虚妄性之心识而存在。无一切虚妄性之人生与世界，亦对无虚妄性之心识而存在。由此而不经人之修养工夫，亦即不能知真正之真实的世界。世界与心识俱起俱现，而形上学的智慧，亦即随心灵之修养工夫而转。另无离工夫而入真实世界之门之道路可得。人离此工夫，则其一切思辨言语，皆只为依于吾人当前之涵虚妄性之心识而生之戏论，终不与真实世界完全相应者。此犹如持灯看物，灯明则物明，灯暗或灯外之玻璃有尘障，则所照之世界，即处处是尘障。除非人将此灯本身中，一切尘障拂拭干净，此灯所照见之世界，即永只限于其能照之世界，而永不能达于全幅的真实。

依唯识宗之理论，我们之人生，与所见之世界之如此如此，乃依于我们之心识之如此如此。此乃由以前佛学一贯的人生世界观下来的思想。在小乘佛学，原来极早即有六根、六尘、合为十二处，加上六识为十八界之说。此即是说我们所对世界，自始即是显于我们之根与识之世界。我们不能先成立一所对之世界，然后再说我们之根识，如何由之而产生。亦不能说先只有一纯粹的心识，悬空存在，如西哲所谓纯灵之上帝，或印度婆罗门教所谓梵天，然后由之形成形色的物质之世界。而是将心识与其所依之根与所对之尘境，同时并举，而以此为世界之全。至唯识宗之进于传统的十八界等之说者，则在其兼立第七识末那识，与第八识阿赖耶识，并贯彻此境与识同时并举之义，于此第七识及第八识之论列之中，以立"境不离识"，及"一切法不离识"之义。

唯识宗谓境不离识，一切法不离识，此并非抹杀境之存在，亦非抹杀识外之一切法之存在。然则何以只讲唯识，而不讲唯境，或唯一切法？则唯识宗之答复，是识胜境劣，即识为主要，境为次要。何以识胜，为主要？境为劣，为次要？此可从识能显境，变现境，而境不能显识，变现识，识可自证其存在，境不能自证其存在；境随识转，而识则不必随境转，等不同之义说。而以识与万法之关系说，亦唯有识能摄一切法。以下我们先解释唯识宗之几个基本名词，再论其思想之涵义。

什么是识？此名与心、意二名相连。《成唯识论》，谓积集名心，思量为意，了别为识。识即是明了，分别，此是一切识之通性。

识有八，可分四组。

（一）为前五识，即眼、耳、鼻、舌、身五识。此五识之所缘（即所知）境，即色、声、香、味、触。此五种境，皆现量境。即此境皆为现成，现在，现见之实法。

（二）第六识，此即通常所谓意识。意识之境，遍一切法。其中包涵实法，如前五识境之色声香味触，亦为意识所缘[1]。但意识除缘现在之色声香味触外，亦缘过去所曾经验，及未来所可能经验而现只在想象中之色声香味触，及各种事物之共相，以成各种类之概念，以及次第、时、空、数等不相应行法（略同西方哲学中所谓普遍范畴），亦可由比量（即推理）以知末那识、阿赖耶识之存在，及诸法之真实性相之真如之存在。故此识为一切识中，能遍运于一切境，而以一切境皆为其直接间接之所知者。

（三）为第七识即末那识，所谓末那识，即执我识。此即以第八识本身为其所缘之识，此义下文再解释。

（四）为第八识即阿赖耶识，或种子识或藏识。此乃包括"我们之心识与其所缘之一切法"之潜能之全——即种子之全——之识。此识以一切种子为其所藏，亦能藏一切种子而执持之，而以一切种子为其所缘。

依唯识论，吾人之宇宙，除此八识，及其所缘之一切法外，即另无他物。所谓一切法，除八识自身为第一类外，第二类为色法，即前六识所对之色声香味触等。第三类，为心所有法，此即指八识所统属之各种心理活动。此各种心理活动，有遍行于一切境者，称遍行心所，如触、意、受、想、思等。有事运于某特定之境者，称别境心所，如欲、胜解、念、定慧等。心所又有善与不善即净与染之分，善而净者，称善心所，如信、惭、愧等。不善而染者称烦恼心所。烦恼心所中，又分根本烦恼，如贪嗔痴等；及随从根本烦恼而起之随烦恼，如忿恨等。其善恶染净不定者称不定心所，如悔眠寻伺等。第四类为不相应行法，即如上述之次第、时、空、数等，此乃依色心之法而假立之法。"假立"言其自身无独立之实在性，非谓同龟毛兔角，一无所有。不相应[2]，盖言其虽依具体色

---

[1] 此缘，为缘虑，即认识。意识所缘，即意识所知。缘之另一义，为条件凭借，略同于今所谓"因"。

[2] 安慧《广五蕴论》：云何心不相应行？谓依色心等分位假立，谓此与彼，不可施设异不异性。此当即谓不相应行法，为依色心诸法上分位而立，故不异；然又不即不同于色心诸法之自身，故亦非不异，而为另一类之法。

心之法而立，以为其上之分位，但又不同于具体之色心之法之自身。如二片颜色之"二"，为数，即不相应行法。此"二"，可说依二片颜色而立，然又不同于二片颜色自身之有实作用，此"二"所指者亦不限此二片颜色。因此"二"不同于此二片颜色之自身，亦不能与此之二片颜色之色法，全相应合。亦不与吾人思此二片颜色时之心理活动（即心法）全相应合。由此而不相应行法与色心之诸法，之自身之真实性相，亦不相应。第五类无为法，即上述诸法之真实性相之真如。

此八识有三性：（一）为遍计所执性。即此八识及其所缘之境或一切法，皆有"可由人之周遍计度，以被执著，而被视为实我实法"之性质，而"一切众生之识，亦有如此如此周遍计度以生执著"之性质。此是一切妄执所以生起之根原。（二）为依他起性，此为八识及其所缘之一切法，皆待于其他之缘而生起呈现之性。（三）是圆成实性，此是由八识可由空上述之实我实法之执著，而显其自身与所缘之一切法之真实性相，即真如，而转识为智，以圆满成就其自身之实在之性。

此八识皆依他待缘而起，即待条件凭借而起。缘有四：一为因缘，即一切识生起时之亲因，此即识之种子或识之功能。二为所缘缘，此谓识生起时所对之境。三为增上缘，此谓辅助促成识之生起之一切条件或凭借。四为等无间缘，此谓识之生起，乃前灭后生，无间而相续。此亦为识之生起之条件之一。

此八识所缘之境有三种：（一）为性境。此即上所谓现成、现见、现在之境，此乃对于境，无所增益减损时，所对之境。（二）为独影境，此乃意识中有此所对之境。而五识所对之境中，又无此境者。如梦中定中所见。（三）为带质境。此简言之，即由境另有本质而增加一实我实法之执著时所对之境。

第三节　实我实法之否定与缘生

依唯识论，其正面的主张，是境不离识，一切法不离识，识与一切有为法，皆为因缘生。其反面的主张，则是说一切在识外所执之实我实法，皆不存在。亦即一切我们通常所视为恒常不变之实体，不待因缘而自具主宰力，以生万法之上帝、神我等，皆不存在。此即与东西哲学中一切唯神论、唯物论，及以人之心灵为一实体之论，皆不同。而凡以此类之概念,说明世界与人生之所以如是如是者,依唯识论说,皆为不正因。

何以此皆为不正因?以此类因之性质,皆不能说明其所欲说明之果。如谓世界由一恒常不变之全能全善之神造,则神之一何以能生多?神之恒常,何以能生变化?神之全能,何以不一时顿造一切?其全善,何以不使其所造者皆善?如世界由多原子极微成,则此极微为有方分(即有量)或无方分(即无量)?如有方分,应再可分,即非极微。如无方分,则如何能合成有方分之物?又无心识之原子极微,何以生出心识?又如以人之心识,皆原于一恒常不变之自我为实体,何以心识又变易无常?何以眼耳鼻舌身意识等,各有其性质,各有其不同之境?何以心识有各种不同之心所,或各种心理活动?诸行无常,诸法不一,各现象之在变化中,而彼此不同,乃一现见之事实。则无任何人所执之恒常的单一的实我实法,能就其无常与变化,而加以充量的说明。

但一切法或一切现实事物之生,不是在一时生,亦不是在一处生,则其生必须有一理由加以说明。此说明:即任一事物之生,必有其自身之种子,此是现象之生之真因。而此外则必有其他外缘。种子与现象之别,即功能(约相当西方哲学学所谓潜能)与现行(约相当于潜能之现实化)之别。然种子功能,何以能化为现行或现实化?此即在其外缘之先为现实。如无其外缘之先为现实,则种子功能,亦即永不能化为现实。此外缘包括已现实之心识,及其所缘之全部的已成世界。依此说,吾人不能假定宇宙有一无现实事物,只有功能种子之一境,或只有一上帝,而彼自无中造世界之一境。因在此境中,则无世界中之现实的外缘之存在,则无物能在此世间现实。如无外缘而种子功能,能自现实,或上帝能随时自无中造世界,则一切事物,亦应可在一时俱生,一处俱现。而事实却不如此,故知种子功能之显为现行或现实化,必先有现实之外缘。一切法皆由因缘和合而生,而因亦可说是缘之一。简言之,即一切法皆缘生。

依一切现实事物皆因缘生之理论,则世间不能有恒常之实我实法,能不待因缘,而本其自性或其自身之主宰力,以生任何事物者。一切事物,皆因缘和合,即缘聚则生,缘散则灭,因而只能为无常。

此缘生之理论中所谓缘,可以极其复杂。此可概括一事物所以生之条件之全部,如看一色之活动,即赖于人心之注意,色之存在,光之存在，看与色间之空间之等顺缘之存在，及一切其他违缘（如眼病等）之不存在为缘。唯由此诸缘之和合而俱起，乃能使一事物之功能种子现行，（即化为现象、或现实化成现实事物）。如此缘相当于西方哲学中所谓一事之前因，则依此说，所谓前因，乃多因缘和合俱起。由是而此说即拒绝一切第一因之理论。因诸因缘和合而俱起，则无能为第一因者也。

至于纯从种子功能与现行（即现象或现实事物）之关系而说，则唯识宗之一重要理论，是种子功能之生现行或现象或现实事物，乃是自类相生，法法不相乱。故色法只由色法种子而生。心法识法，亦只由心法识法之种子而生。故一切唯物论，及突创进化论之以物能生心之说，或以宇宙之生物与人之生命心灵，由物质之组织构造，复杂至某程度而生之说，及一切心识法本身或精神自身，能生色法或物质事物之说，皆同为淆乱因果，而非此说之所许。因此皆同于谓：非心之潜能或功能，能生出心，非生物之潜能或功能生出生物，非物者能生出物。此即同于无因论。

第四节　境不离识

依唯识宗义，心法种子与色法种子固不同，然唯识家中，有主张心法及与之俱起之色法同一种子者。（即"见""相"同种论）①。即不主张此说，而主见相别种者，亦谓心法与色法不相离，二者仍俱时而起，亦相依而存在于阿赖耶识中。

依常识及二元论哲学之理论，心之识物，乃初不相关之二事物，发生一种认识关系。在此认识关系未有之先，心先自存，物亦先自存。然依唯识宗之理论，则此正是一妄执。此妄执，乃由人之周遍计度一切心法之共相，色法之共相，而将本为不离之心色，分裂为二以造成，而与事实上心色之俱时而起，不相合者。

譬如以吾人见色闻声而言，依唯识宗义，此并非吾人一方先有一见

---

① 见谓见分，即心之能知，相谓相分，即心之所知之相。唯识宗自世亲著《三十唯识论》后，有十大论师，分别对之作解释。其中安慧主见相同种论，护法主见相别种论。窥基之《成唯识论述记》，乃宗护法者。

起，外在世界先有一色起，而后合此二者为"见色"。乃是吾人一面有如何之一见，一面即有如何之一色，此二者成一整个之经验，以俱时而起。其起后，吾人再加分别，乃谓此中有能知之心识，与所知之色境二者。实则心识与色境，如如相应，无外于色境之心识，亦无外于心识之色境。如吾人见一霞彩，此霞彩，即对此时此地之心识而呈现，在他时他地实无同一之霞彩。此方为具体实在之霞彩。其余一切境识之关系，皆仿此。

然吾人于此可有一问题，即吾人之见此霞彩，或见如此如此之灿烂之色，岂无天上之云与光波本身等，为外在之因？若人之心识不起，此云与光色，岂即不存在？则在唯识宗之答复，是：当吾人眼识与意识不起时，此霞彩自应为对此眼识意识为不存在，然不存在于前六识者，可仍存在于阿赖耶识。此存在者乃一功能或种子。此功能种子，对阿赖耶识存在，而非对前六识存在。

唯识宗之以在意识外之存在，乃存在于阿赖耶识中，此颇似巴克来之以观念之不存于吾人之主观心者，乃存于上帝心。然此中有一不同，即巴氏之上帝心为一，而唯识宗之阿赖耶识，则每一众生各有其一。

何以知方才所见之光与云本身等，不存于意识，仍存于阿赖耶识？如何知有阿赖耶识？此简言之，即凡未现实于前六识者，对前六识，皆可称为潜能。然此潜能之世界，不能只有境，而无心识。吾人所谓：在吾人所见之境色之外有境色，即同于有"可能成吾人所见之境色者"之谓。然当此境色呈现时，对境色之见，亦同时呈现。则在未见此境色时，此所谓潜能之世界，即不能只有境色，亦当有此"未呈现之见"。吾人说：如非在吾人所见之境色外，有可被见之境色潜存，则吾人更不能有其他境色之可见。则吾人何以不可说：如非在吾人当前之见外，尚有能呈现之"见"之潜存，吾人不能有对境色其他之见？而此所谓潜存之"境色"与"见"，亦应为如如相应而潜存者；而在其尚未呈现于前六识时，乃同对前六识为潜能种子者。而此一切潜能种子之全部之世界，亦即阿赖耶识之世界。而所谓此世界之自存，亦即阿赖耶识之自存。又对所谓同一之境色，人及各众生，乃各有其见，而各见其所见，则亦各有其能见所见之种子，所合成之世界。由此而人与众生为多，则其阿赖耶识亦必然为多，而不能为一。谓其为一，乃只是自其所具之种子之有相同或类似（即众同分之所据）而说。

然则一人或一众生，其阿赖耶识中，所包含之种子有几多？依唯识家言，便当说世间有多少可能呈现于吾人之事物，吾人之种子即有多少。然世间能直接间接呈现于吾人之事物，实无穷无尽，而吾人又不能在原则上说：任何事物在任何条件之下，皆不能直接间接呈现于吾人。因若其如此，则吾人即无理由，以说其存在。由此而一切存在事物之种子，与其呈现于吾人时之吾人之心识之种子，皆全幅备具于吾人当下之阿赖耶识之中。由此而阿赖耶识之范围，亦即与全宇宙，全法界①，同其广大。

第五节　众生各有阿赖耶识义及阿赖耶识与种子之关系

依于上文所谓，一人或一众生之阿赖耶识之范围，与全宇宙及全法界，同其广大，而吾人或各众生，又各有其阿赖耶识；于是诸人或诸众生之阿赖耶识相互之关系，可喻如一彼此交光相网之关系，如众灯之明于一室，而每灯皆能照全室。至众生之不同，则由其所具之功能种子之强度，或成熟之程度之不同，而其现实化或显为现行者，亦因而不同。此略似一室众灯，每一灯之灯光强度之不同，而所明照之空间，亦因之而不同。

何以阿赖耶识之种子，有不同之强度？此当追问至种子之何以有弱有强？吾人可据经验，以谓种子之多现行一次，即增强一次。如人之能吸烟，乃由于人原有能吸烟之种子。然人多吸烟一次，则吸烟之习惯，愈难改变，而见烟时欲吸烟之种子，亦愈易现行。由此而唯识宗有种子与现行相依，而互为因果之关系之说。此关系，称为"种生现，现熏种"之关系。即现行依种子而生，而现行起后，同时使种子之作用加强。此加强之作用，即名熏习。

依唯识家之说，人之经验中，所遇一切之境，与人之心识本身及其心理活动，皆有种子。种子由熏习而增长，亦存于阿赖耶识中，永无散失，而遇缘即呈现者。此种子中，包涵各种不善法之烦恼种子，亦包涵

---

① 法界言一切法之全。

一切有漏善法，及无漏善法之种子①（即人之成圣成佛之种子）。此一切种子之现实，固待于外缘。然外缘不具，其自身仍自类相续。人之一生之经验，固为阿赖耶识中之一定种子之现行或现实化，并可转而熏习此种子者。然除此外，人尚有无限之种子，非人之一生所能全实现者。如吾人每一人皆自觉其有各种能力，非今生之所能皆加以实现者。由此而人即宜有无尽未来之生命，以实现其无尽之种子。而一切今生之经验所熏习而增强之种子，亦将在无尽之未来之生命，于外缘具足时，重新现行。人欲发展其任何本有之能力，或实现其当有之愿望，成就其成圣成佛之理想，则凡今生之所不能办者，皆可于无尽之未来生命中办之。而此即唯识家所用以解释业识流转，及历劫修行之理论根据。而在成佛之理想中，可包涵一切清净善德皆具足，及法力无边之理想。如此理想为当有，亦即为可能。而众生或人之成佛，其德其力，即皆可不逊于世间所谓神或上帝。而人之成佛，亦即无异于人成人而神（Man-god）者。人既有成佛之种子，此种子之内在于人，亦即无异于一般所谓成人而神之种子，皆内在于人。于是超越外在之神或上帝之观念。依唯识家之论，自为同不能成立者。

　　唯识家之理论，最后归于以阿赖耶识为一切人生宇宙中，一切事物所由生起之种子功能之所在，亦即其根原之所在。然则人之阿赖耶识与种子，毕竟是一是二，是同是异？则在正宗唯识家之答复，为不一不异。然如何解释此不一不异，则有极复杂之理论问题。依吾人之意，阿赖耶识可有下二解。即吾人可说所谓阿赖耶识，即全部种子之总名。此中，境之种子与识之种子，恒不相离。而一一种子，因其不断生起现行，亦不断受现行所熏，故非恒常法。阿赖耶识即此一一种子之总名，而非一单一体。故阿赖耶识与种子为不异。然自另一方面说，则吾人又可说此一切种子，乃相连为一系统。此整个之系统，亦似应为一识之所识，此识即为阿赖耶识。则阿赖耶识乃持此种子，而以种子为其所识。于是阿赖耶识与种子为不一。然此二解释，如后者为真，则阿赖耶识为"能识"，种子为其"所识"，而能识之阿赖耶识本身，即应另无种子。因如能识之阿赖耶识本身之种子，亦为阿赖耶识之所缘，则应尚另有一能识"此能识之种子"，在此种子之上。而吾人如谓能识之阿赖耶识本身无种

---

① 有漏之漏即烦恼。有漏言杂烦恼者，无漏言不杂烦恼者。

子，则与一切识皆有种子之义相违。故吾人如就种子为阿赖耶识所识之义，以论种子与阿赖耶识为不一之义，不易讲通。而另一种谓此阿赖耶识与种子为不一之道，即只有自一切种子之不断生起现行，而又受现行所熏处，说此一切种子，乃能与种子之前七识之现行，发生关系者；阿赖耶识之立名，亦即自其能与前七识之现行发生关系处，而立名。此与一切种子之立名，乃只就其一一自身之各为一潜伏功能而立名者不同。若如此说，则世间实另无在一切种子之外之阿赖耶识。种子与阿赖耶识之立名之不同，唯是或就其自身说，或就其与现行之关系说之不同。若然，则"不异"乃言其实际，"不一"乃言其立名之故。如此可较合于唯识家之系统，否则须连第七识之种子，在第八识之特殊地位以说。此俟下文再详。

第六节　妄执之起源与执我识

由上所述，唯识家乃不假定任何恒常之实我实法之存在，亦不须假定一离心之外境之存在，而只设定有无数种子之待外缘而生现行，及为现行所熏而增强，以说明一切宇宙人生之现象者。然此中仍有一问题，即一切心境诸法，既皆因缘生，而为无常法，境亦不离识；则吾人之执无常为有常，而以为在心识之外另有境，及在种子之外，另有实我实法等，种种妄执，又由何而来？如吾人承认确有外境，及实我实法，则此执非妄。而不承认此等等，则此妄执，又毕竟自何而起？

依唯识宗之答复，此妄执本身，亦是依识而起。此妄执本身，亦只是一种识之性质，即吾人前所谓遍计所执性。此妄执，乃由吾人之识之自身，有能执识与境之性质，或识与境之有可被执之性质而起。此能执识与其境之识为何识？此根本上即第七识，即末那识。此是八识中能执着识，以构成实我实法之一识，又称为执我识；此执我识，即一执阿赖耶识为我之识。

关于实我之观念如何而起，乃一东西哲学中之大问题。如我们试反省我们自己之心身，我们明只见有种种印象、观念、心理活动、生理活动，而不见有我为被觉之对象。说我即是此自觉固可[①]，因此自觉，确是

[①] 此即西方之唯心论所立根之处。

一能统摄此一切之印象观念者。但此自觉，尚不能穷竭我们日常生活中所谓我之所指之涵义。我们日常生活所谓我，甚少是指此明朗之自觉者。如我们于他人打我身体者，说是打我，于他人夺我衣物者，说是害我，于他人谓我家世卑微，谓我无能，前途无望时，说是轻视我，侮辱我。此处之"我"之所指，皆非此明朗之自觉之本身，亦非指我对事物之一现有的印象观念。此处之"我"之所指，即指"一切我所使用之身体什物，我过去之经验，我之身世，我之能力与前途"。然所谓我过去之经验是什么，此只是曾有之现行，而今则只以潜能种子之资格，存于阿赖耶识者。所谓我之能力，我之前途，亦即我可能表现，可能遭遇之环境之尚未现实者。而其在今日，亦即我阿赖耶识中之种子。我之身体，我之什物，即我可用之以达某一种目标，成就某一活动之工具或条件。此工具或条件之所以为工具或条件，则由其具有种种潜能或功能，可化为种种之现实。如我之此棍，即具能打、能摇、能捶之无限功能者。舍此诸功能，即无棍，则此棍实非棍，而可说只是一大团尚未实现之功能种子之和。然其一一实现，实即一一实现为吾人之识之境。其他衣服什物等，以至吾人之身体之物质，亦同可作如此观。由此而见吾人之执此一切为我，并非只执其现实之现行为我的，而重要者乃在执"种种之曾现行或可能现行之种子"为我。此种种之种子，皆在我之阿赖耶识中，而此亦即同于执我之阿赖耶识为我。故吾人之我之意识之扩大，可以一切我所可能用，可能知，可能得，可能爱者之所在，皆视为我的，而我的之所在，亦我之所在。故我们可说房屋为我的房屋，乡土为我的乡土，国家为我的国家，世界为我的世界。而人之伤任何种之"我的"，皆若伤我者。此即由于阿赖耶识之涵摄一切种子，而吾人于阿赖耶识之一切可能现行或曾现之种子，皆能执之为我之故。此执著，乃执阿赖耶识之能识，附及其所识之一切境法者。故唯识家说第七识以阿赖耶识之见分，（即能识的方面）为其所缘。

第七节　根本无明与转识成智

但第七识之执阿赖耶识为我，乃以此我为一常我，以为吾人过去未来之经验，乃皆为一常我，而同属于一常我。实则此过去未来之经验，虽相似相续，然并非合为一常我，而属于一常我者。此过去未来之经验在未现行时，只是种子。然吾人对此无数种子之分别，却又可为吾人所未如实知者。则吾人即可以过去未来之种子，为一无分别，或同一恒常之整体。此即第七识之执阿赖耶识为我，同时以此我为同一恒常之我之故。（此段之义乃本书著者个人之解释，似为昔人所未言者。）

依同理，吾人不仅有我为常我之执，亦可于本为一串种子之物，在其种子未现实时，而视此物为常。而此亦为一种我执。如上述之前者为人我执，则此可称为法我执。法我执之义，不仅概括视物为恒常之妄执，亦包括视任何法为恒常之妄执。吾人之视任何法为恒常，皆由不知任何法之显现，皆显现为相续相似之现行，而当其未显时，其自身即为一串相续相似之功能或种子。盖唯以此种子功能之未显，吾人不知其分别，遂混同之，而视为一恒常之法。依上所述，吾人即知七识之妄执第八识为我，乃一根本之错误。此妄执与错误之根原，即由其不知八识中之种子功能之差别，而遂误以多者为一，变化者为恒常。此"不知"，即第七识之执八识为我所依之一根本无明①。

复次，第七识执第八识为我时，依于第八识中之种子之强度，及其与我之现在经验（即种种现行）之关系之不同，吾人并不能无分别的，平等执八识中之一切种子为我。若吾人果能如此，则因八识之种子包涵全宇宙全法界之一切法之种子，吾人应以全宇宙全法界之一切法皆平等是我。然人及一般众生，则以方才所述之原因，恒在全宇宙全法界中，分别我与非我。如我吃烟时，则吃烟与烟皆属于我。如我戒烟，则烟为非我，昨日吃烟之我，亦如成非我。一般人又大皆以其自己之身体为我，他人之身体为非我，自己之家为我，他人之家为非我，自己之国家为我，他人之国家为非我，人类为我，人以外一切众生为非我，我之思想情感为我，他人之思想情感为非我；于我者则贪着迷恋，于非我者则瞋恨傲慢。此所依我爱、我贪、我见、我慢，亦即人之根本烦恼、根本染业。一切其他烦恼染业，则依此根本烦恼染业而起，以现行于人之意识，及其他种种心理活动之中。由此而吾人可说第七识之无明，即一切迷妄烦恼染业之本。

---

① 无明 Avidya 之义，浅释之，即无光明，无智慧，无知；丁福保《佛学大辞典》谓暗钝之心，无照了诸法事理之明。《大乘起信论》分无明为根本枝末二种，迷于法界理之原始一念，为根本无明。今借用之，以别于一般意识境界中之无明、即指《成唯识论》与根本烦恼常俱之"恒行不共无明"。

吾人上说第七识之执阿赖耶识,乃由并不如实知之,而有之一根本无明,由此而有诸相应于第七识之根本烦恼等。然此涵根本无明之第七识,亦似应有其种子在阿赖耶识之中,否则第七识之现行,如何可能?然此第七识,为执阿赖耶识之识,则谓其种子亦在阿赖耶识中,亦即同于阿赖耶识中之种子,可分二类,一为七识与缘之而起之烦恼种子,一为此外之其他种子。而第七识之种子之一性质,即"能执此外之种子,而又对之有一无明"之种子。唯在第七识种子现行时,其他依七识而起之种子乃现行。此第七识之种子,既能执其余一切种子,以对之有一无明,并误视之为恒常法,则此第七识之无明种子,即为一兼能"覆盖其他一切种子之一原则",而为其他种子之一种"消极的统摄原则"。于是此第七识之种子,在阿赖耶识中,即占一特殊之中心地位,而如为一依无明而不知一切种子之分别,以混融一切种子,使之显为无分别之一恒常之我者。由此而吾人亦可说,其余种子,皆为此第七识之种子所执之种子。而此七识之种子,与其他种子,既皆在阿赖耶识中,则吾人可说阿赖耶识,乃原自分为二部,而以其一部,执其他部,并以之为所缘者。而此阿赖耶识之一部之自执其他部,以为其所缘之事,实即第七识之种子之"恒具一执持其他种子之性,而恒能在全幅种子中,以其无明,覆盖其他之种子"而已。如此,吾人可对阿赖耶识以种子为所缘之义,另作一解释,而亦与唯识宗之精神不悖。

此第七识既有一根本无明,能妄执无常之种子为常,执阿赖耶识为我,而起种种我与非我之分别,以产生种种根本烦恼染业。人又有意识及五识,于是此根本之烦恼染业,即亦贯至意识中,使意识中亦起种种之我与非我之分别,与种种随从的烦恼染业。此烦恼染业等之现行,一方一直向上熏蒸,以染污至五识,与其所见之世界之性境,而使五识之现行亦不净,而生种种障碍。一方又熏习阿赖耶识中,同类之种子,使之增强。由此,人之造业受报,即永无已时。而人欲超拔此一切业报,则待于人之去除此一切烦恼种子,以归于破除此根本无明。及此根本无明破除,则八识中第七识之种子,及缘七识而生之一切烦恼种子,其存于第八识者皆被断绝。而阿赖耶识中之其余种子,以无第七识之无明为之覆障,即全幅彰显,全法界之种子,亦平等彰显,更无我与非我之虚妄分别。于是全法界一切种子之现行,皆同于我之现行,而无往非我,而更无一般所谓恒常之我可得。此之谓"以法为我,以法为身"之法

第十八章 佛学中之唯识宗之哲学

身无我之我。而吾人之阿赖耶识，此时即无无明，无一切染污，而舍染得净。人对一一种子，皆无所执著分别，亦即一一皆如其所如，而互不为碍，相望如透明。此时之第八识，即转成纯净圆照之"大圆镜智"。第七识之执我者，今则化为视一切我与非我平等者，即转为"平等性智"。而第六识，则因一切随烦恼种子，及第七识之根本无明与根本烦恼之种子，既皆化除，缘七识之我与非我之分别，而生之意识上我与非我之分别心亦不起；于是此意识即成善妙观察一切法之自相共相而无执之"妙观察智"。前五识，因无一切第八识、第七识、第六识之烦恼种子而来之染污障碍，亦即成为善能成办其愿力所应做之事，如眼识成办见色，耳识成办听声之"成所作智"。此转识成智在由种种实际之舍染取净之修行工夫，以去除第七识之根本无明，而如实了知：阿赖耶识中本来涵藏之全法界之种子。而此无明既破，法界被如实了知，则此时之一切法界诸法之种子，亦即非潜能功能，而皆为现行，皆为现成、现在、现见之现量所摄之境。一无扰乱，而如其所如之寂灭寂净之涅槃境，真如境①。而自此境中之一切法皆全幅呈现而无过去未来之别言，此境正同于西方中古哲学中所谓神智神意之境界。是待于贤者之会通而默识之。然唯识家言，此境乃一切众生之所能达，非如宗教家之言其为上帝所独具。其达之之道，则正在去除一切以神我上帝为超越外在之妄执，而一方以缘生之理，观世界，一方切身就己，作种种舍染取净之工夫；此工夫亦即使吾人本来具有之净智种子现行之缘。是即大异于西方中古之哲学神学者也。

佛学中之唯识宗之哲学　参考书目

《成唯识论》。

慈航法师《成唯识论讲话》（《慈航法师全集第四编》）台湾弥勒内院出版。案窥基之《成唯识论述记》太繁，《学记》较简。但兼录窥基与圆测之说，不易辨其是非。慈航法师此著以白话释《成唯识论》，可供初学者之需。

景昌极《哲学论文集》，中华书局。本书中有评进化论一篇，为欧阳竟无先生所

---

① 涅槃原义即寂灭、寂净，灭谓灭除烦恼，净谓无染。真如即真实的如其所如的见世界本相。

讲，乃依唯识宗义以评西方之进化论者。

窥基《二十唯识论述记》。

此书着重证成境不离识义，内容不繁。

欧阳竟无《唯识抉择谈》《唯识述义》一二卷（支那内学院出版）。

熊十力《佛家名相通释》。

梁漱溟《唯识述义》及《东西文化及其哲学》（北京大学出版部出版）。

印顺《唯识探源》（正闻学社出版）。

李世杰《中国佛教哲学概论》（台湾佛教月刊社出版）。

第十九章　中国之伦理心性论之形上学之涵义

第一节　中国古代之宗教思想中之天命观及天意观

对于中国哲学中之形上学，我们在形上学之部第三、四、五、九等章，曾论其宇宙论方面，关于有无、阴阳、五行、动静、生化、感通方面之理论及宇宙之对偶性，心身关系与一多问题之理论。此大皆属于中国传统哲学所谓"气化"一方面者。但未及其本体论方面，关于心性与天道、天理、天心之本身之理论。本章将补此缺点。

中国形上学，在本体论方面之主张，我们曾说其亦是与人生之实践论不相离的。换言之，即以形而上之存在，须以人生之修养工夫去证实。而中国先哲之遵循此原则，以言心性与天道等形上学之问题，又有更较印度哲人为彻底之处。

在中国之此方面之形上学上，我们当先略说中国古代思想，对于天与上帝之观念。中国之《古代经书》及汉儒，多是崇信主宰世界之上帝或天心之存在，而颇富宗教思想的。但是我们前曾说中国古代宗教思想中，初无希伯来传统之上帝造世界，有一预定计划之说；亦无希腊式之命运观念，能决定人生与自然之行程之说；而主天之降命于人，乃于穆不已，不主故常，所谓"天命靡常"之说是也。此天命之靡常之说，乃由于天之如何降命于人，视人之修德为转移，故此中包涵人德动天，天人相感之思想。此天命靡常天人相感之思想[1]，即中国宗教思想之一核心。

其次，自天意之在何处表现看，我们皆知在希腊传统中，神意由先

---

[1] 拙著《中国先秦思想中之天命观》（《新亚学报》二卷二期）。

知代达,在希伯来之犹太教,及后之基督教传统中,上帝之旨命,由先知及僧侣教士传达。然在古代中国,则虽有巫而无教士阶级。至说到天意之表现,则极早即有天意表现于民意之思想①。所谓"天视自我民视,天听自我民听","民之所欲,天必从之",而人王之责,则在下承民意,以上体天意。此即所以奉行天命;否则天命即将转移于他人,此即所以见上文所谓:"天命靡常"也。

天意除表现于民意外,亦兼表现于自然。天生万物,而万物之生,亦即天意之表现。然天之生万物,依寒暑四时而成就。天意即在自然之流行中表现。唯天有风调雨顺,以使物之生时,亦有日月之食及狂风暴雨,以降灾害于自然与人之时。后者在希伯来及他方之宗教思想,皆恒以此为直接表示上帝之愤怒,或对人之惩罚。然在中国由古代至后世之宗教思想,皆不必如此说,而可说此只是天对人之未来之警戒,而非天之愤怒,或对人之过去罪业之惩罚,或竟说此为天之一时之过。天有过之不足使人疑天心之善者,则在天意之表现于自然之流行者,亦使天能自改其过,而补其所不及,如狂风暴雨一去,风调雨顺再来。

此种以天命靡常,天命表现于民意及自然之流行,与天亦有过而不失其善之中国宗教思想,使中国哲学史中,得不发生西方式之种种神学,或关于上帝之哲学中之种种问题,如上帝之计划与人之自由如何调和之问题,上帝如何能自无中造万物之问题,上帝何以有特定之选民或命定之得救者之问题,至善而全能之上帝,何以不将世界之一切罪恶苦痛,皆加以消灭之问题,人为至善之上帝所造,何以又能犯罪之问题,如何证明一绝对超越于人及自然,而先天地的自己存在之上帝问题。此诸问题,由前述西方哲学之各派之发展观之,固亦引生种种形态之形上学,以开拓人类可能思想之范围。但愈在晚近之西方哲学,其肯定上帝者,均愈向"兼肯定自然,及自然中之人之地位,以与上帝并立"之方向而趋,如在各形态之进化论之哲学,及怀特海之有机哲学,及唯心论哲学中之所表现。此即见中国哲学之不劳其心思于此类之问题,亦即少绕一思想史之一大弯,而亦未尝非其长处之所在。

---

① 关于中国传统政治思想中之天意表现于民意之思想,可参考梁任公《先秦政治思想史》。

第二节　中国人伦思想之形上意义

至于将中国之形上学，与印度之形上学对较而言，则印度之各派思想，吾人前已言其皆带一求自现实世间超拔解脱之色彩。因而多本于人之最高祈望所在，而判断此世界为幻妄，为染污、不净。并以吾人之知识与人生行为中，充满种种妄执，而欲加以破除。此乃不以现实之人生所见之世界，即最高之真实之显示之思想。而在中国之儒道二家，更以人必求成为大人、圣人、真人、天人，然后能真知性与天道。庄子所谓"有真人而后有真知"，孟子所谓"尽心知性则知天"，同是谓人若不能使其人生存在自己，日升进于高明广大之域，则人之"知"，亦不能达于高明广大之域，以知此宇宙之所以为宇宙者。此与印度哲学家之欲自此实际人生解脱，以求进一步之人生，而合梵天，证真如之旨，未尝不有相同之处。而其不同之处，则在中国思想，又不直接从自现实世间解脱超拔之意入，以求人之日升进于神明；而却从对于现实世间之若干事物，正面的直接加以肯定承担处下手，而循此以使人由小入大，由凡化圣，由俗成真，此则其与印度宗教哲学思想，又复殊途者。

在此现实世间之事物中，为中国历代儒者以及中国之道佛诸家，皆加以肯定者，为人与人之伦理关系。而尤以家庭之孝友之伦理，为中国传统之所特重视，此盖为他邦之思想中之所不及者。

关于人与人间之道德伦理之重视，本为东西古今之思想之所同。而道德伦理之具最深厚之形上学意义，亦为东西古今之宗教家及形上学家，所皆能多少见及者。如基督教以爱为上帝之道，人唯由爱友爱敌，以知上帝。佛教以布施、慈悲，持戒为证诸法实相之真如涅槃之道。此与其他宗教之无不重人与人之道德之维护，及形而上学家之最后必归于道德哲学之讨论，皆同有其极深厚之理由。约言之，人类唯由道德，乃能自其小我之私欲超出，而于其认识对人间之责任中，使其心灵日趋扩大，然后方能知天地之大，宇宙之真，而与形上之神明境界相接。然在中国思想所重视之伦理道德，尚有其特殊之涵义在。

大率东西之宗教哲学之言对人之爱与慈悲者，皆为一直下遍溥于一切人及一切众生之爱与慈悲，或对随境随缘所遇之人之爱与慈悲。而中国之伦理道德思想，则尤重在已确定的为彼此所互认的伦理关系中，尽此伦常之道，而以此为人之尽心知性，以知天之一确定的开始点。故耶稣之言他人打汝右耳，即再以左耳任其打，及佛教之随缘布施之义，皆初非中国之儒家所传之伦理道德思想所特重。而儒家所特重之家庭中之伦理关系中之道德，如孝等，反而影响中国之佛教徒之重报亲恩，而使以目连救母为据之盂兰盆会，成一中国佛教徒所最重视之一法会。

　　中国此种重确定的伦理关系中之道德，吾人可说其形上学之涵义是在：依此伦理关系之为彼此所互认，故此中乃真有人与人之心与心之相涵，而相互成为内在于他人之心灵之存在。父知其为子之父，则父内在于子之心灵。子知其为父之子，则子内在于父之心灵。夫妇、兄弟、朋友、君臣一切确定的伦理关系，皆复如是。即皆为成就人与人之心与心之互相内在而相涵者。

　　此种确定的伦理关系中之道德，如与其他宗教所言之爱与慈悲等相较而言，亦可说不及其广大而遍施。然其另有一更深厚之形上学涵义，即唯在此中，乃有我与他人之心灵之真正的结成一体，而又不失其差别，及我之心灵之兼存在于他人之心灵之内与外。譬如吾人可假定，吾人行基督教之爱之道到家，或行佛之慈悲之道到家，此时，吾人固可对一切人与众生，皆遍施此爱与慈，而同时亦逐渐呈现上帝之道及上帝之心，于吾人之心，或呈现吾人本有之佛性佛心，于吾人之心。此固有其至高之形上学意义。然吾人之爱与慈悲，如此遍运普施，而表现于一切人与众生之上，则吾人可问：此爱与慈悲，毕竟存在于何处？此处一是说唯存于吾人之自觉心，一是说上帝之知道我之爱心，我之爱心即存于上帝之心中；或已成之佛知我之慈悲心，此慈悲心即存在于佛心中。在此后者中，实亦有一伦理关系，即人与上帝之伦理关系，或人与佛之伦理关系。然此处却又缺了我与被我爱被我慈悲之人间之真正的伦理关系。即此中我与他人及众生间之关系，乃一上下层：一为能爱能慈悲，一为被爱被慈悲之片面的施爱之关系。此处被爱者被慈悲者，一方乃统体包覆于爱心及慈悲心灵之下，而若无差别，一方又可不知我之爱与慈悲者。则此爱与慈悲，不能内在于我所爱所慈悲之人与众生心灵之中之下存在，而只能在人与众生之外之上存在。此处即有此心灵之无所寄托，而只能上寄于上帝心与佛心之苍凉感。此感自极可贵；然终不能成就此"心灵与现实世界中之人与众生之心灵"之真正的结成一体，而不失其差别，及我之心灵之兼存在与他人心灵之内与外，细思可知。

至于人与人之确定的伦理关系之一大功用，则在此中可有原则上的在伦理关系中之我与人之心灵之结成一体，而又不失其差别，及我之心灵之存在于他人心灵之内与外。如在父慈子孝之伦理关系中，子之心中有父，父之心中有子，父施子以慈，子施父以孝；父受子之孝，子受父之慈，则此中之施受之关系，明为两面的施受关系，合以表现吾人前所谓太极阴阳之关系者。在此关系中，父受孝，而子之孝心，即存于父心之中。子受慈，而父之慈心，即存于子心之中。此处子愈孝而父愈慈，则子之孝心，即直接助成父之慈心之生起者。父愈慈而子愈孝，则父之慈心，即直接助成子之孝心之生起者，父之慈心，于此亦恒直接以子之孝心为其所对，而包覆此孝心，以为孝心之外之心。子之孝心，亦直接以父之慈心为其所对，而包覆此慈心，以为此慈心以外之心。由是此二心之相互内在，即同时为相互成就，亦相互为能与所，互为"包覆对方之心之外之心"，以结成一体者。然此中父慈子孝，依然各是各的，而差别宛然。此即中国思想所重之确定的伦理关系中之道德，其形上学的意义之所在。

第三节　孝友之道为人伦之本及其形上意义

　　复次，中国之伦理思想之必以家庭之孝友为本，其再一种形上学之意义，即视此家庭之伦理乃自然与人文，亦自然与超自然者之交界，亦即天人之交界。人之由父母生，父母之由无数之父母生，此可说之为一自然生命的发展演化之历程中之事，而与生物之雌雄牝牡之交配，以生子孙之事，同属于一自然世界之中，而表现同一之原理者。亦可说之为一因缘生之世界中事。无数祖宗父母，即吾之所以生之无数因缘。而就吾之个体之心灵，乃以前自然世界中之所无，亦祖宗父母心灵中所无者言；则谓我之此心灵，乃直接从天而降，由上帝于我之结胎时所创造出，以光荣上帝所造之世界者亦可说。然此诸说，同只见得吾之心灵之生于此世界，只为一自然生命之演化之一结果，因缘聚会之一结果，或上帝行为之一结果。自然生命之演化，乃一直前进之一向历程；上帝之创造，乃一由上而下之一向历程；因缘聚会，乃一由散而合之一向历程。则吾人可问：孰为宇宙间之兼回应此诸历程，而结之为一体者？吾人将说，此正在人之孝之伦理。

吾人可承认：吾人之生出，乃原于自然生命之演化，或原于各因缘之聚会。然此语乃一无情之客观陈述语。实则吾人之由父母祖宗而生，亦即由父母祖宗之爱与养育之恩而生。吾人之孝心，即对此爱与养育之恩之一回报。而此回报，亦即所以回应整个自然生命之演化至我之出现之一直前进之历程，而加以肯定承受感谢，而求有以报答之一回应历程[①]。如吾人无此一回应，则我之生，亦同于禽兽草木之生，而为一自然生命之流行之一暂时所生之结果。自然生命之流行，将旋即漫溢过去，以自行前进者。吾人有此一回应，与对父母祖宗之孝，则无异将此整个自然生命之流行，至于我之生者，全部加以摄住，使此流行如归于一贞定，不再只一往流行泛滥而不返者。如吾人依佛家之理论，谓父母祖宗皆为我之生之诸因缘，则此孝心，即为一把握我之生之全部因缘之一直接的始点，亦为突破我之我执，以昭显全法界之一始点。至如吾人依基督教之理论，以说吾之心灵，乃直接由上帝创生而降世者，则此孝心，即吾人之灵魂之降世，而立即承担此灵魂之降于世之某一时间空间之切近因之父母，与父母之切近因之祖父母，而成之人间世界之始。要之，人之此孝心，即为人之由只为一被动之结果之存在，而化为"承担世界、持载世界、涵摄世界"之一自动的原因之存在之始；亦即人在此自然世界人间世界立一切人道，以回应人之所以生之历程之一始点。吾今之此解释，乃意在对较他方之说，以言中国先哲重孝之形上学的涵义之尚有进于他方之说者。吾人之立言，或非先儒之所及，然命意则自信未尝有悖于先儒。幸读者垂察之。

　　依中国伦理思想之以孝为本之义，故中国之思想，**断然拒绝人类之始祖为犯原罪者**，或吾之父母祖宗，乃一原罪之传递者，而由此以谓已成之人群世界，乃罪恶之结晶，唯待上帝乃能加以救赎之说。中国之思想，亦不同于印度思想之常有呵斥世界，而判之为苦海，为幻妄，为不净，为染污之论。依中国之思想，吾之为一人，虽非生而即完全，世界亦待人之裁成；然克就吾人之所以生之父母祖宗而论，则除为吾人之孝之所对者外，更无其他。而其生我与天之生我，乃一事之异名。并非天生我以善净之灵魂，父母只与我以肉体及原罪。因依中国之思想，天或

[①] 拙著《文化意识与道德理性》第一章论《孝友之形上学意义》，较本章所言为深，然此章所言则较简切，读者可相参证。

上帝从未外在于人，亦未尝外在于父母祖宗。我与父母祖宗之性，即同一天性，其本心，亦是同通于一天理天心者。然此天性、天理、天心，乃与吾人之形色之躯，浑然为一。如说父母能分其肉体与形色，以成我之肉体与形色，亦即当说其分其天性、天理、天心，以为我之天性、天理、天心。如谓此天性、天理、天心不可分，只是密密绵绵，相续相继，以表现于人，则我之身体即父母之遗体，其间关系，初亦密密绵绵相续相继，而不可分。如说父母本未尝生我，我乃一由自然演化来，或上帝而来，或只以父母为缘而生起者，或谓我之此生，为自然之潜能之表现，或上帝之新创造，或我之阿赖耶识之新表现，亦非必不可说。然此时仍当说我之全幅心身，皆俱时而生，俱时而现，俱时被创造出。则此为我之生之原因者，亦当兼担负我之灵魂，与身体之缺点，罪过及善德之责任。而决不能言上帝只与我以善净之灵魂，而一切缺点罪过，则只由父母或自然生命而来也。

第四节　尽心知性以知天之形上学道路

中国之此种伦理思想之不鄙弃已成之自然世界，人间世界，不将世界二元化，以灵魂与善，独归上帝，肉体与恶，独归人间与自然；却又非抹杀天性天理天心之存在于此人人之心性中及自然中，亦非以此自然、此人生、为当下完满，而不待裁成超化者。唯是以此能裁成超化之原理，亦即在人之心性中，人之本心本性，即通于天性天理天心。天性天理天心之表现，遍在于自然，亦内在于人心；而其实证，则待于人之由修养实践之工夫，而成为大人、圣人，以见其为即主观而即客观，内在而未尝不超越之实在。此即孟子之所以言尽心知性则知天也。

此种由修养实践之工夫，以尽心知性而知天之道路，即由家庭中之孝弟伦理之实践，以扩充，而及于夫妇、朋友、君臣之伦理之实践，对于国家天下之历史文化，参赞天地化育等种种责任之实践。或由"亲亲而仁民，仁民而爱物"之德行之实践，而不断迁善改过。由"可欲之谓善"至"有诸己之谓信"，至"充实之谓美"，"充实而有光辉之谓大"，"大而化之之谓圣"，"圣而不可知之之谓神"之实践。此即由孔子所开启，孟子所树立，而为宋明之理学所承继而发扬光大之中国之天人合德之人生哲学与形上学之道路。

依此人生哲学与形上学之道路,以看西方哲学之直接用吾人之能成就种种知识之理性的心,去推测上天之如何,宇宙本体之如何,如为一元或二元或多元,为唯心或唯物,为变化或恒常,为自由或必然,皆无究极之结论可得。而中国哲学家,亦殊不留心于此。而吾人亦可问,此一切之形上学家曰:汝之理性的心是否有资格,以推测在此心外之存在?由是而在西方之哲学中,即有康德之彻底怀疑,人之纯粹理性的心,能解决形上学之问题之论;而转至由实践理性的心,以建立形上学中意志自由,灵魂不朽,上帝存在等命题之论。由此而开启近世之唯心论哲学。此唯心论哲学,以心为宇宙之核心,而宇宙亦即内在于此心者。由此以解释宇宙,遂不只是以心推测其外之宇宙,而是使此"心"安住于宇宙中,宇宙亦安住于心中,而由心加以照明者。故此派之哲学思想,在西方哲学史中,亦最为能目光四射,而持说最能圆融贯通,无乎不到者。然吾人可问:此派哲学所谓心,未尝经道德修养工夫,又如何保证其为最后之真实,而能真知此宇宙之真相,及此心以上之绝对心或上帝心等?于此,则印度之哲学之重内心之修养工夫,而辨妄心真心之别者,立义立显见更进一层。如上章所论为国人所习知之佛家唯识之言心,即重在以德性上染净之分,辨心之真妄。然印度哲学较中国哲学更重心之智性,故其论德性上之染净之分,仍归本在人心之无明与明之分,识心与智心之分。而在中国先哲之言心,则纯以心之德性为本,而不以心之智性为本。不徒言明与无明,而直言明德,并不重说妄心,而只言吾自有其本心,有其道心。于是其论心,遂全以德性为本。依中国儒家正宗之论,人不知德性,即不能知心,不知心即不能知天。而一切只以吾人一般之心,推测世界之西方式之超越外在之形上学,或只知实践理性之重要,以建立形上学之命题,而不重如何证实形上之实在,如康德之形上学,及以心解释宇宙之康德后之唯心论形上学,与印度式之去妄归真,转识成智之佛家形上学,在此皆不免落于哲学之第二义矣。

中国先哲之此种由知德性以知心,由知心以知天之思想,要在人由充量昭显其心之德性后,以见此心之所以为心,及天之所以为天。此充量昭显其心之德性之心,即圣人之心。故中国先哲之形上学,乃要求人人以圣人之心,自观其心,而据圣人之心,以观天之所以为天之形上学。

第五节　观乎圣人以见天心之形上学

何谓圣人之心？吾人今可不必限孔子为圣人。孔子亦无谓唯彼是圣人之意，彼尝称尧舜禹汤之圣。故吾人今亦可以释迦为圣，耶稣为圣，甘地为圣。吾人自己今虽非圣，然吾人仍不难设想圣人之心为何若。吾人可借明儒王阳明与罗近溪之言大人之心与仁者之心、圣人之心，以状圣心之所以为圣心。

王阳明大学问曰：大人者，以天地万物为一体者也。其视天下犹一家，中国犹一人焉。……大人之能以天地万物为一体也，非意之也，其心之仁本若是，其与天地万物而为一也。

罗近汉溪《盱坛直诠》：圣人的确见得时中……溥博渊泉，而时出之，溥博如天，渊泉如渊，时中即是时出。时时中出，（按此非必中庸本义）即是浩费无疆，宝藏无尽，平铺于日用之间，而无人无我；常在乎眉睫之前，而无古无今。

闻之语曰，仁者寿。夫仁，天地之生德也，天地之德也生为大，天地之生也仁为大。是人之生于天地也，必合天地之生以为生，而其生乃仁也。必合天地之仁以为仁，其仁乃寿也。古《诗书》之言寿也，必曰无疆，必曰无期，夫无期也者，所引之恒久则尔也，是仁之生生而不忽焉者也。无疆也者，所被之广大则尔也，是仁之生生而无外者也。是以大人之生，生吾之身，以及吾家，以及吾国，以及吾天下，而其生无外焉，而吾之此身之生始仁也。生兹一日，以至于百年，以至于千年，以至于万年，而其生不忽焉，而吾此日之仁乃寿也……

此种大人圣人或仁者之心，自其通天地万物为一体，合天地之生以为生，合天地之仁以为仁，其生德仁德无疆无期言，即其一生，全幅是一天理流行。

然此种圣人之心，实亦即吾人人人所有之心之充量实现其德性之所成。而此圣人与天地万物为一体之至诚恻怛之心，就其质上看，亦实为与吾人，人人见孺子入井时所有之怵惕恻隐之心，并无根本上不同。其不同，唯在圣人之能极其此怵惕恻隐之心之量，并使之精纯无杂，而全幅是一片天理流行而已。圣人即人之至者，故曰"人皆可以为尧舜。"

然吾人今再进一步，再试想在此圣人之境界中，彼将如何自看其自己纯乎天理之心？彼是否于此时，将谓彼之此心，唯是其个人修养之工夫之所成就造作，如一外在之器物制度，为人之所成就造作？此在儒家中荀子，即有以此心只为人修养之所成就造作之思想。然由孟子所开出之宋明理学，则皆不如此说。因此圣人之修养工夫，固是圣人境界之所以呈显之条件，然却不可说此境界纯由其工夫之造作。因而能有此境界之心，亦非其所造作。何以此境界及此心，皆非其所造作？因此境界，乃一廓然而大公，以天地万物为一体之境界。亦即撤去吾人一般人之小我之墙壁，种种我执与无明烦恼，而表里洞然，全是一片光明之德，朗照世间，一片和煦之怀，涵育世间。故此心境本身，乃人之不以世间为外，而亦不以此心为内之心境，故亦无自觉此心为我所造作，或我所独有之念。而如其有此念，则人之私心即动，而远离此心。故人在有此心时，必不以此心为其所独有，亦不以此心之天理为其所独有，而将同时见得"东海有圣人出焉，此心同也，此理同也。西海有圣人出焉，此心同也，此理同也。南海北海有圣人出焉，此心同也，此理同也。千百世之上，有圣人出焉，此心同也，此理同也。千百世之下，有圣人出焉，此心同也，此理同也"（陆象山语）。

由人在成圣人心境中之不以此心境为其自己所造作，故人同时即见得此心境，虽似由修养工夫而得，而实由修养工夫而自己呈现。而此原先之次第修养之工夫之历程本身，亦即此心境之自己次第呈现之历程，如原来之晨光曦微以至金光灿烂，亦即朝阳自己之次第呈现之历程。对此心境，吾人如称之为心性之本体之呈现，则吾人可说此一切工夫，皆自始是依此本体之先在，而自呈其用以成，而非此工夫之能无中生有，以造作此本体之谓也。

由此圣人心境之自知此心境之非其所造作，而唯是其心性本体之呈现，而彼又知此心境之非其所独有，而为一切圣人所同有，亦即一切人所同能有者；于是彼即必然同时见得：此心性本体之不限属于任何特定之人，而此性乃天性，此理乃天理，此心乃天心，亦穷天地亘万古而未尝亡者。

谓此圣人心境中所呈显者乃天心天理，尚可有另一义可说。即此心之理，乃与其余一切天地万物所由生之理，乃同一之理。一切天地万物所由生之理，即"生成之理"，如吾人前所说。而此圣人之民胞物与心境中，所呈现之理，亦即一发育万物，使万物大生广生而得成就之理。由此而吾人可说：天地之生物之心，亦即与圣人之心，为同一之心；圣人之心，即此天地生物之心之直接呈现。当吾人旷观自然万物时，唯见其生物之事，并知此中有生物之理，吾人此时唯直觉天地若有心，亦可依理性以推断必有天心之存在，如若干西哲之所为，而又无法由经验以实证。然由人成圣人而知圣人之发育万物与天地之发育万物，其事同，其理同；而圣人之发育万物之心又无内外无疆界，以与天地万物为一体；则可实证其为圣人之此心即为天心之直接呈现，而实证天心之存于其生物之事之中矣。

第六节　孔孟以下儒家形上学之发展

关于中国思想中此一路向之形上学，就其理论言说方面讲，乃至明代之阳明学而后极其精微，王船山而后致其广大。然其体证的方面，则孔孟之言，已昭示无遗。孔子之谓"知我者其天乎"，亦即默识其心与天心之合一。孔子一生之言行，是满腔子恻恻之心之表现。《中庸》所谓"肫肫其仁，渊渊其渊，浩浩其天"，由"人德"以"达天德"，在孔子及身，实已完成。其答弟子之问何以不言曰："天何言哉？四时行焉，百物生焉，天何言哉？"是即谓在其"浩浩其天"之心境中，一切皆是直接呈现之流行发育，更无间隔，更无封畛，全幅只是一生机洋溢，生意周流之境界，而为一"肫肫其仁"所弥纶布濩。其谓四时行百物生，皆在一无言之背景中，则表示此流行发育之至动，而未尝不至静至寂，其根原如自一深远不可测之"渊"，萦回宛转而出，此之谓"渊渊其渊"。

至于孟子，则上文已言，乃明指出"尽心知性则知天"之义者。其直接指出尽心知性以知天，则较孔子之只自其生活人格，直接表现其心与天之合一者，更使学者有一自觉的有所用工夫，以上达天德之道路。此即使人由其心性之开始萌芽生发，形为恻隐等四端处识得：人能充极此四端之量，即可使"浩然之气充塞于天地之间"，达于"所过者化，所存者神，上下与天地同流"之圣神之域。由此而开出由心性以知天之中国形上学之正宗。

至于在《中庸》与《易传》中，所表现之形上学，则为发展出一更重宇宙之"生成"，"生生"一面之宇宙论的思路者。然亦不失由尽心知性上之工夫以知天之精神。《中庸》之中心观念在诚，而以诚统天人之道。此实亦同于孟子之言"诚者，天之道也，思诚者，人之道也"之说。然《中庸》说诚，更彰其为"天之生物成物之道"之义。天之生物不测，而一一如其所如以成就之是诚，正如圣人之成己成物，使人人得所，物物得所之是诚。圣人之成物，乃一洋洋乎发育万物之德。然圣人之此德，有如"鬼神之为德"，乃"视之而不见，听之而不闻，体物而不可遗"者。此虽未明指出此体物不遗者，是一至诚恻怛之心，然实则除圣人之至诚恻怛之心，以"天地万物为一体"乃"体物而不可遗"外，岂圣人之手足，能体物而不遗？此圣人之至诚恻怛之心，成己成物之事，皆"不勉而中，不思而得"，更无造作与一般之思虑营为，故谓之为"不动而变，无为而成"；其成物而不自以为成，而唯见物之自生自成。此即如天之生万物，唯见万物之发育，而除万物外，亦更不见天之功。此亦即见圣人之德之通于上天之载之无声无臭，而全幅为一形而上之天德之直接呈现也。

至于在《易传》之中心观念，则在生生之谓易。其宇宙论之意味更重。此所谓易，非谓此宇宙只是一方生方灭之事变之流，而是说宇宙之依乾坤之德而成，乾所以表宇宙之健行不息而生万物之德，坤所以表宇宙之厚德载物而成万物之德。粗率观之，乾近西方哲学中之现实，坤近乎潜能。乾近乎唯识家之现行，坤近乎唯识家之种子。而乾坤之交易，则近乎潜能之化为现实，现实之归于潜能，种子之化为现行，现行之熏种。然依《易传》说：则乾之生为显诸仁，坤之成为藏诸用，合以见一"鼓万物而不与圣人同忧"之生生之易道；而乾坤之交易，唯所以见天地之大德之相继，则与现实潜能种子现行之说迥异。至于在此生生之易道中，从个体事物上看，则各个体事物之此成彼毁，此生彼灭，固是一事实。如沾恋于个体事物上以兴感，吾人亦可说，"天地不仁，以万物为刍狗"。然此果即天地之不仁乎？儒者不全如此看。此试依吾人上述圣人之心境，以论此义。

在圣人之心境中，诚必欲万物兼成，此为其仁。然吾人试思，如已成之万物皆充塞宇宙，长存而不化，则未成而可能成之万物将不得成。故欲万物之兼成，必求万物之相代而成，以变而化，方得成其生生之不息。生而化，为终，而藏，而藏则所以使生更有生，则其藏，乃藏于后起之生中，是谓藏诸用，非藏而亡也。而此藏诸用，亦即以其生之藏，以成他生，是即其成物之仁之显也。故圣人之欲万物兼成，不必欲一一物皆长存不毁。而一一物之不长存不毁，亦非必即自然世界之根本恶，而正可为使一一物在其自成我而成己之后，再表现其成物之德者也。以圣人之心，观其自己之身，未尝欲私其身，而求其长存不毁，而可杀身以成仁。则观种子之毁而芽与花叶开，亦杀身以成仁之类。故桃之种子曰桃仁，杏之种子曰杏仁。而天地万物之往者逝而来者生，皆天地万物之成仁而显仁于生物之事，亦所以藏往者之用，于继起之来者之事，而见乾坤之盛德大业者也。

然依圣人之心，以观宇宙之生而化，化而生，始而终，终而始，虽皆为一万物之显仁藏用之事，亦见乾坤之盛德大业；然圣人之心，于此自然世界，仍不能无憾而无忧。此即由于万物与人皆可不待自成，而即被他所毁，而不能尽其性。由此而圣人必求所以补天地之所不足，此之谓人赞天功。而天地或上帝之盛德之至，亦即正在其似故留其所憾，以待圣人之补其所不足。有如圣贤豪杰之行事之必留遗憾，以待后人之补足。反之，如天地或上帝果皆为全善而万能，将一切善事作尽，而使人之圣贤豪杰，坐享现成，更无所事事，此正为天地或上帝之大不仁矣。天地或上帝皆有憾，圣人补之。圣人亦有憾，后人再补之。一切存在事物，无不有憾，故宇宙必有继起之存在事物以补之。故唯继而后善不穷，是谓"继之者善也"。舍继，则天地或上帝与圣人皆不能全其善事。然其不能全，而容有继之者，以其所憾，使继之者得补其憾，而更有其善事，亦即其不能无憾之中所显之大善也。知此可以知圣人之于"天地之大也，犹有所憾"而"不怨天"，亦不呵斥此自然之故；亦知人所成之圣人，何以可德与天齐，而其事其功，又非天地或上帝之所能有，人道之盛德大业，又有进于天道者之故矣。

此种《易传》之以人道与天地之道并立而成三才之道之思想，在汉儒发展为董仲舒之以王心配天心之思想。在宋儒则发展为立人极以配太极之周濂溪思想，为乾坤父母之孝子之张横渠思想，及立皇极以应太极之邵康节思想，皆宇宙论之色彩较重，非今之所及。

宋明思想发展至二程，标出性与理，而直由人之心性以见天理，遂又重接上孟子之传统。而更不重由外面之仰观俯察，以知天道之事，而纯由人之尽心知性之工夫，以求知天理。唯宋明理学家之理气对立之论，微有轻视其气质之世界中之自然与人生之形而下之一面之色彩，而较先秦儒者略近于佛老之超世精神。此中之关于理气之问题，颇复杂，今不拟论。大约宋明思想，自二程以后，其形上学之思想之向上一机之发展，为由二程之提出天理，至陆象山之明"宇宙即吾心，吾心即宇宙"，而直接以人之本心即"天之所以与我"，为人之心亦宇宙之心。进而至于王阳明，遂以人之良知即天地万物之灵明，而谓"无声无臭独知时"之良知，"此是乾坤万有基"。再后至王龙溪，即以此良知灵明，即"生天生地，生人生物"之"先天心体"，罗近溪视人之良知良能即"乾知坤能"。罗念庵视此良知即一"无有限量"之心体。高攀龙则自言其悟得此心本体时，"一念缠绵，斩然遂绝"，顿时"遍体通明，与天地万物为一体"。刘蕺山亦言，"体天地万物为一心，更无本心可觅"。此一路思想，乃最能表现中国形上学之向上一机之发展，以归于一贯天人之心体之会悟者。此中之高攀龙刘蕺山，皆从容殉节以死者，则见其唯心之思想，非徒为口说，而是实证一超生灭而悠久无疆之心体之结果。而诸家之言，皆非今日所能一一举。今试举一承王学之流，而兼综术数之学，力求规复，而终于殉难之明臣黄道周之一段言，以见晚明心学之高明精微一面之造境。

黄道周榕檀问业

黄道周《榕檀问业》卷十七："须知尔身，的有自来。又知尔心，的有自受。止函万物，动发万知。函盖之间，若无此物，日月星光，一齐坠落。譬如泓水，仰照碧落。上面亦有星光，下面亦有星光，照尔眼中，亦有星光。若无此心，伊谁别察？又如璇台，四临旷野，中置安床，日起此亦不起，日落此亦不落，汉转斗回，此不转回，依然自在。打破天地二万一千里，此个心皿，正在中间，为他发光，浮在地面，要与山川动植、日月星辰、思量正法也。此处看不明白，礼乐诗书，都不消说"。又《榕檀问业》卷十二："人晓得天之与日，才晓得性之与心。晓得尽存正在，才晓得本体工夫不已不息。格得此物，十倍分明，始信得意识情欲，是心边物，初不是心。风雨云电，是日边物，初不是日。性之与天，皆备万物，不着一物。心之与日，不着一物，乃照两物。只照两物，原无二物，知此一事，更无他知。吾四十年读书，只晓得此物"。

此黄道周所说，与其他宋明儒者之所说，皆非只由猜测推理所得之形上学。而是由说者自己之修养工夫，而将吾人之日常生活中之心灵，去其人欲渣滓，而使其所根之本心本性，全部昭露呈显，发用流行时之所见。而此时之见得此心之为天地万物所赖以得呈显而存在之宇宙观，亦为实证之所得。吾人之欲有此实证，亦非吾人之有同一之工夫不可。然吾人若能将本书所陈之各派形上学之问题，一一经过，再将西方哲学中上帝之理论，及唯心论之理论，与印度佛教中之转识所成之智心之理论，加以彻底了解，融会贯通，亦不难由推理而加以了解，然后再用修养工夫，加以实证。唯即此推理之了解，亦非初学哲学者所能骤企。然吾人亦无妨悬此胜义，以资向往。犹如吾人欲到长安，则才动足即须向往长安，否则终不得到长安，故吾今仍不能不一陈此胜义。而天资卓越之士，亦可于旦暮得之也。

中国之伦理心性论之形上学之涵义　参考书目

《孟子》。

《礼记》。

《易传》。

张横渠《西铭》。

王阳明《大学问》。

朱子《仁说》及陈淳《心说》。

拙著《中国文化之精神价值》第六章，《中国先哲之心性观》。第十四章《中国先哲之宗教精神与形上信仰》。

第四部 人道论、价值论

第一章 人道论、价值论之意义

第一节 中文中之人道论伦理之学及西方之伦理学人生哲学或价值哲学之名义

我们在上章论中国伦理心性之学之形上学的意义，意在说明形上学与伦理学，天道论与人道论之可相辅为用。本部则进而专论人道论中直接与价值相连之若干问题。

中文中所谓人道之一名，我们于第一部第七章，曾说其盖首始于孔子所谓"人能弘道，非道弘人"。后孟子又言："人者，仁也，合而言之道也。"荀子言："道非天之道，非地之道，人之所以为道也。"至于伦理之学之一名，我们亦曾言其盖始于孟子所谓"圣人人伦之至也，学则三代共之，皆所以明人伦也"。《礼记乐记》谓"乐者，通伦理者也"，而荀子亦尝言："伦类不通，仁义不一，不可谓善学。"

中国先哲所谓道，我们前亦曾说，《易传》尝有"形而上者谓之道"之言。然《易传》所谓形而上者之道，本兼三才之道之天道、地道、及人道而言。所谓"立天之道，曰阴与阳，立地之道，与柔曰刚，立人之道，曰仁与义"。唯老庄言道，略偏于天道，或先天地生之道。然在儒者及他家之所谓道，皆天道人道并重，而言人道者尤多。自道之本义言，原为人之所行。故在中国思想中，言人道亦更切要于言天道或天地之道。

　　中国先哲所谓人道之人，可指个人，亦可指全人类，而无所谓单数复数之分。至于所谓伦理，则我们亦曾说其可指人与人之间之所以相待之当然之道与理。至所谓伦类之一名，亦兼指各种人之品类而言，如君子之伦、小人之伦。则伦理之学，即兼指人之如何成为君子，免于小人，以敦品励行，或由知圣人与之同类，而求学圣人之为"人伦之至"之学也。

　　至于西方之所谓伦理学（Ethics）之一名，就字原观之，则语根为E-thos，初亦指人在群体中之道德情操。唯一般哲学上所谓伦理学（Ethics），则指研究道德根本原理，与道德之意志行为之目标及善恶及正当不正当之标准之学，而初无特重人与人之伦理关系之义。至近世之人生哲学或人生论之一名，则为以整个人生之意义、价值、理想，为反省之所对之学。价值哲学或价值论之一名，则为以一切价值——其中除人生价值外，兼可概括其他自然价值等——为研究之对象者。诸名之义，互相略有出入。然皆不离人之所当知、当行，以成其为人之道。故皆可统于人道论之一名中。此亦为吾人在第一部中所亦言及者。

第二节　人生人道之哲学、与宇宙或天道之哲学之相互关系

　　毕竟对于人生人道之反省之哲学，与对于宇宙或天道加以思索之哲学，其相互之关系及在哲学中之地位如何，乃一待决之问题。此下分数层次，加以论述。

　　（一）自一观点言之，吾人可说人不过宇宙万物之一。人小而宇宙万物大，则研究宇宙万物之道之形而上学、宇宙论、本体论、或天道论之范围大，而人生论、人生哲学、伦理学、人道论之范围小。人外之神有神道，仙有仙道，佛有佛道，人外之动物植物，皆可各有其所以生存之道。则人道人生之论，不过天道论或形上学之一章。而吾人在天道论或形上学中，缺此人道论人生论之一章，天道论形上学亦未尝不可照常成立。

　　（二）然依吾人在上部第十八章第一节所论，吾人欲知天道之何若，或欲知宇宙之毕竟真实之何若，实不能离人在宇宙间之意志行为之实践

以为论。因吾人之行践既施于天地万物，到天地万物即可改变，而可由如何以不如何；吾人之行践，亦改变吾人之自身。而吾人之行践之为如何，则决定于吾人所抱之理想。此理想，亦即吾人所自定之目标而向之趋赴者，亦吾人所自定之人道之所在。由此而吾人欲求对天地之所以为天地，万物之毕竟如何，有决定之知见，即赖于吾人对于人生理想或人道之有决定之知见。而单独之天道论形而上学，乃不能自身完满具足，而必待于人道论加以完成者。

（三）依方才所说之义，固可明天道论之依于人道论而立，然若果人道论，惟所以完成天道论，则由人道以知天道之论，仍可说只为天道论或形而上学之一章。此即吾人于上部中之最后数章，仍列为形而上学中之理论之故。然吾人如再自另一面看，则天道论或形而上学，亦可只说为人道论中一章。此即由人之一切知天道之事——包括"由知人道以知天道"之事在内——仍毕竟只为人生之一事，人生除一切知天道之事外，仍另有其立人道之实事之本身，以补天道之所不足。人在其立人道之实事中，固必根据于其对天道之所知，因其已然之迹，必然之则，不加以违逆，以成就人之所视为当然之事。由此而人之一切对已成之自然社会历史之客观的科学的研究，及就已成天地万物之大全而观之之天道论形上学之知天之学本身，即为人之立人道所当有之知。此之谓"思知人不可不知天"。此知天亦即本身为人所当有之一理想，而为人之立人道之事所当涵。唯人所抱之理想，除"后天而奉天时"，顺承已成之天地万物而知之之一事外，其他立人道实事，可为纯依人之自由意志所定立之理想，而由人加以行践，"先天而天弗违"者。此即人道之所以为大。《易传》曰："知以藏往，神以知来"。藏往之知者，阴之事，知来之神者，阳之事。凡人在天地间由其自由意志之定立理想，加以行践者之日新不已，自强不息，以进于无疆，皆所以见人之精神之运，由今日以及方来者。即人之神之知来。而人之凡就已成之世界，而知其何所是，皆人之智之藏往。则任何知已成之天，终仍只为人之藏往之理想中之所包涵，而人道之大，在犹有神以知来，以进于此。则见天道论形上学，仍为人道论之一章而已。

吾人如将上文数段之义，合而观之，则知谓人道论为天道之一章固可，谓天道论乃人道论之一章亦可。人欲知天，不可不知人，故孟子曰"尽心知性则知天"。而人欲知人，亦不可不知天，此即《中庸》之"思知人不可不知天"。而此辗转相待，所以不成矛盾者，其理由甚多。粗浅言之，则以天非一日之天，人亦非一日之人，而同在日进无疆中。人知昔日之天地，以成其为今日之人；既成其为今日之人，而其事其功，则又裁成辅相昔日之天地。人既新而挟天地以俱新，而人之所以观天地者，亦随之而日新；其行其事，更随之而再新。而此天人之际之相对相望，而相辅相成，亦即天道人道之相依并进，而知人知天之事之所以相得益彰，而实不二之理，于是乎在。

第三节　人道论中之价值问题

吾人在本部中，当以人道论中之价值问题为讨论之对象，此尚不必能概人道论之全。若欲言全幅之人道，必须究人之所以成为理想之人格之道，及人与人间一切伦理之道，与人之以其所创造之人文，裁成辅相天地之所不足之道。本部中所能涉及者，唯是人之如何定立其人生理想，必须依于一对于客观事物与其理想之价值高下之估量时，所涉及之价值问题。

价值问题，在人道论中之所以特具重要性，即方才所说，人之定立其人生理想，必依于其对于客观事物与其理想之价值高下之估量。吾人如知上文所谓人之立人道，乃立人道于其所知之已成之世界中，而对之有裁成辅相之功，或改变增益之事；则人对此已成世界之客观事物，何者加以改变，何者加以增益，便必须依于其对于客观事物之价值，及其所抱之理想之价值，有一估量，而知何者为最有价值，何者为次有价值，何者为无价值，何者为反价值。有价值者，即所谓善或好也。人之立人道于宇宙间，即自其对客观事物与其理想，能作好与不好、善与不善之判断开始。好者善者，即人最欲知之者，并欲使之存在者，更充量的存在者。不好不善者，即人对之无所容心，不欲深知之，或知之而望之不存在者。而人之价值感，亦即导致人对已成宇宙作改变增益之事之根本动力所在，而使已成之世界，发生震动，以更新其自己者。是亦即人道之所以能赞天道之根本动力所在也。

（一）人之价值感所感者，为价值或好或善，然此价值果存在于何处？是在人之感价值之主观心理中？或在吾人感其有价值之客观事物之身？价值本身是否存在者？或依于事物之存在而有？或非存在？或径依

第一章　人道论、价值论之意义

于事物之不存在而有？……此即成价值哲学或价值论之第一问题。

（二）人所求之价值或视为善或好者，有种种之不同，则毕竟价值之种类，有若干？如何加以分类？此为价值之第二问题。

（三）人所求之价值，似有更为根本者，更为原始者，与依更根本者更原始者而有之分，亦似可排列为种种之次序；则在次序上最根本之价值，最原始之价值如何，如何定各价值之次序，此为价值论之第三问题。

（四）人除感客观事物，或具价值，或不具价值，或具反价值外，人于此整个宇宙人生之事物，又可合而观之，视之为具价值或具反价值者。人感价值而喜而乐，感反价值者，而忧而悲。由此而人可对整个之宇宙人生，生乐观或悲观之情。而毕竟人于此整个之宇宙人生，当乐观或悲观，则为价值论之第四问题。

（五）人有望具价值者存在之理想，则人有欲实现此理想之意志。于是人之此意志是否能自由，即为人所不能不思之问题。此为价值论之第五问题。

（六）人对于不同种类之价值，皆可欲其实现，然人在实际生活中，并不能同时实现其所欲实现之价值，而须分其轻重缓急，以施行选择。然此选择之原则，毕竟如何？即为价值论之第六问题。

（七）吾人在实际生活中，欲求实现高明远大之价值理想，必须自切近处开始。所谓行远必自近，登高必自卑。则最切近之实现价值之道，或立人道之始点，当为如何？即为价值论之第七问题。

吾人之论人道论中之价值问题，即以略论此七问题为止。至于人之实现价值所成之人格，在宇宙之地位毕竟如何？欲成圣贤人格之种种修为之道如何？圣贤人格之气象如何？具体人格间或人伦关系中之孝弟忠信之品德如何修养？一般之具体行为之善恶、是非、正当与否，如何加以判断？及如何具体实现社会价值与种种人文价值？等等问题，则当属诸圣贤之学或专门之伦理学及文化哲学中。而好学之士，亦可由本部之所论，引而申之，触类而长之，以知其概略也。

人道论、价值论之意义　参考书目

《孟子》。

《中庸》。

《孟子》"尽心尽性则知天"《中庸》"思知人不可不知天""能尽其性，则能尽人之性……尽物之性……赞天地之化育"，达于"无声无臭"之"上天之载"，即本章论价值论与形上学相依之根据。

尔本（W. N. Urban）：Axiology 载于 Runes 所编 Twentieth Century Phliosophy, 1943. Metaphysi cs and Value 见于 W. P. Montague 所编 Contemporary American Philosophy, Ⅱ, 1930. Intellegible World 又名 Metaphysics and Value, 1929.

Urban 之前一文，乃一说明西方今日之价值论之意义者。后一书，则在反对彼所谓近代主义。

Modernism 之将价值与实在分离，而主价值上之善之观念，乃与实在不可分者。此与吾人本章之根本宗旨相通。

罗士基（N. O. Losski）：Value and Existence. 1935.

此书著者为当代俄国名哲，此书亦主价值之内在于存在者。

贝得叶夫（N. Berdyaev）：The Destiny of Man, The Centenary Press, 1937.

贝氏为近存在主义之当代俄国人生哲学家及文化哲学家，著作至富，而所见亦深，此为其一代表作。此书第一部第一章，论伦理之知识问题。第二部末章论伦理问题，皆论一切存在知识当隶属于人生存在自己之义。

第二章 价值之存在地位（上）

第一节 价值一名之所指

我们在上部第十六章，论怀特海之哲学时，曾论及怀氏之哲学，以价值之在于自然宇宙，为宇宙所由构成之一基本成分。我们在论东方之印度佛学，及中国哲学中之宇宙论心性论时，亦曾论及人之心性本身之具染净善恶之德，及自然宇宙中之包涵价值。此皆为肯定价值有其存在界地位之说。然吾人尚未专以价值之概念为中心，以讨论各种价值之存在地位。而此即本章之问题。然吾人在论此问题之前，当先一说价值一名之所指。

价值之一名，在西方与东方，皆是一新名词。在中西之传统思想中，与之大体相近之名，乃好或善。西方之价值一名，由经济上所谓价值引申而来。中国之好字，从女从子，由男女好合之义引申而来。善从羊，乃兼由羊之驯良之义引申而来。此诸字之字原之意义，与其今日所涵之意义，其广狭，皆大不相同。吾人今所谓价值或好或善，乃指知识上之真，情感感觉上之美，道德的意志行为上之善，及实用生活上之利……等一切，与伪、错、丑、恶、害……相对者之通称。而凡与价值或好与善相对者，则我们可名之为反价值，或负价值，或不好，不善。而其中间之暂无所谓好或不好，无所谓善与不善，或无所谓具价值者或具反价值者，则称之为非价值，或在价值上为中立（Neutral），而为无善无不善者。

大体上说来，一切具价值之事物，都是人所欲得的，人所寻求的、喜悦的、爱护的、赞美的、或崇敬的。简言之，即都是人所欲或所好的。一切具负价值或反价值之事物，则都是人所不欲得的，人所不寻求的、厌弃的、憎恨的、贬斥的、鄙视的。简言之，即都是人所不欲或所恶的。

而在价值上为中立者,则为吾人对之暂无所谓欲或不欲,无所谓好恶的。

但是此上所谓"人所好""人所恶"之涵义甚广。此包括:人在实际上所有的好恶,能有之好恶,与当有之好恶。有许多有价值的或好的事物,不必在实际上为我们所好,但我们应当好之,应当喜悦之,应当赞美之,亦能好之,能喜悦之,能赞美之,于是我们说其是有价值的。有许多具负价值或不好的事物,亦不必在实际上为我们所恶的,但我们当恶之,亦能恶之。于是我们亦说其是只具负价值的或不好的。如果我们以此广义之好恶为好恶,则可说一切价值,即可好的,一切负价值,即可恶的。好与恶,同于欲与不欲。则我们可说一切价值,皆可欲,一切负价值,皆不可欲。孟子说"可欲之谓善",即可暂作为善或价值之定义。

但此"可欲之谓善"的定义,只是一指示之定义。即指示我们去发现种种善或价值之所在之定义。换句话说,人如不知何处去发现价值或善而了解之,此定义即告诉人,从其自己之所欲、所好、所喜悦处去了解。我们亦可视他人之有其所欲、所好、所喜悦,以为他人所肯定寻求之善或价值之所在之一指标,一旗帜。此定义本身,亦即说出此指标旗帜之所在,而使人能循之以发现价值,了解价值者。

我们说可欲之谓善,乃一指示之定义,亦即同时是说,依此定义,我们尚不能确知价值或善之毕竟存在于何处。我们说可欲之谓善,首先不必涵:(一)只有人之心理上之实际欲望为善,善在人之实际欲望中之意义。(二)我们说善为可喜悦,可赞美,亦不必涵只有一一个人之快感乃为善之义。(三)故亦不涵:一切价值或善皆是主观的。(四)同样,亦不涵:善或价值,乃只在可欲之物之本身,而纯为客观的。故依此定义,对于善或价值之毕竟存于主观心理或客观外物?或价值如何存在?价值是一实体,一关系,一性质?价值与存在事物是同是异?是和合或相乖离?价值由事物之存在而表现,或亦由事物之不存在而表现?等等问题,皆暂未有所决定的。而这些问题,亦是一非常复杂之问题。我们以下即将依常识与东西哲学上,种种对价值之存在地位之问题,主要的主张,加以分别的陈述。其次序,大体上说,是将比较浅近易解者,列在前面,而较复杂精微者,即列于后。我们并拟由较前之说的问题,与困难所在,以逐渐引至后来之诸说。而读者除当本其所喜悦所好之价值之反省,以验证此一一诸说之是非外,亦须凌空的了解此一一诸说之异同所在，方能对此下诸说，有一整个之把握。

第二节　价值与存在为同义语之说

（一）第一种形态之对于价值之存在地位之说法，是将价值或好，直接同于事物之存在之义；而以负价值或不好，则同于事物之不存在之意义。此种说法本身，又有深浅不同之形态。其最浅之形态，似为常识所共许者，可以下之常识之语言说明。如在常识中说，有钱则好，无钱则不好。有地位即好，无地位即不好。生命存在即好，生命不存在而死亡即不好。故富是好，寿是好，贵是好，以至月圆则好，月缺则不好。有光明之昼是好，黑夜不好。自然宇宙存在是好，毁灭破坏是不好。此皆在表面上以好或价值，同于事物之存在，而不好或负价值，即同于事物之不存在者。此为以事物之存在，直接界定价值之一说。

但以上所说，常识中之以事物之存在，来界定价值之方式，实又并不为常识所真相信。常识中之存在一名之涵义，实又并不能真同于价值一名之涵义。第一，在常识，我们并不真以一切存在事物皆具价值。如在常识，以钱与生存，是具价值的。但在常识，却并不以毒蛇猛兽之存在，为皆具价值。而世间许多事物之存在与否，在常识的价值感上，亦尽可是无关心的。第二，是存在与不存在，是相对的。我们常可说此物不存在，则另一物存在。如我们因传染病而死，为我们之不存在；然病菌因此而大存在，我之尸体，亦以我之死而存在。我无地位，某地位不存在于我这里。然他人有某地位，某地位即存在于他人那里。如存在即价值，则任何存在同具价值，我们何必以我之生命，我之有地位，方具价值？此即见常识，并不真以存在与价值为同义者。

第三节　以价值与"为人所实际欲望"　为同义语之说

（二）由上述之问题所生之进一步，而亦为若干哲学家及常识所持之价值存在地位论，即以所谓有价值者，为我们所实际欲望者之说。此与我们上文所谓"可欲之谓善"之可欲，不限于"人之实际上所欲之义"者，又不同。此乃以说存在事物之有价值，全同于说"其在实际上为我们之所欲望"。如我欲在光明中作事，则光明对我为有价值。反之，我欲在黑夜安眠，则黑夜亦对我有价值。又如我欲得某地位，则某地位对我有价值。反之，我敝屣尊荣，则任何高位，皆对我无价值。再如我欲生，则生命对我有价值。反之，文天祥被囚，不欲生而欲死，而"鼎镬甘如饴"，则死对之有价值。故一切事物之有无价值，不在事物本身，而唯在吾人之欲望。所谓一物为有价值者，即为我们实际上所欲之别名；无价值，即为我们在实际上所不欲之别名。

这种说法，亦常识之所持。宽泛言之，亦颇平情近理。然如谓一物有价值即我们实际所欲之别名，我们尚须细按其义为何，此中首有二种解释之可能。

（一）是谓有价值与实际所欲之内涵与外延，全然同一，如孔子与孔仲尼之内涵与外延之全然同一。此即谓"有价值"之意义，全同于"实际所欲"之意义。

（二）是谓有价值者与实际所欲者之内涵不同一，而外延同一。如孔子与颜渊之师之外延之同一。此即谓凡有价值者，皆实际所欲者，而凡实际所欲者，皆为有价值者。

在第二种解释中，又有三种说明之方式。

甲、是因一物为吾人实际上所欲，吾人得所欲后，即有快乐之感，快乐之感为有价值。故一物为吾人之实际所望时，即连带而有价值。

乙、是因一物为吾人实际所欲时，此物即随之而增加一性质，即价值性。（此与本章第九节所谓吾人之兴趣在一物，一物即有价值略同）

丙、是因一物本身有价值，故必为吾人实际上之所欲。（此与本章第五节之说同）

又照有价值者即为我们实际所欲之别名之说，应以第一解释为正。然此解释，似明为不能成立者。

吾人如说有价值者与实际所欲之内涵外延全然同一，则此仍无异于将存在与价值之名混淆。吾人说吾有某欲，乃说一存在之事实。如吾人欲食物，乃一存在之事实。而说食物有价值，则非只是说一食物之存在的事实，而是说此食物之存在之一价值意义。又吾人说吾有某欲，乃说在主观心理方面有某欲，此乃以吾人之主观心理中之"欲"为对象而说。而说某物有价值，则以客观方面之某物作为对象而说。故谓为吾人实际所欲，与某物有价值概念之内涵，全然同一，乃不可通者。由是而吾人只有依第二种解释中之各说明之方式,以说明有价值与吾人实际所欲为同义。

第四节 快乐之所在即价值之所在之理论

(三)依上文第二义解释中之(甲)(乙)(丙)三种说明之方式,可导致不同之学说。依(甲),则实际所欲者之所以具价值,由于一物为吾人实际所欲时,吾人如能得此实际所欲者,吾人即有一快乐之感,此快乐本身为吾人所欲,亦吾人视为有价值者。故一物为吾人所欲时,亦即连带而有价值。此乃以快乐之所在,即价值之所在之快乐说之理论。

如依此说,则吾人即必须先有工具价值与本身价值之别,并以快乐为具本身价值者,而能引致快乐者,则当为只具工具价值者。如吾人谓饱时之快乐,为具本身价值,则所欲之食物,应为只具工具价值者。如谓由用钱财而享之幸福,为具本身价值者,则钱财及钱财所购之物,皆为只具工具价值者。本身之价值,其价值在其自身内,工具之价值,其价值在工具之外之目标。快乐说,即以快乐为唯一具本身价值之学说。

此种以快乐为具本身价值之说,或以快乐为一本身之善或好之学说,在东西哲学家中,加以主张者,皆甚多。如中国《列子》《杨朱篇》,及西方古代之小苏格拉底之塞润尼学派(Cyrenics),后之伊壁鸠鲁派,及近世边沁、穆勒、至席其维克之功利主义者,皆以快乐为本身之善,即本身具价值者。而其余导致快乐者,则为工具上之善,或只具工具价值者。此外西方哲学中之唯物主义者,自然主义者,以及理性主义者,如斯宾诺萨,亦恒以善为能导致主观上之快乐或满足感者之别名。依此说,则本身价值乃与快乐为同义语。能导致快乐,则与工具价值为同义语。而一事物所导致之快乐愈多——如能导致最大多数人之最大幸福者——其工具价值即愈大。又一社会中实际存在之快乐之总和愈多,其所实现之本身价值,亦为愈大。此皆为承认快乐为唯一有本身价值之一必然结论。

此种价值理论,在事实上,亦与一般人之价值感,有极多相合之处。如吾人常以一食物之愈使吾人之生快感者,其价值愈大。一机器所生产之物,愈使多数人感觉舒服快乐者,此机器之价值愈大。以致吾人并常以人之愈能造福人群，与民同乐者，其人格价值愈高，皆似可依此理论，加以说明。然依此理论之根本问题，即在快乐是否真与本身价值，或好，或善，为同义语？一事物之导致快乐，是否与其具工具价值，在内涵与外延上，皆为同义语？

如快乐与善或好，在内涵上为同义语，则说快乐是善，应同于说快乐是快乐，说快乐是好，亦同于说快乐是快乐。如吾人说孔子是孔仲尼，等于说孔子是孔子。此乃逻辑之同语重复。并未真说出快乐之义为同一于另一名"善"之义，而为唯一本身之善。

（一）如快乐与善？乃外延上之同义语，则当说一切快乐皆为善的，一切善皆为快乐的。然此乃不合事实者。如吾人承认幸灾乐祸的人，亦有一种快乐，偷盗杀人之人，偷得了食物，与杀了人，亦有一快乐。然吾人并不以之为善。而牺牲自己，以为他人而吃苦之人，吾人却以之为善，可见乐与善非同义语，吃苦亦可以是善。

对此问题，快乐主义者之一种答复为：偷盗杀人之所以为不善，乃因其使他人吃苦，故为不善。而为他人吃苦之人之所以为善，乃因其目的在使他人享福，故为善。故此仍本于快乐之为善，痛苦之为不善之原则而来。

但此答复，明不能尽理。因吾人可说，一意图偷盗杀人之人，其心理之善否，可与实际上他人之是否因而受苦无关。一意图偷盗杀人者，即终未达其偷盗杀人之目的，或其偷盗杀人，根本未使人受苦（如其所偷者，为一视财物无足轻重之高僧，或所杀者，为重病受苦，而以死为乐之人）吾人仍说此偷盗杀人之意图本身为不善。同样为人牺牲自己，使自己吃苦者，他人亦不必因之而增加快乐幸福，吾人仍视其心理之本身为良善。此意图、此心理之善否，明可与其是否在实际上导致他人之快乐痛苦无关。亦即吾人此时根本不重在看此意图，此心理之工具价值之如何，而唯重其本身价值之如何。而此本身价值之如何，则明为与其实际上之使人受苦享乐之工具价值，可不相干者。如吾人谓愈以偷盗杀人为乐者愈坏，愈能吃苦以救世者愈善。此将如何依快乐即善之理论，加以说明？

（二）快乐论于此又一答复，则为谓：偷盗杀人者之所以不善，是其现在虽快乐，但将来必以良心之责罚而受苦，故恶。舍己为人者虽吃苦，然有良心之安慰而得乐，故善。但若如此说，则无异承认良心之责罚与安慰，可为苦乐之原。然吾人试问良心之责罚与安慰，又由何来？此岂非由于人自有善恶之标准而来。如所谓善恶之别，即同于苦乐之别，则彼既由偷盗杀人而得乐，何以不即以之为善？彼既明觉舍己为人须吃苦，何不即以之为恶？此岂不证明人之良心，可在所感之苦乐外，别有其善恶之标准？

（三）快乐论之最后答复，即只能为：吾人之良心或直觉，使吾人知兼求一切人最大之快乐，故知利己损人之动机为不善，并知损己以利更多之人，使人得更多之乐之动机为善①。然若如此说，则人之此一动机之所以为善，仍不在于其所生之快乐，而在此动机之能平等的兼肯定"一切人之快乐"，而此动机之本身，则在其所平等肯定之"人我之快乐"之上一层次，其意义乃不同于其所兼肯定之各快乐之本身者。由是而此动机，亦不能说只为达快乐之工具手段。因人有此动机，而不能达兼成就人我之快乐时，此动机仍为善。而此动机，所平等的兼肯定者，如非人我之快乐，而为人我之人格，而依之以自尊兼尊人，吾人仍视此动机为善。故知此动机之为善，仍可与快乐之概念不直接相干。

复次，吾人如谓善之义同于快乐，则今试假定，吾人生后，于他物一无所有，唯生而即有无尽之快乐，又一社会中，人人皆为生而有无尽之快乐者，或一宇宙中一无所有，只有一无尽之快乐，试问此人，此社会，此宇宙，是否即最善者②？此明为无人敢断然作肯定答复者。因吾人在常识中，仍至少相信：一人、一社会、除无尽快乐之外，兼能与形形色色之事物相感通，或有真理之发现，与美之欣赏等而又快乐，应为更有价值者。此即见快乐非唯一有价值之物，而有价值一名之所指，与快乐一名之所指，在外延上并不全然相同。快乐至多只为有本身价值之事物中之一种。

第五节　价值为客观事物所具之性质之说

（四）由快乐即价值之理论之缺点，于是吾人再有一种对价值之一概

---

①　此即西方近代之快乐主义，功利主义发展至最后之一人席其维克（H. Sidgewick）之所以再肯定一直觉原则，于其快乐主义之思想中。

②　此例取自穆尔（G. E. Moore）《伦理学原理》（Principia Ethica）评自然主义之快乐主义之一章。

念之界定法，即谓价值为一事物本身所具之性质。顺此说之义，必归至：上文之第二解释中之（丙），而谓吾人因一物具有价值之性质，吾人方欲之。吾人欲之而得之，吾人方感快乐。于是依此说，快乐只为实现一价值，获得一价值之结果，或符号，而非一事物所以具价值之理由。反之，一事物之具价值，方为吾人之欲之，并于得所欲时，即可产生快乐之理由。此说即前一说之颠倒。如现代之英哲穆尔（G. E. Moore）之论善（good），即视之为属于客观之对象事物之一单纯性质，而不能用对象事物之其他性质，加以界定者。

依此类之说，价值为客观事物自具之一性质，而价值性亦即为客观者。在哲学中，另有既以价值为事物之性质，而其来源为主观者之说。如洛克即以价值为事物之第三性质，而其来源为主观的。以后吾人将论及之兴趣说亦类似，此即依第二解释中之（乙）而导出之说。但依价值为客观事物自具之性质之说，又与此二说微异。此说重在指出以事物之价值性质之来源为主观的之说，首与吾人之主观的心理经验不合。如吾人觉一风景之美时，吾人明觉此美在风景之自身。吾人以他人之动机、意志、行为、人格表现一善时，吾人亦明觉此善在人之动机、意志、行为、人格之自身。则克就吾人之心理经验，以论价值之存在地位，吾人唯有说此价值性，乃在具此价值性之客观存在的对象事物上，所发现的。吾人说他人人格具善之价值时，吾人纵不认识之，其人格本身，明似仍具善之价值者。吾人在说一山川优美时，吾人纵不认识之，此山川亦明似仍具美之价值者。吾人经验山川之美时，初只说山川为美，而不说吾人之主观心理经验之活动为美。吾人在感佩耶稣甘地之人格之善时，亦只说耶稣甘地人格之本身为善，亦初不说吾人之感佩之心理之为善。即足证此价值之客观性。至对此说之批评，则可导引出下一种之理论。

第六节　自存之价值性之理论

（五）第五种价值之存在地位之理论，乃以价值为自己存在之理论。此理论之所由产生，乃由于顺上文之说，而谓一价值性存于客观对象自身时，吾人恒不易对此客观对象之价值性，加以清楚之界定而来。如上述之穆尔，即以善之价值性之本身，为一单纯性质，为不可以此一对象之其他性质,加以界定,亦另无法界定的。而我们如必欲依于具此价值性之客观对象,以界定此价值性,吾人又恒苦于难指出,此价值性之存在于客观对象之何部分。如吾人看一风景,吾人说风景中之木为圆形,叶为尖形,山为青,水为绿时,吾人可指出此圆形尖形之所在。然吾人说此风景具幽秀之美,吾人却不能指出此幽秀之美之特定所在。此幽秀之美,似遍在于此一切林壑山川之全体景象中,由此全体景象,合加以凸显,而呈现于吾人之心目之前者。则吾人似当说,此林壑山川,乃合以为此美呈现之依据;而不好只说,此美乃附着于此林壑山川之物质上。且同类之幽秀之美,亦可为不同地之林壑山川所表现。此亦如同一之青绿圆尖,可为不同之物体所表现。合此二者,于是吾人遂可由此美之价值性,为存在之风景所具有之一性质之说,再推至此美之价值性,为一只表现于存在之风景之上,而其自身,则为一自存的普遍永恒之性质之说。依同理,人之人格之善,吾人亦不能指定其所在,而为由人之全部行为意志等,合以凸显出者。同类之善,亦可为不同时间空间之人,同样表现者。故善之性质亦为一自存者。此即价值性自存之所由生。而西哲中如柏拉图及当代哈特曼(N. Hartmann)之伦理学,即明主此种价值性之自存之说者。唯此自存之存非一般之存在之存在,故可只谓之为一种"有"。

上述之价值性自存之理论,所由建立之根本之理由,在价值性之为一可普遍表现,并反复表现,于不同时间事物中之一性质,亦即其自身为一共相,或一概念。但吾人是否可由价值性之为一共相或概念,以证明价值性之能自存?即假定吾人能由此以证明价值性之能自存,是否即能以之说明世间事物之所以具价值性?吾人今首将说明者,即此为共相或概念之价值性能自存,亦不必能说明世间之物之所以具价值性。因吾人并无理由,以谓为共相与概念之价值性之本身,为具价值性者。吾人可说山川为美而具价值性,然吾人不必能说,在山川销尽时,其为美之共相与概念仍为美。此正如吾人之可说,物是方的是缘的,但吾人却不能说,方绿之共相,方绿之概念,亦是方的绿的。方与绿可作为物之宾辞;然对一主辞所用之宾辞,不必可还用于此宾辞之自身。如我们说孔子是"人",但"人"并不是一个人。我们说虎豹是凶残的,但凶残本身并不是凶残的。则我们说山川是美的,并不证明山川销尽时,美之共相与概念之仍为美。然如美之共相概念并不美,则又如何能说明此山川之所以美？

其次，我们当说，价值性之自存之说之一根本困难，即在我们离已有之现实存在事物，而思维其价值性时，是否真能不同时假想一具价值性之形相或境界，或不假想一具价值性之存在事物？吾人岂能单独思维一幽秀之美，而不假想表现此幽秀之美之任何形相或境界？吾人又岂能思维一圣贤豪杰之善德，而不假想其任何行事？人之能在心中造作美境，并意构出种种人物之善行，固皆是一事实。故人能有艺术文学之创作，以表现此美境与人物之善行。但此岂非同时证明，美之必寄托于形相或境界，善之必寄托于善行？我们之不甘于在心中假想一美境，且必表之为艺术品，岂不又证明美境之只存心之假想中，犹未足，而必求其存在于客观之自然？我们读一假想的关于一圣贤豪杰之行事之小说后，我们亦恒欲效法之，并望能亲见其人，此又岂不证其只存于小说之假想中犹未足，而亦必求其存在于客观之自然？是见吾人纵谓美善之价值，能离已有之现实存在事物而自存，亦不能谓其不依于假想之存在事物而自存，而吾人又明有化假想之存在事物，为现实之存在事物之要求。此岂非即同于谓：此自存之价值性，同时有欲从上降落，以依于现实事物之性？则其自身，又如何真能离现实存在事物而自存？

第七节　完全存在与善

（六）由上述价值自存性之理论之困难，而又欲保存价值之不随世间存在事物之状态而存亡一义的又一思想，即以价值为依附于一超越之存在之上帝之说。依此说，则价值非不依附于存在，但可不依附于一般实际存在。而且必不能只依附于一般之实际存在。因一般实际之存在之物，虽表现价值如美或善，然并不能完全的表现美或善。如美之风景中，恒有某缺点，善人恒有瑕疵。其所以如此，是因其非完全之存在，因而只有完全存在之上帝，为一切价值之所依附，方为至善者。此说乃本亚里士多德之善之理论而推出。依亚氏之理论，并不说凡存在者皆善，只说凡存在者而能将其潜能，逐渐实现，以趋向于完全者为善。橡种能长成完全之橡树，即橡种之善，小孩能长成大人，即小孩之善。善即存在之实现潜能，而趋向于更完全之存在之谓。而此思想发展至西方中古思想，即以为绝对完全之存在之上帝本身为善，或其意志为善之所在之论①。

然此说之一最大之困难,是:当完全之存在视如一客观存在的已成事实时,是否尚可说其为善?依亚氏说,一物之潜能之实现为善,此固是可说者。因吾人在正实现一潜能时,吾人确是恒以此潜能之实现为善。如吾人正写此文章,吾人即以写完此文章为善。但吾人在将此文章写完之后,则吾却可不以此文章之写完为善,而以写另一文章或作另一事为善。故吾人亦可说,写完文章时,吾人所想望之善已实现。而在其实现时,即无所谓善,亦无所谓价值。故寒者欲衣,以衣为有价值,而得衣后,则以有衣为固然,而若无价值。贱者欲贵,而贵为天子,则天子亦不过尔尔,亦若无价值。依此推之,则上帝为完全之存在,而无不实现之目的或善,则其本身岂不亦可无所谓善,或超于善之上,而其为善,唯是对吾人之不完全而向往完全者为善?吾人岂不可说上帝之善,非其本身之一性质,而说此只为其对一切向往上帝之吾人,所显之性质?此即邓士各塔、斯宾诺萨等所以以超越的上帝或完全之上帝或自然本身,为超价值超善恶之概念之外者之一故也。

第八节　价值与存在事物之发展历程

(七)此外再一种反对价值为自存,而又以价值依于存在之理论,则为以价值不依附于任何已成之存在,或超越之存在,以为其属性,而以价值乃属于一世间之存在事物之历程中,而在世间之存在事物之历程中存在之说。如斯宾塞之以善属于一切生物之适应历程,居友(Guyuu)之以善属于一生命之扩大历程,或柏格森之以善属于宇宙生命之创化历程等,在此点上,皆可谓大同小异者。

依此说,善或价值,不在已成之存在事物,因一切已成之存在事物,皆可只为一事实。亦不在已成之存在事物,所变成之存在事物,因其变成后,即仍是已成。价值乃在"已成之存在事物之求另有所成,而又不断超越其所成,再另有所成"之一无尽的继续适应,或扩大开展,或创造进化之历程中。而此则唯生命性之存在事物有之。故唯生命性之存在

---

①　在中世纪圣多玛直接以善为上帝自身之性质,而邓士各塔(Duns-Scotus)则以上帝之一切自由意志之表现皆为善者,现代之神学家如 E. Brunner 及 R. Niebuhr 亦主此说云。

事物，乃具价值。而一切生命性之存在，停止其继续扩大，创新之历程时，则亦成固定之死物，而无价值之实现或价值性或善之可言。

此说以价值存于生命之历程中，此历程为一动的历程，于是，吾人易据之以说明动的价值，然不必能说明静的价值。吾人易据之以说明生命的价值，然而不必能说明一切心灵的价值，与精神的价值。

譬如吾人有时是以一动的生命历程之存在，为有价值，但有时亦明可以动的生命历程之停息，为有价值。如叔本华及印度佛学，以及西方宗教，皆有以吾人自然生命活动之停息，为有价值之事之主张。即舍此不论，吾人在日常生活，亦恒以一心境之清明静寂，为有价值，或以睡眠为有价值。此外吾人之心灵，亦以若干事物之静的关系之把握为有价值。如在人求真理时，即可以若干概念真理之静的关系之把握，为有价值。又吾人之生命，亦不必只向未来，而可向过去。如吾人可以回忆过去儿时之事，或发思古之幽情，以尚友千古之圣贤为乐。此过去之事与人物，皆为已成，亦即皆不在现实存在之动的生命历程中者。然吾人仍可觉此回忆与怀古之有价值，并视此过去之世界中，曾存在而今已消逝之事物中，若仍有其本身价值存焉。此将如何说明？

大约为此说者，对此上之疑难之答复，是说：吾人之心灵所以视此求静之事等有价值，皆由此求静之事等，其目标仍在准备未来生活之活动，或其本身仍为一动的心灵生命之历程之故。如说：人之所以求清静，求睡眠休息，即所以准备生命精神之力量，以便再动；又如说人之求把握事物之静的关系与回忆过去与怀古等等本身，仍为一生命之心灵之动的历程云云。

此虽不失为一种答复，然此答复同时证明，价值之不只存在于动的历程之本身，而亦存在于：由动而静，再由静以动之历程中。亦证明人心灵之活动，必须兼求透入事物之静的关系中，或已成过去而不属于现实之生命历程之静的世界中。是皆证明此生命心灵之活动之价值性，不只在其自身之为动的，且在其自身与"静"或"事物之静的关系"或"已成过去之静的世界"，所构成之关系全体之中。由此而吾人即可再引至一价值之如何界定之理论，即以价值性非一存在事物之本身之性质，而为一存在事物在一"关系之全体"中所具之性质，即价值为一种关系性质之理论。

第九节　价值为一关系性质之理论

（八）第八种价值之存在地位之理论，为以价值为关系性质之理论。此理论之来源，由吾人在常识中，原有一物之本身性质，与其关系性质之分别，如一人之为男为女，乃其本身性质，而其为夫为妇，即为关系性质。一物之有长度，为其本身之性质。而其为大为小，则为其关系之性质。一物之关系性质，乃因其与他物有某关系，然后表现之性质。如在前一例中，男必为夫乃有为夫之种种性质之表现；女必为妻，乃有为妻之种种性质之表现。此性质为依于关系之有而有，而亦所以规定此关系之为此关系者。故如男女结为夫妇关系，而彼此皆无夫妇之性质之表现，则不得称为真有之夫妇关系。于此吾人遂可有一理论，以说一物之价值，即一物之一种关系性质。

在现代西哲培黎（R. B. Ferry），以价值为由于吾人对一对象发生兴趣时，对象所具之性质。即吾人上所述之一种以价值为一关系性质之理论。此说并不以一物本身之具价值性，与"吾人欲望之"或"得之之时可生快乐"为同义语，亦非以"一物之具价值"与"吾人对之有兴趣"为同义语。而唯是谓：当吾人之兴趣在于一物，或一物能引起吾人之兴趣，而构成"一为发生兴趣之主体，一为兴趣之对象"之关系全体时，则此对象，即具备一价值性。

上述之此种理论之长处，在一方可说价值性之为客观对象之所具有，而另一方又说其所以能具有之根据，在主观之生命心灵，对之发生兴趣之关系。如吾人觉客观风景为美时，亦可说此美为客观风景所具之性质，然其所以具美之性质，则由吾人对之发生审美的兴趣关系。如以此说与上文诸说相较而论，此说有下列之长。

依此说，价值性可说为客观对象所具有，则亦易说明吾人之何以恒直觉价值之依附于客观对象之故。而由此说之以客观对象之所以具有价值性，乃由吾人之主观心灵生命之兴趣之注入，及兴趣之恒兼与一快乐相连；则可以说明何以有价值者，恒被认为能引生快感之故。又可以说明，何以任何静的或动的事物，精神的或物质的事物，形上的或形下的事物，只须吾人之兴趣之注入，吾人皆可使之成为有价值的之故。兼可以说明，何以当吾人之兴趣不在时，此一切事物，又皆可成为无价值之故。再可以说明，何以此任何事物，在其阻挠吾人之兴趣时，亦皆可以成为反价值的，或具负价值的之故。总而言之，即此说可以说明：存在事物与价值之可即可离的关系。又兴趣存在于吾人心灵生命活动之历程中，完全之存在之上帝，无所谓兴趣，兴趣亦非一已完成之存在事实。故亦可避去一切已完成之存在事实，及以为完全之存在之上帝为价值之所在之诸说之短。故其说，为西方现代之价值理论中，一较有价值之学说。

然此说之以事物之价值性原于兴趣，则最后必归至兴趣自身之是否具有价值之问题。在此，培氏则主张一兴趣本身之价值，由其与其他兴趣之关系决定之说。即一兴趣愈能促进更多的兴趣之和谐的满足者，其价值愈高。而此价值即一狭义之善之价值，或道德之价值。于是此说最后应归至：以"求兴趣之和谐的满足"之道德心灵，为一价值之根原。又人如以和谐关系为具价值者，则一切表面与兴趣无关之事物间之和谐关系，亦应为具价值者。由此而吾人即引至下面之一说。

第十节 存在事物之和谐关系为价值之所在之理论

（九）第九种价值之存在地位之理论，为以事物之和谐关系之所在，为价值之所在之论。此理论可由上述之理论引申出，其理由如下：

依上述之理论，吾人必须承认：如吾人之兴趣，能促进更多之和谐之兴趣的产生，或愈能与其他兴趣相生者，则其价值为愈大。然一兴趣之是否能促进更多之和谐兴趣之产生，乃一事实问题。一兴趣与其他现实的兴趣及可能的兴趣，能否和谐，或能否相生，乃一客观的关系。然此客观的关系，尽可不为人所注意及，人亦可对此客观之关系，无兴趣，对此客观之关系的形成，亦无兴趣。由此而人亦即可无兴趣于"求其兴趣与其他兴趣之能和谐或能相生"。然在此处，吾人仍可说人当有此兴趣。亦可说无论人之是否有兴趣于"其兴趣与其他兴趣之和谐相生与否"；而凡此能与其他兴趣之和谐相生者，即为具客观之价值者。然兴趣之为物，又实只为存在事物之一种。由此扩大引申，则可导致一学说，即：凡一切存在事物能和谐而相生之处，皆表现一客观价值。凡能使存在事物有和谐的相生之活动，无论属于任何存在，皆为具客观价值者。

此即为一更广大的以价值之性质为客观,并依于客观存在事物关系,而成立之价值理论。

此种价值之理论,在西方可以来布尼兹之以上帝之善,表现于更多之可能存在之实现,并使之有一定之和谐之说,为一代表。而后之怀特海,则为承此说,而应用之于一切现实存在之关系中者。此可由读者复按前文。而现代之西哲杜威之工具主义之价值理论,亦实一种由人生之活动之互相促进,互相增上,并以其社会环境中之事变,互相配合适应,以表现一种和谐,即表现一种价值之理论。唯彼常不喜用和谐一名而已。此外之西哲中,即不明白以和谐界定善或价值之意义者,如上述诸派,亦多在实际上肯定和谐之为一价值或一善。至于在中国方面,则有《易传》《中庸》,皆有中和之教。(其特殊涵义,当在本章第十四节论之。)唯吾人今亦不必将东西哲人以和谐言价值之论,一一举而论列之。此下唯讨论人之为此说者,欲求别于以前之说,则此说所应特具最低限度之涵义在何处。此可分为四:

(一)如谓凡和谐之所在,即价值或善之所在,则不能只注目于具生命心灵之存在之主观的欲望快乐或兴趣,或其生命心灵之继续扩大中表现之和谐;而当以一切存在事物之性质间,活动间,凡有和谐之表现,即皆有一价值之实现或善之实现,如上所说。在常识,人对自然处处怀有一美感。人于此亦罕如柏拉图之视此为从天而降者,而恒以此美之价值,即存于自然界之物之和谐关系中。在此观点下,霞彩之映入水中,而相辉相照,所表现之和谐之为一价值,亦如人间男女之心心相印,而两情相照,所表现之价值。此处,人可将物与人平等看,并可不问自然之能否自觉或自说出其所具之价值与否。"桃李无言,下自成蹊","天地有大美而不言"。有此和,即有此美矣。西哲如来布尼兹,尝以上帝之善,表现于其使无数之可能,依预定之和谐以实现之说,则一切存在,凡有和谐关系之表现处,亦即有上帝之善之实现。怀特海之以一切现实存在,在其具体化历程中,将无数之潜能及永恒法相,聚合为一时,其中即有价值之实现,亦同此论。

(二)价值或善表现于和谐之理论,非价值附从于存在事物之实体,或为一存在事物之单纯之性质之理论。亦非以价值只附从于一超越之实体,或化价值为一孤立自存之性质之理论;而为视价值乃存于"事物之由相关系而构成之整个关系场或一全体"中之理论。在此全体中,如少一关系者,或关系者不发生如此之关系,亦即无同一之价值之表现。如夫妇翕和,其中有一价值。如夫不存在,或妇不存在,或二者皆不存在,或其相互关系为同床异梦,则此翕和之价值,亦不存在。杜甫诗云"一片飞花灭却春",花少一片,则春少一分,而花之美即不同从前。如说飞花之飞之姿态中,另有一和谐。此亦不同其在枝头时与其他之花所成之花团锦簇中之和谐。依此理论,则任何单纯之存在实体,以及其单纯之性质,或单纯之一动本身,皆无价值可言。吾人之说其有价值,皆必自其似单纯而实有一内涵之结构,其中表现和谐言。而任何超越之存在,柏拉图式之自存的理念或抽象性质,若不与现实存在事物发生关系,亦即无在此关系中之价值。依此说,如有一自完自足之上帝或理念世界,而不与现实世界之事物发生关系,彼亦不能自完自足,因其缺乏与现实世界发生关系时所表现之价值也。故在来布尼兹言上帝之善,必自上帝于可能世界中作选择,而以意志实现之之处言。怀特海言上帝之价值,必自其上帝之参加存在事物之变化历程,而与存在事物,发生相互依赖之关系处言。至他派之哲学,重价值之存于关系中者,则恒趋于废弃一切现实之自然世界之上之外之上帝之概念,或自存之理念世界之概念。此则因吾人言有一在世界之上之外之存在,彼即可不与世界发生关系,因而亦对世界可为一多余之概念。而如其必须与世界发生关系,则彼即必须为存于世界中,亦属整个之世界概念中,而不能在世界之上之外者。

(三)依价值存于和谐关系中之理论,而价值又为可感受可经验者,则此所感受所经验之价值,即不只在客观,亦不只在主观。于是一般之价值论上,主观主义及客观主义之争,乃不必需者。

依价值存于和谐关系之说,吾人可承认有客观事物本身之和谐,如上文之来氏怀氏之说。但自价值之为人所感受所经验时言,则此中之和谐关系,乃一能感受经验者,与所感受经验者之和谐关系。此处之价值,即存于此能感受经验之主观,与所感受经验之客观之间。此处乃主观与客观,合成一关系全体,亦即一整个之具价值之情境。价值即于此情境中呈现。此时之主观与客观,亦即同在此情境中,而各有所贡献于此情境之存在,则价值即不能只属于客观或主观。譬如当吾人与人同在沙漠中大渴,忽得水泉;自此水泉为吾人之兴趣所在言,亦即对吾人具一价值。吾人可由此时之水泉,对吾与同行者皆有价值,以说此价值为客观。但亦可由吾人之觉有无尽之美味或快感,皆为自水泉中流出,而谓此价

第二章 价值之存在地位（上）

值为客观。又可由一切人若在此同一情境下，必然将同觉此水泉之价值，而谓此价值为客观。然自吾与同行者之亲尝此水泉之味，而体验其价值时，此价值即内在于吾人之感受与经验，而亦为主观。因此一切客观价值之实现者，必为主观；而在其实现时，客观价值，即化为主观价值，则谓价值只为客观之说，即终不能尽理。而此水泉之有价值，既兼由吾人之在渴而遇水泉之一具体情境中显出，吾人之渴与水泉，同有贡献于水泉之对我有价值；则此价值，即不得分属于此中之任一个，而只能属之于此整个之具体情境。至于吾人说，在同一之具体情境下之水泉，对一切在同一情境下之人，皆必显同一之价值，而他人亦同将承认此点云云；则此乃是谓价值判断之可由具普遍性而具客观性，却不能据以证明，此价值之本身，能外于一一具体情境，而有其存在地位；亦不能据以证明，价值之为一自存之普遍事物。吾人如扣紧具体情境，以言价值之存在地位，则价值只能说存在于此情境中之"主观者客观者之交织，而成之客观者与主观者之和谐关系"中。

（四）吾人由上述之具体情境，以观价值之存在地位，不仅主观主义与客观主义之争为无意义，即所谓本身价值，与工具价值之分，亦只为相对。重在由具体情境以言价值之西哲，如杜威，即由此而根本反对此种价值分别之论者①。

吾人在常识中，恒有本身价值与工具价值之分。如人之以快乐为具本身价值，即视能使吾人得快乐者，皆为只有工具价值者。又如人之以知识为具本身价值者，即于一切用以达求知之目的之事物，如实验仪器等，则皆为只有工具价值者。而在方才所说之例中，人亦恒以渴之解除，为具本身价值，而水泉则只有工具价值者。此种价值之分，在一义上诚皆可能立，吾人在下章，复当论及。然依和谐关系，为价值之所在之说，则此一切本身价值与工具价值之分，皆为相对者。

此种相对论之根据，在一切有本身价值者，亦同时可有工具价值；而一种价值，自一眼光看来，为只有工具价值者，自另一眼光看来，则亦可为有本身价值者。如方才所说之解渴，固可说为本身价值者。然因解渴而人能继续在沙漠中前行，则此解渴，即成只具一达到前行之目的

---

① 杜威《人之问题》（Problem of Man, Pt II Ch. 5. The Ambiguity of intrinsic good）即反对此二者之分。

之工具价值者；而此前行之目的之达到，如到某地，则又为对到某地后之其他各种行为活动，有工具价值者。至于在一切相互有和谐关系之物，而彼此之作用功能，又能互相促进，以互帮助其存在时；则皆可说其间有一"互为工具，而互对对方，表现工具价值，以各实现其本身价值"之关系。如人之各种政治，社会文化活动，能互相配合和谐，以互相成就时，亦即其互相表现工具价值，而使其活动之目的皆达到。而实现其本身价值者。诸个人之在社会与他人相生相养，亦即互对对方表现工具效用，而各实现其完成人格之目的，各实现其本身价值者。又在吾人之美感中，觉一图画之各部互相配合，成一美画时，吾人亦可说其各部皆互为工具，而表现其效用，以互相衬托，而使各部皆更显其美者。吾人通常亦不于此分别此整个之画之任一部，为只有工具价值，他一部有本身价值。是知吾人如以价值存在于事物之和谐关系中，则当归于视本身价值与工具效用价值之分为相对，而亦可根本不采此分法，以说明价值也。

第三章 价值之存在地位（下）

第十一节 心灵之理性的道德意志
具本身价值之理论

（十）第十种对于价值之存在地位之理论，为以真正之本身价值，唯是人之理性的道德意志所具之理论。此理论之来源，可说是：吾人无论采取上述之兴趣说，或和谐关系说之价值理论，吾人皆必须以求各种兴趣与人生活动之和谐为有价值者。因而吾人之求此和谐之心灵，亦即必然为有本身价值，而不能说其为任何事物之工具者。

此心灵之不可说为工具，而必然具有本身之价值，其理由在：此心灵乃肯定一切本身价值，与工具效用价值，而位居其上之一层次，以超越的涵盖此一切价值，而为其护持者。其护持一切价值之事，应为有至大价值者，则此心灵亦为有至大之价值者。而常人亦恒能自觉其愿花长好，月长圆，人长寿，及望天下太平之心，为有至大之本身价值者。然此心之有本身价值，则不能自其为人之任一特殊目的之达到之工具上说，且亦不能被视为工具。因吾人在视此心为工具时，仍只是以此心为工具，以成就此心本来之目的，此即同于吾人之并未尝视此心为工具。如吾人以吾人之愿花好月圆人寿等各价值和谐之心为工具，以使花好月圆人寿，此即仍不外成就此心本来之目的而已。

对此心灵所具之本身价值之认识，在西方哲学中，可以康德之说，作一代表。康德分善为无条件之善，与有条件之善。有条件之善，为相对于一时之目的者。而无条件之善，则为一绝对之善，而内在于心灵之本身活动之中者，此即由吾人之心灵，依理性而生之意志活动中之善。

此种依理性而生之意志之善，乃一道德意志之善。此道德意志，乃一普遍的尊敬一切人格之意志。此意志，能尊敬一切人格，故一切人格之活动中，所实现之价值，皆被此意志之所肯定。至除人格以外之自然存在事物，则其价值乃相对于人格，即对人格而表现其工具效用之价值者。然吾人之此尊重一切人格之价值之意志本身，则可不待其表现任何工具效用，而即已为善，故为一无条件，而其本身为善者。此意志之善，乃吾人之得肯定一切其他事物之善之根据与根原所在。如吾人不以此意志为善、为有价值，则此意志所肯定之一切其他事物之善，即皆从根上动摇。吾人固可说，除此意志以外之一切善，或价值，皆为相对者；然此肯定一切相对价值之意志，则必具一绝对之价值。一切相对价值，乃相对于此绝对价值，以为相对价值，而不得据之以否定此绝对价值者。

康德之此种所谓善意志之为善，为具绝对价值之说，其立论根据所重者，亦不在此意志自身内部之和谐，而在此意志自身之能一贯而一致，以表现理性之普遍性。人由此意志，自可造成一和谐之人格，亦可力求实现成就各种事物间之和谐。然此意志本身所求者，唯是其自身之前后之一致一贯，而超乎一般之和谐之概念之上者。吾人在肯定和谐为善时，亦必肯定一切和谐中皆有善。此亦即必须预设：吾人如是肯定之之意志，能自身一贯一致，以成一理性的意志。由此而依康德之说，最高之善或价值，乃存在于人之理性之意志之本身，而为人之理性之意志之贯彻其自身之事中，所表现实现者。此外之一切善与价值，则皆依之而有，而位居其下者矣。

康德之所谓善意志，乃一超越之意志。所谓超越，即言其与一般之意志，不在一层级，而一般之意志中之价值，皆为其所肯定者；一般之意志欲望中之反价值者，则为其所欲加以化除，否定者。因此而依康德之哲学，吾人亦可说，吾人之欲实现此一善意志，必须超越并限制吾人日常生活之种种一般意志欲望。此即康德之严肃主义所由生。尼采则以为此乃康德哲学中之虚无主义之成分。而哲学家之特重此"超越及限制"之义，以为人之实现价值之根据，或进以谓价值即存于人能不断超拔"原在于其自身中之种种事物"者，则可称为以价值之存在地位，在于"一般存在之否定"，或以"不存在为价值实现之条件"之一种价值理论，此可以叔本华及印度哲学中之婆罗门教与佛教，与中国之老庄之理论为一代表。

第十二节 以"不存在"为价值实现之条件之价值理论

（十一）第十一种之价值理论，为以"种种之不存在为价值实现之条件"之价值理论。吾人以上各种价值理论，皆为以价值为存在事物之性质，或寄托于存在事物之发生关系所成之情境中，或由存在之善意志而表现者。然由吾人之望善者存在，赖不善者不存在，即已证明"不存在"亦可实现价值。而在常识中，人亦恒承认种种不存在，所产生之种种价值。此种事物不存在之可为价值实现之条件，约言之，有下列数种情形。

（一）另一事物不存在，为一事物存在之外在条件之情形。

（二）另一事物之不存在，成为构成一事物之存在之内在条件之情形。

（三）一反价值事物之不存在，即具备本身价值之情形。

（四）一反价值事物之不存在，即所以使其他具正价值之事物存在之情形。

兹略加以说明如下：

（一）所谓一事物之不存在，为一事物之存在之外在条件之情形，乃由事物之恒互相敌对，而互为消长，互为有无而来。此如吾人欲保卫国家，则在战争中须杀敌，此敌人之不存在，即为国家存在之外在条件。于是吾人在以国家之存在为有价值时，吾人即同时以敌人之不存在，为有价值。此外，如吾人欲健康，则必须以病菌之不存在于体内为条件，以使健康之身体存在。于是吾人在以健康之身体存在，为有价值时，吾人亦同时以病菌之不存在，为有价值。此类之例，多不胜举。吾人可说任何事物之存在，皆以"足以妨害其存在者"之不存在为条件，因而吾人肯定任何事物存在，为有价值，皆当同时肯定，其他妨害之事物之不存在，为有价值。

（二）所谓另一事物之不存在，为构成一事物之存在之内在条件之情形，即指一事物之不是另一存在事物，亦有助于其成为某一事物，而对其"成为某一事物"表现价值之情形。如画蛇不能添足，则蛇画之成，依于足之不存在。如已添足，则须擦去，使此足不存在，以成就此蛇画之存在。于此，吾人可说，不仅无足为蛇画之成之内在条件，无翼、无毛、无手……等，亦为蛇画之成之内在条件。泛言之，则任一事物，皆以其所无，以规定此事物之所以为此事物，并成就此事物之效用。老子说："凿户牖以为室，当其无，有室之用"。此即谓房屋不空，则成一堆木石，不成房屋。又说："埏埴以为器，当其无，有器之用"，此即如一茶杯之器，其中不空，则不成茶杯。茶杯房屋，亦即以其中空处之"无事物存在"，为成就茶杯房屋之效用价值工具价值者。而此"无事物存在"之本身，亦即有价值者。以此推之，便见"无"之价值实至大。如吾人将自然界之一切空处皆塞满，则一切山川之美，皆无有，一切生物人类，亦不能运动，而一切事物，皆合为一团混沌。故此存在事物之有所无，正为存在事物之所以成其为存在事物者。而吾人若以一如此如此存在事物为有价值，即同时须肯定其不如彼如彼存在，或如彼如彼之事物之不存于其中，亦为有价值。

（三）所谓反价值之事物之不存在，即具本身价值之情形，即指一种人认为绝对不当存在，而具反价值事物，其存在纯为多余者而言。如吾人恒有若干罪恶之心理，如说诳、欺骗、贪婪、残忍、嫉妒等。此种种心理之存在，固为一事实。吾人有时亦视之为有工具价值者。如人不说诳不欺骗，则不能达某实际目的等，不对敌人残忍，则不能表示对同志同胞之爱等。但吾人如欺骗人之孤儿寡妇，或专以杀人为乐，则在吾人之道德意识下，此即为绝对不当有，而绝对无价值者。而道德意识愈强，并曾发大忏悔心之人，亦恒觉其无数过去之行为，皆有不如无者。在此情形下，则人可以此具反价值之若干事物之不存在，即具备一本身价值。如人在病中受大苦，人亦可谓，只此苦痛之不存在，即具本身价值，故人可以此而动自杀之念。此时，人即明知其死后，一无所有，亦宁自杀。而人之恒有觉自己一生为枉生之感，亦是依于觉无价值之生，有不如全无而来。而人果能知具反价值者之不存在，即已有价值之实现，则知吾人当下之不病，即为福；不早夭，已为寿；不饿死，已为禄。于是吾人之一切平平淡淡之生活，皆依于无数之灾难祸害，苦痛艰难之不存在而有。一切平平常常之普通人，皆依于一切穷凶极恶之事，不存在于其上而成；一切眼前景，皆依天下之大乱，尚未及于眼前景而成。此一切之中，皆有反价值者之不存在，所实现之本身价值存焉。此即中国之道家思想之重一切退一步想，以发现似无价值之平淡平常之生活中之价值道也。

（四）所谓一反价值之事物之不存在，即所以使其他具正价值之事物存在之情形，即指具正价值之事物，恒由具反价值之事物之不存在，而得同时或相续以存在之情形。此即如云破则月来，雨过则天青。又如病去则健康，健康即可进至强壮。又如忏悔罪过，则可以改过而无过，无过则可进至有种种积极之善。再如能平乱即治之始，而可进至大治。此皆由于一切反价值与正价值之关系，可为一"此在则彼不在，此不在则彼在"之矛盾关系。如覆手是反价值，翻手即正价值。翻手之开始，即已为正价值之初实现于"反价值之反"之中。人固可只求上文所谓具反价值之事物之不存在，并不求任何具正价值之事物之存在；如人可只求去病之苦，而宁成空无所有。然在事实上，则人当其去病之苦后，并非空无所有，其所有者乃健步如仙之正价值之实现。又如人亦可只觉其一生之罪孽重重，乃一枉生虚生。然在事实上，则当其改过去罪后，乃为一新人，而可有无尽之善德流行。人之所以在平平淡淡之生活中，仍可生意盎然者，亦正以此中不只是反面之灾祸之不存在，而兼有一具正面价值之生命生活之进行在也。

此上所说，乃吾人在常识中，皆可承认之数义。吾人即可由此以了解哲学家中，何以多有由若干事物之不存在，言价值之存在地位之诡论之所由出。吾人亦可由此以理解叔本华，何以视吾人之日常意志欲望之否定，为一切道德宗教上之善德与神圣之德之原之故。并可由此以解释印度哲学，恒以去除"幻妄"而"无染"、"无缚"、"无执"、"无倒妄"、"无无明"；老庄之以"无己"、"无功"、"无名"、"无私"、"无欲"、"无为"、"无思"、"无虑"之言，代替一切正面之价值之陈说之理由。此皆依于上文第四义而说者。至黑格尔之辩证法，以否定原则（Principle of Negativity），为说明宇宙一切存在事物之变化之原则，亦同时为说明一切存在事物之善或价值之原则，则是兼依吾人以上之四义而说者。

依黑格尔之说，一切存在事物，皆依于变化而存在，亦依于限定而存在。谓其依于变化而存在，亦即谓其依于：其前之存在事物之不存在而存在。谓其依限定而存在，亦即谓其依于：不如彼如彼存在，乃能如此如此存在。由此而黑格尔视各存在事物之互相否定其存在，所发生之矛盾冲突，及一一存在事物之各为一有限与片面性之存在之事，皆为合以实现一全体或绝对之理念，或绝对精神之善或价值者。然在黑格尔之哲学中，又以"能由矛盾冲突之逐渐化除，片面性之逐渐被补足，以进于全体"之存在事物，其价值较高。由此而其哲学，遂又非只重否定矛盾之原则，而亦重肯定与和谐之原则者。唯黑氏之哲学，形上学之意味浓，价值论之意味轻；而其重价值之说明，反不如后来受其影响之英国新唯心论，如格林、柏拉德来、及鲍桑奎等。后者之诸人所持之价值理论，即吾人所将进而论者。

第十三节　具负价值者之超化而成为表现正价值者之理论及悲剧意识

（十二）第十二种价值论，为以具负价值者，能由超化而成为表现正价值者之理论。吾人上段所论负价值者之不存在，及具正价值者之存在，乃为可同时或继续而有者。吾人果深知此义，吾人即可进而视一切具负价值者，其初之存在，与其后之不存在，只为所以过渡至此具正价值者之存在者。而此在人之道德生活之进行中，最可见得。

人在道德生活之进程中，皆兼有改过与迁善之二面。改过即道德生活中之自我否定，迁善而乐善，即道德生活中之自我肯定。道德生活，吾人可说为根于一依理性，而求其意志为自己一贯，自己一致之道德意志者，因而为不能自己与自己矛盾冲突者。然此道德意志，则可与吾人之不合道德意志之欲望等，相矛盾冲突，并欲求超化否定此欲望等，以使之不存在。此等之矛盾冲突之感，与欲使此欲望等不存在本身，亦为表现一价值者，此即当如黑格尔之所说。然就此道德意志之目标，必归向于其自身之贯彻而言，则此矛盾冲突本身，亦终当成为不存在者，然后方能完全实现道德意志之善。故由矛盾冲突之化除，以归于人格内部之和谐，仍为最后之善之所在。而欲使此事成可能，则此道德意志之"超化否定与之相反之欲望等"之事，最后即须归于使此相反之欲望，由不与之相反，而成为道德意志之表现者。由此而人遂得成为一纯本理性之道德意志，以主宰其自然情欲之统一之人格。此统一的人格之价值，则为吾人所能加以自觉，而加以肯定者。此统一之人格之成就，亦即吾人之统一的自觉的自我之真正实现。此之谓自我实现之价值理论。乃由英之格林（T. H. Green）所倡，而柏拉德来，鲍桑奎，在伦理学上大体上所承认者。

第三章　价值之存在地位（下）

此种价值理论，其特色乃在：由使具反价值者不存在，而使具正价值者存在时，同时使具反价值者，超化其自己，亦成为具正价值者之材料或内容，因而再存在于具正价值者之中。而此即无异于使在人之生活中原具反价值者，成为具正价值者。依此观点，以看人之生活之一切事物，则其自表面现象上看来，为具反价值者，皆可说其本质或本性，仍为具正价值者。由此而在人之生活中，亦即可不见有具反价值者之真实存在。此种思想，在表面上似只重去除具反价值之事物之东方哲学中，亦几皆有之，而立义尤精辟。此即印度之吠檀多思想中，所谓我即梵，佛家之烦恼即菩提，生死即涅槃，道家之能息妄归真，则妄无不真，及儒家中之言"能以天理主宰人欲，则欲无非理"之思想之所由生。

人之能于反价值之事物，同时看出其能超化，而成为表现正价值之事物，因而能于烦恼中见菩提，人欲中见天理，一切罪恶中见神圣；此乃代表人对价值之存在地位之一最深之认识。而为古今东西之大哲所多有。然此中仍有一问题，即烦恼中虽有菩提，然菩提未显，烦恼仍是烦恼；人欲中虽有天理，然天理未显，人欲仍是人欲；罪恶中虽有神圣，然神圣未显，罪恶仍是罪恶。吾人于此，只说此烦恼罪恶，皆在本质本性上，为虚妄非真实，仍不足使吾人不肯定其眼前之真实。吾人自身之道德努力，虽恒可使吾人自己之烦恼罪恶超化，吾人仍无力以使世间一切人之烦恼罪恶皆超化，以同证菩提与神圣。且吾人自身之道德努力，亦常有自己对自己无可奈何之时。此外，吾人再放眼观人间与自然界之种种痛苦、矛盾冲突之事，亦皆同为一当前之现实，而多为吾人自身，所无可奈何者。由此而吾人即可再发展出，一对客观的价值之存在地位之客观意识，即悲剧意识，或对一切存在之人物，不能实现其所能实现所当实现之价值之悲悯之情。此悲悯之情，或悲剧意识，乃由爱惜价值而生，故其本身为有极高价值之价值意识。此悲剧意识，或悲悯之情之存于诗人，宗教家，与圣哲，以及凡人之一念之心灵中，乃表示一宇宙之最深之奥秘，而如为此一切宇宙间之沉埋幽谷之价值之相思者，与所托命之地。此悲剧意识或悲悯之情，亦可视为缘此沉埋幽谷之价值所流之泪，再蒸发而成之凄风苦雨，飘落于人之心灵时之所化成。此悲剧意识或悲悯之情，谓之为属于人者固可，谓之为不属于人，而只为一宇宙之心灵之一面怜惜未实现之价值，一面珍爱其已实现之价值之一种内在的凄动，而昭露于人者亦可。吾人对于价值之存在地位之了解，至对于此心灵有一了解，吾人亦即与孔子之恻，释迦之慈悲，耶稣之爱，直接相契，而入于存在世界与价值世界之最深奥之关联处。然由悲剧意识或悲悯之情所转出者，则仍只为一更爱惜一切价值，而尽量护持之，实现之，并信其能逐渐实现之心。由此而人仍当悲而不失其乐，由悲剧意识以再诞生神圣之喜剧意识。此即由吾人自己之不断实现价值之意志行为，以逐步导致沉埋幽谷之价值之出谷之事。由此人遂重见得：一切沉埋幽谷之价值之上，实仍有阳光之普照，而在冉冉相继出谷之途程中。此即中国先哲之致中和，以位天地，育万物之价值存在关系论。

第十四节　中国儒家之致中和之理论

（十三）中国儒家之致中和之理论，为第十三种亦即最后之一种价值理论。亦为一以价值存于事物之和谐关系之理论。然中国儒家之所谓中和，可不止于是指一事物之关系，亦兼是指事物之本性。则黑格尔之以有限事物之本性，皆具一内在矛盾之说，于此即不能说。又依先哲之此理论，以旷观世界，吾人固可说，总有若干价值，为长埋幽谷者。然克就一一事物而论，则依其本性之求和，其所能实现之价值，实常只是暂埋幽谷，而极少长埋幽谷者。

中国儒家与黑格尔，同重视自然事物之变化。然黑氏视变化，为一种自然事物内在矛盾之展开，而中国儒家则恒视之为事物之求和，而为其内在之中和性之表现。如人之独居而思朋友，交游太广而思独处，即是一种中和之性之表现。人之行动左足一步，右足再一步，水波之一上一下，云之一升一降，亦是一求中和之性之表现。此乃依我们以前所谓一切流行的相继的之一阴一阳之活动，而表现之中和。至于两物间之由相应以成和，如男女之相索，雌雄之相求，及一切事物间之刚柔，缓急之相济，则此乃依于我们前所谓定位的对待的一阴一阳之活动，而表现之中和①。在此二种中和中，亦皆有一价值之表现。此价值之表现，亦即事物内部之善德或内部之价值之实现。此是中国儒家中言中和之一要点。

依此种中和之性之实现，以观价值之表现之说，则价值仍是表现于万物之和谐关系中。然此中可自三义，看价值之存在地位。（一）自此和

---

① 本书第三部第五章。

谐关系之任一面，看价值或善之所在，则皆可说其客观存在于另一面之中，如男女相求，则在男之心中，一切之美与价值，皆在对面之女，如由对方之女而来；而在女之心中，一切之善与价值，又皆在对面之男，如由对面之男而来。故皆觉此价值，不在自己之主观，而在客观之对方。由是而此价值理论，即包涵吾人前所谓，以价值为客观事物之性质之说中之真理成分。（二）自整个看，则此价值乃唯表现于此和谐关系中。因两方之互以价值在对方，亦同于两方之各自否认价值之在自己。于是，此价值，即只能属于依于和谐关系所成之整个之具体情境。由是而此价值理论，包涵吾人前所谓以价值存在于一整个具体情境之说（如杜威式之说）之真理成分。（三）此和谐关系，又实依于一一事物之求中和之性而成就。则此价值之原，又不在此外面所成之情境，而在每一事物自身之有求中和之德性。此德性，乃属于一事物之主观存在之内部，而为其主观存在之本质者。而此即包涵主观主义之价值理论之真理成分。

复次，依此说吾人亦须肯定不存在，亦为表现价值者。吾人观中国儒家如何将此说应用于道德生活中，则此义尤为显著，而亲切易解。

依此说，在道德生活，吾人亦须改过迁善，而表现正价值之善之存在，与表现负价值之过之不存在，同为表现价值者。人不能生而全善，亦不能无过，而只有在改过迁善之历程中，逐渐成就其人格，实现其真正之自我。此中国儒者之见，与他方之哲人之见，未尝不大体相同者。然中国儒者更进之一义，则为问：毕竟人之罪过由何来？在根本上人当如何改过，并防之生起于几先，或先立于一无过之地，以绝罪过之根原？中国儒家于此诸问题之答复，则吾人可说其要点在：一切罪过之过，皆原于一过度之义。在印度与西方之宗教思想，对于人之罪过之为罪过，皆视之极重，而称之先天之罪恶或前生之业障，若为人一生之力之所不能拔除，而非赖神力或无数劫之修行，为人所无可奈何者。此固有其甚深之义。然中国之儒者，则初不视人之罪过之问题，如此严重。此中又另有其高明之见。此即中国儒者之深知一切事物，皆"作始也简，将毕也钜"，而自一切罪过之开始处看，一切罪过之起，初皆极轻微，而只是一种人生活动之一些儿之过度而已。

譬如我们说人之自私与我执，是一切罪恶之原。但人之自私与我执之开始，只是人对其个人之欲望、情感、意念之一种执着，而再不见他人之欲望情感意念之存在，而对之冷漠不关心，视若无睹。此种人之对其个人之欲望情感意念之执着之开始，实即不外其心中之欲望情感意念之存在，其力量过强，而将其智慧同情之本所能及者，皆加以掩蔽。因而只任其个人之喜怒，而不见他人之喜怒，只有个人之哀乐，而不知他人之哀乐；遂不能与人同喜怒，同哀乐，而乐以天下，忧以天下，如圣贤之所为。由此而人欲去其自私我执之心，在开始一步，遂只须在其喜怒哀乐上用工夫，而去其过度之处，同时亦即补其所不足之处，此之谓致中和。此致中和之工夫，虽至切近至平常，然充极其意义之所至，以使其喜乐哀怒之情，皆无过不及而生之私蔽；则一切"乐以天下，忧以天下"，而赞天地之化育之德，亦皆不能外是。更何人格内部，道德意志与欲望间之矛盾冲突之足云？

在此种致中和之工夫中，一切德性之成就，与价值之表现或实现，皆兼由吾人一般所谓事物之存在及事物之不存在而表现。如人之喜怒哀乐过当，则人须节其喜怒哀乐，亦即使过当之喜怒哀乐，由存在以归于不存在；而使正当之喜怒哀乐，由不存在以归于存在。此使存在者归于不存在，即使我们之已发出之喜怒哀乐，再收回去，以返于其所自生之本。此在《中庸》，即为反于喜怒哀乐之未发之"中"。故致中和一语之"中"，不只为两面或两端之事物之中间之中，而兼是指一切喜怒哀乐所自发之本原之内心之隐微处。吾人于发现喜怒哀乐过当而节制之，以使之不存在，亦即将其再收回去，以归于其本原之内心之隐微处。此即纯是一超越否定现实之喜怒哀乐之反面之工夫。然由吾人将此不当之喜怒哀乐收回去，而超越之否定之之时，同时亦即使吾人之"过"不复为"过"，而使吾人求中和之目标，开始实现，使吾人本身之中和之性，开始实现。而此求中和之目标之进一步之实现，则为一无私蔽，而人我双照之成己成物，以使人我内外相和，而喜怒哀乐皆有节度。此即吾人对《中庸》"喜怒哀乐之未发谓之中，发而皆中节谓之和；中也者，天下之大本也，和也者，天下之达道也。致中和，天地位焉，万物育焉。"由此可有一浅近的解释。

复次，依中国儒者之所谓致中和之教，不仅人之只知己不知人者，不合乎中和之道；且无论对己对人之事，只知一切相对者之一面者，同为不合中和之道者。故即就个人之喜怒哀乐而言，人之对人对物，好而不知其恶，恶而不知其美，以及过哀过乐，同亦为不中不和。而此亦原于一私蔽，即私蔽于相对之情感之一面，而纵之使过，成无所节。故依致中和之教，一切个人之好恶哀乐，亦不可及。此即所谓"乐而不淫，哀而不伤"，"好而知其恶，恶而知其美"。由是而喜怒哀乐好恶之发出，遂皆当至于一定之度，即返而复归于平静，如由存在而不存在。而在吾人之一切齐家、治国、平天下，以及一切大公无私之行为事业中，吾人亦同当处处求一切相对之事，相辅为用。而儒者之兼重礼乐，以礼治身，以乐治心；以礼别异，以乐和同；以礼示敬，以乐示爱；礼主其减，乐主其盈；……而使一切相对之身心、同异、敬爱、盈减，皆相辅而成，以求人之"耳目聪明，血气和平，移风易俗，天下皆宁"，亦同本于一中和之道①。唯此中之广大精微之义，吾人今皆不能一一详论耳。

第十五节　不存在与隐之本身价值

由中国先哲之致中和之教，乃不只以和谐为一关系，且以人物原有中和之性，又兼以事物之存在与不存在，表现实现价值，且重合相对者以言和；故此致中和之教，乃通于吾人前所谓太极阴阳之论者。而在此太极阴阳之论下，言价值之存在地位，又必言价值与存在之根柢上之合一，与一切存在事物，无不直接间接实现价值，表现价值之义。而其立说，又大有高明过于上述诸说者在。

在上列诸说中，人由使具正价值者之存在，以表现价值；或使具负价值者之不存在，表现价值；或以具负价值者之超化，为具正价值者，以表现价值；或以对具正价值者之不存在，及对具负价值者之存在，而生之悲剧意识或悲悯之情，表现价值。然依中国哲学中之太极阴阳之理论，则西方印度哲学所谓存在者表现之价值，近于阳之德，而不存在者所表现之价值，近于阴之德。在中国哲学中，所谓阴阳，乃互其为根者。阴并非全不存在，而只是一显出之存在，由显而隐，由动而静。阳亦非单纯之存在，而只是原隐而似不存在者之由隐而显，由静而动。凡由显而隐，由动而静者，可再由静而动，由隐而显。反之亦然。此皆依于人物之欲合相对者以求中和之性。依中国之《易》教，在第一义上，乃以人放眼外看时，所见之一般视为无善无恶之宇宙人生，一切事物之阴阳，隐显，动静，乃皆表现价值者。此即可与亚氏之哲学成一对照。

---

① 《礼记》、《乐记》。

吾人前曾说，中国哲学中兼重乾坤阴阳之德。中国哲学之由阴而阳由坤而乾，即由隐而显，此近乎西方亚氏之所谓由潜能化为现实；而由阳而阴，由乾而坤，即由显而隐，此近乎西方亚氏所谓由现实以归潜能。然亚氏则唯以潜能之化为现实，为表现价值者，而于现实之归于潜能，则不视为表现价值者。然在中国思想，则物之由隐而显，如果之开枝生叶，此固表现价值。物之由显而隐，则如花谢成果，叶落归根，此仍为表现价值。由此而死亡与消灭，在他方思想，视为大患者，中国思想中并不全如此看。缘此而中国思想恒视人之死亡，物之消灭，只为一人之终，物之终。此吾人在本书第三部第十九章第六节已论。而此终，则尽可为表现价值，而可无死亡消灭之义者。故孔子曰"大哉死乎，君子息焉，小人休焉"，庄子所谓"佚我以老，息我以死"。此休息之表现价值，亦如吾人之一日中之休息，与夜间之睡眠之表现价值。故程子谓"知昼夜即知死生"，人若真能生顺死安，则人之是否有来生，亦非重要之问题。人之尽道而死者，尽可其一生无愧怍，即更不他求。此即曾子之死时唯曰："吾得正而毙焉斯已耳"，王阳明之死时唯曰："此心光明，夫复何言"，高攀龙死时唯曰："含笑归太虚，了我分内事"也。而中国先哲之所以能如比，亦非谓其真信人死之为空无所有，故于生后之事，无所容心；而唯是其信一生之始终之事，乃表现宇宙之太极阴阳之理之一显一隐、或一动一静、一往一来相应成和，以生化不穷之历程。此中之来处，即往处，来有所根，往即归根。来非无中生有，则死亦非即由有入无。西方思想，恒以人之生为上帝自无中创出之有，而人遂疑其死之可由有入无，因而必求永生。然人若果为由无中生出之有，则其死正理当由有入无。故永生为上帝分外之恩典。然在中国思想，则我之生为阳之事。此阳之事原非由宇宙之无中生有，而只是宇宙间在理上，原可有之如此如此之我之一生，由隐而显，由静而动；则其死，亦只是其由显而隐，由动而静，以相应成和。生无憾，则死无憾。由此而人即不须求永生，而亦未尝不可死而无死，无而未尝不有也。此中之义，如与吾人在上部最后一章人心人性，即天心天理，及仁人如何观万物之仁与善之义，配合了解。当可更明白上文所谓人物之善始善终，皆表现价值，而其善终，亦非归于空无所有之义。是则有待于学者之会通，而自得之。

第十六节　不和与和之太和

在中国儒家思想，以人物之完成其由始至终之一历程而无憾者，亦即能尽其性者。能尽其性，则无论其存亡生死，皆表现价值。然人物之由各有私蔽，而相冲突，以使彼此不能皆尽其性，以完成其由始而终之历程者，则其中明有不善、或罪恶、反价值之现象存焉。此亦为中国儒家思想之所承认，而为吾人在上部末章之所及。由是而反价值之现象之由存在而不存在，则宜为绝对表现价值者；如人之私心罪过之由存在而不存在，宜为绝对表现价值者。此即人之所以必有一致中和之工夫，以位天地，育万物，而补天地之所不足之故。由此，而人之致中和，与世间之事物之不合中和之道，亦宜为绝对相反，而不能相合，以成中和者。然吾人前说，人在个人道德生活中，可使反价值之情欲罪恶等，由否定超化，以成为道德生活之材料。又说人在依于道德生活而生之客观意识中，人由负价值之存在，所引生之悲剧意识与悲悯之情，为一具绝对之正价值者。此中明有一正价值与反价值者之相反相成，则宇宙之不合中和之道之事实，所引起之人之致中和之努力，此中仍有一相反相成。吾人说，不合中和之事之反面，即合中和。如不合中和之事，皆在原则上，可由人之无尽的努力，以化为合中和；则通过此人之努力，所看出之表面不合中和之事实，其里面未尝不以合中和为性。如以此不合中和之事为阳，则其能合中和之性为阴。如以此其不合中和，而有悖于中和之道为阴，则其能合中和之性为阳。于是此人所看出之不合中和之事，即一方能引起人之致中和之努力，一方亦未尝不可与人之致中和之努力相和者。此表面之不和，仍无碍其里面之相和。由此而不和与和，亦相应以成和，而非绝对相反，绝对不表现价值者矣。然使此不和相应以成和之道，唯在人之由见不和，而求致中和之无尽之努力。人若无此无尽之努力，或不透过无尽之努力，以看世间，则世间之种种冲突不和，仍只堪动人无尽之悲悯；而存在者之世界，与价值之世界，亦终不能全一致，而相对为二。然吾人真有此无尽之努力，则在此无尽之努力下，一切不一致者，即皆逐渐归向于一致，而亦见宇宙间之自有使此二者能归一致之理。于是存在之世界与价值之世界，亦终为"二而一"者。由此而吾人本章之结论，仍为一必透过人生之实践，乃能知宇宙之所以为宇宙之论。而此人生之实践之成为无尽之努力，则可以儒者所谓自强不息之一言尽之。

价值之存在地位　参考书目

张东荪《道德哲学》，中华书局出版。本书为国人所著，介绍西方道德哲学之书，内容最多者。

C. D. Broad: Five Types of Ethical Theory, Six impression, Routledge and Kagan Faul, 1951.

此书颇长于分析，中文有庆泽彭译本，名《近世五大家伦理学》。商务版。

I. S. Mill: Utilitarianism, Reprinted, The Liberal Arts Fress Inc. 1957. 穆勒此书中文有唐钺译本，名《功利主义》。商务版。

I. Laird: The Idea of Value, Cambridge Press, 1929.

C. E. D. Joad: Matter Life and Value. Oxford Prress, 1929. 此书有施友忠译本商务版。

A. C. Pegis: Basic Writtings of St. Thomas Aquinas. Random House 1945.

Summa Theologica Question VI. The Goodness of God.

R. B. Ferry: General Theory of Value, Ch. 5, New York, 1926. Reprinted, 1952.

此书最重要之 Ch. 5, Value as any object of any Interest 兼载于 G. Hospers 所编 Readings in Ethical Theory 中。

R. B. Perry: Realm of Value. Ch. VI, The Meaning of Motulity, Harvard Press, 1954.

T. H. Green: Prolegomena to Ethics. Oxford Clarendon Press, 1883. 此书论善之依于自我之实现。

F. H. Bradley: Ethical Studies, Oxford, Univeristy Press, Reprinted 1952. 论自我否定与自我肯定之相反相成处甚精，有谢幼伟译本，商务版。

B. Bosanquet: Principle of Individuality and Value, London Mecmillan, 1912. 论价值原于部分在其所依之全体中之地位。

W, M. Urban: Valuation, its Nature and Laws, New York, 1909.

H. G. Paton: The Good Will. London, Alien, & Unwin 1927. 此书为以意志之融贯和谐，论道德之善者。

C. I. Lewis: An Analysis of Knowledge and Valuation, Lasalle, Open Court. 1946.

W. Sellars and J. Hospers: Readings in Ethical Theory, Appleton 1952.

E. W. Hall: What is Value, Routledge and Regan Faul, 1952. 此为较近出版之批评分析当代西方之价值哲学理论之一书。

N. Berdyaey: Destiny of Man. Part, V H. The Ethics of Redemption, 1937.

以我所见,在西哲中真能由罪恶或负价值之承担,以实现正价值而有悲悯之情者,应推贝氏所著书。

R. Lepley, 编 Value; A Cooperative Inquiry. Columbia Univ. Press 1949.

此为一当代西哲合著之论价值问题之书,包括相互间之批评与答辩者。

欧阳竟无《释悲》。支那内学院出版,由欧阳先生此文,可知佛家言大悲之深义。

《中庸》。

《易系辞传》。

惠栋《易微》言,中和项下,所辑先秦经籍中言中和语。

陈澧《汉儒通义》,中和项下,所辑汉儒语。

《朱子全书》及《语类》论中和处。

Morlitily 王船山《周易内外传》等书论中和处。

第四章 价值之分类与次序

第一节 价值纯形式之分类

一 正负价值与无价值之分

关于价值之分类，有种种分法，此依我们之采用何种分类之标准，及我们对于价值之所发现者之多少而定。在分类之标准中，约有二种，一种是纯形式的分法，一种是就内容而分。

所谓纯形式的分法，即纯依一些逻辑上或知识上之形式概念，从各种价值之有无某一种对其外之存在或价值之关系上着眼，以对于各种价值，加以分类。如上文所提到正价值、负价值、非价值之分，本身价值、工具价值之分，及相对价值、绝对价值之分等。今试再进一步，分别加以解释。

所谓正价值或负价值或非价值之分，乃首依于事物之具价值性或不具价值性之矛盾关系，而分事物为具价值性者，非具价值性者；次依于具价值性者之或具正价值或具负价值之矛盾关系，而分为具正价值与具负价值者。前一分类，本可不属于价值本身之分类之中，而只是依于存在事物之在一时，对吾人之或具价值性，或不具价值性而分。但吾人在说一事物为具价值性时，即同时否定其不具价值性；说其不具价值性时，亦同时否定其具价值性。故二者之关系为一矛盾之关系。如吾人说一圆形无所谓善恶美丑，即圆形为不具价值性者，即非价值性之一范畴之所能应用。由此而吾人亦即不能说圆形，表示圆满，较半圆为好等。吾人说圆形为较好时，吾人亦不能说圆形不具价值性，为非价值性之范畴所摄。故价值性与非价值性，乃一矛盾之概念。无论在实际世间上，有无绝对不具价值之事物，吾人仍可在形式上，依逻辑上之价值性与非价值性之概念，而姑分一切事物，为或具价值性或不具价值性者。唯非价值性者乃对价值性而为非价值性。故吾人可在价值论中，分价值性与非价值性，为关于价值之二概念。

至于在具价值性之事物，其所具之价值性，则有正价值与负价值之分。所谓一事物具正价值，即指正面的某价值之显于某事物，而吾人亦可对某事物，作一肯定的价值判断，说某事物具某价值者之谓。但所谓一事物具负价值，却不只是说，某价值不显于某事物；吾人当否定上述之肯定的价值判断，说某事物不具某价值而止。乃是说：某事物另具一负性的价值，其具此负性的价值，至少在暂时，是使此某正价值之显于某事物，为不可能，而与之直接相违反或矛盾者。而吾人之说某事物之具某价值之判断命题，在此，并非只因某事物之不具某价值而为假，而是因某事物之另具一负价值，足使其具正价值之事，至少在暂时不可能，而为假。吾人于此，如说某一事物，可由改变其自身，而具此正价值，因而亦有具此正价值之本性；则吾人尚可说其暂时之不具，与其此本性，有一暂时之相违反或矛盾，亦与吾人之望其本性之显出之希望，有暂时之一违反或矛盾。故此正价值与负价值之分，亦纯是一种依逻辑或知识上之概念，从价值与存在之关系着眼，而作之分类。

二 本身价值与工具价值

其次，一种纯形式的价值之分类，而为现代人所习用者。即为本身价值与工具价值之分。本身价值为内在价值（Intrinsic Value），工具价值为外在价值（Extrinsic Value）。所谓一事物具某内在价值，即此价值直接属于此事物之自身。我们判断某事物，具某内在价值时，我们亦可只对某事物之自身，作一定然的价值判断，而不牵涉到其他事物。如我们说，仁慈之心是好的，即以仁慈之心为主辞，而不牵涉其他事物之一定然的价值判断[1]。所谓一事物具外在价值或工具价值，即谓此事物之具此价

---

[1] 现在之西哲，如蒙思特柏（H. Munsterberg）、穆尔（G. E. Moore）及路易士（C. I. Lewis）均有内在外在之价值之分，但 Lewis 于其 An Analysis of Knowledge and Valuation 又分外在价值为不同形态，如或为其本身即足引致具内在价值之经验者，如引起美感之物；或为其所产生之物，方足引致具内在价值经验者，如一工具物。前者彼称之为自具价值 Inberent Value。

值，乃出其能引致，促进或帮助，具内在价值之其他事物的产生或发展而言。我们在判断某事物具外在价值时，我们乃依其与其他事物之有此关系，而对之作一价值判断。

此种内在价值与外在价值之分，在近代西方，盖由康德在伦理学中之分别无条件的定然的自命（Categorical lmperitive），与有条件的假然的自命（Hypothetical lmperitive）所开启。在康德，以人对自己之若干自命，乃定然的。如人不当说谎，此即为依人之实践理性而发出之绝对应当而定然的自命，亦其本身为善，另不依其他条件而建立者。于此，人如先想，我不说谎，可得人信任，而使自己飞黄腾达，乃命令自己不说谎。则此便非无条件的定然的自命，而为有条件的假然的自命。即于此，我们是在自己有求得人信任而使自己飞黄腾达之目标之条件下，我们才自命自己不说谎。则此自命便非本身为善，其善否，乃依此目标之是否本身为善、或是否为应当而定。而在此例中之目标，如自己之飞黄腾达，则并非本身必然为善，或必然应当者。在康德所谓无条件之自命，与由之而生之行为中所表现之善，即为一具本身价值，内在价值者。而有条件之自命，与由之而生之行为中，所表现之善，即只具工具价值、外在价值者。

在现代西方哲学中，所谓外在价值与内在价值之涵义，又比康德之二种自命，与缘之而生之二类行为中，所表现之善之义为宽。因外在价值与内在价值之别，不限于道德方面，而可用于一切价值之分类。且内在价值，亦不必皆高于外在价值。如我们可说研究数学之内在价值，在解决数学本身之问题，而得数之真理。至其外在价值，则可直接促进自然科学之进步，并由自然科学之应用，以造福人类等。此造福人类，即数学之一间接的外在价值。然此外在价值，并不必较研究数学所得真理价值之本身为低。

三　绝对价值舆相对价值

与内在价值、外在价值、无条件之善、有条件之善之分，相类似者，为绝对价值与相对价值之分。我们可说内在价值为绝对价值，因一事物具内在价值，即可不将此事物与他事物相关联，相对待而说。亦可说外在价值即相对价值，因一事物具外在价值，即将此事物与他事物相关联，相对待而说。但在一般之义，说一价值为绝对，恒是指一事物之具某价值者，在任何情形下，任何时间，任何空间，皆具此价值；吾人皆可肯定其具此价值而言。而如在一情形、一时间一空间，某事物有某价值；吾人可肯定其具某价值；在另一不同之情形、不同之时间、不同之空间，则不具某价值，吾人亦可否定其具有某价值，则此价值为相对的。故所谓绝对的价值，恒是指涵有永恒性与普遍性之价值，而所谓相对之价值，则恒是指无永恒性，而只具暂时性，无普遍性，而只具特殊性之价值。

此种西方哲学中之内在价值与外在价值，相对价值与绝对价值之分，乃遥承希腊亚里士多德及中古哲学中之一事物之本质的属性，与偶有的属性之分而来。一事物之本质的属性，乃一事物之所以为一事物，而为一事物所必须具备，以成某一事物之性质。一事物之偶有的属性，即一事物在一情形下所具之性质，一事物不具备之，仍可不失其为某事物之性质，因而亦即非一事物所必须具备之性质。如有理性为人之本质属性。人之高五尺或六尺，皮肤黄或白，及贫富贵贱等，则非人之所以为人之本质属性。我们说一事物所具之内在价值，亦可说此价值为一事物之本质的属性，而为其本身所必然具备者。我们说一事物，对其他事物所表现之外在价值，则可非其本质的属性，亦非其本身所必然具备，而为其可具备，亦可不具备者。

其次，我们尚可分价值为根本的（Fundamental）与衍生的（Derivaive）。所谓根本的价值，即由此价值之实现或表现，而又无阻碍之者之存在时，即可相继而有次第之各种价值之实现或表现者。由此根本价值，而有之次第实现表现之各种价值，则为衍生的。如人对人之爱，为一根本价值，则由爱而有之人之一切事业上合作等，所表现之价值，为衍生的价值。

第二节　西方哲学中价值内容之分类

至于从内容方面分价值，则在希腊哲学中，即有真善美三种根本价值之分，哲学求真，政治伦理求善，文学艺术求美。在中古宗教哲学中，自圣保罗，提出信、望、爱，为人之根本的宗教性道德，由此道德所成之人格之精神价值，为圣（Saintnees）或神圣

（Holynes）①。故吾人可说，在中古思想中，于希腊之真善美之上，增加了宗教性之神圣之价值概念。至在近代，则康德之三批判之内容，亦即对应希腊之真善美三价值者。其《纯理批判》，重成就真知识，《实践理性批判》，重说善意志，连带及宗教上之"望"。《判断力批判》一书之一半，皆在说明感情上之美感。而真善美亦与人心知情意三方面相对应者。至于在黑格尔，则其所谓客观精神中之家庭伦理，个人道德与国家政治，皆可说是以善之实现为目标。在其所谓绝对精神中，艺术与美之价值相对应，宗教与神圣之价值相对应，哲学与真理自身相对应。后之新康德派，倡复归康德，如马堡学派，仍以纯粹意志之善，纯粹理性之真，与纯粹感情之美，为三基本价值。英国方面之快乐主义者边沁等，以快乐之义同于善，其分快乐为十五种，亦即无异于分价值为十五种。后马提诺（Martineau）分人之心理动机为十八种，亦即无异分人所求之价值，为十八种②。

但此上诸说，皆未明用价值一名③。西方哲学之明用价值一字，盖始于尼采之言重新估定价值。而新康德派之西南学派，以哲学为价值之学，尤重价值与事实之分。至爱伦菲尔（Ehrenfels）等，始有专论价值之哲学。而意大利之新唯心论者克罗齐（Croce），乃于西方传统哲学所重之真善美外，加上效用或利（Utility）之价值，以与善相连，而同属于实践性之价值，以与真美之非实践性之价值相对。而德哲施普朗格（E. Spranger）之《人生之形式》一书，则以真、美、爱、利、权力、神圣为六基本价值。并以科学求真，艺术求美，经济求利，政治求权，教育实现爱，宗教实现神圣，而善则为此各种价值之和谐配合，所实现之普遍价值。其以政治之基本概念为权力者，除罗素《权力》一书，持此说外，现代政治科学家，近亦多有持此说者。故于希腊之真善美之价值，及中古之神圣之价值外，近世西方思想所增者，一为与经济生活密切相连之"利"之价值，一为与政治生活密切相连之"权力"之价值。而施普朗格又益以与教育密切相连之"爱"，以成其价值哲学，盖为西哲对价值之分

---

① 西哲中如 F. D. E. Schleirmacher 与 R. Otto 即坚主神圣之为一特殊价值者。R. Otto 有 Idea of Holy 一书。

② 可参考张东荪《道德哲学》介绍马氏之 Types of Ethical Theory 处。

③ E. Barrett 所编 Contemporary Idealism in America 一书 p. 113. Urban 一文之注谓黑格尔虽极重价值与存在之关系，然其《精神哲学》（Philosophy of Mind）中只用价值一名一次云。

类问题，持论最赅备者。

第三节　中国思想中善德之阴阳之分与价值之形式的分类

至于在中国哲学方面，则所谓价值之分类，实即善德之分类。中国先哲所谓善德，初不限于人生之善德。自然，宇宙，及万物，亦同可有其善德，然要以人生之善德为主。此种善德之分类，盖多为内容上分类，而未尝有如西哲之离内容而唯依价值或善之形式，而严分正价值与负价值，相对价值与绝对价值，内在的本身价值与外在的工具价值者。而近似于西哲对价值之形式的分类者，则一为善德之阴阳之分，一为善德之本末之分。

所谓善德之阴阳之分，粗浅言之，即由善德之于动中表现，或于静中表现，由成始而表现，或由成终而表现以分。动为阳，静为阴，成始为阳，成终为阴。由此而动中表现者为阳德，静中表现者为阴德，成始者为阳德，成终者为阴德。吾人前已论之①。而依此观点，以看西哲之正负价值之分，则阳似近于正，阴似近于负，如中国之阳善阴恶之说。然此是一特殊义之阴阳。依中国先哲所谓阴阳之一般义。则中国先哲，多谓阳有阳德，阴有阴德，二者乃皆为正价值；又多主以阴阳相生，以阴之所以有阴德，在其能生阳，阳之所以有阳德，亦在其能生阴。若阳不生阴，则为亢阳，阴不生阳，则为绝阴。唯此亢阳为动而不能静，此绝阴为静而不能动，是乃有始无终，或终不能再有始者，方为真正之具负价值而不善者。此亦为吾人前所及②。故阴阳之价值与正负之价值，不必相对应。又阴德从事物之静处说，当一事物既静且终，则其所实现之价值，皆暂涵于事物之内，若与他物无关。故西哲所谓事物之内在价值，本身价值，即近于中国所谓阴德。阴德所以成己。阳德从事物之动处始处说，当事物正发动开始时，则其所表现之价值，必如及于其自身之外，而别有所成。而西哲所谓事物之外在价值，工具价值，则近于中国所谓阳德。阳德所以成物。己之由物而成，即由他物之成物之德而成。如我

---

① 本部第三章《价值之存在地位》第十五节。
② 本书第三部第九章第一节。

由父母养育以生以成，即由父母之施发其成物之德以成。则我之得成我之己，实由接受父母之成物之德而成。如成己为阴德，成物为阳德，则阴德，乃接受他物之阳德之阴德；而阳德，亦即使他物能接受其所施发，而有其阴德之阳德。是又见阳德阴德之相涵。至于由时间历程中观之，一物于成己后，恒必归于再成他物；而此再成他物，即所以重彰显其所具之德于外，而亦所以成其为"有成物之德之己"者。故一事物之内在价值，又终必显为外在价值。而一事物之外在价值，既所以成就他物之己，亦即所以使此物成为"有成物之德之己"；而其有此德，又为表现一内在价值者。如以我之善意志为具内在价值，则此善意志之表为善行，而贡献于他人，人受其益，即其外在价值。而他人之受其益，即一方为使他人成其己，一方亦为成就我之成物之德，此又为表现一内在价值者。纵一事物表面上只有外在价值者，吾人亦未尝不可视此外在价值，为其本身原所具有之内在价值之表现。如吾人饮水止渴，此水似只有止渴之外在价值。然吾人亦未尝不可说天地间之水，自始即有能止渴之本性，而自始具能止渴之内在价值。其止我渴，即其内在价值之表现。反之，一切似只具内在价值之事物，如一人在深夜时内心之忏悔，吾人亦未尝不可视之为有引发以后之无数之善行之外在价值，故真正之价值，真正之善德，皆当为合内外之道者。由是而凡内在价值之不能表现为外在价值，外在价值之无所根于内在价值者，皆非真正之价值也。

如从一切内在价值之表现于外在价值处说，则一切价值皆可说为相对。此所谓相对，即对一客观对象或对一客观情境，而显其价值。于是所对之对象或情境异，则同一之行为，并不必表现同一之价值。故对父母之孝行，为有价值，以同一之孝行，对路人，则不必有价值。然此非谓价值纯为主观而无客观普遍性者之谓。因一切人在同类之对象与情境前，某一类之行为仍可皆同为有价值者。如一切人在父母前之孝行，皆同为有价值者。而其有价值，即为绝对的有价值，并不以此外之其他情形之变化而变化，亦为可不以古往来今，东西南北之时间空间之异而异者。由是而此价值，亦即兼有绝对，普遍永恒之性质者。此即会通相对价值与绝对价值之道。

复次，一事物之外在价值，固必对其他事物而表现。然此事物能对其他事物，表现其外在价值，原于一事物之在本性上所具之内在价值。

而此本性中之内在价值，则并不以其未表现为外在价值而不在。如孝子并不以未向父母表现其孝行，而即非孝子，谓其人格中无具内在价值之孝之天性。由此而吾人即可以一切未表现为外在价值，而为一事物在本性上所具之内在价值，皆为一绝对之价值。因其虽"未对"其他事物表现，而"能对"其他事物表现之本性，仍直接属于此事物本身，而自始不属于其所对之其他事物也。上述之于"未对"而"能对"之本性中，认识绝对价值，亦是一会通相对价值与绝对价值之一道。

第四节　中国思想中之价值之本末之分与价值内容之分

依中国先哲之说，以看价值之内在外在之分，相对绝对之分，乃不重要，而可加以会通者。然对于价值之本末之分，则极为重视，此略同上文所提及之根本价值与衍生价值之分，亦西方思想中所有，唯为西方思想中今尚未能真重视者。

本末一名，原取象于树木之本根与枝叶之关系。此二者之关系，本是先生，末是后生；本是开始，末是完成；本是能生，末是所生；本是一，末是多；本是总持，末是散殊；本是植根地下，而有不可见者，末是上升于天，而可见者。本末之范畴，与阴阳之范畴，不必相对应。从本是先生，是开始，是能生处说，本为阳；从末是后生，是完成，是所生处说，末是阴。但从本是一，是总持，是植根地下而不可见说，则本是收摄，凝聚，潜隐者，为阴；从末是多，是散殊，是上升于天而可见说，则末是放散，施发，显出者为阳。故本末之范畴，不能与阴阳之范畴，直接相对应。因此本末之分，涵此多义，故亦不必与西方之根本价值与衍生价值之分，全然同义。而在中国先哲言善德之本末之分时，复皆连价值之内容言。如《论语》言："君子务本，本立而道生，孝弟也者，其为仁之本与？"《大学》言，修身为齐家治国平天下之本，《孟子》言："天下之本在国，国之本在家，家之本在身。"故吾人欲了解本末之分之切实义，亦须由价值之内容之分，以了解。

关于中国思想中所谓价值之内容之分，主要即人之各种善德之分。此似唯以道德之价值为主，然其余之价值，亦可涵摄于其中。如孔子所论之善德甚多，然其喜并举者，则一为仁、一为智，智中即多少涵摄西哲之知识上所求之真。孔子与《中庸》，又均重仁智勇之三德。仁为性情，智近乎西方之理性，勇则为意志行为上之事。此约与康德言人心，分知情意三方面，而各有所实现之价值之说相应。至于孟子，则一方喜以仁义并举，一方又有仁义礼智四德之分。并依五伦而言五德，谓父子有亲，君臣有义，夫妇有别，长幼有序，朋友有信。孟子又言"仁之于父子也，义之于君臣也，礼之于宾主也，智之于贤者也，圣人之于天道也，命也，有性焉。"复言："可欲之谓善，有诸己之谓信，充实之谓美，充实而有光辉之谓大，大而化之之谓圣，圣而不可知之之谓神。"孟子所言五伦之德，纯为人间之伦理道德。然贤者之智德，亦可进而至于圣人之知天，则亦不限于人间之伦理道德矣。其所谓善、信、美、大、化、神之德，亦主要自人格之成就历程上言。然信即真，则西哲之真善美，皆统于孟子所论之人格成就历程中说。其所谓不可知之神，亦略与西方宗教中之超知之神秘境界相当。然其重由光辉之"大"，及于"所过者化"，以至"所存者神"，乃是由己德之成，再施及于成物，以存神。则西哲言神秘境界者，盖罕如此说。

至于在《易传》之言善德，则大皆通宇宙人生以言，而不限于人间伦理。如《易传》于乾坤文言，言仁义礼智之人德，又言元亨利贞之天德。曰："元者，善之长也；亨者，嘉之会也；利者，义之和也；贞者，事之干也。君子体仁足以长人，嘉会足以会礼，利物足以会义，贞固足以干事。"则人之仁即天之元，人之礼即天之亨，人之义即天之利，人之智即天之贞。仁与元为善之长，即道德之本；亨与嘉会之礼，通于乐，即美之至也；利与义，则自善美之德之及于物之说；智与贞，则言定是非以成事。此乃摄今之西哲如克罗齐所言之真美善利，于一宇宙人生之德之流行发展之历程，而论之之说也。

下至汉儒，则又依五行以言天之五德，与人之仁义礼智信之五德，并与各种物之五德相配。其中虽不无种种穿凿附会之论，然其根底，则为以一切事物，无不表现一价值，而亦皆至少可表现五德之一，或于其生化历程中，依序表现五德之思想。而此思想则为一依于价值与存在之合一，而依价值之类，以分存在事物之类之思想①。

依此种思想，汉儒多以仁为木德，礼为火德，义为金德，智为水德，

---

① 由萧吉五行大义（《知不足斋丛书》本）可知此种理论之大体。

信为土德。仁德主要见于父子，礼德主要见于长幼，义德主要见于君臣，智德主要见于夫妇，信德主要见于朋友。而从天一方面说，则春生为仁，夏长为礼，秋收为义，冬藏为智，夏秋之交，阴阳平衡为信[1]，而春、夏、秋、冬之异，由于日之方位之异，日位正东为春，日位偏南为夏，日位偏西为秋，日位偏北为冬。由此而言东方为木德仁德，南方为火德礼德，西方为金德义德，北方为水德智德，中央为土德信德。而自人身内部言，则肝属木，心属火，肺属金，肾属水，脾属土。此外，汉儒论人之感官与自然界之动植物，亦皆分别属五行，皆非全无理由可说。然亦不必一一皆确定无疑。而其根本意义，则在显示仁义礼智信之五德，或五种价值之遍在于时间空间中之一切存在事物中，而见此价值之分类，亦可移用以作存在事物之分类之标准。

至于宋儒周濂溪，亦有阴阳五行之德之论，邵康节倡四之哲学，分阴阳为少阴、太阴、少阳、太阳，其德亦有四，而依之以分存在事物为四类。后朱子亦特重在天之元亨利贞之四德，与人之仁义礼智之四德之相配。然亦不废五行之说。吾人今皆不及多所论列。

吾人今所需论列者，唯是在中国哲学中之言善德或价值之分类者，大皆重本末次第之分，而不只是将诸善德与价值加以平列。至于一切善德或价值之本，则中国先哲大皆以仁为说。孔子首贵仁。孟子言仁人心也。《易传》以仁为元，即善之长。后之董仲舒亦以仁为德之本。至宋之程明道言仁者浑然与万物同体，义礼智信皆仁，朱子亦谓仁统四德。汉宋儒者，又多以仁义礼智之次序，与春夏秋冬之序相应，此四者中，吾人如以在前者为本，在后者即为末。本以肇始，末以成终。必先有本，而后有末，故中国先哲皆特重仁德。

此种重善德价值之本末之分之精神，贯彻于先哲之一切关于价值与知行之理论中。先生者为本，继生者为末。大率中国先哲皆以人之一切德行事业，或一切实现价值之事，应由最切近处开始。而此最切近之开始处，则为人之当下之生心动念，或人之如何立定志向，再及于自己之身体之动作行为，更及于与自己最密切相关之家庭中人，同国之人，与天下之人，及一切万物。由此而人之立志、正心、诚意，遂被视为一切德行事业，或一切实现价值之事之本。由立志、正心、诚意、而修身，

---

[1] 或以信属土德，土遍运于四时，而信亦通于四时之德。

则为一切德行之见于外者之开始，而为一切外表之事业之本。由修身而齐家，则为由个人及于他个人，而成伦理之开始。而家庭之孝弟，则为一切人与人之伦理道德之本。国为家之结合，为人群之结合成一政治组织之开始。故国家之内之政治，为全人类或天下之太平之政治之本。而人类之天下之有道，则为使一切类之万物，皆各得洋洋发育，而表现仁德于整个宇宙之本。此本末之秩序，亦即由成己至于成物，由治心至于治物，由内心之隐微处开始修德，至于德化之流行于外而无乎不运之次序也。

第五节 二种价值分类法：相斥之价值分类法与相生之价值分类法

以上我们略述中西哲学中之价值分类之说法，我们既未一一详加阐释，亦不拟一一评论其是非。我们今所欲说明者，是吾人对价值之分类，本可有不同之分法。如依形式分内在与外在及本与末等，其中固有种种分法；依内容分真美善，仁义礼智等，亦有种种分法。而此种种分法，本身有二型：一为依相斥而异范围之关系而分，一为依相生而异次第之秩序而分。大约西方之价值之分类法，皆为前一型，而中国价值之分类法，则为后一型。此观前文可知。然同一大范围之事，可包涵若干小范围之事而彼此互异；一次之事，亦可分为二段、三段看，而包涵次级之次序。如世间每一事物，皆可有一价值意义，则事物无尽，价值意义亦无尽。吾人不能以事物之种类概念，穷尽一个体事物之存在意义；亦不能以价值之种类概念，穷尽一个体事物之价值意义。个体事物为唯一无二者，一个体事物之价值意义，亦同为唯一无二者。自此而言，则一切价值之分类，皆不能达于完全之境；而此分类本身之价值，亦为有限者，只足为引导人了解种种个体事物之价值意义之一方便。至此二型之分类之本身，皆有其价值，则可由下文说明。

（甲）吾人须承认，从现实上看，人之各种文化活动，人之在社会之各种职业，及人之人格之形态，明各有不同，而各有其所实现之价值，然在实际上，亦常有不能兼备之情形。如人在科学之活动中，人之目标在得真理，而不在求美。人在戏院，重在引起美感，而不在求善。人在自责自讼时，则旨在求善，又不惜在内心造成分裂，使人格之内部失去和谐之美。而人在寺院与神佛求相接时，又可忘人间之真善美，以接神圣。而人出寺院，至商场购物时，取其价廉而经用者，则为实利之计较。再至政府办公，又为求权责分明。此各种文化活动之恒不俱时而存在，又各有其所求之价值，乃一事实。人之依其或偏重此种文化活动，或偏重彼种文化活动，而或为学者，或为艺人，或为慈善家，或为僧侣，或为商人，或为政治家时，其人品各异，而所实现之人格价值，亦各异。人又以天生气质之不同，及所遇环境之不同，而在实际生活上各分别从事不同之职业，则其所实现之各种价值，亦即有相异而相斥之逻辑关系。而吾人亦即可依此以类分各种价值，为一相异而相斥之系统，如西哲之所喜为。而中国先哲在论人之气质之差别时，分人格为沉潜高明二类，或狂、狷、中行三类。论美之差别时，分阳刚之美，阴柔之美，或刚健婀娜二种，亦是自各种人格价值与美之价值，恒不易为一人所兼备而分类。

（乙）然在另一方面，人所欲实现之各种价值，恒有一次序之相生之现象，亦为不能否认。此种相生，乃此未终即有彼之始，而始终相涵。如中国《礼记祭义》曰"孝子之有深爱者，必有和气，有和气者必有愉色，有愉色者必有婉容。孝子如执玉，如奉盈，洞洞然，属属然，如弗胜，如将失之。严威俨恪，非所以事亲也，成人之道也。"此即为一种相生之次序。此中深爱在心，即引生和气在身内；和气在身内，即引生愉色在貌；愉色在貌，则引生婉容在态；以敬事父母，而严威俨恪，以成就其人格。此中有善德之次序相生，亦未尝不可分别言之。然分别言之，非谓其异而相斥，其间仍为一贯之善德之流行。而西哲之言价值者，恒必以某一种价值如真或善为本，以引致其他价值之实现，如黑格尔之将各种人之主观精神，客观精神与绝对精神之发展，列为一系列，即亦承认善德或价值之相生有序者也。

然在吾人承认价值之相生之序时，吾人尚可有二种不同观点，以依次序分价值之类。其一为由外而内，先知后行之观点，另一为由内而外，由行至知之观点。如依前一观点，则吾人恒倾向于以所知之外界事物之价值，为第一序之价值之所在。此可推至以自然界之物质事物，与其所在之时空，为一切价值之根原所在。而此亦非无理可说。如吾人明可说，若时空中物质世界不存在，则一切生物与人之生命，不能存在；人之生命不存在，则人之心灵，亦至少不能在此世界存在。于是人之心灵之能实现价值，或具备价值，其基础在生命之存在；生物与人之生命能实现价值，或具备价值，其基础在物质之存在；而物质之存在，即成一切价值之本原。最低限度，吾人亦可说物质世界之物有直接营养生命，间接营养心灵之工具价值。而人如欲求其心灵生命之存在于世界，亦应首有关于物质事物之知识，及如何营养生命与心灵之知识。此知识中所表现之价值，即为真理之价值。又人之一切对物质事物之知识，皆依于人之对物质之数量、时室地位之数学几何学之知识，此知识中之真理，亦即为一切真理中有最基本之价值者。此对物质事物真理之知识之价值，亦即人所当求之第一序之价值。由人有知识，人乃能改变自然，以达利用自然以厚生，而得利益与快乐幸福，并有闲以欣赏自然之美，与创制美术品等。此利、快乐、与美感等之价值，即属于第二序之价值。再由人与人智能在外界之自然界生存，人乃有余力，以从事内心之反省，然后人有其内心之道德，宗教之生活；此种生活所实现之善与神圣等价值，则宜属第三序。而我们看人类文化之进化，亦是先有生产工具以改变自然，再有原始艺术，而后乃有宗教道德之文化，亦足证此价值次序之大体为不误。此即是依于一由外而内，先知后行之观点，所定之价值次序也。

但如我们采另一由内而外，先行后知之观点，则我们所定之价值次序，亦可与上之所述，全相逆反。即我们如从行开始，则行之始，是我们之抱一目的，有一志愿。此目的志愿之合理与否，善与否，即是我们可首先体验到的价值。如我们在行为之始，即立心偷盗我之兄弟之财物，则在财物之价值未呈现之先，而此偷盗之心，是否为善，是否为有价值，即为我之第一问题。无论我们之是否能时时反省到，我们之志愿目的之是非善恶，然吾人之心中，才有目的志愿，此目的志愿，即已表现是非善恶，则为不成问题者。即当时不及反省，过后之良心，仍可加以评判，而生自慊或忏悔之情。而在吾人闻良心之声音时，吾人亦可觉此声音，如来自天上，乃天理天心之呈露于我，则此时吾人所首体验之价值，即应为道德宗教性之价值。由人之本天理良心行事，而后形成人格内部之一贯与和谐，及行为之和谐，乃有人格之真诚与人格之美。此即孟子之所以由"可欲之谓善"，以言"有诸己之谓信"（真诚），及"充实之谓美"。而此充实之美，亦即人之德行及于他人之善之表现，由此，人乃有礼乐艺术之文化之生活上之美。天君泰然，乃能知自然界之天地万物之美；神智清明，乃能进而原察于天地万物之理，而有真正之知识，以利用厚生。此即中国先哲之所以置智德于仁义礼之后之故。人有真正之知识，以利用厚生，人乃知自然界之万物之皆足以养人，于是视无生之自然，如金木水火土等，皆可以润泽生命，而皆各有其德。以至空间中之方位，时间中之四时，皆所以使人与万物各有其所可居，各有其时以生成变化者。是见人之身体，及有生与无生之物，以及所谓抽象之时间空间，皆有其价值与德性。此即以人之宗教道德性之价值，人之内心中直接体验之善恶是非之价值，为本，为第一序；而以知识之真及自然物之价值，为最末序之理论。

第六节　善之价值与心灵之仁智之价值，为一切价值之本之理由

以上所述二种价值次序之理论，尽可由人自择。二观点虽不同，而皆可通于全幅之价值世界。然此二种观点之本身，吾人仍可问其孰为本，而孰为末。吾人将如何定其次序？吾人以为，至少在哲学范围内说，只能以后一观点为本，而以前一观点为末。即吾人只能以善之价值为本，心灵之价值为本，而不能以知识上之真之价值为本，或物质世界之价值为本。

何以至少在哲学范围内，吾人必当如此说？因哲学为反省一切观点之究极根据之学。而吾人无论采何观点，以论价值之次序，此观点之所以产生，皆原于人之哲学的心灵。无论吾人采何观点，吾人皆必先设定此观点是好的善的。由是而吾人之采取由外而内之观点，此观点之被采取，仍只由人之内在心灵作决定，以定之为好的善的。吾人若先无内在之心灵，以观此观点之本身，以定之为好为善，则此由外而内之观点，亦不可能。由此而善之价值与心灵之价值，必然为吾人首先加以肯定者，于是由内而外之观点，亦即应为属于本之地位之观点。

善之价值，心灵之价值，所以必然为吾人所首先加以肯定者，其根本之理由，在心灵之能自觉。由此能自觉，则其有任何之活动，或依任何观点，以生任何之活动时，彼皆对其活动有一自加肯定之意。此自加肯定，不只是肯定其已存在，同时是肯定其当存在。而一切当存在之肯定，即一"其存在为好为善"之肯定。故人之依任何观点，以求知识

之活动，皆预设人之"以此求知识活动为当存在为好为善"之肯定。

由心灵之能自觉，而自定其活动之价值，固不必即可作为，吾人之否定心灵以外之事物，如纯生命性事物，及物质性事物，以及时间空间亦具价值之理由。因吾人如以人之有所向的目的性活动之达到，为具价值，则草木禽兽之有所向而类似有目的之活动，亦为具价值。即原子电子之跳动之有所向，而有所达到者，亦可说其有一种价值之实现，如西哲怀特海之所说。即舍此等等不论，吾人亦可说诸无生物与物之养人，至少具一对人之工具价值。以至说此为无生物与物对人之一恩德，亦未始不可[1]。人之心灵固无理由以私宇宙之价值为其所独有也。

然吾人仍可有一义，为确定不移者，即：心灵以外之事物，虽可实现价值，然因其不能自觉，则其所实现之价值，即不能真存在于其自身之内部。如吾人固可承认天地山川有大美而不言，如庄子所说；然"自有此天地，即有此山川，而无此佳客"[2]以欣赏之，此天地山川又不自知自觉其美；则此美即无寄托，虽存而无所存，其所以异于不存者几希。然心灵则不仅能自觉其自身之活动所表现之价值，亦可自觉一切存在事物所表现之价值。"暮春三月，江南草长，杂花生树，群莺乱飞"，"天高地下，万物散殊，而礼制行矣。流而不息，合同而化，而乐生焉"。天地间亦自有大礼大乐，大序大和，皆表现价值者。然若无心灵，又谁予知之？此"知之"，可谓为心灵之摄天地万物之价值，为其所有，而继以咏之、叹之、以更保存之，以为其所有。然亦可谓此"知之"，乃此心灵对于自然之一贡献，即贡献其能知之心，以向自然，而使自然之价值，得其呈现之地，居处之所。人必得知己而后无憾，自然之价值，亦必得心灵之知己，方可无憾。心灵之所憾者，唯是自然之价值，得心灵之知己，而仍不能自知其有此知己。人乃唯有于神话与诗歌之中，将自然之物，皆人格化；巫山之女，洛水之神，皆与人成相思；鹤子梅妻，松朋竹友，皆与人为侣；然又终不能相亲相喻，此则心灵之所致憾于终古，而无可奈何者也。

心灵之于自然，一面体验呈现其价值，一面致憾于其不能知人之知之，一面复叹息其所实现之价值，或若隐若现，或欲完未完，或险阻重

---

[1] 拙著《中国文化之精神价值》第七八章《中国先哲之人生道德理想论》。
[2] 朱子与陆象山晤于鹅湖时有此语。

重,或相毁相灭。此叹息之情,既及于其自身,亦及于其他之万物。人之生于自然也,其他动物有爪牙之利,而人独无;其他动物有羽毛为衣,人亦无;而一切生物之本能,人皆独弱。则人之生于自然,初实最为孤零无寄,而存于天地间者也。其所特长者,唯一具智 慧道德之心灵,以观象制器,而相生相养,而仁于其类,以成家成国,遂由其初之若一无所能,以浸至无所不能;则谓人之心灵,非人之一切人群社会学术文化之价值之原,不可得也。而人之心灵之仁与智之运,既足以助其自身存在于自然之中,又不只限于求其自身之存在于自然而止。人之仁智之运,可兼及于一切与其自身之生存若无关之事。邃古之初,星河之内,与人何干?而人智极之。花谢草寒,猿啼鸟惊,与人何干?而人仁怜之。于是人或神游远古与太虚,而忘再返于人世,又或不忍杀生肉食,宁茹素以终身。此人之仁智之所运,果充其量,世界将成何状,盖非吾人今之所知。然要必归向于昭明万理,于光天化日之下,乐育万物于春风和煦之中,则可确然无疑。则此心灵之价值,正在其智之足以涵摄一切存在事物之所以存在之真理,而其仁之足以同情护惜一切存在事物,所实现之价值。而吾人之不谓其本身为在自然界中具最高价值之存在事物,亦不可得也。

第七节　仁德为审美之德及智德之本之理由

在心灵之欣赏美及仁智之三活动中,吾人又必须以仁之善或价值为本,美次之,智所得之真,又次之。此中之理由甚多,吾人今姑只举一种,即:吾人如承认人之心灵为在自然界中具最高价值者,则人能爱敬人,而与人之心灵通情通德,亦即为有更高价值者。因人之能爱敬人,而与人之心灵,通情通德,即使人之心灵扩大,而为包涵其他心灵之心灵,而人亦即由小人而成大人。然人之爱人而与他人心灵通情通德之心之德非他,亦即人之仁心仁德。人依此仁心仁德,而与他人一切喜怒哀乐之心情,与他人之一切刚柔之德相感通,亦与人之欣赏美境,勤求真理之心情相感通,复与他人之仁心仁德本身相感通。由此而人之仁心仁德,即为一"肯定尊重一切人之心德,一切人之人格价值"之一种心德。此心德即必然为一在人类社会中具最高价值者。

在此,一般欣赏美,及以智求真理之心灵活动之价值,所以不足与仁心仁德之价值并立之理由在：吾人虽可以智之活动了解他人之人格之真，或以审美之活动，欣赏他人之人格之美；然此了解与审美，必以吾人之依仁心仁德，以与人之心情及人格相感通，而对人有爱敬，为先决条件。在此，人之了解人欣赏人，与人之了解自然，欣赏自然之情形又不同。自然只是被欣赏被了解之一客体对象，而他人则本身是亦一能了解一切，能欣赏一切，而自成一主体之人格。此他人之人格与其活动之全部，乃独立于我之外，除由我自发之爱敬，能随从其心情活动之所往，而与之俱往；我即另无欣赏了解他人之人格之可能者。而此种我对他人之人格之了解，必与了解其人格之价值相俱。而对于他人人格之价值之了解，必根于我之价值感。即我必先由知我之何种心情，何种活动，为善或不善，乃能真知他人之善与不善。而我在知我之心情活动之善与不善时，必有我之好善、恶不善之道德意志，道德感情相俱。故我之了解他人之善不善，亦与我之好人之善，与恶人之不善之意志感情相俱。故我依于仁心仁德，而了解他人时，其根本动机，固出于对人之爱敬。然此爱敬，同时表现为爱人之善而恶人之不善。此正如吾人之自爱中，包涵爱我之善与恶己之不善。此之谓唯仁者能爱人能恶人。此仁者之能爱人之善，恶人之不善，初即为一人格上之审美的感情。唯有此感情，我乃能真了解人之人格之价值，而对他人之人格有智。此我对他人人格价值之审美与了解，必依于我对他人之仁而后有。是即证成我之仁，为此审美与了解之活动本身之价值之本原所在，而人对人之仁之善或价值，乃人之心灵活动中具最高之价值者，即由此可知。

第八节 价值之本末次序

由上所述，我们可定人所能体验之价值之本末之次序如下：

（甲）人之仁德：对人之爱敬，与人求通情通德之德，及人对其自己之善与不善之好恶。

（乙）人对于他人之人格之善与不善之直接好恶：即人对他人之人格之审美的感情。（在中国传统思想，此可隶属于（甲）之仁德之中，亦可隶属之于（丙）之智德之中者。）

（丙）人对他人之人格之善或不善之价值之自觉了解之智。

此三者，一方为一人自身内部之德，为人所自觉，而亦可由自己之努力，以加以增进者。在另一方，则其实有诸己于内，而充实表现于外，即成各种人对人之伦理道德者。

（丁）人对人之一切伦理道德：此人对人之伦理道德，皆为人对他人之爱敬及审美与了解之仁智之表现。如父子间之慈孝，兄弟间之友恭，夫妇间之和义等伦理道德，皆依于人与人之互爱、互敬及相互了解，而后真实可能。

（戊）人对自然之德：人对人之伦理道德之推扩一步，乃为人对于人以外之自然之爱，与对于自然之审美之感情，及对自然之求知心中，所表现之善德。此中，因人能了解自然，自然不能反而了解人，人能同情欣赏自然，自然不能反而同情欣赏人；故人之此种种对自然表现之仁智之德，不似人与人间之相互表现之仁与智之德，可互为对方所了解，而存于对方之心，而得所寄托，以互相促进。此人对自然所表现之仁智之德，如有往而无返，有施而无报，而人心于此，即不能无憾。此憾即表示其所实现之价值，不如在人与人间者之有施报往还者之深厚恳切，而属于较低之层次。

（己）社会价值：人对人所表现之价值，有出于伦理道德意识者，有不必皆出于伦理道德意识者。如人与人合组成社会，即互赖于与他人之分工合作，以皆得其生存。吾人试观吾一人之生，所仰赖于社会者之多，则见社会之他人之工作，咸直接间接对我有所贡献，而对我有价值。我之工作之价值，亦可直接间接表现于社会中之他人。由此而吾人有一社会价值之概念。然此社会价值之形成，却可并非依于人之伦理道德意识而后形成，而可主要由于人之不能独力以生存，遂依互相利用之心，而分工合作，以形成。唯此种种之社会价值，既已形成之后，则可满足人对社会中之他人之仁爱心，又可表现一种人与人之活动间，彼此和谐之美，及一种社会性之真理。由是而此社会价值之形成，虽初不必依于人之求真美善之道德意识，然可合于人之求真美善之道德意识，其价值亦可为此意识之所肯定。然离此意识，此社会价值，又虽有而若无。社会本身不能自觉此价值，则此价值在价值世界之地位，即次于任何自觉之意识之活动中，所表现之真善美，而又为此意识之所自觉者。

（庚）自然生命世界之价值：在社会价值之下，为自然生命世界本身之价值。如单纯的人与禽兽草木之如此如此的自然生存之价值。此自然生命之世界，乃不待于人之心灵活动之参加，而能自己存在者，此与人之社会组织之形成，必待人之某种心灵活动之参加，而后能存在，乃不同者。吾人前既屡言人或万物之自然生命，如无人之仁智之心，加以爱惜、护持、欣赏其价值，即无依恃之所呈现之地。故知其在价值世界之地位，即较社会价值为尤低。

（辛）物质世界之价值：在自然生命世界之价值之下，为物质世界之价值。此中之高下之辨，则不自有无心灵之自觉上说。因此二者皆同缺乏人之心灵之自觉者。唯二者虽皆同缺心灵之自觉，然自然生命之物，仍毕竟有知觉，有生几，而异于无生命之物之只有反应与活动之趋向者。此有知觉之在价值上高于只有反应者，有生几之高于只有活动之趋向者。则至少可依以下之理由以说：

吾人可说，生物之有知觉，即表现生物之能知其外之物对之为利或害，此知其外之物对之为利或害之知觉，即一不自觉的价值之辨别。吾人可说生物愈高者，则其知觉之范围愈广，而对其环境中之物之价值之辨别愈多。其能辨别价值，与其求正价值而去负价值之事相连。故辨别价值本身，亦即一价值。有如人之辨别价值之智，本身为一种价值。此中生物与人之不同，唯在一能自觉，一不能自觉而已。至于生物之生几，即表示生物之能使其自己相续存在，亦使其子孙相续存在者。如生命为有价值，则生命之生几，亦即一价值之原，而为有价值者。此二者即皆非无生物之所能具有。吾人即承认无生物本身、皆能实现价值；然彼无知觉，即不能认识他物之价值，无生几即不能求其自身之存在，并生出与其相类似子孙之存在，而扩大延续其本身所实现之价值。由此而其存在之价值，即断然较生物为低。

（壬）时间空间之价值：至于纯粹时间空间，如与其中之事物相对而言，吾人亦可由事物之必赖时空，乃有存在之所，以言时空亦有某一种为事物存在之条件之价值。唯其价值，则应为属最低之层次者。因若离事物，则其本身乃空无所有，既非存在，亦即无价值之可言者。而吾人如说其为人之知识之一范畴，则便唯是人知识之成立之条件，对知识之成立，有一价值，仍不能有本身之价值者。

以上所论之价值次序，不涉及自存价值，及超越存在之上帝天心自身之价值之问题。而吾人如涉及自存价值及上帝天心之价值之问题，还须问此自存价值与上帝天心之全幅内容中之所涵之上述诸价值之高低。故上述之论，仍不可废。

价值之分类与次序　参考书目

《图书集成学行典性理部》关于德目者，所辑中国先哲之对德行之论略备。

G. E. Moore：Principia Ethica 严别善之价值之本身，与其伴随之效果等。

J. S. Mackenzie：Elements of Constructive Philosophy. London Allen and Unwin, LTD. 1917. Ch. Ⅶ. the Conception of Value, 7—9. 论工具价值与本身价值之分。

N. Hartmann：Ethics. Vol. II, Moral Values. London, Allen and Unwin, 1932.

此书卷二，论由希腊历中古至近代，各有其所特重之道德价值，而对道德价值高下之次序观，亦因之而异。

H. W. Carr：The Philosophy of Hegel. London, Macmillan, 1917.

E. Spranger：Types of Man. Pt. I, New York, Hafner. 1928.

此书之特色在分人所求之基本价值为六种，进而明其相辅为用之处。

C. W. Morris：Varieties of Human Value. University of Chicago press, 1956.

此书对东西各大文化系统中之之人之价值意识作统计研究，乃兼为社会学类之书。由此亦可知在不同文化中人在实际上所重视之价值，乃有同有异者。

C. I. Lewis：An Analysls of Knowledge and Valuation. Book Ⅲ. Chs. XⅢ, XIV. Lasalle Open Court. 1956.

此书此二章，分析外在价值内在价值及自具价值等。

第五章 悲观主义乐观主义

第一节 悲观乐观之情调与思想

我们在上章，论价值之分类与次序，乃是就世间已实现表现之价值，论其分类与次序。但对此世间中已实现表现之价值，与未实现之价值，及已实现表现之负价值，毕竟孰多孰少之问题，我们并未加以单独讨论。只于价值之存在地位一章，论及人对于正价值之未表现，及负价值之表现，可有悲剧意识及悲悯之情，及此悲剧意识悲悯之情本身为有价值者。然人于此恒可问，此有价值之悲剧意识或悲悯之情，以及吾人在该章之末，所论儒家之自强不息之精神，是否即必能转化一切负价值为正价值，并保证正价值之继续显现？此仍使人不能无疑。由此而有所谓悲观主义之产生。与此悲观主义相反，并一直相信此世间之正价值之量，必大于负价值者，即为乐观主义。此悲观主义与乐观主义二种价值观之争，及人之有无继续实现价值之意志自由，以使人真有一自强不息之精神，即吾人本章及下章中之问题。

乐观与悲观，本属于人之生活情调上的事。人对于其自己之事，及世间之事，尽可一时取悲观的看法，而另一时取乐观的看法。此二种看法，遂常轮替而产生。在一人群，亦常以共同环境之好坏，而定其情调之偏于悲观或乐观。故衰乱之世之人民，多所忧惧，而偏于悲观；太平盛世之人，以恒能从心所欲，而偏于乐观。此外，各个人亦可以气质之不同，或生而带忧郁之气质，思深虑远而易悲观；或生而带活泼之气质，善欣于所遇，而偏于乐观。然而在哲学上，论悲观乐观之问题，则不从此等等产生悲观乐观情调之主观心理因素上着眼。而是从人之主张悲观主义或乐观主义之客观理由上着眼。此种种原因之如何影响人之主张，亦非吾人今所讨论之问题。

在西方近代哲学中,人常以叔本华为悲观主义之代表,来布尼兹为乐观主义之代表。人又常说西方近代人之思想与希腊人之思想,是乐生而乐观的。西方中古时代人之思想,则是视世界为罪恶之渊薮,而偏于悲观的。又或以整个印度之思想,皆带厌世之色彩,而偏于悲观。在印度思想中,人又或以耆那教、佛教之厌世色彩最重,婆罗门教及吠檀多之哲学,则是更能肯定世间,并以世间乃由梵天之欢喜而流出,乃较不厌世的;而弥曼差之哲学,尤为积极的入世的哲学。至在中国的儒墨道思想中,则一般恒以墨家是积极救世,而全无悲观色彩的,道家中如庄子,则恒有悲凉之感,而欲游于人间尘垢之外的。但是我们若欲以悲观厌世或乐观乐生之名,概尽任一派或任一个思想家之思想,恐怕他们皆不能接受。而一思想家,从一观点看来,似近于悲观的,从另一方面看来,则可全无悲观之色彩。即如佛学,从一方看来,似极悲观的,而从另一面看来,则其大雄无畏之精神中,即无所谓悲观。又人恒以希腊人为乐生者,但在尼采及狄肯生看来,则希腊人原始思想中,亦带极悲观之色彩[①]。即希腊之哲学家,如柏拉图,其哲学毕竟为厌世悲观者,或为欲赋与世间以价值与意义,而为乐观者,便不易说。故我们今讨论悲观乐观之问题,不拟以某一派之哲学思想之整个,作为例证,而只是分别陈述人之主张悲观或乐观者,可能提出的诸理由。而所谓乐观悲观之意义,亦限于对吾人所在之现实世界之存在,与人所求之价值之关系而说。

第二节 乐观主义之理由

(一)第一种乐观主义之理由,是直接由人与生物之有机体,如何巧妙的构造成,而适于生存,以使其生命能实现其目的与价值于自然世界说。此种思想,在西方之根原,一是其宗教上之上帝创造万物之观念。在《旧约》中,述上帝每创造一物之后,都说上帝看来,如此是好的,人最初亦即生活于乐园之中。直到现在,传教士仍时以人之有机体构造之灵巧,及种种万物之足以养人,来证明上帝之存在,及其对人之恩典,与此世界之原始之善。譬如说,人与生物皆生于地球,今假定地球,如

[①] 尼采之悲剧之诞生及狄肯生(Dickenson)《希腊人之人生观》(Greek View of life),皆以希腊人初为带悲观色彩者。

再接近太阳一百里,则人与生物皆将热死,再远一百里,则人与生物皆将冷死。故太阳系中,除地球外,更近太阳与更远太阳之行星,皆不适人类生存。又人与生物之有机体之构造,如此灵巧,其中如丧失一部,人亦即不能存在。然而上帝却并未尝吝啬此任一部,而皆赐之于人与生物,并使之适宜于在此不太寒太热之地球上存在,此岂不证明上帝造世界之原始之善?

此上所论上帝之一名,如改换为自然,结论仍然可以一样。即自然中所生出之人与生物,能与其所在之地球之气候环境等相和谐,其机体内部构成之如此巧妙的配合——如依我们前所说,和谐配合为一价值之说,则自然亦即根本上是表现价值的,善的。我们从此上所说着眼以看世界,我们岂不处处发现价值与善,而当取一乐观主义的世界观?

(二)乐观主义之第二种理由,是从人生性之良善上说。依此中国人之相信:"人之初、性本善",亦即一乐观主义之思想。人之性善,可以有许多论据,今不说。就常识而言,人皆承认人有良心。人无论如何犯罪过,人皆能知其罪过之为罪过。故即犯罪过之人,在他人之前,亦将掩饰其罪过,不使人见之;如人见之,人皆知羞耻。此羞耻心之为一切人所具有,即证明人无不知善恶之辨,人之无不有良心。宗教家尽可视一切人为罪人,但宗教家亦无不承认,人能改悔,即仍须承认人有良心,及其生性之良善。至于不从宗教家之观点说,而从一般之道德法律之观点说,则我们皆知,社会上的人,犯种种之窃盗、奸淫、欺骗之罪者,仍为少数。法律与社会道德标准之所以能立,由人之良心使之立。法官之所以能有权力,由大多数人之良心,加以支持。社会舆论之所以发生,亦大多数人之良心之判断之表现;其所以有效,使人忌惮,亦兼由人之良心之原能自知其罪过之为罪过,并知尊重他人之意见之故。如果人之生性,根本为乐于犯罪者,则此一切社会之道德标准与法律,即皆不能成立;而法院法官,将成众矢之的;社会舆论,将专门崇敬穷凶极恶之人;而人亦尽可视社会舆论与他人之毁誉,为全无足重轻。今既不然,故知人之生性在根本上为善的。而此即可为乐观主义者,在道德上对人间世抱乐观主义之理由。

(三)乐观主义之第三种理由,是从自然进化及人类社会历史之进化方面说。从自然进化方面说,单细胞之阿米巴,进化到复细胞生物,到软体动物,脊椎动物,哺乳类动物,灵长类动物,到人类,此中明有一所实现价值之增高。最低限度，此中有我们前所谓：有机体之内部组织及外部活动之逐渐进至：更能处处表现配合和谐之现象。此亦即逐渐有配合和谐之价值之更大的实现。至人类社会，由原始社会中，人之生活之简单朴素，并彼此分散隔离，进到现在之文明社会中，人生活内容之复杂丰富，而又彼此息息相关，渐达一天下一家之境界；此中更明有人所享受之各种有价值的物质事物、精神事物之增加，及人与人之活动配合和谐之价值之更高的实现。吾人由过去以瞻望未来，则吾人尽有理由以相信：人类社会文化，将日益继续进步，以达于无尽的美善之境，而天国与极乐世界，将实现于人间①。在此进化之途程中，人固亦恒须经历种种灾难与战争；但我们尽可说，此一切灾难战争，皆为达到未来世界之美善之手段，而哲学家亦尽可视之为必然，不可免，因而其自身，亦未尝不美不善者。如黑格尔之以矛盾冲突，亦为具绝对价值之理念之一种必然的表现，即其一例。

第三节　悲观主义之理由

至于悲观主义之理由，亦可分为三种，与上列三者相对而论。

（一）第一种悲观主义之理由，是从另一方面看自然生命之世界，我们亦可看出，种种表现与生命之目标相违之负价值的现象。依生物学家所告诉我们之事实，我们可以了解一切自然界中，生物求生存之不易，及其相互间生存竞争之剧烈。在此点上，叔本华在《意志与观念之世界》中（卷三）尤有生动的描述。譬如其书中述在爪哇的平原上，全是骸骨，游客几误为古时战场，然实皆海龟之骸骨。这些海龟至海滩产卵，即为野犬所杀，至虎豹又来杀此野犬……此种生存之艰难，不仅表现于自然，亦表现于人类。依马尔萨斯之人口论，人口恒以几何级数增加，平均二十五年即增加一倍，而食物则只能以算数级数增加。今日人类之尚能存在，全赖人类之不断有饥荒，疾病与战争，以减少人类之数量。故科学发达至今日，人类之人口问题，依然存在。依罗素前数年在《变动世界之新希望》所说，仍谓今日人口之问题之严重性，过于一切问题。无论

---

① J. B. Bury《进步之观念》一书 Idea of Progress, Macmillan, 1924 所举康多塞（Condorcet）．圣西蒙（Saint Simon）等之说，皆信世界之直线进步者。

如何，地球之面积有限，物质有限，而人类之生殖力无穷，则地球终必一日有人满之患。至于移至太阳系其他星球殖民，则依上述之乐观主义之论证中所说，太阳系中其他星球之过冷、过热，皆不适人类生存，即皆化为悲观主义之论证。纵然人到其他星球后，人类能想出方法适应，仍有种种险阻艰难。即此险阻艰难，皆全然克服，而依物理学上所谓热力第二律，一切物体不断放热之后，即不能再收回，故太阳系之热终将散尽，一切星球之热，亦复如是；则一切生物与人类之最后命运，仍不能免于同归于尽。

（二）悲观主义之第二理由，是对于人之道德性的悲观。人之有良心，固极少悲观主义者，能加以否认。然从科学上说，人由动物进化而来，人之有其兽性与蛮性的遗留，亦是一不容否认的事实。从宗教上说，则人有原始罪恶及与生俱生之无明，亦为一切宗教家之所共认。至于法律与社会舆论之制裁力，固一方证明人之良心之裁判力，但在另一方，亦证明许多人无法律舆论之制裁，即将安心放肆为恶。此即荀子之所以由礼法之存在，以证明性恶之论所由生。即人有羞耻心与对人掩饰其恶行之事，一方固证明人有良心，一方亦证明人并不能全依其良心行事；因人若真能全依其良心行事，应根本不作羞耻事，亦应无必须加以掩饰之恶行。此掩饰为良心之表现，亦人之作伪，而盗名欺世之始。其中，正有一大罪恶存焉。我们诚放眼看人类，穷凶极恶者固少，然古往今来之圣贤尤少。如以圣贤为善人及完人之标准，则见世间之人之人格，大皆残缺不完，人之为善之难，实不如其堕落之易。昔程伊川著其乃兄程明道行状墓表谓"孟轲死，……千载无真儒，……先生生千四百年之后，得不传之学"，"一人而已"，而朱子论汉唐以来千余年之政，亦称之为"牵补过日"，孟子亦有五百年而后有王者兴之说。孟子书由尧舜至于汤一段话，皆说明五百年然后有数圣贤出，则当圣贤未出之时，人间世无异长夜漫漫。后人又谓"天不生仲尼，万古如长夜"，则所谓人之德性之光辉，实自古及今，大皆在暗蔽之中；故孔子叹"知德者鲜矣"，庄子叹解人难过，谓"万世之后而遇一大圣，知其解者，犹旦暮遇之也"。除圣贤以外之一般众人之理想，实甚卑陋。司马迁《史记货殖列传》中曰："神农以前，吾不知已，至若《诗》书所述，虞夏以来，耳目欲极声色之好，口欲穷刍豢之味，身安逸乐，心夸矜势能之荣，……虽户说以眇论，"终不能化。"王船山于《俟解》一书亦尝曰："学者但取十姓百家言行而勘之，其异于禽兽者，百不得一也。营营终日，生与死俱者何事？……求食、求配偶、求安居，不则相斗已耳，不则畏死而震慑已耳。众人者，流俗也，流俗者，禽兽也。"而依叔本华之眼光，以看人间世，则彼除论人之贪欲无穷，才得陇，又望蜀，否则感空虚无聊外；彼又尝谓人如真信他人之道德者，当先自问，何以其出门时必加锁于门。此岂非一视外人如贼之心？西方人行止坐卧，更常以手枪自随，以便自卫。是见人之道德，实不可信，而人亦未尝相信人之道德。人有良心存在，而不能阻罪恶之不生，即证此良心乃无力，亦证现实之人间世之过恶，实多于其中所偶现之圣善，而实不可一日居者也。故佛家唯识宗分析人之心所有法，善法只有十一种，而不善之烦恼法则有二十六种之多。是见由人良心之存在，以对人之道德生活持乐观之见者，实无当于现实之真者也。

（三）至于对自然进化与社会历史进化之问题，悲观主义者，亦不难将乐观主义之理由，皆一一加以驳斥。因吾人即承认自然之进化为一事实，高级生物及人之出现，表示一更高之价值之出现；吾人仍须问此事所费之代价如何？若自然淘汰生存竞争之说为真，则此自然之进化中，所费之代价之高，实非吾人所能全加以想象。试想在万千鱼子中，只一生存，千百种子只一开花，此岂非无异人间之"一将功成万骨枯"？吾人在古生物学上，又知在远古地球，曾经多次之冰河时期及地壳之变化，与洪水之灾难，无数之生物，今皆已灭种。今日之幸存在者，正如自然灾害下之虎口余生。则吾人今所发现之自然之进化历程中，逐渐有更高之价值之实现，亦如历千百次战争万骨皆枯后，虎口余生之人，皆成名将英雄，而代代相尊，以馨香百世。然此固不必能证明自然之原趋向于高级价值之实现也。

至于对人类社会文化之进化所表现之价值之问题，则一方亦可使人发生人所付之代价孰多孰少之问题，一方尚可使人怀疑此进步，是否真为一进步，或只是一变化，或在另一方面为退步。即此过去之进步为真，吾人又如何知此进步之不达于一极限，而有一退步之历程继之而起？如吾人谓文明人之有种种医药卫生之术，为一进步，然文明人之更易罹疾，亦更不能抵抗自然之灾害，此岂非一退步？吾人如谓文明人有复杂之社会组织，能建设文明之都市为一进步，则文明人之日益与自然离散，而失其自然之天趣，岂非一退步？吾人皆知文明人之虚伪，不如原始人之率真，文明人之怕死，不如原始人之勇敢，文明人对人之多疑，不如原始人对人之信赖；则卢梭所谓文明之进步与道德之退步，成正比例之说，亦信而有征①。即文明人之道德有进于原始人者，其罪恶岂非亦同有进于原始人者？则章太炎所谓善进恶亦进之《俱分进化》论之说，即可成立②。如乐观主义者于此，必以乐观主义为健康，悲观主义为病态；则悲观主义者将曰：此悲观主义者之本身，正是文明人之思想，在原始人，正大多为乐观者；此文明人之有种种悲观主义之思想，亦复反证明，文明人之不若原始人之健康。由此推之，我们亦未尝不可说文明人之有哲学，以思维种种善恶之问题，悲观乐观之问题，而动辄有种种怀疑，即一病态之表现。以尼采故希腊由苏格拉底之哲学起，希腊人之精神即开始下降；而《旧约》之神话，亦以食善恶树之果，而能辨善恶，即人堕落之始。由此人之有哲学，与吾人之能讨论种种哲学问题，亦并不证明吾人之高过原始人，而反足以证明吾人较原始人更多对宇宙人生之惶惑，其生命与生活，更缺乏稳定性而易动摇。此亦如老大之人，思虑繁多，反不如青年与儿童之生命与生活，更为稳定健康而富有朝气。如人类之文化之进化，亦如个人之由幼年、而壮年、而老年，如黑格尔之《历史哲学》所用之譬喻，则老年人正多有不及青年与儿童者在。故在中国思想中，道家以复归婴儿为教，儒家以大人者不失其赤子之心为教。是见文明人之当学于原始人者，亦正多；然则吾人又如何能说文明之进步，处处皆表现其所实现之价值之增多？

　　复次，吾人纵然假定由原始人至文明人之历史，整个看来是一进步。吾人仍不能决定吾人今所在之文明社会，不归于消灭。自历史上观之，过去明有种种文明社会，皆停滞不进或归于消灭，依斯宾格勒之说，谓人类过往之文化系统有九，而今君临世界者，只有近代之欧洲文化。依汤比（A. G. Toynbee）之说，人类过去之文明社会有二十一，今存者不过五六，是见人类文化今日尚存者，皆远少于其已消灭者。而此二人皆以今日主宰世界之欧洲文化，已是夕阳无限好，只是近黄昏，其前途，岌岌可危。而印度文化与中国文化，是否即长存不灭，吾人若追昔以抚今，亦并无必然之保障。今日之印度，已无释迦，甘地亦死。中国今日亦无过去之圣哲，汉唐之盛世，亦成历史陈迹。今日中国之大陆，在思

---

① 卢梭之说之一简单之介绍，亦可阅 G. B. Bury Idea of Progress 第九章。
② 章太炎此文见《章氏丛书别录》。

想文化上以马列为宗,更不能自作主宰,而海外之中国人,则多寄人篱下以求苟全;则中国文化之消灭,亦非不可能之事。而原子战争,一触即发,则人类与文化,皆可随时同归于尽。然人类与文化,同归于尽后,日月仍可照常贞明,鸟仍在天,鱼仍在渊,固与自然无损;此时再起乐观主义之哲学家,于九泉之下而问之,必将承认悲观主义之为真理矣。

第四节 悲观主义乐观主义之争论,不能有确定答案之理由

吾人以上已略述乐观主义与悲观主义二面之理由。依吾人之意,此二面之理由,尚可无定限的增多。然如我们只是从种种事实上去求理由,乃永不能有确定的答案者。此非谓此问题不成问题,因人确有此一问题。亦非谓此问题之任何答案,皆无意义。因上述之悲观主义与乐观主义者之言,读者闻之,皆可觉其并非无意义。其所以不能有确定之答案之理由,正在其无论从正答,从反答,皆有一意义。而吾人之只提此一问题,悬之不答,说其无确定的答案,使人只存此问题于心,仍是对人有意义之事。然则吾人之谓从种种事实上去求理由,永不能有确定的答案,果为何义?此可说明如下:

(一)我们之所以从事实上去看,对此问题不能有确定的答案之第一理由,是我们不能将一切自然界与人生社会界之事实,所已表现之正价值与负价值,作一整个之统计,因而无充足的资料,足以为比较世界所实现之正价值与负价值多少之根据。

(二)我们即有一部分的统计,以知自然界与人生社会界之若干事实,所已表现之正价值与负价值,但是我们仍不必能确知一正价值之量与一负价值之量之多少,如何比较。此尤在异类价值间之比较,常有困难发生。譬如我们假定一将功成万骨枯之一将为岳飞,我们即不能定然的说,岳飞之成功,所产生对中华民族之全部价值,必低于万骨之枯。而我们亦不能由在高级生物与人类未出现前之自然之进化历程中,曾经无数其他种之生物之灭亡淘汰,然后乃有高级生物与人类之出现,遂谓自然之进化出高级生物与人类,所付之代价,必然多于高级生物及人类所实现之价值。又如一社会中有百个坏人,而其中只有一圣贤,是否即证明此社会中坏之量较善之量,即多九十九个?此乃无人能说者。若另

一社会中无一坏人，而皆是平庸之辈，此社会之价值，是否即高于一有圣贤之社会？亦无人能说者。此亦犹如甲班之学生中出一天才诗人如李白，而其余学生皆写坏文章；而乙班学生，则人人皆写通顺之文章。此二班之学生之价值孰高？亦无人能说者。

（三）纵假定上列二问题皆解决，吾人能尽知世间已实现之正价值与负价值之量，而加以精确计算后，以获得一结论，此亦仍只为关于价值之实现于过去之世界之情形者。吾人如不能知毕竟在未来之世界所实现之正价值较多，或负价值较多，则吾人仍不能决定吾人当悲观或乐观。此犹吾人不能以吾人一生之过去所遇之蹭蹬较多，遂对吾人之未来抱悲观。而一切悲观主义者与乐观主义者，根据过去之自然及人类历史，以定人类宇宙之未来者，亦同无决定之结论可得。即吾人之本科学之知识，以言宇宙热力之不断散失，并由人力之限极，以归于悲观之论者，亦同是本人对已成宇宙之已有观察而作之推理；其是否皆必对未来之世界为有效，或在世界之未知处，是否必无另补充热力之源泉，或增加人力之源泉，亦吾人所不能必然确定者①。

（四）至于纯属于人生社会本身及与人相关之事，以人之努力本可以加改变，因而其所实现之价值，乃原则上人所能增加者。而人之对其已往实现价值之情形之反省本身，亦即可促进其努力者。人自觉有病，即促进其求健康；人之自认已过，即促进其改过之努力。此种对负价值之认识，即是一正价值增加之一开始。故人亦可愈知其过，愈知其病，而愈求改过，愈求健康，则人对负价值愈认识，即表示有愈多之正价值之开始实现。此开始虽不必完成，然可完成。既可完成，则一切负价值，均可为正价值平衡。由是而对能自知努力之人生之价值，遂为永不能站在此人生之外，加以限定估量者。

（五）人生自身价值之不可全幅加以估量，尚有一理由，即如人由此估量，而定一悲观或乐观之态度后，此态度之本身，仍又可影响人生之价值。如人由对其一生之事之价值估量后，而定一悲观之态度后，此悲观如使其消极颓废，即使其人生之价值，更为降低；反之，如此悲观

---

① 关于 Entropy 之问题，谨慎之科学家皆于"是否另有一逆反此 Entropy 之物理历程"之问题存疑。即不谓其有，亦不谓其必无。而哲学家如 W. M. Urban Whitehead 等则皆谓其应有。参考 W.M. Urban 的 Intelligible World 最后章，及本书第三部十六章论怀氏哲学处。

使其心灵沉抑，而更少嗜欲，此悲观即又使其人生之价值增高。又一乐观之态度，如使人觉一切皆听天安排，自己更无责任，则由此乐观，所引生之人生之价值，为一负价值。反之，一乐观之态度，如只使人心旷神怡，更能于工作有兴趣，则此乐观之态度所引生者，又为一正价值。而同一态度所生之价值之为正为负，则视与态度相连之其他心境与德性，以为决定。然此中之态度本身，必关联于人生之价值之增减，则为定然无疑者。而由乐观悲观之态度之本身，关联于人生价值之增减，则吾人欲计算人生之价值，以定乐观悲观之态度后；第二步之事，则为再计算此态度加入后，所生之人生价值，再定第二步之悲观与乐观。然此后则应再有第三步之计算，以定第三步之悲观与乐观。此即成一无穷之历程，而使吾人之定吾人自己之人生之价值之事，成原则上绝不可能者。

（六）诚然，最后吾人似尚可说，若吾人真能如上帝之全知，而知此深藏一切世间事物之后，以决定其运行变化之全幅原因，或全幅动力，其聚合后所生之全部结果，及结果中所实现之价值之情形；则吾人将可决定，此世间自身之毕竟为具正价值或具负价值，为善或为恶，亦可决定吾人毕竟当抱悲观或乐观。然吾人今可说，如此事真为可能，则人生之任何努力之价值，即将全部消灭。因设吾人知此世间自身为注定的具正价值者，则吾人即同时知吾人之一切努力，皆为多余而无价值者。反之，如世间自身为注定的具负价值者，则吾人即同时知吾人之努力，皆为无效而无价值者。由此而吾人即当废弃吾人之一切努力。而此时人纵有任何努力，皆只能为自觉是多余或无效者。由此而吾人如欲使人生之努力为有价值，则吾人即不能确知世间本身注定的是正价值多，或负价值多，亦即人不能有一当悲观或当乐观之事实上的理由。人此处之不能有此全知，正是人生之努力有价值之必需条件。

第五节　悲观态度与乐观态度之价值之衡定

然人从事实上去看，世间之正价值负价值之多少，虽永不能有确定之结论，以为其当抱悲观或乐观之理由，然人自身则可自己决定其如何看世间之价值之态度，及其人生观之为悲观或乐观；亦可反省其悲观与乐观之态度之当与不当，而决定一超乎悲观乐观之态度，或兼采悲观与乐观之态度，以生活于世间。故此问题，虽不能由若客观外在化的事实之考察来决定，而未尝不可由人之主观内在的反省来决定。

毕竟由我们之内在的反省来看，人应悲观或乐观？我们第一步可说：人之悲观与人之乐观，实同出于一根原。此根源即人之欲实现其所爱好的价值。一般人之悲观，是因觉其爱好的价值，恐不能实现；人之乐观，是因信其所爱好的价值，必能实现。如人根本无其所爱好的价值，则乐观与悲观，同不会有。又人之悲观乐观，如只是对个人之前途之悲观乐观，则其所爱好之价值，是只限于其个人的；如其是对人类与世间之悲观乐观，则其所爱好之价值，是超个人的。上文所述之乐观主义者与悲观主义者，所提出之理由，都是根据超个人的事实，提出之理由。而人之会想出这些理由，在根本上，即由于人之爱好种种超个人的价值。如人不爱自然的生命，不关心世道人心，不关心人类社会之进步，则此二面之理由，同不会出现于人心。故人之能关心这些问题之心情本身，即人之一善性善德之表现。此心情，即悲观主义与乐观主义思想之所自生之共同的心情，因而即皆是具备一价值的，而都是人所当有的思想。从此处看，则人尽可以对一切世间之事物，发生悲观；然而人不当对其"能发生悲观"之善良的心情之本身之存在，感到悲观。人至少对此善良的心情之会存在于自己，感到乐观；则人当进而主张乐观主义，而反对一切悲观主义的思想。然而人却不能反对悲观主义所自生之心境，人亦当兼以此心情之存在，而增加其对人性之乐观。此中理由，即在悲观主义与乐观主义在此同原于一善良的心情。

如果悲观主义乐观主义之思想，皆原于人之爱好价值之心情，则一真正的悲观主义者与乐观主义者，同当求直顺此心情，以努力实现其所爱好之价值。由此而悲观主义者与乐观主义者，同须超越其单纯的悲观态度与乐观态度之自身。单纯的悲观态度与乐观态度，在真正努力实现其所爱好之价值的人看来，同是不当有的。

单纯的悲观态度与乐观态度之所以不当有，是因此二态度，初都只是原于我之想去发现事实之已表现的价值，是否合乎我之所爱好。此时，我恒只是静观或静待事实之满足我的希望，然而我自己却不去努力实现我所爱好之价值。此见我之爱好价值之心情并不算真切。此心情之不真切，却是不当有的，亦无价值的。

反之，如果我们有一真切的爱好价值之心情，则我固然当望外在的存在事实，能实现价值；但我亦同时当使我之存在自身，亦能实现价值。则我不能只是静观或静待事实之满足我的希望，而当以我之内在的努力，改变所谓外在的存在事实，而创造新的外在的存在的事实。由此创造，则一切可悲观者，即不必再可悲。可悲者，唯在我之不求有所创造。同时，一切可乐观者，若不加上我之努力，不必能实现，即能实现，亦不能如加上我之努力时，那样更提前的实现，更完满的实现；则此可乐观者，亦即不必真可乐。真可乐者，乃在有我之努力之存在。由此而人即可由单纯之悲观与乐观态度，进至一超乎悲观乐观之上之一儒者所言之自强之不息之人生态度。

此儒者所言自强不息之人生态度之超乎悲观与乐观，与西哲詹姆士所谓淑世主义 Meliorism 态度之超乎悲观乐观者，亦大体相近。但是依中国儒者所言之自强不息之人生态度，虽超乎一般之悲观与乐观，然而却并井超乎悲与乐之外，超乎一切之悲观乐观之外。如实言之，最高之人生态度，亦非只是改造环境以淑世求进步，而是将悲观乐之情与自强不息之态度交融，以成一"乐以终身，忧以终身"或"哀乐相生"之人生情调下之自强不息。

人之不能、亦不当无哀乐之理由，在人生不能、亦不当处处是自动，而无受动；人亦不能只是与环境奋斗，以求实现自己所爱好之价值于外界。人生之最高之态度，应当是能自动，亦能自动的愿受动。人当与环境奋斗，亦当承担环境的限制与规定。人所爱好的价值，人自己可努力，加以实现，然人以外之世界，亦可加以实现。此处人即当乐而观之。至于世间不能实现吾人所爱好之价值时，吾人亦恒有无可奈何之感。在此时，人即当以悲心承受一切所遇。此例不待远求，如大地回春，人见池塘生春草，人即不能不乐观彼天地之生几洋溢；而当西风起兮，草木黄落，人即不能不悲秋气之肃杀。今将此意，扩而大之，则世治，人不当不乐，世乱人不当不悲。一切正价值之将现人皆当因之而喜而乐，一切负价值之将现，人皆当因之而忧而悲。由此而乐无穷，悲亦无穷，而此亦即圣贤之心也。

此种圣贤之喜乐忧悲与常情之喜乐忧悲，其不同处，一在其所喜乐忧悲者，非其一人之私，而是家、国、天下、群生万物之公。一在其喜乐，也未尝无惕惧，其忧悲也，未尝绝祈望。而其所以能如此，则其一面之理由，是其深知一切由客观事实，所表现之正价值负价值，同无绝对之必然。故吉者可凶，凶者可吉，盛者可衰，而否极又泰来；即一切人间之美善，皆无客观之外力，以使之长存不毁，而人间之丑恶亦然。此正反二面，恒相转化，故得之不能无惕惧，而失之亦不沦于绝望①。现一面之理由，则是因无论客观之世界，如何黑暗，人若能自明其明德，以成己成物，则世运终可随人而转，而人即无绝望之理。反之，纵然世界是一片光明，而吾心一念暗昧，此世界之光明，亦与我不相干，我仍不可不朝乾夕惕。由此而无论人世间所实现之价值之情状如何，吾人在喜乐中，皆不能无惕惧，而在忧悲中，皆不致沦于绝望，此之谓"乐以终身，忧以终身"。人能乐以终身，忧以终身，则匪特于一般感物而动情之事，能乐而不淫，哀而不伤；即于整个之世间之一切正负之价值之实现之事，亦皆能乐之而不淫，哀之而不伤。人能如《礼记孔子闲居》篇所谓使"哀乐相生"，则悲观乐观，亦交融和协而无间矣。

悲观主义乐观主义　参考书目

W. Durant: The Mansion of Philosophy.

黄建中《比较伦理学》第九章，《乐观悲观与淑世》。

《列子杨朱篇》：此为代表中国古代之悲观主义之一种思想。

《旧约耶利米哀歌》，此为犹太《旧约》中涵悲观思想者。

Shakespeare: Tragedies.

莎士比亚悲剧中之对话及故事，同可发人深省，而引动一种人生之疑情。

A. Schopenhauer: The World as Will and Idea, Bk. II. and Bk. VI. Studies on Pessimism.

叔氏为西方之悲观主义哲学之代表。

Tsanoff: The Nature of Evil.

此为一西文中之顺历史线索，以论恶之问题之书，可供查考。

W. K. Wright, A Students Philosophy of Religion. Macmillan. Co. rev. ed. 1943. 第二十章论上帝之性质及恶之问题。

Y. C. Unamuno: Tr. C. Flitch: The Tragic Sense of Life. Dovers Publication, 1954.

此为一承担人生悲剧，以超越悲观之哲学。

---

① 此义吾人于本书第三部十二章第一节亦及之。唯该处是将此义与宇宙之进化循环之问题连论。

J. Royce: Religious Aspest of Life, Harper & Brothers, 1958.

此书论恶之问题,而以对上帝之信念及个人之努力,化罪恶苦痛为善之资粮之哲学。

W. James: The Will to believe and other Essays. Dover Publication, 1956.

此中以第一文信仰之意志,第二文人生是否值得活,为最重要。此为以向未来之前途看,以超越当前之失望与阻碍,与一般外境决定之悲观态度者之哲学。

T. S. Kepler: Contemporary Religious Thought, An Anthology, Abingdon-cokesbury Press, New York.

本书第四部 Problem of Evil 辑当代宗教哲学名家论恶之问题者八篇。

第六章　意志自由之问题（上）

第一节　意志自由之问题之来源

我们在以前论价值问题之数章，屡论到价值之实现，与人之求实现善或价值之努力，或人之意志行为上之实践，人之自强不息之精神等，乃密切相关者。但我们亦处处提到，价值与客观存在事实之关系，及此存在事实或客观环境，对吾人之努力之限制，且提及我们有时亦当接受限制。由此而引至一：人之求实现价值或善之努力，人之意志行为上之实践，是否有其真正之自由之问题。此简言之，即意志自由之问题。

此所谓自由之问题，非政治学上之自由之问题。政治学上之自由之问题，主要只是社会、法律、政治上如何保障人权之问题。此乃先假定或肯定人有其天赋之人权与人格尊严，或意志行为之自主权或自由，而如何以社会法律政治上之制度等加以维护之问题。故其本身之理论上的问题，比较简单。唯如其问题，引至深处，方与此意志是否自由之根本问题相接触。

此意志自由之问题，在中国及印度哲学皆有之。中国哲学中之"命"之问题，及印度哲学中之因果业报之问题，皆与此问题，密切相关。而其涵义，亦更深微。但我们可说，中国印度哲学家于此问题，恒因其起于实践，故亦用实践之方法，加以解决。人在直接从事于善或价值之实践之历程中，人亦可根本不离开实践，来反省此实践之意志是否有达此目标之自由。如佛家之《箭喻经》，谓人在中箭时，人之问题乃在拔箭，人即不可去再问，箭之如何来，是何状，人亦可先不问，此箭之拔出是否可能，而只是去拔箭。我们今若将此问题，作一全般之思索与检讨后，最后我们亦将发现此问题，仍只能由实践来加以解决。但是我们为了解此实践之重要性，我们亦可先对此问题，多作一番纯理论的思索，再回到实践之重要性之了解,并加深此了解。于此,我们即无妨以西方哲学中对此问题之思索的经过,与几种可能的答案,作我们之参考。

在西方哲学中,此问题在希腊思想中,即已开始。希腊宗教思想之命运(Fate)之观念,即一与自由相对反之观念,怀特海于《科学与近代世界》中,曾谓此观念即西方科学之决定论之一根原①。在希腊之自然哲学中,即有一原子有无自由之运动一问题。而此问题,即连到人之灵魂原子之有无自由运动或自由意志之问题。我们如以伊壁鸠鲁派与斯多噶派对比,则后者更倾向于必然论,前者则肯定较多的宇宙间事物之自由运动。到中古哲学,则此人之意志自由之问题,即与上帝之恩典,及上帝之全知之神智、全能之神意之问题相连。如上帝为全知,则一切人生之事与万物之未来,似应亦为上帝所知,则人之意志如何可说有自由?又如上帝全能,则人之蒙恩得救与否,亦似应由上帝之意志,先加以安排,而人生之一切,即理当皆为被上帝所决定。反之,如承认人之自由,则人之未来不可预定,如何可说上帝之全知全能?此问题在中古思想,一直有二派相争,如前有裴纳甲(Pelagiaus)之承认人之意志自由,与奥古斯丁(Augustine)之重神恩者之争。后有圣多玛之承认上帝之神意与其神智一致乃有神意之自由;及邓士各塔(Duns Scotus)以上帝之意志为不受任何限制,亦不受其神智决定之争。而由中古思想发展至近代之新教思想,则为卡尔文派之预定论,与路德之承认人之若干自由之争②。

然西方近代意志自由问题之化为严重,则主要由近代自然科学之兴起。依自然科学之相信一切现象,皆服从必然之自然律,则人之心理生理,亦应服从必然之自然律。在必然之自然律下,如何有人之意志自由?而承认人之意志自由,又如何能兼承认必然之自然律?则为近代哲学中意志自由之核心之所在;而吾人以下,亦即以此为一讨论之中心,以使读者略知此中之理论上之困难情形。

第二节　意志自由之否定论

(一)由西方近代科学上之必然的自然律之观念,所以可导致意志自

---

① 怀特海《科学与近代世界》Science and Modern World p. 15 第一章《近代科学之起源》曾论希腊悲剧中之命运观念,演变为近代思想中之自然秩序之观念。

② 罗素(A History of Western Philosophy) pp. 383—385 曾将此数者相连而论。

由之否定论者，由于西方近代科学中，初信严格之因果律。此严格之因果律，使科学家之相信任何自然现象不能无因而自发生，亦不能有因而不发生。"因"之如何变化，即必然的决定"果"之如何变化。而依此因果律之原则，去研究自然现象，遂有自然科学上种种自然律之发见与建立。在自然科学上，对一现象，人一时可有不知其因果关系者。然此不知者，恒不断被知，而其被知后，亦即日益证明一切现象之服从因果律。一切现象之因果关系之不易知者，恒由其因果关系之复杂，故化学现象之因果关系，较物理现象之因果关系为复杂；生理现象之因果关系，又较化学现象之因果关系为复杂；心理现象则更较生理现象为复杂。故人不易断定一生理现象之因果，亦更不易断定一心理现象之因果。人遂可以心理现象中之情感、思想、意志，纯出自人之自由。然近代之自然科学，已由物理现象间之种种因果律之建立，进至化学现象，生理现象之间之种种因果律之建立；则吾人正有理由，以谓科学将必能发现一切心理现象间之因果律。吾人今亦可只须根据因果律之原则，其应用之有效，并曾逐渐扩展其应用范围；以预断一切心理现象之发生，皆无偶然，而亦为遵守必然之因果律者。而依此必然的因果律，以观吾人之意志，亦即不能真有所谓自由。本此上之理由，以否定意志自由者，自十八世纪之唯物论者倡"人———一机器"① 之说以来，哲学家及科学家相信之者甚多，今不必一一列举其名。

（二）其次，此种以人之心理现象，如人之思想、感情、及意志，皆不能真有所谓自由之说，亦不只是一依于必然因果律之相信而生之预断，而亦是人根据其现有之常识、与心理学、遗传学、民族学及其他社会科学之知识，所多少加以证明者。如吾人在常识中，皆承认人有各种气质性格之差别，又承认有某种气质与性格之人，在某种环境刺激下如何行为，乃人大体上所能预测者。人之气质与性格，恒受其环境及遗传之影响，在常识上及社会科学、遗传学、民族学上之统计数字，亦多少加以证明者。在历史学上，人恒能考证出某种思想，某文学作品，某一种人物，只能出于某一时代，而不能出于另一时代；只能出于某一民族，不能出于另一民族。此皆依于吾人之思想、人格、文化，受时代环境及民族智慧等之决定。吾人利用优生学，以改良人

---

① 人———一机器乃 Lamettrie 之一书名。

种，利用种种社会、政治、经济、学术、教育所造成文化环境之力量，以转移人心与世运，亦即由于吾人相信此中种因得果，自然相随。在心理学上，人今已可知种种感觉、知觉、情绪，如何随体内或体外之刺激而变化。吾人亦知如何以催眠术及宣传术，以控制人之心理。即在常识，亦知吾人当如何取悦人，恼怒人，以转移人之心理，与意志行为，而达吾人之目标。人之心理与意志行为之如何，既可以各种刺激原因之如何而如何，则其当前现有之心理如何，亦必即有各种刺激原因之可寻。此当前现有心理之如何，亦即为其原因所决定，而为必然的，不能不如此发生者。

（三）再其次，意志自由之说，尚有一理论上根本困难。即一切发生之意志皆为一事实，而说一意志之为自由，似即同于谓一事实可发生，亦不可发生。然人有某意志之事实，既已存在，则不能有所谓可不发生。因存在者，不能是兼可不存在者。如其为可不存在者，则不应存在。故一切存在之事实，皆只能就其为存在的事实，而思其所以存在之故，而不能就其可存在可不存在而思之。而吾人之思一存在的事实之所以存在之故，即当导致此存在之事实之原因之思维。吾人不能就其"可存在又可不存在"而思之，即吾人不能思其发生为自由。而此即斯宾诺萨之否认意志自由，而以意志自由之说，纯由人之离存在而作之幻想之理由。

第三节　意志自由之否定论之批评，与意志自由之事实上的存在

然此种以人之意志服从必然之因果律之理论，亦复有种种理论上之困难：

（一）此意志自由之否定论，首先与吾人所直觉其意志有选择的自由之感相违。如吾人在三岔路口，吾人此时明觉吾人可选择此路，亦可选择彼路，乃由吾人当下之一念所决定。吾人在日常生活中随处有选择之事，亦即随处有吾人自身所下之决定。在否定意志自由论者，至多只能说凡已发生之一切现象，连心理现象中之意志现象在内，既已发生，必有原因可寻，因而受其原因所必然"决"。但吾人正在选择之时，只有若干"可能"，陈于吾人之前，吾人之如何决定，乃一尚未发生之事实。则

此尚未发生之事实，吾人如何能说其已为必然之原因所决定①？在此，否定意志自由论者，只能说，无论人自己如何决定，然人终必有一决定，在人有决定后，吾人即可指出其原因所在。如人在三岔路口，人终必决定于一路上行。而此决定，无论如何，应有一心理的原因可寻。如人东行是为看山水，西行是为访友，北行是为回家。此人之诸心理动机之强弱，即为决定人之如何选择者。人之选择决定后，（如在西方之路上行），吾人即知决定之之原因，由于何种心理动机最强（如访友），而此心理动机之所以最强，又由过去之种种原因所决定者。由此而人虽似有种种选择之可能，然此诸可能之孰强孰弱，乃早已决定，因而实只有一可能为真正可能，而并无各选择的可能之并存②。故吾若能知他人之全部心理动机与其原因，则吾之可预测，他在此三岔路口之必将如何决定，亦如吾人之可预测日食。至于人在所谓选择之历程中之意念，其更迭而生，虽似有一自动之选择，实亦可由其他原因，加以解释。此亦犹如铁针遇磁石，其先之摆动，可由空气及其他原因，加以说明。铁针之方向终必定注于磁石，亦如人在三岔路口者，经徘徊歧路之后，终必依其心理动机之最强者，向一路而行也。

然意志自由之否定论者之此种答复，终不足以完全解释，人在选择时自觉自由之感，自觉能自决之感之所由生。因此上之答复，根本上仍是在人已有所决定后，而再推其原因之如何。如吾人由人已在三岔路口决定向西行后，遂谓其向西之访友心理动机，原为最强之一因。然在人已有如何如何之决定后，方谓其何种心理动机最强，岂不同于：谓人自己之"欲如何如何决定"之动机最强？而此在人已有决定之"事后"，再推溯其原因之论，其最大之不妥处，则在此说，根本忽略吾人在正从事选择时，吾人乃根本尚未有一决定，即尚无决定之事发生，因而乃全处于"事前"之地位者。吾人于此时，如何可说尚未决定之事，已为先在之原因所决定？此乃根本问题所在。此时，吾人如说尚未决定之事，已为先在之原因决定，即无异谓根本无尚未决定之事，无异谓吾人自觉之未决定，及自觉由当下之选择而决定之历程，皆非真正之未决定，亦非

---

① 詹姆士于《心理学》中极重视习惯对于吾人之决定力量。然其《心理学原理》最后一章，则忽转而肯定人之自由！而其哲学论著中，则为最喜由人之选择，以言人之意志自由者。

② 叔本华否认选择中表现意志自由，即多由此立论。

真正之选择历程，而只是各种强弱之因之更迭摆动，以发生结果之历程。如上所述。然若果如此说，则吾人只有谓吾人所自觉之"未决定"，及所自觉之"由当下之选择而决定之历程"，皆全是幻觉。然吾人又将如何说明此幻觉？此幻觉之先在原因又如何？如一切先在原因，皆为决定未来之先在原因，则何种原因，能为此"未来之似不决定，而待我之决定之自由之感"之先在原因？即吾人如何能觅得一决定的原因，以为此"不决定之自由之感"之原因？如有此因，此中之因与果之性质，岂非互相矛盾？如欲免此矛盾，岂非人尚须承认一人之自由性，为此自由之感之原因？或承认人于其未来之不决定性，以为此"未来之不决定感"之原因？此岂非同于意志自由之重新承认？

（二）如果我们否定意志自由，则我们将如何说明我们之责任感，忏悔之意识，及道德上法律上宗教上所以有判断功过，决定赏罚之事？因我们之所以有责任感，常是由于我们之自觉我自己当下之意志，是能自决而自由者，故我自己愿实践我对我自己与对他人之所允诺，并担负我之行为之一切结果，而不推诿之于他人，与外在之环境。如果我之意志，根本不能自由，只是受外在之原因所决定，则我将不敢负任何责任，不能负任何责任，亦不当负任何责任。因我之一切意志行为，既都是无数外在原因之必然的后果，我即不能自己有任何把握，以使我之某一意志，继续存在，亦无把握使意志之后，必继以行为，及使此行为继续存在等。我之意志行为本身，既为各原因之结果，则我之意志行为之所以如何，当归之于此意志行为之原因，而我即不敢、不能、亦不当负何责任。

然而人之有责任感是一事实；人在未能自尽其责任时，人在事后，亦常有一种忏悔之心情。人在忏悔过去时，人亦明觉自己过去所作的某事，乃不当作的，可以不作的，而此当作的亦自己之所能做的。此岂非人在忏悔时承认相信自己过去之意志原是自由之证？人如根本不相信不承认自己过去之意志之自由，则人将不忏悔。而人对于自己过去所经之事，所作之事，若视为必然发生，亦自己本无力，以阻其发生者；则人自己亦不当自责而忏悔。如我们因被一树木压倒，而无意间，亦把我旁边之人压倒，此事我们可并不自认为失礼，而生忏悔。我们唯于自己力所能作，而自己未作或已作之事，乃发生忏悔。可见人之忏悔之发生，乃根于人之意志自由之自觉自信而有。

其次，在道德上、法律上、宗教上，我们之追究责任，判断功过，决定赏罚，亦是以人之意志之有自由，为一根本之前定。我们在道德上，不责备人之一切不由其意志决定，而由其他外在原因决定之行为，亦如我们之不忏悔不由我之意志决定的行为。我们之在法律上，对于有疯狂病患者，及身心发育未完成之儿童，其犯罪所以不加责罚，亦由我们知其意志，不能自由自主之故。我们在道德上、法律上，所以特别称赞奖赏不由受他人暗示影响，而自动自发之道德行为，亦即因其唯出自个人之自由意志，而不是由外面之原因决定之故。在人类之一切宗教上，天堂地狱之赏罚，亦大皆纯以个人内心之意念、志愿之如何，为赏罚之准绳。此皆同依于以意志本身为自由，应负其自身之善恶之全部责任之故。故我们如否定人意志之自由，则等于否定此一切道德上、法律上、宗教上之判断功过、决定赏罚之事之正当，同时亦使一切人之责任感，与忏悔之意识，皆不得其解。

（三）意志自由之否定论者，在上节第二段所陈之理由，意志自由论者，亦可加以部分的承认，但仍无碍于其信意志自由之根本主张。因我们尽可承认，我们能由改变人之遗传、自然环境、文化环境，以改变人；亦尽可承认，我们在日常生活中，常依于对人之心理之因果关系的知识，而以我之力量，求影响他人心理，转移他人意志等。但是我们并不能由此以真否定人之意志之自由。因我们在常识中，仍同时肯定：他人之可不受我之力量之影响，亦肯定一特定之个人之性格、气质，可不受其父母之遗传与环境之决定。人亦尽可由自觉其所由父母遗传下来之气质之偏驳，而自己加以改造，人亦可拒绝接受某种自由环境、文化环境之影响，而求脱离某一环境，或依其个人意志，去改变环境。

否定意志自由论者，如欲坚持：将他人之遗传环境加以改变后，即可必然的改变他人，及人之心理意志行为，全由其外因所决定之说，尚有一更大之理论上之困难。即如人之心理意志行为，全受其遗传环境等外因所决定，则此否定意志自由之人，其本身一切心理意志行为，亦应同为受其遗传环境等外因所决定。而其造作种种条件，以改变他人之事之本身，亦为种种外因之必然结果。若然，则发生一矛盾。即此类事之本身，既为外因所决定，则此类事之外因存在，此类事方存在；如外因不存在，此类事亦应不存在。于是人之作此类事者，亦不能自保证其此类事之必能继续存在；而彼亦即无必须作此类事之责任感，而其意志，亦无作此类事之自由。彼亦即无理由，以相信此类事必能成功，而达到由此类事以改变他人之目的。则彼又如何能说：他人之意志行为气质性格，必可由此类事加以改变？如何一本身无必然性之事，能必然的决定其他之事？此即成一无法自解之诡论。

否定意志自由之理论，所导致之诡论，尚不止于此。即人之否定意志自由者，乃原于人之相信科学上之必然的因果律。然人之愿意相信此因果律，此本身仍原于人之一意志。于此，吾人即可问：是否此"愿意相信之之意志"本身，亦为其外因所必然决定者？如说此亦为外因所决定，则此意志，亦应随其自身之外因之存而存、亡而亡，而不能自保证其必能继续存在者。则人亦即随时可以此"愿意相信"之外因之不存在，而不复再有此"愿意相信"。由是而人对此必然因果律之相信，即本身成为不必然者，此又为一诡论。

此外，再从另一面说，人之不信必然因果律者，此"不信"亦为一意志。如一切皆由原因决定，则此"不信"之意志，在其有原因决定之时，乃为必然发生者。则一切"反对或不信必然的因果律，而信自由意志"之意志，即又皆成必然者。此不信必然之意志，如亦为必然者，则吾人又如何能依吾人对于必然之因果律之相信，以反对此必然产生之"不信必然之意志"？人若真信一切意志皆为必然，则理当对一切意志，皆视为事实，而为不能不生者，因而不能加以反对者。然如吾人对于人之"信必然之意志"与"不信必然之意志"，皆同视为必然，而同为不能由人之自由意志，自己选择决定者；则一切意志自由之是非辩论，亦即终止。因此中并无真正之选择之可能之存在。而吾人以上之一切讨论，即皆成为无意义者矣。此又为否定意志自由论者之说，所导致之一诡论。

吾人欲逃出此种种诡论之道，即唯有肯定人有意志自由，以选择"其对于意志自由问题之任何主张"，肯定人有意志自由，以求"继续相信其所愿意相信之学说，与科学上之根本原理"，肯定人有意志自由，以"继续其由改变他人之遗传与环境，以改变他人"之种种事业。然人如肯定其有此等等意志自由，亦即当同时肯定，他人有不接受此"改变"，或转而改变此"改变"，与他人亦有兼信其他之学说，或选择"不同的对意志自由问题之主张"之自由。因而亦即可不相信上说之否定意志自由之理论。

第四节　意志自由之事实之种种解释，及自然科学知识中之不确定原理等之无助于此问题之解决

由吾人以上之讨论，则人有不全为前因或外因决定之意志自由，应为人所不能否认，而为人所当承认之一事实。此处，只须主张意志自由论者，能兼承认人之意志，亦可受其前因外因之一部分或一方面的影响与决定，则肯定人有意志自由之理论，应较否定人有意志自由之理论为优。然吾人如肯定人有意志自由之一事实，则如何解释此自由之意义？并如何将人之此意志自由之事实，与人所肯定之具必然性之因果律，或科学上根本原理等相调和，使不至于发生冲突？此中问题之复杂，又有更甚于上列之问题者，兹只能加以略论如下：

对于人之意志自由之事实之解释，至少有四种可能。（一）是说此意志之产生，全为无因而偶发，如偶然论者之说。（二）是说此意志虽不受前因或外因所决定，然为其所向之理想中之理念形式所决定，此即如柏拉图亚里士多德之说。（三）是说此意志之不受前因外因所决定者，唯是谓其不受此现实世界已成之前因外因所决定，然此意志可另有一超现实世界之超越的原因，如上帝之意志，加以决定。如奥古斯丁之说。（四）是此意志并非无因偶发，亦非受其理想中之理念所决定，亦不由超越之原因决定，而是以其自身为自身之因。自由即是自因。

然吾人无论采取上列何种之说，皆有人之意志之自由，与自然界之必然的因果律之冲突，如何调和之问题发生，而此中重要之答案，有下列数种：

（一）为将人之意志之自由律，与自然物所服从之必然律，分属于不同之界域，而皆为合理性者。此即如康德之分纯粹理性与实践理性为二界，以自然之必然，乃依纯粹理性之所建立，而意志之自由，乃道德生活中之实践理性之所要求，所设定。而上述之柏拉图、亚里士多德之以理念形式决定人之意志之所向之说，亦即承认其他之自然物，另有其理念形式，以决定其活动，而彼此之存在之界域，各不相同者。（二）为视自然必然的真理，即是精神之自由。此精神自由律，乃自然之必然律之上之律，如黑格尔之说。（三）是根本废弃自然科学上必然的因果律之

观念，而或以函数律、概然律代因果律，如物理学上之海森堡（Heisenberg）之不确定原理发表后，若干科学家哲学家之说。或以自然中之本包涵创新之成分，偶然性之成分，以说明意志之自由，如布特罗（Bontroux）柏格孙及突创进化论者之说。或以偶然或创新之事件之继续发生，成习惯，成一定之型模，即表现为似必然之自然律，如皮耳士之说及怀特海之说。（四）是以人之自由之本性即非理性或超理性的，人只能就其表现而加以叙述描写，而不能加以理性的解释。由此而依理性所建立之自然之必然律，亦不能解释自由，此为哈特曼（N. Hartmann）伦理学第三部，及近今若干存在主义之哲学家如萨特（P. Sartre）之说。

上列各派之说，皆牵涉至广，而及于对自然律之认识，理性之种类，理性、与非理性、超理性之分别，宇宙之秩序之如何形成，超越之实在，如理念上帝，与人之意志之关系，现代物理学上之不确定原理如何解释，等知识论、宇宙论与科学的哲学之种种问题。此自非吾人所能详论。而吾人亦可说，此所牵涉之问题，与人由欲实现价值而引出之意志自由问题，并不必处处皆直接相干。对此诸说之批评，吾人今可先提示二点。

（一）吾人欲肯定意志之自由，并不必从自然界之具必然性之因果律之废弃上用心。而此废弃，不必真实可能。即可能，而代之以其他自然律，仍可有因果律之必然性，更不必能助于吾人之意志自由问题之解决。如海森堡之"不确定原理"，是否能废弃因果律，即为一问题。因此说所谓不确定，唯是谓吾人之测量一电子之速度与位量，不能同时达于绝对精确之程度。如对位置之测量精确一分，则对速度之测量之精确，减少一分，二者成反比。而其所以致此，则由吾人之测量，必凭一媒介，如以光照射电子。然此时如欲确定电子之速度，则须频率高而光波短之光。然光波短之光，则光度必强，即可改变影响电子原来之位置，而使吾人对其位置，不能精确的测定。反之，如欲更精确的测定其位置，则只有以光弱而光波长之光，使此光不至影响其原来之位置。然光波长之光，频率必低，又不能据之以精确测定其运动之速度。此中人之不能同时确定一电子之速度与位置，纯由吾人不能不凭一媒介，以从事测量之故。然于此谓，为媒介之光与所照射之电子，能互相影响，而改变其位置，即无异承认因果律之存在。故人如据此"不确定之原理"，以谓电子之跳动，不服从因果法则，则为无充足理由者。

此外，一切欲以概然律、函数律代因果律者，纯从知识论上观之，皆是肯定吾人对于一事象之如何如何发生，不能有完全之预测者。如依函数律，吾人只能知一类之事象之某一方面，与他类事象之某一方面，相关共变。然对一类之事象之他方面之如何如何，则非吾人所能知。依概然律，吾人只能知，某一事象或将如何发生之概然率，而不能知其必然发生。此固皆使吾人对一具体事象之发生，不能有完全之知识者。然此亦不即同于因果律之废弃。因吾人可说，一类事象与他类事象之相关共变，即由其间有相影响之因果关系。又可说，吾人之所以只能知一事象发生之概然率，乃由于一事象之发生，赖于一定的诸多因素之备足，如减少其一因素，或另增加一因素，则此一事象即不能发生，而将导致其他事象之发生。因吾人不能全知一事象之发生之全部因素，又不能知其因素之有无增减，故就吾人所知之因素，以施行预测，只能有概然之知识。如吾人已知某事象在某情境中发生之概然率为何，今设吾人再加一相干之因素，于某情境中，则其概然率明可改变。此概然率之可以一因素加入而改变，亦即证明此因素与某情境中之原来事物间，有互相影响之因果关系。如吾人谓某甲之来与不来之概然率，原各为$\frac{1}{2}$，设吾知某乙往呼唤之同来，则吾知其来之概然率为$\frac{2}{3}$。又如某城市之死亡率为一年$\frac{1}{100}$，而改善某城市之卫生设备后，则死亡率为$\frac{1}{200}$。此概然率之可改变，岂不即证明某乙之呼唤与某甲之来之间，某城市之卫生设备，与其人民之死亡之间，有因果关系？故知函数律与概然律，可只为严格因果律之一种极松懈的表达方式，而不必能否定因果律之存在，而全加以代替也。

（二）吾人须知此自然科学上之"不确定原理"、"函数律"、"概然律"及一切肯定有纯粹之偶然之思想等，应用至吾人前说之意志自由问题上，实皆不能有助于此问题之解决。因依函数律，以论吾人之意志之某方面，与一类之事象之某方面相关共变，此固不足使人预测吾人意志之各方面，皆必然如何如何。然仍可使人预测吾人意志之某方面，必然如何如何，则此意志之某方面，仍无自由。而吾人之意志之其他方面，又未尝不可依其他之函数律，以谓其与他类事象，相关共变。则吾人之意志之各方面，即可皆无自由。至如依科学上之不确定原理，概然律、或偶然律，以谓人脑中电子之跳动、或人之思想意志之活动，可无因突易为另一形态，于是人即可随时有与其以前之思想意志，全无因果关系之思想意志之忽然出现之说，尤无助于意志自由之建立。吾人于此只须一思：若此种思想意志之发生，全为无因而突发，岂非同时成为吾人之自己所全不能主宰控制者？若吾人之思想意志之发生，为吾人自己所全不能主宰控制；则其降临于我，而我又必须接受，此岂非同于另一义之必然，而使我全无自由者？

第七章　意志自由之问题（下）

第五节　意志自由之真义，使意志成为原因或自因之自由

吾人由上列最后二段所说，即知意志自由之问题，与一般自然科学之是否承认必然因果律，或是否承认自然中有偶然之问题，并无直接之关系。吾人如反省，吾人之所以欲肯定意志之自由之故，便知此实唯是欲由此意志自由之肯定，以使吾人之实现价值之事，成为真实可能。而欲使此事成为可能，则吾人并不能，亦不愿，全然否定因果律之存在。因如因果律不存在，则吾人之自由意志之贯彻于行为，亦不能有形成吾人之人格之效果，与成就其他一切实现价值之事业之效果，便与吾人实现价值之目标相违，而吾人亦可不必要求有此意志之自由。故人之要求意志之自由，并非要求超出于一切因果律之外，而只是要求此意志之自身之能成为原因，以发生结果，而不只是由意志以外之原因，加以机械必然的决定者而已。

吾人如承认吾人之意志可成为原因，则人之意志，即非可由外面之观察者，所能预测者。吾人亦不能根据人当下之意志以前之心理状况、意志状况，以预测人之当下之意志。人之意志之可成为原因，此首因，此意志要为宇宙间之一事实。一切事实，皆可成为后起事之原因，则意志何独不能？然意志之为一事实，初为一内在而为人所自觉之事实，乃初非外面观察之所及。一切外面之观察，皆限于对意志之表现之观察。意志之表现，乃后于意志之发动者。故由外面之观察，以预测意志，即只能为据人以前之意志之表现，预测其后来之意志及其表现。然吾人如何能由人之过去之表现，以预测其未来？如人之前后之意志之表现，皆同为其一心灵或一自我之表现，吾人如何能由其一表现之如此，以推知

其另一表现，亦必然如此？此不仅对于人之心灵与自我，为不可说，即对于任何实体之存在，皆不可说。如吾人于一树子，过去只见其生叶，吾人岂能断其将来亦只生叶，而不开花？吾人于一电子，见其向左运动，吾人岂能断定其将来不能向右运动？吾人于任何实体，只须承认其自身能为原因之一，则吾人亦不能由其外之原因与其过去之表现，以预断其全部之未来，其理由如下。

吾人如承认任何实体自身，能为原因之一，即须承认实体之有其自性。如不同种子，在同一环境下所长之叶与花不同，即见种子之各有自性。阴阳电子，在同一磁场下，运动方向不同，即见阴阳电子之各有自性。吾人如承认物之有自性，吾人即不能谓其自性之只有一种，或只有一种之表现。如种子之自性，即能兼表现为花与叶等者。如一物之自性，不只一种或一种表现，则吾人即永不能由其过去之如此表现，以预测其未来之必如此表现。此亦即吾人对任何个体物之未来之预测，皆不能达于绝对精确之理由所在。任何个体物，在过去之某一种情境下，有某一表现者，在未来之另一情境，皆可有不同之表现。一个体物，在前后时间所遭遇之情境，恒不能同一，即为同一，一个体物在前后时间中，所经过、所背负之历史，亦不同一。则一个体物，在不同情境，不同时间中，亦即当有不同其表现之理由。由此而吾人之由一个体物过去之表现，求完全预测其未来之表现，遂为原则上不可能者。然此却并非必须否定因果律，而只须吾人承认一实体之物，可在不同情境下，有不同之表现，此不同之表现，同以此物之自性为原因之一，亦即只须吾人能兼肯定物之自性因之概念。此物之自性因之概念，为形上学之因果律之概念。此形上学之因果律之概念，无助于吾人之求知识时之据因以测果，乃正所以使吾人在求知识时，对一个体物之未来之完全的预测，成不可能者。由是而吾人在求知识时，不能对一个体物之未来，有完全之预测，即不证明因果律之不存在，而正所以证明物之自性因之存在。吾人遂亦可进而说，科学知识之所以只能止于概然，物理学上对电子之位置速度，所以不能兼加以确定，及其他自然科学上所发现之突变或似偶然之现象之发生，皆非自然现象之无因果之证；而唯是因自然物之自性之表现之形态，本可不限于其已表现之形态，而永可在不同情境下更易其表现之证。电子之跳动，以光之照射，而变其速度位置，亦即电子在不同情境下，更易其所表现之活动之一例。吾人用以测量之器具，既为能改变所测量之物之情境，而使物之自性有其新表现者，则吾人由测量而有之知识之所及，便永为落后着之追赶，而永不能穷尽存在之物，所可能有之表现，而全部加以预测者。此处，即见"存在"对于知识之在先性，亦见存在事物之自性所可能有之表现，永非自外观察者之所能尽知，而为原则上大于、兼超越于，知识之范围者。而以自性为因之因果律之范围，亦大于、兼超越于，一切因果律函数律等之知识之范围者。今将此原理，应用于人之意志行为上，亦即为：人之思想意志行为，永不能由外面之观察人过去之环境与遗传，及过去所经历之一切事，加以预测。因人之心灵或自我，在过去之情境下之有如何如何之表现，并不能穷尽其自性所能有之表现，人之自性，亦尽可在不同之情境，以另有新表现，而有其他思想意志行为之生起也。此中亦并不须假定其思想意志行为为无因，而只须假定其自性之亦为因而已。

第六节　心灵之自性与自由

吾人上文谓人之自性可为其意志等之因，及万物之自性可为万物之活动之因。此中所谓自性，如只为一定之性，则依一定之性，以有一定之意志，仍为另一形态之机械论或必然论，而无真正之意志之自由可说。由此而吾人尚须再进一步、说明吾人所谓存在实体之自性，自始即非指一定之性，而正是指一能随情境而更易其表现之性。此所可能更易之表现之范围，即一存在实体之性之范围。而依于人之能自觉的求实现价值理想之性，人之自性之范围，即为无限大者；而其变化，亦为无穷者。由此而吾人即可言：依于人之自性为因，而人即有真正的意志自由。人所求之自由，亦舍此以外，更无其他。

吾人之所以说，依人之能自觉的求实现价值理想之性，即有真正之意志自由，是因人之自觉的心灵，乃永为能超越涵盖于一切已成世界之外在环境，父母遗传，及人过去所经之一切事之上者。任何已成事物，吾人只须一加以自觉，即皆只存于此自觉之下，而为其所对，而在此自觉之前，即同时可有其他的更有价值之理想之呈现。此乃任何人由其当下一念之反省，而同可加以证实之一真理[①]。故吾人在受种种诱惑，种种

[①] 拙著《道德自我之建立》（三十二年商务印书馆版）第一部第一节。

挫折，而如被迫以发生某一意志行为时，如吾人一念对此一切诱惑、挫折及意志行为，加以自觉，则此一切即皆只属于已成之世界，过去之世界，吾人即可依一价值标准，以衡量此意志行为之是否当有。如不当有，则我于以前种种，即可视如譬如昨日死；而一更有价值而当有之人生理想，立即可呈现于吾人之前，使以后种种，譬如今日生。此处即当下证实吾人有不受已成世界之一切决定之自由。然此自由，却不能离人心之有能自觉的求实现价值之理想自性而言。故此自由，亦即此心之自性之表现，而以此心之自性为其原因，而为自因，自己决定。

第七节　意志自因自由义释疑——心灵受认识对象之规定与自由

对于上文所说之义，人如能直下承担，而加以体悟，则一切关于意志自由之怀疑，即可缘人之"自觉其先之不自由"而更生起之新的自由意志，而加以断绝。但人于此，恒不能直下承担此理，而恒欲绕过此意志之本身，而观此意志之外围，遂以此意志仍非自由者。此（一）是从人之自觉心之恒受其所认识之对象之规定上说。（二）是从人之自觉心之决定何谓有价值之理想时，必须以过去之经验之教训，过去所体验之价值为依据上说。（三）是从人之理想本身有一定之形态，或一定之理念内容上说。（四）是从人之能超拔过去之束缚之意志本身，乃由一超越的意志，如上帝之意志，为一外在之原因之说。此可分别略答，以阐明上一段之义。

从人之自觉心之恒受其所认识之对象之规定上，而怀疑人之意志自由者，恒谓人之认识世界，只能如世界之所是而认识之。如吾人前有一山，则只能如其为一山而认识之。如吾人所在之其他环境与过去之历史之为何，吾人亦只能如其为如何而认识之。此中吾人之自觉心之认识，并无不如此之可能。吾人之意志对于所认识者，亦只能加以承受，而无不承受之自由。

对于此种怀疑之论，答复极易。（一）吾人之论意志自由，可自始不从吾人之认识，必受对象之规定上立论。此认识之必受对象之规定，并不碍吾人之意志之自由。如吾人对山之认识，受山之规定，并不碍吾人之游山与开山之自由。此即因认识所及之世界，只是已成之世界，而意志之所求者,乃属于方来或未成之世界。(二)吾人之认识之受对象之规定,亦同时是吾人于对象之所是,加以一规定。对象之成为吾人认识之所对或内容,亦即使吾人能认识之之自觉心,得昭临于此所对或内容之上;同时能超越之,以及于其他现实对象或想象对象,并形成我对未来之理想者。(三)吾人之欲如对象之所是而认识之,此乃本身原于吾人之欲求真理。此求真理本身为一理想。如吾人无求真理之理想,则吾人亦可不如对象之所是,以认识对象,而吾人之认识,亦即可不受对象之规定。而此真理之理想,原于吾人之自觉心与意志,而为自发自动,自决自由者。故即此认识之受规定,为被决定,此亦是人之自决自由的愿被决定。(四)即谓此所认识之对象,规定决定吾人之认识之内容,然此亦非决定吾人之认识之存在。因此对象存在,吾人之认识并非必然存在,如人可死亡。则此对象,至多只决定此认识之为如何如何之认识之形式,而不能成此认识之存在之原因。而此原因,仍只能说由于人之能发出此认识之心灵自身,有此能认识之性。

第八节 过去经验与理想生起之自由

从人之自觉心之决定理想时,必须以过去之经验、教训,所体验之价值等为根据,而怀疑人之自由者,恒谓:人对其未来之理想之所以生,乃其过去经验之积累,与其当前所接环境所成之一总结果。即人之忽发之忏悔,亦由其不正当之行为,所导致苦恼等经验,积至某程度,而在一环境刺激下所生之一结果。故不同之人,依其不同之过去经验,即有不同之理想。则人之理想之形成,仍为被决定者,而不足证意志之有自由。

对此疑难,吾人亦极易答复。(一)吾人可承认,人之过去经验之教训等,可为吾人求自觉的形成理想时之凭借,然不能以之为决定吾人之形成何种理想之原因。吾人在形成理想时,恒须反省由经验而得之教训等,固是一事实。但吾人须知此反省,乃一当下之反省。此当下之反省,以过去之经验为对象,即不能以过去之经验为其存在之原因。此即上文一段所已说。(二)吾人在反省过去经验时,吾人同时对于过去之经验本身,有一估价活动;即对吾人过去所体验之价值,亦可有一重新估价之活动。此估价之活动,同时是一选择之活动。此当前之估价活动,选择活动，乃在已成之过去经验之上进行。其有取于过去经验之教训，以形成理想，同时即对过去经验之内容，加以剪裁，与重新安排组织。此剪裁等，同为人所自觉为，在过去经验上之进行，而可有，亦可不有之活动。则此不能说是过去经验之必然的结果。（三）吾人求形成理想时，吾人恒须兼在各可能的理想中，施行选择。如吾人前所举之在三岔路口选择何去何从之例。此时，吾人之所选择者，不只是那一条路，而是吾人之"在那一条路上走"。此"在那条路上走"即一走的方式。即吾人乃在各种可能之走的方式上，施行选择。而此可能的走的方式，乃尚未实际存在，即未现实化，而待于未来之现实化者。吾人于此时之选择，即为未来而选择，而在已成之世界之外，求决定一理想，并依以决定以后之态度行为者。则此选择之意志，即为一超越现实之已成世界，而对各种可能的理想，加以观察，而估定理想本身之价值，以求决定未来的意志。则吾人如何能说此意志，只为已成的过去经验之积累之必然结果？（四）此选择理想而决定理想之意志，其所以不能只是过去经验之必然结果，是因此选择与决定之事本身，待于人之自觉的求其继续之意志。吾人之选择，可在少数可能中选择，亦可在更多可能中选择，吾人可粗率选择，可精心选择。而在理想决定后，吾人亦可继续有如此之决定，而加以坚持，亦可不加以坚持。此皆待于吾人之去选择之意志，如何进行，以为决定。吾人亦可于自己之选择与决定之本身，重作一价值之估量，而选择"吾人之选择与决定之方式"。如吾人选择"精心之选择"，而去"粗心之选择"，选择"对决定之坚持"，而去"对决定之犹豫"。此种价值估量，永可在吾人已成之活动之上进行，以诞生新的选择，即证明谓选择唯是过去经验之积累之结果之说之妄。而吾人在本章第二节所谓"选择之事，唯原于或强或弱之已成心理动机之更迭而起，互相较量，以归一强者之胜利"之说，亦无待于驳斥矣。

第九节　理想之形态内容与自由

至于从理想之有一定之形态，或有一定之理念内容上，说人之意志为不自由者；则是从人之选择之理想，只在有限之可能中选择，而其决定后，则如为一定之理想所限制；而此理想之理念内容，又可视如一理念世界之自存者，而为人之意志之形式因上说。依此说，人之自觉的理想本身之如何如何，亦即为决定人之意志者。由此而人无论其如何自觉的从事理想之选择与决定之事，亦即皆成被"自觉的理想"所决定之事。此亦犹如：于一松子必发展为一松树，吾人皆可说其为一超越之松树之形式所决定。然此松子如能自觉此形式，此形式即成为松子之理想。而此时吾人之可说其为此自觉之理想所决定，亦如吾人之可说其初之为一不自觉之超越之形式所决定。

　　对于此说，吾人可有下列之答复。（一）为根本否定人之可能之理想为有限。因吾人之理想，乃可逐渐开展者，在同一情境下，一人可只有二可能之理想，然另一人亦可有三可能的理想。故人之理想实为可无定限的开展者。吾人如承认理想原于幻想，或幻想亦是一理想，则人之幻想，明为可无定限的增多者。松子只能成松树，然人亦可由幻想以化为一松树或槐树，以至幻想化为任何存在。而人之神仙思想，及佛教之化身之说，即由此而生。至人类之前途，是否必不能成仙佛，亦无人能断定者，则人尽可有无限之可能理想。（二）吾人可承认人永远只能有有限数之可能的理想，供其选择。如人在三岔路口，只有在三路之任一路上走，及停下不走之四种可能；而无向上飞起，或向下入地之可能。然人在此诸可能中之"选择"本身，仍毕竟非由此可能之理想本身所决定。（三）即吾人在只有一可能的理想供选择时，在此一可能之理想之实现途程中，仍可有各种实现之之方式，而可分别成为一可能之理想者。如吾人决定向东走之一条路之后，吾人之在路上快走、慢走、偏左、偏右，仍有各可能，而待于吾人之选择。（四）即设定吾人之只有一绝对单纯之可能理想，为吾人所能选择而加以坚持者，此坚持之时期，仍可为无定限的伸展，而或长或短者。此时期之长短，仍由吾人之意志决定，而不由理想之本身所决定。（五）吾人自可说一超越的形式为自外决定一存在者，如木匠心中桌之形式，可用以自外决定一木料之形式，谓松树之形式为自外决定一松子者，亦勉强可说。然吾人如何能说一已被自觉，先成为吾人之理想，之意志行为活动之形式，为自外决定此意志等者？如不能说，为自外决定，而为自内决定，则此即无异于谓吾人之自觉的理想，在吾人之心灵内部，决定吾人之意志者。若然，则此何异于吾人之自觉心灵之自己决定其意志所向之理想？理想即意志之所向之别名，意志与其所向，俱时而存，亦俱时为人所自觉。则说理想决定意志，岂不同于说意志决定理想，或吾人之自觉心灵中之意志决定其自身。

第十节　超越的外因论与意志自由

谓人之能超拔过去之束缚之意志，乃由一超越的意志为外因而成之说，盖缘于见到人之可有一截然与其过去生活或意志状态不同之意志或生活之产生。如浪子之忽回头，人之忽然发大忏悔心，忽然大彻大悟等。然此并不足证明此新意志，乃由一超越而又外在之意志为因而生，以谓人之意志初无自由。此理由亦有四：（一）吾人之谓此突发之新意志，必由外因而来，如由上帝之意志而来，乃由于吾人假定人之意志之形态之过去如何，未来即只能如何。即由于吾人先假定人意志之不能自由。然吾人前已说，吾人无理由以由人之过去之表现，以预断其未来之心性，只能有如何之表现；则吾人亦无理由，以谓人之过去之如何如何堕落等，以谓其心性之为恶，而不能有觉悟。（二）吾人纵谓此突发之意志，由上帝之意志之贯彻降临于我而来，然我之接受上帝之此意志，则只能原于我之意志。我既接受上帝之意志，则上帝之意志，即内在于我之意志，而成为我之意志。则我之改悔等，亦即我之意志，我之自由之表现，而不能谓我之意志无自由。（三）吾人不能视吾人之心灵与其意志，为限定之事物，而可纯由外在之超越的意志，加以改变者。因吾人之心灵之意志，原非限定之事物，而原为能自己超越其自身者。因吾人之心灵之本性为自觉，由此自觉即能超越其自身，此前已说。又由其能超越其自身，故能与一切超越的存在相接触，而自觉此接触。而当其自觉此接触时，则彼亦即同时可自觉此超越的存在，而此超越的存在，即不能只为外在，而必同时兼为内在于此自觉心者。在吾人说有超越的存在，而吾人又已知之之时，则此超越的存在，即必为至少在一意义下，已内在于此自觉心者。吾人之谓此超越之存在，能改变吾人之心灵与意志，亦即同于内在于此自觉心之超越存在之改变吾人之自己，而为此自觉心之自由之表现。（四）人之自觉心，并非必须信仰一超越的存在。人心之信仰超越的存在如上帝，乃由于上帝之为至善至真。此乃依于人之价值意识之原求善真等而来。故世间纵有恶魔，为超越的存在，人仍不愿信仰之。此即见人之信仰，亦依于人之选择。人无此选择，则接受上帝之意志为外因，亦不可能；而此选择，则不能亦为上帝之所决定。如谓此选择，亦由上帝之先选择我，而以其意志贯注于我而后有；则吾人须知：于上帝选择我，而使我选择上帝后、我仍可取消我之此选择，同时取消上帝对我之选择。故人亦可不信上帝。如谓此不信，亦由上帝之不再选择我，或故意使我不信，则此上帝，即成："兼使我可不选择上帝，可不信上帝"之上帝，而吾人如信如此之上帝，亦即可不信上帝，亦不信上帝之选择我，而以我之一切选择，皆由我自己决定。故人之意志自由，为上帝亦不能否定者。宗教家之说此自由，为上帝之所赋予，应亦涵上帝亦不能加以取消否定之义。

第十一节　信自由与信因果之调和，及自由之运用之颠倒相

吾人以上承认自性因，与因果律之存在，而同时处处指明，人之意志自由之不容否认；则吾人在一方面，须承认吾人之每一意志之决定，能发生对吾人之人格自身及外表行为上之种种效果，故人之意志之善恶，即及于此效果之善恶，人须负此效果上之责任。同时人之一切实现价值之努力，亦皆有耕耘，即必有收获，而决无徒劳之事。佛家唯识宗言因果，谓人之每一生心动念之种子，皆存于阿赖耶识，虽历千百劫，而仍不散失，以生种种等流异熟之果，并以不信因果为大邪见，即为最彻底之肯定意志因果之理论。然在另一方面，则吾人又须相信，吾人之一切过去之心理、生活、及意志之情况，皆不能必然决定吾人之未来。吾人之意志，乃可时时创新，以改变其过去之自我，而进以改变外在之环境，及其与环境中之人物之关系，以至其与一超越之存在如上帝之关系者。由此而吾人过去之一切过失罪恶，无不可以一念之觉悟而如昨日死，而不容人之自馁，吾人过去之积累无数之善德善行，亦未尝不可以一念之差，而沉沦堕落，不容吾人之仗恃。此不馁不恃，亦即所以使人恒能自强不息，日进无疆，以逐渐更形成其人格者。由此而信自由，与信因果，则可并行而不悖，且皆同所以使人格之逐渐进步成可能者。此信因果与信自由，亦皆同为有价值之事，而为人所当有。

然人由其一般之求知识之活动，皆重在求因果，故可只以求因果之观点，看人之意志，而人即可不信自由。同时，人之信自由者，亦可不求人格之逐渐形成，而反本其自由之意志，以自由的忘却其努力所形成之人格之价值，乃或自由的产生与其昔之人格价值脱节或相反之意志行

为，而泯灭价值之观念；以自由的视无价值或反价值者为有价值，或以歪曲之理由，辩护此无价值或反价值为有价值。此亦皆同依于人之自由性而来。此时人之自由性，亦可使人自由的忘却其有自由性，而以其一切意志行为，皆为必然之原因所决定，而自甘于堕落，并视之为无改变之可能者。于是人即物化为：一自视为必然之堕落之存在。而此"自视为必然"，又可拒绝一切环境或他人之感化之力量，而使此堕落成为无底止而永恒者。此处，即见人生之大危机。此大危机归根究本，亦正由人之具自由性，及信因果之必然二者之一种结合而来。此结合，即又足以成为人之无底止之堕落之根据，而为人之罪恶之根原，故其本身，即亦成无价值而反价值者。

由上列二者之互相矛盾，吾人即入于人之自由性所导致之问题之最深处。即一方面看，人之自由性，为人之一切价值之实现，人格之形成之可能之根据；而在另一方面看，人之自由性，又为人之罪恶之根据。由此而人一方，可依于其好善之心，而肯定自由之价值，求坚固其对自由之信念。然在另一方亦未尝不可由其恶恶之心，而否定此可为罪恶之根原之自由之价值。由此，而人即可依于欲去除此罪恶之根原之心，而自觉的舍弃其自己意志之自由，而无条件的以他人之意志为其意志、或社会群体之意志、宗教家所说上帝之意志，或其所信之历史之必然发展，为其意志。缘此再进一步，又可归于其自由性之泯失，而只盲目的服从外在之权威或势力，以导致生活之机械化、生命之物化。于是此人之自由性，即化为一可自由的选择，"重人之自由性之思想"，与"求舍弃自由性之思想"之二者间之自由，而吾人之自由性，亦即成为使吾人可选择"肯定自由之哲学"，亦可不选择"肯定自由之哲学"之自由。此即造成人之自由性之一最大之诡论。吾人于此，亦可谓自由为非理性的 Irrational。

对此诡论，吾人唯一之解决法。是吾人须了解：此人之自由性，自始不能离其所欲实现之价值，而有价值。吾人如欲使人之自由，成为有价值，必须吾人之自由，自始为一实现有价值之理想之自由。唯吾人之自由，为实现有价值之理想之自由时，吾人乃能建立自由之价值。然后吾人乃不至凭此自由，以归向于堕落，而使人在思想上归向于求舍弃其自由，以根本舍弃"肯定自由之哲学"之自身。然人之是否能善用其自由，以实现有价值之理想，则纯为一实践之问题。在理论上，人之不从事于实现有价值之理想,乃永为可能者。即在理论上,自由之价值,亦永可为负性,而舍弃自由之思想与哲学,亦永为可能者。故吾人欲建立此重自由之思想或哲学,并肯定自由之价值,遂全部系赖于吾人之是否能使吾人之自由,为一实现有价值之理想之自由上,亦即在吾人之是否能善用吾人之自由,以选择有价值之理想上。由此即过渡至吾人如何选择有价值之理想之问题。此即吾人下章之论题。

意志自由之问题 参考书目

拙著《先秦思思中天命观》《新亚学报》二卷二期。

阮元《性命古训》。

王船山《尚书引义》。中国后儒论命之文不胜举,而王船山之命日降性日生之说,尤堪注意。船山之文随处发挥此义,然以《尚书引义》中所论为精详。

陈独秀编《科学的人生观》。

张君劢编《人生观之论战》,读此二书,可知民国十三年左右之所谓科学与玄学之争,实则主要由意志自由之问题而引起。此二书辑二派之文,可据以知双方之论据。

拙著《道德自我之建立》(第一部道德之实践)民国三十三年商务版。此书论自由问题——纯从道德生活之成就上说,较本章所论为精切。

拙著《人文精神之重建》卷下《自由之种类与文化价值》。此为论各意义之自由与文化价值之关系者。

P. Janet Tr. A. Monahan: A History of Problem of Philosophy. Macmillan, 1902.

此书由法文译出。其第九章自由问题顺历史次序,述西方大哲对意志自由之主张,唯未及于二十世纪者。

W. K. Wright: A Students Philosophy of Religion (Holt and Company) ch. XVIII & XX.

此书虽名宗教哲学,然其第十八章论意志自由论与目的论一章,及二十章论上帝与人类自由一章,可作哲学概论书读。

H. D. Lewis: Moral Freedom in Recent Ethics, 此文选载于 W. Sellars and Hospers 所编 Reading in Ethical Theory, Pt. VII 中, 此文讨论当代诸道德哲学家对道德自由之见解。

Spinoza Ethics, Pt. III.

斯氏为否认意志自由,而以人之情感意志之活动,皆依于必然而生,并以知必然为达自由之路之哲学。

Kant: Metaphysics of Morals, Third Section.

本书之第三节前二段，论自由为道德实践必须之预设之哲学。

H. Bergson: Time and Free Will. New York, 1912.

此为由心理经验，以证意志自由者。

W. James: The dilemma of determinism 载 The Will to believe and other Essays, Dover Publication, 1956.

此为由人生之可能性及人之努力，以证意志自由者。

B. Russell: On the Notion of Cause with Applications to the Free will Problem. Scientific Method in Philosophy, Lecture Ⅲ Ⅴ. 1914. Open Court.

此为论科学知识中之因果观念与意志自由问题之关系者。

N. Hartmann Tr. S. Coit: Ethics, Vol III, Allen and Unwin. 1932,

此为肯定自由之存在，并以自由为意志中之非理性的成分者。

P. Sartre: Being and Nothingnss Tr. Hazel 1956.

此为以自由贯于全部人生存在，并以自由为人所不能逃出命运。然吾人可谓人之自由性为人之神圣性之所在，亦人之恶魔性之所根。

第八章 价值选择之原则

第一节 选择的自由之肯定

我们在上章论，人之意志之自由，归于自由必须与有价值之理想之选择相连，否则人亦可自由的求舍弃其自由之说。由此而自由之真义，即同于有价值之理想之选择之肯定。但是我们可以问：我们如何在涵不同之价值意义的理想间，施行选择？我们如何衡量一理想之是否较有价值而为我们所当选择？又我们为什么必须用我们之自由，以从事选择，而不可运用我们之自由，以舍弃自由，而舍弃此选择之自身？我们何以不可如上章之末所说，因自由亦为罪恶之根原，而自由的求舍弃此选择的自由，而物化机械化此人生？此即是本章所讨论之问题。而我们今将从最后一个问题，即我们"当肯定对有价值之理想之选择的自由"之理由说起。

（一）首先我们可说，人之去选择有价值的理想，乃是一普遍于一切人的生活中之事实。所谓有价值，在常识中即所谓好，而人实无时不在求好，而以得好的为目标为理想，故亦无时不在选择好，而不选不好。我们看小孩生下，不久即能说这好那不好，此即选择之开始。如此食物好，那食物不好；此衣好，那衣不好；此住屋及环境好，那住屋及环境不好。小孩稍大，父母即为之选择好的学校。小孩在校要选择那一同学好，那一师长好。小孩成人，要选好的配偶，做事要选好的职业，读书选好书，看戏选好戏。而人类之一切社会、政治、文化事业之政策方针之决定，无不待于选择。即人欲自杀，对其自杀之方法，亦有选择。一切选择，无不求选其较好更好的。尽管人在各时期、各情境下所谓好者，各不相同，然而人之求选择好者，则一。人皆以得好为理想，是即同于谓；选择有价值的理想，乃一普遍于一切人的生活中之事实。

（二）吾人并不拟否认，上来所说人之选择之自由，同时可使人自由的求舍弃其能选择之自由，而自甘于其心灵生命之物化机械化，不复再从事于选择者。此亦是一实有之事实。然吾人亦有理由，谓人不当如此。其所以不当如此之理由，可纯由此一事实中，涵有一思想上之自相矛盾上说。因吾人既由肯定自由，以舍弃自由，则吾人之前提，仍为自由之肯定。此自由之舍弃，即由自由之肯定之前提而来。则此一前提之否定，应亦有"自由之舍弃"之否定，而当归于"自由之舍弃"之舍弃，而重归于自由之肯定。而此即见由肯定自由，以舍弃自由之思想与事实，皆包涵一自相矛盾。如自相矛盾之思想，从理性上看，乃不当有者，则肯定自由以否定自由之思想，即为不当有。而依此思想，以造成之不合理想性之事实，如上章所谓自甘物化机械化之事实，即亦不当有。

（三）吾人在上章，亦承认人之自由，可以为人之罪恶之根原，故人本于其欲去除罪恶之心，亦可导致一求否定自由之思想。然人如唯是依于欲去罪恶之心，而求否定自由，则人不能否定此欲去罪恶之心，更不能以此欲去罪恶之心为罪恶，而只能以此心为为善。然人如不否定此欲去罪恶之心，而肯定之，并以此心为善，则人同时亦即肯定：一无罪恶而向善之心之本身为善。然人如肯定一向善之心为善，亦即肯定一选择善之心为善，亦即以选择有价值之理想，而求实现之之心为善。此即同于谓，吾人之有此选择之自由为善，无此选择之自由为不善为罪恶。于是人只依于欲去罪恶之心，而否定自由者，其本身亦即为罪恶。而吾人真有欲去罪恶之心，则首当去此罪恶，而肯定自由，并以此肯定自由之心为善。

上述之三理由，一是从人皆有自由选择之事实上观察，一是从反自由论者之思想上之一致与否上观察，一是从反自由论者对善与恶之肯定否定上观察，吾人皆可举之为吾人当肯定人对有价值之理想之选择的自由之理由。此即谓：姑无论吾人之真理之标准，在单纯的求合于事实，或求思想内部之一致，或在人对善与恶价值之分别之直觉，吾人皆须达于同一之结论。至于此各种理由之重轻，则可容人之再加以选择。然于否定自由与肯定自由之间，则唯有选择自由，为理所当然者。而此选择自由，即为吾人之第一步当决定之事。此一决定，使选择不自由成为不应当，亦不可能。

第二节　价值选择之质之原则

我们看，人运用其自由之所选择，而视为有价值之事物或理想，明有形形色色之不同，我们便知价值的选择问题之复杂。此复杂，不仅由于所选择者之内容之复杂，而兼由于选择的原则本身之复杂。在每一原则下，则我们大体上可发现种种评定或估量价值高下之标准，今试分数者论之。

价值选择之第一原则，乃质之原则。此所谓质之原则，乃专指正价值、负价值、及无价值或价值上为中立三者间之选择而言。此中之原则，再分之可有下列数者：

（一）以无价值者与具正价值者相较，我们可说人当选择具正价值者；而以具负价值与所谓无价值者相较，则我们宁选择所谓无价值者。而在一种将三者加以比较之意识中，则无价值者对具负价值者，可为具正价值者；而对具正价值者，亦可成为具负价值者。故常人在快乐之情调，与无苦乐之情调中，恒选快乐，在苦痛与无苦乐之情调中，恒选无苦乐；而人在苦痛中，则平日之无苦乐，亦为乐，人陷于享乐之生活中者，则视无苦乐而平淡过日，亦为苦。又如常人在无钱财与富足中选富，而在无钱财与负债中，恒选无钱财；至在负债者，则不负债即为富，在富者，则无钱财亦若同负债。其余对真伪、美丑、善恶之正负价值等之选择，皆可作如是观。

（二）一具正价值之事物，可引生具负价值之事物，亦可引生具正价值之事物，或无所谓价值之事物。如一具正价值之事物，引生具负价值之事物，则其价值可为负、或正，或为无所谓价值者。而其价值，要不如另一具同等价值之事物，而不致引生具负价值之事物者，更不如其能引生一具正价值之事物者。故人亦即当依此二事物所引生之事物之价值情态如何，以为选择之标准。此即如常人之饮酒得乐，而因醉致苦者，其价值不如饮酒得乐，而不苦者，更不如饮酒得乐，而能赋诗者。

（三）一事物之正价值之实现，可与同时存在之事物之正价值之实现相冲突，或相并存，或相促进。如相冲突，则可皆不实现其价值，而或归于皆无价值，或产生负价值；如并存，则其价值皆得实现；如相促进，则于原有之价值外，更有新的正价值之增加与创造。吾人自当首选择事物之价值,能相引生促进者,次及于其可并存者,而当弃其相冲突者。如人与人相嫉妒,则为各所欲实现之价值之互相冲突。人与人之平等竞争,而不相嫉妒,则各所欲实现之价值,可并存。人与人相鼓励,相爱护,而各更努力,并互相帮助,则有新的正价值之增加与创造。人之恒选择此最后者,即依于此原则。

依上列三者,吾人可说,凡实现一正价值,而能引生后起之具正价值之其他事物存在,并兼促进其他并存之事物之正价值之实现者,其价值即较余者为高,更为人所当选择。然此事物,是否即为依质的原则,以从事选择时,所当视为具最高价值者?曰否。

(四)吾人之实现一正价值,可不由于吾人之直接选择一具正价值之事物,而可由吾人之先或直接承受一表面具负价值之物,而通过对此负价值之事物之承受,遂利用凭借此具负价值之事物,以实现正价值。在此中,不仅有正价值之实现,且有具负价值的事物之负价值之克服与转化。此对具负价值者之克服与转化,本身为一具更高之正价值者。故吾人生而富贵者,其富贵之价值,不如由经历贫贱而富贵者。人生而健康之价值,不如生而体弱多病者,得健康者。生而愚鲁,气质驳杂者,而奋发努力,以成聪明圣智者,其聪明圣智之价值,亦高于生而聪明圣智者。凡由事物之冲突之化除,以使之归于并存和谐,并互相促进其价值之实现者,其价值亦当高于自始能并存和谐之事物所具之价值。故舜之感格顽父嚚母之德行,高于在贤父慈母庇荫之下之孝子德行。拨乱反正之豪杰之价值,高于谨守太平盛世之能臣。而由今日人类世界之包涵无数空前未有之冲突,如再经销融后,所产生之天下一家之未来世界之价值,亦可高于一切过去任何时代之人类世界之价值。孔子曰:"岁寒然后知松柏之后凋也。"孟子曰:"天之将降大任于是人也,……必先苦其心志,劳其筋骨,饿其体肤,空乏其身,行拂乱其所为,……"而堪大任者之所以愿承受一切负价值,以实现正价值,并或自视为天之所命,或天之所选择,以担负一切艰难者;正以人最高之选择,即在选择此通过负价值以实现正价值之事,以使负价值皆转化为正价值之实现之所资也。

第三节 价值选择之量之原则

价值选择之第二原则乃量之原则,此为上述之质之原则之补充。即吾人可说，如在不同事物所实现之价值相同之情形下，则量愈多者愈善，又在一事物能兼实现不同种类，而不相冲突之价值之情形下，此不同种类之价值，亦多多益善。此所谓多，可直指种类与个体数目之多，即众；或空间量之多，即大；或时间量之多，即久；或强度量之多，即刚健；或涵容量之多，即宽博；或一切似少而实多，似小而实大，似暂而实久者，今亦可分别略述于下：

（一）数目种类之多。如独木不如茂林；独兽不如成群；孤星不如繁星；独智不如众智；一人独贤，不如人人皆为君子。又如只有林木，不如杂花生树；只有兽走，不如兼有鸟飞；只有星，不如兼有月；只有一种贤德，不如或贤而狂，或贤而狷，是之谓众。

（二）空间量之多。如小阜不如高山；小溪不如江河；小坪不如平原广漠；电灯之光，不如日月之光；天井一角，不如茫茫太虚；人之侏儒，亦不如佛像之丈六金身。人之心量，就其所涵摄之空间量而言，亦有大小。故小知只及眉睫之前，一室之地；大知则观于乡邦，观于四海，观于普天之下，是之谓大。

（三）时间量之多。如蔓草之蜿蜒，不如松柏之长青；蛇长而命短，不如龟寿之千年；世间之松柏，又不如庄子之大椿，以八千岁为春，八千岁为秋；人间早夭之孺子，不如百岁之翁；百岁之翁，不如庄子书中之彭祖；彭祖不如长生不死之仙。而世间国家之文化，不能长久者，不如中国印度文化之历数千年而不断。而亡人之国灭人之宗祀者，不如兴灭国继绝世者之仁。是之谓久。

（四）强度量之多。如虫之蠕动，不如蛇行；蛇行不如虎步；麻雀吱喳，不如鸡鸣喔喔；鸡鸣喔喔，不如鹤唳长空；力不胜雏，不如力能扛鼎；目光如豆，不如目光如炬；壮士驰骋沙场，当者披靡，不如圣贤豪杰之"奋乎百世之上，百世之下闻者，莫不兴起也"。

（五）涵容量之多。鱼唼不如牛饮；狼残不如虎吞；小器易盈，不如大器不满；沾沾自喜，不如"我之大贤，于人何所不容"；呢呢儿女，恩爱于小屋，何如"广厦千万间，大庇天下寒士俱欢颜"；圣贤之心，如天之无所不覆，地之无所不载，即其量之所涵容者，无穷无尽之谓也。

（六）以少为多者之多。言价值之质，以由负价值而实现正价值者，其价值为最高。言价值之量，则以少而实多者，而以少为多者为最高。因人能以少为多，则少皆成多，即无往不多矣。人贵珠玉，以珠玉少而卖价多也；人贵日月之光，因其形似小，而所照者大也；人乐观昙花之一现，因其瞬刻之间，而历尽花开花谢，似短而实长也。强者强矣，而似弱之强又更强。故天子之怒，"伏尸百万，流血千里，"似强，而不如匹夫之怒"伏尸二人，流血五步。"者，与天子俱没之似弱而更强；"衽金革死而不厌"之北方之强，似强，不如"宽柔以教，不报无道"之南方之强，似弱而更强。而涵容量之大所以足贵，亦非以其原大而能容大，尤贵其似小而能容大。半亩方塘，天光云影，徘徊其中，人皆爱之者何？因其似小而所容者大也。仙人枕上，黄粱一梦，彷佛百年，其所以为人想望者何，亦以其似暂而历者长也。而人类中大人圣人，所以贵于小人与庸人者，亦非以其独能寿命如金石，体大如山河，力强如狮虎，喑恶叱咤，而人马皆辟易；而贵在其与人同长不满七尺，寿不过百年，力不若牛马，其卑谦自处，若一无所能，而其心量之所涵，则可以天下为一家，中国为一人，乃至大至广也。

第四节　具本身价值者高于只具工具价值之原则

价值选择之第三原则，为具本身价值者高于只具工具价值者之原则。我们前谓价值有本身价值与工具价值之分。如生命为具本身价值者，则得金钱购物以维持生命，即为只具工具价值者。如心灵之智慧为具本身价值者，则读书以启发人之心灵之智慧，为只具工具价值者。以具本身价值者与只具工具价值者相对而言，则后者之价值，乃由其能达前者之目标而来。则人如为求后者，而忘却前者，或牺牲前者，即为无价值者或具负价值之事。故如贪夫之殉财，学者之读死书，以窒息心灵之智慧，皆明为无价值或具负价值之事。此其所以为无价值或具负价值之理由，即因此中具本身价值之生命，既不存在，与心灵之智慧，既被窒息；则此得财与读书之目标，即不存在，得财与读书之工具价值，亦即不存在。然人由用一手段或一工具以达目的时，人却恒可转而视手段与工具为目的，而忘却或牺牲其原来之真正之目的。如人本为爱国家爱人民，而组织政党与政府，然人亦可为保持政党政府之政权，而出卖国家，牺牲人民；人本为救民而传教，而人亦可为传教而传教，遂视异教者为敌人，而杀异教徒。此皆为以所以养人者害人，而为人之求实现价值之行为活动中之一最大的颠倒，而同原于人之视手段工具为目的，而忘却其原来真正之目的。故自觉吾人上述之原则，亦即所以免除此一切颠倒者。

但此原则之应用，唯在一事物之具工具价值，除此工具价值外，另无他本身价值之情形下，乃为明显有效。如一事物之被视为只具工具价值者，实另具其本身价值，则此原则，即不能明显的有效应用。如人之为国家人民而组政党政府，为救人而传教者，其可归于出卖国家，牺牲人民或残杀异端等事，人常不能明显的知其非者；即恒由于人之可继觉此原为手段之政权与教权，若亦有一本身价值，而可满足人之权力欲而来。此处即必须人能更明显的自觉另一价值标准，以衡量权力欲之满足之价值，与为国为民及救人之目标之高低，然后可。在此二情形下，吾人通常固皆知以公私为标准，而谓此出于私心之个人权力欲之满足之价值，乃较出于公心仁心之爱国爱民救人之心为低者。故此中之初为手段工具之活动之本身价值，乃断然较原先之目的之实现之价值为低者。然在其他情形下，则原初之手段或工具之行为，被人视为目的后，其价值亦可较原初之目的之价值为高。如人读书之目的，其最初自觉之目的，可只是求个人之科名，而以读书为手段，以达其得科名之目标。又人在商场中守信者，其最初自觉之目标，亦可只是以守信为一手段，或工具，以达其得利之目标。然人既习于读书守信之后，亦可转而知读书或守信本身可为一目标，而具本身价值者，于是宁牺牲科名，以读其所欲读之书，宁破产而不肯负信义，此处，彼之将原初之手段化为目的后，此目的之价值，在常识即皆知其较原初之目的为更高者。而此判断之为高时所依之标准，是否仍为公私之标准，则甚难言。由于吾人在本部第二章曾谓一事物之有工具价值者，恒兼有本身价值，具本身价值者亦恒兼具工具价值，本章第二节中又谓事物间之价值有相引生之关系；人之估量不同活动之价值高下，复须连其本身之价值，与其所能必然有效的引生出之活动或其他事物之本身价值之全部，以为论。而不同之活动与事物之本身价值高下之估量之问题，遂为极复杂者，而如何从原则上规定不同之活动与事物种类之价值之高下，亦极为不易者。吾人今所能说者，唯是据以上所论，以确立生命之价值高于物质之价值，人之仁心之价值高于生命之价值之一义。吾人能确立仁心之为具最高价值者，亦即可以之为衡量一切人生之不同事物之价值高下之一基本标准。

第五节　心灵生命物质之价值之等差原则

吾人以上曾谓一事物之具正价值，而又能引生具正价值之事物，或通过具负价值之事物，以实现正价值者，其价值较高。又谓具同等价值之事物，多多益善，而能以少涵容多者，其价值愈高。吾人今即可据此以确立生命之价值之高于物质之价值，心灵之价值之高于一般自然生命之价值，为价值选择之第四原则。生命之价值之高于物质之价值之理由，在物质之本身纵有一价值，然其不能生殖，则不能由其自身以引生出同类之价值之实现。而心灵之价值之高于生命之价值，则以唯心灵乃能认识一切有价值之事物，而涵容之。由此涵容，则可进而了解此一切事物之价值，而加以肯定，加以欣赏，加以爱护。而此能爱护一切有价值之事物之心，即吾人前所谓仁心之充量发展，乃一切事物之价值之所依恃，因而为宇宙间最有价值之事物，亦人生之一切价值之根原。此亦为吾人本部第四章价值之种类及次序最后二节，所已详论者。今可不复多赘。

吾人如知仁心为宇宙间最有价值之心，则人无论对客观自然及对其自身，皆不可徇物以丧生，亦不可求生以害仁，而人唯当利物以厚生，亦或当杀身以成仁；而此二者尤为中国先儒立人道之要义，其理由亦可得而略说。

吾人如深观人类之苦难与罪恶之原，吾人不能不承认人之恒易于徇物以丧生，亦易于求生以害仁。人之所以徇物丧生，非因物之无价值也。口之于味，耳之于色，四肢之于安佚，得之皆有乐存焉，不可谓无当下之一价值也。此厚味、美色、淫声、可使人陷溺于感觉之性相中所呈之和谐，亦一事实也。然人之沉沦物欲而不返，则五色令人目盲，五音令人耳聋，五味令人口爽，而人之整个之生命，则随五官之感觉欲望之四向驰逐而分裂，则生命乃日近于死亡。此忘生而徇欲，乃古今中外之圣哲之同所深耻。耻之者何？因此徇欲之事，皆求一时之欢娱，而不顾来日之祸患，以当下之一正价值之寻求，而不顾其所引生之负价值，以今日之酒，致明日之愁，以今日之生，速明日之死，而违于肯定整个生命之价值之当然之理也。反之者，则为宁忍一时之苦痛，以求整个生命之存在，如毒蛇在手，壮士断腕之类。而此则合于当然之理者也。

人除恒忘生徇欲以外，人又恒求生以害仁。仁者不只肯定其自己生命之价值，亦肯定他人生命之价值；不只肯定其生命之价值，亦肯定其自己及他人之心灵人格之价值。凡有悖于此者，皆为害仁之事。而害仁之事亦不止一端。一切残害他生以自顾己生之一切事，皆不仁也。而从井以救一人，如杀一人，以救一人，亦不仁也。故仁者非不爱己之生也，爱己之生而亦爱人之生也。然由仁者之能爱己生，而兼及他人之生，则已见仁者之有一超乎己之生之心量存焉。此超乎己之生之心量之所涵，又不仅只求他人与己，皆饱食暖衣以生存而已。此心能知天地之美焉，能知万物之真焉，亦能自觉其所涵者之可无限，而通于神明之德焉。此心能自觉其异于土石与草木与禽兽，而不只以求此身之生存为事。以心推心，又知他人之亦有同类之心，而同不只以求此身之生存为事。于是人乃有自敬亦敬人之心，遂相待有礼而不忍相慢，相处有义而不忍相凌，言必有信而不忍相欺，使足以达其自敬敬人之心，而于自己之行为与他人之行为之悖乎此者，则有智以知其非是，而有迁善改过之学，及与人为善之教。此皆仁者之心之所涵也。然当人只求其自己之生，只求足其一己之欲时，则可忘其一切异于禽兽之德，而不惜视人如禽兽，而不知敬之。去礼义而泯是非以相处，则无论其相利用以求共生共存，或相斗争以各求独生独存，皆人之苟生苟存，而求生以害仁之事，为人之所耻。斯时也，若有他人必欲使之行其所耻之事，如他人欲去其自觉异于禽兽之心，而视之如禽兽，与以嗟来之食，则彼将宁死不食。又如他人之必欲其作杀人以媚人之事，或颠倒是非以谤毁贤哲之事，则志士仁人，于此亦因早已自证其心愿，超溢乎其个人之生存之上，而确然有以自信，遂亦能宁死不屈，而乐杀身以成仁。此非因其不知生之价值而不欲生也，唯其亦确知有更高于生命价值之心灵价值，而所欲有甚于生者。故宁择此所欲之甚于生者，而不惜一死也。死者身，而成者仁心。此仁心之所及，既自始至终，皆能超溢乎此身之生之所及，则亦不以身之存而存，不以身之亡而亡，其英灵亦将永在，以昭垂千古。此皆非文人笔下之辞，而为杀身成仁者之所实证。是则待于读者之将本书凡涉及心灵之处会通，而自得之者也。

第六节　适合原则

人之实现价值，尚有二原则，乃与吾人实现价值时，所在之具体情境，密切相关者。此一为适合原则，可称之为价值选择之第五原则；一为次第原则，此可称为价值选择之第六原则。二者似皆可卑之无甚高论，而实亦甚重要之原则。所谓适合原则，乃谓一特定之人在一具体情境中，只有由某方式以选择某事物，乃能与人求实现价值之意识相配合，并不相抵触而说。此某事物之适合与否，乃纯因各特定之人，所在之具体情形之异而异者。故适于此人此时此地之此人者，不必适合于在他时他地之他人。然此求适合之原则本身，即可为一普遍之原则。依此原则，而人须如实了知：其为一特定之人与其所在具体之情境之唯一性无二性。由此而吾人应用以上之一切选择之原则，于一具体情境中，以从事选择时，此上之一切原则，同须受此适合原则之规定与限制。

所谓适合原则之应用于选择，其最简单之例：如人之选一衣服，须求适合于其身体，选一职业，须适合于其兴趣与环境，选一配偶，须适合于其性格上、生活上之各方面之情形。以至吾人可说在一历史书中，插入一数学公式为不适；在一水墨画中，插入一彩色人物为不适；在正以食物救济饥饿中之难民时，与之谈庙堂中之礼仪为不适。而人之忽改易其平日之所为，以模仿袭取他人之所为，如颜渊忽学子路之直率，诸葛亮忽举张飞之粗鲁，文天祥死时忽学金圣叹死时之滑稽，同为不适。此不适者之成为不适，不在其自身之全无价值，亦不在人之置一不适者于某场合中，即犯一道德上之罪过，或思想上错误。亦非与人之美感必然相违。因此不适，亦可产生一种滑稽美。不适者之所以不适，唯因其所涵之价值，与某场合情境中之人与事物所表现实现之其他价值，有一不相干，而若为一外来之插入者。如小孩穿一大人衣，此衣即显为与小孩身不相干者，亦与此小孩之活泼中所表现之价值，为不相干者。而此衣之本身无论如何美丽，此美丽之价值，即皆成不存在，而非有价值者。此非有价值者之存在于此，即与吾人求有价值者之存在于此之意识，有一抵触。故吾人必须求去除一切不适者。反之，所谓适者，则为与人于所在之场合情境中实现价值之意识，能相配合，不相抵触者。至于其是否与其他价值有相引生或相促进之情形，则不一定。此不相抵触而适合之感，亦可归于忘此适合者之存在。故庄子谓"忘足，履之适也；忘腰，带之适也，……始乎适而未尝不适者，忘适之适也。"故依适合原则，以从事选择，人尽可不觉有特殊价值实现，而此不觉有特殊价值之实现，正可为一适合的价值之真正实现之证明。

第七节　次第原则

与人之实现价值时，所在之具体情境密切相关者，尚有一原则，即上述之第六原则，次第原则。此所谓次第原则，乃是如何由吾人所在之具体情境，以实现一理想之价值时，所当遵守之原则。依次第原则，无论吾人所视为理想的最高价值者为何，吾人之实现之，皆必依次第原则。次第原则之所以重要，由于此理想恒不能骤达，而吾人之实现理想之事，遂亦必自当前所在之具体情境开始。世俗之人，欲贵为天子，富有四海，名满天下者，固不能一朝而实现其所愿。而拔乎流俗之士，欲立功立德，泽被生民，或志在为"富贵不淫，贫贱不移，威武不屈"，而"不求生以害仁"之圣贤者，亦同非一蹴即就之事。由是人欲实现其有价值之理想，则必遵守次第之原则。遵此次第原则，以实现价值，则必使至远者约之至近，至大者约之至小，《中庸》所谓"行远必自迩，登高必自卑"；老子所谓"为难于易，为大于细""九层之台，始于垒土，千里之行，始于足下"；而使一切生心动念，皆自当前之此时此地所在之具体情境开始。其所以必当如此之理由，乃在不依次第原则，无理想之价值，能实现；而一切不依次第原则而欲实现理想之意志行为，皆为依于幻想而生，毕竟无效果，亦无价值者。明知此为无效果无价值，而为之，即为狂妄之行。反之，人能舍此狂妄之行为，而遵次第原则，以求实现价值，则本身为一有价值之选择。

依次第原则以实现价值，一切事皆当从人所在之此时此地之具体情境之近处、小处，切实可行处开始。此最切近处为何？即辨此当前之生心动念言语态度行为之是否皆为有价值，并去其无价值或负价值者，而实现其有价值者，以迁善改过而已。

吾人写字欲好，则一笔不好，即一过；吾人言语欲达意，则一字不妥，即一过；吾人与人应对须尽礼，则偶然慢易，即是一过。而此当下之改过，即为依次第原则，以实现价值者。此亦人当下可用力，而时时处处可用力者。

此种欲人于切近处实现价值之教，似可将人之心灵自限于卑近；人又恒觉在当前之此时此地，似无客观之价值标准，以使吾人得辨别何为绝对之有价值，此标准似必待外求而后可得者。故吾人必须补足以下文之义。

吾人须知所谓于切近处实现价值之教，决非使人心灵自限于卑近。盖吾人之心灵之所驰思，自始即上天下地，古往今来，无能得而限制之者。然吾人复须知，吾人之心灵之驰思，自动而起者，可无远弗届是一事；而吾人对其每一自动而起之驰思，吾人皆可反而加以自觉，又是一事。有此自觉，则吾人对此任何自动而起之意念，皆无不可加以一价值之估量，而施以拣择之工夫。此处，吾人无一反省则已，有一反省，便知何者为私，何者为公，何者为当有，何者为不当有。此为纯属道德方面者。即纯属思想方面者，吾人思一科学问题，哲学问题时，初起之观念，亦多为自由联想而生之观念；及吾人加以反省，而一一估量其真理价值，亦多可知其或为多余，或为错误，或为似是而非者。此外，在应事方面，则吾人仓促间所发之意念，亦可由一当下之反省，而见其或足以成事，或见其足以败事。凡此等等，皆是反省多一分，则对其价值之辨别增一分。而此反省之事，亦并非必待夜深人静，乃能独居默想，而尽可是才一动念，即加自觉，以估量其价值者。人之动念，固上天下地，无所不运。此反省自觉，亦可与之俱行，而无不运，以估量其价值，而或挥之使去，或存之于心。即见此估量价值之心，恒在当下。而当此价值之估量既毕，而有所决定，以见之言语行为时，此言语行为，亦在当下。然此当下之言语行为之意义与价值，则与吾人之有价值之意念之所及，同其广大。若此意念在天下万世，则此当下之言语行为之价值，亦即在天下万世。此中初只容向内看，不容从外看。至于从外看，则吾人之言语行为之善之影响所及，其由近至远，亦非人之所能意料。《易传》谓"君子居其室，出其言善，则千里之外应之；……出其言不善，则千里之外违之。"然此处人亦不当只看功效，而只当由造因，以使之自然致果。若必欲一朝致果，此仍是不依次序原则以用思，而为幻想与狂妄；去此幻想狂妄，而唯以当下自尽其心为事，亦即在切近处实现价值之一涵义。

第八节　理性原则及其与以上各原则之关系

至于吾人如何知吾人之意念行为之必有价值者,其最切实而当下应用以作选择之标准者为何?此即理性原则,此可称为价值选择之第七原则。吾人可说一切意念行为之凡合理性原则者,即必有价值者。所谓合理性原则之意念行为无他,即"可普通化,凡吾之过去未来,或他人之过去未来,在同样情形下有之,皆为吾所肯定为有价值"之意念行为。此可普遍化与否,即一检定吾人之意念行为所实现之价值,与其他人之意念行为所实现之价值,是否相冲突之标准。凡价值相冲突,即有价值之相毁,而无价值之冲突,即无相毁。凡可普遍化之意念行为,即皆为原则上,可不相冲突,其相冲突,皆由与不能普遍化之意念行为,相夹杂而来者。故爱人,守信,求真,求美之意念行为,与求个人之名誉权力之欲相夹杂,别人与人可相嫉妒,而其求真求美之事,遂可相冲突。而吾人所有之一切意念行为,凡可普遍化者,亦即皆可以成为法则者。于是一切依公的法则,或依公心,而生之意念行为,亦皆合理者。而在人与人之伦理关系,社会关系中,若欲检定一人之意念行为是否合理,即当反省,人如此对我,我是否以为然。此即西方所谓金律,及中国所谓恕道之义。此恕之义虽简,然其应用之范围,则可及于一切人与人之间之一切相待之意念行为,而最切实易行者。至由此所衍生及所关联之道德行为规律,吾人应在伦理学中,加以研究。

我们可说理性原则,乃价值选择之根本原则,我们以前所提出之质之原则、量之原则、具本身价值者高于只具工具价值之原则、及心灵生命物质之价值之高下原则、适合原则、次第原则等,皆可统于此原则之下。因质之原则之所以建立,即由我们肯定正价值之为正价值,故我们爱好正价值,则当爱好一切正价值,而去除一切负价值,并转化具负价值为具正价值者。我们之所以有量之原则之建立,重数量、时间量、空间量、强度量、涵容量之多,亦由我们肯定一事物之价值,即当依理性而肯定一切同类事物之增多之价值。又我们之论具本身价值者高于只具工具价值者,人不当为别无价值或价值较低之手段事物,而忘却牺牲吾人原初之目的,亦依于吾人之理性的活动,不能自相矛盾,以自悖其初衷。我们论生命之价值之高于物质之价值，仁心之价值之高于生命之价值，则依于生命之能继续生起生命，仁心之能护持一切价值。我们肯定生命之价值，原即当肯定其继续生起之生命之价值，我们肯定价值，亦当肯定"此能肯定一切价值之仁心"之价值。此皆同依于理性之当然与必然。至于适合原则之建立，则伙于求吾人所实现之价值，与当前具体之场合情境相适合。在不同之场合情境下，有不同之适合者，此本身为一理性上之普遍原则。至于次第原则之谓吾人实现理想，须自实现理想于我之当前所接之现实，使之表现价值开始，进以求贯彻始终，即所以使此理想普遍的实现于此贯彻始终之次第历程中。而此亦为对一切人同有效之理性上之普遍原则。故此上述原则，皆依于人之理性而立。而理性原则，亦即上述之一切原则所由建立之总原则。

第九节　超选择之境界

吾人如真能依理性原则，以选择吾人所体验所实现之价值，吾人即可逐渐使一切具负价值或无价值之意念行为，皆逐渐被淘汰，最后即可渐至，生心动念，与一切行为中，皆更无不合理之成分。此在道德上即孔子"从心所欲不逾矩"之境界。艺术上即庄子之"得于心而应于手"之境界。在思想上即更不经尝试错误而直接与真理相凑泊之《中庸》所谓"不勉而中"之境界。在言语上即宋明儒所言"才问即答，更无安排假借"之境界，在日常行为上，即《中庸》之"不思而得，从容中道"之境界。在此处，人之意念行为，即全幅是天理流行，善善相继，或价值之不断实现历程。此即人成圣而与天合德之境界。至此境界，则人于价值之选择，已达至精至粹之境，而更无待于选择。人生之一切选择之最后目标，亦终将求选择此一超选择之境界。此在基督教称为神智神意之境界，唯神能达，非人能达者。在儒家称为圣人之"寂然不动，感而遂通"之境界。在佛家则称为"由分别以达无分别，而成无分别之分别智"之境界。然吾人之限于思辨范围内之哲学，则终不能达此境界，而只能指出此境界，而视为一超越之理想，以表示吾人之哲学之价值之限制而已。

价值选择之原则　参考书目

吕坤《呻吟语》。

洪自诚《菜根谭》。

关于中国思想中论价值选择，即择善之言，多不胜举，然不重抽象原则之提出。今介此二书，取其切近具体之日常生活，以辨是非利害得失之论。

W. M. Urban: Valuation its Nature and Laws. Allen and Unwin. 1909.

The Intellegible World 又名 Meta physics and Valae. 1929.

尔本《论价值选择之原则》一为目的价值高于工具价值；永久价值高于暂时（Transient）之价值；能生产的价值，高于不能生产的价值。

F. Mietzeche: Thus Speak Zarathustra, 及 Beyond Good and Evil。尼采主对一切价值之重新估量 Transvaluation of all value，一般之价值之原则之讨论，对尼采皆无意义。此与本章之肯定若干原则者相反。然尼采之求超越机械的原则之呼唤，亦正为使人能兼认识不同原则，而活用一切原则者。则其说与本章所言相反，而亦相成者。

第九章 人道之实践

第一节 哲学问题之超拔与实践工夫

我们在上章论价值之选择，此即中国先哲之书如《中庸》所谓"明善""择善"，并所谓"明辨之"之事。然《中庸》言"明辨之"之后，为"笃行之"，言"择善"、"明善"之下一步事，乃如何"固执善"而"诚身"；即皆指在实际的生活行为中实现价值之事。而我们在上章言价值之选择之原则，论及次第原则处，亦说明在"此时此地"之切近处，实现价值之重要，与此并非使吾人心灵自限于卑近之义。吾人今即本此义，而以人道之实践为题，以论人在日常生活中实践人道时，当如何用心。在实践上，重要的事，不是讨论一般所谓哲学问题。讨论问题时，我们之思想，不免左顾右盼，而实践之事，则要停止此一切左顾右盼，而直下用工夫。故吾人以下，不再取贯于全书之讨论之方式，而只将人在日常生活中从事人道之实践时，当如何用心之数点，直接加以指出。

第二节 "自觉我是人"之哲学道路

我们在日常生活中，从事人道之实践时，我们用心开始处之第一点，即"自觉我是人"。本来我们都是人，但我们不必能自觉我之是人。此所谓自觉我是人，依中国先哲说，重要者在自觉人之异于禽兽者之"几希"。孟子说："饱食暖衣，逸居而无教，则近于禽兽"。我们以前引王船山先生曰："学者但取十姓百家之言行而勘之，其远于禽兽者，百不得一也。营营终日，生与死俱者何事？求食、求配偶、求安居已耳，不则，相斗已耳，不则畏死而震慑已耳。众人者，流俗也。流俗者，禽兽也"。

船山先生之话，或意在激励学者，但我们真细想来，人要真自觉其所以别于禽兽，亦实非易事。

人欲自觉其所以别于禽兽之道，一是由理入，一是由事入。由理入，是真知人在宇宙间之地位，由此而知人性所以别于禽兽之性，以及别于其他之一切存在之性。此即走向哲学之思维。由事入，是由其实际生活之实表现人性，而别于禽兽之处，再反映之于人之自觉中，而自觉其别于禽兽。此则只先赖于人性之自然之表现，与陶养人性之教化之存在，而人能自觉其意义。此并不必经过种种哲学之思维。

但是在本书是论哲学，则人亦可纯由哲学之思维，以知其所以别于禽兽之处，而自觉其所以为人。而在哲学范围内说，人之最切近的自觉其别于禽兽等之道，则正是试想：禽兽能有哲学吗？人何以能成为哲学的动物？

我们在本书讨论了很多哲学的问题。由人类知识，至宇宙存在，由宇宙存在，至人生价值。读者是人，著者与其中所引之东西哲学家，都是人。我们试问，我们大家何以能想此许许多多之艰难的问题，而乐于研究此许许多多之艰难的问题，以至劳心焦思，废寝忘食？这果直接与我们自己个人之饱食暖衣逸居，有何相干？则我们可立即由我们之能学哲学以证明了我们之人性之不同于禽兽。我们都不是船山先生所谓禽兽，当然更不是唯物论者所谓物。因无物能成唯物论之哲学家。我们亦不是全知全能之神，因全知全能之神，已知一切已能一切，亦无用劳心焦思，以研究哲学。我们之学哲学，只因我们是人，而非其他之存在。故我们之反问：我们之何以学哲学，亦即一最切近的自觉我是人，而非其他存在之一条道路。

在我们之学哲学之历程中，我们实最易见，我们之人心之一性质：即其所思者，恒能上穷碧落，下达黄泉，前通千古，后达万世，无得而限定之者。因我们学哲学时，我们于此是要研完整个知识、宇宙存在及人生价值之种种问题，而求将其中之矛盾冲突，加以销除，其贯通关联之处，加以指出。不管我们在实际上之能否全达此目标，然而人心之思想之求无所不运，以究天人之际，通古今之变，则在人开始学哲学时已是如此，乃可由人之一念反省而自明者。由此而我们之自觉我们是人之一事，即当为自觉我们之为"有此一种无所不运之能思想之心灵"之存在。即我之为人，乃一有如此之心之人，而非只有"一处于万物中之身"

之人。此处即撇开我们以前一切对此心之存在之讨论与指证，我们亦可向每一读者，直接指证此心。即你之当下之学哲学之心，了解此书所说之心，以至了解此当前之一句话之心，即是如此之一心。此心乃必然存在，不容怀疑，只有直下承担，加以自觉。因人如要怀疑此心，而自谓无此心，只有此身在万物中，则须知此自谓无此心者，仍是此心。而此心之所以能自谓"无心"，只注念于此身，并说只有此身在万物中；亦正证明此心之原为一不受限制，亦不受其自己之限制，而无所不运，以及于其身，而能知其身之在万物之中之故。然而将此心之运及于身与万物者拉回来，进而自觉此心之具此能无所不运，而廓然大公之性，则为一切哲学智慧之门。此亦即由哲学以自觉人之所以为人，而知人之其他种种"由心之能无不运，廓然大公而生之求真、求美、仁民爱物之性，以实践人道"所由之路。

第三节 "由人性之真实表现处自觉我是人"之道

　　但以上所说的，亦只是一对学哲学的人，求所以自觉其人之所以为人之路。对不学哲学的人说，则人要自觉其人之所以为人，亦不必用以上之方式。人尽可由其任何自然的人性之表现处，人类教化之存在处，自觉人之所以为人。而世间之最大的哲学，亦实当为能由人之任何自然的人性之当下的表现，人类之教化之当下的存在，以对于其所以为人，当下加以指证，以使人自觉其为人之哲学。而此亦是不专门学哲学的人，人人所能自明自悟之哲学。而我们学专门之哲学者，如真悟得我们之有一无所不运之心，则最后亦当使此心，运于所谓专门之哲学之外，以了解此最大之哲学。此最大之哲学，是一超系统，而真正无所不在，亦可超言语，而可只系于人人之一念之自悟之哲学。此即中国之孔孟所传，宋明理学家所述，西方之《新约》所示，印度之佛经所讲之哲学之主干。然亦满街之愚夫愚妇，所能共有之哲学。

　　孟子说："一箪食，一豆羹，得之则生，弗得则死，呼尔而与之，行路之人弗受，蹴尔而与之，乞人不屑也。"我们以嗟来之食与禽兽，禽兽并不因而不受，然而人则可不受。何以人不受？此只因人直感其不同于禽兽。然此不同于禽兽者何在？人不必能自觉的加以说出。但人之不愿他人以待禽兽之态度待之，而于此表示不屑，即把他之异于禽兽，用行为加以"说"出了。

孟子说："今人乍见孺子，将入于井，皆有怵惕恻隐之心，非所以内交于孺子之父母也，非所以要誉于乡党朋友也，非恶其声而然也"。人之见孺子入井，而生怵惕恻隐之心，可不管是谁家的孺子。此明是不同于自己之饱食、暖衣、逸居之事。而世间亦无一禽兽能有此心。则此怵惕恻隐之心之存在，亦即直接是人性之表现，而直接将人与禽兽之异处"说"出了。

孟子又说："盖上世尝有不葬其亲者，其亲死，则举而委之于壑。他日过之，狐狸食之，蝇蚋姑嘬之，其颡有泚，睨而不视。夫泚也，非为人泚，中心达于面目，盖归反蘽梩而掩之。"人于其亲之尸之暴于野，会其颡有泚，而知葬其亲，此亦不属于人之饱食、暖衣、逸居之事。然而禽兽却无一能知所以葬其亲。人能葬其亲，祭其亲，爱其宗族与民族，无数孝子忠臣之行为，即由此出。而此一切行为，亦将人之异于禽兽之处说出了。

我们要由此人性之表现于具体行为，一一加以举例，是举不完的。然而亦正因此，而后人性之存在，才是随处可以就事指证的。我们可否对人性作科学的研究，或哲学的分析？这当然可以。但是此研究与分析，是否即能穷尽人性之内涵？则我们之答案：是不可能。何以不可能？此因此人性永将在人之具体生活中，有继续不断的新的表现。然而我们要实践人道，却并不待于我们之在知识上之先穷尽人性之内涵。若必如此而后可实践人道，则此研究与分析，永无终止之日，亦即永无实践人道之日。

然则实践人道自何处始？则我们之答案实亦无他，即随处就人性之真实表现处，加以自觉，而充量的加以表现。此即实践人道之始也。此仍可就孟子之言来说。

孟子说"人能充无欲害人之心，而仁不可胜用也。人能充无欲穿窬之心，而义不可胜用也。"

一普通人谁愿害人？又谁愿为偷盗？此岂非人人现成具备之心？但人之不愿害人之心，即人之不愿人受害之心。人之不愿偷盗之心，即尊重人之所有之心。如我们真不愿人受害，我不害人，则人害人，我当怎样？人不害人，自然之洪水、大旱、疾病害人，我当怎样？自然不害人，他人自己害他自己，而放纵堕落，我当怎样？则充我不愿人受害之心，我岂不当同时求人与人之不相害，求自然之不害人，求人之不自害，而望欲除天下之一切害，兴天下之一切利？我岂不亦可如"稷之思天下有饥者，犹己饥之，禹之思天下有溺者，犹己溺之，尧舜之思天下之民，匹夫匹妇不被其泽者，若己推而纳之沟中"？则充我之无欲害人之心，我之爱人之仁，岂不即成为一无限量而不可胜用之仁？如我们真能尊重人之所有，而不侵犯人之财物，则我又岂能侵犯人之人格，我又岂能不尊重人之人性？但我尊重人，人不尊重人，人侵犯他人之所有，我当如何？我对一切人与人间之强凌弱，智诈愚，众暴寡之事，当如何？我对一切有才、有学、有德之人，沉沦在下位，无人尊重之事，当如何？我对人间一切由人不相尊重而生之不平事，互相阻抑其才能之发抒之事，我当如何？我尊重人之所有，人之财物，与其人格人性，而人不自尊重其自己所有，而且浪费其财物，败坏其人格，斲丧其人性，我又当如何？则充我之尊重人之所有之心，我之义所当为，岂不又成无限量而为不可胜用之义？是见世间之大仁大义者无他，实唯是此平平常常之"无欲害人，无欲穿窬之心"之充量而已。此充量之事，由何而来？亦唯在人之能自觉此人性之表现于平平常常之"无欲害人无欲穿窬之心"，而真识得此心之所以为心而已。

吾人真能明此一例，则知实践人道之始，并不待远求，并不待对人性有穷尽之研究与分析，而唯待人之就此日常生活中，人之异于禽兽之性之自然表现处，而加以自觉，以知其所以为人。此即实践人道之开始，此之谓"道不远人"。此之谓"道在迩"而不须"求诸远"，"事在易"而不须"求诸难"。而此亦即中国先哲所谓"极高明而道中庸"之哲学之归趣。

第四节 "自觉我是人之一"及我之人性与我性

自觉我是人之外，人从事人道之实践时，应有之进一步之自觉，是"自觉我是人之一"。我们上所谓自觉我是人，是从自觉我之所以为人之人性说。自觉我是人之又一涵义，则是自觉我是人之一。我是人之一，本来是一极平凡之事实。但我们要从最切近处，论人道之实践，则自觉此极平凡之事实之意义,亦是万分重要的。因我虽本是人之一,但我们可常忘了我是人之一。譬如我们在研究哲学时,因我们之心灵,可上天下地,古往今来,无所不运,我们这时就常把人类与万物,只视作一客观的对象来研究。我之哲学的心灵,便好似居于一切人类与万物之上,于此即可产生种种的狂妄的心情,而自居于超人之地位。此外一切的野心家与以英雄自居之人,亦常欲高居人上,并常误认一切凡禽兽之所不能,而人之所能者,(如一切我慢我贪之种种罪恶),即为人性所在,而加以放纵,更无忌惮。此皆可归根于人之忘了"我是人之一"之一极平凡之事实中之涵义而来。

我是人之一之涵义,是我以外还有其他之人,此其他之人,与我同为人,而外在于我,一方与我发生种种人伦关系,一方亦为我之一外在的限制。我与人同为人,在事实上与道理上,是必须自觉的加以肯定的。依此肯定,则我们应当分别我之"人性"与我之"我性"。什么是我之人性?唯有我与人所同有,并同可加以自觉,而同可加以实现、发展、完成者,乃是我之真正的人性。此人性,亦即是在原则上合乎理性,或依理性而生的。如我有求知之性,人亦有。我求知,不碍人求知,故人与我同可发展此性。此外,上所举之人之不忍之心,羞恶之心,皆此一类。

但是我们可说我之为我,亦有我之我性,此我之我性,有好坏之形态之表现。其坏的形态之表现,即只知我而不知人。由此只知我而不知人,则人可自视为在人之上,在人之外,而有种种自高自大,我慢我贪,或损人利己,奴役万众,鞭笞天下,以奉一身之无穷罪恶。此无穷罪恶,乃非禽兽所有。而人在此,亦可不如禽兽。毕竟此我之性之坏的形态之表现,由何而来?其理由亦甚为深微。今简单答复,即亦依人心之性而来。我们之人心之性,本来是可无所不思,无所不运,而无限量者。此原是人之尊严所在,亦是人之各种德性之一原。但是我们之此心之性,却可与我之为唯一特定之一个体之我之观念结合。于是将此特定之个体之我,视为一无限量之存在。由此而我们即可心中只有我而无人,乃视人皆如只为满足我之一切要求之一工具,或一外在的一客观对象。而一切唯我独尊、自私自利之罪恶,即皆从此出。然而实则我们之此种我性,并非我之真正之人性之表现。因我固然可说我之心之性,是可无所不思,无所不运,而无限量者。但他人之心之性,亦复如是。我之个体之我,固然是一唯一特定之我;但他人之我,亦是一唯一特定之我。故依我心之理性，我应当肯定我之我，亦当肯定人之我。我之我，是一主体，他人之我，亦是一主体。则我不能只视他人之我，为一客观对象，亦不能以他人为一满足我之要求之工具。如我可视他人为满足我要求之工具，则他人亦可视我为满足其要求之工具。然而我决不愿只成为他人之工具，则我亦不能视他人为工具。我决不愿他人损害我以利其自己，或对我傲慢奴役，而居于我之上；则我亦即不当损人以利己，而对人傲慢，奴役他人，自居人上。此乃依于我之理性而知之人我平等互待之道。唯由此理性，而知之人我平等互待之道，乃出自我之真正之人性。依此人性，则我只能视我为人之一，而不能目中无人，唯我独尊，自私自利。此即足以绝去一切我对人之一切罪恶之行之根。依我之人性，以视我为人之一，而与人平等互待，此仍是出于我，而依于我之我性。但此中之我性之表现，却即是我之人性之表现，二者合一而无别。此即为我之我性之好的形态之表现。此与我之人性合而为一之我性之好的形态之表现，可使我成为能尽我之性，亦即尽人之性者，最后亦可使此我成为"万物皆备于我"之我。然我们要有此我之我性之好的形态之表现，却必须以自觉认识"我为人之一"为媒介。我如不能先自觉的认识我只是人之一，与人平等互待，则亦不能成就我之我性与我之人性之表现之合一，而使我成"万物皆备于我"之我。

由自觉我是人之一，知在我之外还有无数的人，则人对人之最根本的道德，即为一方自尊自敬，一方尊人敬人。自尊自敬，是原于自肯定其自己之人性之无上尊严；尊人敬人，是原于肯定他人之人性之无上尊严。由此自尊尊人，而呈现我与人之人性的尊严之超越的统一，亦即所以呈现我之我性与人性之合一。如将此自尊尊人分别言之，则我在独居时，以自尊自敬为主，当求念念有以自别于禽兽，以清明在躬之心，使志气如神。我在群居时，则当以尊人敬人为主，而不敢以非礼之行待人。在与人交接之事上，此与人平等相待之心，则表现为最平凡而最切实的忠恕之道。忠是尽己之力，以作人所付托于己之事，恕是推己以及于人。而恕之用尤大。能行恕道之人，于凡我所不欲人之施于我者，我皆不再施于他人。如我们前所谓我不愿人对我傲慢，则我不对人傲慢，我不愿人损我，我即不损人等，皆依于恕道之实践。而此恕道之实践之效用，亦不仅可使我自己一切自私自利之罪过之根，得以拔除，亦使他人之一切罪过之表现流行，至我而截断。我们看人间之罪恶，恒有一自然的继续表现流行之趋向。如强凌弱,弱者即转而凌更弱者;智欺愚,则愚者转而欺更愚者;上司侮辱下属,则下属再侮辱其更下之下属。此类之例,不胜枚举。而其所以产生,则缘于人恒有一依其所受者之如何,再施于人之自然趋向。而恕道之大用,则在根本截断此罪恶之流行之自然趋向,使一切罪恶之流行,至于我而止。又从我之所不欲于人者,我又不特可知,人之所不欲于我者,而亦知人之所欲于我,及我当以之待人者。如我弱,不欲强凌我,我不特可知人之弱者,不欲我之凌他,亦知弱者所欲于我者,乃我对之之同情与扶助,而我即可知我对弱者之所当为。由此而我能依恕道以行为,则我即可由我之所不欲于人,以及人对我表现之一切不善之行为,以知何者为人之所欲,何者为我对人之所当为。于是我们即可由世间之一切不善,以知我所当为之善,而此亦即最切近之知善明善之道也。

第五节 "自觉我是一定伦理关系中之人"之意义

"自觉我是人之一"之再进一步,是"自觉我是一定之伦理关系中之人"。我们说我是人之一,则我对我以外之一切人,皆应有一平等相待之相尊相敬之道,与忠恕之道。但是我们还不能否认一事实:即我虽可与一切人发生关系,但实际上我只能与少数的人,有一定之伦理关系,此即如中国先哲所谓,夫妇、父子、兄弟、朋友之伦理关系。在此诸伦理关系中,我们皆只与极少数人发生关系。然而在此伦理关系中之人与人相待之道,则为中国先哲所最重之人道。此中之理由何在,则可从多方面说,我们在本书第三部最后章,亦有所论,今再一申论之。

我们前曾说在确定的伦理关系中,人与我乃相互成为内在于他人之心灵之存在,亦即此中可有人心我心互相内在而相涵。此人心我心之互相内在,实为人与我依其理性,欲求其心灵或自我,普遍化其存在之意义,必然要求之一事。而吾人亦唯在直接之伦理关系中,方能以吾人之各为一具体特殊之唯一无二之人之资格,以互成为内在对方之心灵中之存在。至在其他种种人与人之关系中,则我与人恒至多只以抽象的人之一之资格,互存于对方心中,或我与人只以其人格之一方面互存于对方之心中。譬如我在街上走路,我不愿人挤我,则我亦不挤人,此中即有一恕道之实践。此时当然我心中有人，人心中亦可能有我；但此时我对人，人对我，皆只是"一人"或"一般性的人"而已，此外更无其他。此即上所谓我与人只以抽象的人之一互存在对方心中。至于在人与人同事关系中，则我与人只在从事同一之事业活动之一方面，相互了解，而相互存在于对方心中。其次，我之希望一切我自认为有价值之意志行为与人格，为人所欣赏，亦为我之求存在于他人之心中之道。由此而我可有种种荣誉之欲。然在此荣誉之欲中，恒有一自私之心，因此中我唯是求他人心中有我，而我之心中则不必有人，因而非真正要求我与人之心灵之互相内在而相涵者。而我之荣誉，亦恒只为我之某一方面之荣誉，我之具体特殊唯一无二之人格，并不能由我之名满天下，而存于天下人之心。至天下人之知我者，不必为我所知，则天下人更不必存在于我之心。唯有由我与人构成一直接之伦理关系，以有种种共同之具体生活，互悲其所悲，互喜其所喜……互敬爱，而又敬爱对方对我之敬爱，如吾人前之所论；然后人乃能互呈其具体特殊唯一无二之人格于对方之前，而互内在于对方之心；而使其具体特殊之唯一无二之人格，由存于他人之心，而普遍化其存在之意义，以满足其理性上之所要求。此即人间之伦理关系之所以为至珍，而人之伦理之道，所以为人道之一核心之理由所在也。

第六节 "职分与所在群体之自觉"

除自觉我是一定伦理关系中之人之外，人再应有之一自觉，是"自己之职分，与所在之社会团体，与所属之民族与国家之公共目的之自觉"。我们前说，我在社会所从事之事业活动，只是以我之一方面与人相接触。人在社会，亦恒只能从事某一种特殊的事业活动，如为农不能兼为商，执教不能兼从政。此即与人之心灵之有无限的价值理想，并皆欲加以实现之要求，似有一违反。然而人却并不能因其心灵之有无限的价值理想，而往从事无限之事业活动。此为事实上不可能者。而人道之实践，遂必须赖于我们之自觉此事实上不可能，而自限其在社会上所从事之事业活动，视此为我之职分之所在，并自限其对社会之主要责任，于此一定之职分之内。

由人之自限其在社会之主要责任，于一定之职分之内，人遂只能实现一限定之价值理想。此对照人之心灵可能有之无限之价值理想言，自可谓为人之一莫大之牺牲。然而此牺牲之所以为应当，则依于我们亦原不当使无限之价值理想，皆由我一人加以实现，由我一人包办一切加以实现之责。因如此责为我一人所包办，则他人将无责任可尽，而他人之人格价值，即不能实现。吾人说，人之独占天下之财物、名誉、权力，为一种自私。则独占一切对人类社会之责任，亦为一种自私。吾欲使我对社会有尽责任之机会，则亦理当使人亦有此机会。由此而我之自限我所尽之责任，于一定之职分之内，即为应当者。

然我之自限其责任，于一定职分之内，而我又同时望他人，亦各有其一定职分，以尽其责任；则我必同时要求，在我职分中所尽之责任，与他人在其职分中所尽之责任，能不相冲突，而相配合和协。因唯由此不相冲突，与配合、和协，乃能使我与人，皆各得尽其责任职分，并相互彰显其所尽之责任职分之价值，以成就种种客观存在之社会事业。而此种种客观存在之社会事业，亦即合以逐渐实现吾之一人所欲实现于社会之各方面之无限的价值理想者。

人与人由其事业活动所尽之责任职分之互相配合，而有种种成就社会事业之团体结合。每一团体中人，即以成就某一社会事业，为其共同之目的。由各种社会团体之结合，即组成国家。国家之强盛，即为国家中之公民之共同目的。由此而我欲使我所尽之责任、职分、与人相配合，以成就种种社会事业，我即必须求自觉我所在之社会团体之公共目的，及国家中公民之共同目的，而使我之一切活动，皆能与此目的之达到，不相违背。由此而我有当实践之种种对所在之社会团体及所在国家之道德。此皆可卑之甚无高论，而亦皆依于人性之深处而发，为人之实践人道时之所不可忽者①。

第七节 "我之唯一性之自觉"

在上述之各种人应有之自觉之外，尚有一自觉为人之所不能忽。即"我之一切所为，皆实现一唯一无二之价值之自觉"。我们如果真了解我

---

① 此义之详论见拙著《中国人文精神之发展》中《理性心灵与个人社会组织及国家》上下篇。

们之每一人，乃一特殊而唯一无二之具体人格之义，则不难了解我在不同时，于不同情境之不同行为，皆为一特殊而唯一无二之行为。由此而其所实现之价值，亦当为一特殊而唯一无二之价值。于此我们即不能说我之孝父母，只是孝一父母，而当说是孝唯一无二之父母；亦不能说我之爱我之国家，只是爱一国家，而当说是爱唯一无二之国家。故我此孝此爱，亦唯一无二之我之孝之爱。我在不同时，所表现之孝父母爱国家之一一生心动念，一一言语行为，亦皆各各为一唯一无二之生心动念与言语行为；亦一一皆为空前所未有，万世之后不能再遇。而其价值，亦即无任何他人之生心动念与行为，或我之另一时之生心动念与行为，所能加以代替；而在此义上，即具一绝对之价值者。

然此种觉我之任一时之生心动念与行为，皆具唯一无二之绝对价值之自觉，复可使人产生一极深之栗惧。即依此自觉，吾人之实现价值之事，遂若皆得为永得，而失亦可为永失之事。"树欲静而风不息，子欲养而亲不在"，此为未养父母所致之永失。"一失足成千古恨，再回头已百年身"，此为一切堕落之行为所致之永失。"一言既出，驷马难追。"此为一切不当之言语，所致之永失。而人之一切生心动念言语行为，是则是，非则非，当其既发，即为一已成之事实而不可挽。然人之能知及此义，则所以使人能谨言慎行于事先，研几慎独于心念之未动，以更忧勤惕厉者也。

凡此上所言，不外将人在日常生活中，从事人道之实践时，当如何用心，最重要之数点，加以指出。其余理论问题之牵连，则读者可复览以前诸章之所说。至于循此数点用心，人欲成为圣贤人格所经之工夫之历程，即种种修为之道，与所成人格在宇宙之地位毕竟如何，其气象如何？具体人格在人伦关系中之品德如何？具体行为之善恶是非如何判断？人如何具体实现社会价值人文价值等？则吾人于本书之始，已说明此乃属于圣贤之学、专门之伦理学及文化哲学"非此所及。又每一人之实践工夫之自身，乃属于吾人在本书第一部第一章一二三节，所谓行为界及超言说界之修养之学之自身，此乃一切可讲之哲学，所不能及，而为一切可讲之哲学之外限。其为本书之外限，亦无庸论。故本部止于此，本书亦止于此。

人道之实践　参考书目

孙奇逢《理学宗传》。

此书无程朱陆王汉宋之门户之见，由董仲舒以降至宋明儒者之言，皆依序加以选辑，以有助于人之躬行实践为宗旨。

李二曲《四书反身录》，此为将《四书》之文，句句引归身心，使人切问而近思之书。

Matin Buber: Betw en Man and Man. Boston. Beacon Press, 1947.

K. F. Reinhardt: The Existentialist Revolt. Bruce Publishing Company. 1951.

Matin Buber 重人与人间之我与你之关系，存在主义哲学，重人之实际存在地位之确认。此本与中国之重切问近思之人生思想相近者。但彼等仍皆喜由玄远处，慢慢讲来。而存在主义者中如海德格及萨特，皆与中国儒家思想相距甚远。海氏近老子，萨氏近杨朱。较与儒家近者，一为雅士培及马赛尔。前者之重人自己之存在情境之确认，后者之重道成肉身，皆与中国儒者之旨相通。唯彼等所言，因要适应西方之学术气氛，仍未能将一切高明之言，皆化为平淡浅易之日常语以出之，使人当下依之以行践。此即所以其与及中国儒者之言，终不能全同也。

拙著《中国文化之精神价值》第七章第八章《中国先哲之人生道德理想论》。第十三章《中国之人格世界》。

拙著《中国人文精神之发展》第一章，《中国人文精神之发展》，又第九章《理性心灵与个人》，《社会组织及国家》，第十三章《论精神的大赦》。

附录　阅读、参考书目

以下所录书籍，有较本书为浅近者，亦有较本书为更深者，要皆可足供参考或阅读。所录以中英文出版者为限。

（一）关于哲学入门书籍

一、《四书》朱子编《四书》，为初学至成学，所共必读者，亦近千年来之中国人所必读之书。吾人今视之为儒学或中国哲学之导论，亦未尝不可。

二、《近思录》朱子据宋五子之言，编《近思录》，依类而分，由道体以至个人修养与治道之各方面。此为宋五子之学之入门书，亦儒学之一概论性质之书。

三、《性理精义》清李光地奉诏编。李本人之学，虽无特见。然此书所选入之文，皆为宋明理学之重要文字。其依类而编，亦为具概论性质之者。

四、《诸子学派要诠》近人王蘧常。此书辑录古籍中总论先秦诸子之文，如《庄子天下篇》，《淮南子要略》，《汉书艺文志》，《诸子略》等，读此书可知先秦学术思想之大略。

五、《汉儒通义》陈澧编。此书亦依类以编辑汉儒论天道人道之言。著者之意在会通汉儒宋儒之学。此书亦可作儒学之一概论书看。

六、《宋元学案》及《明儒学案》之序录。分论宋元明各家学术宗旨所在，可作宋元明儒学之概论读。唯言简意赅，初学或不易了解。

《列子》《列子》为伪书。然其八篇，每篇皆分论一哲学问题，如《天瑞》即宇宙论问题，《力命》论意志自由问题。……此可作为道家立场之哲学概论书。

《华严原人论》圭峰著。此书论世间道及出世间道，可称为立于佛教之华严宗立场之哲学概论。

民国以来，国人所著之哲学概论书籍，多只限于西方哲学问题及哲学派别之陈述。较早者，为蔡元培所编之《哲学大纲》（商务版），陈大齐之《哲学概论》（北京大学出版），皆极简略。后有张东荪所编之《哲学》，李石岑之《哲学概论》，景昌极之《哲学通论》，周辅成《哲学概论》，范锜之《哲学概论》及《哲学大全》，温公颐之《哲学概论》，于本书付印期间，有吴康之《哲学大纲》。前二书于世界书局出版，景著南京书局出版，周著正中书局出版，范著温著吴著于商务印书馆出版。其中以吴著内容最多。温著以康宁汉（Cunninghan）之 Problems Of Philosophy 为蓝本。

康著另有世界书局庆泽彭译本。其余西人所著之哲学概论类之书,译为中文者有 Brightman 之 Introduction to Philosophy 译名《哲学导论》,(杨枝嵘黄谷仁译)。Jerusalen: Introduction to Philosophy,陈正谟据英译本重译。二者并由商务印书馆出版。又 W. Durant 之 The Mansion of Philosophy 译名《哲学概论》,至其: Story of Philosophy 一书,则译名《哲学的故事》,并由詹文浒译,世界书局出版。后者又有杨荫渭杨荫鸿合译本,名《古今大哲学家之生活与思想》自印本。此外 W. P. Montague 之 Ways of Knowing 一书。为一知识论概论之书,有施友忠译本(商务版)及钟兆麟译本(开明版)。亦可作哲学概论书。至于正中书局出版高名凯所译 B. Russell 之 Philosophy (译名《哲学大纲》),及商务印书馆出版瞿世英所译之 B, Russell: Problem of Philosophy (译名《哲学问题》),实只是罗素本人之一家言。

上列诸书,著者于哲学之功力不一,译笔亦优劣不齐。不必皆可使读者了解西方哲学问题之内容;然读者随意翻阅,皆至少可熟习若干哲学术语。至国人所著不名为哲学概论,而实更可使学者了解中西哲学之问题及内容之本身者,有下列数书:

张东荪《新哲学论丛》及《道德哲学》,并商务印书馆出版。前者介绍二十世纪初期之西方哲学,后者介绍西方道德哲学之各派,皆有著者之一番工夫在。

方东美《科学哲学与人生》,商务印书馆出版。本书对西方之希腊及近代哲学之精神之说明,乃融哲学、文学及科学理论,三位为一体以为论,最可启发学者对哲学之兴趣。

高名凯《现代哲学》,正中书局出版。

谢幼伟《现代哲学名著述评》。正中书局出版。此上二书介绍现代西方哲学,皆加一番融化工夫后之所著,不同一般稗贩之谈,谢著所涉及者尤广。又谢著《哲学讲话》(台湾中华文化出版事物委员会出版),并可参阅。

至于在西方哲学中之哲学概论类书籍,则出版者甚多。在英文中 I. H. Randall J. Buchler 所 Philosophy An Introduction Barnes & Noble. 1956. (此书闻近有台湾中华文化事业出版委员会译本)曾举出美国出版之标准的哲学教科书十七种。其中就我已见及之十二种而论,颇可分别代表不同之哲学立场。

W. E. Hocking: Types of Philosophy. Scribner 1939. 此书分哲学为六种型。即自然主义,实在论,唯心论,实用主义,神秘主义,以论其要义。著者之立场为客观唯心论。中文有瞿世英译本,世界书局出版。

A. I. Bahm: PhiloSophy an Introduction Wiley & Sons. 1953. 此书分论知识论与形上学之若干派别理论,而重其异同及对应之关系之讨论。著者之立场,为有机主义(Organicism)。

E. S. Brghtman: An Introdaction to philosoyhy. Revisd Edition. Henry Holt. 151. 此书重分别哲学问题而依次讨论,著者之立场为人格唯心论。

H. H. Titus: Living Issues in Philosophy. American Book Company. 1955。此书重由常

识及现代科学及现代社会文化问题，引入哲学者。

I. Hospers：An Introduction to philosophical Analysis. Prentice Hall. 1953. 此书重若干哲学问题之分析，其讨论问题之方法，颇受现代重逻辑分析之哲学之影响。但对逻辑经验论及理性论者之争辩，本书只分别陈其理由，而不为左右袒。此书并罗列练习问题于每章后，乃以读者之哲学思辨能力之训练为目标，而作之哲学概论。

C. T. W. Patrick：Intreduction to Philosophy. Revised edition. Houghton Miffin. 1952. 此书修正版，较重科学与哲学之关系，其立场，近层创进化论者，又本书每章所举之参考书较多。

I. A. Nicholson：An Introducto y Course in Philososhy. Mew York Macmillan. 1939. 此书不视哲学为一系统，而为一活动，乃选柏拉图、笛卡儿、休谟、康德、巴克来、孔德、罗哀斯数人之所著为例，加以分析，并说明哲学中之主要问题。

I. Maritain：An Introduction to Philosophy. Sheed & Ward. 1953. 著者为当今新多玛派之巨擘，其立场为新多玛派，唯此书内容欠丰富，须配合著者其他著作阅读。

B. Castell：An Introduction to Modern Philosophy. New York Macmillan. 1943. 此书分哲学问题为神学的、形上学的、知识论的、伦理学的、政治的、历史的六种，分别举代表性之哲学家之答案，加以说明，所征引之原文颇多。

J. C. Brennan. The Meaning of Philosophy. Harper & Brothers. 1953. 此书最简明，但太偏重征引美国之哲学家之言为材料，对杜威与怀特海甚推重，另无特定之立场。

L. O. Katsoff：Elements of Philosophy. Ronald Press. 1953. 此书亦简明。但所论之哲学问题，除知识论本体论宇宙论价值论中之问题外，兼论伦理学，及生物的、心理的、人类的、宗教的哲学问题。

P. Pap：Elements of Analytic Philosophy. New York Macmillan. 1946. 此书亦被视为哲学概论类之书。此书之立场纯为逻辑经验论，不免忽略西方之传统哲学。（如其书一处谓康德之十二范畴之说，直接来自亚里士多德之十范畴之说，即明显为一错误。）除上列美国出版之书外，英国出版者有下列之书。

A. C. Ewing：Foundamental Questions of Philosophy. London Macmillan, 1958.

C. E. M. Joad：Guide to Philosophy. Dover Publication. 1956.

此二书前者重分析先验知识、真理、物质、心灵、心物关系、时空、原因、自由、神等问题，重引人之哲学思辨以知直觉之重要。后一书较重哲学与科学文化之关系。

除明显名为哲学概论之书外，若干西方名哲学史书籍，而分问题叙述者（如 J. T. Merz 之《十九世纪欧洲思想史》中之哲学之部，即分问题将十九世纪之哲学之各方面，加以叙述此书有伍光建译本，商务印书馆出版）。此亦可作哲学概论读。此外，若干哲学名著之选集，其分选代表性之各派别之著作者，可作哲学史读，亦可作哲学概论之书读。如：

D. J. Bronstein and Others: Basic Broblems of Philosophy. (Selected Readings with Introduction) Brentice Hall. 1947.

此书依哲学之部门,分选各学派之代表者之一文,编辑成书。而前附导言,说明编选之旨趣。

C. M. Bakewell: A Source Book in Ancient Philosophy. C. Scribner's Son.

B. Rand: Modern Classical Philosophers. Boston Houghton Mifflin. 1952.

H. Fiegl and W. Sellars: Readings in Analytic Philosophy. Appleton Century Crofts 1949.

P. P. Wiener: Readings in Philosophy of Science. New York Scribner Song. 1953.

W. Sellars and G. Hospers: Readings in Ethical Theories, Appleton. Centary Crobts.

T. V. Smith: Philosophers Speak For Them elves. From Thales to Plato. The University Chicago Press. 1956.

T. V. Smith: From Aristotle to Plotinus. The University of Chieago Press. 1956.

T. V. Smith: From Descartes to Kant. The University of Chicago Press. 1940.

下列六书皆属 Mentor Philosopbers 丛书中 New American Library 出版,价廉易购。

A. Fremantle: The Age of Belief. 中世纪哲学选集。

G. SantiL ana: The Age of Adventure. 文艺复兴时代之西方哲学选集。

S. Hampshire: The Age of Reason 十七世纪之西方哲学选集。

I. Berlin. The Age of Enlightenment. 十八世纪西方哲学选集。

H. D. Aikin: The of Age Ideology. 十九世纪之哲学选集。

N. White: The Age of Analysis. 二十世纪之西方哲学选集。

Y. H. Krikorian and A. Edel: Contemporary Philosophical Problems. New York. Macmillan. 1959.

本书依问题分选若干现代西方哲学名家之著,而供专治哲学者之用者。所选之文,较上述一书,为丰富重要。

D. Runed: Twentieth Century Philosophy. New York Philosophical Library. 1943.

介绍二十世纪哲学各部门及各派别之文,共二十三篇。

I. M. Bochenski: Co temporary European Philosophy. University of California Press. 1956.

此书由德文译出,乃一对一般读者介绍数十年之现代欧美哲学之书。

W. Burnett: This is My Philosophy. Allen & Unwin 1958. (当代二十世纪思想家各写一文所编成。)

现有一切哲学概论及哲学史书籍之缺点,在皆不能兼以全人类之哲学思想为对象,以兼自东西之哲学典籍中取材。中国人所著之哲学及思想史经出版者,有胡适之《中国哲学史大纲》,梁启超之《先秦政治思想史》,钟泰之《中国哲学史》,冯友兰之《中国哲学史》。以上并商务印书馆出版。钱穆之《中国思想史》,中华文化出版事业委员会出版。但国人所编之西洋哲学史则甚少,盖只有黄忏华编之《西洋哲学史》,商务印书馆出版。张东荪、姚璋合编之《西洋哲学史纲要》，中华书局出版。及吴康之《近代西洋哲学要论》（华国出版社出版）。至西方人所著之西方哲学史，则甚多。自黑格尔之 History of Philosophy 以降，英文中之西洋哲学通史有下列诸书，可资参考。

俞伯维 F. Ueberweg Tr. N. Porter：History of Philosophy . 2 vols. Scribner 1880.

此书由德文译出，虽出版时间在十九世纪，但内容极丰富。

爱德曼 I. E. Erdmann Tran. W. S. Hough：History of Philosophy. Allen & Unwin. 1889.

此书由德文译出，乃本黑格尔之立场，以讲哲学史者。

温德尔班（W. Windelband）Tran J. H. Tufts：History of Philosophy. Harper and Brotles. 1958.

此书亦由德文译出。著者乃新康德派巨子，此书已为一哲学史中之名著。

替勒 F. Thilley：History of Philosophy. Rev. by L. Wood. London Scril er 1952.

此书著者为唯心论者，为美国哲学史教科书中，垂誉数十年之一书。中文有庆泽彭译本，商务出版。原书近经吴德 L. Wood 氏补足以最近数十年之哲学。

韦柏 A. Weber Tr. F. Thilley：History of Philosophy. New York Scribner. 1908.

此书由法文本译出，乃哲学史中最简明清晰者，此书有徐炳昶译本，但已绝版。

傅勒 B. A. C. Fuller：History of Philosophy. Henry Holt. London. 1955.

此书之章节甚分明，内容亦富，但似不甚深入。

卡普斯顿 F. Copleston：Hi tory of Philosophy. 4 Vols. London Burns Oates. 1946—1958.

此书为西哲史中份量多者，已出四卷，尚未完。为天主教之哲学立场，彼又有《现代哲学》Contemporary（1956）一书，乃专论逻辑经验论及存在哲学者。然此诸西洋哲学史，皆自名哲学史，而视中国印度之哲学史若无物，以偏赅全，以名乱实，最不足法。唯吾人前所言及之罗素所著之一西方哲学史，知度德量力，而自称《西方哲学史》History of Western Philosophy. Allen and Unwin. 1940。此书有钟建闳译本，中华文化出版事业委员会出版。此书重论哲学之文化背景，为其长处；但又喜以其个人意见，讥评古今与彼不同派之大哲，实非客观之哲学史。西哲中唯存在主义者之雅士培 K. Jaspers，尝有志于本中国印度西方三大哲学原流写一书，而所志未遂（见 Kaufman 所编 Existentialism 中 Jaspers 自著之一文。）在英文出版之哲学史中，吾唯见拉达克利西兰 Rodhakrishnan 所编，由印度哲学史家所合著之《哲学史》History of Philosophy. 2 Vols. Allen & Unwin. 1953. 能兼论西方犹太、阿拉伯、印度及中国与日本哲学，而意在成一世界性之哲学史者。但其中论及中国与日本哲学者，分量仍太轻。此外则唯见菲蒙 Ferm 所编《哲学系统史》History of Philosophical Systems.（New York Philosophical library. 1950.）能于西方哲学外，旁及于印度及中国之哲学，然所占之分量亦不及十分之一。至于此外之英文出版之哲学概论类书籍，则唯上所提及之巴恩 Bahm 之哲学概论，尝有一章论吠檀多之哲学。又麦铿然 Mackinzie 之《建构性哲学之诸要素》, Elements of Constructive Philosophy.（Allen and Unwin. 1917）亦有一章论及印度思想。上述之选辑类之书中，亦唯润尼思 D. D. Runes 之《二十世纪哲学》Twentieth Century Philosophy 中有陈荣捷所著《中国现代哲学一篇》。其余则大皆只征引东方哲人一二名言断句而已。至于在成一家言之哲学著作，如 C. Key erling：Travelling Diary of a Philosopher 及 F. S. C. Northrop 之 Meeting of East and West 等书中，固有一平等观东西思想之气度。此又不在一般性之哲学概论及哲学史书中之列。

除正式成书之哲学概论哲学史之书籍外，中国之类书，如《太平御览》，《图书集成》等，于一哲学名词之下（如天道），常辑有无数历代学者有关此名之所论。又西方所谓百科全书，如《大英百科全书》Encyclope dia Britainica 及 Encyclopedia of Religion and Ethics 及 Encyclopedia of Social Sciences 其中之对一哲学名词之一解释，亦常即为一论文，并多出名家手笔。吾人若善读此类之书，亦可代读一哲学概论。以至一哲学辞典，如 J. M. Baldwen 编 Dictionary of Philosophy and Psychology. 3 Vols. 及 Runes 编之 Dictionary of Philosophy，及日文中之《岩波哲学辞典》，中文之樊炳清所编之《哲学辞典》，善学者皆无不可合而读之，构成一哲学概论之内容。

关于中国哲学本身之重要参考书籍

除上述之一般性之哲学入门书籍外，学者真有志哲学，宜取东西哲学中成一家言或代表一派别一时代之思想之著作而读之。唯古今之哲学名家之著作，多不胜举，此下唯就为本书所取材或所涉及，而可容学者进一步加以钻研之东西哲学著作举若干种于下，以供参考。（上所已列者不再列）

（一）

《论语》；《孟子》；《礼记》；《老子》；《庄子》；《墨子》；《荀子》；《吕氏春秋》；《淮南子》；董仲舒《春秋繁露》；王充《论衡》；《老子》王弼注《庄子》郭象注（王弼注《老》郭象注《庄》皆自成一家言）

（二）

《大智度论初品》

《中论》

二书为佛学大乘空宗之四论之二。

《摄大乘论》欧阳竟无先生以此书可作佛学概论读。

《八识规矩补注证义》（明昱）《八识规矩颂》为玄奘奉诏所作之《成唯识论》之略义。

《成唯识论》

唯识宗书名相太多，而《成唯识论述记》及《义演》等书尤繁。学者宜先读《百法明门论》，《五蕴论》等书，略知名相大义。（邱晞明有《百法明门论注释》，熊十力先生有《佛家名相通释》，并足助学者了解此宗名相。但二书皆不易得）再观其义所存。

以现代思想释唯识论之书，英文出版之印度哲学史中多有之。如 Radhakrishnan 自著之《印度哲学》，及其所编之《哲学史》，与 Dasgupta 之《印度哲学史》中，皆有对唯识宗之思想之现代方式之解释。但并不甚佳。因此宗若干典籍，唯中文中有之。日人以比较哲学观点，讲佛学者甚多，但多未译成中文。已译者唯木村泰贤之《印度大乘佛教思想论》一书，哲学意味较浓。国人所著而方便一般学者，研治唯识学之书，前有《唯识述义》卷一卷二，《唯识抉择谈》（欧阳竟无），《佛法概论》（王恩洋），《唯识探原》（印顺），及近在台湾出版《成唯识论讲话》（慈航法师遗集卷四至八）。

《肇论》僧肇著，元康疏中国人初习印度《大乘空宗》之学后之创作，文义渊雅，不厌百读。

《大乘止观法门论》传天台二祖慧思作。天台宗所宗之《法华经》本身，故事多而义理少。其所宗之《涅槃经》言佛性，非初学所亟。智者大师《摩诃止观》析义过密。其余《法华三疏》，并皆科判太繁。明人藕益所撰之《教观纲宗》，又太简。其言成统类，而足代表天台宗之义理者，应推此书。

《六祖坛经》禅宗为中国人自创之佛学宗派，《指月录五镫会元》等书所载诸禅师之应对，机锋迅捷，不便初学，读之亦不宜穿凿求解。《六祖坛经》，则并非难读。胡适据敦煌残卷，谓为神会和尚所作，未知是否。其所编《神会和尚遗集》可资参考。

《圆觉经》《楞严经》《大乘起信论》此数书经日本人及支那内学院考证，定为伪作。然所谓伪者，即非印度所传入之谓。然此数书，对中国人之佛教思想，皆影响甚大。《圆觉》及《楞严》论心尤精辟。此二经文字，皆极典雅，而文亦不难读。国人所作《楞严》之注疏，并科判太繁，但供查考。

（三）《宋元学案》《明儒学案》黄宗羲

宋明儒书籍甚多，学者宜先读《宋元学案》《明儒学案》二书，并择其诸大家语录精读，兼注意其学术渊原，师友关系。至于专家之书，则此下所述，盖为公认之要籍。

《周濂溪集》《太极图说》宜参考朱子注，《通书》宜参考曹端注。

《张横渠集》《正蒙》宜参考王船山《正蒙注》。

邵康节《观物内外篇》及《伊川击壤集》。

邵康节之《皇极经世》不易解，且意匠经营太过，读《观物内外篇》已足知其思想大旨。《伊川击壤集》，乃其诗集，可足为其思想之自得处之佐证。

《二程遗书》

《胡子知言》（胡五峰）朱子曾有《知言疑义》之著。但五峰此书，亦自成一家言。

《朱子文集》及《语类》《朱子语类》乃其学生所记，有前后相违者，须善读。清御纂《朱子全书》，依类分编朱子论学之言，可便查考。但有割裂太甚者。又朱子之学，与年俱进，其与当时学者论学之书疏往返，皆甚重要。王懋竑《朱子年谱》，足资参考。

《陆象山集》陆象山先生所言，皆透辟而警策。清人陈广敷所编《涵泳篇》，辑陆子之言最警策者成书。此与清李穆堂之《陆子学谱》，并足资参考。唯二书皆不易得。

《陈白沙集》白沙以前之明代儒学，皆未出朱陆之学之范围。至白沙乃自成一面目。

《王阳明全集》阳明之学，世多重其门人所辑之《传习录》一书。其《大学问》等文，及与人论学之书，如答聂文蔚、陆元静、罗整庵等书，皆其手笔，尤为重要。

《王心斋集》泰州王门，以王心斋为代表。

《王龙溪集》浙东王门，可以王龙溪为代表。

《罗念庵集》江右王门，可以罗念庵为代表。但此书不易购买。

罗近溪《盱壇直诠》近溪之学，初由泰州王门而来，而又非泰州王门所能限。

《高子遗书》明末之东林学派中，顾宪成不如高攀龙之精纯。《高子遗书》不多，易读。

《刘蕺山集》蕺山先生为宋明理学之殿军。其集卷帙较繁。然言诚意之学，足补王学末流之弊。不可不读。

清代之学。

《四存编》颜习斋著。戴望《颜氏学记》足供参考。

《原善》及《孟子字义疏证》戴东原著。

焦循《易学》三书《论语通释》及《文集》。焦循《易学》所言者，不必即《易经》之本义，但卓然成一家之言。

方东树《汉学商兑》此为代表程朱学派与戴氏之学论辩之书，颇足启发思想。

《汪子二录三录》汪大绅非只一文人，其《二录三录》足成一家言。

《章氏丛书》，《别录》及《齐物论释》。章太炎以佛家唯识释庄，并本佛学以评论西方之进化论等思想，亦足成一家言。但其据佛学以评论中国思想之著作，则多不相应。

康有为《大同书》康之思想为墨化之儒，与太炎之为佛老化之儒异。

钱穆《中国近三百年学术史》。对清代三百年学术史作总之评述者，民国以来有梁启超反钱穆二氏。梁氏重在观清学之异于宋明之学处；钱著重观清学之承宋明之学处。钱著尤赅备。并学者所宜参阅。

《新唯识论》及《读经示要》二书，并熊十力先生著。前书由佛入儒，以达于性与天道之微，后者平章历代之儒学，兼指陈清学之弊。

民国以来，西方思想对中国思想界之影响甚大。最早者为进化论思想，由留英之严复氏译达尔文、斯宾塞之书，面介至中国。次为杜威之实用主义，由胡适氏及其他留美学生，介绍至中国。再次为辩证法唯物论，由留日及留俄学生介至中国。于是中国数十年来思想界之中心问题,一在中西文化之异同之辨,一在为对中西思想之如何重新估价,如何选择融通,以谋中国文化及思想之前途之开展。其重辨东西文化思想之异,而重新说明中国思想之价值,并主以中国思想为本,以解决中国之社会政治文化问题者,首有梁漱溟先生之《东西文化及其哲学》。《中国民族自救运动之最后觉悟》,《乡村建设理论》等书。其以中国之文化与思想,无大足称,当力求中国之西方化者,可以《独秀文存》,《胡适文存》中之见解为代表。其求中国儒家思想与西方之民主主义社会主义思想融合者,则为孙中山先生之《三民主义》。其主中国儒家思想当与西方之重精神与生命之哲学及民主思想融合者,则民国十年左右有张君劢、张东荪两氏。其承鄙弃中国文化之思潮,并视西方之现代文化亦为资本主义文化,应加以打倒者,为信唯物论哲学之共产主义者。而在纯哲学范围内说,则以西方之新实在论哲学思想为据,将其注入中国固有哲学名词中所成之著作,则有金岳霖氏之《原道》及冯友兰氏之《新理学》。此二书之价值,固未必逊于现代一般西哲之作,然要非真正意在承继中国哲学之精神而发展,亦未能对西方哲学有进一步之批评者。国人近著之书,其不甘唯西方哲学之马首是瞻,以申论中国人生伦理之义者,有黄建中先生之《比较伦理学》及方东美先生近以英文所著之《中国人之人生观》Chinese View of Life。至能循西方现代哲学之若干逻辑哲学与知识论之问题,进而改造康德哲学,以建立一知识论系统者,则有牟宗三先生之《认识心之批判》。至于愚以前所著之《中国文化之精神价值》及《文化意识与道德理性》等书,虽皆不足以言精心结撰之著,然皆为较西方之文化思想以明中国文化思想之价值所在;兼欲以中国先儒之德性为本之义,统摄当世所崇尚之一切分途发展之文化意识,以免道术之为天下裂者。凡此上所述,皆可据以观民国五十年来思想之流变。吾今举介东西哲学书籍,既于当世西哲之所著,有一得之长者,皆不吝笔墨为之举介;则吾人又何可妄自菲薄、抑己扬人,于国人所著,皆不屑提论,而自居劣等民族乎。

关于西洋哲学本身之重要参考书目

W. T. Stace:Critical History of Greek Philosophy《批评的希腊哲学史》,庆泽彭译,商务印书馆出版。原著条理极清晰,译笔亦明畅,最便初学。

《柏拉图对话集》Plato Dialogues. Jowett 译 London Randorn House . 1937.

柏拉图之对话,经译成中文者,有《柏拉图五大对话集》(景昌极郭斌和译),《柏拉图六大对话集》(张东荪译),《柏拉图理想国》(吴献书译),并由商务印书馆出版。以前二者译笔为佳。

柏氏之书,西方学者之考证注解,及论其大义或析其问题之书,不胜枚举。其以现代哲学眼光分析其问题者,就我所见,以下列数书,为最足资参考。

F. M. Cornford:Plato'S Theory of Knowledge. KeganPauland Co. 1956. 疏释 Theatetus

与 Sophists 二篇。

F. M. Cornford：Plato'S Theory of Cosmology. Kesan Paul and Co. 疏释 Timeaus 一篇。

F. M. Cornford：Plato and Parmenides. Kesan Paul and Co. LTD. Fourth Inpression . 1958.

陈康《柏拉图巴门尼德斯》，商务印书馆出版，释《巴门尼德斯》Parmenides 一篇。其辨析疏证之功，有进于西方之释柏拉图者。按 Timeaus 与 Farmenides 二对话，为柏拉图对话集中最难读者。

R. Mlckeon《亚里士多德基本著作》The Basic Works of Aristotle. Random House. New York. 1941。

又 Introduction to Aristotle. A Modern Library，1947。

亚氏之著作太多，即专家亦难尽读。Mlckeon 之前一选集，于亚氏之著作，重要者皆备，然亦非必尽读。如去其中之物理学、生物学、政治学之一部，只留下其逻辑、形上学、伦理学、及修辞学中之一部，即已足够。后一选集则更略，乃纯为初学而选辑者。

亚氏之著作，经译为中文者，有《亚里士多德伦理学》、向达译，《政治学》、吴颂皋译、《修辞学》、傅东华译。并为商务出版。

W. I. Oates：The Stoics and Epicurian Philosophers. Random House. 1940.

关于希腊哲学中之伊壁鸠鲁派，斯多噶派之书，及新柏拉图派之书，上段所举 Bakewell 及 Smith 之选集中，所选者已足够。今再举 Oates 所编一种，乃以二派中之四大家为限者。中文有《伊壁鸠鲁之乐生哲学》商务出版。

R. Kckeon：Selections from Medieval Philosophers. 2 Vols. New york Scriber. 1929.

A. C. Fegis：The Wisdom of Catholicism. Random House. 1949.

西方中古哲学书籍，与宗教书籍多密切相连，此二书所选中古思想之重要著作，已略备。中古之思想家之系统最大，著述最富者，为圣多玛 Thomas Aquinas。其书较亚里士多德尤多，即专家亦难尽读者。A. C. Fegis 之《圣多玛之基本著作》Basic Writing of Thomas Aquinas London. Random house 1945. 除其中论天使等神学色彩较重者外，余皆不难阅读了解。

圣多玛之《神学集成》，明利类思有一翻译名《超性学要》，民国十九年公教教育联合会重版。但坊间不易购得。中文中，据其哲学神学理论所著之书，于明代有利玛窦所著之《天主实义》，清孙璋所著之《性理真诠》。二人皆来华之耶稣会士。二书行文皆尔雅可颂。唯亦不易购得。

H. Hoffding：Modern Philosophers. Dover Fublication. 1955.

关于近代哲学史之书，霍氏此著已出版数十年，其长处在就一家论一家，态度客观。Dover Publication 为新版，亦易购得、

E. S. Haldane 编《笛卡儿哲学选集》Philosophical Works of Descartes. Dover Fublication. 1955. 其中重要者为《方法论》Discourse on Method，《沉思录》Meditations，《哲

学原理》Principle of Philosophy。

三者皆有关琪桐译本。并由商务书馆出版,可读。

斯宾诺萨之主要著作,有 R. H. M. Elwes 所编 The Chief Worke of Spinoza. Dover Publicati on 1951. 其中之:Ethics《伦理学》,自为最重要者,但不易读。唯其中理路实甚清楚,耐心读,亦并不难。中文有伍光建译本,译笔不佳,近闻有贺麟译本想较佳。解释斯氏此书有:

H. H. Joachim:A Study of the Ethics of Spinoza. Oxford Univ. Press. 1901. 乃对照后来之唯心论哲学,以论斯氏之哲学者,甚值一读。其余解释斯氏哲学之书,未读过,不敢妄介。

来布尼兹之哲学著作有 Morris:所编 Philosophical Writings of Leibniz. Lndon and Toronto Co. 1934. 及 I. E. Laemkel:Philosophical Papers and letters of Leibniz . Univ. of Chicago Press. 1956.

来氏思想,散见其论文及书信。通常以其 Monadology 及 Discourse on Metaphysics, Correspon dence With Arnauld 二者为代表。后书有陈德荣译本,商务版。

解释来氏哲学之书,有下列二者,最有名。

R. Latta;Leibniz Monadology ETC. Oxford Clarendon Press. 1898.

B. Russell:A Critical Exposition of the Philosophy of Leibniz. Allen & Unwin. 1949.

培根 F. Bacon:Advancement of Learning and Novum Organum. New york. The Colonial Press. 1900。有关琪桐译本,名《学问之进步》及《新工具》,并由商务印书馆出版。

洛克 J. Locke:An Essay Concerning Human Understanding. Chicago. Henry Rognery. 1949. 此书有关琪桐译本,商务版。英文有 Pringle Pattison 节本。Oxford Press. 1947。

巴克来 G. Berkeley's Essays. Principles and Dialogues. Ed. M. W. Calkins. Scribners. 1929.

巴氏《人类知识原理》A. Treatise Concerning the Principle of Human Knowledge 及《海拉斯与斐洛纳》Dialogue between Hylas and Phylonous 并有关琪桐译本,名《巴克来哲学谈话三篇》。其全集有 1878 年 Fraser 所编之一种,及后之 Jessop 与 Luce 1948 年所编之一种,皆卷帙浩繁,今不列。

休谟 D. Hume. 书重要者有 A Treatis of Human Nature. Ed. L. A. Sebby－Bigge. Oxford Clarendon Press. 1888. 又 An Enquiry Concerning Human Understanding. Chicago Open Court. 1949. 后者有关琪桐译本,名《人类理确研究》。商务版。

洛克巴克来休谟三氏之书,文章皆清楚畅达,不须读他家评释之书,亦可了解。

康德 I. Kant:Critique of Pure Reason Tran. by N. K. Srnith. Reprinted London Macmillan. 1950.

此书英文有三译本,一为 I. M. D. Melklejohn 所译者,New York Colonial Press. 1900 出版。一为 Max Muller 所译者,New york Macmillan 1896 出版,以 Smith 最晚出。彼又有此书节本 Abridged Edition,于 1952 年由 London Macmillan 出版。

中文有胡仁源以 Max Muller 译本为据之重译本，但译文生涩不可解。

Kant's Theory of Ethics. Tx. T. T. K. Abbot, Longmans Green. 1928. 其中包括 Metaphysics of Mlorals 及 Critique of Practical Reason 前者有康钺译本，后者有张铬鼎译本，并由商务出版。

Critique of Judgement, Tr. I. H. Bernard. London Macmillan. 1892.

Kant：Prolegomena to Future Metaphysics. Tr. T. M. Carus. Open Court. 1902

康德之书，西文之解释者，不可胜数。英文书中较早者，有：

E. Caird：Critical Philosophy of Immamuel Kant. James Maclehouse & Sons 1899。为能对康德哲学，作一全面之介绍。但说者谓其观点，纯为以黑格尔之立场，对康德哲学作述评。

N. K. Smith：A Commentatry to Kant's Critique of Pure Reason. London Macmllan. 1923.

E. Cassirer：Kant's First critique. London Allen & Unwin. 1951.

H. J. Paton：Kant's Metaphysics of Experienee. New York Macmillan. 1936.

此书之注释分析只及《纯粹理性批判》之前一部分。

又康德之《纯理批判》一书，义理既繁复，文字多冗赘，初学者难得头脑。Smith 对此书之节本，亦甚便初学。又康德《判断力批判》之注解有 E. Cassirer：A Commentary on Kant's Critique of Judgement. London Methuen. 1938.

中文中专论康德哲学之书，出版者有余又荪译日人桑木严翼著之《康德与现代哲学》，郑昕之《康德学述》，（商务）吴康之《康德哲学简编》（台商务），《康德哲学》（中华文化事业委员会）。劳思光之《康德知识论要义》，（自由出版社）及台湾中华文化出版事业委员会出版之《康德学术论文集》。

菲希特 Fichte：Popular Works. Tran. W Smith. London Trubner & Co. 1889.

菲希特《知识学》，《知识学新释》，及《伦理学》，皆有英文译本。《知识学》有程始仁译本，商务版。Rand《近代哲学家选集》，Modern Classical Philosophers 中，对其《知识学》所选之数章，及其《道德哲学家选集》Classical Moralists 中对其《伦理学》所选之数章，可代表其思想。然菲希特之通俗哲学著作，情理兼到，价值尤高。其中之《人之天职论》Vocation of Man 一书，已译为中文。商务出版。

席林 Schelling：The Ases of the World. Tr. F. W. Bolmon. Columbia Univ . Press. 1942. 又 of Human Freedom Tr. J. Gutman. Chicago Open Court. 1936. 席林之著作，英文译出者甚少。Rand 之 Modern Classical Philosophers 中，曾译其《超越唯心论》Transcendental Idealism。

C. J. Friedrich：The Philosophy of Hegel. New York. Modern Library. 1953. 此为黑格尔之选集。

The Logic of Hegel. Tr. W. Wallace. Clarendon Press. 1892. 此乃黑氏原著 Encyclopedia 中之第一部，世称《小逻辑》。中文中有贺麟译本，商务出版。黑氏之《大逻辑》

Science of Logic 太繁，读此《小逻辑》已足够。其 Fncyclopedia 近有 C. E. Mueller 之节译本 Philosophical Library. New York. 1959

Hegel：The Phenomenology of Mind. Tr. I. B. Baillie. New York Macmillan. 1931.

Hegel's Philosophy of Mind，Tr. W. Wallace. Oxford Clarendon Press. 1894.

此为黑格尔之 Encyclopedia of Philosophy 一书之第三部之《精神哲学》。

Philosophy of Right. Tr. T. M. Knox. Clarendon Press. 1942. 此为黑格尔之《人权哲学讲义》。实即其《精神哲学》中之"客观精神"之哲学。

Philosophy of History. Tr. J. Sibree. New York Colonial Press. 1899.

中文有王造时译本，商务出版，另有王灵峰译本，似不全。

黑格尔之著述极多，除上列者外，尚有《美术哲学》，《宗教哲学》，及《哲学史》等。皆有英译，但皆要。

黑格尔之哲学系统大，而文字艰深，西方学者讲述黑氏之著，亦不胜枚举。英文注解黑氏哲学者有：

J. E. M. Mctaggart：Studies in Hegelian Dialectic. Combridge Univ. Press. 1396.

J. E. M. Mctaggart：A Commentary on Hegel's Logic. Combridge Univ. Press. 1910.

J. E. M. Mctaggart：Studies in Hegelian Cosmology. Combridge Univ. Press. 1901.

麦氏三书，用力甚勤，彼以多元论之观点释黑氏哲学，亦自成一观点者。

B. Croce：What is dead and What is living in Hegel's Philosophy. London. Macmillan. 1915.

此书乃夹叙夹议，批评黑氏哲学者。此外近有：

G. R. G. Mure：An Introduction to Hegel. Clarendon Press. 1940.

An Introduction to Hegel's Logic . Oxford Press. 1950.

I. N. Findley：Hegel, A Re‒examination. Unwin Brothers. 1958.

然释黑氏哲学大义，最清楚者为 W. T. Stace：Philosophy of Hegel. Dover Publication. 1955.

中文中出版讲述黑格尔之书，有贺麟所译 Caird 原著之 Heglel 一书，译名《黑格尔》，商务出版。又罗哀斯 J. Royce 之《近代唯心论》Lectures on Modern Idealism. Yale Univ Press 1919. 及《近代哲学精神》Spirit of Modern Philosophy. Reprinted by New York G. Braziller. Inc. 1955. 二书中，论黑格尔之一部，亦经贺译为中文，名《黑格尔学述》。又按罗氏《近代哲学之精神》一书，论近代西洋哲学之发展，深入浅出，英文文笔极生动，引人入胜。中文有樊星南译本，商务版，亦可读。

《黑格尔哲学论文集》，谢幼伟等著（台中华文化出版事业委员会出版）其中有拙著《黑格尔之精神哲学》一篇。又叶青所编《黑格尔生平及其哲学》，选国人所译著论《黑格尔》者若干篇，并可读。

叔本华 Schopenhauer：The World as Will and Idea 3 Vols. Tr. R. B. Haldane and J. Kemp. London Trubner. 186.

Philosophy of Schopenhauer Tr. B. Box. Allen & Unwin Ltd. 1928.

前书为叔氏之系统著作,后一书为叔氏之论人生问题及论哲学史之文之译本。至于叔氏著作之选本,有下列一书可读。

W. Durant: The Works of Schopenhauer. Garden City New York. 1928.

克罗齐 B. Croce: Aesthetics. Tr. D. Ainslie. New York The Noonday Press. 1916. 中文有朱光潜译本,正中书局出版。

康德黑格尔以后,德有黑格尔学派,后有新康德派。而德国之唯心论又影响及于英法美意,而此诸国亦皆有新唯心论之产生。其中法国之新唯心论者之所著,多未译为英文。中文中有彭基相所译勒维布鲁 Levy Bruhl 原著之《法国哲学史》,可据以知其大体。意大利之新唯心论者,如克罗齐之所著,多经译为英文。G. Gentile 之所著 Mind As Pure Act. London Masmillan. 1922. 及 G. Ruggiro 之 Modern Philosophy,亦译为英文。今举克罗齐此一书,乃因其美学最为当世所称,至上文所举其论黑格尔哲学之著,亦可见意大利新唯心论之思想方向。至于克罗齐之哲学之一般介绍,则英文中有卡尔 H. W. Carr 之克罗齐哲学 The Philosophy of Benedetco Croce. London Macmillan. 1917.

胡塞尔 E. Husserl: Tr. B. Gibson. Ideas, Pure Phenomenology New York Macmillan. 1952。

现象学派乃现代哲学之一重要学派,胡氏此书,乃其一代表作。唯初学不易看。

哈特曼 N. Hartmann: Tr. Stanscn Coit Ethics. 3 Vols. London Allen and Unwin. 1932.

哈特曼之《伦理学》三册中,其第二册,乃以现象学方法论伦理价值,英美之伦理哲学家,无能及此者。

柏拉德来(F. H. Bradley): Appearance and Reality . 2nd Ed. Clarendon - 1930。

罗哀斯(I. Royce): World and Individual New York. Macmillan. 1900 - 1901. Dover Publications lnc 1959。又 Philosophy of Loyalty. New York . Macmillan. 1908. 此书有谢幼伟译本,名《忠之哲学》商务版。

麦太葛 I. E. M. Mctaggart: The Nature of Existence. 2Vols. Combridge Press. 1921 - 1927。

此上三书,可作英美之新唯心论之形上学之代表。Bradle 一书,乃用一新形态之辩证法,以论形上学者。初出版时被称为英文中前所未有之形上学书。Royce 书,则为运用若干新逻辑观念,以证成唯心论者。Mctaggart 之书,则为以一新论证,证成多元唯心论者。其余英美之唯心论者固多,如 T. H. Green 影响尤大,Bosanquet 著述更多;但皆不如此三人之富创辟之见。

朗格 F. A. Lange: History of Materialsm. International Libray of Psychology Philospohy and Scientific Method. 1866. 十八九世纪西古有新唯物主义之产生,但唯物论者之书,甚少经典性著作。朗格一书,可当唯物论思想之概述。此书有郭大力之译本名《唯物论史》,中华书局出版,可读。

亚历山大 S. Alexander: Space - Time and Deity. Reprinted New York. Macmillan. 1950. 亚氏为依一新时空观念,建立一新自然主义之形上学系统者。

怀特海 N. A. Whitehead: Science and Modern World. New York. Macmillan. 1925.

　　Frocess and Reahty. New York. Macmllan. 1929.

　　Adventure of Ideaso New York. Macmillan. 1933.

　　Modes of Thought. New York. Macmillan. 1938.

怀氏为批评近代科学之唯物论，而依现代科学中新自然观，以建立一应合于人之价值意识之新形上学者。上列前三书，乃彼自言足代表其思想者。然怀氏之此三书，除第一种第三种之前半部外，颇不易读。易读者为其 Modes of Thought 一书，可据以知其思想之归趣。解释怀氏哲学之著，前有 D. M. Emmet: Whiehead Philosophy of Organism1932。近有 Laurence: Whitehead Philosophical Development. California Univ. Press. 1956. 可见其早期思想之发展。其著作之选集有 P. S. C. Northrop & N. W. Cross 所编 An Anthology of Whitehead. Combridge Press. 1953. 至席蒲 P. A. Schipp 所编 The philosophy of Whitebead. New York. Tudor Publishing Co., 1951. 乃当代学者讨论怀氏哲学之书，可参阅。至据怀氏原文，所编成之一怀氏哲学之一介绍，则有维迈斯特 W. H. Weikmeister: A History of Philosophical Ideas in America. New York Ronald Press. 1940. 中，论怀氏哲学一章。又此书介绍美国哲学，皆据诸家之原文摘要，读之亦可了解二三百年来美国哲学之大体。此外之其他书籍，参阅本书第二部十五章论怀氏哲学之附录。怀氏《科学与近代世界》商务有译本。

罗素 B. Russell: Human Knowledge, its Scope and Limits. London Macmillan. 1948。《人类知识之范围与限度》。Introduction to Mathematical Logic. London. Macmillan. 1919. 罗素之书甚多，而其思想亦屡变，其近著 My Philosophical Development 自述其变迁之迹。其哲学中心问题，似在逻辑与经验之交界处。《人类知识之范围及限度》一书，乃其有关知识论之著作，最晚出而内容最丰富者。罗素对逻辑学本身之贡献之书，如早年之 Principle of Mathematics, 及后与 Whitehead 所合著之 Frincipia Mathematica 皆太嫌专门。今举后一书以便初学。此书有傅种孙之翻译，商务出版。但似不如原文之易读。

穆尔 G. E. Moore: Principia Ethica Combridge. University Fress，1903. 在英国 20 世纪思想家中，罗素及穆尔之影响皆甚大。但穆尔之影响，多在其分析之方法上，不在其主张之内容。其分析一般之哲学问题之方法，扭捏而琐碎。兹只举其《伦理学原理》一书，以当代表。

W. James: The Will to Believe and Other Essays in popular Philoophy. New York. Dover Publications. Inc. 1956. 又 Varieties of Religious Experience. New York Modern Library. 1902. 詹姆士之哲学著述，亦甚多，但似皆不如其《心理学原理》一书所用功力之深。其哲学著述以 Some Problems of Philocophy 及 Essays on Radical Empirism. 最能涉及西方传统哲学本身之问题。但皆未完书，乃其死后出版者，而今则又皆绝版。今举上列二书，兼取其易得。詹氏著作，文字流畅，颇能启发人之思想。其书除其《心理学简编》，及《心理学原理》中若干章，如论情绪思想流等，由唐钺译为中文，

《实用主义》一书,由孟宪承译为中文外;上列之第二书亦译为中文,名《宗教经验之种种》,并在商务印书馆出版。

杜威 I. Dewey: Reconstruction of Philosophy. Henry Holt and Co. 1920 A Mentor Book The New American Library. 1950. 又 Logic. Inquiry of Truth. New York. 1938. Experience and Nature. Dover publication Inc. 1958. 杜威之书亦甚多。其《哲学之改造》一书,乃其早年所著。但其在此书,所陈对哲学与文化之关系之看法,其一生未有改变,此有许崇清译本,商务印书馆出版。次一书,乃其对哲学中知识与逻辑之问题成熟后之著。后一书代表其自然主义之哲学。

M. H. Fisch: Claseic American Philosophers. New York, Appleton - Century Crofts. 1951. 美国哲学家除詹姆士、杜威、罗哀斯外,美之思想界近盛推 Pierce, Santayana, 亦为大师。但二人代表作为何,颇不易言。此书选此二人及前所提之 Royce, James, Dewey 等三人重要著述,都为一集。选者于此,谅必已下一番工夫。

A. J. Ayer: Languege, Truth and Logic. Dondon Victor Collancz LTD. 1950.

Reinhenbach: The Rise of Scientific Philosophy, Univ. of Californic Press. 1954 今之逻辑经验论者,于西方传统之形上学及人生哲学等问题,为取消派。今举 Ayer 早年出版最流行之书作代表。Reinhenbach 为接近今之逻辑经验论者,但此书乃据现代科学以讲一宇宙观,亦即无异对形上学提出答案。至于 Carnap 等对逻辑学之贡献,较专门,今亦不列。

I. Passmore: A Hundred Yeers of Philosophy. London G. Duckworth. 1957. 此书述近百年之西方哲学,而以重逻辑分析之哲学之历史发展为主,搜集材料颇多,读此可了解此一潮流之大概。

N. Berdyaev: The Destiny of Man. The Centenary Press. 1937.

K. F. Reinhardt: The Existentialist Revolt. The Bruce Publishing Co. Milwaukee. 1951.

R. Bretall: Anthology of Kierkegaard. Princeton Univerity Press. 1951.

M. Heldegger: Existence and Being. With an Introduction by W. Brock. Chicago Henry Regnery. 1949.

H. Jaspers: An Introduction to Metaphysics. Yale Univ. press. 1959.
   Perenial Scope of Philosophy. Philosophical Library. 1949.
   Reason and Existence. Noonday Press. 1955.

W. Kaufmann: Existentilism from Dostoevsky to Satrte. New York Meridian Books, 1957. 存在哲学为现代之一流行之哲学,讨论之书颇多。杞克嘉之所著,大均已译成英文,卷帙亦甚繁。R. Bretall 之选集,重要者盖皆已具备。Heidegger 之最重要著作《时间与实有》Zeit Und Sein 闻已译成英文,但尚未见到。布洛克 Block 所译者,只为海氏之若干论文,加上其对《时间与实有》之介绍。中文中我曾将布氏所译及所论海氏书大旨,加以转介,约四万言。载民国四十一年,台北出版之《新思潮》十七期及十八期。其余 Sartre 之最重要著作《实与虚》Letre et le neant 去年已译成英文名 Being and Nothing。G. Marcel 之 Journal of Metaphysics, 亦有英文版。k. Jaspers 之书英译者有四种, 似非其最重要著作, 上所举二书, 前者可见其哲学观, 后者乃其五篇讲演之稿。至于 Kaumann 此书所选译者, 多为先未尝译成英文之存在哲学著作, 读之可知此派哲学之大体。中文中近有劳思光《存在主义哲学》一书, 对此派哲学作一整个之评介, 自由出版社出版。

西方现代哲学流别甚繁, 著作多不胜举。欲知其主要著述之目录 I. Passmore：A Hundred Yeareds of Philosophy 之附录书目及 V. Ferm：A History of Philosophical Systems 中每章之附录所举参考书目, 已大体略备。

此上所举之中西书籍, 大皆自我个人涉猎所及之书中抽选而出。挂一漏万, 自知不见。然读者读本书后, 如欲进而求本书之所根据, 及其所关涉者, 以更深入哲学之门庭, 则此上之书目, 要皆可供参考者。至于对每一问题每一家派, 再多列书目, 或更加精选, 则皆为专门之学, 非此所及。又除中西之哲学外, 以世界眼光看哲学, 吾人对印度、犹太、阿拉伯、日本之哲学, 亦须加以注意。但除印度哲学之若干入门之书, 已于本书第四、五章略提及外, 其余个人所知太少, 今皆从略。

附编　精神、存在、知识与人文

　　本书写成后，有人以为第四部对人生价值问题之部分，较第二第三部嫌轻，又对人类文化之问题，全未涉及。此乃缘我个人在其他写作中，对此等等所论已多，又哲学概论亦原可暂不多及此等问题之故。然要说此为本书之一缺点亦可。故今借再版之机会，附编入我十年前所发表于黑格尔哲学论文集及新思潮月刊，评介黑格尔之精神哲学、海德格之存在哲学，及诺斯罗圃之文化哲学之三文。此三文虽各只论及一西哲，较专而狭，初学亦或有不易看处。但我之评介，亦依一广博的观点，并以中国印度之思想中之若干胜义为背景，以多少指点诸人之思想，与东方之儒道佛之言交接之处，及诸人思想之限制与缺点所在，以引导学者更向上深入。初学如有不能尽解之处，亦可先存其言于心，以俟一朝之契会。故将旧作全文，并附于此。

　　此三文中论黑格尔一文最重要。黑格尔之哲学，以成就一对绝对实在之绝对知识为目标，而以对人类精神之自觉，为对绝对实在之绝对知识之本原，并本之以正面的论人文历史之价值。此代表西方理想主义之传统。而海德格则意在由现实人生之存在，以展露形上学中之存有，而将"言说"、"了解"、"真理"等有关知识之论题，摄入人生存在中而述之，并反面地描述个人在社会日常生活中之"陷落"，唯隐约暗示一求真实之人生之道。此为代表现代之存在哲学之大流之一思想。然海氏之哲学系统未完成，启发有余，建立不足，其地位自不足与黑格尔比。至诺斯罗圃之地位，则又逊于海氏。然诺氏之书，实意在缘知识之讨论，以进入对世界不同地区人类之心习及东西文化之价值之评论。其知识论中只承认理论的概念构造与感性的直觉，而以前者之是否得后者之证实，以论一理论构造之真妄，实与当代另一流行之哲学逻辑实证论相邻近。而其进于逻辑实证论之处，则在其能知人之有一全体的连续的未分化的感性直觉之存在，而借此以为通东方思想之邮。由此而诺氏能知西方传统思想，过重分别的理论的构造，忽略全体连续的直觉之害，亦能知连于不同之理论构造而盛行于西方之宗教，如基督教犹太教回教，为本质上不相宽容，而不足为人类和平之基础者。此则为诺氏之思想胜于逻辑实证论，而向上转进，以契合于东方思想之处。其言虽于高明与精微，皆不足，然而可谓之有一平实而宽博之气度，尽可容人缘之以更上一层楼。其书之以知识论为入路，以及于人类心习、文化价值，与黑格尔之以人类精神之自觉为对绝对实在之绝对知识，及海德格之由人生之存在以透入于形上学的"存有"之展露，正各为一型，而皆可引而进之，以汇归于知识存在与人生之通贯——天人交参，知行互明之旨者。而此正为本书之归趣所存。故并列为本书之附编，亦聊补本书之缺漏于万一。

论黑格尔之精神哲学

一 黑格尔之精神哲学在其哲学系统中及近代哲学上之地位

黑格尔于其哲学大全（Encyclopedia of Philosophical Sciences）中，分其哲学为逻辑、自然哲学、精神哲学三部。其中精神哲学之一部分，在分量上说，并不特别多。而此书中逻辑之部与其大逻辑一书，因皆其精心结撰，亲手成书，其中都是些极抽象的纯粹思辨，所以一般学哲学的人，总以此为其哲学中最重要的部分。以前我亦如此。而其辩证法之应用于自然，所成之自然哲学中之观念，如什么阴阳电之统一表现对立物之统一，水百度化气表示量变质变，谷种生芽更生种表示否定之否定等，因马克思恩格斯之讲自然辩证法，即承之而来；亦在今之中国，到处流行。然实则无论从黑格尔哲学之用心所在与著作内容看，黑格尔与其前及当时之哲学文化思想之关系看，黑格尔对于后来哲学之影响看，及我们对黑格尔哲学之宜有的评价上看；黑格尔哲学之重心，皆在其精神哲学，与沿其精神哲学而有之历史哲学，而不在其自然哲学与逻辑。

从黑格尔哲学著作之内容看，他最早完成的著作，是其精神现象学。此书在其临死前，为要再版，他尚曾加以改正。序言尚未改完，便死了。就其已改者看，改处却极少。此书整个是一人类之精神生活的巡礼。亦即其以后一切哲学著作之模胎。其后来之哲学著作，如权利哲学、宗教哲学、艺术哲学、历史哲学、及哲学史，虽多是讲义稿，但实占其全部著作之大部分。而依黑格尔哲学之内容说，则精神即宇宙之理性或宇宙之实体自觉其自己之所在。他之整个哲学，亦是在精神主体（Subject）中认识实体（Substaance）之真理。这是他自己说的。他之哲学，必归于重视精神文化历史之哲学，乃理有必然势有必至之事。

黑格尔一生之生活，虽极简单，只编过杂志，当过中学校长，后来即承柏林大学菲希特之讲座，当大学教授。但是他亦非如叔本华所诋之一纯讲坛上的职业的哲学家，他实际上亦是生活于时代历史中的人。他是不喜欢只据个人之理想，来对于未来历史作预言的预言家。但他亦不是两眼自己封闭，而不看当时的时代精神文化学术思潮的人。他自己对其哲学系统，当然有时自负近于傲慢。但他在其精神现象学的序言，说到希望他的书与时代之新兴的精神，能有一种配合。在大逻辑的再版序言（这亦是其临死前写的）中，说到柏拉图著其共和国曾改七次，在此时代之哲学著作，实宜修改七十七次；但这亦是他之力所能及，聊以自慰的对当代哲学的贡献云云。而他于少年时之慕法国大革命，曾手植自由之树，及其与席林书信中所陈之抱负，都表示他对于时代精神反应之锐敏（可参考 E. Caird Hegel 一小书），而黑格尔当时所承受的时代思潮，正是一种德国之浪漫主义思潮，或新人文主义思潮。此思潮正是重艺术、文学、宗教、神话、历史等等人类精神之表现的。而黑格尔之精神现象学之富诗人想象，当即缘于时代风气的感染。而从哲学方面说，则为黑格尔所承，由康德菲希特至席林之德国理想主义潮流之发展，亦正是一步一步，走向对于人类精神之哲学之重视。康德是哲学家，兼自然科学之教授。他之哲学，是由反省数学物理学之先验知识如何可能，走到知识论上之批判工作，遂反对只凭纯粹理性推演的形上学；进而由道德理性之要求，以另开道德的形上学之门，由自然之目的性，以论到美感与艺术；再及于人类历史，世界和平，启示、理性与宗教等问题者。故至菲希特，而直下在道德理性之统摄纯知之理性上立根；至席林，而直下在"绝对"一面表现为自然，一面表现为精神，而于精神与自然之内在的同一上立根，并重艺术、重神话、及神秘主义的宗教意识者。这已见一康德以来之哲学，"由对自然之知识之讨论，一步一步向内收进，去向上理解人类之精神文化，精神意识"之发展的历程。黑格尔与席林之友谊及哲学路向之所以分裂，诚由于黑格尔之较重理性的思辩，逻辑的秩序，各种概念的分别，而不喜席林之过重直接的直觉，冥想"绝对"之浑同一切，如"在夜间一切乳牛之皆黑"者。但是这不即证明黑格尔之哲学，以其逻辑理论为重心。这初可只是处理哲学题材的方法态度的问题。就所处理的哲学题材方面说，黑格尔正是承上述之潮流，而以人类精神活动之表现于宗教道德艺术历史者，为主要内容的。而且我们有种种理由，可说黑格尔之逻辑本身，是他之哲学史的知识之翻版。其逻辑书中各范畴先后出现之次序，大体上，明是西方哲学史上各范畴之出现于哲学家思想中而被重视之次序。所以他尝说"哲学即哲学史"。我们亦与其说黑格尔本其"纯重范畴间之必然的纯理的关联而作的逻辑"，以作后来之哲学史，本其"对精神现象之结构，作超时间观念的分析而作之精神现象学"，以作其后来之历史哲学；不如说他是本其哲学史之知识以作其逻辑，本其对西方文化史之知识，以作其精神现象学。这样去看，则黑格尔之哲学，整个是一对人类精神活动之表现于宗教道德艺术以及过往之哲学等精神文化之历史，加以反省，而铺陈于其三联式的辩证格局中之哲学。此义如尚有未尽，后文当可使之明白。

再其次，我们从黑格尔哲学之影响说，则黑格尔死后，其哲学直接对德国之影响，见于所谓黑格尔学派之左右派。在右派方面，主要是受黑格尔之宗教哲学方面之影响。黑格尔曾屡说宗教与哲学之对象合一，在其精神哲学中，亦以宗教直接过渡到哲学。而其三联式辩证法之最高应用，亦在说明基督教之三位一体之教义。故其宗教哲学之直接产生正面反面之影响，是不奇怪的。在黑格尔左派方面，弗尔巴哈之论宗教之本质，为人道要求之客观化，亦正是从黑格尔之视宗教为精神之表现之思想所化出。后来之马克思恩格斯之革命思想，则他们自谓是由黑格尔之权利哲学中"合理的必现实"之观念而出，再下去，才是恩格斯之取黑格尔之自然哲学，以成其自然辩证法，求完成马克思所谓黑格尔哲学之颠倒，以成一唯物论系统。但是这马克思恩格斯之唯物论的宇宙观，旋即经考茨基等之修正，在德国后来之社会主义中，一无影响。黑格尔之自然哲学，在德国19世之下半期自然科学分途发展之时，即根本无人理会；而黑格尔之整个哲学，在新康德派之返于康德之呼声兴起后，亦即在德国无大影响与发展之可言。鲁洁罗（Ruggiero）于其现代哲学一书，谓19世纪后半世纪之德国哲学，亦根本不能真上达于黑格尔之境界。此时乃康德至黑格尔一路之哲学衰于德，而影响及英美法意之时代；而英美法意之19世纪末之哲学，承康德至黑格尔之一路而发展者，其所届境界，实远高于当时之德国之新康德派反他派哲学云。

是否在19世纪之末，德国哲学家之思想之境界，不及同时之英美法意之哲学家，这很难说。但是大家公认，此时至少在英美意，都有受康德至黑格尔之德国哲学影响，而为第一流的学者的所谓新黑格尔派哲学家。但是他们同主要是受黑格尔之精神哲学方面的影响为多。对于黑格尔之自然哲学，一直被认为黑格尔中之最弱的一部分。其哲学大全中之逻辑与精神哲学，及宗教哲学，历史哲学，艺术哲学，权利哲学，哲学史，皆译为英文，而其自然哲学，却直无人翻译。意大利之新黑格尔派之克罗齐（Croce），于其"黑格尔哲学之死的部分与活的部分"（What is Dead and What is Living in Hegel's Philosophy）一书，更举出黑格尔之自然哲学中许多牵强附会而可笑的地方。至于别派之哲学家，如罗素之在其哲学中之科学方法一书，特举其先验的规定太阳系之行星为七个，以资取笑，更不必说。如果说黑格尔之自然哲学，有任何影响，便只在恩格斯列宁，及一些辩证法唯物论者身上。但是他们都不是纯粹的哲学家。至于黑格尔的大小逻辑书，当然亦是西方哲学史中之一经典性著作，英国之新黑格尔派之哲学家麦太噶，曾有 Commentary on Hegel's Logic 一书特加研究，最近又有缪尔（G. R. G. Mure）An Introduction to Hegel's Logic 一书。但是英国新黑格尔派之勃拉得来（Bradley）则称其逻辑只是一些无血液的死范畴。美之罗哀斯（Royce）讲近代哲学精神与近代唯心论，亦不从其逻辑下手，而重其精神现象学一书。意之克罗齐承认逻辑学为讲纯粹概念者，亦不直接取黑格尔之层叠进展的范畴秩序。他与甄提勒（Gentile），都是只重发展黑格尔之精神之概念的，而皆自称其哲学为纯粹之精神哲学的。原来黑格尔之逻辑即他之本体论或形上学，亦即普遍范畴论。在其逻辑之第三部，对于理念判断推理之讨论，乃是把亚氏逻辑中思想形式，亦推升为本体论或形上学上的普遍范畴。而此一切范畴，同时亦即人类之求知时，由感性之知，到理解之知与理性之知时，运用展现的范畴。故黑氏之逻辑，乃一般所谓逻辑、知识论、形上学之三位一体。一般所谓逻辑知识论之概念，皆沉淀为黑氏之形上学范畴。而黑氏以后，至少英美哲学发展的方向，确正是一步一步把知识论自形上学中解脱，把逻辑自知识论中解脱的。在英之新黑格尔派，如勃拉得雷鲍桑奎之逻辑书，都是与知识论混合的，而且是直接导向一形上学之理论的。但是勃氏之逻辑原理，所对之问题与批判之对象，明只是英国之休谟穆勒传下的知识论问题。鲍氏之逻辑，又名知识形态学，乃顺人之自然的求知活动之发展历程讲的。这可说是洛慈（Lotze）的逻辑书之一路，而非黑格尔之逻辑书的路。而讲到形上学，则无论是勃氏之现象与实在及鲍氏的讲个体与价值之二书，都不取黑氏之铺陈普遍范畴的路。而罗哀斯之讲逻辑，则明以传统之主谓逻辑（Subject-Predicate Logic）为不足，而重关系与项之理论。此正是夫芮格（Frege）、皮亚诺（Peano）至罗素、怀特海以下之新逻辑的路。罗哀斯之哲学著作"哲学之宗教方面"，乃是由知识论中之错误如何可能之问题，以论绝对心灵之必然存在者。此书与其代表性著作"世界与个体"，皆不取黑氏逻辑书之铺陈范畴，以对绝对心灵，次第加以界定的路。从另一方面看，则勃鲍罗三氏之形上学，通通是受了黑氏之精神哲学的精神之影响。他们三人，皆分别能由具体生活经验、道德要求、宗教祈望、社会共同体之意识、以论形而上绝对之性质者。这些正都只能是原于黑氏之精神哲学中之客观精神与绝对精神之思想的影响。至于现代英美哲学中之新兴而后盛的学派，如实用主义，新实在论及逻辑实证论，则毋宁皆可谓系多多少少为对黑氏逻辑之反感而生。如罗素即自言因见黑氏逻辑中论数学之一部，觉其全不对，而不再看黑氏书。〔见席蒲（Schipp）所编现代哲学家丛书，罗素之册中其自述之文〕詹姆士杜威，都是以黑格尔为泛逻辑主义者，乃以死范畴桎梏具体人生经验的。逻辑实证论者之讨厌黑格尔之逻辑，视为全部无意义或充满歧义与诡辩之语言，更不必说。黑氏之自然哲学与逻辑有无价值，是另一问题。此当然不如罗素及逻辑实证论者及实用主义者们所谓之简单。但如上文所述不错，则黑氏之哲学对后来西方哲学之正面影响之大，不在其自然哲学与逻辑之部，而要在其精神哲学之一部，彰彰明甚。

二 对黑格尔之自然哲学与逻辑之批评

再其次，如本我们自己的观点来，从事对整个黑氏哲学作估价，我们亦可有种种理由，说明黑氏之精神哲学，是黑氏之哲学的重心，与最有价值的部分。首先黑氏之于其自然哲学，虽然亦颇自信为一完备之系统，其中亦确有极高之洞识，但是他亦曾屡说哲学于此，须根据经验科学。而其自然哲学之内容，亦明是根据当时之自然科学的。黑格尔死后，自然科学既有大变化，则黑格尔如生在今日，亦理当重写其自然哲学，此可无多疑义。

至于对黑格尔之逻辑，今姑不问后来之逻辑家知识论者如何看法，我们即如黑格尔之意，视其全幅范畴即人之思想之范畴，而兼为存在之范畴，对绝对之全幅的界定（Definitions of Absolute）；我们仍有一问题，是如何可由纯思想方面，以保证其完备无漏，与其先后秩序之确定不移？此问题曾经多人提出。而其大小逻辑书所论，亦互有出入。如顺着他之书，去同情的理解其如何安排其范畴系统，当然可见他有极大的匠心，亦未尝不可大体讲通。但若要保证其完备无漏与先后之秩序之确定不移，则此保证似应在其逻辑系统之外。此对黑氏言，应即在其自然哲学与精神哲学。然其自然哲学与精神哲学中之范畴，又并不与其逻辑中之范畴，一一相对应。然如其逻辑系统中之范畴，不由其自然哲学精神哲学，以保证其完备与其确定之秩序，则其自身势须担负此保证之责。但其正反合三联式之大原则，虽大体上是不变的，但亦偶有四联式（如 Judgement 分为四）二联式（如 Cognition 分为二）及勉强凑成之三联式（如 Art Religions 中有 Beauty in General, Religion in General）的情形。而且其三联式原则之继续运用，如一分三，三分九……毕竟用几次，亦有不整齐之情形。一般说是一直用三次。但亦有用至四次者（如 Variety, Affirmative, Judgement, Mathematical, Sylogism 等，即属于第四次的三联式之运用而见之范畴）此中依何原则，不能再继续用至五次六次，黑格尔并无说明。而整个观之，其前后范畴之相生，大皆为一直线的前进，诸范畴宛成一直线或大圆圈中之诸项。如其三联之原则，少应用一次或多一次，则此诸项即可有增减。又何以其前后之诸范畴之关系，不可为平等的互相交摄之关系——如柏拉图于帕门尼德斯，其中之论"同异""一多""有无"等之关系一般——亦是待讨论之问题。此诸问题之根本症结，则在此一切范畴之毕竟是否可只由辩证法之应用推演而得，或须兼由对思想运行之形式之直觉而得？依黑格尔之意，凡间接由推演而得之范畴，皆须化为兼由直接之思或觉（我们即名之为直觉）所得（可看其小逻辑之导言）。此中有一大智慧。但凡由推演兼所得之范畴，皆不能先于实际思想之推演历程本身之进行而呈现，以为直接之直觉所得。简言之，即范畴之呈现与思想之运行，俱时而起，而后直觉并得之。此即黑氏所谓思有合一之本义。但若如此，则人之思不起，范畴即不得而现，范畴之关系如何亦不现，直觉亦无所得。希腊哲人不重本质类中之范畴，康德以前之哲学不真重其理念类中之范畴，人之思想历程为历史的，则范畴之呈现亦为历史的。如此，则人所知之范畴是否完备，以及诸范畴间之关系之必为如何，即不能有先验之必然保证者。纵大三联可保证必有，其内部之小三联，是否可一直下去，以及于更小之三联，亦只能由人实际思想之运行,是否到达而后能决定。因而为必不能先验必然的保证其完备者。由是而即依黑氏之哲学,对其范畴之发现,必取一义上之实在论观点。即必须人之实际思想有某运行之形式,然后人能凭对此形式之直觉,而确定一范畴之存在。即人对于范畴之直觉与确定,乃后在于人之实际思想之运行者,亦即后在于人之实际思想历程者。我们上说黑格尔逻辑之诸范畴,亦正是取诸西方之哲学之历史者。若真如此,而黑格尔又真自觉的承认其如此,则其逻辑中之所说,即可全沉入哲学史中,而为哲学史之内容。因黑格尔写逻辑之目的,在展现全幅之范畴,对"绝对"作完全之界定,此固非其所愿。然如吾人上之批评为真,则范畴之展现于思想之运行,却只能在一历程中或历史中。此即同于谓黑格尔不能自谓其逻辑书已展现全幅之范畴,对绝对能作完全之界定。而其范畴系统之内容,即须化为前面敞开,或其间之钩连亦松开者,而在原则上可加以拆散而重造者。此即见黑格尔之无法达其写逻辑之目的,而自败于其目的之前,便亦唯有承认吾人之批评,而承认其所证之范畴,只为已展现于人类思想史或西方哲学史之范畴。而承认此后者,即须兼承认其逻辑书中之整个理论,只是对哲学史中已展现之范畴之一种可能的编排,而其逻辑书即可成其哲学史之理论,而可附属于哲学史,亦即属于其精神哲学中之哲学一部中者。在此点上,黑格尔亦非无所自觉。故其谓哲学整个为一圆周,其终又为始。其精神哲学中后一部之哲学之内容,亦即由逻辑至自然哲学再至精神哲学之一串,亦即由古代哲学至黑格尔哲学之一串哲学。据此,吾人可说其逻辑与自然哲学属于其精神哲学中之哲学一部中。然吾人并不能转而说精神哲学或哲学自身,为其逻辑或自然哲学中之一范畴或一部。此即见其精神哲学之理念,可包括其逻辑自然哲学之理念,而此后二者不足包括前者。是亦见黑格尔之哲学,只能以精神哲学为其重心与归宿也。

三 对黑格尔之精神哲学之批评标准与同情的理解

但我们以上对于黑格尔之自然哲学与逻辑之诸批评,并不能同样应用来评其精神哲学。对其自然哲学,我们可从其不合于今之自然科学对于客观自然事实之发现,而谓其过时,亦不合真正之客观事实,亦即不真。因自然哲学之是否真,在一般义,只须对人以外之客观自然负责。

而黑氏亦曾自信其自然哲学,对客观之自然为真也。对其逻辑,我们可从其所言之范畴,后于人之实际思想之运用,或后于人类之全幅思想史,而发现而确定;以言可能有尚未被发现之范畴,未发现之范畴关系,而其范畴系统,遂不能自保证其完备与其秩序之确定不移。而黑格尔之目的又在求其完备与其秩序之确定不移,因而形成矛盾。简言之,其自然哲学之是否为真,系于所对之自然,而所对之自然不必如其对自然之所知,而其言遂可误。其逻辑中之范畴系统,是否即关于范畴之真理之全,系于能思之心之是否实际有某思想之运用,而此思想之运用可尚未有,而其言遂不足显此真理之全。即其自然哲学之所以可误,在自然中存在的,不必是在人之思想中的。其逻辑之所以不能显真理之全,在可能显于思想中之范畴与其相互关系,不必是已现实于人已有之思想中的。即对客观自然说,思想中所有之观念,自然可无;自然中所有者,思想中可尚无其观念。对人自己之思想说,已有之思想中所未显之范畴与其相互关系,在未来之思想中却又可显。前者是一种内外主客之可不一致,后者是一种现实的与可能的之不一致。但在其精神哲学,或由精神哲学的眼光去看其自然哲学,则都可无此种种问题。

在精神哲学之所以无上述之问题,在精神哲学所论之对象,即精神自己。精神自己之为我们所自觉,即对此自觉而客观化,以为其所对。为所对而非在外,而只内在于此自觉。因精神之内在于人之自觉,即精神哲学之对象,总是现成的现实的,精神哲学中的真理,不须任何外在客观之检定标准,亦无其与外在客观之对象是否相合的问题。就精神之为现成的现实的言,一切精神经验皆一体平铺,皆有其一种内在的实在性。此处可无所谓错误。在此,我们之感我们认识外界错误了,此错误,亦是一内在的实在的精神经验,实在的精神内容。我们对于精神的实在的自身之了解,诚然亦可以错。如我对他人精神之了解与对自己的精神的了解,都可以错。但是在此,仍只可由、亦必须由,对他人或自己精神之进一步的了解来校正;在校正时,错误之为错误真正呈现,而真理亦一时呈现,而二者皆在精神之内呈现。同时在此处莫有绝对的错误之可说。如以外在客观之自然为真理之标准,我们可说有绝对的错误。如我们以地下有地狱,其中有牛鬼蛇神如何如何,由此全部想象而生之判断,可绝对错了。依一般义,可说一错就完了,不能直接由之以另得自然界的真理。然而我说我昨夜梦见地狱,其中有牛鬼蛇神如何如何,此亦可能错。因昨夜我可并未作此梦，而只是我现在心中有对地狱之幻想，而视之为昨夜梦中所现。但当此错误被发现时，我可同时知道昨夜之无此梦，与现在心中之有此幻想。此便非一错就完，而是更进而兼为我们之所以致此错误之幻想，在全幅精神中另肯定其一实在的地位，而从有错误之精神经验中，超化出另一真理之获得的精神经验。由此而见人对精神的了解之一切错误，皆只可由、亦只须由更进一步之精神之了解，加以校正；同时使此错误，成为得更高的精神之真理之媒介或阶梯。总而言之，即对于精神之了解的错误之化除与真理之获得，以精神自身之升进，为其必须且充足之条件。因而原则上，只可由、亦必须由精神自身之升进，而得"知其为真理或为错误"之必然而绝对之保证。而此亦我们用以批评黑氏之自然哲学之言，不能同样应用来批评黑氏之精神哲学之理由。

其次，精神哲学所论对象之精神，必须是现成的现实的，即必须是存在的。黑格尔逻辑中所论之范畴与实际思想之运行，俱起俱现，因其与实际思想俱起俱现，则其自身毕竟有多少，其已现者是否完备，其前后之秩序系列之中间，是否可插一项或若干项，则无由决定。故我们可说，另可能有范畴，以使黑氏所说成不完足。此可能有之根据，粗说在我们可有进一步的实际思想。细说则在我们之实际思想，为我们所自觉时，此自觉心乃超越的涵盖于我们之实际思想之上，此已有之实际思想，不能穷竭此自觉心之量。于是我们同时直觉到可再有其他的实际思想，而由此以定然的断定，可能有其他范畴。但是对于精神，则严格说，不能讲可能的精神。可能的精神即不是精神，如可能的诗歌不是诗歌，可能的音乐不是音乐，可能的圣贤豪杰，非圣贤豪杰。我不能凭空说，我将来可能有圣贤豪杰的精神，此只能根据我现在已向慕圣贤豪杰说。但如我真是现在已向慕圣贤豪杰，则此向慕之精神本身，亦即一种圣贤豪杰之精神，或"诞育圣贤豪杰之精神"的一种精神。此精神本身，必须是已现实的。诚然，我们可说除现在我已有之向慕圣贤豪杰之精神外，由此向慕，还可有其实所诞育之圣贤豪杰精神；如我们可说，除我实际已有之思想外，还可有其他可能的思想，因而可发见其他之范畴。但是此可能的精神，可能的思想之概念，在我现在说，亦实只是又一类之范畴，因其尚无内容，而可有不同内容故。由此可能的精神与可能的思想中，又可呈现其自身之范畴，我们诚可据此以证黑氏之逻辑中所论之范畴，不必能穷尽完备。然而此可能的精神，与可能的思想之具体内容，既根本莫有，则不能成为精神哲学的对象。而精神哲学的对象，即只能收缩在现实的现成的精神之内。因只有现实的现成的精神，才是精神。因此，精神哲学可莫有其所论之精神，是否完备穷尽的问题。人类的精神之发展与其内容之日益丰富，你尽可说其是无穷尽的。但精神哲学不以此话之所指为对象，因其所指可是尚未实现的。这些话本身，于此亦实只是一些范畴。精神哲学只能直接以人类精神已有之具体发展与具体内容为对象。精神生起，而后对精神之哲学反省生起。此是精神先行，而哲学反省后继。此不同于克就我们之运用范畴以指对象而言，是范畴先提起，而内容后充实。有精神先行，而后有精神哲学后继，则精神哲学永不会扑空。如精神是可继续无限发展的，则精神哲学，亦自随之而有无限发展，如精神不发展，则对此精神之哲学的反省，可当下完备。如精神继续节节发展，则精神哲学，亦可节节完备。若说因精神可无限发展，而永不能完备，故精神哲学，亦有不能完备的问题，则此责任在精神，而不在精神之哲学。精神之哲学，只要他扑着现实之精神，而反省之自觉之，他总是当下有一安顿一归宿的，莫有不完备之感的。因其只认识精神也。而且从另一义说，则不管人之精神如何无限的发展，哲学终有一究极的精神，为其安顿归宿之处，此究极的精神，则是现成而现实于现在的。此只须知：我们之"承认精神可无限的向未来发展，其中可有无尽内容永不能完备，因而若精神哲学亦永不能完备"云云；此中之"承认"本身，亦只依于我们之有一"精神"，去肯定"精神之无限发展而有之无限内容"之故，而此"精神"本身，则是现实的，现成的，现在的。此所肯定之无限发展而有之无限内容，即全部依于此"肯定"之"现实"，而限在此"现实"之内。而人类之"最高精神"，亦即此肯定"精神之无限"之"精神"，此"精神"可涵盖包覆一切精神，而一无遗漏。而哲学如以此"精神"为其所自觉所反省，则哲学即得其究极之归宿安顿，而为一可完全其自身圆满其自身之哲学；而从事此哲学活动之精神，亦即一真正之绝对精神。由是而精神之哲学，可不同于自然哲学与逻辑之是否完满，无内在之保证者——此乃因前者自然哲学之真，可说待于外物，后者之逻辑是否完备，待于人之实际思想故。而精神哲学之是否完满，则有一内在之绝对标准，即人是否能反省到其自身之原具有一"肯定无限精神"之"精神"。能反省到此，而哲学即求止于此，则哲学即有完成备足之归宿安顿处。至于其如何达到对此"肯定无限精神"的"精神"之认识，中间所经过之对各种具体精神的认识，有多少阶段，即皆成次要者矣。

我们以上所说，重在说明对于黑格尔之精神哲学，我们不能用批评其自然哲学与逻辑之言去批评。对于其自然哲学，你可说其不合今之自然科学所发现于自然者，便完了。对其逻辑，你亦可批评其中何处少一范畴，而有什么概念上的混淆，你也可依此义，而说他一错而永错了。但如罗素之只看其逻辑中之数学错了，便不看其书，或指其说了太阳系中只七行星，一周后，科学家即又发现海王星，便对其整个哲学，加以讥笑，则毫无道理。黑格尔之哲学，大部分都在论艺术、宗教、道德、政治、历史等人类精神生活，何能如此一笔抹杀？对于黑格尔的精神哲学，当然可批评。但要批评，必须先理解。而要理解而兼批评，则必须我们自己先有比黑格尔更丰富更亲切的艺术宗教道德等之精神经验精神生活，与对之之了解。此事当然是可能的。在一枝一节上，超过黑格尔，更是容易的。由此而我们亦可发现黑格尔之精神哲学之不完备，或论列过于机械，及错乱各种人类精神的种类之处。但是我们须知，我们这样去批评，正是以我们自己的哲学精神，去包涵黑格尔的哲学精神，而将其精神之内容，在我自己之精神之内，加以重新的体验，重新的安排，而组成我之哲学精神之内容。在此，我如果说他错，他不是一错就完。他的系统可以被我肢解，但肢解后仍存于我之哲学精神之内。而他之所以错误，即在我之哲学精神之涵盖包覆中，超化为我之哲学精神中之真理。简言之，即对于精神之哲学，不能只以不合某一客观外者之事实来批评，亦不能只纯逻辑的概念分析的批评。而只能以更高的精神哲学之建构来批评。写不写成文字，是另一回事。但必然要有，亦绝不会莫有。莫有必不能有真批评，所说的话可全不相干。而若有，则一切批评皆同时是同情的包覆，而兼创造的建构的。由是而一切精神哲学，皆可生活于后来之精神哲学中，而生长于以前之精神哲学之上。于此而只有真正的精神哲学，能成真正的哲学传统，亦才能了解此传统以外之其他哲学之精神。无论中西印之哲学，必以精神之哲学为正宗，而先后相尊戴，左右相扶持，且哲学史恒为唯心论者之所写（如唯物论史，直到现在仍是唯心论者朗格所写之一部），这中间实有其必然之理由。然而我们此所说的：批评之当与建构相连，错误之可超化为真理，个人之哲学存于相续之人类哲学精神中等等，正是黑格尔所常说的。我们今亦只有根据于此诸义，而后能对黑格尔之哲学与细节作批评。此即等于说，黑格尔哲学终有其无容批评，而只有承认其价值的地方。整个来说，黑格尔之以宇宙之最后实在必为精神，而人之最高之精神，即肯定精神之无限之精神，最高之哲学必为自觉此精神之哲学，我亦认为都是只有加以承认的。此亦非黑格尔一人所独见，而是古今之圣哲最后必然同见者。此亦是东西南北海之圣哲，此心同此理同之处。然如何达此，则理论之方便有多门。而唯此处可讲个人之哲学，亦唯此处可称为纯属于黑格尔之哲学。

四　精神之概念为黑格尔哲学之中心概念

关于黑格尔之所以说宇宙之最后之实在为精神，其是否能成立，亦唯系于其对于"精神"之概念之哲学的省察，而不系于其自然哲学与逻辑理论之是否确定不移。通常一般的想法，是从黑格尔之常说哲学之目标，是绝对真理，绝对知识系统，并见其二百个左右之范畴之依三三式一直排列下去，而黑格尔对其哲学又十分自负；于是想，此是一整个钩连之系统，如一字长蛇阵，只要一处攻破则全破，而且其精神哲学在最后，似根据于其逻辑之"正"与自然哲学之"反"而推出之综合。如前二者不立，则至少其以精神为宇宙之最后实在之论，即不能立。但是我之此文的意思，正是要破此一般之见。我至少能够指出黑格尔之逻辑与自然哲学及精神哲学之三分法，并不须想象为一三合式的三角形来理解，而可想象为一三岔路来理解，一条路通自然哲学，一条路通逻辑，一条路通精神哲学，而三岔路口立着的只是人之精神自己。我这话看来，很新鲜而奇怪。但是我可说，只有这样人才能真了解其全部哲学，其哲学中何处是真理，何处有错误或不足，才可一一被看见。而其宇宙之最后实在必为精神之一点，则无动摇之可能。而我之如此说，亦不是莫有根据，其根据在黑格尔之精神现象学所涵之意。尤其是此书之序言及导论与最后二章，更值得注意。

黑格尔之精神现象学分为意识、自我意识、自由的具体精神三部。而第三部中，又分理性、精神、宗教、绝对知识四部。此为其哲学之胎模，不必与其后来所论之哲学内容全相应。但是其后来所论之绝对精神客观精神与主观精神之义，皆隐约涵于其中。此中无自然哲学。然在其第一部论意识，第三部论理性，讲自然律、物力、及对于自然之观察，对于有机的自然之观察，对于自觉与其直接现实性之关系之观察，面相学骨相学中，即涵有其自然哲学之一些观念。此书未论逻辑。其绝对知识一章，意指为绝对知识之哲学，当即其写此书后四年所成之大逻辑。但其在此书第三部论理性之第一节，论确定性与理性之真理处，即由唯心论之我之自觉，论到统一的心中之逻辑之发现，在其论精神中启蒙时代时，复论及纯粹思想与存有之合一。这都是与其范畴之理论直接关连的。此书整个只是论精神之行程，故我们可透过此书，以看黑格尔之自然哲学逻辑与精神哲学之三分，如何自一三路交叉口为中心而三分，以说明位于此交叉口者，只是精神自己，而皆所以确立此精神之为最后之实在。

在黑氏此书，乃由意识之直接确定性，所对之"这个"为开始。此是一切真正之哲学唯一所能有之最现成之一始点。康德及一切经验主义，亦于此开始。笛卡儿亦近似。此直接确定性，在黑氏之哲学大全第三部，则称为实感（feeling）。用常识之言说之，此实感，即我对环境之直接接触所生。但如实说，则此时"我"与"环境"之概念，皆尚未出现。此只是一原始之实感，一直接的有所确定之感。然此感，毕竟是一精神之最先之表现，为一当前之精神实在。由此感而上升，遂有知觉，有理解，有种种精神活动。对此诸精神活动之全体内容之反省，属于精神哲学之事。此感有一"这"（this），如为其所对。而人之一切对自然之知识，对自然之科学哲学知识，要为吾人之知觉理解理性，向此"这"之所指，扩大深入的观看，本概念加以理解，本理性加以推测构想，再以之与所观看得者比较印证之所成。在吾人之此求知自然之历程中，吾人之精神心灵能一往向自然而运用，透过一"这"，再至一"这"，而使原来之"这"成"那"，透过一概念再至一概念，而与原来之概念结成判断，以入于自然之内部，而照明其内部之黑暗；亦即精神心灵之光辉，如离开其自己之本位，向黑暗中行。此即吾人精神心灵之如外在于其自己，以次第同一于自然，而沉入于自然。依此即可对黑格尔之所谓精神外在化为自然，而成"对自身"者之言，当下先得一实证处。然吾人于此求了解自然，而思想自然时，吾之理解与思想如何活动，如何进行，亦必有其方式范畴。则吾人于此暂不将此心灵之光辉向前照,而试加以凝敛而内照,即可自觉此在自身之理解思想活动之方式范畴之为何,此即可对黑格尔所谓为纯思想之逻辑之有,与思之合一,而"在自身"之言,当下先得一实证处。然吾人于此,若不以去自觉此在理解思想等之活动之尖端露出之方式范畴为目标;转而冒过之以翻于其后,以此理解思想之活动,与其所关联之其他心灵精神活动,为吾人加以自觉之所对,则吾人所自觉者非方式范畴,而为心灵精神活动之本身。此诸心灵精神活动之本身,为我所自觉,而与此自觉为相对,然此诸心灵精神活动,亦原属我,而今亦为此自觉所笼罩者,故为"对自己"而兼"在自己"。由此看,则知人之心灵精神之去向自然,去觉自然,是一方向。回头看其如何去看,觉其如何去觉之方式范畴,是向其自己之"如何向自然"之方式范畴,求对之加以自觉,又是一方向。不外向自然,亦不向自己之如何向自然,而只向此觉、思想等,与其所关联之精神活动,与此等活动所自生之精神自己看,而自觉其本身又是一方向。然人之心灵只求觉自然,而不能知其所以觉之方式,则其知识只有对自然之相对的片面知识,而无对此知识之所以形成之绝对知识。既知其所以觉之方式,而不知此方式所依,与所自出之精神活动精神自己,则无此方式之所属之实在,及其所以实在之知识。即尚未达于对绝对实在之知识。欲达此,必知自然,亦知吾人所以知之方式范畴,及此所以知之所依与所自出之精神自己。而由此所成之绝对实在之知识,亦只在精神中或即精神自己。由此而见一切知识必以精神为归宿究竟,必以精神之知识为归宿为究竟。亦即见一切科学之知自然哲学之知,逻辑知识论范畴论之知,必以精神哲学为归宿究竟,亦必以"以精神为最后实在之",为哲学之归宿究竟。此即黑氏言绝对知识,必以精神哲学为其哲学之重心,及以精神为最后之实在言之本义也。世人之只以绝对知识为将天下之知识,一一条举之无限综合体,以罗列一一存在所成之一大全,为绝对实在者,皆为黑氏之言,尚未知所以契入之处者也。

我们如果对于上文所说完全透彻了解,便知人对于自然之知,对于其所以知自然之方式范畴之知,及对于此知之所自出之精神自己之知,乃三不同方向、亦不同层次之知。而我当下之精神,在此作哲学思索,我固可当下分别向此不同方向,不同层次之对象去看。即我可一直向自然去看,以成就一自然科学自然哲学。我可向我之思之方式范畴去看,而成就一逻辑（即包括知识论与纯粹思想之本体论）。我亦可从我之思之精神活动，可分为感觉、知觉、理解、理性，亦通于一切通常所谓情感意志之活动，而连于各种超自然知识的对象，如他人精神及上帝等，而成就一精神哲学。就三方面的哲学思索之具体内容说，都可无定限的增加，我们对之亦可有各种不同程度的真实了解，而可分别自立。在自然哲学方面，则科学之观察实验工具，优良一分，精神心灵光辉之外在化以照自然，而沉入自然内部之事，深一分，广一分，而后自然哲学进一分。在逻辑方面，则表达观念之符号精确一分，对于知之方式范畴之反省，多一分，清楚一分，则逻辑进一分。在精神哲学方面，则精神生活丰富一分，对精神之自觉的体验亲切一分，透彻一分，则精神哲学进一分。而此三方面之所得，并不必可于一时完全互相对应，而配成一严密不透气之系统。黑格尔本身，本未能造成如是之一系统。而我们一定要去如此看其系统，强求三者之一一对应配合，亦必徒劳心力。然而尽管黑格尔未能作成如此之一系统，我们亦不必能做到，然而亦正不须勉强做到，才能见黑格尔之精神哲学与其自然哲学逻辑可不同其命运，此三者间并无一定的"立则俱立，破则全破"的关系。我认为亦只有如此，才能真辨别黑格尔哲学之活的部分与死的部分。克罗齐以"分别概念"与"矛盾概念"之分，来评判黑格尔之缺点，并以"读黑格尔如读诗人"之方法，来取黑格尔之长，还是外在的批评，苟且的读法。我们之根据黑格尔本有意，来分开其哲学之三方面，则可成为对其哲学作内在的疏导的始点，由此三者之可有不同命运，可首将其精神哲学的独立价值，加以彰显出来。然而这样，却无碍于黑氏之以"宇宙之最后实在必为精神"，"人类之最高精神，为肯定精神之无限的精神"，"最高的哲学必为主张此二者之哲学，而自觉此精神此最高精神等之哲学"诸论点之成立。此我可再试用我们自己的话来发挥黑格尔之哲学之义，一略加说明，以袪除了解黑格尔之疑难。

五　精神为最后实在之自然主义的疑难及其销解

对于宇宙之最后实在是精神一点，我们通常之所以总想不通，是因我们精神之原始目光，总是向外看自然的。此即黑格尔精神现象学中所谓意识一阶段之心之本性。向外看自然，是看不见精神的。此如黑格尔在逻辑中曾提到一科学家 Lalande 说，世间确无上帝，因为他已用望远镜，把整个天上照过了。这样去照，岂特无上帝，亦必不见任何精神之存在。顺此思路，人总是想，必须自然科学把自然之秘密完全了解，然后能知宇宙之实在为何。或必须依于一完全正确之自然哲学，然后能知宇宙之实在为何。今黑格尔之自然哲学，与其所据之当时之自然科学即不正确，则他之谓宇宙最后实在为精神之说，如何能正确呢？或更粗糙一点问，我们焉知莫有比精神更实在的东西，在天涯地角，或原子核中，还未为人类之知识所发现呢？但是实际上宇宙之最后实在，必为精神，及黑格尔之如是主张，却可根本不需要建基于一完全圆满正确的自然哲学，更不须俟自然科学之将自然之秘密完全了解。如此去想，则现在不能有哲学，一切哲学，皆只是科学之先的假定，或一切哲学于此，皆无定然之结论可得，而只有全幅的随自然科学变。如今之美人诺斯诺蒲之东方与西方会合及科学与人文之理则等书，即尚不脱此观念。此中之人之迷惑的关键，在不知一般所谓科学真理及当作对客观外在自然负责看的自然哲学的真理，与真正的哲学的真理，或真正的具体真理之不同层次，而前者最后只能在后者中存在。一般所谓科学的真理，与当作对客观外在自然负责的真理，我们总是想其真理之标准在外，如人自以为真之思想观念，与在外者不合，即一错永错。此中之基本假定，是思想观念之真理价值，是对"他"（Other）的，是外在于思想观念自己的。然在黑格尔哲学中，则另有一基本肯定。即如果我"真知道"我之思想观念对"他"或外在自然为真时，则此思想观念之真理价值，即同时必然是兼对自己的，内在的。人之意识活动或认识思想活动，最初一定是向他的即向外的，因而必有一外在客观之自然为对。黑格尔随处都承认此一点。但是我们于此须知，我们之说有、或肯定有、一外在客观之自然，则是我自己发出之一精神活动。我肯定自然界尚有无穷的未知的东西，此肯定仍即我之精神活动。但是我们初作如是肯定时，我们却并不自觉我们之有此肯定。我们只是去超越我们所已知的对外界自然之思想观念，去想还有别的，还可有别的⋯⋯此超越，依黑格尔之名词即一自我否定。由此自我否定，以肯定外在之自然，遂只觉有一外，外还有外；却不自觉此中之肯定，即为我们精神之自身的自外，或向自然而泯没于自然中。此即可称为精神之自己分裂。于此，我以我之思想观念，只对外在之自然负责，其前途茫茫，真妄不可知。此不可知之感，亦是一精神之自己分裂之征兆。至当我已知我之思想观念，对自然为真时，则不只是我之思想观念与自然相合，而同时是我发现自然之所是，与我之思想观念之所是者相合。同时亦即是我原初向自然探索，而沉入自然的心之得其所求，此心如从外面之自然，通过此自然之"所是"，而将此自然之"所是"，与我之思想观念之"所是"，合抱为一，以回到自己。这些道理，一直说去，似乎有些幽深玄远。但我们可姑舍是。我们今只说，当我们确知我之思想观念对自然相合为真时，此真理之必然为内在于我之精神心灵，而此时之自然之所是，亦必然内在于我之精神心灵者。——否则试问你如何能证实或知其相合？如不知其相合，你如何能得真理？——我们于此只须知道：此一切对外在自然为真之思想观念之真理价值，必由外在而转为内在，自然之所是亦必成为内在于我们之知者，然后成为我原来之思想观念之是否为真之对照者；便知一切真理，皆必转成精神心灵自身内部的真理，而后为真实呈现的真理。一切自然，皆必转成精神心灵之内部所对的自然，然后成为表现真理，而显其实在的自然。

依上述道理，则我们不能说世间有不为精神心灵所对之任何实在。整个天文地质动植的自然，皆为我们心灵之所对。他们为我心灵之所对，我又自觉其为我们心灵之所对，同时自觉此二者间之分别。即他们不是外在于我之如是自觉，亦不外在于此自觉之精神者。对自然的哲学之根本义，即到此为止，可不再增，亦不须减。此理是人人当下可以实证之理。至于说我们对于自然之认识，可以再深再广，如将来之自然科学家，即比我们认识更深更广；则须知此理，仍可对此更深更广之认识，照样应用。思之使知。如果我们说，总还有些自然秘密在一切人心以外者，此自可说。但是此在一切人心以外者，如只是笼统的被肯定为一大全，则此大全，亦不在此肯定心外。此大全，即康德、黑格尔所谓一总体之理念或客观性绝对性之理念。如要说此在人心以外者之具体内容，则当其未被知，彼纵是实在，亦不表现真理。因真理必由思想内容与其具体内容之两端相合，而此中尚缺思想之一端故。又此在人心以外者，如其绝对不能被知或尚未被知，则其实在性是否高于吾人当下之精神与思想之实在，亦不得而说。如其可说，则必已被知，而内在于精神心灵（精神与心灵为复词，即精神而已）。由是而外在之自然，纵可一时外在于精神心灵，而为实在，其实在性亦无法与精神心灵相比度。至于从人不断由思想观念，以求知自然之历程，冀得关于自然之真理以观；则此以思想观念不断向自然伸进，探求沉入之历程，亦即自然之不断转入精神心灵之内部，而表现真理之历程。于此再从精神心灵自身看，则又为精神心灵之自己扩大其内部之所对，充实其内部之真理，亦自觉其精神心灵之光辉，不断外在化，以沉入自然；又不断自自然中升起，通过自然，所表现之真理，以回到自身之历程。此亦可总名之为精神心灵之不断的自己分离，而又自己凝合之历程。缘此以措思，则绝对外在于精神心灵之自然之实在或真理，毕竟不得而说。凡此等等本身，即为一哲学的真理（Truth）。不论人对于自然之科学知识如何变，此一哲学真理，终为洋溢于其上者。此其所以为绝对真理也。此义在黑氏精神现象中，曾透露多次。此哲学真理在另一层次，故不与一切自然科学理论之真或妄同命运，亦不与当作对自然负责看之黑氏之自然哲学同命运。本此哲学真理，以看一切科学，与初当作对自然负责之自然哲学，则一切科学与自然哲学之真理之真，乃在此"真理"中真，而为此"真理"所保证护持之真理。一切自然与自然哲学中之错误的思想观念之所以错，亦非只以其与无情之客观外在之自然不合而错，而是与"我们自己之自动自发的，愿以其心灵光辉外在化于自然，而通过自然之所是、自然对吾人所表现之真理，并以此真理为其思想观念之内容，所产生之更融贯而无矛盾之思想观念"相对照，而后显其错误者。由是而一切自然科学哲学中之错误显处，即真理显处。于是一切错误之思想观念，即皆可为真理之媒介，而可过渡至真理，亦即皆可不断由重安排其所以致错之诸思想观念，以超化其自身，成真理之内容者。人能本此哲学真理，以观一切科学与自然哲学中之错误，即皆可见其善始与善终。至于此所谓错误之一度之存于人之精神本身，其再被人所自觉的了解整合与校正言，亦即显出一精神历史的真理。由此哲学真理之视一切自然之真理，最后必内在于人之精神心灵，故必重知人之精神之历史之真理。科学史自然哲学史，即皆为人之一种精神历史之真理之表现处。黑格尔之自然哲学，我们以前只从对自然负责之观点，视为一错而永错者，自精神历史之观点以观，则黑格尔之自然哲学，要亦为哲学史中之一章，即亦为表现精神历史之真理，而存于人之"对精神历史之了解"之精神者。此亦即吾人前所言之精神哲学，可包括其自然哲学之理念之意也。

六　精神为最后实在之泛客观主义的疑难及其销解

其次，我们当略说明我们对宇宙之最后实在为精神，更不易想通的又一疑难。此疑难，乃原自我们精神之由向外之自然看，转而向内反省时，首先所遇见的即为观念而生。因观念一被反省，每一观念即皆显为一概念。每一概念，皆有其外指的范围，其所指者要为内外界之特殊事物，或低层之概念。今如顺概念之所指之外物而下达，则我们所肯定为实在者，初为外物。至若顺概念所指之内心精神状态或人之人格而言，则以概念所指者之超溢乎一特定之精神状态与个人人格之外，因而人亦总不易由其所指之自己之精神状态与人格，以透视最后之实在。因此概念总是超溢其所指之上，而逼人之心思以向外散开歧出者。人缘概念以上达，以反省概念之所自生，人固可发现吾人之理性，且可由经验概念，反省出纯粹的思想之形式范畴，如有无、一多、与因果之类。由此而可反省出统摄诸范畴之超越的我，此即康德哲学之所为。黑格尔又再进而本此超越的我之统一性，依辩证法以说明诸范畴间之有机的关联。然我们前又评论及黑格尔之不能保证其范畴之完备与其秩序之确定不移，因而可能有其未包括之范畴，须在人未来实际思想活动中，方得呈现者。由此即可发生一问题，即当范畴未呈现时，范畴之存在地位之问题。此时范畴既未呈现于实际思想中，而其本身之意义，要不同于思想之意义。黑氏谓其于思想中呈现时，即存在于思想中。此时之思有合一，固无问题。但当其未呈现时，则其自身总是为一"有"。则此似只能是一外于思先于思之一超越的有或潜有，或超思想的本体论上之"有"。而其显于思，只是其"有"之为思所觉，至多为思之所分享，而其自身则可不存在于时空，既不在物，亦不在心之思之自身者。如将此说扩而大之，则一切概念中之内容，皆可为一如是之有，而一切概念，即不外心思之觉此类之有，或分享此类之有，或把握此类之有之所成。此种说法，在哲学上有各种不同之形态，可姑称之为泛客观主义。此种说法，亦可由对黑格尔之逻辑之范畴论之批评以转出。（据云德人哈特曼 N. Hartmann 即为直接由上述之义，以评黑格尔之范畴论，以转出其实在论之知识论的形上学者）此即为人之契入黑氏所谓宇宙之最后实在为精神之又一大困难大阻碍之所在。

但是此问题,虽可是纯从黑格尔之逻辑之范畴之可不完备上着眼,而发生之疑难,却是从黑氏之精神之概念本身着眼,可解决之疑难。因纯从范畴之未呈现于实际思想,虽可推论至其可能超实际思想而自有。但是从范畴之必在实际思想中呈现,吾人只能在实际思想中呈现范畴,而直接自觉到范畴之有;则我们亦无理由,以断定范畴之能离思想而自有。我们之自觉到范畴之有,前曾说为后于实际思想之呈现此范畴者。因而我们之自觉心,对此范畴之何所是,须取一义之实在论之态度。但此实在论之态度,唯是对实际思想所呈现范畴之何所是的实在论之态度,而非对超思想之"有"之实在论之态度。当吾人对一范畴,既顺实际思想以呈现之,而加以自觉之后,此范畴,毕竟为内在于此自觉中者。由此而见范畴之归宿地,仍在精神中。至于我们如向前看,以看可能呈现、而尚未呈现之范畴,则所谓其可能呈现,即为可能呈现于可能的思想中之谓。此可能的思想,对吾人现在之实际思想言,固亦可只作一范畴看,如吾人前之所说。但我们前复提到,吾人之所以能说有可能的思想,则根据在我们之自觉我已有之实际思想,而复自觉其不能穷竭吾人之自觉心,此自觉心恒超溢乎我已有之实际思想外之故。然此自觉心之能如是溢出,则为现实的。而其为现实的,即"可能的思想"之所以能现实,之精神之根之所在。可能有的范畴,既只呈现于可能的思想中,因而其现实的精神之根,亦即只在此自觉心中。今此自觉心,既为一现实之精神,而又能由之以发出一"肯定精神之无限发展之可能"之最高精神,此"肯定精神之无限"之最高精神,纯为现实而非可能;则此中所肯定之一切可能,即在此义上,为全幅涵覆包括于其内者。因而一切真可能的思想,与其真可能呈现之范畴,亦即全幅包涵于此最高精神之内,而为此最高精神之未彰显之现实内容,亦即其所蕴藏之精神实体。由是其所次第再显出之种种可能的思想,以呈现范畴,即当为此精神实体之自呈其用,而自开其蕴藏,以自觉其自己;以客观化其自己于自己之前,以自觉其自己,自见其精神实体即亦精神主体之事而已。吾人之智慧如见及此,则无论说有多少范畴概念,尚未在吾人之实际思想中呈现,然吾人决不能视为吾人之思想前往攀缘之空架子,先悬于空中的,而当一律视之为如原顿时具足于我之自觉心内部精神实体或精神主体中者。由是视范畴概念为超越的实在之思路永绝。而宇宙之最后实在必为精神之又一大阻碍大困难可去矣。

七 真理之意义及一切自然主义与泛客观主义哲学之不可能

至于黑格尔之所以"以宇宙究竟实在只能为精神"之正面的核心理由,则在其所常言之真理为"全体"为"存在与其理念之合一"之论。依此论,一存在为一动的发展历程,此历程之由始至终之所依与所向,即其理念。对此义人如只循柏拉图与亚里士多德所言者,加以了解,尚不能得其最亲切之正解。此不宜如亚氏之由外在事物之发展以取证,而宜直接由人之如何本思想观念,以求真理处以取证。在吾人求真理时,体现真理,即吾人之思想观念之发展之目标或所向之理念。为求此目标之达到,吾人恒须修改或牺牲吾人原来之思想观念,以向客观外在之自然用思想,外在化吾人之思想于客观自然;以求达一思想观念,其中有自然之内在化者;使吾人之心于此得成为一体现真理之心,而实现吾人原所向之目标或理念。在此,我明见真理不在通常所谓主观之思想观念之片面,亦不在通常所谓为对象之客观外在自然之片面,而在此二面之合。此所谓二面之合,亦非如常识所谓二面相对而遥相应合之合,而实是"主观之心之思想之客观外在化,与客观外在自然之主观内在化,而互通过以存在"之合。此"合"为吾人之目标,亦即吾人之求真理时所向之理念。此理念之实现而实际显出,即称为真理。此真理,即为得真理时之人之高一层的自觉心之所体现,而为其所觉。此真理与自觉此真理之自觉心之显出,为"以前之我们之思想之逐渐超越其主观性,自然之逐渐否定其客观外在性之整个历程"之果。此历程中,必先有此逐渐之超越否定,而后有此果之显出,是为一辩证的历程。而此果之真因(此处姑用亚氏之因果范畴义,以帮助了解。实则在 Hegel,此乃超因果概念之事)所在,则为向此果而发展之历程之所向亦所依之理念。此理念之因,实现于果中,而果中之内容,亦只是此理念之现实,是为真实之理念,即真理。真理依于最先之理念,理念显为最后之真理。此最后者,同时为以前片面的存在者,由辩证的发展以归向之全。而此全中,同时有片面者之超越其片面性,而通过其他之片面,以存于全。是之谓真理必为全体。在此片面者之发展历程中,指导其归向于全者,亦只是此历程中所隐伏之真理,即原先之理念。故吾人亦可说如是之发展历程中，隐伏或背负一理念。此理念之通过发展历程，以实现显露于其前面，即为真理。而就理念自身说，亦可说其在此发展历程中，于片面者原相对峙中，分裂其自身，而再由片面者之自己超越否定其片面性，以再整合，而回到其自身之统一。这一切的话，花样可以很多。说玄妙似玄妙，但说平实亦极平实。此只要我们能把我们求真理之历程内外、始终、前后，合起来看成一整体就行了。

本这种真理之理论，以观一切以人精神所对之自然为最后实在之一切唯物主义唯能主义生命主义之自然主义的哲学；以及一切"以人之求知的理性活动中所应用之概念，所对之共相，所本之范畴，所向往之理念本身，为超越实在或潜在自有"之柏拉图主义，实在论，存有之本体论等我们所姑称为泛客观主义之一切哲学，即无一真能成立，而皆须有一自己之否定以超化其自己；便只有以精神为真理之哲学为能真正成立，其余哲学皆只当成为过渡至此精神哲学之哲学矣。

此上所说之前一类哲学之不能成立，在其都想由精神以下之存在者之发展进化，来说明精神之实在。这些哲学所讲之自然之发展进化之阶段历程，亦有许多可取之处。但是如果我们真肯定精神是自然之发展进化之所必然产生，精神亦即为自然发展进化之所向之理念，而此理念之显为真理，仍只在精神出现的地方。这一路的哲学，有一种是自称为黑格尔辩证法之颠倒的辩证法唯物论。此哲学想由物质的辩证发展，来说明精神之产生，精神是派生的，第二义的。然而实际上黑格尔之辩证法与唯物论，即不相容的名词。因为如果物质必然由辩证发展以化出精神，则物质便是在自己超越自己否定之历程中，其发展所向的理念与真理，正是精神。由是而唯物论本身，亦须自己否定自己超越，而化为精神哲学。辩证法唯物论本身之此内在矛盾，即必须使此理论，否定其自己。这是一个时代的问题。对一般读者，可介绍我写的心物与人生，其中论此义较详。对有哲学智慧的人，则上之数言，可为定论，今暂不多说。马恩列斯并非真了解黑格尔哲学。列宁比较是对哲学下过工夫的，但其读黑格尔之逻辑的哲学笔记，到其最核心之理念一部分时，却只好一律视为神秘与僧侣主义，更不能讲下去。这正是因其对黑氏之所谓理念，未能加以了解之证明。至恩格斯之只知本黑格尔之自然哲学，以言自然辩证法，尤为下乘之论。他们说要颠倒黑格尔之哲学，而未知黑格尔之哲学，在此一点上是不能颠倒的。他们之唯物论在黑格尔哲学之前，到必然是要被超越否定而被颠倒的了。

此一切自然主义唯物主义的哲学之根本缺点,在不知如果以精神以下之自然为最后之实在,则人将不能真具有"真理"。人之得自然的真理,决非只是人之头脑反映了自然,而是自然之兼内在于人之精神心灵。此义已如前说。除此以外,进一层的更重要之一点,是人之求真理,亦决不安于只求得关于自然的真理。我们固可承认真理是主客内外之合(此即包括主观之名言观念与其涵义,获得所谓实证),或人之得自然的真理,由于人之思想观念内容与外界自然之合。但须知此所谓内外之合,实是一不完全的相合。因为如果在自然中初无精神,则我们思想观念之内容,固外有所合,我们之思想本身之心灵精神,则外无所合。因其是多于所知之自然的东西。此处如必求合,则非否定心灵精神之存在,而将心灵精神全沉没于自然物而物化不可。此若非人之所甘,而心灵精神又外无所合,则心灵精神便只为一不自觉之存在,而其上无真理之可言者。然人之求存在之真理,必须求一切存在者之真理。心灵精神之本身既为一存在,则人必须亦求关于心灵精神之真理。求此真理,则唯有俟于吾人之自觉此心灵精神,而客观化吾自己之心灵精神,于自觉的心灵精神之前。唯吾之自觉的心灵精神之主体,与所自觉之客观化的心灵精神间,有一合时,乃有此关于心灵精神之真理。因真理唯系于主客之合故。由是便知心灵精神之真理,只在心灵精神中能真实存在,而更绝不能在外在之自然中真实存在。自然之发展出精神,亦只证明自然发展所向之理念或真理是精神,而非谓此理念真理,能在自然中真实存在。此理念真理,固唯真实存在于知此理念真理之精神中也。关于自然之真理我们前已说其由主客内外之合而见,而在此合自觉其合之精神中。今见精神之真理亦然。由是而知一切关于自然与精神之真理,皆只存于精神中。于是,一切存在之真理皆为精神性的,论一切存在真理之哲学,必为精神之哲学,遂为理论之所无可逃者矣。

至于后一类之一切泛客观主义的哲学之不能成立,则由在其只知理性的心灵之可以抽象普遍者为所对,而只见此普遍者之能超越于任何特殊具体者之上,为特殊具体者之所表现,因而遂升高而执实之,为一超越的实在,为自有者。此种理论之根本缺点,一方在不知此一切抽象普遍者,皆只呈现于人实际思想中,其可能性,皆系于现实的精神之肯定之,如我们前所说。而在另一方,即在此类哲学不知一切抽象的普遍者,皆至多只可视为虚理，而非真实之真理。凡所谓抽象普遍者，一方为泛客观，一方为分别散陈，以为静观之对象者。此静观固可于当下完成，而人于此亦可不求此普遍者之另有所合。然对此普遍者，吾人却又明可静观之，亦可不静观之。吾人无必然之责任，必须就其所如，而静观之，则吾人对普遍者之有与无之肯定或否定，便亦为不定者。今吾人若以对此诸普遍者探求与静观，为哲学之事，哲学势必归于成可有可无之戏论。此类之哲学，至多只能告诉人，如果人肯定某普遍者，则须肯定另一普遍者。然此"如果——则"式之假然命题，并不告人以定须肯定有普遍者。因而人于此可随时沉入只肯定现实个体特殊事物之自然主义或唯物主义。如中国大陆前之新实在论者之哲学教授之改而肯定唯物论，亦不只由于政治上之强迫，而亦是由于理论上之可归到。反之，如吾人谓一普遍者为必须定然的加以肯定为真实者，则对此普遍者之肯定，必须在"对具体特殊之存在，而本此普遍者以作之判断"之判断活动中加以肯定。而如是如是以肯定一抽象普遍者，方为对此普遍者之外的具体特殊者，有所负责之肯定。人于此如不先肯定具体特殊者之实际存在，并持某抽象普遍者以对之作判断活动，则人对此普遍者之静观，即势必随时可停止，亦无肯定此一普遍者，而不肯定其他之理由。唯因吾人之先肯定具体特殊者，为判断之对象，为吾人选择各可能的普遍者之限定原则，然后吾人可有肯定某普遍者而不肯定其他之普遍者之理由。亦唯如此，而后吾人所肯定之普遍者，有对某特殊具体者为真或妄之可言。错误固唯由此而可能；而一普遍者之显为具体特殊事物之真理，亦唯由是而后可能。在此求真理之历程中，吾人又必然先有一"合抽象普遍者于特殊具体者而认识其统一"的目标或理念之先在。在实现此目标或理念之求知历程中，吾人乃本此目标或理念，以选择普遍者；因而此中虽可有无定数之普遍者之呈现为概念之内容，然其呈现，皆不保证其真实，而可任由吾人之选择，或加抛弃或加保留，或加分析，或加综合，或加以改变转化融铸者。简言之，此诸普遍者之呈现，乃呈现于一可被超越否定或被超化之历程中，其继续呈现或隐沦沉没，乃其本身所不能决定，而唯由吾人依求知之目标或理念，加以主宰决定者。此中，最后所被择定，而被视为真之普遍者，因其被视为真，乃由吾人之觉其与特殊具体者之相合；于是吾人之心亦即必能透过之以达于特殊具体者，以见其相合，见其为特殊具体者之真理者。由是而见一切普遍者之显为真理，决不能直接由其自身以显,而是依于"运用普遍者之心灵活动"以显,依于"心灵之原有求普遍与特殊之具体结合之目标理念"以显,同时是透过或经度"其他普遍者之被超越否定或超化之历程"而间接以显。吾人能缘此以思,便知一切直接肯定概念普遍者为自有之泛客观主义,皆尚彷徨于真理之左右,而未能直探真理之所以为真理之虚幻之哲学,而尚待于超化之哲学也。

八　总论黑格尔之精神哲学及其主观精神论

我们以上依黑格尔之真理理念之理论,以左右开弓,说明一切自然主义与泛客观主义哲学之不能成立,即以说明黑格尔之所以必以精神为宇宙之最后实在之理论。此理论自亦贯注于其逻辑与自然哲学中,然又恒为其连串之范畴推演所掩者。故上文大体上本精神现象学中所言,加以综贯会通,用我们自己的话,加以指出。至于黑格尔精神哲学本身之内容,则其哲学大全第三部,所论较简明严整。今即本此书所说,并参考 Stace: The Philosophy of Hegel,试再加约减,将主要概念加以举出,并指出其转折之关键,以说明其所谓主观精神客观精神及绝对精神之内容,以助读者之了解。

黑格尔之精神哲学所谓精神,属于绝对理念之由其自身以外在化于自然,而再回到其自身之阶段。此如循吾人以上所言之在三岔路口立根之法,加以了解,则此言所指即:精神哲学非思想之思其自身之范畴之事,亦非思想之沉向于自然以思自然之事,而为思想之自思"此思想之活动自己与相关连之一切精神活动及其表现"之事。在思想去思其自身之范畴时,此范畴在被思之思想中,亦在能思之思想中。此中之能思之思,与所思之有,有一直接的合一。此乃由范畴之普遍性之兼在此中之能思之思,与所思之思显示,方使此中之能思之思与所思之有亦合一。此为黑氏之三联式中之"正"。在人思自然时,自然与思想为相对,思想须外在化其自己,以向自然而了解自然,亦即思想之如与其自己之分离,而以自然之具体内容之所是,规定其自己,而为此内容所间接。此中有纯粹思想自身,与沉入自然而被规定之思想之相对反,以不合一。此不合一,亦即只表现纯粹普遍性之思想自身,与有特定所是之内容,而表现特殊性之自然之不合一,此为"反"。而在思想之思自然,由空间时间，经物质世界，至有机世界，至动物中之人类自己时，则为思想之由自然而归，以重与具思想之存在之人相接触。此人则既为一具体特殊之存在，而其内部又具普遍性之思想或理性者。此之谓上述之特殊与普遍之重新合一。人之为精神存在，亦不只在其有普遍的思想或理性，而在其普遍的理性之能通过"其为自然界之具体存在"，而更由"其为具体存在"之现实的具体活动，以次第表现——更可说为：由其为自然界之具体存在，复与其他一切具体存在，互相反应感通之诸现实的具体活动，以次第表现。此即见精神之所以为精神，不只在其理想性或内在的现实性，亦在其外在的现实性；不只在其主观性，亦在其客观性；不只为关涉于内在之理性，亦关涉于全幅外在之自然与宇宙；不只关涉于个人，亦关涉于一切人者。整个言之，即精神是人之最内在之理性之充实洋溢而出，透过其自己之心身，以及于人，及于整个自然与宇宙之全幅表现；此全幅表现，复可为精神之所自觉，而收摄于其自己之内者。此不断表现之阶段或节奏，即精神之全幅内容。顺其不断之表现，而不断收摄之于吾人自觉中，即精神哲学自身之阶段或节奏。

黑格尔之精神哲学之第一部之主观精神论，略有似一般所谓心理学之内容而实不同。此中分人类学、灵魂现象学意识、心理学心灵（或精神）三部。其所谓人类学非一般之人类学。此所谓灵魂，亦异于宗教上之灵魂。其所谓灵魂，初乃指人之心灵之潜隐于身体之内部，而如为其身体活动之内核，或灵种而言。此亦即心灵之未表现，而纯在其自身之阶段。于此阶段，心灵即通过身体，以与身体外之自然相接，而对其身体与自然之变化，皆有一直接的感受（feeling）。此感受即精神之始。由是即继而对其自身之别于外，有一"自我感觉"；对其过去之经验"习惯"，亦有一当下的负担，而受其规定。此习惯之成立，即依于自我内部之一内在的不自觉的普遍性。由人之本其普遍习惯，以与似别于我之外界感应，而陶铸其普遍习惯，于继起之特殊生活中，是为一由潜隐而现实之"现实灵魂"。由此现实灵魂，对呈现于生活中之外界，加以认识，是为"意识"。在意识中有内外界之相对，是第一阶段之"灵魂"之反。意识中由"感觉意识"至"知觉"，至"理智"，皆为向外者。人用"理智"以求普遍者，而抽象之普遍概念呈现。抽象之普遍概念，在思想中，而又可应用于非我之外物，吾人于此，既可觉在我思想中者之同时实现于非我，而可于非我中见我。遂有我之回到自身之"自觉"。吾人之自觉其我,首自觉我之要求欲望,次自觉我之本能要求欲望,而消费物,以否定物之存在。由此物之存在之否定之意识,以再自觉我之超于物,而有"再认的自觉"(Self-conscious Recognition)。由此"再认的自觉",而人能认识他人之自觉,兼认识人我之自觉,是为"普遍意识"或为"普遍之自觉"(Universal Consciousness)在普遍之意识中,人既肯定他人之自觉之独立,而又于他人之自觉中,看见与其自己同样之自觉之客观存在。由是人乃知人我之分别中之同一,见主观之"自我"之在客观的他人之"自我"中存在,即见外在于自己者中之亦有此自己。此知主客之分异而合一之精神,是为"理世"。本此理性,而知我所了解于客观外在之世界,皆亦即自己精神之表现,遂于感觉中所得者,皆以"直觉""回忆""想象""记忆"与之相遇,而视如内在于精神之表现中者。由理智所得者,于此则转化为内在之"思想",而人对外之要求欲望,即转化为自动的"实践精神",由自我意志之"选择"作用,以求自我之完满或"幸福";再发展出一"自由心灵",为客观化其自己于世界之凭借。是为主观精神之完成。

九 黑格尔之客观精神论

至于在其客观精神论中所论者,则为个人与他人之精神结合相遇而表现之精神。此中分"抽象权利"、"道德"与"社会伦理"三部。第一部中所论者为"自然权利"。亦即一切有理性之一切人,平等的皆有之对自然物之权利。人之所以对自然物有权利,即由人之精神能主宰物,运用物,及物之无其自身之目的,而须从于人之意志而来。但因人之精神本是超物的,故其用物,乃可用亦可不用,而能舍弃之。由此能舍弃,而人可转移其所有之财物与他人,有人与人有相互转移其对财物之所有权之事。此中即有人先共认"某财物为某人所有,后又共认其转移后为他人所有"之普遍意志。由是而有契约,以表明此共认之财物之转移。进而又有对于违背契约及不得同意之相互侵犯财物之罪,加以惩罚之事。罪乃违普遍意志而生,为否定,惩罚即对此否定之否定,以恢复普遍意志者也。

道德在其客观精神中,为抽象权利之反。此乃自抽象权利皆为人对外界财物之权利,而道德则纯自个人主观之内心而说。道德为我之个人内心自规定我个人对己对人对事之目标行为之事，故亦属于客观精神中。道德之内涵，首为目标、次为"意向"、三为"善与邪恶"。道德属于意志，意志规定我之"目标"，而我即须对目标负责。此为道德生活中自己规定自己之第一步。但吾人复须知，吾人之达此目标之行为之本性，是否直对此目标而发，即吾须知行为之"意向"。又吾人之各种特殊目的，须配合以达一单纯之一般目的，由是而有"好的生存"（Well being）之概念。吾人之道德理性，必求合于普遍意志，如合则为"善"，否则为"邪恶"。有善有恶，此为道德生活中之矛盾。道德生活之理想，则如康德所示，必赖人之自定一无上命令，以自求行为之"合理而依普遍之规律"而皆善。然此理性规律于此又只显为一"形式之命令"，亦永为一在前面之"当然"。人欲充以实际之内容，使人可于实然中实现当然，即须过渡至社会伦理之生活。

　　社会伦理为黑格尔之客观精神最高之阶段。在自然权利之阶段，人与人之关系，由对自然物之权利而建立，自然物本身非精神。此中人与人之精神关系，乃以非精神之物为媒介而成者。在道德生活中，则人对自己，已有一纯粹之精神上之自命，自命其依普遍理性规律而行。然此普遍理性规律，于此又只显为当然之形式，无实际内容，则终为个人的，亦可随时退堕为非道德，而无客观之保证者。然在人与人之社会伦理关系或生活中，则人与人有一真实的共同生活之形式。此形式为其中之分子所共知而共认之普遍者。由此普遍者之内在于人之共知共认中，而此普遍者，即可内在的凝结诸个人，以成为一"伦理的实体"。个人之依普遍理性而行为者，亦即可于此伦理的实体，取得其特殊之内容，并亦由共在伦理的实体中的人之精神之相互客观化，而相互影响，以各得充实其主观内在之道德生活。此即社会伦理之所以为黑氏客观精神之最高阶段也。

　　在此社会伦理中，黑氏分为"家庭""市民社会"与"国家"三阶段。在家庭中，夫妇之关系，初原于两性之关系。此是家庭伦理之直生根于自然处。然夫妇各为一独立之精神人格，不同于人对其财物有一权利关系，其成立，亦不得如康德之说其由于契约，而为本于道义的生活上之互赖者。然家庭之生活，为人与人直接面对面之生活，因而不离感性的。此是精神之直接透过感性而表现之伦理。亦即伦理实体之直接呈现于感性生活。家庭中由夫妇而有子女，子女成人而走向社会，或另组家庭，此为"家庭之分解"。在此家庭之分解处，即见社会之有诸多家庭，与诸多个人之存在。由诸多个人之活动于社会，而有各种对社会之需要与要求，便见个人之为一对社会之"需求系统"，而社会遂亦有各种不同之分别满足人之各种需求之职业；个人亦必须从事于一职业，以满足其他多人之某类需求，然后个人得满足其不同类之各种需求。由是而个人即必须隶属于某类职业之阶级，而社会亦必然分化为"农""工商"与"治者"之阶级。人与人在此社会中，由相需相赖而生存，即互有其义务权利而生存。积极规定人之权利，以保障人之权利之法律，是为"积极法"。人之自觉的本客观法律以相治理，所保障之权利，乃异于人之自然的抽象权利之只属于主观之个人者。为保持此合法而依秩序之社会生活，复有待于"警卫"与人与人之"合作机构"。由警卫，以消极的去除危害社会生活者，及人与人之"合作机构"，而人非复只追求私利以各自满足其需要，而知求社会之公共的普遍目标之实现矣。

由人之市民社会之再发展，即为国家。国家为客观精神之由家庭之直接统一，经分散为诸个人相对之市民社会后，复归于凝合统一。原国家之所以为国家，要在其中个人所求之私利，与公共的普遍目标之实现，能合一。亦即调和上述之个人之依需求而活动、及相互之合作之二者的。故在国家之理念中，包涵使个人所从事之特殊活动，与诸个人之公共普遍目标之配合。此配合中，即兼有个人之特殊性、与其普遍理性之结合而统一。国家中之普遍的公共目标，亦即透过国家中各不同阶级职业之个人之分工合作而实现。因而此普遍者，亦即内在于特殊之不同阶级职业与不同个人之中者。由是而国家，亦可称为一兼具普遍性与特殊性而二者合一之个体，亦即涵普遍性与特殊性之绝对理念或上帝之地上的实现。国家中上述之普遍的公共目标，与各种特殊者之交织，即形成国家之内在的结构。将此结构自觉的表示出，以规定个人与政府国家之关系，及个人间之关系，是为国家之对内政策与宪法。政府之划分，则宜有"君主""行政机关"与"立法机关"三部。至国家之对外关系，则表现于国际法。此乃依国家间之"互认"而有者。然以国际法不能绝对约束国家之行动，而国与国间不免于冲突与战争。战争则是决定一国家在世界之命运者。至各国家之分别在一时为世界史上之主角，而代表一时代之人类精神发展之阶段，则合以构成"世界精神"之历史行程。详论此，则属于黑格尔之历史哲学。

十　黑格尔之绝对精神论

继客观精神之后之人类最高精神为绝对精神。绝对精神之所以为最高之精神，在于主观精神之只为个人的、主观的、特殊的，而客观精神则只为非个人的、客观的、普遍的。此主客二面之偏重，仍必须求其具体统一。此具体统一，系于非个人客观精神之再超越，以回到个人主观。而此再回到个人主观而生之精神，则非复为属于个人之主观精神，而为个人之面对整个精神世界，整个宇宙之精神。因而此中有最高的绝对精神之呈现。

此绝对精神之所以当由客观精神中发展而出，原于客观精神之最高表现之国家，仍为有外的。国家之在世界史之盛衰，受世界史之裁判，即其有外之证。人超出此有限之国家，以面对整个宇宙之精神，则其所首表现者，为艺术精神。

艺术精神之所以为绝对精神之第一阶段，由艺术精神原于发现自然之美。自然之美为在自然中之理念之透过感觉现象，而直接显示于人之直接的感性心灵之前。吾人之能欣赏自然之美，则由吾人之透过自然之感觉现象，而与其似外在而实内在的理念之闪烁相遇。唯吾人一持理念之标准，以衡量自然之美，又觉其不足胜任于表现吾人之内在理念之崇高；于是吾人即依内在之理念，以求透过感性之活动，感觉性之自然，以从事艺术之创造，而其创造之目标，则在表现内在理念之无限与自由，于形色声音文字之感觉世界，使感觉世界成为顺此理念而生之精神之表现。

黑格尔之论艺术，分"一般之美"及"艺术之类型"与"各种类之特殊艺术"。第一项可略如上述。第二三项可略合并说。其分艺术之类型，第一为"象征艺术"，此中以"建筑"为主。第二为"古典艺术"，以"雕刻"为主。第三为"浪漫艺术"，以"图画""音乐""诗歌"为主。而此三者之别，则在"象征艺术"中，其艺术之精神内容，尚未能具体的表现于艺术之物质材料之形式中，而只由艺术作品而暗示，亦即未尝真由之而表现。如埃及之墓道之曲折，以暗示死者灵魂之经历是也。而"古典艺术"，则为艺术之精神内容与其形式之内外相应，如希腊人体雕刻是也。至"浪漫艺术"则为其精神内容之超溢出其形式，而冲破形式之束缚者。此即见艺术精神之自物质材料的世界感性的世界，逐渐的脱颖而出，此中主要是以近代之浪漫主义的绘画音乐诗歌为代表。艺术之由以沉重之物质为材料之建筑，至对沉重物质加以雕刻，以使物质具备精神形式，至重平面上涂形相之画，更至只在时间中存在之音乐，再至只以文字歌咏，专恃精神以了解其意义之诗歌，此本身即一不断由可见的空间的物质世界，逐渐超化至时间中之声音，至内在的精神意义之表现之艺术精神发展的历程。

绝对精神之第二阶段为宗教。宗教之所以为继艺术以后之更高阶段之绝对精神，由于宗教精神，乃求脱离一切感觉形相，以把握宇宙精神之一绝对精神者。艺术精神之由象征建筑发展至浪漫主义之诗歌，原即日益显示精神之只能纯由精神而把握。由此而直接肯定一宇宙性的精神之实在，与此精神实在之超越现实感觉界而自存，即为宗教中神之信仰崇拜所从出。唯以人之肯定宇宙的精神之实在，超现实感觉界而自存，初不能达于真正之纯净；因而人之宗教，有各种之高低之形态。直至最高之宗教，其于人神与世界之关系，亦尚不能全免于感觉图像之语言。于是真欲完全实现宗教之超感觉世界之理念，则必由宗教精神超转出哲学精神，纯以超感觉之绝对理念绝对真理，为精神所把握之对象。

宗教之各形态，黑格尔分为"自然宗教"，与"精神个体之宗教"，与"绝对的宗教"。自然宗教中分"魔术"，"实体宗教"，"过渡至精神个体宗教"之宗教。而此中实体之宗教中，又分"中国宗教"，"印度教"，"佛教"。过渡至精神个体之宗教，又分"波斯教"，"叙利亚宗教"，"埃及宗教"。精神个体之宗教中分"犹太宗教"，"希腊宗教"，"罗马宗教"。至于绝对宗教，则为"基督教"。黑格尔所定之宗教之次序之所以如此，其意是魔术阶段之神，为与人有直接关系者。因而人在此自觉可作法，以役使鬼神。由此人与神之直接关系之否定，则为肯定一客观普遍之神与特殊之我相对之实体宗教。实体宗教中，如中国之天神，为一未分化之普遍之上帝，此乃由帝王代表，人民则只能服从帝王，以遵天命者。此中上帝之观念未凸出。印度教中之梵天上帝，则凸出于上。故人如欲与之合一，须空掉属于其自己之一切内容，而重解脱。至佛教，而此上帝之纯有，即化为空即无，而以涅槃代上帝。"空""无"为无一切规定者。由是以再升进一层之宗教，则为"过渡至精神个体之宗教"，此首为波斯教之对上帝有一确切之规定。即规定之为善神。然此神之

"善"只表现于其对外之权力，尚未全在精神，且此善尚为抽象的善。抽象的即片面的，故另一面，有恶神与之相对，而波斯教中有善恶神之永恒的争斗。又其善神即光，故拜火。光为感性的，则善神之善，未达纯精神之善。而由此进一级之宗教，为叙利亚宗教。此中有二神话，见其宗教之特征。一为火凤凰之自焚而自灰中升起之神话，一为亚东尼（Adonis）神于死后第三日复生之神话，此处初见反面的自然之死，为生命或精神之神之一成分，亦见神之具自己否定之原理。至于"埃及之宗教"中，则有阿塞尼斯（Osiris）之善神，被恶神替封（Typhon）所杀之神话。然其被杀而再复活，则不特为阳间之主宰，且为阴间之主宰，最后判替封之罪，而加以惩罚。此则为表现神之死而复活，由否定之否定，而更增其地位之神话。至于"犹太教"，则为开始确定上帝为一人格，为精神个体之宗教，而异于前此之自然宗教者。然犹太教之耶和华，创造天地万物与人，亦可灭之。一切万物与人，遂无其自己存在之权利，其存在由于耶和华之恩。则此上帝，只见其威严可畏，为世界主宰，人于此，对神乃只居奴仆之地位。至于"希腊之宗教"，则为神表现于感觉界，而成众多之自然神之宗教。此中之神具人性。希腊之神人性化，而人亦为自由人。故希腊宗教为"自由人之宗教"，亦愉快之宗教。希腊之宙斯（Zeus）则保护法律与主权之神。唯希腊之众神之后之统一原则，则未明白自觉为何，而只觉为一盲目不可知的非理性之力。此即为希腊之命运观念。而"罗马之宗教"，则为犹太与希腊宗教精神之综合，乃一方面有众神，而众神又合以达一普遍之实用目标者。此称为"功利之宗教"。至于最后之绝对宗教，即基督教。基督教所以高于以前之宗教者，在其上帝非只一人格，为一具体之精神。而基督教上帝之为一具体的精神，则见于其三位一体之教义。三位一体之教义中之圣父，即上帝之在其自己，而为一纯普遍者，如理念自己。上帝之创造自然，如普遍之理念之特殊化其自己。此所创造之自然，与人之堕落，表示上帝与世界者间之分裂。此分裂之调和，则系于上帝之自己之特殊化为耶稣基督，再由耶稣之死，更复活以升天；以表示上帝之下降至堕落后之人类世界，而再救赎人类，以回向其自己。此即特殊化之上帝之重返于其自身之普遍性，以成就其个体性之一正反合之历程。此"由特殊以再回到普遍之上帝"所显示之精神，即称为圣灵。圣灵之国度，即诸回向上帝之人群集合所成之教会。此即黑氏用其哲学以解释基督教之理论。

然为宗教之最高阶段之基督教,在其说三位一体之上帝与世界人类之关系时,仍未脱图像式之语言。此语言仍初为指感觉性事物者。如上帝七日造世界,亚当堕落,及父子之关系等,皆图像式语言。此即见人对宗教之自身所涵之真理,尚未能纯从精神上去加以理解体现。欲达此一步,则俟乎哲学。哲学之语言,亦即可使人生活于纯净的真理之世界,亦即纯思想精神之世界者。哲学之精神亦即人之内在的理性或宇宙之绝对理念,历尽其一切主观精神、客观精神、艺术宗教等绝对精神之一切表现,而复返于自身之一种精神。至于哲学之内容为何,则一切此上之所说者及其逻辑与自然哲学,皆是其例。此即成一大圆周之终而复始。

十一　黑格尔哲学之归约与中国思想

此上即依黑氏之哲学大全,顺其次第,以述其精神哲学之大旨;既无详细分析,亦无评论,而唯重在其对诸种精神之转折之关键,一加指点。如要详细了解,读者可看其书。其细节可评处甚多。如其对中国印度之宗教,即无真了解。其以哲学为最高精神之表现,我亦觉其可议。但其意之所在,亦可只在说明一切精神,皆必归于对精神之自觉,则亦可说。而从整个看,则我认为我们了解其精神哲学后,最后尚须归向于认识"精神在己,且在人,亦为天地间之公物"之一义,方为究竟。依此义,即吾人在求自觉吾个人之主观精神时,吾亦实不能真缩在吾人个人之内,以求加以了解,因主观精神之由感觉、理智、自觉、至理性,均为向客观世界者。今谓之为主观精神,唯是自吾人之论此等精神时,吾人之视线,乃指向此等精神之自个人而发处以说。至所谓客观精神,亦实不外个人之集体精神。此集体精神之内容,亦非只为客观外在而兼皆为原则上为个人之所得而自觉者。否则吾人何得而论之?今谓之为客观精神者,亦不过谓吾人之论此等等之精神,乃注目在个人精神之交互关系处而已。至于绝对精神,则一方为个人面对宇宙所显之精神,而此亦即宇宙精神之显于个人。于此吾人须知,凡一切个人对宇宙之精神,试客观化之,即皆成宇宙自身之精神;而一切所谓宇宙或上帝之精神之及于个人者,如试主观化之,即皆成为个人之精神;而一个人之艺术宗教哲学之绝对精神之表现于他人,为他人之所知,则此等等精神,亦皆成社会客观精神之内容。故依吾人之意,任何精神自其为我所自觉而言,皆为主观精神；至其为人所共享共喻言，皆为客观精神；自其为天地间之公物，非我所得而私，亦非人类所得而私，而只是如是如是的洋洋乎如在我之上他人之上言，即皆为绝对精神。此为吾人由黑格尔之所言，更升进一层以为论，而使吾人能于此处，下瞰黑格尔，而更能了解之者。黑格尔之主观精神，归于心灵之把握其所求与所知。此中国先哲所谓福德也；其客观精神归于社会伦理，此中国先哲所谓人伦人道也；其绝对精神者，人道之通于天道。绝对精神之始于艺术，继于宗教，此兴于诗而立于礼，由礼乐以澈幽明之际也；其终于哲学，此金声玉振之礼乐成，而终于智之条理也。夫天下"同归而殊途，一致而百虑"，"夫道，一而已矣"。吾人若能本先哲高明而简易之教，以立心，而观黑格尔之所论之繁密，则亦未尝不可缩龙成寸。其主观客观绝对精神之三分，吾上既已说其可为同一精神之三观，吾人以前复论其自然哲学、逻辑、与精神哲学之三分，亦为立于一中心之地，向三方向看之三观之所成；则于其内部之一一三联式之思想，吾人亦皆可得其环中，以剪除榛莽，修其途辙；而化其缭绕，以归平直，祛其晦暗，以复清明。吾中土多大乘根器，必有能为是者。然若吾人之精神未达黑格尔之高度，只由其某言不合今之科学，不合历史上新发现事实，或今日之逻辑，如后之实用主义者，新实在论者，自然主义者，逻辑经验论者，各本其哲学之观点，所发之批评之论，要皆逞小智以评大哲。此皆如勃拉得雷所谓山半之云雾，何足以掩高山之矗立于云雾之上？由百世之后，等古今中西之哲，黑格尔要为一望道而能见之大哲。唯解人不易，知言实难，而黑氏之立言方式，亦有责焉。吾于二十年前，即读其精神现象学一书，当时以为已解，今为写此文，乃重阅一度；于其中之晦涩缭绕处，仍不能尽解，要亦为其时黑氏思想尚未成熟之证。至其哲学大全，则为其思想成熟之作，故较为清楚。而世人之仍或读之一句不解所谓者，此要在不得其所以读之之道。此道则吾以为唯在知其精神哲学乃为其哲学之重心，对其逻辑与自然哲学，亦当视如内在于精神之思想范畴及自然之知识来看，且必须于三者，试分别观之。至于欲知其整个哲学之面目之何所是，则吾人必须先举头天外而俯瞰之，并见其与中国先哲之德慧，遥相照映处，方可不致自陷迷津。此即本文之所以作之区区微意也。鲍桑奎尝言，他人谓黑格尔不可理解，彼则觉唯黑格尔可理解。则理解之，盖确有其一定之道也。

述海德格之存在哲学

一　导言

海德格是德国存在主义哲学家。在最近三十年来，欧美新出的哲学，盖未有比存在哲学，更为世界各方人士所注意者。逻辑实证主义者（Logical positivists）虽然势力极大。但其成就，只在哲学技术方面。哲学的中心问题，毕竟在形上学，人生文化哲学方面。在此方面之欧洲哲学，十八九世纪之交，康德黑格尔之理想主义，是一大潮流。此潮流在19世纪之末，曾普遍影响欧美哲学界。德英美意法，皆有新康德派新黑格尔派之产生。但20世纪初，则有种种反康德反黑格尔之哲学派别——如实用主义、柏格孙之生命哲学、新实在论等——之兴起。诸新哲学派别初起时，固足震荡一时之观听；然一落到哲学系统的建构方面，则其魄力，皆远不如康德黑格尔派。20世纪中，比较为西方哲学界本身所推重之哲学系统，在英美方面者，一是怀特海（A. N. Whitehead）之系统。一是亚历山大（S. Alexander）之系统，一是桑他耶那（C. Santayana）之系统。但怀特海与亚历山大之系统，都只是一宇宙论的系统。他们虽亦论人生文化或价值，但并不见得如何高明。桑他耶那较长于此，却带诗人气氛。亚历山大哲学中，包含不少斯宾诺萨之精神。怀特海是要回到柏拉图之传统。桑他耶那亦要回到柏拉图与希腊之自然主义。皆不像20世纪初，新实在论实用主义或生命哲学初起时，那样对传统哲学，只偏重于消极的批评了。怀亚桑三氏外，杜威、罗素亦驰名一世。然严格说，二氏乃哲学批评家，作一种哲学运动者，而非哲学体系之建立者。在欧洲大陆方面，上述逻辑实证论导原于奥国之维也纳学派。德国方面，除了一些文化哲学历史哲学家如斯宾格勒、凯萨林等外，能在哲学本部建立严格之体系，而气魄博大者，有虎塞尔（E. Husserl）、哈特曼（N. Hartmann）

等。而三十年来，最为社会人士与哲学界所注意之新哲学潮流，则为存在哲学。存在哲学之名，来自丹麦之杞克伽（D. S. Kierkegaard 1813—1855）所论之存在的思索。杞克伽之哲学，乃其个人之内心生活之反省，此反省，原于其感到其自己生命与宗教信仰中所信之上帝之距离。此距离如一精神的深渊，待于一内在的精神上之跳跃，而其写作即皆其内在的精神之求此跳跃之足迹。他有一宗教性的哲学家之人格，而非一"论述哲学"的思想家。现代之存在哲学家，方受其感召，而从事论述哲学。此派哲学家中，除海氏外，以雅士培（K. Jaspers）马赛尔（G. Marcel）及萨特尔（P. Sartre）最驰名。马赛尔、雅士培著作最多，其思想之包涵性最大，与传统哲学如康德之哲学，亦较为接近。马赛尔之著，短简而亲切，与天主教哲学有所契合。萨特尔则明标无神的存在主义之旗帜，挑战性最显。后二人皆兼从事文学创作。雅士培萨特尔海德格皆与当代政治有牵连。雅士培并组有哲学运动之团体，巴黎尚有所谓存在哲学之剧场酒馆。诺斯罗圃（Northrop）在东方与西方之会合（即下一文所介绍）中尝说，南美哲学亦以虎塞尔之现象学派及海氏之存在哲学为最盛。而欧美天主教之新多玛派，如马里坦（Maritain）等亦有转而据天主教教义以发挥存在哲学之义者。柯林斯（James Collins）1951年5月出版的存在主义者一书，曾列举近二三十年来英美法德之存在主义哲学重要著作，已有一百七十二种。可见此派哲学潮流势力之大。本来哲学之活动，初只是依于少数个人之冥想。然有一真精神之哲学，最后必影响到社会文化之各方面，引起许多人去讲。但当一哲学思想，如此通俗化了时，其原始精神，便会冲淡或变质，而其毛病与流弊，亦会渐出。这时需要人从本原上去考核，并思索此哲学思想何以有如此大之影响之故，与其真实之价值在何处。所以对于存在哲学，我们实有注意之必要。中国介绍存在哲学者，今只见张嘉谋之一生存哲学（商务）是讲其师雅士培思想者，但非常简单。我在十多年前即曾见布洛克（Werner Brock）所著之德国现代哲学，讲到海德格，便感到趣味。后来中大同事熊伟，受学于海氏，曾有一论文在中大文史哲季刊发表，其中有不少海氏之思想。他常与我谈到海氏。但我最近才看一些介绍此派哲学的书，觉得推士培马赛尔，比较正宗健康，萨特尔太偏激。他们虽皆有启人灵慧之处，却仍以海德格之思想，较使人有一新鲜生疏之感，可更引起人深入若干问题。海氏本人之存有与时间，尚未译成英文，（按此书于1962年已有英文译本，我阅后，觉我在十二年前写成之此文所介绍虽嫌太粗略，亦无大讹误1965 毅志），我之德文亦不行。今所介绍者，主要根据布洛克所译著之存在与实有一书。这书除对海氏名著存有与时间有百余提要的解释外，并包含海氏四篇论文之翻译。一为何谓形上学（What is metaphyiscs），一为真理之本质（Essence of Truth），一为诗人之怀念（Remembrance of a Poet），一为霍德林与诗之本质（Holderlin and the Essence of Poetry），再加上布氏对此四文之一百余页的解释。布氏在十余年前，即治海氏思想，其翻译与介绍，曾得海氏本人之鼓励，其解释当大体可靠。唯以海氏思想方式之奇特，即经布氏之解释，其本意仍不易见。但对海氏这种形态之哲学精神，我先在东方哲学中，已有所契会。我自以为能知其哲学在人类的哲学思维中，在那条路上走。因此决定先根据布氏之书，作一介绍。除前三节中，我不免加上我之他方面之知识，以帮助说明外，余皆大体依布氏之解释。

二 海氏哲学之面貌

因为海氏思想之特殊，所以我在正式介绍其思想内容之前，我要先据布氏此书及他书，一叙述海氏在西方哲学上之地位，及我对海氏哲学之面貌，所感到之一轮廓的印象。以使读者逐渐走进海氏哲学之内部。这我将先自海氏与德国现象学派关系说起。

海氏之出名，是由其在一九二七年在德现象学派大师虎塞尔（E. Husserl）之现象学年报中，发表存有与时间一书。虎塞尔之所谓现象学方法，是一普遍的哲学方法。虎氏自认由此方法，可使哲学真成一严密的学问，同时为人类开辟出新的哲学境界。海氏之发表存有与时间一书，他最初宣称是用的现象学方法，以研究一种特殊的存有——即人生之存在。我们知道虎塞尔的思想，颇渊源于布伦唐诺（F. Brentano 1838—1917）。布伦唐诺是维也纳大学教授。当19世纪康德黑格尔之哲学盛极一时之际，布氏却要承继亚里士多德精神，与中世纪哲学之一些观念。他之心理学是有名的。他已着重意识之向外缘虑指向之性质，以此为实在论之根据。虎塞尔更继而倡导现象学的方法，以意识之指向性（Intentionality）为中心概念，以直观"纯粹意识所指向"之纯粹本质或纯粹现象的世界。此所谓纯粹本质纯粹现象之内容，其实即柏拉图所谓理型世界之扩充。不过虎氏之思想又是从康德哲学中翻出。所以此一切纯粹本质、纯粹现象,虽超越于现实世界,然而一方亦未尝不内在于纯粹意识所依之"纯粹的超越自我"。这一种现象学方法,依虎塞尔说,虽可普遍应用于哲学之各方面,但是应用于心灵现象、精神现象,更易见精彩。故席娄(Max Scheler)与哈特曼(Hartmann)之应用现象学法,以研究人生哲学与伦理学,都较他人对人生价值与道德价值,有更亲切之体会与描述。海氏将现象学方法,用于人生存在之考察,自然亦是极适宜的。

但是我们却不能因上所说,而谓海氏只是虎氏之一信徒。实际上,海氏之用现象学的方法,至人生存在之考察,其目的已超出虎氏之重直观重描述之精神以外。虎氏之现象学方法,是要暂撇开"存在"的问题,而海氏则要求由人生存在之现象的直观,透到人生存在之本体论的性相的分析,以求直达存有的形上学。原来海氏少年时,即陶养于圣多玛之经院哲学,以后接受西南学派的新康德派之温德尔班(Windelband)、李卡特(H. Rickert)之教。他之第一部书,是讲中世之邓士各塔(Duns Scotus),温德尔班曾大加奖掖。海氏之接近虎塞尔而受其方法论之影响,是后来的事。而其思想,亦不限于讲人生哲学。在根柢上,海氏乃一形上学者。他在形上学上最大的野心,是想以存有之概念为哲学之中心,而代替近代西方哲学自笛卡儿、培根、洛克,直至康德、黑格尔等之以"心灵""理性""意识""自我"概念为哲学中心之思路。他之哲学精神,可谓一直要同到希腊人之重存有的哲学精神。他似在企图透过柏拉图之理型之回忆等概念,并透过帕门尼德斯(Parmenides)之"太一""存有"等概念,以重新讲存有。柏拉图讲回忆,海氏讲人生内在之可能与不可能。帕门尼德斯说"存有",而又说无"无",海氏则企图透过无之概念,来启现"存有",以了解存有之全。海氏存有与时间一书,自书名看,便知其是一形上学的书。他此书之目标,乃在由人生存在之性相之认识,以认识时间;再由时间以透入宇宙之存有之认识。他对人生之认识,乃承杞克伽前进,与虎塞尔全无关系。他在此书所陈计划未完成。已完成者,只是论人生之存在性相,人生之时间性之一部,此只占其计划三分之一。依其全部计划看,他明是要求自亚里士多德、康德、黑格尔之时间观中超拔出去,以再造一存有之形上学。他是走的一极艰险而长远的路。他剩下来的三分之二的著作计划,迄今尚未实现。他在形而上学方面的野心,亦许会失败。但是,这失败亦可是英雄性的失败。就他已发表之著作看，至少他在人生哲学中已有极大的成就，为他人所不及者。在形而上学中，他亦提出一些新观念。他在 1929 年承继了虎塞尔在佛来堡（Freiburg）大学之讲座。纳粹希特勒当权后，1933 年被选举负责佛来堡大学校务，曾发表一篇关于德国大学之地位之告国民书。但旋辞去此职，二次大战后，更不复任教授，而过他恬静的隐居生活，唯偶然作短期的讲学。布洛克于一九四七年曾到黑林山之突提诺小镇（Todtnau in Black Forest Mountain）去拜访过海氏。他说，他一走到镇外，爬上山坡，人烟渐渐稀疏，一条羊肠小径，直达山顶一谷旁之茅屋，即海氏居所，但见四顾茫茫，一片荒野。海氏生活非常简朴，几近于原始。座上只有很少的书。他已与世隔绝，只是偶然以文字与世相见而已。布氏说此苍茫寂静的雰围，正与海氏之哲学精神相应。我看到布氏讲到此，使我想象到西方的斯宾诺萨，与一些希腊中古遁隐的哲人与宗教家。亦使我想到中国古代的隐者与道家人物。友人张丕介先生亦曾听他讲书，据说其讲书时所穿衣服，亦是另外一种形式。张先生并留有相片一张，我看看，觉其虽仍免不了西方人的一股峻厉之气，然而却是一沉潜深思者的像。现在世界已少有隐遁的哲学家了。我相信真正的哲学家，总不免内心趋于隐遁的。如果不是出于责任感，哲学家应当不愿与世俗为伍的。

由上所讲，读者已可约略了解到海氏之在哲学精神上，是要自居于一开创者之地位的。他虽用了现象学派的方法，而其精神之所契合者，在近代只有杞克伽一人。他有时表示对于西方过去一切形而上学皆不满。他之哲学中究竟有多少中世纪与希腊之精神，我不能确定。但是，他至少自居于西方近代哲学精神外之一异端。从他的为人与其哲学之重"可能""怖栗""死""良知""罪业感""发决心""无""开朗""真实化"（Authenticity）等概念上说，他的哲学精神，实与印度之佛学，有若干契合之处。亦与中国之道家儒家有相通之处。而在知识论之立场说，则他是实在论者而非观念论者。在人生哲学上说，他是重个体而非重全体，反现实主义而尚超越主义。至其文章之气度，则是以凝敛沉郁见长，而非以流利生动见长。其用思之方式，是层层向内之剥蕉抽茧，而非步步扩大之综合贯通，亦非向外之排比分类。但其书所用名词，多为自造，又喜拆字以讲哲学，而论"真哲学不对常识讲话"，"常识对哲学是聋的"，故人们亦觉其哲学似极生涩费解，其所会悟之哲学理境，更如对人为一异常生疏之物。本来西哲来布尼兹早已说过，"生疏是哲学的秘密"。

人对世界不感生疏，则无真正的惊奇，亦无真哲学思维。故真正的哲学著作，正当使人觉到处处是生疏。人必觉生疏，而后觉新妍。生涩之名词，亦所以使人增加生疏新妍之感者。故此等等未必即海氏之罪。合而言之，我对海氏之哲学精神之一总的印象，是觉其有一种阴柔静穆之美，似仙才亦似鬼才。其哲学对此时代说得好，是可以超西洋近代精神，以通于希腊、通于印度之佛家、中国之道家儒家者。说得不好，亦是一热恼世界的清凉剂，同时可为刺激人去作幽深玄远之思想之诱导物。这是我对其哲学思想之一笼统的印象。读者亦宜顺此方向去认识其价值。

三 海氏人生哲学的道路

上面我曾说海氏之存在哲学是重个人的。其所承之近代思想家，是丹麦杞克伽，存在哲学一名，即从杞氏所谓存在的思索而来。本来西方近代哲学中之重个人的思想，有好多种形态。英国重个人之乐利者如边沁、穆勒等，是一形态。他们固都讲社会乐利，然社会乐利亦不过个人乐利之和。杜威詹姆士之重个人，则是重个人之智慧的创造力，或个人之信仰的意志，与创造试验的精神。因惟有此，社会才能进步。此二种思潮，对一般政治社会经济思想影响甚大。然在人生哲学中看，亦可卑之无甚高论，说不上什么人生智慧。易卜生早年之个人主义，谓孤独的人是最强的人，与斯丁纳（Stiner）之唯我主义，以我为至高无上，则都有赞美崇拜"个体性"本身的意味。尼采之倡超人哲学，则对于每一个体人格之核心之权力意志与超越意志，加以强调，不仅赞美崇拜之，且由崇拜而发生一狂热。这都是一种浪漫性的个人主义。这种重个人主义的思想，不足为训，然而却有更多的人生哲学意味。杞克伽之性格有与尼采相类处。此二人之不合时代，而为当时人所遗弃之命运相同。尼采鄙弃一切，而一生在高山呼号，礼赞超人之出现。他不信上帝，而说"如果有上帝，我如何能忍住不当上帝"。这个思想使他由热狂而疯狂。而其思想之效果，亦可影响至希特勒，他与希特勒可说同带神魔性。杞克伽则是一宗教道德意识甚强的人。如说尼采是男性的，杞氏则是女性的。杞氏亦一生在孤独寂寞中生活。他反对教会，而又极力求上帝为其精神之所依归。曾有一女子爱上他，但他觉爱情使其精神降落而离开她。上文已说其哲学乃其个人内心生活之反省，故其哲学亦如尼采之自其生活中流出。他与尼采同无意为一论述哲学者，故皆反对哲学系统之构造。尼采以哲学家之构造系统，为思想衰弱而呆滞化之表现。杞氏亦以形成一客观性的系统之哲学著作，乃离开主体性之真理，为一大虚妄。故其著作皆为东一本，西一本。并不断变更笔名发表。其对当时牧师之说教与黑格尔之哲学系统，皆极力反对，因其皆为离开主体性之真理者。黑格尔讲主观精神，客观精神，绝对精神，是客观化的讲，以形成种种关于精神之概念的间架。但精神之概念并非即精神之自己之存在。精神自己之存在：亦非表出之精神之所能尽，存在之自身尚有其内的深奥。现代之存在哲学家雅士培，承杞氏而论人生之存在，尝指出"现实"，"一般意识或普遍意识"与"精神"，皆各只为个体人生存在之一方面。大率自然主义者，以现实生活之需要等看人生之存在。理性主义者则自一般意识——即理性的理解意识——看人生之存在。而菲希特、黑格尔，则自精神在一切历史文化之表现上，看人生之存在。雅士培则主张看人生之存在，应包括此三面而超越之，以使人生具备一超越的现实性（Transcendent actuality）。雅氏谓当前之人类，须对其自身有一信仰，然不必限于基督教之所谓启示。人可由哲学上之觉悟，以使其直接接触上帝。故人可在其现实生活之种种危机、极限边沿之命运、与自由决定之担承中，求安身立命；并以人之公共生活、人与人之心灵交通，与当前历史时代任务之承担中，同可体证此超越的现实性。不过一切皆系于以"真实"或"真诚"（Authenticity）为其内容。雅士培之哲学似比较平实，而且教训指导人如何生活之意味比较重。

　　再说到海德格，他与雅氏之存在哲学同有受杞克伽之启发处。其注重个体的人生存在，与不专自现实或精神看人生，不重宗教上之启示，而重"超越"，重"人生之历史性"，重"真实或真诚之人生"等都与雅氏相同。但雅氏之人生哲学，教训与指导人如何生活之意味重，而海氏则意在分析人生之存在性相，以透入形上学，理论的兴趣更浓。他在真理之本质一文，曾言其与雅氏之不同。但因他们毕竟同处不少，故我先在上面略提到雅氏，亦可使我们对海氏之思想，更易了解些。至于我们在上面之兼提到其他重个人之哲学，则所以陪衬出存在哲学之重个人与其他个人主义之不同而已。

　　我们以上曾说海氏之哲学方法，为虎塞尔之现象学方法。所谓现象学方法，据虎塞尔解释，即不用一切假设或预设（Presupposition），以直观"自明的本质"（Self-evident Essence）的方法。现象学方法原来是要把所观察之对象之存在与否一问题，用所谓现象学的括弧（Phenomelogical Bracket）括住的。但是，海德格用此方法，以观人生之存在，则此方法成为一展露人生之存在性相，以透入形上学的存有的方法。不过，虽然如此，此展露初仍是直觉式描述式的展露。而非解释式或推演式或批导式的展露。譬如说，康德之实践理性批导一书之展露人之道德意识，是批导式。菲希特黑格尔之论人类精神之发展，则是推演式。今之下意识心理学家，以权力欲、性欲说明人生之许多变态心理便是解释式。而印度唯识家之分析心所等，便是描述式直观式。海德格之展露人生之存在性相之方法，根本上是描述式直观式，不过此描述与直观同时亦是分析，而要向形上学透入而已。

我们方才说过，海氏之存有与时间一书，是要由人生之性相之描述直观分析，以透入形上学，这依于海氏在根柢上，相信形上学与人生哲学之不可分。何以形上学与人生哲学原不可分？此理由亦可先说一说。形上学是关于宇宙全体的，然宇宙全体中便包括人类自身。于是形上学问题与科学问题便绝不相同。科学求了解客观宇宙之某一部现象，此可不包括人类自身。科学中固可有人类学，人类学家可把人类当成客观的对象来研究。然而一人类学家，仍不须亦不能真把他自己化为人类学研究的对象。科学家可以发现各种问题，但科学家可以不问他自己究竟是个什么东西。形上学家要研究宇宙全体，对宇宙全体发问，则他自己之存在本身，即是一成问题的东西。科学家可以为一发问者，然而"他之为一发问者之本身"，不是他所要问的。如果他要问："他何以会发问，何以要问？"他对他之为发问者本身，起了问题，一直问下去，那他便会超出科学的范围，而成了形而上学家。形上学必问到形上学家自己。由此便会问到他自己之人生究竟是什么，我应当作什么，我能祈望什么。思索此等问题，即可帮助形上学问题之解决。而思索此诸问题，以求安顿我之身心性命，便是人生哲学。

但是我这人生究竟是什么，乃一人生之真实的性相问题。此与我应当作什么，祈望什么，乃一人生之理想问题不同。海氏人生哲学之目标，即在认识此人生存在之性相（海氏又说，对呈现之自然物言，以前哲学家用范畴以说其存在形式。但对人生自己，则不宜用范畴一词，宜易以存在性相之一名。故人生之存在性相，亦即可谓人生存在之范畴。）人生有其存在性相,并依其存在性相,以有其存在于世界之意义。这不是说人生必然实际存在于世界,因为人是可以死的。此只是说:如果有人生,那他就必有其存在于世界之性相,与存在于世界之意义,否则不是人生。

海氏分析人生存在于世界之性相,他用了许多极生疏的名词来分析。我们人人均似极熟习人生。我们看了海氏之书,却可使我们觉得我们最不了解者,莫过于我们自己之人生。但其思想之方向,说来亦甚简单。他之整个人生哲学,不外说明人生是一被抛掷到世间者,通常人在日常生活中之人生,都是不真实的人生。真实的人生,要透过怖栗感,死之预想,及良心罪恶之体验,并发决心,以投射出人生之内在的真可能,乃能显出。在真实的人生中,乃见人生之时间性历史性。这些话,我们听见,便可有许多联想。但我们通常人对此一些名词之联想,常都是一些真理门前之浮翳。我们必须把我们之随便的联想,一律打掉,才能了解其书。下文之介绍,为使一般人易于了解,虽不能不多少加上一些说明,让人去作一些联想,以便使海氏思想与我们能相熟习。然当尽量减少,大体仍是依海氏之思路名词去讲。读者如不静心看,仍将觉费解。然而只要读者真能静心多看几次,则将发觉唯有依此思路与名词,才能入于海氏哲学之门。并因而印证东方哲学中许多道理,且提高人生之境界。易解而高深的哲学,是莫有的。流利的文字,亦不适于表达高深的哲学。故下文的介绍,亦要逐渐走到生涩方面,因为不生涩,即不能使人之散漫动荡的心止息下来,以了解真理。

四 人生在世之意义与人生存在性相:被发现式

我们上面已说过,依海氏意,人生涵具存在于世界之性相,此说与我们通常所谓人生在世之言相同。然而,问题即在:何谓人生在世?在这里,我们首先要认清,人生在世一语,与他物之在世,截然不同。我们说,一星球之在太空,一草一木在庭园,一桌一椅之在房中,与我们说人在其家庭中、在办公室、在学校、在海边,此二在字,有截然不同之意义。前一"在"是空间意义的在,而后一"在",则至少不只是空间意义的在。人生在世,是人住于世界,习于世界,生活于世界,而不只是如一物体之安排在空间。这即是说,我不能把这人生外在化,而当作一空间中之事物看。人生之在世之在,是我直接体验之一在。人之在世界，是他内在于自己，而世界展露于他之前，同时是他自己在于世界中。其次，我们要分析什么是世界。

我们通常说"人生在世"一语中之"世界"，最后是指世界之全体。然此处可引起一问题，即世界全体一概念如何成立之问题。因真展露在我们之前者，并非世界全体，而只是世界全体之一小部分。我们亦不能真把握住世界之一切事物之全体。依康德说，世界之一名，如作为世界事物之全体看，便只是指一切"可能经验"的对象之全体。然如此之全体，又只是赖我们"继续不断地综合"的活动去形成，而永不能完满的形成之一超越的理念。此全体不能是先在那儿，或已全部给与（Given）的。因而照康德意，我们只能说世界是在超越自我之可能经验之范围中——即世界在此自我中；而不能先说我在世界中。但海氏则于详细分析所谓世界性之概念后，进而指出所谓我在世界全体中之意义。海氏于此之分析，极为复杂。今只介绍海氏所谓我可直觉我是在世界全体中之义。此处海氏是直接诉之于经验的现象。海氏举例说，如我们在极度厌倦时，我们觉得此亦可厌，彼亦可厌，此时我便直感到自己是在世界全体之事物之包围中。又如在我们所爱之人的面前，我们亦直觉我是在一包围我之世界全体中。至于世界全体之不完全呈现于我之前，亦不致使"我在世界"中之"世界"一词失去其意义。海氏在此，是从希腊哲学家如海雷克利塔斯（Heraclitus）、帕门尼德斯（Parmenides）等所用之希腊文的"世界"一字之涵义中，发现了世界一字之初义，原是指："特殊种类存有，尚未被分别思索以前，如何如何地在全体中之一情态"。此诸存有未被分别思索，同时又为我"可能发现，可能遭遇，而可能加以分别思索"者。由此即形成"包含此诸存有之世界全体"之实在性。海氏之意，世界全体初是指"鸿濛中之一切有"或"被'无'覆盖之一切有"。此一切有之可能，展露于我之前，以揭开此"无"之覆盖，即使吾人被发现是在一世界全体中，使吾人觉在一世界全体中。故吾人不须由无尽的综合世界事物，才能构成世界全体概念。故吾人亦不须待一切事物皆呈现展露于我之前，我才能觉知"我之在世界全体中"，而使此语有意义。

其次，再就所谓人生在世界中之世界之内容，来界定世界之涵义。海氏说在过去西洋哲学中，主要有二讲法。一是说世界之内容，即全部呈现之自然物，如山水木石等之全。此乃希腊最初之自然哲学家传统之见。一是说世界即指人类共同生活之世界，此乃由基督教之圣约翰圣保罗下来之义。但是海氏认为世界，乃指人可能发现遭遇与人生相关系者之存有之全。除他人以外，世界中与我之人生相关系之事物，主要者非呈现在前的自然物，而是由人之文明而有之人造用具。他称之为（Utensils）。人对世界事物之关系，初只是一去取用之关系。世界事物，除了人直接所取用之用具外，才是单纯呈现之自然物，而此亦同时是可取用者。前者他又称之为（Nuhanden），后者称之为（Vorhanden）。人对世界事物之关系，由取用而有所取着而有所关切，而裹胁于种种牵连不断之事务中。此取着关切等，乃人之认识世界之活动所依的背景。他这一种思想，与柏格孙詹姆士有相通之处，与佛家之义尤契合。他反对西方传统哲学之先从呈现之自然物，去解析世界之内容。他企图透过人对其所用之用具的关系，去透视人与自然物的关系，并了解人与世界万物的关系。这些地方都是相当新妍的思想方向。

我们知道了人生在世界中，是世界展露于他之前，对事物有所取着。此亦同时即人生展露他自己于世界中。所谓世界与空间观念分不开。对于空间，依康德说，此只是我们感觉世界之一方式范畴，则空间在我主观的心中。依牛顿说，则一切自然物布列于空间中，空间是世界的托底。此二说，海氏皆不取。他说空间不在我中，世界万物亦不在空间中，而费大力去讲明空间在世界中，世界展露于我时，则空间展露于世界；当我展露我这人生时，我这人生之空间性，亦展露于世界，其详亦从略。

展露（Erschlessenheit, Disclose, Discover）是海氏哲学之一基本概念。展露乃去掉一蒙蔽之意。所谓 Dis‐close，或 Dis‐cover 即去掉一封闭，揭开一覆盖。人与世界之发生关系，即世界之覆盖，在人生之前打开，人生之覆盖，在世界之前打开，而互相开朗。海氏在他处又用 Overtness 一字，以表示人之认识真理，与真理之暴陈于人前。印度思想中，有以无明为人生之本，觉悟即无此"无明"之谓。海氏之展露之义，多少具一无"无明"之义。但海氏之用此展露一名，又无价值上之涵义。又依海氏说，人展露他自己于世界，世界展露于人前，此中亦即含一人生之外在化虚妄化之危机。此以后再说。

世界之展露于人生，人生之展露他自己于世界，可称之为人生之所以为人生之基本性相。此可称之为"展露性"。由此"展露性"一概念之了解，我们便可进而论人生各种存在性相。

人生之第一存在性相，他称之为 Befindlishkeit。德文语根为发现。海氏用此字，乃指"人生之被发现为在那儿"之义。布氏谓此字英文无法译，中文亦不好译。我姑且译为被发现式。因海氏本以此字指人生如何被发现于生命与世界之方式，或人生如何展露他自己于世界中之方式。所谓人生，海氏原字是（Dasein），此字可意译为有所在而在那里或这里的此存有。此字所直指者，乃我之此有所在的存有，我之此有所在的人生。通常说此桌，此椅。这些"此"，是第二义以下的"此"。第一义的"此"，只能直指我此存有、我此人生。桌与椅等，是我此人生所遭遇的。其为此，亦对我人生而言。故最直接的此存有，只是我此人生。因我之一字，可以引起其他的问题，故海氏只说，此存有。其意直指者即我此人生，或此人生。

现在的问题是，"此存有"（即我此人生）竟然存在了，这即是说他竟然有生命，而与世界发生关系了；亦即是此存有，被发现于生命与世界中了。其如何被发现于世界，或世界如何展露于我这人生之前，有其方式。此方式毕竟是什么？海氏认为这初不是纯粹的认识或理解。而是一种被感动的情调（Stimmung, Mood, Gestimmtein, being Tuned, being in Humour, Spirit），透过此情调，世界与我之生命，告诉我一些什么。我此时亦宛如流泻一光辉，到我所接之世界与我之生命，而有所悟会。但此尚不是纯粹的认识或理解。只是一相感动或感通。此情调不能启示我之所自来与我之所归往。我之何来，我之何往，对我是隐蔽的，在黑幕中的。此情调只启示我这人生，被发现为：被放置抛掷到这世界的。我之生不是生于世界之任何处，而只是生在世界一特定的"那里"，而成为如此如此之我之人生。我既生在"那里"了，我成为如此如此了，我便得负我"那里"之一切责任，我必得在我"那里"，计划着我"那里"之一切。这些责任计划与世界，随我之有生？而展露在我之前，我不能逃。我只有从我之生在"那里"出发，去遭遇着其他人物与环境中之一切。这一切都可感动我，影响我，刺激我，以至威胁我，使我恐怖。这一切都是我的命运。我们皆可试想，我之被放置抛掷到世间，当然不是由先得我之同意而来。然而我既被放置抛掷到世界之"那里"，而我亦即会文刻把"那里"之责任、计划、命运，担负在身，我竟不想逃或不能逃。这是人生之一本源上的大惑。而此亦即海氏所论人生存在之第一性相。

五 了解与言说

人生存在之第二性相，海氏称为了解（Verstehen understanding）。了解亦是流泻一光辉，接到我之世界与我之生命。我在世界之"那里"，我即可流泻一了解之光辉到"那里"。然此与被感动的情调中之流泻光辉，大不相同。海氏从最深的意义说，了解恒不是展露世界之是什么，而是在展露人生之为什么（For what）而存在。了解世界，在通常只是了解他人与物或整个世界与我们之目的之关系。在通常，一切人物之所以有意义，可资了解，都是对我们之目的而说。所以了解在原始的本义上，是了解或自觉我们自己之目的。

目的是什么？目的是人生所要想实现的，以及相信他能实现的。目的是尚未实现而可能实现的"有"。实现目的，即转化可能者成为现实的存在。人生的本质，即不外把他之真可能者，转化为现实的存在。

我们通常说，一自然物可能这样可能那样，此可能不必化为现实，则可能的不同于必然的。故人皆谓可能的之涵义，在内涵上少于现实的与必然的。但海氏说，对人生自己言，则人生之真可能者，更真实于现实。如对青年，他目的在恋爱，即他有此可能而要实现之。同时亦即此"可能"，要在他身上化为现实，而主宰了他之现实人生，并驱迫其现实人生向一定之方向走。此"可能"，对他自己，即更真实于现实。人了解其目的，即了解其所求之可能。故了解目的，即展露了人生之可能性（Potentialities），了解人生之为什么而存在。

人生不能莫有目的，不能不对其目的，多少有所了解，且为此"目的"或"可能"所驱策以前进。然人又在世界万物中，为万物所感动，于是人同时亦得去了解其所遇之物之可能性。所谓对事物之实际的了解，都不外了解其作用，此亦即不外了解其可能性。譬如我要写文章，是我之目的。这我固了解。但是我同时要了解，此笔此纸是否可写，可否现出字来。一切物之可能性之实现，对我之目的，不是相顺的即是相违的。万物之相互间，又有各种不同之相违或相顺之可能性，而成一交互关系之整体。此整体，又可与我之目的相违或相顺——即对我之目的有利或有害。于是我之目的，即可成为万物之可能性总体之统一原则。然我之目的即我之可能性，由此我们便可再转进一层而说：我在了解我之目的时，一方展露我之可能性，同时亦展露我之可能性之为"万物之可能之总体"之统一原则。此统一原则，乃纯自主观方面说。今按此义在实用主义及理想主义之哲学中均有之。

我要实现我之目的，我要实现我之可能性，以成就我之现实。即我要由我之目的，去主宰一切，我要求一切由己，而得自由。但是我所遇之万物之可能性之实现，是否与我之目的相顺，我却永无把握。因相违亦是可能的。如相违了，我之目的不能实现。我之可能性不能现实化，我亦得承担。而我何以有某某目的，要实现某某可能性，亦初非由我选择。我生下来便有一些要实现的可能性，为我所背负或担任。我们前说人生是被抛掷而在此，现在可再进一层说，人生即一"被抛掷的可能性"（thrown potentiality）。人了解其目的，即了解其抛掷的可能性。人生之目的，时时在变化，时时在增加。幼年无爱情之目的，少年无功名之目的。此一一可能，依序随缘以展露，而成为目的；并非人之自觉的意识本身所能自主。自觉的意识只是顺可能之展露，而展露之为自觉中之目的。当另外的可能，要自内心深处展露时，原来自觉中之目的，便得让位。故人生之内在的可能性，决定自觉中的目的之更替。自觉中的目的，只是内在的可能，正在展露，而被自觉之成果。内在的可能性主宰人生，而非自觉的意识之自身，能主宰人生。海氏此处所谓内在的可能性，正有通于佛家所谓业识，或种子之义者。

人之有目的，依于人之有要实现的可能。人生是一被抛掷的可能。但我们须知，人生在自觉其目的时，同时即投射（Project）一生命的远景于前。凡有目的的人，无不投映一生命的远景于前。此投射，亦即一向前的抛掷。人生既被抛掷于世界，而亦同时自觉若主动的抛掷投射一生命之远景于前，以具像化我们之目的。故此投射，即人生之被抛掷之一对反而相依之现象。

海氏又论由了解而有解释命题等，皆从略。

人生存在之第三性相，他称之为言说（Speech）。言说是以文字与声音，符示其所了解之世界之存有，同时表达其所了解之一切意义。海氏对言说之哲学，颇有其特殊之见地。他深知言说是人生存在之基本性相。他在存有与时间一书中，谓言说包含"所说之对象""所如此说者""传达"与"所告知于人者"，而四者不可分，以合为一言说之结构。而在论霍德林与诗之本质中,则谓言说不仅是传达一意思与人,此只是言说之效用,而非言说之本质。言说之本质,是使世界之存有,真展露于人自己之前。我想其意是,言说指示事物,同时即如举起事物而显现之。故他谓人有言说,才真有世界。但言说同时是最危险的东西。因为言说之拼凑太容易了。乱拼凑了言说,亦即错乱了世界,而创造出人生最大的虚幻。海氏又论言说中自己说(Spesking)与听话及缄默三者,相依而不可分。人能说故能听。人所能听者,皆其可能说者。一说一听之谈论之可能,依于所说所听之字,指示一同样之意义。故人与我之谈论,即构成人与我精神之内在的联系统一,而人与我于此又皆未尝失去其自己者。在谈论中,每人自己皆有听话与缄默二可能性。人在听话中,即将所了解者吸收进去,卷而怀之以退藏于密,以成就了解。至于人之缄默,则恒由人之能说而不说,而只体验那不说者,人在体验那不说者时,人即更直接接触那不说者,使其所不说者,更彰显于其自己之前。故缄默可以使人更增加了解,亦所以使人更能说,更能听而成就谈论者。

六　日常生活与陷落

以上三者,是人生存在之性相之第一部分。其第二部分,是专就人之在日常生活中之存在性相而言。海氏以人在日常生活中,上列三性相,皆以一特殊形态表现。此中言说,不成真谈论而只是闲谈(Idle talk)。闲谈之异于真正的言说处,在谈话者恒并不真了解其所说,而听话者亦只听见话。于此人只在袭取的一切话中活动而已。又在人之日常生活中,无求真正的了解之心而只有好奇(Curiosity)。好奇中,亦有心灵的光辉,在流泻荡漾,故要去求新的。但此光辉,却无真正的着落处,摇摆而含糊。海氏称为Zweldeutigkeit, ambiguity。此字在此可迻译为含糊,即对真了解与非真了解者间,无真辨别,而以此为彼,以彼为此(此盖为一种混乱的被感动)以成含糊之了解。此日常生活之存在性相,乃上列之人生存性相,表现于日常生活之三种特殊形态。海氏再顺此以指出第四种人生存在性相,而名之为陷落(Verfallen)。

海氏所谓陷落之表面意义,即指人生之恒只关心于其所忧虑之世界,而沉沦其中。海氏分析人生一切存在性相之本质,他特提出担心或虑。但关于此名,今暂不说。俟下详。然海氏所谓陷落之深义,则尚不是直接从人生之在"虑"中说。人生陷落之根底，海氏以为在人之日常生活，使其与众并无不同（One like many），此即人生陷落之原始。海氏之存在哲学，亦兼要客观的展示一真人之性相。真人必须为一有个体性之人。良心与道德，是属于有个体性之人。人有良心与道德，当然有人与人之公共生活等。但是在我们日常的公众生活中，却并不能陶养出真人，亦说不上真正的良心与道德之出现。因人在日常的公众生活中，并不能真有个体性之我之自觉。人只是自居于类似众人之一人。海氏此言，实甚深远。我今推测其意之一端，试加喻说。如人在日常生活中，在车上我是一乘客；在商店，我是一买东西者；在俱乐部，我是一会员；在体育场，我是一运动员或观众之一。在每一场合，我们都恒只依一习俗方式去行为，而以"众人之一"的资格出现。我们恒要模仿人以合于世俗，而同化于众人，以成为其中之一。人恒以此为人之社会性，而无可非议。然人恒不知此求合于世俗之日常生活，同时即可造成我们整个人格精神之向外分散，与具体的自我之抽象化者。譬如我在商店，只是依一般买东西者之习俗以买东西。此时在他人（如在卖者），固只视我为一单纯的买东西者，而我们此时亦恒只自视为一单纯的买东西者。我在如此自视时，我即把我之具体的自我抽象化，把我之整个人格精神之其他方面，掩盖了。当然，我可买东西而不自视我只为买东西者之一，然而人在日常生活，罕能有此警觉。而恒会依于人之只视我为买东西者之一，而自然的在此时只自视为买东西者之一。如果我在此时只自视为买东西者之一，我此时即莫有真正具体的自我。亦可说我只自视为买东西的众人之一时，我之整个人格精神，便向外分散于"众人"，而只保留一份于"我这个众人之一"之上了。我们之各种日常生活，又都宛有一势，要使我们随习俗而行，以同化为众人之一，使我们不以一个体之资格存在，而以一类之分子之资格存在，而抽象化吾人之自我。由是而人之各种日常公众生活之更迭，即可使吾人之自我，产生一自己与自己离开之漩涡（Whirl）势的外在化，而此漩涡之中心，则日成空虚。此即人在日常公众生活中，或人在人群世界中生活之一最大的危机。一般人日益沉没于如此之日常生活中，并觉惟有如此，乃可使其精神有所依托，而使其自我有一交代处；很少能了解此乃人生之外在化、虚伪化之原始。中国之儒家道家，都以世俗化为人之堕落之本。人要成真人成圣贤，无不须从日常生活或世俗的公众生活中超拔开始。海氏之意，正与相通。

七 人生之本质与怕惧及怖栗

我们上述之四种人生存在之性相，依海氏意，乃有一统一的结构者。此四性相，同依于一人生之本质（原文为 Being of Dasein，此 Being 今译为本质，以便别于其他之实有）。人生之本质，海氏名之为 Sorge。德文此字直译为担心，或忧虑。布氏英译为 Care。庄子说人之生也与忧俱生，佛家谓众生之本质即烦恼，皆与海氏之所谓忧虑或担心相通。然海氏此名，本身无价值上之善或不善义，乃可善可恶者。如译为忧虑，其义较一般常识中之忧虑涵义为广远，而更无特定之情调，不如直译为虑。此虑不特在人之意识界，亦在人生之下意识界，或超意识界。此不仅是一情或只在情中，而是在人生之一切状态与性相中。人之要个人之利、名、爱情固是虑，忧国、忧民、忧世、求真、求美、求善、怀慕上帝亦是虑。人生根本是在"虑"上驱驰。人之虑，依于人之要求一些什么。亦即依于人生之背负着一些"潜能"或"可能"要实现于世界。在海氏所谓被发现式之情调中，在了解中，在言说中，在日常的公众生活中，人皆有所虑。"虑"普遍贯彻于人生之一切性相中，故"虑"为人生存在性相有统一结构之根据。

联系于此虑，并由之可以使我们更亲切的了解此人生本质之虑者，海氏特指出二种人生情调，此一为怕惧（Fear），一为怖栗（Dread）。人皆有所怕惧，如怕火灾，怕刀枪，怕疾病，怕一切对"自己与我所关心的人"有威胁性之东西。"怕"即展露人生之皆有所忧虑或虑。人可以在一时，自以为无忧无虑。实则，人生在无忧无虑时，他仍有所怕惧。他有所怕惧，即有忧虑。故海氏说怕惧即展露人生之有所忧虑，同时即展露人生之内在的不稳定性，展露人生之实在一危险的状态中。"怕惧"又展露人之只依他自己之在世间而存在。因他以外的东西，都可能成为威胁他之在世间的东西，而成为可怕者。怕惧亦展露人之存在于世间之"那里"。因人存在于那里，人便会怕些什么。至于人生除存在于世界之那里之一端外，其为被抛掷于世界者之一端，则由怖栗而展露。

人生之本质除由怕惧以展露外，即由怖栗以展露。怕惧（Fear）与怖栗（Dread）之分，乃海氏所承于祁克伽者。海氏思想之所承于祁氏者，主要亦即此点。分别二者，是祁海二氏之存在哲学之一最精辟之见。

依他们说，二者之不同，在怕惧是有对象的，而怖栗则是无对象。杞氏原有一文名怖栗之概念。此文，我以前看过。但现在几全忘了，一时亦不能查原著。海德格对此之分析更难解。因此种怖栗之经验，不是人人都有的，也许只有极少的人能有。此怖栗之经验，据海氏说，不是怕任何一对象，而是对"人生"之在世界本身有一种怕。我不敢说，我真有此经验。我想读者亦不必有。但我们可以试去体会一番。我今并试举一些相近的心理经验来说，使人逐渐可加以体会。

譬如我们一人忽然到了一荒郊旷野，四望茫茫，不见一人。这个时候，我们可进而有所怕，如怕虎豹，怕强人拦路劫抢，怕地震。我们忽怕此，忽怕彼。但是我们反身一问：我们所怕的究竟在此时此地是什么，我却不能确定的说。怕的是这？不是这。是那？不是那。都是？又都不是。都不是？都是。此一切可怕者之印象。加以综合而相消之结果，便只是有一"可能伤害我之一切存在"或"可能伤害我之世界"，为我之所怕。然此世界因实无确定之内容，则我们此时之怕，便有对象，而又"无对象之确定的表象"，而近于一无所怕之怕。

又如我们假定忽然被抛掷到一遥远的天际，或无尽的黑暗中寂寞中。此时我们亦会忽然有一怕惧。此怕惧，更难说那怕惧什么，亦难说即是怕一伤害我的东西。我们此时可直接说：是怕空虚，怕黑暗，怕寂寞。然而问题在：空虚黑暗与寂寞，其中乃空无所有，如何能成怕之对象？不过此处似有其他道理可说：一是说空虚黑暗寂寞本身虽空无所有，然此"空无所有"，表示我们原在地上所有的，光明中所有的，人群中所有的，今莫有了。我觉有所失，而即怕此有所失。另一是说空虚、黑暗、寂寞，是空无所有，即"无"、即"非存在"。"无"与"非存在"，即反于我之存在我之有。而我觉到此"无"与"非存在"时，便若对我之有与存在，施一反作用或压力。故我们可觉黑暗空虚寂寞对我施压力，若在消减我的存在性，而使我亦成不存在。我怕我之不存在，故怕此压迫我之黑暗、空虚、寂寞中之"空无所有"。我提此二解释，其是非，我亦不讨论。但是均可助人多少理解列黑暗空虚寂寞之空无所有，所以成为可怕之理由，而人之能怕空无所有，即更近乎一种无对象之怕。

但是以上者是我姑假定来说，以使人能渐逼进杞海二氏所谓怖栗的。他们所谓怖栗，还要深一层。他们所谓怖栗，不只是怖栗一空无所有，而是怖栗"世界之向空无中消失"，与人生之暴露于"世界之向空无消失"之前。由是而有一对"人生"之存在于世界之本身有一怖栗。这是一种特殊的经验,为杞氏所突然体验到的。海德格在何谓形上学中,分析此怖栗经验之来临的性相大意是:一切东西都似乎沉入一无差别的状态中,世界一切向空无中消失,而又非单纯的消失。就在此世界一切向空无中消失,而离开我以去时,此世界一切,复似在回头对我施以压迫。于是怖栗突然产生了。此所怖栗的是什么,却抓不着。使我们生此怖栗者,似只是一虚无。然此虚无,又驱迫"人生"向"在虚无中消失之世界一切存有之全体"移送。故"此虚无中有一世界与俱,此世界亦似在回头压迫我,使我怖栗"。此中人所怖栗者,可说是怖虚无,但亦即怖"人生"之单独暴露于"向虚无中消失之世界"之前,亦即怖"人生"之存在于世界,怖人之有此存在之本身。故此怖栗感,实即一宗教性的人生之战栗感。佛家所谓突发之厌离感与怖生死之心,我想正与此一类。这当然不是人人都有的。然而读者真依我上文所说,细细体会,亦多少可以了解。

海氏论怖栗感,归结到以此感为展露"人生之为被抛掷于世界者"之一端者。人何以会有此怖栗感?即因人生原是抛掷于世界,原不出于人之自动自主的要到此世界。人心深处,对此有一原始的不安。故人在初降到世间时,即有此怖栗之潜伏。怖栗其赤裸裸的人生之抛掷到此赤裸裸的世界。一般人之力求世俗化,以求成为众人中之一,而怕独居;其最深的动机,亦即由人之怖栗其赤裸裸的自己,怖栗其抛掷于世界,所以他要向众人中去躲避自己。然而在此怖栗之经验,真正显出,如上所述,却展露了人生之原始的不安。同时使人自觉"其被抛掷于此生疏苍黄之世界,与其向世俗沉没的人生"之非真实的人生。正由此怖栗,乃展露出一真实的人生之可能,使人求一更真实的人生。故海氏谓:人之所以有此怖栗之经验,亦即是为了"真实人生之可能实现"而怖栗。此怖栗之意义,是积极的而非消极的。此怖栗,是展露人生之积极的要求真实的人生之一"虑"。

八 死之智慧

以上所讲者,是人生之性相与其本质,及展露此人生本质之怕惧与怖栗。以下再讲人之死与良心罪业感等。了解此数者,乃所以为了解人生之全体,及其与时间性历史性之关系之准备。

人生之全体,必须包含死来了解。最高的哲学智慧,必须包含死之智慧。希腊之柏拉图即曾说,哲学即学死。海氏对于死之哲学智慧,不一定都是空前的。然其分析方式之新颖,则是空前的。孔子说未知生焉知死。海氏则另说一相反相成的道理,即人如不真知死,则亦不能知生。海氏之说,可为基督教之由死以求生,作另一注解。

我们说死是人生之终结。然而每一人亦正必须走向此终结,才成一段落的人生。一段落的人生,才是整个的人生。死又可说是人生之边界,此"边界"包围住我们自己之一整个人生。然而人生走到此边界,则又是人生之丧失。由此而使我们不能真经验到由生至死间之一"过渡"(Transition),以真知死。我们通常对死之经验,只是对他人之死之经验。但是死,实际上只是各个人自己的事。人类在日常公共生活中之事,都可以互相代做;而死则是各人死各人的。死这一事,不能由人代替。故严格说,他人之死,乃与自己之死无关之另一事。我并不能真经验他人之死。所谓他人死,只是我看不见他人而已。而我一天尚生,则死尚是莫有,亦不在我经验中。故死是超越经验的。

我之死对于我,不在经验中。但我知道,死是人生的终结。人生即一向着此终结而趋之一历程,人生即向此终结而运动。按海氏此语与叔本华所谓:人生如拚命的驶舟前进,经了无数的风波之危;而一切危险之经过之后?却是准备在死之礁石前,全舟粉碎,其意趣略同。海氏说人之向死终结而进行,此终结,并不是人生完满的实现。但我们亦不能视人之死,如雨之停下,如一工作之作完了,或如一生命的线被剪断了一般。这是把死外在化来看。死不能外在化来看,死是人生之本身要遭遇的。死是一个一个人生的死。死是人生的内在属性。"死"是人生要去取来放在他自己身上的。故人生即是"向他自己之死而趋向的存有"(Being-toward-one's-death)。如果人生是一线,此一线这一头(降生)是向那一头(死)抛掷去,以衔接上那一头的。

人有生则必有死,人生自身含"死之可能性"于其内。人生之最内在的深处,即是此死之可能性。然当此"死之可能性"实现了,则人生与世界一切关系都断了。即人生之其他一切可能的活动,都不可能了。故死是使人生"一切'可能'不再可能的一种人生之可能"。死封闭人生其他之可能。其他之人生之可能,皆可由死而封闭。然死之可能本身却为人所不能逃。由是而死之本身,是人生之必然实现的可能。死是一不可征服的,绝对的,人生最后所唯一必须实现的可能。

我们说,人生有生则必有死,而有死之可能性;却不能说,此可能性是后来才接受的。人死之可能,乃与人之生俱始。当人生降世,他即背负着他之一切可能性。人被抛掷到世间,人即被抛掷于其一切的可能中。此中即包含此无可逃的最后之死之可能。一般人在一时,可不觉他之人生,是一被抛掷以向死之历程。但是人亦可以觉到人会死。所以人对死有一种怖栗。死既然是人生最后之可能,而属于人生自己的。故我们千万不要以为,人怖栗死,是如人怕惧一外在的虎豹刀枪一类的事。人之怖栗死,乃怖栗其内在深处之不可逃的死之可能。此亦即怖栗"人生之走向死",怖栗"人生之被抛掷而向死"。故人对死之怖栗,展露人生为被"抛掷向终结"之一存在,亦展露人对"人生之为一被抛掷者"之怖栗。

人有死,但人通常并不随时在怖栗死。人不仅不常在怖栗死,而人在日常生活中,尚在力求掩蔽"死"。人通常只是为其所虑之一切而生活,打算这样,打算那样;于是对于死之必至,我们可不想它。我们之各种打算,使我们自"死之必至"之念逃开,各种打算,把"死之必至"掩盖住了。

我们前已说过,人在公众生活中,人只觉他是众人中之一份子。人之看见他人死,通常只是把他当作外在的现象看。某人死,不过由动至不动,由眼开至眼闭。这现象本身,无对人之威胁性。而人如果把他自己亦只视如他人,则人亦觉其死亦不过如此,而不觉死之可怖。人对将死者常安慰对方说,你不会死。此安慰对方同时亦在掩蔽死。我们在日常公众生活中,把我自己视作众人之时,我并不真知我这个体人生之将负担死于其自身。我说我要死,我亦只是把我当一般人之一来看,我说我要死,等于说一个人要死。只是一个人要死,并不可怕,此亦尽可见只视作外在的呈现之现象看;于是对我之要死,亦若可以平淡遇之。然而如此之不怕死,只是人之"陷落",而失其个体性自我之自觉之结果。只是从其真实的"必要死之可能"逃开,而将其掩蔽了之结果。这莫有什么可贵。这只使人生更虚伪外在化,而与其最内在深处之可能离开。这种不怕死,不是真实的不怕死。由此,不能孕育真实的人生生活。海氏此段之分析,乃一深入之论。读者不要滑过。

人之能掩蔽死,尚有一理由,即人纵确知其必死,而人之何时死,却不能确定。此死期之为"何时"之不能定,则模糊人之必死。而使人暂安于其还莫有死,于是死,被掩盖了。

海氏的大慧,在指出人要有真实的人生,必赖于人对其死有一真实的态度。只是怕死固然不应该。然而人在日常生活中是将死掩盖,觉不见死,而似不怕死,却并非真不怕死。他只是把死掩盖,而无死可怕。然而掩盖死,即掩盖人生的真相。人生的真相,即在他一定要走向死。人生有必死之可能。人生之全程,以死为终结,以死为界划。掩盖死,即掩盖人生之为一有始终全程,为一有界划之全体。死是人生最后之可能。在此最后之可能之前所实现者,是人生之其他一切可能。掩盖死,即掩盖人生最后之可能,同时掩盖了"人对人生之其他一切可能"之真实的认识;而使人不能有"真实求实现其可能"之一全体性的人生。所以海氏主张:要将人对死之掩盖揭开,而要人真实的面对人之必死的真理。

人把对于死之掩盖揭开,知其必将死,而人在思想中,乃可把死真实的接受下来。死是将来的事,然我在现在真知我将来必死,我即在思想中跑到将来(Running forward in thought),而人生即跑到将来的死之前。我把将来的死,在现在加以把握,我即把人生之最后的可能与人生之全体性,加以把握。我真把死把握,我即可真不怕死,而自死解脱,自"死"自由,而可使我有真实的全体性的人生。

我真知我必死而把握死,何以可以使我们自"死"自由,而有真实的全体性的人生?此可分五层来说:(a)即人在真知死为其最内在的可能,而属于其个体时,人即自"世俗的日常生活之意识"中拔出,而知其自己不只是一类似众人的一人,而注视其内在的可能,于是他即自我们前面所说的向外陷落而虚为化之几中拔出。(b)人在真知死为个体人生之一不可逃而绝对的最后可能时,此个体人生之死之绝对性,即将其个体性单独的举出来(Single out)。死是我的死,他人不能代,即显出我是唯一而具个体性的我。(c)我真知"我之死之可能,是不能征服的",又知我死时,我之一切与世界之交涉,即不可能;于是我知我之人生在未死之前,所能实现之其他可能,是有限而非无限。此"有限之可能之全",以死为背景,而显出而展露。我知我能实现之可能,是有限而非无限;我即可不受诱惑于一些泛泛的可能,或一些偶然机遇的可能

(Chance – Possibilities)，而要求一真正的可实现的可能。我们通常的人生之大病，正在被诱惑，而摇摆于一些不真可能。而似乎可能之泛泛的可能、机遇的可能上。我们知什么是我真正可实现的可能，我们才不至误解我们自己，而有真实的人生。同时我们亦才不至抹杀他人的可能，而误解他人的可能。因我知我之真正的可能是有限，我知我只是一个体性的我，我即限制了自己，而知去求真正了解他人之可能——一切尊重他人之个体之德性，亦正由此而出。（d）我们真知死之确定性时，我们知此确定性，依于我们内在的死之可能，我们即现实的呈露此可能。此"可能"范围住"我们之人生之一切有限的可能之全"。故我们知此死之确定性，我们亦即确定了我们之可能之全，而确定了我们人生之全。（e）至于我们之死虽无一确定的时间，然而我们既知我们确定的要死，则此死之"何时"不能定，正使我们知我之任一时之可以死者。我真知我之任一时皆可以死，如我可能下一秒钟即死，则使死之威胁恒常的在旁。死之威胁恒常的在旁，则可使我们之人生常常为死所警策。人在觉得他随时可死时，必会随时觉到其可能者，皆可因死而不可能。由此而人生之一切，皆面对死亡，亦即面对一"虚无"。然此虚无，即将人生之真实的可能反衬出来，如无尽的大虚之举起天上的白云。故人恒面对死亡，便能充量的展露其可能，而有一真实的人生。按释迦所谓人命在呼吸间，与中国儒家所谓志士不忘在沟壑，勇士不忘丧其元，虽命意尤有深于此者，然此海氏之言，亦可为之作一注解。

九　良知罪业感与发决心

以上说，人面对死亡乃见人生之全，乃有真实的人生。于是我们可进而论人生之真实性（Authenticity）。人生之真实性，如何而见？必由人生之自身之存在（Self – Being）而见。此人生自身真实存在之可能之证据，则兼在良知、罪业感、与发决心依从良知。于是海氏对此三者之性相，作一分析：

海氏分析良知 Conscience 之性相，他称良知为一呼唤（Call）。此呼唤是一内在的言说。我们在日常生活中，只是听他人言说。此时我之人生，是以"众人中之一"之资格出现。然当我们觉到良知之呼唤时，我们此时即不复只是众人中之一。我们这时，只是自己呈露于自己之前。

我们这时开始真正的回到自己。良知之呼唤，是自己之内在的言说，亦是自己去默默的听。此时自己对自己平日之所虑所行，皆有一具体了解，自己很亲切而清楚的对自己说给自己听。此说，此呼唤，一方看是一无内容的呼唤。它初只是指示一我当如何的方向。它只是启示我之内在具备的、更高的人生之可能。此呼唤本身，亦只是诉之于我之内在的可能。良知之呼唤，并无声音。呼唤之主体是谁，我们初亦不知道。其他派的哲学，或说此呼唤者，是上帝或自我。但海氏以为此都是解释，而非直就现象描述。直就现象描述，此呼唤者，应即是人生自己。海氏暗示：人之良知呼唤之所以出现，与人生之为被抛掷者之概念，不可分开理解。良知之呼唤出现时，是显为一不安，觉原来之生活不对了，要不得。人原来之生活，恒是依自然的抛掷而形成的。此不安，是要把已抛掷出之原来的生活收回去。人原来的生活之形成，亦是由人生之可能，转化为人生之现实者。良知之呼唤所显之不安，则是要将原来已成之现实生活召回去，再沉入之于人生之最内在的可能，另求启现一人生之更高之可能。故良知与我们前说之对人在世界之怖栗同一根原。良知之呼唤，是警醒人不要忘掉他最深之内在的自己。故作良知之呼唤者，即怖栗被抛掷的生活，而要求还归其家（Homes coming）之人生自己。

我们了解良知之呼唤所自来，是我们对于依自然的抛掷，而形成之生活之不安，其所往则是启现人生之更高的最内在之可能；使知良心之呼唤，同时即带来人对于其原来生活之罪业感。当我们自觉有罪业时，我不只是觉某一事做错了，犯了某一过失。此错与过失，是依于我们整个人生一"缺漏"一"空虚"。罪业感是觉我们之整个人生是一残缺的，是觉此整个人生中有罪业。在罪业感中，我是先把由"自然之抛掷，而形成的如是如是之我之人生"接受下来，以与良知之呼唤所展示者，互相对照，以照见其内在的缺漏空虚（按此与康德之道德哲学及王阳明之良知之教相通，但于阳明之良知为一正面之昭灵明觉之天理之义，尚未达一间）。我们这时即要将我们原来之自己之现实，加以超化，说此是我"不要的人生"。但此"不要之人生"，尚在我之手上，故我觉我有罪业。然亦正由此罪业感，我们才开始要求另一自己建立之人生，我们才不复只是众人中之一，才有真正的自作主宰的选择我未来之人生之事。我之人生之真实的可能是什么，亦才在我之面前开朗。而我亦才有一要发决心的意志，由此我亦才有真正的负责的人生。

其次我们再论发决心。什么是发决心？发决心之性相如何？发决心即发心要求真有此良知，并依此良知以存在于世界（按此与儒家立志之始几相通）。当我们发决心之际，我们是投射一理想自己于前，而望其现实化，以存在于世界。然此"理想自己"，只是一"可能"。故此语更抽象的说，即投射自己于一"'存在于世界'之'现实的可能'"中（Project oneself into an actual potentiality of being in the world），人亦只在如是发决心之际，而存在于如此之可能中，人生才成为直接被了解或自觉的人生。

人在发决心之际，他是要建立一人生之"自己存在"（Self-being of Dasein），他是怖栗他原来之有罪的人生。但人在发决心之际，他不只是单纯的怖栗，他是依良知之不安而怖栗，他是为承担良知之指示而怖栗。他是自行投入一"良知之怖栗"（Readiness for dread of conscience）。唯由此怖栗，他之再建立一真实的自己存在之人生乃可能（能循此义，而能正面的见到良知之本体时，便可与儒家修养道德时所谓戒慎恐惧，战战兢兢，如临深渊，如履薄冰之义相通）。

人在发决心建立其人生之自己存在时，人是建立其"人生存在"于其所在之世界中。一个人一定在一世界之"那里"，这我们前已说过。故人之建立其人生存在，亦必在一具体之情境中建立。人亦只有在发决心建立其人生存在时，他才真注意到其在世界之"那里"，及其所遭遇之具体情境，真是是些什么？故人只有在发决心建立其人生存在时，其所在之具体情境，以及其所在之世界，才真展露在他面前。而什么是他所真可能做的，与非真可能做的，他亦才能真实的了解。人在此乃不为一些虚伪的可能、机遇的可能所摇惑。

十　人生之时间性

上文述了海氏之合生死，以见人生之全体，与就良知、罪业感及发决心，以见自己存在之人生之真实性（Authenticity）之二义。对此二者的讨论，在海氏皆所以为论人生之时间性、历史性，及哲学上之时间与存在之问题之准备。唯此后者，才是海氏之存在与时间一书费大力，而最有创辟的见解之所在。但是其所以费大力，乃由于其与哲学史上之问题相纠缠。此下只简单介绍其大旨。

我们以上说我们必合生死乃见人生之全。人生即一向死之历程，人可以在思想中跑到"未来"，以至真实的把握"人之必死"。我们说在真实的人生，人可以发决心而投射一将建立的人生存在于前面。我们又说，人生即是一求实现其目的，实现其可能之历程。这一切都是表示人生之本质，即是一"虑"。他虑的是他的前途，他的未来。人生其他一切存在性相，亦都环绕此"虑"，而属于一统一的构造。于是我们的问题，最后问到此"虑"之整个的构造之"统一性"，依于何处？在此，传统的理想主义哲学，是提出"自我"（Ego, self），"主体"（I, Subject）作为人生之统一性之所依。但是海氏不走此路。他在此批评康德纯粹理性批判中之超越自我之说，说此自我，最后为一孤立之主体，不能构成人生之统一性（但海氏忽略了康德实践理性批判中所谓实践理性主体）。他认为整个欧洲形上学之传统，都只是着重说明呈现的自然物之范畴，而未能真把握人生自己之存在性相。如真把握人生自己之存在性相，则可见人生之"虑"并不须以"自我"、"主体"为基础。人之提出自我、主体之概念，只是要指出人生之独立性。但在人生之堕落沉没中，人即依赖他人而失去自己，莫有独立性。人只有在发决心求真实的人生时，才有自我之独立性。故要求一般的人生之统一性或"虑"之整个构造之统一性，不必求之于"自我"、"主体"之概念。然则求之于何处？海氏于此不肯承认一不自觉的主体自我，而另提出一新概念，他称为时间性（Temporality）。人只有在具有真实的时间性时，人便有真实的人生与所谓自我、主体之独立性。

一提到时间，这是西洋哲学中最麻烦的问题。按奥古斯丁曾说："对于时间，你不问我，我知道。你一问我，我却不知道"。亚里士多德在其物理学中说，时间由物之运动之先后而见。牛顿以时间如一根无尽长的线，无声无息而齐一的流行。康德以时间为内在知觉之形式，以容纳次第生起之知觉印象，而使之成为可以加以次第综合之可能条件。黑格尔以时间为存在者不断的"自己外化，自己否定，而再自己置定"之一存在形式。而此形式毕竟不能离主体之意识而有的。至于一般的想法，则是时间为许多片断的时间，一刻一刻积集成的。一个现在去了，再一个现在，……如此下去，即成一时间为原始之时间之线先后次第之序，亦与上列诸说皆相通。但是海氏所最反对的，即是以许多"现在"积集成之时间，为原始之时间之说。而自亚氏以降，如上述诸人之时间论，他都以为这只是人用以观人以外之世界自然物之时间观念，而非人生自己之时间性。人生自己之时间性,才是一切世界时间之观念之本。

所谓人生自己之时间性,从何而见?通常分时间为将来、现在与过去。此三者中,人所最关切者,实是其将来。人生所虑者,都在其将来之存在状态之如何。但海氏所注重者,在使人生有其真实的将来。人生存在如何有所谓真实的将来?这乃系于人之真发决心,以建立其新人生。人真发决心建立其新人生,人即有一内在而实际上真可能的人生,要求实现,而投射出一人生之远景。我们所谓将来,其最初之实指处,亦即只在此所投射之远景中。人生要如此去投射一远景,既依于人生之原有此内在之可能;故人之投映此远景,而求其实现,亦只是人生之求展露其内在之可能。此亦可说为人生之向其内在之可能运动。或更扭捏的说:人生在此是"自己在他自己的人生可能中,向自己而运动,并在此中,忍耐的担负着此人生的可能,以为其人生的可能"(Dasein can move toward itself in its own potentiality and endure the potentiality as potentiality in itself moving toward itself)。我们须知,人在投射此远景而展露一将来时,他即求真实的同一于此将来,此将来不在其外。因他之同一于将来,原只是他之在他自己之内在的人生之可能中,向自己运动而已。

人在发决心时,人一方投射一将来的远景,人是在其人生之可能向自己而运动。但人在向其将来之远景看,以有此运动,而向前看时;同时即向后看,而觉其原来的人生要不得或是有罪的,空虚的、或是自然抛掷之所成的。人之所以能向前看而开辟新生,正因他能先接受其旧生,并知其要不得或有罪等。人之发决心,依于良知。故良知乃一面指向将来之建立,一面指向过去而悔之。他呼召未来而收卷过去。于是过去与将来,都同时在人生之内部。此与康德黑格尔之以时间属于主体之义虽不同,然其不将时间外在化客观化则一。

人生发决心时,他要建立他将来的人生。此将来的人生,是一现实的人生。现实的人生,在现实的环境中建立,他愈要建立他将来的人生,在其人生的可能中,向自己运动;他即愈要去注意他所在的"那里",他所处之环境。此所注意之环境,即他所真遭遇之环境,对他为现在之环境。但我何以要注意所遭遇之环境?正因我要建立我之将来。唯因我之可能的人生,须透过对此环境之遭遇、注意、或对之作反应,而后实现;所以此环境才为我所注意,成了我之"现在所对"。故此环境之为现在,乃由将来所使之成者。海氏称之为将来引发的现在(Engendered by future）或造成的现在。

我们上所论之将来、过去与现在，皆统于一人生发决心之中，亦即统于人生之虑中。虑是虑将来。有将来之虑即包含过去之悔，亦即有对现在环境之真遭遇。故将来是时间之本。将来是时间之本，因其乃依于人生之向其自己之可能而运动。此运动，即人生存在之超迈自己而前进（Being in advance of itself）。简言之，即人生之迈进。此迈进，是向其最内在的自己之可能迈进，亦即向其将来迈进。故我们亦可说人生之迈进之根据在将来。至于人生之过去，则是指已存在之人生与世界。我们亦可说过去是已存在于世界的人生存在之根据，过去是世界中之"已有"（Already-being in the world）。

至于正被注意关心之世界事物，则是属于现在的。然其现在乃由我们之注意关心，才使之成为现在的（此即谓如一事物不正被我注意关心，则对我而言，便非在现在者，或可谓为在将来或过去者）。此"使之成为现在的现在"，并非真现在。海氏谓只有在一事物，真成实现我们人生之愿望者，与此愿望相投契而不可分时，我们才感有一"真现在"。海氏之分真现在与造成的现在，其意甚深。二者之分，似在于：真现在中是心境一如的，而造成的现在中，是心境相对的。而以此"现在"系属于所对之境的。海氏又谓只有一造成的现在，亦可引人至一不真实的人生，今亦不多论。唯此造成的现在之根据，乃在"人生之要求迈进而向将来"与"人生之在于世界而生根于过去"之中。则读者必须由前文，以亲切把握之。

我们如果真了解人生自己之将来、过去、与所遭遇之环境之现在之不可分；便知人生之时间性，即人生之统一性之基础。我们只要真通过人生之在其内在之可能中而自己运动，以了解"将来"、"过去"、"现在"之相依与相通，便知将来不真在将来，过去亦并未过去。环境之为现在者，亦不在人生之将来与过去之外。人生之将来、过去与现在，只是人生之时间性之三相。此三相，是相超越，以忘掉他自己，而贯通于其他二者的。他称此为时间性之三个自超自忘之性相（Three Ecstasies of Temporality）。然而在通常一般的时间性之概念中，只以时间为次第的一瞬一瞬之集合，则把人生之时间性之本性，全加以掩蔽，把异质而又自超自忘之去、来、今三相，铺成一平面的时间相去了。

这一种平面的时间观念之所以形成。海氏有详细的分析。海氏首先分析，我们对于人生之时间性之了解，有真实的（Authentic）方式，亦有不真实的（Unauthentic）方式。真实的方式即如上所说，乃依于一真实的人生。有真人而后真知时间之去来今之贯通，其将来与过去皆在其人生之中，而贯通于现在。但通常人恒非完全的真人，故亦罕能对时间有真知。通常人想将来，只是一单纯的未实现或"尚莫有"。通常人亦希望或预期一将来，对将来可能有之事，人可对之有一想象，视之在将来。但是此希望与预期，是否我们真对人生负责时，应当有的？或真可能有的？这通常人是不问的（此乃事实，大家可自反省）。同时，人对于将来必有之事，亦恒不能真知其为我之人生必将承担之命运，为我之人生之真可能之所在。于是人在日常生活中，恒只是受诱惑于一些泛泛的可能、机遇的可能，以弛散其心意。又恒以众人中之一之资格，去袭取流俗通行的意见，以任意悬拟我这个人之所可能，而希望之、预期之；实则多是一些不可能。人又恒将真正必至的将来，加以掩盖，如前所说的人对死之掩盖。这便使人莫有真正可能的将来，而只是有一些悬空的将来之图景，摆在外面而已——此便是不真实的将来。

人无真实的将来，亦无真实的过去。人只有真担负其过去的存在时，才有真实的过去。人担负过去的存在，对过去存在之善或不善，其内容之空虚与实在，都为他所真正的自觉，而后有所谓悔。由此人亦才能真正将其过去之有价值之人生存在，融摄于当下与将来，而使之刻刻翻新（Renewal）。然而常人于其过去，恒只有许多记忆的影像，存于心中。此影像，实只是我们过去之人生存在所留下之虚影。而所谓现在者，则是指我们所遭遇之情境中，所正注意关心之人物。然此恒非真现在，而只是造成的现在，如前所论。

此通常人之"希望想象的将来"与"回忆的过去印象"及"造成的现在中之当前事物"三者，我们恒排列之于一直线上。由此而有直线式之时间观念。此外人关于世界在时间中之一切观念，亦依人生之时间性而生，此在下节再论之。

十一　世界与时间

所谓世界在时间中，通常是说世界之一切物在时间中。所谓世界之物在时间中，海氏意，初当是指世界中之人造用具在时间中，其次才是自然物在时间中。其意是说,人造用具是摆在人前直接可用的。直接可用的亦即是我们所希望之某一事,直接得由之以成可能者。我知其为直接可用的,亦即我们记得过去他曾直接使我有某一其他印象观念的。这便使我们首觉人造用具在时间中。至于一切在面前之其他自然物,则恒是间接可用,而间接使我们希望由之使某一现象可能,或能使我对之有某一记忆之印象观念者。故其次才是人之觉自然物在时间中。此二者皆在时间中,整个世界之物,即都被觉识为在时间之中者了。

在此海氏附论及人生日常生活与物相遇,诚必透过物之用以识物,然在纯粹之科学家之态度,则略有不同。譬如,一物理学家于一铁锤,说他是有重量的。这时他即把此铁锤对人生活之一切可能的用处,暂时全然撤开。他并将此铁锤与我这个人之地位远近等关系,亦撤开。在科学家心目中,此铁锤之地位,只在一客观时空之某一处,而不说其是在某一人之环境中之某一处。它便成一纯粹的呈现的自然物,而只在呈现的世界之某一界域中。科学家以其纯理智的态度,将不同的自然物,放在不同之界域,依不同之方法加以研究,成为所谓客观对象。他此时是使自然物,自其与一般人生活动之关系中,解放出来,以观察各种自然物。由此可发现自然物,具有对人生之用以外之无定限的其他各种可能。发现此各种可能,亦即发现关于自然物之真理。然海氏在论人生哲学的阶段,却仍不承认,此科学的世界之独立的存在意义。因为科学家所发现之客观真理,虽是客观的;然科学家之所以能发现此真理,仍由科学家之人生曾发决心,要投射他自己于真理世界中之"可能"之"存有"(此可能即存有)。唯如此,科学家将一切事物"论题化"(Thematization)(即作为研究之对象之意)之事,才成为可能。而且科学家自己之人生,如果不超冒于各客观之存有之上,他即不能论题化此诸存有,以发现真理。科学家之人生,既超冒于所作为研究题目之存有的事物之上,而科学家之注意纯呈现的自然物,初仍依于其对人生环境之注意,与其关心"物之可用性"之态度。此态度,仍立于其纯理论的态度之后,而为其根。由此二者,即见科学家的世界,仍不能离科学家之人生,亦不能离人生之时间性。

依海氏说,人生之时间性,即"世界之存在于时间"之基础。他曾说一极难解的话"世界之可能存在于时间的条件,即由有'自超自忘之统一性(Ecstasical unity)的时间'之去来今三相,各有一水平线的圆式

(Horizontal scheme)"。这个话的意思是说：我们之所以觉到世界存在于时间中，其知识论的最后基础，在我们人生之时间性。此时间中之去来今，由其能自超自忘，而有一统一性。人发现他之抛掷于一已成世界之前，人即划一过去的水平线图式。人欲由所遭遇之世界事物，以作什么（In order to），人即划出一现在的水平线图式。人要向其内在的可能运动，人即划出一将来之水平线图式。此时间性之三个水平线的图式，即决定一实存的人生之展露为如何如何的人生，同时亦决定一世界之展露于人生之前，而在一时间中。故莫有人生的时间性，即无所谓在时间中之世界。

何以无人生的时间性，即无所谓世界在时间中？因海氏分析所谓世界时（World Time），（即世界物所在之客观时间）见其初皆原于人生所注意之时间。而人生所注意之时间，乃依于人生之时间性，亦皆对人生之活动而言者。譬如人注意时间，恒只是注意在什么时，什么已作了，而尚留在心，什么正在作，甚么预备作，什么可希望作。通常所谓"现在"、"那时""届时"（Now, then, at that time），都是指一时期 date。时期即期望某一事在一时将要有之时。又通常所谓"在晚上"、"在夏天"，此所指之时间，皆是一段有久延的时间。一段久延的时间，正是依人生之时间性，通过去现在未来而贯之为一来说的。故整个晚上，是一今晚上；而整个夏天，可说为那一夏天；一个世纪，可说为现代之一世纪。如人无一通贯去来今的时间性，如前文所说；则一晚上或一夏天，便只当分为无数瞬刻来说。其次，我们又说花了时间，失掉了时间，浪费了时间，这都是指我们之有无我们当有之人生活动而言。

至于此外所谓公共的世界时间，如天文学上的时间，日历上的时间，则其初主要仍是指自然物或人造物之被遭遇的（Encountered）时间。我们通常想什么时月落，什么时日出，什么时房子造成，什么时路修好，好像他们都各有其自己所占之一定的时间；而一切人亦同样承认其所占之一定之时间。但是海氏认为我们细加分析，便知此客观事物所占之客观时间之形成，仍不离人生之活动。

人何以首以日纪时？海氏说，这正因人与环境事物相接触，先须要有光，使事物展露于视觉。人作为一被抛掷，而非自始能主宰他自己之自然存在看；他的活动总是随日出、日中、日落与夜间而异。日光除把人用之用具展露于人之前，使人对之工作以外，复照耀自然。自然是一切人们公共的环境，而日光即展露此一切人们之公共的自然环境。此即以日纪时之起源。日纪时,乃依于日之出没运行,使人预期其将如何活动。如人在日出时将如何,日中时、日落时将如何,春日来时将如何,秋日来时将如何。并使人预期有什么公共的自然事物,在日之出没运行时要发生;由此而可预期什么公共的人生活动要发生。

海氏说,我们之所了解于一日期之意义者,全在我们之预期在那一日期,将有些什么会发生,我们会做些什么事。故日期之意义,只对我们之各种期望目的而有,亦即只对我们人生之要实现其要求实现其可能而有。然我们每人之目的、要求、可能与所作,莫不与他人相关。故一公共的日期,使人与人之目的等之配合本身成可能,使公共的行为活动成可能,亦即使一公共的世界真成为可能。公共的日期即展露一公共的世界,而成为一世界事物之一世界时间。世界事物之所以有世界时间,追源究本,仍依于人生之公共活动而生。

由日期的时间之精密化,而成钟表的时间(此可兼指一切类似钟表之计时器,如中国之铜壶滴漏等)。钟表的时间,是以一指针在空间中依一定速度的运动,来指示时间。此指针之运动到那里,固可指示什么自然事物之发生。然钟表指什么自然事物之发生,即指人将可遭遇什么东西了,什么事当作了。钟表指针之所在,主要之作用,仍纯在指示人生所当有之活动,如该赴会了,该吃饭了,该睡觉了,或当去准备什么了。钟表之指针,无论在那里,亦都会告诉人之现在之所实作。钟表之指针,总指示一现在。然此现在,乃属于海氏所谓造成的现在(见前)。此现在之为现在,乃依于我们之觉要在最近的将来作某一事而有的,这不是孤零零的现在,而是根于人生之时间性的现在。然我们在此少了一对人生之时间性之反省,便会以此现在为一孤零零的现在。我们观钟表之指针之运行,并由之以观时间之流行,于是便会以为时间,即一串现在(Nows)。现在,过去了;又现在,又过去了……,由此而有一客观外在的似可无尽拉长,而旋生旋灭之时间观,以安排客观事物于其中。此时间观亦有其应用之范围。然人如因而以人生之时间性之本身,亦是由一刻一刻或一瞬一瞬的现在的积集成,如客观的摆在此时间之线上,却是一大颠倒大幻觉。

我们通常之由一串现在积集成之时间观,海氏分析其乃原于钟表式之时间观。依此时间观,一方刻刻瞬瞬皆现在,一方亦刻刻瞬瞬,向过去沉入,时间之流是一永不回头的流。时间之线是永远向下坠落,将一切现在事物沉入一无底的过去之壑者。莫有任何已逝的东西,会从此无底之壑升起。然此义唯在此时间观中可说,而如此之时间观,其植根实仍在人生之时间性之自身。而人生之时间性,在真实的人生中,其过去、现在、将来、是相通贯为一体的。人生在向其内在之可能运动时,而有将来之图式。人在发现其被抛掷于已成之世界成如此如此之人生时,即有一过去之图式。人有所遭遇之环境事物,并求一目的之实现时,即有现在与将来之图式。在真实的人生,此三者原是通贯为一的。钟表式之时间依上所论,乃日光时间之精密化,其本根只在人生之此时间性。故我们亦只有返本至人生之时间性之了解,乃真知钟表式之时间观所自生。然而人们恒只依钟表式的时间所指示之现在,过其世俗的日常生活,遂不能反本至人生自身之时间性之认识;乃反而把我们之人生,投入此钟表式的时间观之中,以为人生亦如在一永远向着过去消逝之一线上,此即成大幻觉。依海氏看,西方大哲,由亚里士多德至康德之时间观,皆未能逃脱钟表式之时间观,皆未能揭破此幻觉,以反本至人生之时间性之真了解。海氏似在暗示,人只有对人生之时间性有真了解,知人生过去现在将来之通贯为一体,才能真了解人生之存在、宇宙之其他存有,才能真透入形上学之门。故他谓,人知去来今之为一体,人便知过去的不只是沉入无底之壑,而"将再升起"。而在形而上之存有境界中,时间要停住。罗素曾说,了解时间之虚幻,乃入智慧之门。此语亦可谓为西方古典的哲学之精神。在近代西方哲学家,多重视发展进化之概念,而重视时间之变化性。美哲吴尔本(Urben)在其"可理解的世界"中曾说,重视时间变化性为西方哲学之近代主义。西方古今无数哲学,均可分别入此二派中。而海氏的理想,则似在由人生时间性之认识,以达于超时间的存有。这是回到中世的永恒?或柏拉图、帕门尼德斯之不动的太一与理念?这我们都不知道。因为海氏之书以下之部分,至今未出版。然而由时间性以透入超时间之存有,由流行以见真常,以成悠久,正是中国哲学之一大慧之所存。

十二 人生之历史性

现在再不论时间停住与否之问题。海氏顺人生之时间性而讨论之又一问题,乃人生之历史性(Histori city)。海氏之重人生之历史性,他自言受狄尔泰、尼采之影响。海氏以为人生根本即为具历史性的。而自然物或人造物如一地、一战场、一书，则不能说真有历史性（见真理之本质）。对人生之历史性而言，这些东西而可称为历史的或历史的土壤。通常所谓历史之涵义有四：一为指过去之如此如此。二为指现在所原之过去。三指时间中事物之变化，或专指人类与其社会文化文明之变化与命运。四指传统之交到现在者。故历史之意义中涵过去、现在、及其间之关系与发生之变化。只有能具时间性而能通现在、过去、将来之人生，能有真历史性。

海氏论人之历史性，乃根于人之有真实的时间性。人之有历史性，系于人之承担历史性之命运？什么是人生之历史性的命运？这原于人生下来即是被抛掷于已成世界之"那里"，他得负担着在他"那里"之一切，他有各种负担着之目的与可能要实现。由此而他即有在其环境中所遭遇之历史性的命运。人之环境中，包括自然物、人造工具物与他人。故人所在之人群、民族、国家、时代，皆其环境。人须在其环境中，获得其自己之命运。人亦同时与环境中之人物、人群、民族、国家、时代等共其历史性之命运。然人真担负此历史性之命运，则是极不易的。因一切吉凶得失成败，同得要担负。人如何能担负其历史性命运？海氏以为这全系于人将"死"、"罪业感"、"良知"、"发决心"、"自由"与"人生之有限性"，同聚集于其"人生之虑"中，聚集于其人生存在中。亦即系于人之有真实的时间性之自觉。人必须在思想中，真知其有限的人生之终必归死亡，而面对死亡，以自死亡之怖中解脱自由；而再回到现实世界之"那里"；即我在此已成世界之那里，将已成世界交付于我或遗传于我之真可能，接受下来，求其实现，再生活于真实的现在，以属于我所在之环境与时代；然后才能担负其历史性的命运，而表现一有历史性的人生。故人生之表现历史性，亦可说是系于人之不只把他之过去当过去，已成的世界当作已成；不把环境当作外在，而要在已成者中、过去者中，认识其真实的可能性。此可能性属于人生之将来，亦即人现在所实使之实现于环境者。故人生之历史性，亦可说即系于他之对过去之可能反应，而时求重复过去于将来，以使之更新。历史性系于去来今之贯通。海氏之论历史性由个体人生论，此与黑格尔之论历史由客观精神论者全然不同。然康德之道德理性之实践，如要真实具体化，则必归于此一历史性之人生。中国儒家之穷理尽性以至于命，亦即形成此一历史之人生。然海氏之哲学之良知中，无此一天理或道德理性之概念，则尚不足以语此。

　　海氏在此复附论什么是真正的历史学家。他以为真历史学家，必须先有真实的人生，而真对过去所蕴藏之可能性，作选择的反应。选择的反应，是为人生之将来，文化之将来。此选择似为依于主观之标准，以剪裁历史。然他以唯由选择的反应，乃有真正客观性的历史。因为只有了解接触真正的实在，才有客观性。而我们只有凭选择的反应，以与过去世界所包含之真可能性相遇，乃了解接触客观的过去的实在。除了包含选择的反应之历史外，单纯纪录过去或考古性的历史，都非真正有历史性的历史。海氏似意谓，单纯纪录之历史，是将现在者留下于未来。考古性之历史，乃由现在以反求过去之真相。然而人生之历史性之本质，则在去来今之真实的相通。过去之存在性须投射于将来，将来本只为过去所涵之可能性，而现在即在此可能性实现而存在之际。故只有对过去之可能性，作选择的反应之历史，乃真实的历史。这都是由海氏对人生之时间性的讨论，必然归宿到的结论。

十三　海氏形上学之方向

　　海氏之时间与存有一书，我们前说本是一形上学的书。此书乃其计划之三分之一，只论及人生之存在性相。内容略如上述。海氏自己后来在一论人文主义之书信中说，在其以后计划中，他将把其论人生存在性相之方式，翻转过来，以透入形上学。其书未出，今无由知其如何论法。但由布洛克所译"真理之本质"、"何谓形上学"、"诗人之回忆"与"霍德林与诗之本质"四文中论人生性相处，亦可略知其形上学之思想方向。

　　真理之本质与何谓形上学二文之思想，极深细沉潜。论诗与霍德林二篇，则深沉而有幽远之致。他以诗人之贵，在为人与神通消息。诗人之责，在指点神圣的东西（Name what that is holy）。他对霍德林之诗，推许备至。霍德林乃与哥德同时之诗人，其价值乃经狄尔泰等（Dilthey）之讨论，乃日为人所注意者。海氏则更以人类未来之时代，即霍德林之时代。于此文海氏又谓此时代为一上帝隐退（Withdrawal of God）的时代。尼采所谓上帝死了一语，即表示一上帝之隐退，而新上帝尚未产生。海氏以为,在我们这一历史之时代,亦不能即出现上帝。此时代只能有对神圣致怀慕之诗人如霍德林者,可引人之精神与神灵遥契。然而上帝在隐退中,故此诗人在对神圣致其怀慕时,不能无一忧愁。此忧愁中,亦包含一人生之求"还归其所自生之本之思家情"(Homes coming return to the proximity of origin)。然霍氏表此忧愁,又与一愉悦的宁静相结合。霍氏之诗中,有一遥远的上帝。此上帝乃庄严、愉悦而宁静。此即是霍德林诗之意境,为人所不及处。但海氏以为哲学家的责任,则在思索存有。当此上帝隐退的时代,我们不能随便造一上帝。我们要忍受此上帝之隐退,我们只须重新去展露存有之世界。存有之世界中,可能有上帝。但存有之概念,更富涵盖性。上帝亦只可视如存有之一。故海氏之形上学,只用心于存有,而不如西方中世形上学之只证明上帝之存在。他之人生存在之性相论,虽说人生之世界观念与其时间观念,皆依人生之存在性相而成立;然而他亦不以人为其哲学之中心。人不过是世间之一存在。而且人与人生二字之义亦不同。是人者不必有真正的人生。人生亦只是全体存有之一。故他之形上学,是要反一切神本主义与近代之唯心论或人本主义之传统。而他所谓存有,我可确知其非只如近代之自然主义、唯物主义者,所谓在时空中之存在或物质。亦非如新实在论者,所谓共相潜在,桑他耶那所谓不存在的本质之类。但我们如透过柏拉图之所谓永恒,与巴门尼德斯及希腊之早期其他哲学家所谓存有去了解,却比较能接近。所以我们要说海氏之哲学精神比较属于希腊式的,当不会大错。

海氏之真理之本质及何谓形上学,虽是二短文,然而我们亦不能详细介绍。因其思想有过多的曲折,其趣味乃在其曲折处。然真透过其曲折,以看其思想内容,亦可说很简单。只要读者对西方哲学之传统知识论形上学真用过心,亦不难了解。今略述于次。

十四 真理之本质

海氏在真理之本质中,从通常所谓真理,是"命题或言说与对象相符合"一点,开始讨论。他问:言说或命题,与对象根本是异类的,则此符合如何可能?于是说到此符合,实只是指表象与对象之符合之说。他再问:表象与对象之符合,又如何可能?"正确的"、"真的"表象,又如何可能？他由此以提出一开朗之概念（Overtness）。他说，只在我与对象相互开朗之关系中，方有所谓正确的或真的表象之可能。在此开朗关系中，我自一"封闭"解脱，而有一自由。依此自由，而后真理之启现为可能。故自由乃真理之本质。（按此义在海氏存有与时间第四十四节亦讨论。而该节论符合说之根原，尤具胜义。）

然海氏此处所谓自由，又不能视之为人之精神之一属性。因此所谓自由，并非如常识所谓"人要如何即能如何"之自由，亦非康德所谓道德意志之自由。此所谓自由，乃使在开朗中之事物之真理，启现于我之自由。此自由，不仅不在人之要如何便如何上见；而在人之让事物之是其所是上见。他于是提出一（let it be）即"让他是"，为自由之根本性质。人依此自由，而让自己以外之事物，是其所是，以展露于人前而如得其自由，同时人自己之存在，亦与之合拍，（Tuned with）而宛存在于他自己以外。海氏据字源学，以说明存在一字（Existent）即含在于外或外在（Ex-sistent）之义，以说明此点。而实则此让物之是其所是，与菲希特黑格尔所谓自我之自己否定，而外在化，以置定外物之存在，是对同一真理之互相补足之二说。

海氏论真理之本质在自由，自由在此之表现，即让事物之是其所是，而人生自己亦宛在于自己之外。故此自由，即人生之一"投入全体存有之外在的暴露"（原文 Ex-sistent exposition into what is in totality，今之译法乃依字原译），而"参与于全体中之存有之启现"。

海氏此文所论，溢出其存有与时间之外者，要则在其指出：人依其自己，以参与全体实有之启现时，其日常生活中之实用的动机，却常使人只把握其所注意之事物，而把世界之全体掩蔽了。人一方依其自由而让事物之是其所是时，一方即恒不免连带一"世界之全体之掩蔽"。海氏由此再去分析此掩蔽之可能，说其亦不全依于我们之主观方面，而亦是依于真理之一种性质。所谓真理有一泯失本质性（Dis-essence of Truth），而此泯失本质性，亦是真理之一本质。其义盖谓真理之本质中，即包含一真理自具之一被掩蔽之可能性。他又称此为一神秘（Mystery）。一切真理与存有，皆可说有其内在之可掩蔽之可能性或泯失本质性，而裹于此神秘之中。而人在实用的日常生活中，只在其所熟习的事物中活动，于是忽略此神秘之存在——亦即忽略"真理之有此泯失本质性，而常在掩蔽之中"。在一般科学家之求知识，亦恒以此掩蔽或神秘，只是事物尚未被知之谓。此事物之未知性与掩蔽或神秘，乃在一待克服一阶段中的，将被超越的，而非实有者，遂加以忽略。人常忘却此掩蔽与神秘，乃即依于真理之一本质——即泯失其本质之本质。然人之忘却此神秘之忘却本身，即一掩蔽，即一掩蔽自身之呈露，亦即此神秘之呈露。真理本有掩蔽而裹在神秘中，人在此乃加以忘却。此忘却，即掩蔽"真理本有之掩蔽或裹在神秘"之事实而将此事实裹于神秘中，故此忘却，即一掩蔽或神秘之呈露也。此真理之泯失本质性，或神秘掩蔽等，海氏称为真理之性相或真理上之存有（Being of Truth）。他又说我们要求关于存有之真理（Yruth of Being），必须先知关于真理之存有，此即上之所论。

按海氏此处所说之掩蔽、神秘、真理之泯失本质性等，正近乎印度佛家与婆罗门哲学等所谓"无明"（Avidya）或虚妄（Maya）。在此等印度哲学中，此无明或说是内在的主观的，亦或说是外在的客观的。依此印度哲学，我们可说"无明"恒与其所谓"明"相俱。人明此而凝注其明于此，以成一念之逐取；即同时掩蔽世界之全体而有无明。人在日常生活中，不知此无明之存在，此正是人生最大之无明也。

海氏在此亦说人不知此掩蔽神秘——即无明——之存在，于是人恒执其实用的日常生活中所熟习所知之事物，为量度世界之标准。人在此乃执着其外之所知，而沉入其中，成为执内的外在者，或滞内的外在者（In-sist ex-sistent）。此名由英文之字源学上了解，可更为亲切。然读者必须先真了解以前二段所说，乃可真体会其义。海氏谓人生之犯无数的错误，由普通误解、忽略、误算、与一切人生行为之错误，都可溯原于此。而普通所谓命题、判断、知觉之误不过其最浅的而已。实际上，则人在其"为执内的外在者"时，人已在错误之中。在此处海氏所说，我认为全是对的。

海氏又说人犯错误，人亦同时由错误以得教训，如受苦受难等。人唯由受苦难，乃得知其有错误。而又照见真理之有掩蔽性相，神秘性相——亦即知无明之存在——知真理之有泯失本质性与真理之不可分，而属于真理之本质中。人亦只有面对此真理之有泯失本质性，此真理之掩蔽神秘之性相，乃能如实地知真理之性相之真，亦才能真去了解全体存有之真理。此即谓人必知此无明之有，乃明此无明之始，而后能打破无明。人若掩蔽无明，则是无明上再加无明，而永不能破无明矣。

十五　存有与无

海氏在真理之本质中，指出真理之有泯失本质性，此泯失本质性之本身，属于真理之本质，而使真理掩蔽包裹于神秘中者。在何谓形上学一文，海氏则指出存有之恒为"无"所覆盖，而此"无"亦即存有之一本质或一形式。我看此处，海氏是由帕门尼德斯之"存有"无"无"，与黑格尔之有无合一之旨，再进一步而使"无"成为存有之一内在的规定者。我以前亦曾有此想法。我觉是可以说的。

海氏在何谓形上学中，先从科学之性质讨论起。他把科学之性质一一说了，再说"除此以外，莫有了"。于是突然转问：所谓"除此以外莫有了"（Nothing more）之"莫有"（即无）是什么东西？然而科学对于"莫有"对于"无"，却不求有所知。他对于"无"，不求知，而对"无"无知（Know nothing about nothing）。于是"无"成科学以外之一课题。科学只及于"有"之世界，科学只讨论研究有的对象，而不能及"无"。于是"无"只能是超科学或形而上学的论题。由此亦可确定有超科学的的形上问题之存在。

"无"是什么？"无"是否可只自逻辑上之"否定"（Logical negation）引出来，或从一事物不是其他之"不是"（Not）引出来？有人认为可以。但海氏以为"逻辑上之否定"与"不是"，皆不能为"无"之根据。逻辑上之"否定"，其形而上学或知识论的根据，正在事物之不是其他，而此事物之有所不是，乃根据于有所无。故"无"不是由"否定"或"不是"引出的。他复指出逻辑上之否定，从形上学的观点上看，不过各种否定形态之一。如人之一切"冲突"、"违反"、"拒绝"，皆各为一种否定之形态。而此一切否定形态中，皆有"无"在发生作用。因而"无"不是莫有存在意义的。他同时从我们前所谓怖栗之经验中，指出"无"之可直接给与人之前，而为人所怖栗，以使此问题之讨论，不只是一些纯粹的思辨。

但是所谓"无"在发生作用，或"无"之直接给与于人之怖栗经验，亦非说"无"是一实在的东西。"无"当然不是一实在的东西。如此说，便成自相矛盾。但是"无"虽不是实在的东西，亦不能说莫有这个"无"。因说莫有"无"即无"无"，"无无"还是"无"。且"无"亦不能离开"存有","存有"亦不能离开"无"。因任何存有必有所有,亦必同时有所无,如黄色有黄而无红蓝。若然,则"无"成"有"之一规定。此意,斯宾诺莎黑格尔皆言及。但海氏从怖栗之经验所展示之"无"对人之压迫,则可再进一层说:"无"之有实作用。"无"之实作用,是对于"有"之一覆盖。其对人之压迫,乃由其有其所覆盖之"有"在内面与俱(参考前文论怖栗感处)。故"无"当说为存有之一覆盖性相。因而属于"存有",而为存有之本质之一部。海氏在此,复说明"无"不能是上帝之本质之一部,不能用"无"说上帝,因上帝是纯有,完全无缺,即无"无"。只一般的说存有,乃可以"无"为其覆盖性相,为其本质之一部。故存有之概念,外延大于上帝之概念,而存有当为第一概念。

我们知"存有"恒为"无"所覆盖,而相挟与俱,便知人真要认识存有之真理,人生即须投射(Project)其自身,以入于"无"中。在怖栗之经验中,"无"对人生压迫,则人生退却。现在人生先投射其自身于"无"中,则"无"不复对人生压迫,而其自身退却;"无"之覆盖即被揭开,不复可怖,而"存有"乃对人开朗。真正之"存有",非指我们在日常生活中所接之一个一个之现实事物。人在注意此现实事物时,人之目的在利用之;而人之心,亦即沉溺其中,而加以执取。由此而使存有之全体被掩蔽覆盖,此正足增加"无"的作用,而使人更成"无"的俘虏。人只有自日常生活中所接之"事物"之存有中超拔,而投射其自身以入于"无"中(如道家所谓虚无恬淡寂寞之境),而与"无"觌面相遇,乃能自充实于"无",透过存有之掩蔽覆盖,而无"无",以展露——存有之在一"存有之全体"中,而各以新妍朗澈之面目,呈于吾人之前。而真正的对宇宙的惊赞(Wonder)及真正科学的研究,亦才有可能。

海氏在何谓形上学及真理之本质中,说形上学之本质即问什么是全体之实有?(What is all that is)。人在问"那些有的是什么"(What is that is),问"什么是全体的存有"时;人乃真开始了人的历史,表现了人之所以为人的人性,与人之投射其自身入于存有之世界。尤其是人在问"什么是全体的存有"时,人即当下自"日常生活中所注意关心之存有"一念超拔,而投射其自身以入于全体存有中,而开始揭开了"无"之掩蔽覆盖,开始超越了日常生活中对事物之执着等。此时,人是免不掉要问"什么是全体之实有的"之形上学问题的。故形上学在人生之学问之中,人生亦在形上学中。形上学要亲切的了解存有,这是一严谨的

（Strict）学问。但不同于物理学、数学之为精确的（Exact）学问。精确不一定严谨。精确只依于计算。计算事物是一个加一个，跨过一一之事物，而综合其数，数固精确。然其跨还一一事物而综合之，乃得数。则非真将事物之实有性相，严谨分明的展露于吾人之前。而唯形上学之以展露实有之性相为事者，乃可称为严谨之学。

海氏又论形上学之以展露存有为事，他只求忠于实有。故他须绝对牺牲自己之主观，而让存有之是其所是，以启现"存有之真理"。以真理之得启现，人遂在其牺牲中，复包含一对存有之感谢，感谢存有之展露于人生之前。人生在此，乃对存有之无声之声，作一回响（Echo），如庄子天下篇论关尹所谓"其应若响"。故存有亦不在人生之外，人亦永不能将存有真客观化，为一外在之对象。因存有之展露于人生，原即是透过人生之存在性相而展露也。人之沉潜的伟大，即在一切存有，皆可透过人生之存在，以展露其自身。此如为庄子天下篇论关尹所谓"在己无居，形物自著"。由此而人可称为一切存有之守卫者（Guaranidan）。我们前说，海氏是要由人生之时间性，以透入超时间性之存有，而使时间停住，则其所谓人生为存有之守卫者，亦即人生为永恒或悠久之存有之守卫者之谓。于是我们可说海氏之哲学，最后仍须承认人生之在宇宙间，有其动而常贞或永恒悠久之价值，以静居于一宇宙中心的地位。故海氏之思想仍自称为一种人文主义。不过此乃原自人生之精神向内收进，以护持存有之阴柔静穆的人文主义，而非人之由其精神之凸出，而创造存在事物之刚健动进的人文主义。故其思想近道佛而远于儒。亦与西方之理想主义之重理想之实现者异趣。然覆手为凹，翻手则为凸，一刚一柔，互为其根，二型之思想固有可会通之道也。

四十一年新思潮十七、十八二期

诺斯罗圃论东西文化之遇合

一 导言

东西文化之遇合一书，乃美耶鲁大学哲学教授诺斯罗圃（F. S. C. Northrop）于第二次大战完毕后二年所发表之著作。诺氏原以研究科学方法论、科学的哲学有名。此书有五百页，出版后，曾被人推重为美国唯一之系统的讨论东西文化之书。人多以之与汤恩比 Toynbee 之历史研究并称。出版一年，即印了四版。我久闻其名，终无机会得读。最近我因写完一论中西文化之理想与价值的书。（按此书之中国之部，即正中书局出版之中国文化之精神价值。西方之部中若干论题，后改写为若干论文见人文精神之重建等书）无意中得见此书。看一遍后，觉其用心之方式，虽与我不同，并认为不够深入，然结论亦有不谋而合处。国人尚未见介绍之者。乃夹叙夹议，写成此文。在叙述处，我力求表达作者本意。虽我所提出的，未必皆作者所认为最重要者，但希望不过于失实。

西方人自哲学观点，纵论东西文化者，近世始于黑格尔之历史哲学。黑氏此书之价值，在有一总持的理念贯注到底。历史的事实之选择，都以此总持的理念之发展为标准。人或以削历史以就哲学，为黑氏病，实则不削去历史中不重要之事实，即不能见历史文化之精神。黑氏之错，不在削历史以就哲学，而在其哲学理念，尚不够广阔。对若干历史事实之哲学涵义，未能多方抉发，于是于不当削去者，加以削去。第一次大战后，斯宾格勒之西方文化之衰落一书，亦曾比较东西文化。但斯氏书所重者，实只在比较希腊文化与近代西方文化之精神。对于东方之中国印度文化，所论殊嫌过少。实际上西方人最能抉发东西文化之哲学涵义，而又能分别了解其价值者，乃以德人凯萨林（C. H. Keyserling）为第一。其哲学家旅行日记一书，对于东方中国印度日本文化之了解；其创造的理解，真理之回复二书对东西人生智慧之了解，其亲切处不仅西方人多望尘莫及，即东方人亦尚有不如。除此以外，其"显微镜下的欧洲"一书，对俄、英、德、法、西班牙之文化精神民族心灵之了解，及其南美之默想录一书，对人类之原始心灵之了解；亦多鞭辟入里之见，为世所希有。杜威罗素虽亦曾到过东方，并皆有论中国文化之著作（罗素有中国问题一书及其他论文，杜威在其 Character and Events 一书亦有论中国人生思想之二文），然与凯氏相较，皆可谓只及于中国文化之浮面。近年汤恩比著历史之研究，其书内所含历史知识之丰富，亟为世所称。但其哲学智慧，似不足涵盖历史，而只自外分析历史事实、归纳出一些定律。其文明在试验中一书，亦不见甚高之哲学智慧。素罗铿（P. Sorokin）之社会文化动力学，则重在比较近代之感性文化与中世理念文化之不同，但此书之统计材料多于观念。其危机时代历史哲学一书，则重在介绍他家之说，而评论之。至于诺氏东西文化之遇合一书，则可谓一直以哲学理念为根据，以论东西之文化者。诺氏之论东西文化，其理性的总持力，不如黑格尔；对于文化生命之直觉力，不如斯宾格勒；其体会文化之价值的智慧，不如凯萨林；其所据之材料之丰富，亦不如汤恩比与素罗铿。然而诺氏原是一哲学家，而且原是研究科学理论的。他较汤恩比素罗铿，更能依哲学以论文化，比斯宾格勒更少神秘主义的气息。他又不似黑格尔之先有一套哲学系统，再去看东西之历史文化。他比较能以一宽博的胸襟，去平观东西文化，并使人分别了了解东西文化之不同的价值，与当前世界各国之文化问题之所在，而提出一平实的世界文化之理想。可容人凭借之，以更向高处深处探索。此即基本价值之所在。

二 协调文化冲突之道路

诺氏自言著此书之目的，在为人类的和平求建立一理论的基础。他的根本观念是对的，即人类当前接二连三的世界战争，在表面看是一军事上、经济上、政治上、外交上的冲突，而骨子里则是各种民族之文化精神、意识形态或观念形态之冲突。所以要求人类的和平，必需釜底抽薪，协调其冲突。这一种协调，并不赖一种文化之征服世界来达到，亦不能赖泯除东西各民族之文化之差异来达到。因为各民族之文化历史之差异，是无法泯除的。所以文化冲突之去除，最重要的是文化之互相了解。由互相了解其差异，或借他山之石以解决自己之民族之文化问题，而后有互相承认而彼此融摄之人类文化之出现。所以诺氏决不取一切人类文化都表现同一精神、都是依同一历史阶段而发展之笼统论调。他对东方文化之根本精神之差别，是承认的。以致对东方或西方中之各国文化思想之差别，亦是承认的。但是差别，并不妨碍融合相互了解之可能。而且了解差别，才能免于以一种文化理想支配全人类文化之弊。现在中国人谈政治喜说民主；然而谈文化，则或只以俄国文化为标准，或只以英美文化为标准，并多相信一切人类文化，都是依著同一历史阶段而发展，各国文化只有落后与进步之别，而无精神上之同异之别之说。这正是一文化上的独裁思想狭隘观点。如果人能看看诺氏此书对于东西文化，加以平等的论列，而承认其差别之态度，亦可稍具一宽博的胸度了。

三 论文化之着眼点

诺氏此书，是由感于当前世界人类的征战，依于向住和平之心，而反溯东西文化思想之不同，所造成之纠结。当然，人类文化之形成，有各种现实的原因。如地理的、气候的、经济生活之方式的、民族之血统的种种对文化之影响力量。然而一切现实的种种影响文化形态之力量之不同，最后必表现为文化意识形态或文化观念形态本身之不同；而各民族文化意识形态观念形态之不同，却不必都可归于各种已知之现实的原因。所以要理解一种文化之灵魂，正须直接先自其文化精神、宗教的道德的文学艺术的观念、社会政治经济理论、科学哲学概念上，加以理解。马克斯等说存在决定意识，一切文化的观念形态，都是人之现实存在状态之反映。此说至多只是对人类已有之文化观念形态之一解释。解释得了与否，原是问题。纵然你相信一定解释得了，你亦得先了解，你所要解释的是些什么？所以要了解人类文化，必然的应当以了解其文化精神、宗教的道德的文学艺术的观念、政治经济的理想、科学哲学之概念为先务。而且纵然是相信唯物史观或地理史观等的人，亦承认人在有了某一文化的观念理想概念以后，人即必会力求依之以创造文化成果，改造社会与自然，以自己决定其在自然社会之存在。故唯有人之文化的意识形态之先是如何，可以解释人之所以有某种文化行为，某种在社会在自然之行为之目的意义与价值。以至我们可以说，人之行为所遭遇之社会自然之环境，其对人之意识形态之限制或影响之力量，亦只有在与人之意识形态、人之理想、观念或概念等相对照时，才看得出来。所以论人类之文化，所应循的唯一正路，即先了解人之文化的意识形态中之理想观念概念。了解了这些，即可直接据以说明人所创造之文化成果、人之文化行为、人在社会自然之行为，再于此行为所遭遇之环境，对人之限制或影响处，看出现实存在对意识形态之规定力量。此规定力量，最后仍须反映于意识形态，因而须受人之意识中原有或新冒出之理想观念之裁判，以决定此环境中之规定力量之限度。由是我们最后所当了解者，仍只是人之文化精神人之意识形态中之理想观念概念之自身。所以正面与人类之文化理想文化观念文化概念相接触，正面与人类文化之精神相接触，不仅对了解文化为必须条件，亦且可为充足条件。至于如马克思一流之专从文化之形成之现实环境之背景，去看文化的办法，这至多只算一翻后壁从侧面看文化的办法，只可以成为文化之社会学地理之研究之一支，而非真正之文化哲学。这种研究，在逻辑上，亦是后于文化精神之正面接触的事。对于文化精神本身之了解，亦非必须条件。对于了解文化，要正面了解其精神之一义，黑格尔斯宾格勒曾在方法论上，与以建立。诺氏之书则尤重在正面了解一文化精神中之理想观念概念之内容，这在文化哲学的方法论上，全是正确的。诺氏用此方法，而未多说明其理由。所以我特提出加以解释。

四　组织与内容

至于就诺氏之书之组织而论，则他是先论西方文化，再论东方文化。最后殿以他对东西当前文化问题的解决的意见。开始一章，是论现代世界之情势。其次一章，论墨西哥之文化。诺氏是美人，所以先从其邻近之墨西哥文化论起，并以之代表南美之拉丁文化。第三章美国之自由文化，第四章英国之民主精神之特殊成分，第五章德之理想主义，第六章俄之共产主义，第七章罗马之天主教文化与希腊科学。其书分论西方文化在此结束。其第八章即总结西方文化意义。第九章论东方传统文化，其中分论中国之儒家道家文化精神，印度之婆罗门教佛教之文化精神。第十章东方文化意义，第十一章现代之印度日本与中国。在此中亦附及于日本之神道教，中东之回教精神。最后二章，乃诺氏所提出之东西文化会通之意见。第十二章题名根本问题的解决,乃对东西之哲学上社会政治之理想之冲突,加以一番疏导者。十三章实践的智慧,讨论和平、艺术、经济诸问题。总观全书之组织,其论世界文化问题,乃由西方至东方。此与黑格尔之历史哲学是由东方至西方,乃一颠倒。他因着眼在现代问题,所以对人类文化前途有一理想,不似黑格尔之以绝对精神已实现于德意志。黑格尔之书,虽亦曾预期美洲将可有人类新文化之出现。此乃依其太阳由东方升起,次第由中国至印度、埃及、希腊罗马、日耳曼、一直向西去之观念来的。但他之历史哲学,明言哲学对历史,只论过去,不论未来,有如希腊神话中之理智之神,只在夜间飞翔,唯以反省过去为事。斯宾格勒以近代西方文化,必然衰落。继起者当为俄国文化,然又非共产主义之俄国。其对近代西方文化之前途,纯是悲观的看法。汤恩比承认将来对西方文化之最大之挑战者,乃东方之中印文化。但是他仍以基督教文化为至高无上。唯素罗铿对东方之瑜伽行则较能尊重,他曾为此编一书。至诺氏此书,则颇带詹姆士杜威之淑世主义精神,对人类和平文化之建立,颇有一信仰的意志。同时并不以西方基督教之文化为至高无上。其目光,自其所属之美国向外抛射,首先及于墨西哥南美,直达于远东。他以美国人首先应能了解南美墨西哥之文化问题,从而欣赏其文化价值。西方人应当了解东方。吉伯林的两句诗"东方是东方,西方是西方"是错的。近代的东方文化,初受了西方的冲击;而在二十世纪,印度中国中东回教国家,又都在站立起来,要西方人承认其地位。所以西方人特应力求了解东方。而且他认为人类文化之得救,世界和平之保持,均当于东西文化之互相认识中求之。这是与黑格尔、斯宾格勒、汤恩比等态度,都不相同的。比较与之相近者,仍是凯萨林。凯萨林是能了解东方者。但是他自说其最后之归向仍是西方。凯萨林自然是文化哲学中之天才。然而在态度的平实,眼光的广阔上,诺氏之言亦有可取。

五 对世界文化之眼光

诺氏所向往的是人类的和平,人类文化之冲突的免除。然而人类文化思想中,如无共许之义,冲突与战争便必然产生。他在篇首并引了墨子二句话为证。他之著此书,是在第二次大战之末。大战中之戎首,在西方是德，在东方是日本。而日本之国家主义是学西方的。诺氏书中暗示现在人类祸乱之根源，乃在西方之各种对立的文化思想。俄之共产主义，德意之法西斯主义，英美之民主主义，与中世留下之封建主义，在欧美现代社会中之对抗，仍然存在。此皆并非武力之压制或战争之胜利所可加以平息者。这些思想，在近代的初期，都是各以一凌驾征服一切之姿态，而向世界之各处扩散，首先是向拉丁美洲。诺氏即以墨西哥为例，指出欧洲各种思想之向墨西哥注射之结果，而形成一极复杂之社会文化的形态。同时墨西哥仍然保存许多印第安人之原始的文化精神。欧洲去的各种文化思想中，拉丁文化始终是一根柢或基础。现在世界天翻地覆的事件，都是由欧洲文化之向外膨胀扩充势力而来。对于拉丁美洲，大家都很忽视。从诺氏之论墨西哥，可使我们觉到此拉丁美洲文化，似一尾闾，欧洲向他倾注的一切，他都摄受。但却又看不见其什么有声有色的文化创造。近来亦不见有好多轰轰烈烈的战争与革命之事，出现于报章。印第安的原始文化之血液，与古老的中世拉丁文化之种子，在那里保存着。所以墨西哥的人，更生活于一直接的感性中，艺术是生活的必需，宗教是情感的经验。英美人之财产高于人间关系的观念，在拉丁美洲却并不接受。现在的拉丁美洲，在哲学上放弃以前所接受之实证主义。德国之现象主义，价值哲学，如虎塞尔（Husserl）海德格（Heideggar）哈特曼（Hartmann）等反近代而向往中世希腊之哲学，却得了势。这都表示拉丁美洲之文化精神，更是看重直接性的、感性的、审美性的、或体验性的人生价值文化价值。这是诺氏认为美国人首先应当去了解的一种精神。他用丰富的墨西哥文化一题，并在其书选载了好多墨西哥的画，以表示这种人生文化之情调。

我想诺氏之讲墨西哥文化，以说明南美之拉丁文化，是能提示出现代论文化的人所忽略的。现在世界的声响，主要都来自欧洲、北美，次是亚洲。非洲对我们似黑暗的，南美似在朦胧的景色之下。南美的精神亦正是一朦胧的景色。其中有未死去的拉丁文化，西班牙情调，印第安人的原始感性，亦接受近代欧洲文化思想的震荡。因其如此，它亦即未尝不可为实现"西方中世与近代文化之融合"、"人之文明性与人之原始性之融合"底文化理想之一所在。

诺氏的目光，近处看到南美，远处看到东方。他论到东方文化时，首先提出东方文化之统一性。他举出远东四种宗教即佛教、婆罗门教、儒教、道教以与中东欧美及日本之犹太教、基督教、回教、神道教对比。前四者皆非有神论 Theistic，而可说是泛神论。大凡有神论之宗教，因各有一套特殊之理论，皆互相排斥，不能相容。故犹太教、基督教、回教一直在斗争中。而日本神道教之顽梗性，即导致日本民族之侵略性向者。反之，所有泛神论或非有神论之宗教，皆易相融。故佛教婆罗门教在印度终相融。当前印度的问题，在回教与西方文化之迫力，不在佛教与婆罗门教自身。中国儒道亦相融，且与佛教相融。中国之问题，亦由西方文化之输入而产生，不由固有之儒道佛之三教。儒佛之教自中国传入日本，亦复并立而不悖。是以东方无西方式之宗教战争。中国家庭可以儿子信儒，母亲信佛，父亲信道。这点——各种宗教之能互相融摄——实足表示出东方文化之本质上有一统性，一互相和合性；而行于西方之诸宗教之不能相容，则表示西方文化之本质上之分立性、对峙性、冲突性。由此诺氏暗示人类文化要有共同的方向或彼此能相容相融，应当学东方。并首应探求东方文化之所以能表现统一性，而西方文化却一直分崩离析，成一你死我活之争衡局势，其故安在。

我们都不否认东方文化有他的缺点，但就人类和平问题而论，我们必须承认现代世界的乱源，出自西方文化。欧洲人所发明的科学，并不能救治战争，而只能促进战争。战争的根源，在近代欧洲之帝国主义国家主义后面之文化思想的冲突。这个冲突，必须从根加以疏导。这个根原在那里？我在我所著之中西文化理想与价值一书中，说此根原在西方宗教思想中之上帝只超越而不真内在，与西方近代之自然主义唯物主义之思想。我所用心与诺氏不同。但诺氏所说，与我意亦有互相证明处。只是我觉他尚未能真了解西方哲学中之理性，与中国所谓性情之概念之最深义。所以我将仅仅介绍他如何去论西方文化之本质上的分立性冲突性，并如何摄取东方文化精神于世界未来之文化中之用思方向。其详细，读者可看原书。

六　英美文化思想

诺氏分析近代西方文化思想之现存之种类有五。一是美之自由民主思想，这由杰弗逊、罕弥顿、林肯、威尔逊、罗斯福、一直传至现在之民主共和两党。这一思想源初原自洛克，而洛克之思想，又依于牛顿、盖律雷、笛卡尔之科学的宇宙观。至于美国之资本主义或经济思想，则是从休谟、边沁、穆勒、耶方斯等之功利主义演绎而来的。洛克思想的著重点，在承认心物之各为一实体。由每人之心之各为一实体，而一切人格平等；故人各有其财产权，法律最重要之任务即保护财产，同时有服从多数保障少数之民主政治思想。休谟之思想，则根本不承认心灵之为一实体，而视一人之人格，只为一串观念，印象之联续。故到了边沁、穆勒、耶方斯，即只承认人之求幸福快乐是重要的。而依他们所承之休谟思想以看所谓一人之快乐幸福，亦只是一段一段的快乐经验之和。由是而一种行为之价值，亦只视其是否能产生较多之人类之快乐经验而定。依此思想，个人之自我或人格非一实体，一切个人之快乐，是否完全平等，并非重要，重要的只是社会之快乐之总量之增加。依耶方斯之经济学，百物所致之快乐之比较，即表现于人对事物之选择。人之愿以若干货币购某货物，即客观的表现他是以某货物所致之快乐，与同样货币所购之货物，所致之快乐相等者。由是而货币之计量，即表现快乐之计量。人所持货币所能购买之物之增加，即整个社会之快乐之增加，亦即社会福利之增加。所以由边沁穆勒之思想应用下来，所重者乃在社会立法，使个人自由不妨害他人自由，让人在经济上自由生产，自由交换，自由消费，以各求其最大量之快乐。此种思想，与从洛克下来之人各为一个体单位，有一本质上绝对平等，在选举中，每人亦为一绝对之单位之思想，并不相同。对洛克之思想，诺氏特别提出其受牛顿盖律雷之物理学的宇宙观之影响之处。此物理学之宇宙观，在本源上是一各种个体物体互相对峙之机械的宇宙观。洛克仍不免以社会为许多互相外在之个体之结合。然而近代生物学发达以后，有机原则又被重视。威尔逊曾经很明白地说过，政治不当学牛顿之机械观，当学达尔文有机观。（实则达尔文之生物学，亦尚是机械观。此当别论）此政治中有机原则之再被重视，正与罕弥顿林肯最初所重之"联合""全体"之观念相应。由威尔逊再影响罗斯福，成为罗斯福之新政的基础，使美国之民主党转而反对经济上放任主义。而原来主张以政治控制保护经济的共和党，到现在却转而反对政治对社会经济之限制。两党之精神，历一二百年，彼此恰颠倒过头来。这种种科学哲学之观念，对于美国立国以来，社会政治经济之趋向之规定的力量，即是诺氏在美国之自由文化一章，所加意分析的。

七　英国民主之特殊成分

　　诺氏由论美国之自由文化,转而论到英国民主精神中之特殊成分。再指出英国民主精神之异于美国处。美国之指导思想,只是此二三百年之科学思想哲学思想。英国则建国于中世,其议会制度,亦遥承中世之政治法律之观念而来。中世之哲学,是亚里士多德之哲学。这是承认宇宙有存在的层叠(Hierachy)价值的等差的哲学。此哲学曾应用于中世之教会组织,表现于中世之政治法律之观念之中。英国教会于近代的初期,脱离罗马教会独立,即成国家的教会。亨利第八当了英国教会的主席,而英国人由中世宗教所训练陶冶出之尊重集体组织之精神与宗教情绪,即转移为对英王与英国国家之尊崇。胡克(Richard Hooker)是规定英国宗教思想之重要人物。在大英百科全书,论到胡克的思想,最重要一点,即"以宗教与公共福利为政府之二方面"。英国保守党之民主精神,不源于洛克——此与美国会不同——而源于胡克。胡克与保守党之国家观念,亦正是反放任主义的,承认国家社会之有机关系与层叠组织的国家观念。胡克思想中之有机观念层叠观念,正是源于亚里士多德。此外诺氏再指出英国人之尊崇法律之精神,直接导源于中世之有机观念。自由之保障者是法律。然人对于法律之尊崇,乃依于法律高于一切个人以及皇帝与执政者之观念。英国之民主观念,最后归于求政治上之组织与个人之力量之互相制衡,此制衡所表现者,亦包含社会与个人之有机的统一。由此我们可以了解19世纪重有机观念之新黑格尔派,在英国得势之文化背景。诚然,洛克之宽容精神,人权观念,都是英国近代民主精神之基础。边沁之立法,对于由中世传下之法律,亦多所改革。近三百年之英国思想,对英国社会政治经济之影响,亦有如其对美国之影响者。然而中世之思想,对英国之影响,同样的重要。这即是英国文化渊源远于美国之处,亦即英美文化差别之由来。诺氏在此指出英国民主之根于中世有机观念之处,正是一般论英美近代之民主自由精神者所常忽略的。

八　德国理想主义

　　诺氏承认德之理想主义之所以生,是由于笛卡尔洛克至休谟之思想,在哲学上有其理论的缺点所致。即由洛克至休谟之思想，不能真正证实一超主观的科学知识世界之存在。牛顿盖律雷之物理学的宇宙观，需要建基于一肯定超感觉的时空或普遍必然之自然律的哲学上，由此而开启了康德之批判工作。康德哲学之大贡献，在其能于主观的观念之联想，知识之经验的材料之外，兼指出一切知识要有客观性普遍必然性之理性基础。这理性基础，即康德所谓人心中原具的感性范畴及理解范畴，与组织知识成系统之理念等。康德所谓心，不是如洛克所认识之人心，只是一白纸，一被动的接受刺激以获有观念之实体。更非如休谟穆勒之人心，只为一大堆观念印象之复合物。康德所谓心，是一能动的，一方自具条理以轨范世界，形成知识；一方依理性以自定道德律，而自己规定自己，以从事道德之实践的理性心或超越意识。此超越意识，为一具客观性普遍性之意识，而依于一超越自我。此超越自我，经菲希特黑格尔之手，即化为一切人之共同的自我，或普遍自我，绝对自我，而同一或类似于基督教中所谓上帝。上帝表现于一切，表现于自然，亦表现于人类之文化历史。黑格尔由此以看文化之历史，即上帝求自觉他自己于世界的行程。上帝求自觉他自己于世界之行程，现正走到德国。所以德国的现实，即表现上帝的理性。由此暗示了威廉第二希特勒的野心，孕育了法西斯主义。

　　按关于说德国之理想主义者由康德到黑格尔，直接孕育法西斯与威廉第二希特勒的野心，英美思想界大都众口一辞。杜威、罗素、桑他耶那（Santayana）、培黎（Perry）都如此说。中国人亦随之附和。但此说并不完全公允。实则由康德思想根本不能产生帝国主义，他明讲依理性以建立永久和平。由菲希特、黑格尔之思想亦无产生威廉第二、希特勒之必然。这我在他文另有辩正，今姑不多说。诸氏说黑氏之以存在的即是当然的，现实的即合理的，为黑氏思想之根本上的混淆。这亦是未了解黑氏所谓存在或现实之本义，是指全人类之全幅的精神，或上帝之全幅的意志之全幅表现而言，非谓只有当前之现实才是现实。不过黑格尔此语之流行，却可引起人一种幻觉，视一切当前现实的事实，本身皆已是完全合理的。这便免不了使人以当前现实的权力之所在，即是正义之所在，而只去追求当前现实的权力。如此说，希特勒、威廉第二之征服世界之野心，黑格尔当负一部分之责任，则我们亦可承认。

九　俄国共产主义与希腊中世思想

再下一章，论俄国之共产主义。马克思思想，据列宁说，乃德国哲学、英国古典经济学及法国社会主义之综合。但在根柢上，乃黑格尔之辩证法。黑格尔之所谓现实即合理，存在即当然，其所谓当然而与合理者，乃人之精神之存在与现实。而马克思列宁，则以人之现实，即人之物质的存在，生物的存在，人在生产关系中之地位与社会之生产力。于是整个颠倒了黑格尔之思想。英国古典经济学，承认个人之求快乐的动机，尊重个人的兴趣，从满足欲望，满足需要的观点，看财物的价值。其从市场的供需，决定价格，亦即从财物之满足人之需要与人以快乐之量上，看价格。而马克思之劳动价值说，则只从人之劳动量上看价值，亦即从人之生理力量与物理力量之消耗量上，看价值。于是一货物之交换价值，亦即依其制成时所需之抽象的总劳动量来决定。这与古典经济学之观点，便全不同。其理想的社会，是共产主义的社会。此是由法国之社会主义之思想来。然而马克思列宁，决然的反对凌空的提出任何的理想国。而只认为共产主义之天国，是事实上必然行将到来的。因其事实上必然行将到来，所以我们即当为之而奋斗。并非先出于一社会理想的选择，而后择定共产主义。故其精神与法国社会主义，出自一理想社会之追慕者不同。依马列主义，共产主义之到来是必然的。中世的封建主义，为资本主义之民主主义所否定，而后者又必然为无产阶级专政所否定。无产阶级专政以后，国家必定萎化。要专政，必反民主自由。列宁明白宣称"只有在共产主义真正实现，社会莫有阶级之差别时，乃有完全民主之可能。然而此时，既有共产主义，则亦不需民主。故民主亦必萎化。"因而英美之民主理想，在列宁之思想中，乃原则上被否定者，列宁只承认"在与资产阶级斗争时，无产阶级可以要求民主"云云。诺氏由马克思列宁之反民主自由之理论，以指出苏联宪法中之精神与英美之不同。在洛克思想，人人有其自然权利，政府之作用为消极的去害。而苏联宪法中，则正式规定劳动是公民之责任，不劳动则不许得食。此外诺氏再指出苏联对于人之自由之限制，及候选人之限制，以说明苏联之反英美之民主自由之政治制度与政治措施，一一都是依着马克思列宁之思想而来的。而马克思列宁之信徒，则是要以此思想，强迫改造世界，使与之相合。诺氏指出，康德思想中"所认识的对象，必须纳入吾人之认识范畴乃得被认识"之知识论，到马克思列宁则变成要人之自然的存在状态，服从于其所谓革命的发展之理论。诺氏在此章对于马克思列宁的思想，均是出之以同情的了解之态度。上列所言，亦无讽刺之意。唯言依此哲学即必然有如此如此之社会政治之措施而已。

诺氏论了俄国思想后，接着论罗马之天主教文化及希腊科学。其要旨在说明天主教文化，离不开亚里士多德哲学中对于人格之观念，对于社会秩序之观念。亚氏之人格观念，乃以人之灵魂为人之一形式。亚氏之社会秩序观念，乃其层叠地表现普遍形式的宇宙观之应用。在中世天主教文化中，如只有对耶稣之一人格之崇敬或一上帝之信仰，而无此由亚里士多德与希腊思想而来之哲学概念为间架，则中世天主教文化之势力，即不能形成。故此套哲学概念之基础动摇，则天主教文化亦势须转变新面目，此即近代文化之所以代中世而兴之故。关于此章之介绍兹从略。

十　西方文化思想意义

诺氏分别讨论西方文化之目的，在指出洛克之思想，是英美民主精神之灵魂。（按罗素在其近著西洋哲学史中，亦持此见，罗氏论洛克尤较诺氏为周至。）休谟边沁穆勒耶芳斯之思想，是近代英美实业家的世界之灵魂。希腊柏拉图、亚里士多德之思想，是中世文化之灵魂，亦即今日尚存之西方封建精神之灵魂。拉丁美洲西班牙与英国之政治，均多少尚保有此中世精神。由英国之洛克休谟之精神，翻出之德国理想主义，乃德国文化之灵魂。自黑格尔翻出之马列主义，乃俄国文化之灵魂。每一灵魂，皆各有其所形成之文化成果。文化灵魂乃一套哲学观念哲学理想。而此哲学观念理想与科学观念，实不能分开。哲学中所提出之人生文化理想，必根于一宇宙观人性观。而哲学之宇宙观人性观，必落到科学，同时成为科学之理论；而科学之理论之概括化，亦即成为哲学；科学之理论亦必然影响到哲学上之宇宙观人性观的形成。所以哲学思想与科学思想，不可分的。二者均是人类文化所依之观念形态的根据所在。因而如果哲学科学上之宇宙观人性观站不住，则依之以建立之社会文化，终必现出毛病，而且必有新观念形态，代之而兴。依诺氏之意，希腊至亚里士多德之哲学科学理论，在十六七世纪因遭遇新天文学事实之否证，而基础动摇，乃有牛顿盖律雷之新科学的宇宙观。近世之初之洛克笛卡儿之哲学，以至康德马克思之哲学，其心目中之科学的宇宙观，亦都是牛顿盖律雷式之宇宙观。此宇宙观乃一依于机械论的物理学而建立者。然此物理学，因今日相对论量子论之出现而动摇，则他们之哲学亦失其科学的依据。近代文化思想中，洛克之平等与民主的理想，依于个人之心为一实体之哲学。此哲学经巴克来休谟之批判而破灭。而由休谟之经验主义至边沁穆勒耶芳斯之功利主义之宇宙观人性观，又忽略宇宙中之超经验的理性结构，与人之普遍性一方面。于是有康德起而补其短。然康德至菲希特黑格尔之理想主义，又归宿至现实即合理之观念，而暗示了法西斯。再引起俄国之极端的唯物的现实主义，以依历史必然律而革命之理想，代替一切个人之自由，或其他社会理想之追求。但是他们在现在同失却科学的依据。诺氏由此以暗示西方文化之必须有一不违背新科学，而综合西方之冲突矛盾的文化思想之文化理念之提出。

诺氏一方分别论西方各国文化思想之冲突矛盾，一方指出其哲学理论之与科学思想之相依为命。哲学的理论，每于新的科学事实出现时，便不得不改弦易辙。相反的哲学文化思想乃更迭而生，如后浪之推前浪。他称此为西方文化思想之不断的革命性。此与东方思想之极易互相融合、且经数千年无大宗旨之改变、成一对照。在此处，中国现代人恒以之证明西方之思想与文化是进步的，而东方文化则是不进步的。又有许多人以西方思想之派别分明，为西方人头脑清楚之证，中国人之喜融合三教，为思想混乱之证。实则问题皆不如此简单。诺氏亦不如此看，诺氏只从此以看东西文化精神之差别的意义。

东西文化之差别，根本上在东西之知识或智慧之差别。诺氏在西方文化之意义一章中，说西方之知识，无论是宗教知识、科学知识或哲学知识，其全体中总有一部是假定的。圣保罗说："看见的东西都是暂时的，只有看不见的是永存的。"天父是看不见的，人只可由信仰天父对耶稣之启示，而信天父之存在，然人不能直接经验其存在。西方科学的精神，自德谟克利塔及柏拉图，即已知道"一切理论的概念，所肯定者均多于单纯的事实"。爱因斯坦明说："一切官觉只间接报告物理的实在，只有思辨的方法，可以去把握物理的实在，然此把握，永远是不完全的"。西方之一切科学的学说，与哲学的学说，都是超越直接观察内省体验之所及，而构造一假设。由此所构造之假设，能把人之精神向上向外伸展。然而一构造的假设，都须由其演绎出之理论效果与事实之对照上，加以验证或暂时的证实。一切证实是暂时性的，因为我们不能保证将来无否证之事实。而一切理论一被否证，则一毁而永毁；只有再让人去形成新假设。（按此皆只对说明外在事实之思想理论为然，对精神之思想理论则不然。可参考本编论黑格尔之精神哲学一文第五节。）然而在未遇否证时，人又可对于同一对象，尽量作各种矛盾冲突绝对相反的假设。因此西方之宗教的、哲学的知识，由于崇尚知识中之理论成分或假设成分，便本质上缺乏一稳定性。同时使缘是而生之西方一切伦理的、社会的、政治的、经济的思想，特显一复杂性、矛盾冲突性与不断的革命性。这是西方文化或文化思想之根本意义。

诺氏说西方人于知识，重视其中之不可直接证实之假设的成分。此即可称为知识中之理论成分。但一切知识中之能直接证实或被体验的部分，诺氏称之为审美的或感性的直觉的成分 Aesthetic component（诺氏用此字包含审美的、感性的与直觉的三义）。按诺氏此处对知识之意见，与维也纳派或逻辑实证论者以及美之路易士在心灵与世界秩序一书中，对知识之意见无殊。康德所谓知识中之先验成分，他亦只视同知识中之假设。他以康德的伟大，亦即在其能并重此二成分。唯诺氏不承认有先验的理性，则大可商量。然而诺氏由此以论一般西方文化思想之缺乏稳定性之原，即在其过重理论构造的成分，而未能同样重视审美的或感性的成分，却亦有所会心。以下当络续论到。

西方科学思想之形成，必须先成立假设，由假设以演绎其理论效果，再求一部分的证实，这亦几成当今学术界之定论。而科学研究的理想，在形成一足够解释有关一切事实之演绎系统，亦是人所共认的。西方之哲学除康德及以后之科学批判之哲学家外，凡一体系的形上学家，由笛卡儿、斯宾诺萨、至菲希特、黑格尔，都向往一完足的演绎系统，即均是重在理论之构造的。洛克、休谟、穆勒之经验主义哲学，一方固较尊重经验。然而洛克之如白纸的心体与自存独立之物体之观念，均是纯理论的构造；休谟之原子式的观念印象，亦多少是一理论上的抽象。由休谟思想到功利主义快乐主义者之伦理学政治经济学中之快乐单位之观念，经济人之观念，亦都是抽象的理论的构造。所以古典主义之经济学，最后成为纯粹演绎的奥地利学派。西方的宗教思想，由奥古斯丁至圣多玛，都重视体系神学之建立，以说明"启示"，都以人必须通过教会以得救，而不以一般人之直接见上帝为可能者。所以诺氏说西方之知识，特重不可直接证实之理论的假设成分——此假设成分只可由引申演绎其理论效果而间接证实——这大体上是不错的。

十一　东方文化之意义

西方知识之重其理论的假设成分，不同于中国印度的情形，本来十分明显。诺氏于此指出东方智慧之特质，即在着重一切知识中经验中生活之直接体验的审美的感性的成分。依我之意，在西方现代哲学中，对于人之直接经验或感性经验之了解，本已有一大进步：即逐渐改造了由洛克至休谟之"以直接经验或感性经验，为原子式的不相连续的观念印象"之说。怀特海说康德即因为承受休谟此种经验原子论，而后去求世界之条理于主观的先验的范畴。然近代由康德开启之理想主义，发展至黑格尔及英之黑格尔派，而有勃拉得来特提出感性经验之整体性，以打破经验之原子观。怀特海哲学中之具整全性的 Feeling 之观念，他亦自承是得之于勃拉得来。在美国则詹姆士之彻底经验论与其心理学之书，首指出人之原始的直接经验之为一连续之流。诺氏大约亦是受他们之影响，而后从直接的感性的审美的经验中之连续性一体性，以透入东方之思想，人我一体的境界，与东方艺术之精神。

诺氏论人之直接的感性的审美的经验，虽重其中之连续性一体性。亦未尝忽略其中之有种种差异之存在。但诺氏指出在此直接经验之全体中，虽有差异，此差异乃与全体相浑融，在全体中呈现。东西文化的差别，可从其艺术上明显看出。东方图画中之一切都是直接呈现，直接体验的。而西方图画，必须依透视学以构造几何形体，西方雕刻必须隐隐凸出筋骨的间架，这便是一包含理性的构造，而非直接全幅呈现之审美的境界。

诺氏了解人心对其对象之直接体验或审美性感性之直觉，是物我一体的。他即据此以解释儒家之仁之通人己之情、老庄之道之遍在万物，印度之"汝即梵"之无所不在，与佛家之当下即是的真如境界，或寂灭寂净之涅槃境界。他这些解释，不算深入。亦不必都很恰当。对于儒家佛家婆罗门之道德精神，宗教精神，只从审美的感性的物我一体去讲，尚不能深入其精蕴。而对审美的问题，诺氏所谓感性的物我一体，亦不足以尽之。不过从审美的感性的物我一体之观念，亦可多少与之接近而已。

十二　现代世界文化问题

诺氏在分别讨论东西文化之意义之后，于是再归约现代人对当前世界之文化任务为四个：一为东方与西方之联结或沟通；二为拉丁文化与英美文化之融合；三为民主精神之价值与共产主义之价值之互相促进；四为西方中古文化有价值之部与近代文化有价值之部之协调。最后归于科学与人性之和谐。这亦是此书最后二章所欲解决之问题。

在最后二章，充分表现诺氏之宽博的气度。他极有意在今日及未来的世界，保存一切人类文化理想中之有价值的部分，而使之互相融和，并行不悖。这正近乎中国儒家的精神。他指出融和人类文化理想的冲突，首先要沟通东西文化之精神。能沟通东西文化精神，亦即可同时连带解决拉丁美洲文化与北美文化之冲突之一部分。东西文化精神之差别，在东方文化之特重直接体验的、审美的、感性的、物我一体的直觉。而拉丁美洲之异于北美的，亦即在前者之富于审美性，其宗教是近情感的：与后者之过重实用的、经济中心的精神相反。东西文化的沟通，即重视审美的、感性的、物我一体的直觉之精神，与重视理论的假设的精神之结合。在东方文化中因重直觉，故不同的东方文化理想，只是对于同一之直觉之世界或人生，所注目之方面之不同，故其差异，全不阻碍融合之可能。在西方文化思想中，因重理论的假设，故常对同一的事物作矛盾的假设，因而常有不可调和的冲突。此即东方儒道佛及婆罗门教易相融和，东方人无宗教战争，文化中少冲突；而西方中之中世思想英美思想与俄德之思想一直互不相容之故，然而理论的假设之构造，又是知识生活文化生活中必须的成分。自然或世界，亦确有其理论的系统的结构。理论的假设之构造，是科学哲学的基础，亦即常识之客观世界之构成的基础。人亦必须常有超乎直接呈现者之理论的构造，然后人的精神才能推扩。于是当前人类文化问题，遂在如何可使出自理论的构造之世界观人性观，与直觉的体验的世界观人性观，互相融和。东西文化的沟通的关键即在此。

但是诺氏认为要做到此一步，首先赖西方人对其近代文化思想之本源上之一错误，须有一认识。此错误最初纯是一哲学之知识论上的。然而其影响，则非常巨大。此即近代思想中，由笛卡尔洛克之依当时的科学家如牛顿盖律雷之物理所形成之一"三端知识论"。此三端知识论，即主张人之直接认识所对之现象或人所体验之世界内容，关于世界之观念印象等，乃由在我心体之外之一物体，影响我心而有。此知识论，以我之心体为一端，外之物体为一端，外物影响我心所生关于世界之印象观念现象等，为又一端。此种知识论，在中国一般人不学哲学而略识科学者，亦常以为然。但是诺氏以为此种知识论，在本源上即是一错误。实际上一切认识只是二端关系。一是认识的主体，一是对象。认识的对象，最初即此当前直接呈现之现象世界。如此处一块颜色，那里一种声音，及一切直接呈现之感情思想之活动等。至于所谓不直接呈现之一切对象，如原子、电子、上帝、我与他人之心之本体等，则都只是理论的构造。此非谓理论的构造，全不指实。此只是说：非先有此理论的构造的东西之互相影响，而后有此直接呈现之现象世界。如此说，便是颠倒（按此即佛家之所谓法执）。今只当说在我认识之对象中，首先有此直接呈现之现象世界。理论的构造之对象，如电子原子心体等概念，乃我们用来组织、关联、或预测一切直接呈现之现象者。毕竟这些概念，是否指实，唯以依这些概念所演绎出之理论效果，能否得直接呈现之现象之证实而定。由此而所谓电子原子等，并非较此直接呈现者为更真实。他们至多只与直接呈现者同样的真实。近代之哲学科学思想开始点，即犯一三端知识论的错误。由此而将我们直接认识之现象世界，贬斥到一附产品的不重要的地位。同时使过于看重理论构造的西方文化，走到各种偏激的文化思想与知识系统的矛盾冲突的境域中去。按诺氏此处对于近代初期科学哲学思想之本源不正处的批评，与怀特海在科学与近代世界等书的意见，几全相同。他们同要人特别注意直接呈现的世界之第一义的真实性。但是诺氏尤重直接呈现的世界之为一连续体之意，一切差别是自此连续体中抽提出的。依此认识论，则所谓我之认识对象，无论此对象是人是物，人与我、物与我皆在一连续体中。认识关系是一直接贯通人与我、物与我的关系。此关系，是直觉的亦是情感的。（按此正与中国先哲言知，恒直就感通而言之意相合。此可参考拙著中国文化精神价值第五六章。）而对我们直接呈现之世界，复依各种对应的关系，与理论的构造之对象，如原子电子我与他人之心体等，互相联结。由此而彻底改变了，由笛卡儿洛克牛顿盖律雷下来之近代的世界观人心人性观。

依牛顿盖律雷到洛克之世界观人心人性观，乃只以不可见之物体心体是真实的。我们之心所直接体验之观念印象，一切呈现的现象，都是心体物体交互影响之结果。由此势必使人一方贬斥直接呈现之世界之重要性，一方以科学之理论的构造，凌驾于一切艺术创作的欣赏，以及人与人情感的生活之上。以不可见不可直接经验的为最真实；而贬抑感性世界，乃西方由柏拉图至中世之传统精神。感性世界在柏拉图与中古时期之哲学，都是罪恶。在洛克牛顿，则感性世界是主观的现象，是本质上虚幻的。经了巴克来、休谟，对洛克的思想的批判，以至穆勒、耶芳斯之思潮，亦只认识直接呈现的世界中之零碎的感性经验，不了解直接呈现的世界之连续性一体性。他们之哲学，亦不能说明科学家的客观世界之律则所以成立。而由康德到菲希特黑格尔，虽知重理论的构造，然黑氏以历史是依其理论的构造而发展的，再转成马克思列宁之以其理论的构造之唯物论共产主义。此主义更要宰制世界之事实以合于其理论，又堕入传统西方思想之旧辙。然而就近代思想而言，则其后来一切文北思想之冲突，归源究本而论，其症结皆在近代思想之初所犯之知识论的根本错误。此知识论的错误之纠正，即成了沟通东西文化、融合近代西方文化冲突之开始。

十三　世界文化之改进原则与世界文化思想之融通

在这个基本的哲学思想之错误纠正以后，诺氏复提出一宝贵的文化改进的标准。即人类必需兼满足人之理论概念的构造的天性，与人之审美的感性的直觉的天性。一切理论概念之是否真实，依其演绎效果之得证实或否证定。但是任何理论概念，无论在过去经了如何的证实；然而如当前的事实或最近之科学的实验与以否证，则此理论即须废弃或修正。由是一切理论的构造，必须适合于最近的科学。愈适合于最近的科学所发见之事实者愈好。然而人之审美的感性的直觉，则愈离开理论的构造者愈纯粹。凡人在文明中生活愈久者，其生活愈习于一套机括而愈对于直接呈现之世界，缺乏忘我的、亲切的、透入的直觉。因而审美的感性的直觉，愈是近乎原始的愈好。所以凡尊重直觉之东方文化思想，都有一要求后人回到最早的圣哲之所亲切体验者之趋向。而依西方文化思想的发展看，凡直接与当前之科学事实冲突之理论，则又决难存在。如其存在，亦只成一些文字的播弄或晦涩而无生命之思想。他即提出二标准，以为今日世界文化之改进之原则。

诺氏在提出其世界文化改进原则之后，于是进而说明认识人性之此两方面之重要。人性在其要求直接与呈现世界之接触贯通一面，必须反本怀古，回到原始，而对其一切理论概念的构造，则必须求最新科学的证实。此是二相反方向的精神。当然一个人同时兼备此二精神，是不容易的。于是在一健全的社会中，必需一方有陶养培育人之亲切的直觉直接的观照之诗人艺术家，一方有从事理论构造之科学家哲学家。对人类将来的宗教，诺氏以西方中世传下的宗教，其理论是亚里士多德与希腊科学，许多地方显与近代及现代之科学事实冲突，这只有扬弃。现代西方宗教的新生命，必须使其理论不与科学冲突，而得科学事实的证实。同时西方中世宗教思想不免鄙弃感性世界之态度，亦是不对的。东方宗教在当下呈现的世界中见神见道，对自然若有母子之感情，是更能满足人性另一方之要求的。不过诺氏同时指出在中世之天主教到后来之崇拜圣母之精神，与重视艺术及宗教情调宗教礼仪之精神，却是比较能包含审美的直觉于宗教信仰中的。此点为清教徒所不及。亦即今日拉丁国家之宗教之长处。诺氏由此对今日拉丁国家之文化价值与以一肯定。

中世文化还有一精神。即由亚里士多德之重视普遍的形式，而表现为中世文化之重联合配合之原则者。这亦将为人类社会组织之一基础。将来的世界政府，与各国政府，地方政府，及个人对自由之控制（此即个人政府），仍将表现一有机的层叠组织。

诺氏之所以重科学哲学与艺术而仍能尊重宗教，并强调宗教的重要者，是因为诺氏亦不否认普遍者之存在。宗教中之许多细节的理论之与科学的新发见冲突者，或宗教仪式之机械化硬化，成为人之桎梏者，固须有改革。然而普遍的神，在理论方面说可以成为一切宗教理论中之公项或常数，为人类向往绝对无限之精神所凭依。此乃不同于一特定宗教者。而在人之审美的感性的直觉方面，此世界亦本非如休谟所谓之一大堆不相连络之观念印象。诺氏十分重视东方人之在自然中在人间世之万物一体之情调，此情调亦是人所直接感受直接体验的。而此亦即人之宗教精神之真实表现处。

诺氏将近代西方文化与中古之宗教精神融合,而再进一步把俄罗斯之共产主义与近代之传统的民主精神融合。在近代传统的民主之哲学理论中,除对洛克之知识论,及其强调财产之保护,诺氏反对外,但于洛克至休谟至穆勒以至耶芳斯之自由主义经济制度之价值,诺氏是加以肯定的。而其根据,亦即在他们之能重视人之直接体验之苦乐的感觉,个体的亲切的需要。至于由菲希特黑格尔至马克思之一潮流,却是重视理论的构造的。康德黑格尔所重者,乃关于人类精神方面之事之理论的构造,马克斯所重者,乃关于人之物质的身体、生物的生命、在生产关系之地位等理论的构造。理论的构造,必然重视发现系统的关联,故他们同将个人置于超个人之国家社会之客观精神或自然之系统中。他们固皆于个人之社会性,同有所见。诺氏并不承认洛克之孤立的个人,自成一独存之实体之说,他承认个人之社会性的重要。个人之社会性即个人与其他个人及其他存在之公性、通贯性。故此社会性是广义的。个人是人类社会之一分子,而参与国家社会之客观精神;亦是自然之一分子,而参与自然——生命之世界、物质世界。而从东方文化精神所重之物我一体的直觉看,人亦不只为亚里士多德之政治的存在,人不只有政治社会性,而且亦确与整个自然世界在一连续体中。由是而亚里士多德、黑格尔、菲希特之理想主义。重视个人之社会性的精神,与马克思主义之重视人之为一自然的存在、消费物质生产物质的存在之思想,同样可有其一方面的价值。然而在一东方精神物我一体之情调下,则马克思列宁之偏宕处,与菲希特黑格尔之严肃的理性主义,都可融化而成为柔和的了。

诺氏对马克思列宁及黑格尔之最大的反对处,在他们之以存在即价值,以现实文化即当然的文化,而以历史为必然。如果历史是必然,则人类即无自由,无各种可能的未来之前途之开创。黑格尔马克思之辩证法最大的不妥,即在其主张每一正面,只走到一定的反面。但是现代逻辑家,都知道否定一命题者,可是各种不同的命题。一种社会制度文化思想的打倒,亦有各种可能的社会制度文化思想之出现。我们能知道未来的历史,非只有一可能,则人类前途有多方面的远景,可供瞻望。不过,去掉历史的必然之梦魇,只是自由的前件。真正自由的重要,每人必须从直接体验之世界中去证实。在人直接体验的世界中,无论在对物相之感觉及内心情调方面说,都有许多未决定的成分。直接呈现之世界中,一切流动与生发,我们最初只是默默的感受。此中许多东西,都莫有名字，不能化为普遍的概念。然而他却构成个人每一刹那之真实生命者。这生发与流动，不能由外力加以抑制与摧残。这是最原始而不否认的真实，这也是自由之要求之最后的根据。然人之有此自由，并不碍人与他人或社会或自然有系统的关联。人与他人或物，都有共同的普遍性，有有机的联系。关于这些，人亦可依理性的构造而与以承认。是以自由并不妨碍组织与责任观念，亦不妨碍人之承认某一些有必然性的科学定律。在此点上，菲希特之自由观念，亦为诺氏所推崇。

诺氏此书最后再论他这一套文化哲学之理论与现代物理学的理论，可相印证。并论及人类和平问题及艺术与经济诸问题，不外以其所谓人性或世界之理论的成分与审美的感性的直觉的成分为基础。诺氏说柏拉图在论善的语录中，曾提出一切事物之二根本原则。一为男性的，一为女性的。男性原则即理论原则，女性原则即审美的原则。然而柏拉图以此女性原则为罪恶之原。但是又说此女性原则之存在，绝不能加以否认。女性原则之根源正在东方文化。中世纪正宗神学，初以玛利亚只诞育耶稣肉身，耶稣之灵魂直来自上帝，故只有圣父无圣母。但是后来之天主教，终于崇拜了圣母。这是女性原则之复苏。近代西方文化，特重科学哲学之理论的构造，实偏于只发展孤阳之气。孤阳之极，为希特勒列宁之胁迫人类与自然，以合于其理论的构造。阴阳男女之道，实须配合。故理性的构造与假设之一往向上伸展，必须还来俯就当前的亲切体验。当前的亲切的体验，又必须顺理性的构造而开展。这宇宙的男性原则与女性原则之结合，亦即东西文化结合的路道。亦是东西文化思想之一切矛盾冲突之清除，英、美、拉丁美洲、德、俄、中国、印度、日本与中东回教国家之内部的社会文化问题之解决，而使人类互相了解，以达于世界和平的路道。然则诺氏一书整个所欲说明者，正是向中国古人所谓"一阴一阳之谓道""天地絪缊，万物化醇，男女构精，万物化生"之义凑泊。但中国人所谓一阴一阳之道，兼为宇宙的之创造原则与实现原则，而通乎一德性的精神生命之生发与完成者。而非有此德性的精神生命，亦不能合宇宙之所谓女性原则与男性原则为一，不能言东西文化之沟通。此则皆非诺氏之所及者也。

四十年新思潮第十期